"Prepara-se o cavalo para o dia da batalha, mas é o Senhor que dá a vitória" (Bíblia Sagrada Cristã - Provérbios, 21:31).

DIREITO PENAL ESTRATÉGICO

PARTE GERAL

PAULO HENRIQUE DA SILVA AGUIAR

Juiz Federal Substituto do TRF da 5ª Região (7º lugar). Ex-Promotor de Justiça do Estado de Alagoas (2º lugar). Ex-Defensor Público do Estado de Alagoas (1º lugar). Aprovado nos concursos para os cargos de Delegado de Polícia do Estado do Rio Grande do Norte e Analista Judiciário do TRT da 19ª Região. Aprovado na OAB (2º lugar) e em concursos públicos durante a graduação.

DIREITO PENAL ESTRATÉGICO

PARTE GERAL

1ª edição

EDITORA IMPETUS

Niterói, RJ

2022

Editora Impetus Ltda.
Rua Alexandre Moura, 51 – Gragoatá – Niterói – RJ
CEP: 24210-200 – Telefax: (21) 2621-7007

Projeto Gráfico e Editoração Eletrônica: Do Autor
Capa: Do Autor
Revisão de Português: Do Autor
Impressão e Encadernação: Editora e Gráfica Vozes Ltda.

Data de fechamento da edição: 01/01/2022

Aguiar, Paulo Henrique da Silva
Direito penal estratégico : parte geral /
Paulo Henrique da Silva Aguiar. -- 1. ed. --
Niterói, RJ : Editora Impetus, 2022.
704 p.; 16x23 cm.

Bibliografia.

ISBN 978-65-86044-31-7

1. Concursos públicos - Brasil 2. Direito penal 3. Direito penal - Brasil 4. Direito penal - Brasil - Concursos 5. Mapas mentais 6. Métodos de estudo. I. Título

21-93972 CDU-343(81)(079)

Índices para catálogo sistemático:
1. Brasil: Direito penal: Concursos públicos
343(81) (079)
Cibele Maria Dias - Bibliotecária - CRB-8/9427

www.impetus.com.br

DEDICATÓRIA

A Jesus Cristo, pelo perdão e por sempre me guiar e me carregar nos braços nos momentos em que eu não tive forças para caminhar sozinho. Sem Cristo, não há esperança.

À minha mãe Diva e ao meu irmão Fernando, por todo o amor, dedicação e por tudo o que passamos juntos. Sem vocês, eu não teria conseguido. Vencemos.

Ao meu pai Josimar (*in memorian*). Ladrões tiraram a sua vida, mas Cristo enxugará toda a lágrima dos nossos rostos. Levarei para sempre sua lembrança em meu coração.

> "E Deus enxugará de seus olhos toda lágrima; e não haverá mais morte, nem pranto, nem clamor, nem dor; porque já as primeiras coisas são passadas. E o que estava assentado sobre o trono disse: Eis que faço anovas todas as coisas [...] E disse-me: Está cumprido. Eu sou o Alfa e o Ômega, o princípio e o fim. A quem quer que tiver sede, de graça lhe darei da fonte da água da vida" (Bíblia Sagrada Cristã, Apocalipse 21, 4-6).

PREFÁCIO

"A aquisição do conhecimento é como um jogo de estratégia. A cada peça que você move, pode-se mudar tudo" (autor desconhecido).

É com muito entusiamo que apresento ao público a obra *Direito Penal Estratégico*, de autoria do juiz federal Paulo Henrique da Silva Aguiar.

Escrita por autor com larga experiência pessoal em concursos públicos – com aprovações ainda na graduação –, a obra inaugura uma nova geração de livros para concursos públicos: tem-se uma seleção poderosa de informações, em linguagem objetiva, direta e sem arrodeios. E o melhor de tudo: com uma didática fantástica. O livro é de leitura fácil, rápida e instigante. São apresentados quadros, esquemas e mapas estratégicos, além de macetes mnemônicos, que elevam a dinâmica e o ritmo de leitura a outro patamar. Nesta obra, é apresentada a inédita simbologia estratégica, que proporciona uma experiência ímpar de estudo e memorização pelo leitor.

Além da linguagem fácil e fluida, o autor apresenta novos temas e teorias contemporâneas do Direito Penal, abordando pontos que integram o *novo Direito Penal* (Direito Penal do inimigo, velocidades do Direito Penal, teoria do cenário da bomba-relógio, teoria dos papéis, dentre outros).

Outra característica importante é o vasto registro da jurisprudência do STF e do STJ (Súmulas, Repercussão Geral no STF, Recursos Repetitivos no STJ, Informativos, Jurisprudência em Teses etc.), além de diversos enunciados criminais (FONAJUC, FONACRIM, Jornadas de Direito Penal etc.). O livro encontra-se rigorosamente atualizado de acordo com a legislação mais recente.

O autor também aborda o entendimento das principais bancas examinadoras – sobretudo o CESPE/CEBRASPE –, em provas objetivas, discursivas e orais, compartilhando a visão do examinador, o que é importante para a formação de uma metodologia bem-sucedida para a aprovação.

Enfim, são multiplos "pontos cruciais" que, reunidos, entregam ao leitor um poderoso livro-texto para graduação, concursos públicos e atuação profissional. Tudo isso faz parte de uma verdadeira estratégia para vencer uma guerra: a guerra dos concursos públicos e do sucesso profissional. Se eu tivesse que definir esta obra em duas palavras, seriam *estratégia e eficiência*.

Sem dúvidas, o trabalho apresenta uma grande virada de chave, inaugurando uma nova geração de livros para concursos públicos.

William Douglas
Desembargador Federal, Professor Universitário
e Presidente do Conselho Editorial

O FALCÃO E O CÁLICE

"Conta a lenda que certa manhã o guerreiro mongol Gengis Khan e sua comitiva saíram para caçar. Enquanto seus companheiros levavam flechas e arcos, Gengis Khan carregava seu falcão favorito no braço, que era melhor e mais preciso que qualquer flecha, pois podia subir aos céus e ver tudo aquilo que o ser humano não conseguia enxergar.

Entretanto, apesar de todo o entusiasmo do grupo, não conseguiram encontrar nada. Decepcionado, Gengis Khan voltou para seu acampamento. Mas para não descarregar sua frustração em seus companheiros, separou-se da comitiva e resolveu caminhar sozinho.

Como o grupo havia permanecido na floresta mais tempo que o esperado, o guerreiro estava cansado e com sede. Por causa do calor do verão, os riachos estavam secos. Não conseguia encontrar nada para beber até que avistou um fio de água descendo de um rochedo à sua frente. Na mesma hora, retirou o falcão do seu braço, pegou o pequeno cálice de prata que sempre carregava consigo, demorou um longo tempo para enchê-lo e, quando estava prestes a levá-lo aos lábios, o falcão levantou voo e arrancou o copo de suas mãos, atirando-o longe.

Gengis Khan ficou furioso, mas era seu animal favorito, talvez também estivesse com sede. Apanhou o cálice, limpou a poeira e tornou a enchê-lo. Após outro tanto de tempo, com a sede apertando cada vez mais e com o cálice já pela metade, o falcão de novo atacou-o, derramando o líquido.

Gengis Khan adorava seu animal, mas sabia que não podia deixar-se desrespeitar em nenhuma circunstância, já que alguém podia estar assistindo à cena de longe e mais tarde contaria aos seus guerreiros que o grande conquistador era incapaz de domar uma simples ave.

Desta vez, tirou a espada da cintura, pegou o cálice e recomeçou a enchê-lo. Manteve um olho na fonte e outro no falcão. Assim que viu ter água suficiente e quando estava pronto para beber, o falcão de novo levantou voo e veio em sua direção. Gengis Khan, em um golpe certeiro, atravessou o peito do falcão com uma espada, matando-o.

Em seguida, retomou o trabalho de encher o cálice. Mas o fio de água havia secado. Decidido a beber de qualquer maneira, subiu o rochedo em busca da fonte. Para sua surpresa, havia realmente uma poça de água e, no meio dela, morta, uma das serpentes mais venenosas da região. Se tivesse bebido a água, já não estaria mais no mundo dos vivos.

Gengis Khan voltou ao acampamento com o falcão morto em seus braços. Mandou fazer uma reprodução em ouro da ave e gravou em uma das asas: 'Mesmo quando um amigo faz algo que você não gosta, ele continua sendo seu amigo'. Na outra asa: 'Qualquer ação motivada pela fúria é uma ação condenada ao fracasso'. Nem sempre o que parece ser, realmente é".

Autor: desconhecido.

Essa parábola nos traz lições importantes. Nas batalhas da vida, não poucas vezes, somos intensos em sonhar e ávidos em lutar, mas nem sempre conseguimos compreender de imediato aquilo que, quem já voou longe e esteve lá, quer nos dizer. Através da troca de experiências, aprendemos e enxergamos o que precisa ser feito, até que um dia possamos contribuir para que outros batalhadores também possam vencer a guerra.

A vida oferece muitas oportunidades, mas isso não quer dizer que será fácil. Não ouça as pessoas negativas. Só você, caro leitor, conhece a real dimensão da sua luta. Existe uma grande força em nós, basta descobrirmos como despertá-la. As oportunidades não se repetem e o tempo, uma vez perdido, não volta mais. Não importa o quanto demore. O tempo passará de qualquer forma. Escreva agora em linhas indeléveis o futuro que você quer ter. Nunca desista dos seus sonhos e viva tudo aquilo que, um dia, sonhou viver. Porque a hora é agora. Abaixo de Deus, o controle está na sua mente.

Conforme afirma um grande provérbio japonês, "Estude, enquanto eles dormem. Trabalhe, enquanto eles se divertem. Lute, enquanto eles descansam. Depois viva o que eles sempre sonharam".

A você, "guerreiro concurseiro", desejo toda a sorte que a vida puder lhe proporcionar em busca da realização dos seus sonhos. Conte sempre com esse amigo como um falcão na batalha dos concursos. E não se esqueça de me convidar para a posse! Avante!

O autor

PARTE I
FUNDAMENTOS DO DIREITO PENAL

CAPÍTULO 1
INTRODUÇÃO AO DIREITO PENAL

CAPÍTULO 2
PRINCÍPIOS DO DIREITO PENAL

CAPÍTULO 3
DIREITO PENAL E POLÍTICA CRIMINAL

CAPÍTULO 4
NORMA PENAL

CAPÍTULO 5
APLICAÇÃO DA LEI PENAL

PARTE II
TEORIA GERAL DO DELITO

CAPÍTULO 6
INTRODUÇÃO À TEORIA DO CRIME

CAPÍTULO 7
FATO TÍPICO E SEUS ELEMENTOS

CAPÍTULO 8
TIPO E TIPICIDADE

CAPÍTULO 9
CRIME DOLOSO E CULPOSO

CAPÍTULO 10
CRIME CONSUMADO, TENTADO E TEMAS CORRELATOS

CAPÍTULO 11
ILICITUDE

CAPÍTULO 12
CULPABILIDADE

CAPÍTULO 13
ERRO DE TIPO E ERRO DE PROIBIÇÃO

CAPÍTULO 14
CLASSIFICAÇÃO DOS CRIMES

CAPÍTULO 15
CONCURSO DE PESSOAS

CAPÍTULO 16
CONCURSO DE CRIMES

PARTE III
CONSEQUÊNCIAS JURÍDICAS DO DELITO

CAPÍTULO 17
TEORIA GERAL DA PENA E PENA PRIVATIVA DE LIBERDADE

CAPÍTULO 18
PENAS RESTRITIVAS DE DIREITOS

CAPÍTULO 19
PENA DE MULTA

CAPÍTULO 20
APLICAÇÃO DA PENA

CAPÍTULO 21
MEDIDA DE SEGURANÇA

CAPÍTULO 22
SUSPENSÃO CONDICIONAL DA PENA

CAPÍTULO 25
EXTINÇÃO DA PUNIBILIDADE

PARTE IV
TEMAS COMPLEMENTARES

CAPÍTULO 26
CONSTITUCIONALIZAÇÃO DO DIREITO PENAL

CAPÍTULO 27
ESCOLAS PENAIS

CAPÍTULO 28
TEORIA DO CRIME: ESTUDOS COMPLEMENTARES

PARTE I

FUNDAMENTOS DO DIREITO PENAL

CAPÍTULO 1
INTRODUÇÃO AO DIREITO PENAL

1. CONSIDERAÇÕES PRELIMINARES

Há, entre nós, uma antiga e bastante conhecida máxima latina, cuja autoria é atribuída a Ulpiano: *Ubi homo, ibi societas; ubi societas, ibi ius* ("onde está o homem, está a sociedade; onde está a sociedade, está o direito").

Analisando o fenômeno criminal sob a perspectiva sociológica, já se disse que *ubi societas ibi crimen*: onde está a sociedade está o crime. Segundo Durkheim, o crime sempre existiu, não escolhendo esta ou aquela sociedade, fazendo-se presente em todas elas. O delito existe desde os primeiros grupamentos humanos, sendo variável no tempo e no espaço. Por essa razão, Durkheim afirmou que o crime é um *fenômeno social normal* (comum), que ocorre em todas as sociedades, havendo a necessidade de normas de conduta[1].

Desde cedo, aprendemos que o Direito é um instrumento de controle social. Não há sociedade sem Direito: *ubi jus, ibi societas*. O Direito Penal integra o vasto instrumental estatal posto à serviço da sociedade, ao lado do Direito Civil, Administrativo, Tributário etc., sendo considerado o ramo do

[1] DURKHEIM, Émile. *Las Reglas del Método Sociológico*. Espanha: Morata, 1978, p. 83.

Direito mais agudo, de mais contundente intervenção e sanção aos infratores (ex: privação da liberdade), apresentando-se com o status de *ultima ratio*.

A intervenção do Direito Penal não é máxima, mas *mínima*. Sendo o mais intenso mecanismo de controle social formal, o Direito Penal somente deverá intervir para a proteção dos bens jurídicos mais importantes, quando os demais ramos do Direito se mostrarem insuficientes (princípio da intervenção mínima), como *ultima ratio*. Também não há necessidade de intervenção penal sem que haja lesão ou perigo de lesão ao bem jurídico (*nulla necessitas sine injuria*), o que revela o princípio da ofensividade ou lesividade, uma das limitações do poder punitivo do Estado (**questão discursiva**[2]).

2. DIREITO PENAL

2.1. Conceito e características

O Direito Penal, ramo autônomo do direito público[3], é conceituado como um conjunto de *princípios* e *regras* que definem os crimes e cominam as sanções penais correlatas, regulamentando o poder punitivo do Estado.

Juarez Cirino assim definiu o Direito Penal:

> "O Direito Penal é o setor do ordenamento jurídico que define crimes, comina penas e prevê medidas de segurança aplicáveis aos autores das condutas incriminadas"[4].

São características do Direito Penal: ciência cultural, normativa, valorativa, finalista e sancionadora. Explicando rapidamente, o Direito Penal é uma ciência: **cultural**, pois cuida do *dever ser* (ciências culturais), e não do *ser* (ciências naturais); **normativa**, porque tem como objeto o estudo da norma; **valorativa**, pois possui sua escala própria de valores; **finalista**, por ser estruturada com a finalidade essencial de proteção dos bens jurídicos

[2] Na prova discursiva do concurso para o cargo de Juiz Federal Substituto (TRF2), realizada pelo CESPE-UNB/CEBRASPE em 2011, foi formulada a seguinte **questão discursiva**: "Em que consiste o princípio *nulla necessitas sine injuria* e qual a sua repercussão no Direito Penal?".

[3] Modernamente, tem-se entendido que o Direito é uno e indivisível, pelo que estaria superada a tradicional dicotomia *Direito Público* x *Direito Privado*.

[4] SANTOS, Juarez Cirino dos. *Direito Penal. Parte Geral. 7ª Ed.* Florianópolis: Empório do Direito, 2017, p. 3.

fundamentais e, por fim, **sancionadora**, na medida em que protege a ordem jurídica, cominando sanções aos infratores.

2.2. Funções

A principal função do Direito Penal é a proteção de bens jurídicos fundamentais. Mas a doutrina ainda tem identificado outras funções.

Função ético-social (Welzel): revela a celebração de compromissos éticos entre o Estado e o indivíduo, pelos quais se consiga o respeito às normas penais menos por receio de punição e mais pela convicção de sua necessidade e justiça. Sendo assim, o Direito Penal busca promover a formação de um *juízo ético* nos cidadãos, que passam a ter delineados quais os valores fundamentais para o convívio do homem em sociedade. Para Welzel, a missão primária do Direito Penal não seria a tutela de bens jurídicos, mas assegurar a real observância dos valores da consciência jurídica[5].

Função preventiva: surge como consequência lógica da função ético-social. Num primeiro plano, o Direito Penal funciona garantindo a segurança e a estabilidade do juízo ético-social e, em um segundo nível – que retrata a função preventiva –, fixa as consequências jurídico-penais da infração ao ordenamento jurídico, com viés intimidativo (efeito preventivo).

Além dessas duas funções mencionadas, ainda são identificadas **outras funções** do Direito Penal: função motivadora, promocional, de redução da violência estatal e ainda, em tom mais crítico, a função simbólica.

2.3. Fontes

Fonte é o nascedouro; de onde o direito objetivo provém. As fontes podem ser classificadas em materiais ou formais.

Fontes materiais ou de produção são aquelas responsáveis pela criação do direito objetivo. Em matéria penal, a fonte material é a União, que detém competência privativa para legislar sobre Direito Penal (CF, art. 22, I).

Fontes formais ou de cognição são os meios de expressão do Direito, que revelam o direito objetivo aplicável. A fonte formal *imediata* é a lei em

[5] WELZEL, Hans. *Derecho Penal Alemán*. 11ª Ed. Trad. Juzn Bustos Ramírez y Sergio Pérez. Editora Jurídica de Chile, 1997, p. 3.

sentido amplo. As fontes formais *mediatas* são os costumes e os princípios gerais do Direito. A lei penal poderá ser integrada pelos costumes e princípios gerais do Direito, lembrando que, no sistema brasileiro, o costume não revoga a lei, não sendo admitido o costume *contra legem* (LINDB, art. 2º, §1º).

No âmbito da competência privativa da União, lei complementar poderá autorizar os Estados-membros a legislar sobre questões específicas em matéria penal (CF, art. 22, parágrafo único). Como exemplo clássico, podemos citar a proteção da vitória régia no Estado do Amazonas.

> **Crise das fontes**: na doutrina contemporânea, fala-se em *crise na teoria das fontes*: privilegia-se a lei em detrimento da Constituição. Conforme veremos no Capítulo 26, diante do fenômeno da *constitucionalização do Direito* e dos reflexos do *neoconstitucionalismo*, a Constituição passou a assumir papel central na interpretação e aplicação do Direito, havendo uma necessidade de releitura de todo o Direito Penal.

É vedada a edição de medida provisória sobre Direito Penal (CF, art. 62, §1º, I, *b*). Mas existe corrente doutrinária no sentido de que seria possível a edição de medida provisória em matéria penal para beneficiar o réu.

Lembramos ainda que, para a doutrina tradicional, a jurisprudência não é considerada fonte do Direito, mas uma forma de sua aplicação. No entanto, na atualidade, após a entrada em vigor do CPC/2015, que instituiu um microssistema de precedentes vinculantes, a doutrina contemporânea tem entendido que a jurisprudência pode ser vista como fonte do direito.

3. CIÊNCIAS PENAIS

3.1. Criminologia, Política Criminal e Direito Penal

O Direito Penal não é isolado, pois interage com outras ciências penais para uma melhor compreensão do fenômeno criminal.

A Criminologia, a Política Criminal e o Direito Penal são os **três pilares** do sistema das ciências criminais, sendo inseparáveis e interdependentes. Conforme explica Luiz Regis Prado, "são ciências que se distinguem, mas que não se separam; antes se complementam"[6]. No atual estágio evolutivo, o criminalista contemporâneo não pode permanecer alheio às ciências penais que interagem com o Direito Penal.

A **Criminologia** investiga as causas do fenômeno criminal com base no método experimental, analisando o mundo do *ser* (**fato**).

A **Política Criminal** constitui a sistematização de estratégias, táticas e meios de controle social da criminalidade, com o propósito de sugerir e orientar reformas na legislação positivada. O objetivo é manter os índices de criminalidade em níveis toleráveis[7], analisando *como* deve ser (**valor**). A Política Criminal representa a ponte entre a Criminologia e o Direito Penal[8].

A Política Criminal de um país revela-se no campo legislativo, de acordo com as opções políticas do legislador (Constituição, leis etc.). No Brasil, a Constituição de 1988 adotou a **política criminal garantista.**

> **Movimentos de política criminal**: com a expansão do poder punitivo diante do trinômio medo, risco e segurança, em alguns países, ganharam força notáveis *movimentos repressivistas*, como os movimentos da lei e ordem (*law and order*), da tolerância zero (*zero tolerance*) e do Direito Penal do Inimigo. No entanto, em reação ao repressivismo, surgiram importantes *movimentos não repressivistas* (abolicionismo, minimalismo e justiça restaurativa). Esses movimentos são opções políticas e decorrem da Constituição e das leis de cada país. Diante da importância do tema, estudaremos cada um desses movimentos mais à frente, no Capítulo 3.

Voltando à tríade das ciências penais, o **Direito Penal**, por sua vez, analisa os fatos humanos perigosos e tipifica criminalmente as condutas indevidas através de normas penais, de acordo com o método dedutivo (parte da situação geral para o particular), atuando no plano do *dever ser* (**norma**).

Para uma visão geral e panorâmica sobre os três pilares das ciências penais, observe o seguinte **quadro estratégico**:

---

[6] PRADO, Luiz Regis. *Curso de Direito Penal Brasileiro*. 12ª Ed. São Paulo: Revista dos Tribunais, 2013, p. 73.

[7] GOMES, Luiz Flávio; MOLINA, Antônio Garcia-Pablos de. *Criminologia*. São Paulo: Revista dos Tribunais, 2008, p. 163.

[8] GARCIA, Basileu. *Instituições de Direito Penal. Vol. 1. Tomo I.* 7ª Ed. Série Clássicos Jurídicos. São Paulo: Saraiva, 2008, p. 78.

CIÊNCIAS PENAIS (diferenças)	CRIMINOLOGIA	POLÍTICA CRIMINAL	DIREITO PENAL
Finalidade	Estuda o crime, o criminoso, a vítima e o comportamento social. É uma ciência empírica.	Traça diretrizes para controlar a criminalidade. É a ponte entre a criminologia e o Direito Penal.	Analisa fatos humanos perigosos, tipificando infrações penais e cominando sanções penais. É uma ciência formal.
Objeto	Crime enquanto **fato** (o que é).	Crime enquanto **valor** (como deve ser).	Crime enquanto **norma** (o que deve ser).
Método	Indutivo (parte da situação concreta até chegar à conclusão generalizada).	Depende das opções políticas.	Dedutivo (parte da situação geral para a particular).
Exemplo (homicídio)	Analisa o fenômeno do homicídio, o homicida, o ofendido e o comportamento da sociedade.	Estuda formas de combate e diminuição do homicídio.	Define o crime de homicídio.

Conforme lembra Basileu Garcia, ainda existem **outras ciências penais**: Antropologia Criminal, Sociologia Criminal, Psicologia Criminal, Psiquiatria Criminal, Estatística Criminal, Penologia e outras ciências auxiliares[9]. A Sociologia Criminal busca promover a explicação do crime como fenômeno coletivo cuja origem pode ser encontrada nas mais variadas causas sociais, como a pobreza, a educação, a família e o ambiente moral.

3.2. Estatística Criminal e cifras da criminalidade: cifras negra, dourada, cinza, amarela, verde, azul e rosa

O crime é variável no tempo e no espaço. É impossível o cálculo exato da quantidade de crimes, como também do número exato de criminosos. Para ambos os casos concorre a chamada **cifra negra** da criminalidade (*dark number*), identificada como aquela que não figura nas estatísticas oficiais porque sua ocorrência não foi levada a registro das autoridades.

[9] GARCIA, Basileu. *Op. Cit.*, p. 67-79.

Cifra significa "qualquer algarismo", "número". Na literatura especializada, a expressão "**cifras da criminalidade**" é utilizada para designar os *crimes que não chegam ao conhecimento das autoridades.*

Além da **cifra negra**, que é uma expressão genérica que abrange todos os crimes, a doutrina tem utilizado outras denominações para uma maior especificação dos delitos, de acordo com sua categoria.

Para uma visão panorâmica, confira o **quadro estratégico** abaixo:

CIFRAS DA CRIMINALIDADE (Crimes que não chegam ao conhecimento das autoridades)	
Cifra negra	Expressão genérica que abrange todos os crimes
Cifra dourada	Crimes de colarinho branco
Cifra cinza	Ocorrências registradas apenas perante as autoridades policiais, mas que não chegam à fase judicial por qualquer motivo
Cifra amarela	Crimes praticados por funcionários públicos
Cifra verde	Crimes contra o meio ambiente
Cifra azul	Crimes econômicos praticados por pessoas menos favorecidas
Cifra rosa	Crimes de homofobia

4. TEORIAS CONTEMPORÂNEAS

4.1. Direito Penal de emergência, Direito Penal simbólico e Direito Penal Promocional

O **Direito Penal de emergência** retrata a utilização, pelo Estado, da legislação criminal para limitar e diminuir as garantias penais e processuais para o controle da criminalidade. É impulsionado pela sensação de insegurança gerada na sociedade, que passa a clamar por punições cada vez mais rigorosas e pela diminuição de direitos e garantias dos criminosos.

No viés emergencial, fala-se na edição de "**leis penais emergenciais**" com reformas pontuais na legislação, o que não significa dizer que haverá melhora na eficiência da política criminal. Mas de acordo com a doutrina, o Direito Penal de emergência pode ser utilizado tanto pelo legislador quanto pelo juiz. Ferrajoli reprova a vertente emergencial, argumentando se tratar de uma política criminal frustrada que não observa o garantismo penal.

O CESPE-UNB/CEBRASPE considerou **incorreta** a assertiva de que no Poder Judiciário não se adota o Direito Penal de emergência: essa função é desempenhada exclusivamente pelo Poder Legislativo[10].

Já a expressão **Direito Penal simbólico** foi utilizada por Cancio Meliá para identificar que tutelas simbólicas pelo Direito Penal têm apenas a intenção de dar à sociedade a impressão de que o Estado possui o controle da criminalidade, proporcionando uma tranquilização ilusória. O fenômeno é concebido como uma falha do Estado[11]. O Direito Penal de emergência e o Direito Penal simbólico costumam levar a efeito práticas do chamado Direito Penal do autor e do movimento do Direito Penal do inimigo.

Por fim, o denominado **Direito Penal promocional** representa a utilização das leis penais para promoção com finalidades políticas, por se tratar relevante instrumento para a transformação social.

4.2. Direito Penal subterrâneo e Direito Penal paralelo

Essas denominações identificam o exercício do poder punitivo pelo Estado à margem da lei (Direito Penal subterrâneo) ou por setores que não fazem parte do poder punitivo formal (Direito Penal paralelo).

Segundo Zaffaroni, o sistema penal *stricto sensu* corresponde ao controle social punitivo institucionalizado, abrangendo as "agências" formais de controle, tais como o legislador, juízes, promotores, polícia etc.[12].

Em sentido amplo, há o sistema penal paralelo (**Direito Penal paralelo**), que é aquele exercido por setores que não fazem parte do poder punitivo formal, mas que também exercem poder sancionador. Ex: banimento

---

[10] Prova objetiva do concurso para o cargo de defensor público (DPE-PE), realizada em 2018.

[11] JACKOBS, Günter; MELIÁ, Manuel Cancio. *Direito Penal do Inimigo: Noções e Críticas*. Porto Alegre: Livraria do Advogado, 2012, p. 58.

[12] ZAFFARONI, Eugênio Raul; BATISTA, Nilo; ALAGIA, Alejandro; SLOKAR, Alejandro. *Direito Penal Brasileiro*. 4ª Ed. Rio de Janeiro: Revan, 2011, p. 69-70.

de atletas pelas federações esportivas em caso de *dopping*, sanções administrativas que inviabilizam empreendimentos e multas de elevado valor.

Na doutrina, o **Direito Penal subterrâneo** seria aquele exercido de modo "baixo" pelos órgãos que compõem o sistema punitivo formal do Estado, de forma arbitrária, à margem da lei, contando em muitos casos com a complacência dos demais órgãos que integram o poder punitivo estatal. Nessa atuação estatal baixa ou subterrânea, são aplicadas a pena de morte, desaparecimentos, sequestros, torturas, dentre outras arbitrariedades.

4.3. Direito Penal do autor e Direito Penal do fato

De acordo com o *princípio do fato*, o Estado somente pode incriminar condutas humanas voluntárias (fatos), e nunca pensamentos ou estilos de vida. Desse modo, o princípio não permite que o Direito Penal tenha por objeto intenções, pensamentos e atitudes internas das pessoas enquanto não exteriorizada a conduta delitiva[13]. Assim, não é possível a criação de normas incriminadoras da personalidade ou do estilo de vida do agente. A repressão penal somente é admitida pelo que a pessoa fez, e nunca pelo que ela é.

O **Direito Penal do fato** informa que o criminoso deve ser punido em razão dos atos exteriorizados (*fatos praticados*), ou seja, pelo que ele fez, e não por simples pensamentos ou estilo de vida. É a posição mais aceita.

Já o **Direito Penal do autor** pretende punir uma pessoa pelo que ela é, ou seja, pelo seu modo de ser ou estilo de vida, e não pelos fatos praticados. O delito é visto como um sintoma de um estado do autor, mecânica ou moralmente inferior ao das pessoas consideradas normais[14]. Para essa vertente (não aceita), seria possível a ampliação da tipicidade delitiva para abranger os atos preparatórios. Conforme veremos, segundo a doutrina, o movimento do Direito Penal do inimigo é uma forma de Direito Penal do autor.

Doutrina e jurisprudência têm repudiado o chamado "Direito Penal do autor", por ser contrário ao princípio do fato. Entretanto, devemos esclarecer que o Direito Penal do autor é proibido apenas em prejuízo do réu, sendo permitida sua utilização em favor do réu, nos termos do princípio do *favor rei*.

[13] GOMES, Luiz Flávio. *Princípio da Ofensividade no Direito Penal*. São Paulo: Revista dos Tribunais, 2002, p. 41.
[14] ZAFFARONI, Eugênio Raul. *Et. Alii. Op. Cit.*, p. 131-132.

> **Direito Penal do autor às avessas**: reflete a utilização do Direito Penal do autor para beneficiar o réu, vale dizer, revela a tentativa de utilizar de argumentos sobre a condição social do agente para absolvê-lo, ao invés de condená-lo. Seria, por exemplo, como afirmar que a prisão de um grande empresário por crimes contra a ordem tributária resultaria em um prejuízo para a sociedade (que ficaria sem aquela atividade empresarial) e que, por isso, ele não deveria ser condenado. Note-se que o Direito Penal do autor "comum" se utiliza de um etiquetamento para condenar. No Direito Penal do autor às avessas, o etiquetamento é para absolver ou reduzir a pena. Nos dois casos, importa mais a condição do autor do que o fato praticado.

O CESPE-UNB/CEBRASPE considerou **correta** a assertiva de que o direito penal do autor poderá servir de fundamento para a redução da pena quando existirem circunstâncias pessoais favoráveis ao acusado[15].

No Brasil, o Direito Penal do fato decorre do sistema constitucional, podendo ser extraído do princípio da dignidade da pessoa humana (CF, art. 1º, III). Por essa razão, são consideradas materialmente inconstitucionais ou não recepcionadas as leis editadas sob a vertente do Direito Penal do autor.

> **STF, Tema 113 (repercussão geral)**: "O art. 25 da Lei de Contravenções Penais (Decreto-lei 3.688/1941)[16] não foi recepcionado pela Constituição de 1988, por violar os princípios da dignidade da pessoa humana (CF, art. 1º, III) e da isonomia (CF, art. 5º, caput e I)" (STF, RE 583523, Pleno, Rel. Min. Gilmar Mendes, DJe-208 22/10/2014).

Embora o Brasil tenha adotado o Direito Penal do fato, que se volta para o comportamento do agente, é possível que circunstâncias subjetivas do autor da conduta sejam levadas em consideração para fins de **dosimetria da pena**. Ex: antecedentes e personalidade do agente (CP, art. 59). Mas atenção: não há consenso na doutrina se isso é resquício do Direito Penal do autor, já que decorre do princípio **individualização da pena** (CF, art. 5º, XLVI).

O CESPE-UNB/CEBRASPE considerou **incorreta** a assertiva de que a doutrina brasileira consolidou o entendimento de que a análise das

---

[15] Prova objetiva do concurso para o cargo de Delegado de Polícia (PCMA), realizada em 2018.

[16] LCP, art. 25: "Ter alguém em seu poder, depois de condenado, por crime de furto ou roubo, ou enquanto sujeito à liberdade vigiada ou quando conhecido como vadio ou mendigo, gazuas, chaves falsas ou alteradas ou instrumentos empregados usualmente na prática de crime de furto, desde que não prove destinação legítima: Pena – prisão simples, de dois meses a um ano, e multa de duzentos mil réis a dois contos de réis".

circunstâncias pessoais do agente, em especial os antecedentes, configura resquício do chamado direito penal do autor, de acordo com o qual as pessoas são punidas em razão de sua personalidade criminosa, isto é, considerando-se o perigo que sua personalidade representa à sociedade, e não somente em razão da prática do ilícito penal — direito penal do fato[17].

4.4. Velocidades do Direito Penal

As velocidades do Direito Penal são relacionadas aos ritmos da intervenção punitiva estatal no combate à criminalidade. Segundo Silva Sánchez, existem **três velocidades** do Direito Penal[18]. Porém, a doutrina mais recente ainda identifica uma *quarta velocidade* (**questão discursiva**[19]).

Para uma rápida visualização, observe a **simbologia estratégica**:

1ª velocidade	2ª velocidade	3ª velocidade	4ª velocidade

Direito Penal liberal-clássico Pena privativa de liberdade + garantias rígidas	**Flexibilização** Penas alternativas + flexibilização das garantias	**Ecletismo** Mescla das velocidades anteriores.	**Direito Penal Internacional** Chefes de Estado e violação de direitos humanos (flexibilização de garantias)

1ª velocidade: centra-se na utilização da pena privativa de liberdade e na fixação de garantias rígidas. É o modelo do Direito Penal liberal-clássico.

2ª velocidade: há flexibilização de garantias, conjugada com a promoção de aplicação de penas alternativas, como opção distinta do cárcere. Essa tendência foi iniciada no Brasil com a Lei n.º 9.099/95.

[17] Prova objetiva do concurso para o cargo de Juiz Federal Substituto (TRF5), realizada em 2009.

[18] SILVA SÁNCHEZ, Jesús – María. *A expansão do Direito Penal*. Trad. Luiz Otávio de Oliveira Rocha. São Paulo: RT, 2002.

[19] Na prova discursiva do concurso para o cargo de Juiz de Direito (TJAL), realizada pelo CESPE-UNB/CEBRASPE em 2008, foi formulada a seguinte **questão discursiva**: "Discorra acerca das velocidades do direito penal, abordando especialmente o direito penal de terceira velocidade, citando exemplos e reflexos, quer no direito penal, quer no direito processual penal".

3ª velocidade: é uma mescla das velocidades anteriores. Volta a enfatizar a aplicação pena privativa de liberdade (traço da primeira velocidade), mas permite a flexibilização das garantias processuais e materiais do infrator (característica da segunda velocidade). No Brasil, essa tendência pode ser observada a partir da Leis ligadas aos Crimes Hediondos (Lei n.º 8.072/90) e às Organizações Criminosas (Leis 9.034/95 e 12.850/2013).

Para fins de memorização, observe a **simbologia estratégica** abaixo:

3ª velocidade

Direito Penal do Inimigo
Pena privativa de liberdade + flexibilização das garantias

A **terceira velocidade** do Direito Penal reflete o chamado **Direito Penal do Inimigo** (Jakobs), movimento repressivista de política criminal baseado na dualidade "Direito Penal do cidadão" e "Direito Penal do Inimigo". Estudaremos o tema com maiores detalhes no Capítulo 3.

4ª velocidade *(neopunitivismo)*: possui relação com o Direito Penal Internacional e a aplicação de punições pelo Tribunal Penal Internacional (TPI). Versa sobre flexibilização de garantias de réus que atuaram como Chefe de Estado e que, no exercício do poder, violaram gravemente tratados internacionais de direitos humanos. Enfim, a quarta velocidade trata da punição de altas autoridades por crimes contra a humanidade.

4.5. Criminalização primária, secundária e terciária

No sistema jurídico-penal, o processo de criminalização de uma conduta passa por algumas etapas, que vão desde a edição da lei até a execução da pena, devendo o leitor ficar atento (**questão discursiva**[20]).

[20] Na prova oral do concurso para o cargo de defensor público da União (DPU), realizada pelo CESPE-UNB/CEBRASPE em 2018, foi formulada a seguinte **questão oral**: "Considerando a seletividade do sistema penal brasileiro, comente a sua incidência em cada uma das etapas do processo de criminalização".

Para uma rápida visualização, observe o **quadro estratégico** abaixo:

PROCESSO DE CRIMINALIZAÇÃO (Etapas)		
Criminalização primária	**Criminalização secundária**	**Criminalização terciária**
Edição da lei penal	Aplicação concreta da lei penal	Execução penal

Criminalização primária: representa a edição da norma penal incriminadora. Suas características são a *igualdade* e a *abstração*, uma vez que a lei penal é genérica e dirigida a todos, sendo, portanto, uma etapa que possui conexão com os princípios da legalidade e da igualdade.

Criminalização secundária: retrata a aplicação concreta da lei penal (violação do bem jurídico e aos danos causados), tendo por características a *seletividade* e a *vulnerabilidade*. Argumenta-se que há uma forte tendência do poder punitivo do Estado ser exercido sobre pessoas previamente escolhidas (selecionadas) em razão de suas fraquezas (vulnerabilidades), a exemplo dos moradores de rua, prostitutas e usuários de drogas. Essa vertente é analisada pela **teoria do etiquetamento** (*labeling approach*), que veremos adiante.

O CESPE-UNB/CEBRASPE considerou **incorreta** a assertiva de que a criminalização secundária tem como características a igualdade e a abstração, uma vez que a lei penal é genérica e a todos dirigida[21].

Criminalização terciária: refere-se ao ingresso do indivíduo no sistema penal para o cumprimento da pena (execução penal).

4.6. Teoria do etiquetamento (*labelling approach*)

Também conhecida como interacionismo simbólico, teoria da rotulação ou teoria da reação social, a *teoria do etiquetamento* surgiu nos EUA na década de 1960, tendo por base a obra de Émile Durkheim. Seu principal representante foi Howard Becker.

O leitor que se prepara para concursos públicos deve ficar atento, pois o tema tem sido cobrado nos certames mais recentes.

[21] Prova objetiva do concurso para o cargo de Delegado de Polícia (PCMA), realizada em 2018.

Como ponto de partida, observe **simbologia estratégica** abaixo:

Teoria do etiquetamento
(*labelling approach*)

Rótulos ou etiquetas sociais

De acordo com a **teoria do etiquetamento** (*labelling approach*), a criminalidade é vista como resultado de um processo de interação social – seletivo e discriminatório –, que atribui a qualidade de conduta desviada a determinado comportamento e etiqueta seu autor como delinquente, sendo resultado do controle social (**questão discursiva**[22]).

Segundo Becker, "os grupos sociais criam o *desvio* ao fazer as regras cuja infração constitui o desvio e aplicar ditas regras a certas pessoas em particular e qualificá-las de marginais (estranhos)"[23]. Na doutrina brasileira, Luiz Flávio Gomes e Antônio Molina apontam que a *desviação* não é uma qualidade intrínseca da conduta, senão uma qualidade que lhe é atribuída por meio de complexos processos de interação social, processos estes que, segundo os juristas citados, são altamente seletivos e discriminatórios[24].

Esse modelo de observação funda-se na ideia de que a intervenção do Estado na esfera criminal pode agravar a criminalidade, tendo em vista que a prisão e o contato com outros presos apresentam-se como condições favoráveis para a criação de mais criminosos. Em outras palavras, a criminalidade seria criada pelo próprio **controle social**.

[22] Na prova discursiva do concurso para o cargo de Delegado de Polícia (PCMA), realizada pelo CESPE-UNB/CEBRASPE em 2018, foi formulada a seguinte **questão discursiva**: "Segundo Becker (Los extraños. 1971, p. 19), 'os grupos sociais criam o desvio ao fazer as regras cuja infração constitui o desvio e aplicar ditas regras a certas pessoas em particular e qualificá-las de marginais (estranhos)'. Tratando a respeito da mesma teoria, Gomes e Molina afirmam que a 'desviação não é uma qualidade intrínseca da conduta, senão uma qualidade que lhe é atribuída por meio de complexos processos de interação social, processos estes altamente seletivos e discriminatórios'. Considerando o texto acima, redija um texto dissertativo acerca da teoria defendida por Becker e explanada por Gomes e Molina. Em seu texto, atenta ao que se pede a seguir. 1 Informe a denominação dessa teoria 2 Apresente as influências e a tese central da teoria em questão 3 Discorra sobre crime e criminoso sob a perspectiva da referida teoria".

[23] BECKER, H. *Los Estraños: sociología de la desviación*. Buenos Aires: Tiempo Contemporáneo, 1971, p. 19.

[24] MOLINA, Antônio García-Pablos; GOMES, Luiz Flávio. *Op. Cit.*, p. 385.

Sobre o tema, vale conferir a reflexão de Alessandro Baratta:

> "[...] a intervenção do sistema penal, especialmente as penas detentivas, antes de terem um efeito reeducativo sobre o delinquente, determinam, na maioria dos casos, uma consolidação da identidade desviante do condenado e o seu ingresso em uma verdadeira e própria carreira criminosa"[25].

O CESPE-UNB/CEBRASPE considerou **incorreta** a assertiva de que a *labelling approach* enxerga o comportamento criminoso como motivado por razões ontológicas ou intrínsecas, e não como decorrente do sistema de controle social[26].

A teoria do etiquetamento parte dos conceitos de "**conduta desviada**" e "**reação social**", como termos interdependentes, para formular sua **tese central**: a de que o desvio e a criminalidade não são qualidades intrínsecas da conduta ou algo próprio e pré-constituído à reação social e penal. São vistos como qualidades (etiqueta) atribuídas a determinados sujeitos por meio de complexos processos de interação social, sendo a criminalidade considerada um produto decorrente do próprio sistema de controle social.

Segundo Edwin Lemert, o desvio pode ser *primário*, o que decorre de fatores sociais, culturais ou psicológicos, ou *secundário*, que figura como consequência da incriminação, da estigmatização, da reação social negativa a respeito daquele *outsider*[27]. Conforme explica Sumariva, a etiqueta ou rótulo (por meio do atestado de antecedentes e a divulgação nos meios de divulgação, notadamente nos jornais sensacionalistas) acaba por afetar o indivíduo, gerando a expectativa social de que a conduta venha a ser novamente praticada, perpetuando o comportamento do delinquente e aproximando os indivíduos rotulados uns dos outros[28].

4.7. Privatização do Direito Penal

A privatização do Direito Penal representa a preocupação do Estado, cada vez mais, com os **interesses privados da vítima** no contexto criminal.

[25] BARATTA, Alessandro. *Criminologia Crítica e Crítica do Direito Penal: Introdução à Sociologia do Direito Penal*. 3ª Ed. Rio de Janeiro: Revan, 2002, p. 90-91.

[26] Prova objetiva do concurso para o cargo de defensor público (DPE-PE), realizada em 2018.

[27] *Apud* BARATTA, Alessandro. *Op. Cit.*, p. 89.

[28] SUMARIVA, Paulo. *Criminologia: Teoria e Prática*. Niteroi: *Impetus*, 2015, p. 69.

Ao longo dos anos, diversos institutos penais e processuais penais foram criados mais para a tutela dos interesses privados da vítima do que sob o enfoque da punição e disciplina dos direitos do acusado.

No Direito Penal, por exemplo, temos a *vontade da vítima* levada em consideração para início da persecução penal nos crimes de ação penal privada e de ação penal pública condicionada à representação do ofendido, ou mesmo para a extinção da punibilidade em determinadas hipóteses (renúncia, perdão do ofendido, composição dos danos civis etc.), conforme se verifica nos arts. 100 e 107, V, do CP e art. 74, parágrafo único, da Lei n.º 9.099/95.

Além disso, o legislador penal tem estimulado a *reparação do dano* como requisito para que o acusado ou condenado tenha acesso a benefícios legais: (a) causa de diminuição da pena por arrependimento posterior (CP, art. 16); (b) progressão de regime nos crimes contra a Administração Pública (CP, art. 33, §4º); (c) reparação do dano como circunstância atenuante (CP, art. 65, III); (d) suspensão condicional da pena (CP, arts. 78, §2º e 81, II); (e) livramento condicional (CP, art. 83, IV); (f) efeito genérico da condenação (CP, art. 91, I) e (g) reabilitação criminal (CP, art. 94, III).

4.8. Teoria do cenário da bomba relógio (*tincking bomb scenario teory*)

A teoria do cenário da bomba relógio propõe a **relativização da proibição da tortura** em situações excepcionais (CF, art. 5º, III).

O tema foi cobrado na prova para o cargo de Promotor de Justiça do Estado de Goiás[29]. Imagine-se, por exemplo, que um terrorista, envolvido em ataque iminente a centenas de pessoas, seja capturado pelas autoridades e se recuse a revelar o local onde a bomba relógio está escondida. Verificando-se que ele não colaborará, surge então o seguinte dilema: deve-se preservar sua integridade física de modo absoluto, permitindo a morte de centenas de pessoas inocentes, ou relativizar a proibição da tortura diante desse cenário?

Nesse contexto, sob inspiração da obra "*Les centurions*", de Jean Laterguy, na qual se narra que o protagonista descobre um ataque iminente de terroristas, que haviam armado várias bombas relógio, surgiu na doutrina a **teoria do cenário da bomba relógio** (*tincking bomb scenario teory*), segundo a qual, em situações excepcionais, admite-se a tortura do terrorista para fins de localização da "bomba relógio", com o objetivo de salvar as vidas de múltiplas pessoas que se encontram situação concreta de grave perigo.

[29] Realizado no ano de 2014, Banca MPE-GO.

Para fins de memorização, observe a **ilustração estratégica** abaixo:

Teoria do cenário da bomba relógio
(tincking bomb scenario teory)

A teoria é aceita no direito norte-americano, diante da política criminal repressivista lá existente. No Brasil, há **divergência**. *1ª corrente*: não deve ser admitida, por abrir espaço para mecanismos bárbaros de investigação. *2ª corrente*: é compatível em situações excepcionais, como forma estado de necessidade. *3ª corrente*: é admitida de modo excepcional, como forma de legítima defesa de terceiros. *4ª corrente*: é aceita em situações extremas, diante do conflito entre bens constitucionais, sendo necessária prévia autorização judicial ("mandado de tortura") ou ratificação posterior.

Na doutrina, prevalece que teoria do cenário da bomba relógio **não é compatível** com o direito brasileiro (Lei 9.455/97 – Crimes de Tortura).

4.9. Síndrome de Alice e o Direito Penal da Fantasia

O sistema penal deve apresentar maior efetividade no combate à criminalidade moderna, pois *não vivemos em um conto de fadas*.

As expressões "Síndrome de Alice" e "Direito Penal da Fantasia" remetem à obra literária "Alice no País das Maravilhas", de autoria de Charles Lutwidge Dogson, publicada em 1865 sob o pseudônimo Lewis Carroll. O conto narra as aventuras de Alice, que, após cair em uma toca de coelho, é transportada para um lugar fantástico, totalmente dissociado da realidade.

Contextualizando a questão com o Direito Penal, trata-se de temática apresentada como **crítica e reação ao excesso garantista quando considera as garantias do acusado absolutamente intocáveis**, sem se importar com a gravidade e a natureza dos crimes praticados.

Sobre o tema, vale conferir as reflexões de Bedê Jr. e Gustavo Senna:

> "É fundamental que o direito e o processo penal tenham maior efetividade no enfrentamento da criminalidade moderna. E isso não representa em hipótese alguma um discurso autoritário, arbitrário, como tende a entender certa parcela da doutrina, que, de forma generalizada, tacha de 'neonazistas', de retrógrados, de defensores do movimento da lei e da ordem, do direito penal do inimigo, de antidemocráticos, de filhotes da ditadura etc. todos aqueles que advogam a restrição de algumas garantias processuais em casos limites de criminalidade grave, e isso quando é de conhecimento notório que os direitos e garantias fundamentais não são absolutos [...] Essa postura preconceituosa e antidemocrática de certa parcela da doutrina revela um comportamento típico de que foi acometido, pode-se dizer, pela '**síndrome de Alice**', pois mais parece viver um *mundo no qual não existem terroristas, nem organizações criminosas nacionais e internacionais a comprometer as estruturas dos próprios Estados e, por conseguinte, o bem-estar da coletividade e a sobrevivência humana*"[30].

Assim como Alice, alguns garantistas "idealistas" têm uma falsa percepção da realidade, pensando o sistema penal como se vivêssemos em um mundo perfeito, *de fantasias*, onde o Estado é visto como um grande algoz e as garantias do criminoso absolutamente intocáveis (garantismo hiperbólico).

4.10. Neocriminalização

A **neocriminalização** representa a atividade estatal de agravar as hipóteses já previstas de crimes, ampliando seus contornos típicos, aumentando as penas ou reduzindo as garantias processuais do acusado.

Essa é outra tendência contemporânea que pode ser observada, por exemplo, pela Lei n.º 8.072/90 (Crimes Hediondos), Lei n.º 12.850/2013 (Organizações Criminosas) e Lei n.º 13.869/2019 (Abuso de Autoridade).

[30] JUNIOR, Américo Bedê; SENNA, Gustavo. *Princípios do Processo – entre o garantismo e a efetividade da sanção*. São Paulo: Revista dos Tribunais, 2009, p. 26-28.

CAPÍTULO 2
PRINCÍPIOS DO DIREITO PENAL

1. INTRODUÇÃO

O Direito Penal é estruturado a partir de alguns princípios, que são a base do sistema penal. Em comparação com a edificação de um imóvel, os princípios seriam equivalentes ao alicerce e às vigas de sustentação.

Nas últimas décadas, com a expansão do *pós-positivismo*, a teoria dos princípios tem apresentado desenvolvimento a passos largos, com importantes contribuições de estudiosos da matéria (*cf.*, Ronald Dworkin, Robert Alexy, Humberto Ávila, Canotilho, dentre outros) [1]. Os limites deste trabalho não nos permitem descer a minúcias sobre a teoria geral dos princípios. Em nosso estudo, abordaremos apenas os pontos fundamentais naquilo em que sejam indispensáveis à compreensão da principiologia do Direito Penal.

A definição de princípio mais conhecida na doutrina brasileira é apresentada por Celso Antônio Bandeira de Mello:

> "Princípio é, pois, por definição, mandamento nuclear de um sistema, verdadeiro alicerce dele, disposição

---

[1] ALEXY, Robert. *Teoría de Los Derechos Fundamentales*. Ernesto Garzón Valdés (trad.). Madrid: Centro de Estúdios Políticos y Constitucionales, 2002; CANOTILHO, Joaquim José Gomes. *Direito Constitucional e Teoria da Constituição*. 7ª Ed. Lisboa: Almedina, 2003; DWORKIN, Ronald. *Levando os direitos a sério*. Tradução de Nelson Boeira. 2 Ed. São Paulo: Martins Fontes, 2007. Título original: Taking rights seriously; ÁVILA, Humberto. *Teoria dos Princípios*. 12ª Ed. São Paulo: Malheiros, 2011.

> fundamental que se irradia sobre diferentes normas, compondo-lhes o espírito e servindo de critério para exata compreensão e inteligência delas, exatamente porque define a lógica e a racionalidade do sistema normativo, conferindo-lhe a tônica que lhe dá sentido harmônico"[2].

Simplificando as lições do jurista, podemos dizer que princípio é uma **espécie de norma** que consubstancia um mandamento nuclear do sistema, servindo de norte à criação, interpretação e aplicação do direito objetivo.

Após a Segunda Guerra Mundial, a teoria jurídica apresentou significativo desenvolvimento. Com a afirmação do *pós-positivismo*, ganharam relevo a normatividade dos princípios e a distinção qualitativa entre duas espécies de normas: **princípios** e **regras**. Os princípios possuem um grau de abstração maior, podem ser concretizados em diferentes graus e são concebidos como *mandados de otimização*. Na hipótese de colisão, submetem-se à técnica da ponderação. Já as regras revelam um grau de abstração menor, são *mandados de definição* e operam pela técnica da subsunção[3], valendo a máxima do tudo ou nada (*an all or nothing*).

Segundo Alexy, os princípios são **mandados de otimização** que podem ser cumpridos em diferentes graus, na medida das possibilidades fáticas e jurídicas de cada caso[4]. No Direito Penal, os princípios também são vistos como limitações ao poder punitivo do Estado, que não é absoluto.

2. PRINCÍPIO DA LEGALIDADE

2.1. Generalidades

Não há crime sem lei anterior que o defina, nem pena sem prévia cominação legal (CF, art. 5º, XXXIX).

A elaboração de normas penais incriminadoras e das respectivas sanções constitui matéria reservada ou função exclusiva de lei[5]. Cabe ao

---

[2] MELLO, Celso Antônio. *Curso de Direito Administrativo*. 27ª Ed. Malheiros: São Paulo, 2010, p. 53.

[3] "em casos excepcionais, e com grande cautela, até as regras constitucionais podem sujeitar-se a ponderações" (*in* SARMENTO, Daniel; NETO, Cláudio Pereira de Souza. *Direito Constitucional. Teoria, História e Métodos de Trabalho*. 2ª ed. Belo Horizonte: Editora Fórum, 2016, p. 388).

[4] ALEXY, Robert. *Teoria dos Direitos Fundamentais*. Tradução de Virgílio Afonso da Silva. São Paulo: Malheiros, 2008, p. 86.

[5] TOLEDO, Assis. *Princípios Básicos de Direito Penal*. 5ª Ed. São Paulo: Saraiva, 2015, p. 21.

legislador definir abstratamente quais as condutas consideradas criminosas. O princípio da legalidade foi acolhido em todas as Constituições brasileiras.

Na doutrina penal, o princípio da legalidade é analisado em sob três aspectos fundamentais: **histórico**, **político** e **jurídico**.

Para uma melhor visualização, confira o **quadro estratégico** abaixo:

PRINCÍPIO DA LEGALIDADE (aspectos)		
Aspecto histórico	**Aspecto político**	**Aspecto jurídico**
Origem: Magna Carta de 1215 (Inglaterra)	O tipo penal exerce uma função de garantia do cidadão	Somente haverá crime quando houver correspondência entre a conduta e a previsão legal (*tipicidade penal*)

No Direito Penal, o princípio da legalidade abrange:

(a) reserva legal: somente a lei em sentido estrito, emanada do Poder Legislativo, pode definir crimes e cominar penas. Assim, por exemplo, um decreto ou resolução não pode prever um delito;

(b) anterioridade: para legitimar a intervenção penal, a lei penal deve ser anterior ao fato, o que constitui uma garantia do cidadão.

Quando a conduta humana se enquadra na descrição abstrata da lei penal, dizemos que há *fato típico*. Guarde bem essa informação. Outro ponto a ser destacado é que, quanto às sanções penais, o princípio da legalidade (anterioridade e irretroatividade) aplica-se não só às penas, mas também às **medidas de segurança**, que são espécies do gênero *sanção penal*.

2.2. Irretroatividade da norma penal

Nos termos do art. 5º, LX, da Constituição Federal, a lei penal não retroagirá, salvo para beneficiar o réu.

A ideia de irretroatividade da lei penal decorre do princípio da legalidade, que, conforme visto anteriormente, abrange a *reserva legal* e a *anterioridade*. Mais à frente, estudaremos os detalhes em torno da aplicação das normas penais no tempo, no capítulo sobre aplicação da lei penal.

2.3. Efeitos do princípio da legalidade

Segundo Feuerbach, como efeitos do princípio da legalidade penal, a lei penal deve ser *prévia, escrita, certa* e *taxativa*[6].

Vejamos rapidamente o teor desses efeitos: (a) *lei prévia*: significa a proibição de leis retroativas que fundamentem ou agravem a punição; (b) *lei escrita:* representa a vedação da punição ou seu agravamento pelo direito consuetudinário; (c) *lei certa*: reflete a proibição de leis penais indeterminadas; (d) *lei taxativa* ou estrita: revela a impossibilidade da punição ou agravamento da pena por analogia (*analogia in malam partem*). Com a aplicação conjunta desses quatro desdobramentos, constrói-se a função de garantia da lei penal. Esses efeitos decorrem da proteção da legalidade penal.

A exigência de taxatividade da lei penal veda o emprego de analogia contra o réu (*in malam partem*) e a descrição genérica na definição do delito, não sendo proibidos, porém, os tipos penais abertos (crimes culposos).

3. PRINCÍPIO DA INTERVENÇÃO MÍNIMA

O Direito Penal somente pode intervir para proteger os bens jurídicos mais importantes, quando os demais ramos do Direito forem insuficientes.

O princípio da intervenção mínima foi consagrado pelo Iluminismo, a partir da Revolução Francesa. Possui fundamento no art. 8º da Declaração de Direitos do Homem e do Cidadão (1789), o qual dispõe que a lei somente deve prever as penas estritamente necessárias. No Brasil, é considerado um princípio implícito na Constituição de 1988, derivado da dignidade humana.

Cabe ao legislador proteger os mais diferentes tipos de bens jurídicos, cominando as respectivas sanções, conforme a importância do interesse para a sociedade. Assim, haverá o ilícito administrativo, o civil, o penal etc. A proteção penal é *seletiva*, alcançando apenas os bens jurídicos considerados mais importantes para a coletividade (ex: vida, integridade física, liberdade etc.). Além disso, a repressão penal é *excepcional*, somente sendo possível quando os demais ramos do Direito se mostrarem insuficientes. Se a conduta pode ser punida satisfatoriamente no campo cível, trabalhista ou administrativo, não há necessidade de intervenção do Direito Penal.

---

[6] FUERBACH, Paul Johann Anselm Ritter von. *Tratado de Derecho Penal*. Trad da 4ª Ed. Al. E. R. Zaffaroni e Irma Hagemeies. Buenos Aires: Hammurabi, 1989 (*Colleción Criminalistas Perennes*), p. 63.

O princípio da intervenção mínima possui dois subprincípios, que revelam seu conteúdo essencial (**questão oral**[7]):

(a) fragmentariedade: a tutela penal não é *total*, dirigida a todos os bens jurídicos, mas *fragmentada*, alcançando apenas uma parte dos bens jurídicos, considerados mais importantes. Segundo Binding, o Direito Penal não constitui um "sistema exaustivo" de proteção de todos os bens jurídicos do indivíduo, mas representa um "sistema descontínuo", de seleção dos ilícitos mais graves em que a intervenção penal é indispensável[8] (tutela seletiva do bem jurídico). As normas penais são fragmentos de proteção seletiva e o Direito Penal só se refere a uma pequena parte dos comportamentos sancionados pelo ordenamento jurídico. Por essa razão, a proteção penal apresenta-se maneira *fragmentada*, dividida ou fracionada;

(b) subsidiariedade: o Direito Penal somente deve intervir quando os demais ramos do Direito se mostrarem insuficientes (*ultima ratio*)[9-10].

O CESPE-UNB/CEBRASPE considerou **incorreta** a assertiva de que o direito penal constitui um sistema exaustivo de proteção de todos os bens jurídicos do indivíduo, de modo a tipificar o conjunto das condutas que outros ramos do direito consideram antijurídicas[11].

O princípio da intervenção mínima possui fundamento em um movimento maior de Política Criminal: o *minimalismo penal* (*cf.* Capítulo 3).

4. PRINCÍPIO DA ALTERIDADE OU TRANSCENDENTALIDADE

Para que seja possível a intervenção penal, a conduta deve transcender ou ultrapassar a esfera do indivíduo e atingir os direitos de outrem.

---

[7] Na prova oral do concurso para o cargo de Juiz de Direito (TJDFT), realizada pelo CESPE-UNB/CEBRASPE em 2014, foi formulada a seguinte **questão oral**: "diferencie os princípios da fragmentariedade e da subsidiariedade".

[8] JESCHECK. *Tratado de Derecho Penal*. Barcelona: Bosch, p. 981, v.1, p. 73.

[9] "PENAL. HABEAS CORPUS SUBSTITUTIVO DE RECURSO PRÓPRIO. NÃO CABIMENTO. CRIME DE DESOBEDIÊNCIA. INOCORRÊNCIA. WRIT NÃO CONHECIDO. ORDEM CONCEDIDA DE OFÍCIO [...] O crime de desobediência é subsidiário e somente se caracteriza nos casos em que o descumprimento da ordem emitida pela autoridade não é objeto de sanção administrativa, civil ou processual" (STJ, HC 489.368/SP, 5ª Turma, Rel. Min. Joel Ilan Paciornik, DJe 06/05/2019).

[10] **MPF, 2ª CCR, Enunciado n.º 61:** "Para a configuração do crime de desobediência, além do descumprimento de ordem legal de funcionário público, é necessário que não haja previsão de sanção de natureza civil, processual civil e administrativa, e que o destinatário da ordem seja advertido de que o seu não cumprimento caracteriza crime".

[11] Prova objetiva do concurso para o cargo de Promotor de Justiça (MP-AC), realizada em 2014.

Alteridade significa "aquilo que é outro". A conduta humana, para ser punível, deve transcender, ultrapassar a esfera do indivíduo e atingir os direitos de outrem (*altero*). No Brasil, a autolesão, em regra, não é considerada crime. Esse princípio foi desenvolvido por Claus Roxin.

Para uma melhor visualização e memorização do princípio, vale conferir a **simbologia estratégica** abaixo:

Princípio da alteridade

Pode acontecer, porém, que o bem jurídico seja *próprio*, mas sua destruição afete **interesses de terceiros**. Na esteira do princípio da lesividade, sempre que a conduta ofender interesse de terceiros tutelado pela ordem penal, o Direito Penal poderá intervir. Assim, por exemplo, embora a destruição do próprio patrimônio não seja considerada crime, poderá sê-lo quando a conduta for praticada com a finalidade de lesar terceiros. Ex: destruição de bens próprios para recebimento de seguro (CP, art. 171, §2º, V).

5. PRINCÍPIO DA OFENSIVIDADE OU DA LESIVIDADE

5.1. Generalidades

Para caracterização do delito, deve existir lesão ou perigo de lesão a um bem jurídico protegido pela norma penal.

Nulla necessitas sine injuria. De acordo com a doutrina de Ferrajoli, esse é um dos dez axiomas do garantismo penal, que corporifica o princípio da ofensividade ou da leisividade (**questão discursiva**[12]).

[12] Na prova discursiva do concurso para o cargo de Juiz Federal Substituto (TRF2), realizada pelo CESPE-UNB/CEBRASPE em 2011, foi formulada a seguinte **questão discursiva**: "Em que consiste o princípio *nulla necessitas sine injuria* e qual a sua repercussão no Direito Penal?".

Somente haverá infração penal quando existir um ataque capaz de causar lesão ou ameaça a um bem jurídico tutelado pela ordem penal. A conduta deve apresentar, então, um grau mínimo de *lesividade*. É importante destacar que o princípio da ofensividade opera nas fases *legislativa* (criação do tipo penal) e *judicial* (aplicação da lei penal). Desse modo, tanto a figura delitiva criada pelo legislador quanto a conduta concreta praticada pelo agente devem envolver uma lesão ou perigo de lesão ao bem jurídico protegido.

> **Princípio da lesividade e crimes de perigo abstrato**: discute-se na doutrina sobre a constitucionalidade dos crimes de perigo abstrato. *1ª corrente*: todos os crimes de perigo abstrato são inconstitucionais, por violação ao princípio constitucional da ofensividade[13]. *2ª corrente*: não há inconstitucionalidade (posição dominante). O STF tem afirmado a constitucionalidade dos crimes de perigo abstrato (STF, ARE 1058423 AgR, 2ª Turma, Rel. Min. Gilmar Mendes, DJ 07/06/2018).

O CESPE-UNB/CEBRASPE considerou **incorreta** a assertiva de que o princípio da ofensividade, segundo o qual não há crime sem lesão efetiva ou concreta ao bem jurídico tutelado, não permite que o ordenamento jurídico preveja crimes de perigo abstrato[14].

Voltando ao exame do perfil do princípio, segundo Nilo Batista, o princípio da lesividade possui quatro funções[15]:

(1) proibir a incriminação de uma atitude interna;

(2) proibir a incriminação de uma conduta que não exceda o âmbito do próprio autor;

(3) proibir a incriminação de simples estados ou condições existenciais;

(4) proibir a incriminação de condutas desviadas que não afetem qualquer bem jurídico.

Princípio do fato: o Direito Penal não pode ter por objeto as intenções, pensamentos e atitudes internas das pessoas enquanto não exteriorizada a conduta delitiva[16]. Por esse princípio, o agente somente pode

---

[13] BITENCOURT, Cezar Roberto. *Tratado de Direito Penal. Vol. 1. Parte Geral*. 11ª Ed. São Paulo: Saraiva, 2007, p. 22; GOMES, Luiz Flávio. *Princípio da Ofensividade no Direito Penal*. São Paulo: Revista dos Tribunais, 2002, p. 41.

[14] Prova objetiva do concurso para p cargo de Juiz de Direito (TJBA), realizada em 2019.

[15] BATISTA, Nilo. *Introdução Crítica ao Direito Penal Brasileiro*. Rio de Janeiro: Revan, 1996, p. 92-94.

[16] GOMES, Luiz Flávio. *Op. Cit.*, p. 41.

ser responsabilizado criminalmente pela prática de *fatos*, e não por pensamentos ou estilo de vida. Esse princípio ampara a ideia de Direito Penal do fato, sendo contrário ao modelo de Direito Penal do autor.

Princípio da proteção exclusiva de bens jurídicos: não compete ao Direito Penal tutelar valores puramente morais, éticos ou religiosos, cabendo-lhe somente a proteção de bens jurídicos fundamentais para a coletividade.

O CESPE-UNB/CEBRASPE considerou **incorreta** a assertiva de que de acordo com o princípio da ofensividade, também denominado princípio da exclusiva proteção de bens jurídicos, não compete ao direito penal tutelar valores puramente morais, éticos ou religiosos[17].

5.2. Arma de fogo desmuniciada: fato típico ou atípico?

O porte ilegal de arma de fogo desmuniciada constitui fato típico, por se tratar de crime de perigo abstrato (orientação atual).

Esse é um ponto que, no passado, já suscitou debates no contexto do princípio da lesividade. Em precedentes mais antigos, o STF chegou a decidir pela atipicidade do fato[18]. No entanto, de modo mais recente, prevalece na jurisprudência que, diante do princípio da lesividade, deve ser considerada **típica** a conduta de porte ilegal de **arma de fogo desmuniciada**.

> **Princípio da lesividade e arma de fogo desmuniciada**: o STF e o STJ têm decidido que o porte ilegal de arma de fogo de uso permitido é crime de mera conduta e de *perigo abstrato*. O objeto jurídico tutelado não é a incolumidade física, mas a segurança pública e a paz social, sendo *irrelevante estar a arma de fogo desmuniciada* (STF, HC 117206, 2ª Turma, Rel. Min. Carmen Lúcia, DJ 2011/2013; STF, ARE 851536 AgR, 2ª Turma, Rel. Min. Carmen Lúcia, DJ 05/03/2015; STJ, AgRg no AREsp 1475991/SP, 6ª Turma, Rel. Min. Nefi Cordeiro, DJe 11/11/2019).

O CESPE-UNB/CEBASPE considerou **incorreta** a assertiva de que o fato de as armas apreendidas estarem desmuniciadas não tipifica o crime de

[17] Prova objetiva do concurso para o cargo de Juiz de Direito (TJBA), realizada em 2012.
[18] *Cf*, p. ex.: STF, HC 99449, 2ª Turma, Rel. Min. Ellen Gracie, j. 25/08/2009

posse ou porte ilegal de arma de fogo de uso restrito em razão da total ausência de potencial lesivo da conduta[19].

Para fins de memorização, confira a **simbologia estratégica** abaixo:

Atenção! Embora o porte ilegal de arma de fogo seja considerado crime de perigo abstrato pelos tribunais, o STJ tem entendido que, caso seja demonstrada por **laudo pericial** a total ineficácia da arma, deve ser reconhecida a atipicidade material da conduta, por força do princípio da lesividade, diante da ineficácia absoluta do meio (STJ, AgRg no REsp 1913289/RS, 6ª Turma, Rel. Min. Sebastião Reis Júnior, DJe 17/06/2021).

Porte de munição: o STF já decidiu que o porte ilegal de **projétil** de arma de fogo constitui crime (STF, HC 131771/RJ, 1ª Turma, Rel. Min. Marco Aurélio, j. 18/10/2016, Informativo n.º 844)[20]. Para o STJ, a apreensão de ínfima quantidade de munição desacompanhada da arma de fogo não implica, por si só, a atipicidade da conduta (STJ, EREsp 1.856.980-SC, 3ª Seção, Rel. Min. Joel Ilan Paciornik, j. 22/09/2021, Informativo n.º 710).

6. PRINCÍPIO DA INSIGNIFICÂNCIA

6.1. Conceito e vetores

O Direito Penal não cuida de bagatelas ou lesões insignificantes ao bem jurídico protegido pela norma penal.

[19] Prova objetiva do concurso para o cargo de defensor público (DPE-PE), realizada em 2015.

[20] Como exceção, a 2ª Turma do STF assim decidiu: "É atípica a conduta daquele que porta, na forma de **pingente**, munição desacompanhada de arma. O comportamento do agente não oferece perigo, abstrato ou concreto" (STF, HC 133984/MG, 2ª Turma, Rel. Min. Cármen Lúcia, j. 17/05/2016, Informativo n.º 826).

Originário do direito romano e de cunho inicialmente civilista, o princípio da insignificância foi introduzido no sistema penal em 1964 por Claus Roxin. A ideia central do princípio é a de que o Direito Penal não cuida de bagatelas e lesões insignificantes ao bem jurídico. Trata-se de requisito para a **tipicidade material** do fato. Não se aplica no plano abstrato, devendo ser avaliado *in concreto*[21], de acordo com alguns vetores e limites.

Vetores: segundo o STF, são *vetores* para a aplicação do princípio da insignificância, que devem ser examinados no caso concreto: (a) mínima ofensividade da conduta do agente; (b) ausência de periculosidade social da ação; (c) reduzido grau de reprovabilidade do comportamento e (d) inexpressividade da lesão jurídica provocada (**questão discursiva**[22]) (STF, RHC 172825 AgR, 1ª Turma, Rel. Min. Rosa Weber, DJ 05/05/2021; STF, RHC 190315, 2ª Turma, Rel. min. Edson Fachin, DJ 23/02/2021).

Para uma melhor visualização desses importantes vetores, observe o **quadro estratégico** abaixo (**mnemônico**[23]):

Princípio da Insignificância (vetores)	
	Mínima ofensividade da conduta do agente
	Ausência de periculosidade social da ação
	Reduzido grau de reprovabilidade do comportamento
	Inexpressividade da lesão jurídica provocada

Atenção! A incidência do princípio da insignificância exclui a **tipicidade material** do fato, devendo o agente ser absolvido diante da descaracterização do delito (CPP, art. 386, III). Não há crime[24].

[21] "A incidência do princípio da insignificância deve ser feita caso a caso" (STF, HC 123108/MG, Pleno, Rel. Min. Roberto Barroso, j. 03/08/2015; STF, HC 123533/SP, Pleno, Rel. Min. Roberto Barroso, j. 03/08/2015, Informativo n. 793).

[22] Na prova discursiva do concurso para o cargo de Promotor de Justiça (MP-RO), realizada pelo CESPE-UNB/CEBRASPE em 2010, foi formulada a seguinte **questão discursiva**: "redija um texto dissertativo a respeito da aplicação do princípio da insignificância no direito penal. Ao elaborar seu texto, aborde, necessariamente, os seguintes aspectos: 1 - requisitos para aplicação desse princípio de acordo com o Supremo Tribunal Federal; 2 -consequência jurídica da adoção desse princípio; 3 - exemplo de aplicação desse princípio, amplamente acolhido pela jurisprudência".

[23] **Macete mnemônico**: **MARI** – **M**ínima ofensividade da conduta do agente; **A**usência de periculosidade social da ação; **R**eduzido grau de reprovabilidade do comportamento e **I**nexpressividade da lesão jurídica provocada.

> **Furto insignificante e furto de coisa de pequeno valor**: são conceitos que não se confundem. No furto insignificante, o delito não chega a se aperfeiçoar (atipicidade), ao passo que no furto de coisa de pequeno valor, o crime existe, mas o indivíduo poderá ser beneficiado com a redução da pena, desde que presentes os requisitos legais (CP, art. 155, §2º).

O CESPE-UNB/CEBRASPE considerou **correta** a assertiva de que não se aplica o princípio da insignificância ao furto de objeto de pequeno valor, considerando-se a lesividade a bem jurídico tutelado[25].

Também não devemos confundir delito insignificante com **infração de menor potencial ofensivo**. No "delito" insignificante, não há infração penal (*fato atípico*). Já nas infrações de menor potencial ofensivo, há ilícito penal. Na definição legal, infrações penais de menor potencial ofensivo são as contravenções e os crimes com pena máxima de até 02 anos (art. 61 da Lei n.º 9.099/95). Nesses casos, o autor do fato poderá ser beneficiado com os institutos despenalizadores previstos na Lei dos Juizados Especiais Criminais.

Em regra, é possível a aplicação do princípio da insignificância nos crimes ambientais[26], contra a ordem tributária[27] e atos infracionais (ECA)[28].

> **STJ, Tema Repetitivo 157**: "Incide o princípio da insignificância aos crimes tributários federais e de descaminho quando o débito tributário verificado não ultrapassar o limite de R$ 20.000,00 (vinte mil reais), a teor do disposto no art. 20 da Lei n. 10.522/2002, com as atualizações efetivadas pelas Portarias 75 e 130, ambas do Ministério da Fazenda" (STJ, REsp 1688878/SP, 3ª Seção, Rel. Min. Sebastião Reis, DJe 04/04/2018).

De acordo com o STJ, o limite de vinte mil reais não se aplica aos tributos *estaduais* (ex: ICMS, IPVA e ITCMD) e municipais (IPTU, ITBI e

[24] "EMENTA: [...] PRINCÍPIO DA INSIGNIFICÂNCIA [...] DESCARACTERIZAÇÃO DA TIPICIDADE PENAL EM SEU ASPECTO MATERIAL [...] O princípio da insignificância - que deve ser analisado em conexão com os postulados da fragmentariedade e da intervenção mínima do Estado em matéria penal - tem o sentido de excluir ou de afastar a própria tipicidade penal, examinada na perspectiva de seu caráter material" (STF, RHC 107264, 2ª Turma, Rel. Min. Celso de Mello, DJ 07/12/2011).

[25] Prova objetiva do concurso para o cargo de Promotor de Justiça (MPE-RO), realizada em 2013.

[26] STF, Inq 3788/DF, 2ª Turma, Rel. Min. Cármen Lúcia, 01/03/2016, Informativo n.º 816; STJ, AgRg no REsp 1850002/MG, 5ª Turma, Rel. Min. Felix Fischer, DJe 24/06/2020. Quanto aos crimes ambientais, a exceção fica para os casos em que os vetores do princípio não autorizarem o afastamento da tipicidade.

[27] STF, HC 128063, 1ª Turma, Rel. Min. Marco Aurélio, j. 10/04/2018, Informativo n.º 897; STJ, REsp 1.688.878-SP, 3ª Seção, Rel. Min. Sebastião Reis Júnior, DJe 04/04/2018, Informativo n.º 622.

[28] STJ, HC 357.845/SC, 6ª Turma, Rel. Min. Nefi Cordeiro, DJe 26/08/2016; STJ, HC 504.035/SC, 5ª Turma, Rel. Min. Reynaldo Soares, DJe 17/02/2020.

ISS). Nesses casos, deve ser analisada a legislação estadual ou municipal, conforme a hipótese (STJ, AgRg no AREsp 1259739/SP, 5ª Turma, Rel. Min. Joel Ilan Paciornik, DJe 11/06/2019).

> **STJ - Jurisprudência em Teses - ED 174 - Tese 10**: "Não se estende aos demais entes federados (Estados, Municípios e Distrito Federal) o princípio da insignificância no patamar estabelecido pela União na Lei n. 10.522/2002 previsto para crimes tributários federais, o que somente ocorreria na existência de legislação local específica sobre o tema".

Reincidente. Houve mudança de entendimento. A orientação anterior era no sentido de afastar o princípio da insignificância em caso de reincidência. No entanto, atualmente, prevalece que, para a aplicação do princípio da bagatela, devem ser analisadas as **circunstâncias objetivas** do fato, e não os atributos pessoais do agente. Segundo o STF, reincidência ou maus antecedentes, por si sós, não impedem a aplicação do princípio da insignificância (STF, HC 181389 AgR/SP, 2ª Turma, Rel. Min. Gilmar Mendes, j. 14/04/2020, Informativo n.º 973). O STF e o STJ têm decidido que a **reincidência genérica**, isoladamente considerada, não impede a aplicação do princípio da insignificância[29], mas o princípio deve ser afastado, em regra, nos casos de **reincidência específica**[30] e de **reiteração delitiva**, salvo quando a medida for recomendável em razão das circunstâncias do caso concreto[31].

> **FONACRIM, Enunciado n.º 31**: "A reiteração da conduta delitiva, em regra, afasta a aplicação do princípio da insignificância".
>
> **Teoria da reiteração não cumulativa de condutas de gêneros distintos**: a teoria informa que diante da reiteração da prática de infrações penais cujo bem jurídico tutelado não é o patrimônio, essa circunstância não deverá ser valorada para aplicação do princípio da insignificância. A partir do HC 114723/MG, o STF passou a entender que a *reincidência genérica* não impede o reconhecimento da insignificância. Para que tal princípio fosse afastado, seria necessário a existência de *reincidência específica*. Assim, a reincidência genérica não deve ser considerada como obstáculo à aplicação do princípio da insignificância (STF, HC 114723, 2ª Turma, Rel. Min. Teori Zavascki, DJ 12/11/2014).

[29] STF, RHC 174784/MS, 1ª Turma, Red. p/ ac. Min. Alexandre de Moraes, j. 11/02/2020, Informativo n.º 966; STF, HC 181389 AgR/SP, 2ª Turma, Rel. Min. Gilmar Mendes, j. 14/04/2020, Informativo n.º 973.
[30] STJ, AgRg no AREsp 1445086/DF, 6ª Turma, Rel. Min. Laurita Vaz, DJe 22/05/2020.
[31] STJ, AgRg no HC 521.476/SP, 5ª Turma, Rel. Min. Jorge Mussi, DJe 15/06/2020.

6.2. Limites

O princípio da insignificância **não se aplica** nas seguintes hipóteses: (a) crimes cometidos com violência ou grave ameaça à pessoa, como tentativa de homicídio, roubo e lesões corporais (STJ, AgRg no AREsp 1589938/DF); (b) crimes contra a Administração Pública (STJ, Súmula n. 599); (c) contrabando (STF, HC 131943); (d) furto qualificado, em regra (STJ, AgRg no HC 550.972/SC) e (e) dano qualificado (STJ, AgRg no HC 462.482).

> **STJ, Súmula n.º 606**: "Não se aplica o princípio da insignificância a casos de transmissão clandestina de sinal de internet via radiofrequência, que caracteriza o fato típico previsto no art. 183 da Lei n. 9.472/1997"[32].
>
> **STJ, Súmula n.º 599**: "O princípio da insignificância é inaplicável aos crimes contra a Administração Pública".

Além disso, o princípio da insignificância também não se aplica: (a) furto de gasolina de viatura por Policial Militar (STJ, HC 160435); (b) evasão de divisas nas operações "dólar cabo" (STJ, REsp 1535956); (c) nos casos de reincidência específica e reiteração criminosa, salvo quando a medida for socialmente recomendável (STJ, AgRg no AREsp 1445086 e AgRg no HC 521.476); **(d) tráfico de drogas e porte de entorpecente para consumo pessoal** (STJ, AgRg no AREsp 1093488/RS e AgRg no HC 567.737/SP) e (e) estelionato praticado por médico que, no desempenho de cargo público, registra o ponto e se retira do hospital (STJ, AgRg no HC 548.869-RS).

6.3. Aplicação do princípio da insignificância pela autoridade policial?

Em regra, o princípio da insignificância não pode ser aplicado pelas autoridades policiais, salvo em situações excepcionalíssimas.

---

[32] Em divergência, o STF tem admitido a aplicação do princípio da insignificância ao crime do art. 183 da Lei n.º 9.472/97 quando não demonstrada a lesividade concreta da conduta (STF, HC 138134/BA, 2ª Turma, Rel. Min. Ricardo Lewandowski, j. 07/02/2017, Informativo n.º 853; STF, HC 157014 AgR/SE, Red. p/ ac. Min Ricardo Lewandowski, j. 17/09/2019, Informativo n.º 952, set-2019). Mas quando houver expressividade da lesão jurídica, a incidência do princípio da bagatela será afastada (STF, HC 130786, 2ª Turma, Rel. Min. Cármen Lúcia, DJe-124 16/06/2016, Informativo n.º 830).

Segundo o STJ, no momento em que toma conhecimento de um delito, surge para a autoridade policial o dever legal de agir. O juízo acerca da incidência do princípio da insignificância é realizado em momento posterior pelo Poder Judiciário no exame do caso concreto (STJ, HC 154.949-MG, 5ª Turma, Rel. Min. Felix Fischer, j. 03/08/2010, Informativo n.º 441).

Essa é a regra geral, mas que deve ser interpretada com razoabilidade. Ex: o Delegado de Polícia não é obrigado a instaurar inquérito policial na hipótese de furto de um chiclete. O que se busca evitar é que a autoridade policial venha se embrenhar em discussões jurídicas de alta indagação.

6.4. Bagatela imprópria

O princípio da bagatela imprópria informa que, apesar de haver fato típico, a aplicação da pena poderá ser desnecessária no caso concreto.

Terminologia. Na doutrina contemporânea, o princípio da bagatela imprópria também é conhecido como princípio da irrelevância penal do fato.

O leitor que se prepara para concursos públicos deve ficar atento, pois o princípio da bagatela imprópria vem sendo explorado pelas bancas examinadoras em diversos certames (**questão discursiva**[33]).

Luiz Flávio Gomes assim definiu o princípio:

> "infração bagatelar imprópria é a que nasce relevante para o Direito Penal (porque há desvalor da conduta bem como desvalor do resultado), mas depois se verifica que a incidência de qualquer pena no caso concreto apresenta-se totalmente desnecessária [...] o fundamento jurídico para isso reside no art. 59 do CP (visto que o juiz, no momento da aplicação da pena, deve aferir sua suficiência e, antes de tudo, sua necessidade)" [34].

Fundamentos. A bagatela imprópria fundamenta-se nos princípios da irrelevância penal do fato e da desnecessidade de aplicação da pena.

[33] Na prova discursiva do concurso para o cargo de defensor público estadual, realizada pelo CESPE-UNB/CEBRASPE em 2012, foi formulada a seguinte **questão discursiva**: "Disserte sobre o princípio da bagatela imprópria, abordando necessariamente os seguintes aspectos: conceito de infração bagatelar impropria; fundamentos e efeitos; distinção entre a infração bagatelar ou insignificante própria e o perdão judicial".

[34] GOMES, Luiz Flávio. *Princípio da Insignificância e Outras Excludentes de Tipicidade*. 3ª Ed. São Paulo: Revista dos Tribunais, 2012, p. 28-29.

Luiz Flávio Gomes traça a distinção entre insignificância comum (*tourt court*) e bagatela imprópria (princípio da irrelevância penal do fato):

> "Os princípios da insignificância e da irrelevância penal do fato, a propósito, não ocupam a mesma posição topográfica dentro do Direito Penal [...] Um afeta a tipicidade penal (mais precisamente, a tipicidade material); o outro diz respeito à (desnecessidade de) punição concreta do fato. O princípio da insignificância tem incidência na teoria do delito [...] o outro pertence à teoria da pena [...] o primeiro tem como critério fundante o desvalor do resultado e/ou da conduta [...] o segundo exige, sobretudo, desvalor ínfimo da culpabilidade [...][35].

Enquanto a insignificância própria atua no plano da tipicidade, gerando a **atipicidade material do fato**, na insignificância imprópria o fato é típico, mas a **pena revela-se desnecessária** no caso concreto. Outra diferença é que o princípio da insignificância comum é um princípio implícito, ao passo que a bagatela imprópria é um princípio expresso no art. 59 do CP[36].

O CESPE-UNB/CEBRASPE considerou **incorreta** a assertiva de que os princípios da insignificância e da irrelevância penal do fato não contam com previsão expressa no direito penal brasileiro[37].

Luiz Flávio Gomes prossegue, apontando, ainda, a diferenciação entre os princípios a partir dos critérios para aplicação (se objetivos ou pessoais):

> "o princípio da insignificância tem bases eminentemente objetivas e não se concilia com nenhum tipo de subjetivação [...] Se com relação ao primeiro [bagatela imprópria] são plenamente pertinentes inclusive considerações pessoais [...] com relação ao segundo, esses critérios pessoais não têm nenhum sentido, porque o que interessa (para o fim da tipicidade ou atipicidade) é o fato objetivo praticado"[38].

---

[35] GOMES, Luiz Flávio. *Op. Cit.*, p. 35.

[36] "O princípio da irrelevância penal do fato está contemplado (expressamente) no art. 59 do CP e apresenta-se como consequência da desnecessidade da pena, no caso concreto; já o princípio da insignificância, ressalvadas raras exceções, não está previsto expressamente no direito brasileiro (é pura criação jurisprudencial fundamentada nos princípios gerais do Direito Penal)" (*in* GOMES, Luiz Flávio. *Princípio da Insignificância e Outras Excludentes de Tipicidade. Op. Cit.*, 2012, p. 106).

[37] Prova objetiva do concurso para o cargo de defensor público (DPE-TO), realizada em 2013.

[38] GOMES, Luiz Flávio. *Op. Cit.*, p. 37 e 105.

Para uma melhor visualização entre os princípios da insignificância própria e imprópria, observe o **quadro estratégico** abaixo:

INSIGNIFICÂNCIA E BAGATELA IMPRÓPRIA (Principais diferenças)	
INSIGNIFICÂNCIA PRÓPRIA	**BAGATELA IMPÓPRIA**
Princípio implícito	Princípio expresso (CP, art. 59)
Atipicidade material do fato	Há fato típico, mas a pena é desnecessária no caso concreto
Exame do fato objetivo (regra)	Circunstâncias pessoais
Limita-se ao desvalor da ação ou resultado	Desvalor ínfimo da culpabilidade (aplicação da pena)

O fundamento jurídico da desnecessidade de aplicação concreta da pena (bagatela imprópria) encontra-se no art. 59 do CP. Por isso é que a doutrina aponta se tratar de *princípio expresso*. Vejamos o teor do dispositivo:

> "Art. 59 - O juiz, atendendo à culpabilidade, aos antecedentes, à conduta social, à personalidade do agente, aos motivos, às circunstâncias e consequências do crime, bem como ao comportamento da vítima, estabelecerá, **conforme seja necessário** e suficiente para reprovação e prevenção do crime:
> I - as penas aplicáveis dentre as cominadas".

Efeitos. Como dissemos, a infração bagatelar imprópria tem como efeito a desnecessidade concreta da pena, mesmo diante de um fato típico.

Sobre o tema, o STJ assim já decidiu:

> "O reconhecimento do princípio da bagatela imprópria permite que o julgador, mesmo diante de um fato típico, deixe de aplicar a pena em razão desta ter se tornado desnecessária, diante da verificação de determinados requisitos" (STJ, HC 222.093/MS, 5ª Turma, Rel. Min. Gilson Dipp, DJe 14/08/2012).

O CESPE-UNB/CEBRASPE considerou **incorreta** a assertiva de que o princípio da bagatela imprópria implica a atipicidade material das condutas causadoras de danos ou perigos ínfimos[39].

Infração bagatelar e perdão judicial. Não se confundem. A insignificância própria afasta a tipicidade material da conduta; a imprópria afasta a necessidade da pena e o perdão judicial extingue a punibilidade. Este último somente é possível nos casos expressamente previstos em lei. Quando o juiz reconhece a incidência do princípio da irrelevância penal do fato (bagatela imprópria) não está concedendo perdão judicial extralegal, pois o referido princípio não é extralegal, ao contrário, tem amparo legal expresso no art. 59 do CP e funciona como uma *cláusula geral* aplicável pelo juiz[40].

O STJ já admitiu a aplicação do princípio da bagatela imprópria em relação ao crime de posse ilegal de arma de fogo de uso permitido[41].

Limites. Para o STJ, a bagatela imprópria não se aplica às infrações cometidas com violência ou grave ameaça, como tentativa de homicídio, roubo[42], ameaça[43], violência doméstica[44] e contravenção de vias de fato[45].

> **STJ – Jurisprudência em Teses ED 41 - Tese 10**: "Não é possível a aplicação dos princípios da insignificância e da bagatela imprópria nos delitos praticados com violência ou grave ameaça no âmbito das relações domésticas e familiares".

Nos casos de violência doméstica, o STJ assentou que a reconciliação do casal não implica a desnecessidade da pena (STJ, HC 331.580/MS, 6ª Turma, Rel. Min. Maria Thereza de Assis Moura, DJe 07/10/2015).

7. PRINCÍPIO DA ADEQUAÇÃO SOCIAL

As condutas aceitas socialmente e tidas como normais não podem ser reprimidas pelo Direito Penal. Esse princípio não existe no direito brasileiro.

39 Prova objetiva do concurso para o cargo de Juiz de Direito (TJBA), realizada em 2019.
40 GOMES, Luiz Flávio. *Op. Cit.*, p. 30-31; 106-107.
41 STJ, AgRg no AREsp 1423492/RN, 5ª Turma, Rel. Min. Joel Ilan Paciornik, DJe 29/05/2019.
42 STJ, AgInt no AREsp 1541400/SP, 6ª Turma, Rel. Min. Rogerio Schietti Cruz, DJe 03/02/2020.
43 STJ, HC 294.044/MS, 6ª Turma, Rel. Min Des. Conv. Ericson Maranho, DJe 07/03/2016.
44 STJ, AgRg no REsp 1743996/MS, 5ªTurma, Rel. Min. Reynaldo Soares da Fonseca, DJe 23/05/2019.
45 STJ, AgRg no REsp 1602827/MS, 5ª Turma, Rel. Min. Ribeiro Dantas, DJe 09/11/2016.

Segundo Jakobs, as condutas toleradas e consideradas socialmente normais não podem ser sancionadas pelo Direito Penal[46]. Mas ressalte-se que essa é apenas uma construção doutrinária. O STJ não tem admitido a aplicação do princípio da adequação social no sistema penal brasileiro.

> **STJ, Súmula n.º 502**: "Presentes a materialidade e a autoria, afigura-se típica, em relação ao crime previsto no art. 184, § 2º, do CP, a conduta de expor à venda CDs e DVDs piratas".
>
> **STJ, Tema Repetitivo 593**: "Considera-se típica, formal e materialmente, a conduta prevista no artigo 184, § 2º, do Código Penal, afastando, assim, a aplicação do princípio da adequação social, de quem expõe à venda CD's E DVD's 'piratas'" (STJ, REsp 1193196/MG, 3ª Seção, Rel. Min. Maria Thereza de Assis Moura, DJe 04/12/2012).

A crítica ao princípio é que, no direito brasileiro, o costume não revoga a lei (LINDB, art. 2º), não sendo admitido o costume *contra legem*.

No plano doutrinário, tem-se entendido que o princípio da adequação social serve de parâmetro ao legislador, que deve buscar afastar a tipificação criminal de condutas consideradas socialmente adequadas e aceitas, lembrando que uma lei somente pode ser revogada por outra lei.

8. PRINCÍPIO DA CULPABILIDADE

8.1. Generalidades

O agente só pode ser responsabilizado na esfera penal quando houver dolo ou culpa, não sendo admitida a responsabilidade penal objetiva.

Segundo Cezar Roberto Bitencourt, a expressão "**culpabilidade**" possui três **acepções**: (a) conceito contrário à responsabilidade penal objetiva (exigência de dolo ou culpa); (b) elemento do crime ou pressuposto da pena e (c) circunstância judicial na dosimetria da pena (CP, art. 59)[47]. O princípio da culpabilidade – ou princípio da *culpa* – trata da primeira dessas acepções.

---

[46] JAKOBS, Gunter. *Derecho Penal. Parte General.* 2ª Ed. Madrid: Marcial Pons, 1997, p. 255.

[47] BITENCOURT, Cezar Roberto. *Tratado de Direito Penal. Vol. I. Parte Geral.* 11ª Ed. São Paulo: Saraiva, 2007, p. 327-328.

Para uma melhor visualização, confira o **quadro estratégico** abaixo:

CULPABILIDADE (acepções)		
Princípio da culpabilidade	**Elemento do crime ou pressuposto da pena**	**Circunstância judicial**
Responsabilidade subjetiva Exigência de dolo ou culpa	**Teoria do delito** a) imputabilidade b) potencial consciência da ilicitude c) exigibilidade de conduta diversa	**Teoria da pena** Conceito ligado à 1ª fase de aplicação da pena (art. 59)

No sistema brasileiro, a responsabilidade penal é **subjetiva**, devendo haver dolo ou culpa. É o princípio da culpabilidade ou da culpa. Conforme veremos, dolo e culpa integram o fato típico, estando no plano da tipicidade.

Cuidado! As demais acepções da culpabilidade trabalham autonomamente. Os "elementos" da culpabilidade (imputabilidade, potencial consciência da ilicitude etc.) e a valoração do resultado no delito para aplicação da pena não devem ser confundidos com o princípio em estudo.

O CESPE-UNB/CEBRASPE considerou **incorreta** a assertiva de que do princípio da culpabilidade procede a responsabilidade penal subjetiva, que inclui, como pressuposto da pena, a valoração distinta do resultado no delito culposo ou doloso, proporcional à gravidade do desvalor representado pelo dolo ou culpa que integra a culpabilidade[48].

Superada essa questão, lembramos que parte da doutrina aponta para a existência de vestígios da responsabilidade penal objetiva no sistema penal brasileiro em duas hipóteses: (a) rixa qualificada (CP, art. 137, parágrafo único) e (b) infrações praticadas em estado de embriaguez voluntária ou culposa, decorrente da *actio libera in causa* (CP, art. 28, II, do CP).

8.2. Teoria da coculpabilidade e coculpabilidade às avessas

Para a **teoria da coculpabilidade**, em determinados casos, a culpa pela prática do delito deve ser compartilhada entre o infrator e o Estado, que não lhe forneceu condições sociais mínimas de desenvolvimento.

[48] Prova objetiva do concurso para o cargo de Juiz Federal Substituto (TRF5), realizada em 2015.

É uma teoria minoritária e sem previsão legal expressa no Brasil. Para os que a defendem, no plano das consequências jurídico-penais, alguns extremistas chegam a falar em exclusão da responsabilidade penal. Outros sustentam apenas a redução da pena, seja com base no art. 59 do CP (circunstância judicial) ou no art. 66 do CP (atenuante inominada). A teoria é acolhida por setores da defensoria pública (**questão discursiva**[49]).

O STJ **não admite** a teoria da coculpabilidade para exclusão da responsabilidade penal ou redução da pena (STJ, HC 187.132/MG, 6ª Turma, Rel. Min. Maria Thereza de Assis Moura, DJe 18/02/2013; STJ, AgRg no AREsp 1318170/PR, 5ª Turma, Rel. Min. Reynaldo Soares, DJe 01/03/2019).

Coculpabilidade às avessas: surge como uma crítica sobre o abrandamento da sanção de delitos praticados por pessoas com alto poder socioeconômico, como é o caso da extinção da punibilidade pelo pagamento da dívida nos crimes materiais contra a ordem tributária, quando, na verdade, essas pessoas, diante do seu elevado nível social, deveriam sofrer um maior rigor na aplicação da pena, já que tiveram maiores oportunidades sociais.

9. PRINCÍPIO DA INDIVIDUALIZAÇÃO DA PENA

A pena deverá ser individualizada de acordo com as características de cada agente e as circunstâncias do caso (CF, art. 5º, XLVI).

Esse princípio dirige-se tanto ao *legislador* quanto ao *juiz*. Por exemplo, o legislador não pode estabelecer que a pena de determinado crime seja cumprida em regime integralmente fechado em todos os casos ou que, em determinado crime, a pena seja cumprida em regime inicialmente fechado. Isso porque esses pontos devem ser objeto de individualização.

Em conhecido *leading case* sobre a matéria, o STF considerou **inconstitucional a proibição de progressão de regime nos crimes hediondos**, por violação ao princípio da individualização da pena (STF, HC 82959, Pleno, Rel. Min. Marco Aurélio, DJ 01/09/2006). Posteriormente, a Lei n.º 8.072/90 foi alterada pelas Leis n.º 13.769/2018 e 13.964/2019 para

[49] Na prova discursiva do concurso para o cargo de defensor público, realizada pelo CESPE-UNB/CEBRASPE em 2012, foi formulada a seguinte **questão discursiva**: "Discorra sobre a teoria da coculpabilidade e indique as consequências jurídico-penais de seu acolhimento no sistema penal brasileiro".

permitir a progressão de regime nos crimes hediondos. Com isso, foi superada a antiga Súmula n.º 698 do STF[50].

> **STF, Súmula Vinculante n.º 26**: "Para efeito de progressão de regime no cumprimento de pena por crime hediondo, ou equiparado, o juízo da execução observará a inconstitucionalidade do art. 2º da Lei n. 8.072, de 25 de julho de 1990, sem prejuízo de avaliar se o condenado preenche, ou não, os requisitos objetivos e subjetivos do benefício, podendo determinar, para tal fim, de modo fundamentado, a realização de exame criminológico".
>
> **STF, Tema 972 (repercussão geral)**: "É inconstitucional a fixação *ex lege*, com base no art. 2º, § 1º, da Lei 8.072/1990, do regime inicial fechado, devendo o julgador, quando da condenação, ater-se aos parâmetros previstos no artigo 33 do Código Penal" (STF, ARE 1052700 RG, Pleno, Rel. Min. Edson Fachin, DJe-018 01/02/2018).

O legislador fixa os limites abstratos e os critérios para aplicação e forma de cumprimento da pena, a ser individualizados pelo juiz. Assim, a partir da previsão da norma penal abstrata, a pena deverá ser individualizada no caso concreto (quantificação, regime e forma de cumprimento), de acordo com a conduta, circunstâncias e antecedentes atribuídos a cada agente.

Outra consequência prática do princípio da individualização da pena é que o cabimento ou não da **substituição da pena privativa de liberdade por penas restritivas de direitos** deve ser examinado *in concreto*, não podendo haver vedação legal ou judicial com base na gravidade abstrata do delito.

> **STF, Tema 626 (repercussão geral)**: "É inconstitucional a vedação à conversão da pena privativa de liberdade em restritiva de direitos, prevista nos artigos 33, § 4º, e 44, *caput*, da Lei 11.343/2006" (STF, ARE 663261 RG, Pleno, Rel. Min. Luiz Fux, DJe-025 06/02/2013).

Lembramos, por fim, que o regime disciplinar diferenciado (RDD), previsto como medida administrativa e disciplinar pela Lei nº 7.210/84 (Lei de Execução Penal), não viola o princípio da individualização da pena.

---

[50] **STF, Súmula n.º 698 (superada)**: "Não se estende aos demais crimes hediondos a admissibilidade de progressão no regime de execução da pena aplicada ao crime de tortura".

10. PRINCÍPIO DO *NE BIS IN IDEM*

Ninguém pode ser punido criminalmente mais de uma vez pelo mesmo fato (*ne bis in idem*).

O princípio do *ne bis in idem* é previsto de modo expresso no art. 8º, item 4, do Pacto de San José da Costa Rica, sendo considerado um princípio implícito na Constituição de 1988 que tem por finalidade limitar o poder punitivo do Estado. Segundo a doutrina, é possível extrair o princípio do *ne bis in idem* de outros princípios constitucionais, como a legalidade (CF, art. 5º, XXXIX) e a proporcionalidade (CF, art. 5º, LIV).

O CESPE-UNB/CEBRASPE considerou **incorreta** a assertiva de que o princípio do ne bis idem está expressamente previsto na CF e preconiza a impossibilidade de uma pessoa ser sancionada ou processada duas vezes pelo mesmo fato, além de proibir a pluralidade de sanções de natureza administrativa sancionatórias[51].

Na verdade, o que o princípio proíbe é a dupla punição em uma **mesma esfera** (ex: penal e penal), e não a punição simultânea por diversos ramos do Direito (ex: penal e civil). O ilícito penal poderá caracterizar, ao mesmo tempo, ilícito civil e administrativo. Assim, por exemplo, a condenação pelo crime de corrupção passiva não impede nova condenação pelo mesmo fato em ação de improbidade administrativa (Lei n.º 8.429/92).

> **STF, Tema 576 (repercussão geral)**: "O processo e julgamento de prefeito municipal por crime de responsabilidade (Decreto-lei 201/67) não impede sua responsabilização por atos de improbidade administrativa previstos na Lei 8.429/1992, em virtude da autonomia das instâncias" (STF, RE 976566, Pleno, Rel. Min. Alexandre de Moraes, DJe-210 26/09/2019).

Conforme explica Luiz Regis Prado, em relação ao conteúdo, o *ne bis in idem* pode ser visualizado sob duplo aspecto[52]:

(a) conteúdo de natureza material: diz respeito à pena e revela a proibição de sancionar ou punir alguém duas ou mais vezes pelo mesmo fato;

[51] Prova objetiva do concurso para o cargo de Juiz Federal Substituto (TRF5), realizada em 2015.

[52] PRADO, Luiz Regis. *Curso de Direito Penal Brasileiro. Vol. I.* 12ª Ed. São Paulo: Editora RT, 2013, p. 185.

(b) conteúdo de natureza formal ou processual: ninguém pode ser processado e julgado duas vezes pelo mesmo fato.

O princípio serve de base à aplicação concreta das normas penais, especialmente em relação ao conflito aparente de normas e ao concurso de crimes. Na doutrina, diferencia-se o *ne bis in idem* do princípio da valoração integral do fato: de um lado, o princípio da valoração integral do fato refere-se à valoração penal total da conduta do agente, abarcando todos os aspectos relevantes e a forma específica determinada em lei; de outro lado, o *ne bis in idem* apresenta-se como complementar da valoração global. No concurso de normas, o princípio da valoração global tem função de fundamento, ao passo que o princípio do *ne bis in idem* tem função de limite. De todo modo, ambos são complementares[53] (**questão discursiva**[54]).

Na jurisprudência, podemos encontrar alguns exemplos que geram dúvidas sobre a aplicação ou não do princípio do *ne bis in idem*.

> **Associação criminosa armada e roubo majorado**: para o STJ, não há *bis in idem* na apuração do crime de associação criminosa armada (CP, art. 288, parágrafo único) e roubo majorado pelo uso de armas e por concurso de agentes (CP, art. 157, §2º, II e §2º-A, I). Isso porque os delitos são autônomos e a associação criminosa se aperfeiçoa independentemente do cometimento de qualquer crime posterior pelo grupo. Ademais, os bens jurídicos protegidos pelas normas incriminadoras são distintos - no caso do crime de associação criminosa, a paz pública e do roubo, o patrimônio, a integridade física e a liberdade do indivíduo (STJ, RHC 49.719/PR, 5ª Turma, Rel. Min. Reynaldo Soares da Fonseca, DJe 01/09/2015).

O CESPE-UNB/CEBRASPE considerou **incorreta** a assertiva de que caracteriza *bis in idem* a condenação por crime de quadrilha armada e roubo qualificado pelo uso de armas e concurso de pessoas[55].

O princípio do *ne bis in idem* incide tanto no campo da tipicidade quanto no plano da aplicação da pena: uma mesma conduta não pode ser tipificada ou punida mais de uma vez. Na esfera processual, o princípio

[53] PRADO, Luiz Regis. *Op. Cit.*, p. 185.

[54] Na prova discursiva do concurso para o cargo de defensor público estadual (DPE-RR), realizada pelo CESPE-UNB/CEBRASPE em 2013, foi formulada a seguinte **questão discursiva**: "Discorra sobre o princípio do NE BIS IN IDEM, ou NON BIS IN IDEM, abordando, necessariamente, os seguintes aspectos: 1 - conceito e finalidade do princípio; 2 - conteúdo de natureza material ou substancial do princípio; 3 - distinção entre o referido princípio e o princípio da valoração integral do fato, ou valoração global do fato, no concurso de normas".

[55] Prova objetiva do concurso para o cargo de Promotor de Justiça (MPE-RO), realizada em 2013.

impede a existência de persecuções múltiplas pelo mesmo fato. Ex: institutos da litispendência e da coisa julgada (CPP, art. 95, III e V).

11. PRINCÍPIO DA PROPORCIONALIDADE

A criação e aplicação da norma penal somente serão legítimas quando necessárias, adequadas a proporcionais em sentido estrito.

Trata-se de **princípio implícito** na Constituição de 1988, podendo ser extraído da cláusula do devido processo legal substancial (STF, RE 374981, Pleno, Rel. Min. Celso de Mello, j. 28/03/2005, Informativo n.º 381). O princípio da proporcionalidade coíbe o exercício imoderado de poder, podendo ensejar o controle de constitucionalidade das leis pelo Judiciário. Deve existir equilíbrio entre a gravidade do injusto penal e a pena aplicada.

> **Conteúdo do princípio da proporcionalidade**: decorre de três elementos: *(a) adequação*: devem ser adotadas medidas aptas a atingir o fim almejado; *(b) necessidade*: dentre as medidas aptas, devem ser adotadas aquelas que apresentem menor prejuízo; *(c) proporcionalidade em sentido estrito*: as vantagens devem superar as desvantagens observadas.

Na doutrina contemporânea pós-positivista, são apontadas duas novas vertentes: a **proibição do excesso** e a **proibição da proteção deficiente**.

A vedação do excesso exsurge como limite de poder em atuações positivas. A proibição da proteção deficiente (*untermassverbot*) provém do direito constitucional alemão, a partir da **dimensão objetiva** dos direitos fundamentais, os quais tutelam bens jurídicos e valores que devem ser promovidos e protegidos diante de riscos e ameaças originários de terceiros (imperativos de tutela)[56]. Os direitos fundamentais devem ser protegidos de forma adequada, com a criminalização de condutas quando necessário e com a fixação de penas proporcionais à gravidade da lesão ao bem jurídico.

O CESPE-UNB/CEBRASPE considerou **correta** a assertiva de que uma das vertentes do princípio da proporcionalidade é a proibição de proteção deficiente, por meio da qual se busca impedir um direito fundamental de ser deficientemente protegido, seja mediante a eliminação de figuras típicas, seja

[56] SARMENTO, Daniel; NETO, Cláudio Pereira de Souza. *Op. Cit.*, p. 482-484.

pela cominação de penas inferiores à importância exigida pelo bem que se quer proteger[57].

No campo criminal, por exemplo, o STF já discutiu a aplicação da proibição da proteção insuficiente com relação aos seguintes temas: mandados de criminalização, tipicidade do porte ilegal de arma de fogo desmuniciada[58], constitucionalidade dos crimes de perigo abstrato[59], regime inicial obrigatório no cumprimento de pena[60] e natureza da ação penal nos crimes cometidos com violência doméstica contra a mulher[61] (**questão discursiva**[62]).

Na atualidade, também tem assumido relevo o debate sobre a constitucionalidade da pena do art. 273 do CP, que prevê o crime de falsificação de produto destinado a fins terapêuticos ou medicinais.

> **STF, Tema 1003 (repercussão geral)**: "É inconstitucional a aplicação do preceito secundário do art. 273 do Código Penal, com redação dada pela Lei 9.677/1998 (reclusão, de 10 a 15 anos, e multa), à hipótese prevista no seu § 1º-B, I, que versa sobre a importação de medicamento sem registro no órgão de vigilância sanitária. Para esta situação específica, fica repristinado o preceito secundário do art. 273, na redação originária (reclusão, de 1 a 3 anos, e multa)" (STF, RE 979962/RS, Pleno, Relator Min. Roberto Barroso, j. 24/03/2021).

Quanto à tese acima, de acordo com o STF, o vício decorre da ofensa à vedação de penas cruéis e aos princípios da proporcionalidade e da individualização da pena. Para a Corte, o princípio da proporcionalidade proíbe a proteção deficiente e também o excesso. Na hipótese, a pena mínima é maior do que aquela prevista para o estupro de vulnerável, a extorsão mediante sequestro e a tortura seguida de morte (STF, RE 979962/RS, Pleno, Rel. Min. Roberto Barroso, j. 24/03/2021, Informativo n.º 1011).

---

[57] Prova objetiva do concurso para o cargo de Promotor de Justiça (MP-AC), realizada em 2014.
[58] STF, HC 104410, 2ª Turma, Rel. Min. Gilmar Mendes, DJe 27/03/2012.
[59] STF, HC 102087, 2ª Turma, Rel. Min. Celso De Mello, DJe 14/08/2012.
[60] STF, HC 115862, 2ª Turma, Rel. Min. Gilmar Mendes, DJe 02/12/2013.
[61] STF, HC 106212, Pleno, Rel. Min. Marco Aurélio, DJe 13/06/2011.
[62] Na **prova discursiva** para o cargo de Procurador da República (25º concurso), realizada em 2011, Banca MPF, foi apresentado o seguinte tema para dissertação: "Disserte sobre o princípio da proporcionalidade na sua vertente de proibição da proteção insuficiente".

CAPÍTULO 3
DIREITO PENAL E POLÍTICA CRIMINAL

1. CONSIDERAÇÕES INICIAIS

A partir da ampliação das definições de Feuerbach, podemos dizer que a *Política Criminal* compreende o conjunto dos procedimentos através dos quais o corpo social organiza as reações ao fenômeno criminal, respondendo à necessidade de segurança das pessoas e dos bens. Em outras palavras, a Política Criminal constitui a sistematização de estratégias, táticas e meios de controle social da criminalidade, com o propósito de sugerir e orientar as reformas na legislação positivada.

A política criminal de um país revela-se essencialmente no campo legislativo, de acordo com as opções do legislador (Constituição, leis etc.). No Brasil, a Constituição de 1988 adotou a **política criminal garantista.**

Os movimentos de política criminal, por vezes, são a base ideológica que está por trás da aprovação de diversas leis e outras medidas legislativas. Esse é outro ponto que o leitor deve ficar atento, sendo uma temática bastante explorada em provas discursivas de concursos públicos.

2. MOVIMENTOS DE POLÍTICA CRIMINAL

2.1. Movimentos Repressivistas: da Lei e Ordem ao Direito Penal do Inimigo

Com a expansão do poder punitivo diante do trinômio *medo*, *segurança* e *risco*, em alguns países, ganharam força notáveis **movimentos repressivistas**, que preconizam a ampliação do controle estatal formal através do Direito Penal, com base em um sistema penal máximo (maior rigor punitivo, mais proibições e redução das garantias penais e processuais).

Para uma visão panorâmica sobre os principais movimentos de política criminal, confira o **esquema estratégico** abaixo:

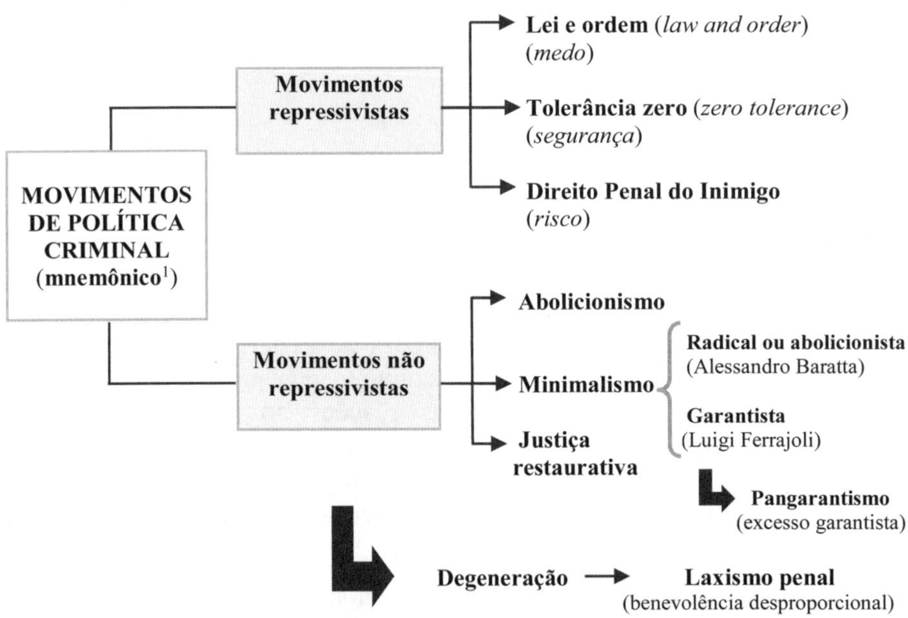

No campo da política criminal, dentre os **movimentos repressivistas**, três deles têm ocupado lugar de destaque na atualidade: lei e ordem, tolerância zero e Direito Penal do Inimigo.

[1] **Macete mnemônico**: **"DILETO MIJUAB"** – **DI**reito Penal do inimigo, **LE**i e ordem e **TO**lerância zero (movimentos repressivistas). **MI**ninimalismo, **JU**stiça restaurativa e **AB**olicionismo.

Lei e ordem (***law and order***): trata-se de movimento político-criminal amparado no discurso de fortalecimento do Direito Penal, diante do aumento da violência na sociedade. Teve início nos Estados Unidos na década de 1960, como reação ao crescimento dos índices de criminalidade.

Tolerância zero (***zero tolerance***): como vertente do viés da lei e ordem, o movimento tolerância zero é fundado no combate agressivo à pequena delinquência, tendo sido difundido nos Estados Unidos a partir de 1970. Segundo Waquant, os movimentos da lei e ordem e da tolerância zero buscaram fundamentação na **teoria das janelas quebradas** (*broken windows theory*), formulada pelos norte-americanos James Q. Wilson e George Kelling[2]. Para essa teoria, os delitos estão ligados em cadeia e a origem dos "crimes grandes" é a delinquência de rua, isto é, os "crimes pequenos". A alegoria das "janelas quebradas" é utilizada para ilustrar esse elo/cadeia entre as infrações: após a janela de vidro de um prédio ser quebrada por uma pessoa e não sendo consertada, outras pessoas que gostam de quebrar janelas, passando por ali e observando que não há reação, se sentiriam estimuladas a agir do mesmo modo, quebrando as outras janelas do prédio. Sendo assim, toda infração penal, por menor que seja, deve ser objeto de repressão sem complacência, sob pena de ensejar, no futuro, delitos de maior gravidade. [3]

Direito Penal do Inimigo: em 1985, na Universidade de Bonn, o alemão Günther Jakobs propôs a dicotomia "Direito Penal do cidadão" e "Direito Penal do Inimigo" como dois modelos distintos de intervenção punitiva, baseados na diferenciação dos indivíduos identificados como cidadãos ou inimigos. O Direito Penal de garantias somente seria aplicável ao cidadão que comete crimes de forma acidental ou esporádica. Mas em relação ao inimigo, o Estado deveria agir de forma implacável, com a eliminação das garantias penais e processuais tradicionais. O inimigo seria aquele que comete crimes de forma sistemática, identificado por alguns sinais característicos, como a habitualidade e a profissionalização (ex: terrorismo, narcotráfico, tráfico de pessoas, organizações criminosas etc.). O Direito Penal do Inimigo tem por função eliminar os riscos/perigos representados pelo "inimigo" do Estado, opositor que, por não aceitar e violar sistematicamente os deveres do "contrato social", não pode desfrutar dos direitos e garantias extensíveis aos cidadãos comuns. Trata-se de um viés do Direito Penal do autor, sendo um movimento ligado à **terceira velocidade do Direito Penal**. [4]

---

[2] WAQUANT, Loic. *As Prisões da Miséria*. Rio de Janeiro: Jorge Zahar Editor, 2001, p. 7 e ss.

[3] No Brasil, não é possível a adoção da política de tolerância zero, na medida em que a CF/88, em seu art. 98, I, preceitua que deve haver um tratamento perseicutório mais brando em relação às infrações de menor potencial ofensivo, permitida a transação penal e a aplicação de outros institutos despenalizadores.

[4] Para maiores detalhes sobre as velocidades do Direito Penal, confira o que dissemos no Capítulo 01.

No processo penal, o Direito Penal do Inimigo pode apresentar os seguintes reflexos: (i) relativização ou supressão de direitos e garantias processuais; (ii) processo mais célere visando à aplicação da pena; (iii) expansão do campo de incidência de medidas preventivas e cautelares; (iv) concessão de prêmios e benefícios legais ao inimigo que demonstre fidelidade ao Estado, como a colaboração premiada; (v) flexibilização da prisão em flagrante com a ação controlada, adiando-se o momento da prisão com a finalidade de capturar o maior número de criminosos e (vi) infiltração de agentes policiais em organizações criminosas (**questão discursiva**[5]).

Note-se que, no viés do Direito Penal do Inimigo, essas e outras medidas são adotadas em busca da eliminação de um perigo. Portanto, uma das características do Direito Penal do Inimigo é a legislação diferenciada, com um tratamento específico para o "inimigo".

Para fins de memorização sobre os principais **movimentos repressivistas**, vale conferir a seguinte **simbologia estratégica**:

MOVIMENTOS REPRESSIVISTAS
(Política Criminal)

Lei e ordem (*law and order*)	**Tolerância zero** (*zero tolerance*)	**Direito Penal do Inimigo** (*enemy's criminal law*)
		 *ENEMY*
Medo	**Segurança**	**Risco**

2.2 Movimentos não repressivistas: do abolicionismo à justiça restaurativa

De outro lado, como forma de reação ao repressivismo, surgiram importantes **movimentos não repressivistas**, que sustentam a diminuição ou eliminação da intervenção punitiva estatal para resolver os conflitos sociais.

[5] No concurso público para o cargo de Juiz de Direito (TJAL), realizado em 2008 pelo CESPE-UNB/CEBRASPE, foi formulada a seguinte **questão discursiva**: "Discorra acerca das velocidades do direito penal, abordando especialmente o direito penal de terceira velocidade, citando exemplos e reflexos, quer no direito penal, quer no direito processual penal".

O **abolicionismo penal** defende a eliminação da intervenção penal como forma de intervenção do Estado. Busca-se a substituição da punição tradicional por outras estratégias de controle social, com base no reconhecimento do interesse da vítima e na substituição da pena – em especial a de prisão – por outras formas alternativas de responsabilização.

O **minimalismo penal** propõe a redução do sistema de controle penal a partir da imposição de maiores limitações ao poder proibitivo e punitivo do Estado, com a ampliação do campo de liberdade do indivíduo. Preconiza o modelo de *Direito Penal mínimo*, fundado na ideia de que só devem ingressar no Direito Penal as condutas que, diante da sua gravidade, não são resolvidas adequadamente pelos demais ramos do Direito. No Direito Penal, essa tendência é revelada pelo *princípio da intervenção mínima*.

Existem duas grandes vertentes de minimalismo penal:

(a) minimalismo radical ou abolicionista (Alessandro Baratta): prega a redução gradativa da intervenção em direção ao abolicionismo. O minimalismo abolicionista propõe a redução gradual da pena e do Direito Penal como instrumento de controle social, sendo a cultura da intervenção penal substituída por outros mecanismos, considerados menos violentos e mais eficazes para a resolução dos conflitos sociais. Nessa vertente, o minimalismo penal é visto como o norte necessário para a desejável superação cultural e política do modelo punitivo, como caminho para o abolicionismo;

(b) minimalismo garantista (Luigi Ferrajoli): retrata a redução da intervenção em prol das garantias fundamentais. O minimalismo garantista revela um Direito Penal mínimo e garantidor, baseado na proteção dos direitos humanos e fundamentais, negando-se, porém, o abolicionismo. É um modelo que se situa entre os sistemas de controle penal máximo e o abolicionismo. Ferrajoli identificou os dez axiomas do garantismo[6]. A ideia de um Direito Penal mínimo e garantidor é o modelo inerente aos Estados Constitucionais de Direito, sendo este o paradigma adotado pela Constituição de 1988.

Mas existem algumas variações terminológicas em torno do garantismo penal que merecem nossa atenção especial:

- **garantismo negativo**: objetiva limitar o poder punitivo do Estado (proibição do excesso);

[6] São eles: São eles: (1) *nulla poena sine crimine*, (2) *nulla poena sine lege;* (3) *nulla lex sine necessitate*; (4) *nulla necessitas sine inúria*; (5) *nulla inúria sine actione*; (6) *nulla actione sine culpa*; (7) *nulla culpa sine judicio*; (8) *nullum judicium sine accusatione*; (9) *nulla accusation sine probatione*; (10) *nulla probatione sine defensione*.

- **garantismo positivo**: busca estimular a eficiente intervenção estatal, como forma de assegurar proteção aos bens jurídicos de alta relevância para a sociedade (proibição da proteção deficiente);

- **garantismo penal integral, proporcional ou binocular**: tutela não só os direitos do acusado, mas *todos* os direitos previstos na Constituição (proteção integral). É analisado de forma bifronte: de um lado, assegura os direitos do acusado, não permitindo violações arbitrárias, desnecessárias ou desproporcionais; e, de outro, resguarda os direitos fundamentais afetos à coletividade, não se devendo abolir a proteção do bem jurídico violado, de acordo com as duas vertentes do princípio da proporcionalidade (proibição do excesso e da proteção deficiente);

- **garantismo hiperbólico monocular**: de forma ampliada e desproporcional, tutela apenas os direitos fundamentais do acusado, deixando de lado a proteção dos direitos fundamentais afetos à coletividade. É uma ideia que se aproxima do abolicionismo penal, pois reduz o papel do Direito Penal como forma de instrumento de controle social voltado à proteção da sociedade, lembrando que o abolicionismo defende que os demais ramos do Direito e outras políticas públicas são suficientes para diminuir a criminalidade e solucionar os conflitos sociais (**questão discursiva**[7]);

- **pangarantismo**: essa expressão também é utilizada para identificar o garantismo penal demasiadamente excessivo, sendo uma forma de degeneração da política criminal garantista;

- **garantismo contramajoritário**: é certo que, ao menos em tese, o texto constitucional é um produto de um processo democrático que representa a vontade da maioria (caráter majoritário). As garantias penais previstas na Constituição têm por objetivo impedir que o legislador ceda às pressões da opinião pública e da maioria. Com isso, verifica-se o *caráter contramajoritário* das garantias constitucionais, que buscam garantir posições jurídicas minoritárias das pessoas envolvidas no delito, ainda que a posição opinião pública e da maioria seja pela eliminação ou supressão das garantias.

Ainda no campo dos movimentos não repressivistas, modernamente, muito tem se falado em **justiça restaurativa**.

Esse modelo surgiu a partir da cultura anglo-saxã como contraposição à concepção tradicional da justiça criminal punitiva-retributiva. Em essência, a justiça restaurativa consiste na técnica utilizada para solucionar conflitos na

[7] No concurso público para o cargo de Promotor de Justiça (MPGO), realizado em 2016, foi formulada a seguinte **questão discursiva**: "Conceitue, explicando, o que seja garantismo binocular e garantismo monocular. Após conceituá-los, esclareça quais das duas formas de garantismo aqui explicitados se aproxima à tese do abolicionismo do Direito Penal".

qual autor e vítima se aproximam, buscando **restaurar as relações e os eventuais danos sofridos**. As primeiras experiências vieram do Canadá e da Nova Zelândia. A ideia de restauração (*creative restitution*), base da justiça restaurativa, foi formulada por Albert Eglash. *Princípios*: voluntariedade, consensualidade, confidencialidade, celeridade, urbanidade, adaptabilidade e imparcialidade. No direito comparado, a justiça restaurativa é aplicada em relação aos crimes mais graves. É um modelo mais adaptado ao sistema *common law*, em razão do princípio da oportunidade da ação penal.

No Brasil, a ideia de justiça restaurativa, na maioria das vezes, é trabalhada em infrações mais leves, sendo possível identificar algumas previsões normativas baseadas nesse modelo: (a) Lei 9.099/95, a partir dos institutos da composição civil dos danos, transação penal e suspensão condicional do processo (arts. 72, 76 e 89); (b) Estatuto da Criança e do Adolescente, com a previsão da remissão como forma de exclusão, suspensão ou extinção do processo (ECA, arts. 126 a 128) e (c) Lei n.º 9.807/99, que fixou normas para a organização e a manutenção de programas especiais de proteção a vítimas e testemunhas ameaçadas.

> **Enunciado n.º 28, I Jornada de Direito Penal e Processo Penal**: "Recomenda-se a realização de práticas restaurativas nos acordos de não persecução penal, observada a principiologia das Resoluções n. 225 do CNJ e 118/2014 do CNMP".
>
> **FONAJUC, Enunciado n.º 66**: "As práticas restaurativas e a mediação devem ser fomentadas na execução penal, dentro do sistema prisional".
>
> **FONAJUC, Enunciado n.º 52**: "As práticas restaurativas podem ser utilizadas nos crimes de corrupção e lavagem ou ocultação de bens, direitos e valores, em caráter complementar e não substitutivo".

O processo restaurativo deve obedecer ao procedimento previsto na lei que o instituir ou autorizar (*procedu ral due process of law*), com a busca do alcance de uma solução justa, satisfatória, razoável e proporcional para as partes envolvidas (*substantive due process of law*). Trata-se de modelo compatível com o devido processo legal (**questão discursiva**[8]).

[8] No concurso público para o cargo de defensor público, realizado em 2006 pela FCC, foi formulada a seguinte **questão discursiva**: "Compatibilize os princípios da justiça restaurativa e do devido processo legal".

Finalizando o tópico, há que se fazer uma última consideração. Os movimentos *não repressivistas* não podem ser degenerados ao ponto gerar tolerância excessiva ou permissão de condutas com repercussões criminais, sob pena de caracterizar o chamado **laxismo penal**, entendido como a benevolência criminal conferida pelo juiz em propor soluções absolutórias ou punições demasiadamente desproporcionais e bondosas, em desacordo com a gravidade do caso e a periculosidade do agente, ignorando as funções da pena.

Para facilitar a visualização e memorização dos **movimentos não repressivistas**, vale conferir a **simbologia estratégica** abaixo:

MOVIMENTOS NÃO REPRESSIVISTAS
(Política Criminal)

Abolicionismo

Extinção
O DP deve ser extinto como instrumento de controle social

Minimalismo

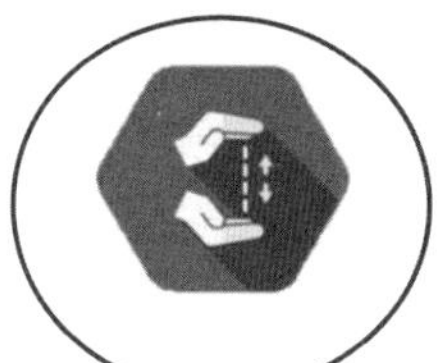

Intervenção mínima
O DP é a *ultima ratio*

Justiça Restaurativa

Práticas restaurativas
Busca-se restaurar as relações e os danos sofridos

Minimalismo radical ou abolicionista
(Alessandro Baratta)

Redução da intervenção
A intervenção do DP deve ser reduzida a caminho da extinção

Minimalismo garantista
(Luigi Ferrajoli)

→ Modelo adotado no Brasil pela Constituição de 1988

Garantismo
Direito Penal mínimo e garantidor

3. POLÍTICA CRIMINAL E A CONSTITUIÇÃO DE 1988

A Constituição de 1988 adotou o garantismo penal integral, com laivos de justiça restaurativa (**questão discursiva**[9]).

No Brasil, a Constituição de 1988 consagrou uma **política criminal garantista**, estabelecendo um modelo de Direito Penal mínimo e garantidor (CF, art. 5º), baseado na proteção integral dos direitos fundamentais, em busca da construção de uma sociedade pluralista, livre, justa e solidária, estribada no valor-fonte da dignidade da pessoa humana (CF, art. 1º, III).

> **Movimentos repressivistas e a Constituição de 1988**: os movimentos de lei e ordem e de tolerância zero são incompatíveis com a Constituição de 1988, a qual impõe um tratamento mais brando em relação às infrações penais de menor potencial ofensivo, através dos procedimentos oral e sumaríssimo, permitidos, nas hipóteses previstas em lei, a transação e o julgamento de recursos por turmas de juízes de primeiro grau (CF, art. 98, I). Também são incompatíveis o Direito Penal do Inimigo e a ideia de funcionalismo sistêmico radical preconizados por Günther Jakobs[10].

O STF possui decisões com base no garantismo penal e referência expressa à doutrina de Ferrajoli, que defende a vertente do minimalismo garantista (STF, ADI 4414, Pleno, Rel. Min. Luiz Fux, DJe-114 17/06/2013).

O STJ tem dado mostras da adoção do garantismo integral:

> [...] paralelamente à proteção contra os excessos do Estado (garantismo negativo), derivam da Constituição Federal obrigações para que também as decisões judiciais não ocasionem a desproteção dos bens jurídicos e interesses gerais e sociais (Proibição de Proteção Estatal Deficiente)" (STJ, REsp 1501855/PR, 6ª Turma, Rel. Min. Sebastião Reis, DJe 30/05/2017).

Sendo assim, fica fácil compreender que o modelo garantista estabelecido pela CF/88 não é puramente *monocular*, ou seja, com olhar

---

[9] No 28º concurso público para o cargo de Procurador da República, foi formulada a seguinte **questão discursiva**: "Comente acerta do tema 'A Constituição da República de 1988 e Política Criminal".

[10] O STF e o STJ têm repudiado a ideia de Direito Penal do Inimigo (STF, HC 85531, 2ª Turma, Rel. Min. Celso de Mello, DJe-142 14/11/2007; STJ, HC 152.144/ES, Rel. Min. Laurita Vaz, DJe 01/08/2011).

exclusivo apenas as garantias do investigado ou acusado, mas *integral* ou binocular, protegendo, também, outros bens jurídicos afetos à coletividade, trazendo consigo uma inegável função social. A proteção constitucional é estabelecida, então, com "dois olhos": um para as garantias do acusado e outro para os direitos ligados à coletividade (*garantismo binocular*).

Se é certo que a Constituição de 1988 é declaradamente garantista, o mesmo não pode ser dito em relação algumas **leis infraconstitucionais**.

A doutrina aponta que há influência do Direito Penal do Inimigo em relação aos seguintes diplomas: (a) Lei n.º 8.072/90 (Crimes Hediondos), no ponto em que vedou a fiança; (b) Leis n.º 12.850/2013 (Organizações Criminosas), 9.613/98 (Lavagem de Dinheiro) e 11.343/2006), que admitem meios extraordinários de obtenção de prova; (c) Lei 10.792/2003, que instituiu o regime disciplinar diferenciado na execução penal; (d) Lei n.º 9.614/98 (Lei do Abate de Aeronaves) e Lei n.º 13.260/2016, que fixou punição para atos preparatórios ao terrorismo; (e) Lei n.º 10.826/2003 (Estatuto do Desarmamento), quando previu a inafiançabilidade para o porte e a posse de armas de fogo e (f) antiga Lei n.º 9.034/95 (Organizações Criminosas), que estabelecia a figura do juiz investigador.

Com isso, encerramos o capítulo, devendo o leitor ficar atento aos movimentos de política criminal que acabam influenciando nossa legislação.

CAPÍTULO 4
NORMA PENAL

1. NORMAS PENAIS, PROCESSUAIS E HÍBRIDAS

No campo criminal, o operador do direito poderá se deparar com três tipos de normas, com natureza e regimes jurídicos distintos: normas penais, normas processuais e normas híbridas ou mistas. O critério diferenciador entre elas não é a categoria do diploma legal em que se acham inseridas (ex: se no CP ou no CPP), mas sim a repercussão ou não sobre o *ius puniendi*.

As **normas penais** afetam direta ou indiretamente o direito de punir, criando-o, extinguindo-o ou tornando-o mais ou menos intenso. Ex: previsão de novos crimes ou novas qualificadoras, causas de extinção da punibilidade, progressão de regime etc. Lembramos que, por imperativo constitucional, a norma penal não poderá retroagir, salvo para beneficiar o réu (CF, art. 5º, XL). São características das normas penais: exclusividade, imperatividade, generalidade, impessoalidade e anterioridade (**mnemônico**[1]).

---

[1] **Macete mnemônico**: "**EIGIA**" - **E**xclusividade, **I**mperatividade, **G**eneralidade, **I**mpessoalidade e **A**nterioridade.

Já as **normas processuais** apresentam repercussão apenas no processo e no procedimento, sem reflexos diretos ou indiretos no direito de punir do Estado. Ex: previsão de prazos recursais, alteração do procedimento judicial etc. A lei processual possui aplicação imediata, sem prejuízo da validade dos atos praticados sob a vigência da lei anterior (CPP, art. 2º).

As **normas híbridas** ou **mistas** são aquelas que revelam, há um só tempo, conteúdo material e processual. Ex: art. 366 do CPP (suspensão do processo e da prescrição). Nessa hipótese, deve prevalecer a parte penal para fins de direito intertemporal, não sendo possível a cisão da norma (STJ, AgRg no REsp 1206643/RS, 6ª Turma, Rel. Min. Nefi Cordeiro, DJe 25/02/2015).

2. NORMAS HETEROTÓPICAS

A palavra "heterotópico" provém do grego *heterotopos*, que significa outro lugar; aquilo que está em um lugar anormal.

Normas heterotópicas são aquelas inseridas em diploma legislativo diverso da sua natureza. Ex: normas sobre perempção, que são previstas no art. 60 do CPP e podem extinguir a punibilidade do agente (CP, art. 107, IV).

Para uma melhor visualização, observe a **simbologia estratégica**:

NORMAS HETEROTÓPICAS
(exemplo)

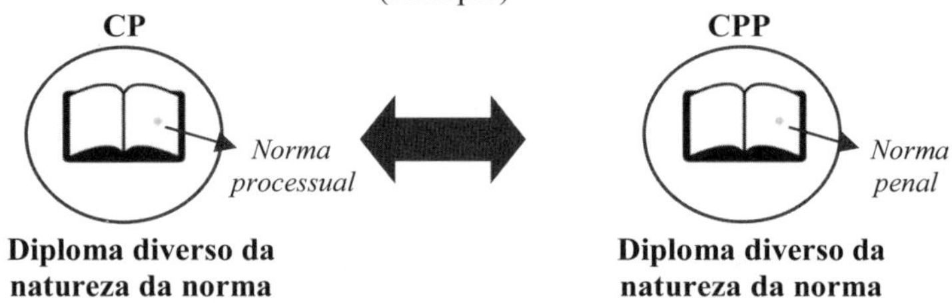

3. A TEORIA DE BINDING

Karl Binding sistematizou o princípio da reserva legal na *teoria dos tipos legais*, sendo considerado por muitos o criador do tipo penal. Conforme observou o jurista germânico, as leis penais possuem uma técnica peculiar:

não são proibitivas, mas *descritivas*. Os delitos são selecionados previamente pelo legislador e descritos em *modelos legais*, chamados de **tipos penais**.

Vejamos alguns exemplos (homicídio e furto):

> "Art. 121. Matar alguém:
> Pena - reclusão, de seis a vinte anos".
> [...]
> Art. 155 - Subtrair, para si ou para outrem, coisa alheia móvel:
> Pena - reclusão, de um a quatro anos, e multa".

Como podemos perceber, a *lei* penal é descritiva e, tecnicamente, não deve ser confundida com a *norma*, que é proibitiva, havendo diferença entre lei (texto legal) e norma (comando extraído). Por exemplo, a partir da descrição legal do homicídio ("matar alguém"), podemos extrair a norma "não matar". Assim, cabe ao legislador definir o crime, e não proibi-lo.

A teoria de Binding encontra fundamento no art. 5º, XXXIX, da CF:

> "Art. 5º [...]
> XXXIX - não há crime sem lei anterior que o *defina*, nem pena sem prévia cominação legal".

Anotado o apuro técnico da teoria de Binding, convém registrar que, segundo Damásio de Jesus, não há maiores problemas práticos em considerar as expressões *lei* e *norma* como sinônimas no estudo do Direito Penal.[2]

Outro ponto importante é que, em relação à estrutura, a norma penal incriminadora é composta por duas partes: **(a) preceito primário**: definição da conduta e **(b) preceito secundário**: cominação de pena.

4. CLASSIFICAÇÃO DAS NORMAS PENAIS

4.1. Normas penais incriminadoras e não incriminadoras

Quanto à finalidade, as normas penais podem ser classificadas em incriminadoras ou não incriminadoras, com algumas subdivisões.

[2] JESUS, Damásio E. de. *Direito Penal. Vol. 1. Parte Geral.* 34ª Ed. São Paulo: Saraiva, 2013, p. 59.

Para uma rápida visualização, observe o **quadro estratégico** abaixo:

<table>
<tr><td rowspan="5">Normas penais (classificação)</td><td>Incriminadoras</td><td colspan="2">Previsão de crimes e cominação de penas</td></tr>
<tr><td rowspan="4">Não incriminadoras</td><td rowspan="2">Permissivas</td><td>Justificantes (exclusão da ilicitude)</td></tr>
<tr><td>Exculpantes (exclusão da culpabilidade)</td></tr>
<tr><td colspan="2">Explicativas (esclarecer ou explicar conceitos)</td></tr>
<tr><td colspan="2">Complementares (comandos gerais)</td></tr>
</table>

Normas penais incriminadoras: o legislador prevê hipóteses de infração penal. Ex: "matar alguém" (CP, art. 121). A maioria dessas normas são encontradas na parte especial do Código Penal e leis especiais.

Normas penais não incriminadoras: não há previsão de conduta delituosa, mas de uma descriminante, explicação ou complemento em relação a outras normas. Ex: legítima defesa (CP, art. 25).

Existem três espécies de normas penais não incriminadoras:

(a) normas penais permissivas: permitem a prática de um fato que, a princípio, seria criminoso. Podem ser: (1) permissivas *justificantes* (exclusão da ilicitude), a exemplo da norma que prevê o estado de necessidade (CP, art. 23) ou (2) permissivas *exculpantes* (exclusão da culpabilidade), como a norma que prevê a embriaguez acidental completa (CP, art. 28, §1º);

(b) normas penais explicativas: são aquelas que esclarecem ou explicam conceitos necessários ao intérprete. Ex: art. 327 do CP, que apresenta a definição de funcionário público para fins penais.

(c) normas penais complementares: são aquelas que fornecem princípios gerais para a aplicação da lei penal. Ex: art. 59 do CP.

Atenção! Essa é a classificação adotada pela maioria da doutrina. No entanto, Luiz Flávio Gomes apresenta diferenciação própria entre normas *permissivas* e normas *justificantes*. Para o jurista, norma permissiva seria aquela baseada em um tipo permissivo e que exclui a tipicidade. Ex:

imunidade parlamentar[3]. Já a norma justificante seria identificada como aquela que exclui a ilicitude (**questão discursiva**[4]).

4.2. Normas penais em branco

4.2.1. Generalidades

As normas penais em branco são aquelas em que a **definição da conduta** (**preceito primário**) está **incompleta**, havendo necessidade de complementação por outra disposição legal ou regulamentar. Ex: tráfico de drogas e previsão do rol de sustâncias consideradas entorpecentes.

Para fins de memorização, observe o **quadro estratégico**:

NORMA PENAL EM BRANCO (visão geral)	
Preceito primário (definição de conduta)	**Preceito secundário** (cominação de pena)
Incompleto	Completo

Complemento: lei ou ato infralegal

Não há ofensa ao princípio da reserva legal, pois *a estrutura básica da norma está prevista em lei*. No ponto, observe-se que a alteração do complemento repercute diretamente na consideração da conduta como crime.

Existem duas espécies de norma penal em braço:

(a) norma penal em branco homogênea, homóloga ou em sentido lato: a lei é completada por outra *lei* (lei x lei);

(b) norma penal em branco heterogênea, heteróloga ou em sentido estrito: a lei é completada por ato *infralegal* (lei x ato infralegal).

---

[3] GOMES, Luiz Flávio. *Normas Justificantes e Normas Permissivas*. Disponível em: <http://ww3.lfg.com.br/public_html/article.php?story=20070126141408 67>. Acesso em 29/09/2020.

[4] Na prova discursiva do concurso para o cargo de Promotor de Justiça (MPE-AM), realizada pelo CESPE-UNB/CEBRASPE em 2008, foi formulada a seguinte **questão discursiva**: "Estabeleça, em texto dissertativo, a diferença entre normas justificantes e normas permissivas, citando exemplos de cada uma delas".

Normas penais em branco ao avesso: são aquelas em que o preceito primário (definição de conduta) está completo, mas o preceito secundário (cominação de pena) necessita de complemento, que somente poderá ser *lei*, e não um ato infralegal, sob pena de inconstitucionalidade. Ex: genocídio (art. 1º, *a*, da Lei n.º 2.882/56), em que o preceito secundário está incompleto[5].

O CESPE-UNB/CEBRASPE considerou **incorreta** a assertiva de que na norma penal em branco ao avesso, o preceito secundário fica a cargo de norma complementar, que, de acordo com o ordenamento jurídico brasileiro, pode ser legal ou infralegal[6].

4.2.2. Normas penais em branco homovitelinas e heterovitelinas

Vitelino é um adjetivo que significa algo relativo ao "**ovo**" ou "**óvulo**". Pense-se o seguinte: o ovo é o "ramo do direito", podendo o complemento estar "no mesmo ovo" ou "em outro ovo".

As normas penais em branco **homovitelinas** são aquelas em que o complemento se encontra no **mesmo ramo do Direito**. Ex: no peculato (CP, art. 312), o conceito de funcionário público é previsto pelo próprio Direito Penal (art. 327). Por outro lado, as normas penais em branco **heterovitelinas** são aquelas em que o complemento é extraído de **outro ramo do Direito**. Ex: no crime do art. 326 do CP (contrair casamento ocultando impedimento), os impedimentos matrimoniais estão previstos no art. 1.521 do CC/2002.

Essa foi a posição adotada pelo STJ, no voto do Min. Felix Fischer (STJ, RHC 9.834/SP, 5ª Turma, Rel. Min. Felix Fischer, DJ 04/06/2001).

Para fins de memorização, confira o **quadro estratégico** abaixo:

<table>
<tr><td rowspan="3">Normas penais em branco (classificação)</td><td rowspan="2">Homogêneas ou homólogas (lei x lei)</td><td>Homovitelinas (complemento no mesmo ramo do Direito)</td></tr>
<tr><td>Heterovitelinas (complemento em outro ramo do Direito)</td></tr>
<tr><td>Heterogêneas ou heterólogas (lei x ato infralegal)</td><td>Não há violação ao princípio da legalidade, pois a estrutura básica da norma está prevista em lei</td></tr>
</table>

[5] "Art. 1º Quem, com a intenção de destruir, no todo ou em parte, grupo nacional, étnico, racial ou religioso, como tal: a) matar membros do grupo; [...] Será punido: Com as penas do art. 121, § 2º, do Código Penal, no caso da letra a".

[6] Prova objetiva do concurso para o cargo de defensor público (DPE-MA), realizada em 2011.

5. INTERPRETAÇÃO E INTEGRAÇÃO DA NORMA PENAL

5.1. Generalidades

Interpretar é extrair o real sentido e alcance de uma determinada norma jurídica. Difere a interpretação da **hermenêutica**, sendo esta concebida como o arcabouço teórico que visa a estabelecer princípios, critérios, métodos e orientações gerais para o desenvolvimento da atividade interpretativa.

A lei penal deve ser interpretada de acordo com os critérios clássicos de interpretação (gramatical, teleológico, sistemático etc.) e, sobretudo, à luz da Constituição Federal, de acordo com a teoria dos direitos fundamentais.

> **Interpretação progressiva ou evolutiva**: é aquela deve se adequar à evolução e transformações sociais ocorridas ao longo do tempo com a adaptação da lei aos novos contextos histórico-culturais.

A norma penal poderá ser integrada pela analogia, costumes ou princípios gerais do direito, observadas algumas particularidades.

A **analogia** constitui forma de autointegração da lei, não sendo considerada fonte do direito. Diante da lacuna da lei, é possível aplicar norma prevista para caso que apresente semelhança relevante (identidade de razão) para suprir a omissão. Fundamenta-se na máxima *ubi eadem ratio, ibi eadem jus*: onde há a mesma razão, aplica-se o mesmo direito. Difere a analogia da **interpretação extensiva**: enquanto na analogia não existe norma que regula o caso, na interpretação extensiva a norma existe, mas não menciona expressamente, havendo ampliação do alcance da norma.

Atenção! Não se admite analogia *in malam partem* (contra o réu) e nem interpretação extensiva em norma penal incriminadora. O Direito Penal somente admite a analogia *in bonam partem* (em benefício do réu).

> **STJ, Súmula n.º 174**: "No crime de roubo, a intimidação feita com arma de brinquedo autoriza o aumento da pena" (**cancelada**[7]).

[7] A Súmula n.º 174 do STJ, DJ 31/10/1996, foi cancelada pelo STJ no julgamento do RESP 213.054-SP, na sessão de 24/10/2001. Atualmente, prevalece que se a violência ou ameaça no crime de roubo é exercida com arma de brinquedo, não incide a causa de aumento prevista no art. 157, §2º-A, I, do CP.

> **STJ, Súmula n.º 442**: "É inadmissível aplicar, no furto qualificado, pelo concurso de agentes, a majorante do roubo"[8].

O CESPE-UNB/CEBRASPE considerou **incorreta** a assertiva de que no crime de roubo, a intimidação realizada com arma de brinquedo permite que se reconheça causa de aumento de pena[9].

Não devemos confundir a analogia com **interpretação analógica**. Por exemplo, no crime de homicídio qualificado mediante paga ou promessa de recompensa, o legislador abriu espaço para interpretação analógica ao utilizar a expressão "ou por outro motivo torpe". Confira:

> "Art. 121 [...]
> § 2° Se o homicídio é cometido:
> I - mediante paga ou promessa de recompensa, *ou por outro motivo torpe*".

O Direito Penal veda a aplicação analógica (analogia), salvo para beneficiar o réu, sendo permitida a *interpretação* analógica.

O CESPE-UNB/CEBRASPE considerou **incorreta** a assertiva de que a interpretação analógica não é admitida em direito penal porque prejudica o réu[10].

5.2. Novas técnicas: ponderação de interesses, *defeseability* e *reduction*

Após a Segunda Guerra Mundial, a teoria jurídica contemporânea passou a identificar novas técnicas para resolução de conflitos entre normas, indo além da utilização dos critérios clássicos de interpretação (histórico, hierárquico, cronológico etc.). São identificadas pela doutrina contemporânea três novas técnicas: ponderação de interesses, *defeseability* e *reduction.*

A **técnica da ponderação**, também chamada de sopesamento, destina-se a resolver conflitos entre normas válidas e incidentes sobre um caso, buscando equacionar e promover, na medida do possível, uma realização otimizada dos bens jurídicos em confronto. Trata-se de mecanismo residual para a resolução de casos difíceis (*hard cases*). O princípio da

---

[8] Não se admite interpretação extensiva ou analogia in malam partem em norma penal incriminadora.
[9] Prova objetiva do concurso para o cargo de Juiz de Direito (TJPB), realizada em 2015.
[10] Prova objetiva do concurso para o cargo de Juiz Federal Substituto (TRF2), realizada em 2013.

proporcionalidade é o principal instrumento metodológico para a realização da ponderação[11]. No Brasil, o STF passou a adotar a ponderação forma mais explícita após a promulgação da Constituição de 1988 (STF, RE 363889, Pleno, Rel. Min. Dias Toffoli, DJe-238 16/12/2011; STF, AI 815300 AgR, 2ª Turma, Rel. Min. Dias Toffoli, DJe-094 11/05/2016; STF, ARE 1023465 AgR, 2ª Turma, Rel. Min. Ricardo Lewandowski, DJe-262 06/12/2018).

Pela técnica da **derrotabilidade das regras** (*defeseability*), afirma-se ser impossível o sacrifício de valores fundamentais almejados pelo sistema jurídico como um todo, somente para promover a aplicação fria e insensível (subsunção) da norma-regra a um caso concreto. Em situações excepcionais, é possível a superação de uma regra regulatória em prol dos valores existenciais do sistema jurídico. A derrotabilidade das regras é uma técnica de aplicação excepcional e diz respeito a casos extremos (*extremes cases*).

Quando não se estiver diante de *extremes cases*, como nos casos consolidados quantitativamente no cotidiano forense, não será o ambiente para a aplicação e exploração da derrotabilidade das regras, mas o operador do Direito ainda poderá se valer de mecanismo diverso: a **técnica da *reduction***, pela qual é possível reduzir o significado de uma norma-regra no caso concreto, diante das particularidades apresentadas. Nessa hipótese, não se trata de derrotar a norma-regra, mas de interpretá-la[12].

5.3. Crimes de hermenêutica?

Na doutrina, a expressão "**crimes de hermenêutica**" é utilizada para se referir a uma linha de pensamento que propõe a responsabilização penal do juiz por externar posições jurídicas que se contrapõem ao padrão oficial de entendimento sobre os textos legais, agindo o magistrado de acordo com sua consciência no campo interpretativo.

Essa expressão foi cunhada por Rui Barbosa como uma crítica de conduta impositiva que impedia a liberdade de decidir do julgador, como mecanismo de pressão. No Brasil, a figura doutrinária dos "crimes de hermenêutica" constitui **fato atípico**. O art. 1º, §2º, da Lei n.º 13.869/2019 (Abuso de Autoridade) dispõe que "a divergência na interpretação de lei ou na avaliação de fatos e provas não configura abuso de autoridade".

---

[11] SARMENTO, Daniel; NETO, Cláudio Pereira de Souza. *Direito Constitucional. Teoria, História e Métodos de Trabalho*. 2ª ed. Belo Horizonte: Editora Fórum, 2016, págs. 512-518.

[12] FARIAS, Cristiano Chaves de; ROSENVALD, Nelson. *Curso de Direito Civil*. Vol. 1. 12ª Ed. Salvador: *Juspodivm*, 2014, p. 94.

CAPÍTULO 5
APLICAÇÃO DA LEI PENAL

1. INTRODUÇÃO

Agora que já conhecemos as linhas gerais da norma penal (conceito, classificação, interpretação e integração), convém analisar o regime de aplicação das normas penais e alguns detalhes a ele relacionados.

A aplicabilidade das normas penais é um dos pontos fundamentais no estudo do Direito Penal, sendo o instrumento de trabalho do criminalista. No presente capítulo, veremos de forma sistematizada pontos como lei penal no tempo, leis excepcionais e temporárias, tempo do crime, conflito aparente de normas, lei penal no espaço, lugar do crime, territorialidade, extraterritorialidade, extradição e outras disposições previstas no Código Penal. Na verdade, esses pontos fundamentais, ao lado dos princípios, compõem o chamado **regime jurídico de aplicação das normas penais**.

Ao longo dos anos, diversos detalhes relacionados a essa temática têm sido objeto de importantes decisões do STF e do STJ (combinação de leis penais, princípio da continuidade normativa típica, irretroatividade da jurisprudência benéfica, absorção do crime-meio pelo crime-fim etc.).

2. LEI PENAL NO TEMPO

2.1. Generalidades

Em regra, a lei penal aplica-se aos fatos praticados durante a sua vigência. Não poderá retroagir, salvo para beneficiar o réu (CF, art. 5º, LX).

Relembrando alguns conceitos fundamentais, **atividade** é a aplicação da lei após sua entrada em vigor até o momento de sua revogação. **Extra-atividade** é a aplicação da lei fora do período de sua vigência, havendo duas espécies: retroatividade e ultratividade. **Retroatividade** é a aplicação da lei a fatos passados, anteriores à sua entrada em vigor. **Ultratividade** é aplicação da lei aos fatos mesmo após a revogação da norma.

No Direito Penal, esses conceitos de direito intertemporal são relacionados à retroatividade da lei penal mais benéfica e à ultratividade das leis penais excepcionais e temporárias, conforme estudaremos mais à frente.

Para uma melhor visualização, confira o **quadro estratégico** abaixo:

Aplicação da lei penal (visão fundamental)		
Lei penal no tempo	**Atividade**	Regra geral
	Extra-atividade (exceção)	**Retroatividade** (lei penal mais benéfica)
		Ultratividade (leis excepcionais e temporárias)

Tempus regit actum: significa "o tempo rege o ato". Os fatos são regidos pela lei vigente à época em que foram praticados. Como o crime é um fenômeno variável no tempo e no espaço, para que uma conduta seja considerada delituosa, deve existir lei anterior que a defina como crime.

Sobre a sucessão de leis penais no tempo, o leitor deve ficar atento ao significado de algumas expressões latinas, que são fundamentais.

Novatio legis in mellius: é a lei nova posterior que traz um benefício ou melhora para a situação do agente. Ex: redução da pena.

Novatio legis in pejus: é a lei nova posterior que traz um prejuízo ou piora para a situação do agente. Ex: a Lei n. 11.464/2007 alterou a Lei n.º 8.072/90 (Crimes Hediondos) para aumentar o tempo necessário à progressão de regime e, por ser mais gravosa, não poderá retroagir.

> **STF, Tema 59 (repercussão geral)**: "A Lei n.º 11.464/07, que majorou o tempo necessário para progressão no cumprimento da pena, não se aplica a situações jurídicas que retratem crime hediondo ou equiparado cometido em momento anterior à respectiva vigência" (STF, RE 579167, Pleno, Rel. Min. Marco Aurélio, DJe-207 18/10/2013).

Nos termos do art. 2º, parágrafo único, do CP, a lei posterior, que de qualquer modo favorecer o agente, aplica-se aos fatos anteriores, **ainda que decididos por sentença condenatória transitada em julgado**. A competência para a aplicação da nova lei mais benéfica ao agente poderá ser do juiz processante ou da execução, conforme o andamento do caso. Assim, por exemplo, após o trânsito em julgado, a competência será do juiz da execução penal, não havendo necessidade de revisão criminal (ação penal rescisória).

> **STF, Súmula n.º 611**: "Transitada em julgado a sentença condenatória, compete ao juízo das execuções a aplicação de lei mais benigna".
>
> **Extinto TFR, Súmula n.º 23**: "O Juízo da execução criminal é o competente para a aplicação de lei nova mais benigna a fato julgado por sentença condenatória irrecorrível".

Havendo dúvida quanto à lei mais benéfica, o juiz deve ouvir a defesa sobre qual a lei que considera ser mais favorável ao réu.

Outro ponto importante é que, segundo o STF, na hipótese de crime permanente ou continuado, havendo sucessão de leis penais no tempo antes do encerramento da prática delituosa, deve ser aplicada a **lei mais grave**.

> **STF, Súmula n.º 711**: "A lei penal mais grave aplica-se ao crime continuado ou ao crime permanente, se a sua vigência é anterior à cessação da continuidade ou da permanência".

Abolitio criminis: é a abolição (extinção) do crime, ou seja, o fato deixa de ser previsto em lei como crime. Por se tratar de norma penal mais benéfica, possui eficácia retroativa. O instituto deve ser ponderado com o princípio da continuidade normativa típica, conforme veremos mais adiante.

Sobre o assunto, o art. 2º, *caput*, do CP assim dispõe:

> "Art. 2º - Ninguém pode ser punido por fato que lei posterior deixa de considerar crime, cessando em virtude dela a execução e os efeitos penais da sentença condenatória.

Cuidado! A *abolitio criminis* é um instituto de Direito Penal e faz cessar a execução e os **efeitos penais** da condenação. Não apaga os efeitos civis do ato, que, salvo disposição em contrário, subsiste como ilícito civil.

Questão interessante é saber se a Lei n.º 11.343/2006 teria descriminalizado a conduta de **posse de drogas para consumo pessoal (art. 28)**, diante da natureza das sanções previstas. Embora haja quem entenda pela descriminalização da conduta, para o STF, quanto ao art. 28 da Lei n.º 11.343/2006, **não houve descriminalização**, mas apenas **despenalização**, entendida como a exclusão, para o tipo penal, das penas privativas de liberdade (STF, HC 148484 AgR, 2ª Turma, Rel. Min. Celso de Mello, DJ 24/04/2019).

> **STJ – Jurisprudência em Teses - ED 131 - Tese 06**: "A conduta de porte de substância entorpecente para consumo próprio, prevista no art. 28 da Lei n. 11.343/2006, foi apenas despenalizada pela nova Lei de Drogas, mas não descriminalizada, não havendo, portanto, abolitio criminis".
>
> **STJ – Jurisprudência em Teses - ED 45 - Tese 01**: "Com o advento da Lei n. 11.343/2006, não houve descriminalização da conduta de porte de substância entorpecente para consumo pessoal, mas mera despenalização".
>
> **FONAJE, Enunciado n.º 94**: "A Lei n.º 11.343/2006 não descriminalizou a conduta de posse ilegal de drogas para uso próprio".

O CESPE-UNB/CEBRASPE considerou **incorreta** a assertiva de que a Lei Antidrogas descriminalizou a conduta de porte de entorpecentes para consumo próprio[1].

[1] Prova objetiva do concurso para o cargo de Juiz de Direito (TJCE), realizada em 2018.

> **STJ, Súmula n.º 513**: "A abolitio criminis temporária prevista na Lei n. 10.826/2003 aplica-se ao crime de posse de arma de fogo de uso permitido com numeração, marca ou qualquer outro sinal de identificação raspado, suprimido ou adulterado, praticado somente até 23/10/2005".

Por fim, lembramos que o art. 107, III, do CP prevê a *abolitio criminis* no rol das causas de extinção da punibilidade. Assim, uma vez extinto o crime pela lei penal, o agente não poderá mais ser investigado, processado ou obrigado a cumprir pena pelos fatos que já não são mais considerados crime.

2.2. Combinação de leis?

No Direito Penal, não é possível a combinação de leis, ainda que em benefício do réu, o que, a rigor, seria uma terceira lei (*lex tertia*).

Em matéria de direito intertemporal, surgiu na doutrina uma corrente (minoritária) no sentido de que, havendo sucessão de leis no tempo, seria possível a combinação das leis para aplicar os pontos mais benéficos ao réu. Contudo, essa posição não prevaleceu. Segundo a posição dominante, na sucessão de leis penais no tempo, deve prevalecer o **princípio unitário**, não sendo possível a combinação ou cisão de leis, ainda que para beneficiar o réu.

O STF e o STJ já pacificaram a matéria, fixando orientação no sentido da inadmissibilidade da combinação de leis penais no tempo.

> **STF, Tema 169 (repercussão geral)**: " I – É inadmissível a aplicação da causa de diminuição prevista no art. 33, § 4º, da Lei 11.343/2006 à pena relativa à condenação por crime cometido na vigência da Lei 6.368/1976; II – Não é possível a conjugação de partes mais benéficas das referidas normas, para criar-se uma terceira lei, sob pena de violação aos princípios da legalidade e da separação de Poderes; III – O juiz, contudo, deverá, no caso concreto, avaliar qual das mencionadas leis é mais favorável ao réu e aplicá-la em sua integralidade" (STF, RE 600817, Pleno, Rel. Min. Ricardo Lewandowski, DJe-213 30/10/2014).
>
> **STJ, Súmula n.º 501**: "É cabível a aplicação retroativa da Lei n. 11.343/2006, desde que o resultado da incidência das suas disposições, na íntegra, seja mais favorável ao réu do que o advindo da aplicação da Lei n. 6.368/1976, sendo vedada a combinação de leis".

2.3. O princípio da continuidade normativa típica

De acordo com o princípio da continuidade normativa típica, revogada a norma incriminadora e havendo **outra norma** penal que permita o enquadramento dos fatos, há manutenção do caráter proibitivo da conduta, sendo apenas o tipo penal deslocado para outro dispositivo legal.

Em determinadas hipóteses, pode acontecer que, havendo a revogação expressa do tipo incriminador, os elementos do tipo revogado venham a migrar para outro tipo penal já existente ou mesmo criado por lei nova. Nesse caso, não haverá *abolitio criminis*, mas a manutenção da conduta como crime.

Para uma melhor visualização, confira a **simbologia estratégica**:

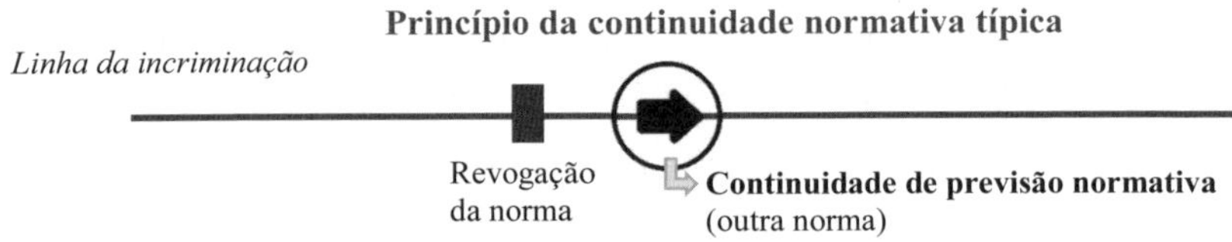

O CESPE-UNB/CEBRASPE considerou **correta** a assertiva de que o princípio da continuidade normativa típica evidencia-se quando uma norma penal é revogada, mas a mesma conduta continua sendo crime no tipo penal revogador, ou seja, a infração penal continua tipificada em outro dispositivo, ainda que topologicamente ou normativamente diverso do originário[2].

O princípio da continuidade normativa típica tem sido aplicado pelo STF e pelo STJ, devendo o leitor ficar atento (**questão discursiva**[3]).

Por exemplo, o STJ já decidiu que não há *abolitio criminis* em relação ao delito do art. 214 do CP após a edição da Lei n. 12.015/2009. Os crimes de estupro e de atentado violento ao pudor foram reunidos em um único dispositivo (STJ, HC 238.917/SP, 5ª Turma, Rel. Min. Ribeiro Dantas, DJe 22/03/2017). Além disso, o Estatuto do Desarmamento tem se mostrado um campo fértil para a aplicação do princípio da continuidade normativa típica, especialmente no que diz respeito às hipóteses de *abolitio criminis temporalis*.

---

[2] Prova objetiva do concurso para o cargo de defensor público (DPE-RO), realizada em 2012.

[3] Na prova oral do concurso para o cargo de Promotor de Justiça (MP-PI), realizada pelo CESPE-UNB/CEBRASPE em 2013, foi formulada a seguinte **questão oral**: "Conceitue continuidade normativa típica, citando exemplo".

2.4. Irretroatividade da jurisprudência benéfica

Havendo modificação jurisprudencial, a nova orientação não poderá retroagir para alcançar os fatos já julgados, ainda que seja mais benéfica ao réu.

A aplicação temporal dos precedentes judiciais segue regime distinto da lei penal. O STJ já decidiu pela **irretroatividade da jurisprudência benigna**, não sendo possível assimilar a mudança da orientação jurisprudencial dominante à superveniência da lei nova (STJ, AgRg no HC 516.635/PR, 6ª Turma, Rel. Min. Sebastião Reis, DJe 29/08/2019).

E com razão! Não se afigura razoável que, a cada mudança de entendimento jurisprudencial, todos os processos já julgados fossem revistos. Entretanto, deve ser excetuada a hipótese de decisão do STF proferida em controle concentrado de constitucionalidade das leis, que, em regra, possui eficácia *ex tunc* (efeitos retroativos), salvo modulação dos efeitos.

Assim, a jurisprudência aplicável é aquela que prevalecer no momento do julgamento, por refletir a interpretação das leis penais pelo Poder Judiciário, sendo irrelevante a data do fato. Do mesmo modo, se a alteração do entendimento for mais grave, poderá alcançar o processo pendente.

> **STJ – Jurisprudência em Teses - ED 90 - Tese 06**: "É possível a aplicação da Súmula Vinculante n. 24/STF a fatos ocorridos antes da sua publicação por se tratar de consolidação da interpretação jurisprudencial, e não de caso de retroatividade da lei penal mais gravosa".

Essa é a posição mais aceita. De todo modo, alertamos ao leitor que o tema suscita debates na doutrina, havendo posição minoritária divergente.

3. LEI EXCEPCIONAL E LEI TEMPORÁRIA

No Direito Penal, existem dois tipos de **leis de vigência temporária**, destinadas a reger fatos praticados durante situação excepcional ou por período de tempo predeterminado (leis excepcionais e leis temporárias).

As **leis excepcionais** são aquelas que, por expressa previsão, são editadas para vigorar em períodos anormais, durante *situações de emergência*. Nesses casos, não há prazo pré-fixado, fazendo a lei referência apenas a uma situação de emergência temporária. Ex: guerra ou calamidade pública.

As **leis temporárias**, por sua vez, são aquelas destinadas a viger durante um *prazo predeterminado*, por expressa previsão legal. A própria lei prevê até quando vigorará. Ex: na Lei Geral da Copa, foi estabelecido que os tipos penais previstos nessa lei tivessem vigência até o dia 31/12/2014.

O art. 3º do CP prevê o que a doutrina chama de **efeito carrapato**:

> "Art. 3º - A lei excepcional ou temporária, embora decorrido o período de sua duração ou cessadas as circunstâncias que a determinaram, aplica-se ao fato praticado durante sua vigência".

Na doutrina, o **efeito carrapato** significa que a lei penal excepcional ou temporária "gruda" no fato e o persegue no tempo, mesmo após sua revogação. Observe-se que a leis excepcionais ou temporárias são **exceções** à aplicação da retroatividade de norma penal mais benéfica. A medida é necessária, pois são leis de vigência temporária, normalmente de curta duração, que perderiam toda a sua força intimidativa caso não fossem ultrativas.

Para fins de memorização, observe a **simbologia estratégica** abaixo:

EFEITO CARRAPATO
(leis excepcionais e temporárias)

Cão = fato

Características: as leis excepcionais e temporárias são *autorrevogáveis* e *ultrativas*, ainda que prejudiquem o réu. Assim, poderá ocorrer ultratividade *in pejus*, pois alcançam o fato praticado sob sua vigência, mesmo após sua revogação, ainda que haja prejuízo ao réu.

O CESPE-UNB/CEBRASPE considerou **correta** a assertiva de que de acordo com entendimento doutrinário dominante, a lei excepcional ou temporária aplica-se ao fato praticado durante sua vigência, ainda que, no momento da condenação do réu, não mais vija, ou ainda, que tenham cessado as condições que determinaram sua aplicação[4].

Medidas provisórias? Nos termos do art. 62, §1º, I, *b*, da Constituição Federal, é vedada a edição de medida provisória sobre Direito Penal. O leitor deve ficar atento a esse ponto, pois, diante do quadro de relevância e urgência, as bancas examinadoras vez por outra tentam formular questões com armadilhas para confundir o candidato sobre a possibilidade de edição de medida provisória nas hipóteses de leis penais temporárias e excepcionais.

O CESPE-UNB/CEBRASPE considerou **incorreta** a assertiva de que as medidas provisórias podem regular matéria penal nas hipóteses de leis temporárias e excepcionais[5].

4. TEMPO DO CRIME

O tempo do crime diz respeito ao momento em que o delito é considerado praticado para efeitos penais. O Código Penal adotou a **teoria da atividade**, segundo a qual considera-se praticado o crime no momento da ação ou omissão, ainda que outro seja o momento do resultado (CP, art. 4º).

Essa teoria é importante para definir, por exemplo, se o agente era ou não imputável (capacidade penal). Ex: um indivíduo de 17 anos esfaqueia outro que, após ser hospitalizado, vem a falecer meses depois, quando o agressor já atingiu a idade de 18 anos. Nesse caso, deve ser considerada a idade do agente à época da conduta, e não no momento do resultado (teoria da atividade).

> **STJ, Súmula n.º 605**: "A superveniência da maioridade penal não interfere na apuração de ato infracional nem na aplicabilidade de medida socioeducativa em curso, inclusive na liberdade assistida, enquanto não atingida a idade de 21 anos".
>
> **STJ, Súmula n.º 74**: "Para efeitos penais, o reconhecimento da menoridade do réu requer prova por documento hábil".

Enfim, tendo o Código Penal adotado a teoria da atividade, o marco temporal do crime é o momento da conduta (ação ou omissão).

[4] Prova objetiva do concurso para o cargo de Juiz de Direito (TJRN), realizada em 2013.
[5] Prova objetiva do concurso para o cargo de Juiz de Direito (TJPB), realizada em 2015.

O CESPE-UNB/CEBRASPE considerou **correta** a assertiva de que em relação ao tempo do crime, o legislador adotou, no CP, a teoria da atividade, considerando-o praticado no momento da ação ou omissão[6].

5. CONFLITO APARENTE DE NORMAS

O conflito aparente de normas ocorre quando houver duas ou mais normas aparentemente aplicáveis ao caso. O conflito não é *real*, mas apenas *aparente*, havendo alguns princípios que buscam solucionar o impasse.

Como ponto de partida, confira o **esquema estratégico** (**mnemônico**[7]):

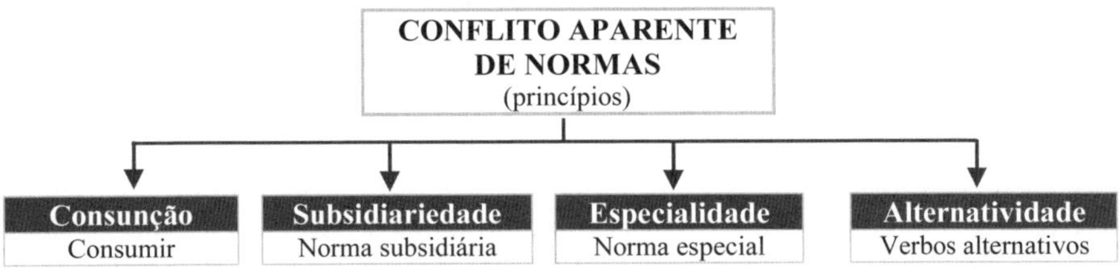

Conforme explica René Ariel Dotti, esses princípios **não são previstos de modo expresso** no Código Penal, sendo considerados princípios implícitos[8].

Princípio da consunção: consunção vem de "consumir". O princípio da consunção informa que um fato mais amplo e mais grave absorve (consome) outros fatos menos amplos e de menor gravidade, que funcionam como preparação, execução ou exaurimento de um crime de maior gravidade, quando praticados no *mesmo contexto fático*. Desse modo, para fins penais, a conclusão é a de que *o crime-meio é absorvido pelo crime-fim* (**mnemônico**: "o peixão engole o peixinho"), restando apenas o fato criminoso principal.

Exemplos: punindo-se o homicídio, não há necessidade de reprimenda autônoma das lesões corporais que causaram a morte; o crime de roubo majorado por uso de arma de fogo absorve o delito de porte ilegal de arma.

---

6 Prova objetiva do concurso para o cargo de Juiz de Direito (TJPI), realizada em 2011.

7 **Macete mnemônico**: "**CASE**" – **C**onsunção, **A**lternatividade, **S**ubsidiariedade e **E**specialidade.

8 DOTTI, René Ariel. *Curso de Direito Penal. Parte Geral.* 4ª Ed. São Paulo: Revista dos Tribunais, 2012, p. 373.

Princípio da consunção e exigência de mesmo contexto fático: para a aplicação do princípio da consunção, há um requisito fundamental: que as ações sejam praticadas no *mesmo contexto fático*.

Note-se que, no princípio da consunção, a comparação ocorre entre *fatos*, e não entre normas (*fato principal x fato acessório*). Com esse princípio, busca-se **evitar o *bis in indem***, não sendo possível a punição autônoma de partes do crime que, na verdade, integram o *iter criminis* de um delito mais abrangente. Relembrando: "o peixão engole o peixinho".

STJ, Súmula n.º 17: "Quando o falso se exaure no estelionato, sem mais potencialidade lesiva, é por este absorvido".

STJ, Tema Repetitivo 933: "Quando o falso se exaure no descaminho, sem mais potencialidade lesiva, é por este absorvido, como crime-fim, condição que não se altera por ser menor a pena a este cominada" (STJ, REsp 1378053/PR, 3ª Seção, Rel. Min. Nefi Cordeiro, DJe 15/08/2016).

STJ - Jurisprudência em Teses – ED 134 – Tese 12: "As infrações penais tipificadas na Lei n. 8.666/1993 não são meio necessário ou fase preparatória ou de execução para a prática de crimes de responsabilidade de prefeitos (art. 1º da Decreto-Lei n. 201/1976), tratando-se de delitos autônomos e distintos, a tutelar bens jurídicos diversos, não sendo possível a aplicação do princípio da consunção" (**prova de sentença penal**)[9].

STJ - Jurisprudência em Teses - ED 99 - Tese 02: "Aplica-se o princípio da consunção ou da absorção quando o delito de falso ou de estelionato (crime-meio) é praticado única e exclusivamente com a finalidade de sonegar tributo (crime-fim)".

Outro exemplo: quando o porte ilegal e o disparo de arma de fogo estiverem na mesma linha de desdobramento causal do homicídio, deverão ser absorvidos pelo crime contra a vida. No entanto, caso fique comprovado que o indivíduo tinha em sua posse a arma em momento anterior, mantendo-a guardada para a prática de outros delitos (*contexto fático distinto*), responderá por homicídio e posse irregular de arma de fogo (concurso material).

[9] A questão em torno da absorção ou não do crime do art. 89 da antiga Lei n.º 8.666/93 pelo delito do art. 1º, I, do Decreto-Lei n.º 201/67 foi cobrada na prova de sentença penal do XIII concurso público para o cargo de Juiz Federal Substituto do TRF da 5ª Região, certame no qual este autor logrou aprovação.

Sobre o princípio da consunção, confira o **quadro estratégico** abaixo:

Princípio da consunção (hipóteses de aplicação)	**Crime progressivo**	Unidade de desígnio + progressividade na lesão ao bem jurídico
	Crime complexo	Fusão de dois ou mais delitos autônomos
	Progressão criminosa	***Ante factum* impunível**: meio necessário para outro crime.
		***Post factum* impunível**: exaurimento (ato posterior)
		Progressão criminosa em sentido estrito: pluralidade de desígnios + progressividade na lesão ao bem jurídico

Princípio da subsidiariedade: a norma que descreve o fato mais amplo e abrangente (norma primária) prevalece sobre a norma menos ampla (norma subsidiária). A norma primária predomina sobre a norma subsidiária, que passa a funcionar como um "**soldado de reserva**" (expressão de Nelson Hungria[10]). A norma subsidiária somente será aplicada se o fato não constituir crime mais grave: partindo dos fatos praticados (*in concreto*), comparam-se as normas para saber qual é a aplicável (*norma primária x norma subsidiária*).

Para fins de memorização, observe a **simbologia estratégica** abaixo:

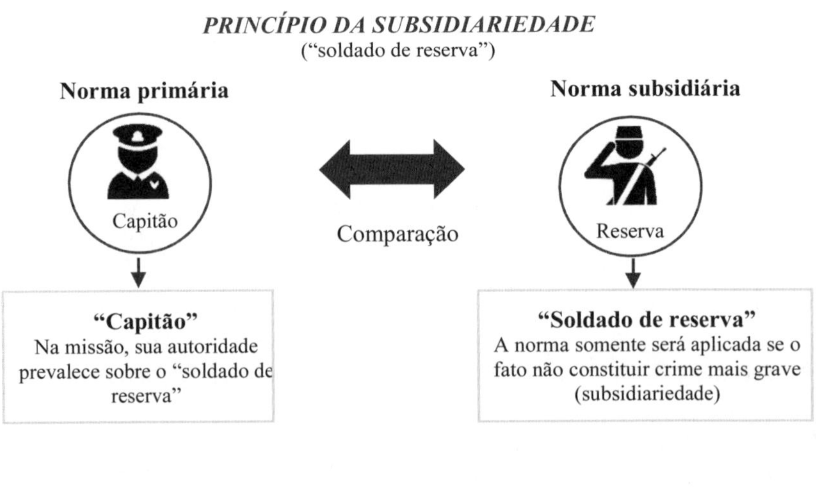

[10] HUNGRIA, Nelson. *Comentários ao Código Penal*. Rio de Janeiro: Forense, 1978, p. 147.

Na doutrina, são identificadas duas formas de subsidiariedade: **(a) subsidiariedade expressa**: a própria norma reconhece expressamente seu caráter subsidiário. Ex: art. 132 do CP ("Expor a vida ou a saúde de outrem a perigo direto e iminente: Pena - detenção, de três meses a um ano, *se o fato não constitui crime mais grave*") e **(b) subsidiariedade tácita**: a norma não é expressa, mas diante do caso concreto é possível verificar sua subsidiariedade.

Princípio da especialidade: a norma especial prevalece sobre a norma geral (*lex specialis derogat legi generali*). Para identificar qual norma é geral e qual é especial, não é preciso analisar o fato concreto praticado, bastando que sejam comparadas abstratamente as descrições contidas nos tipos penais. Ex: homicídio (norma geral) e infanticídio (norma especial).

Princípio da alternatividade: incide quando a norma descreve várias formas de realização da figura típica, mas a realização de uma ou de todas no mesmo contexto configura um único crime. São os chamados **tipos mistos alternativos**, que descrevem crimes de ação múltipla ou de conteúdo variado. Também são chamados de delitos plurinucleares, porque possuem mais de um núcleo (verbo). Ex: o art. 33 da Lei n.º 11.343/2006 possui 18 formas (verbos) de se praticar o crime de tráfico de drogas (ex: guardar, vender, importar etc.).

O CESPE-UNB/CEBRASPE considerou **incorreta** a assertiva de que segundo Nelson Hungria, aplica-se o princípio da subsidiariedade aos crimes de ação múltipla ou de conteúdo variado, ou seja, aos crimes plurinucleares[11].

6. LEI PENAL NO ESPAÇO

6.1. Lugar do crime

Quanto ao lugar do crime, o Código Penal adotou a **teoria da ubiquidade**, segundo a qual considera-se praticado o crime no lugar em que ocorreu a ação ou omissão, no todo ou em parte, bem como onde se produziu ou deveria produzir-se o resultado (CP, art. 6º).

Essa sistemática aplica-se aos **crimes de espaço máximo** (delitos entre dois ou mais países). Nos **crimes plurilocais** (locais diversos no mesmo país), aplica-se a teoria do resultado (CPP, ar. 70). Nas infrações de menor potencial ofensivo, foi adotada a teoria da atividade (art. 23 da Lei n.º 9.099/95).

[11] Prova objetiva do concurso para o cargo de Juiz de Direito (TJBA), realizada em 2012.

Para uma melhor visualização do assunto, vale conferir a **simbologia estratégica** abaixo (exemplificação):

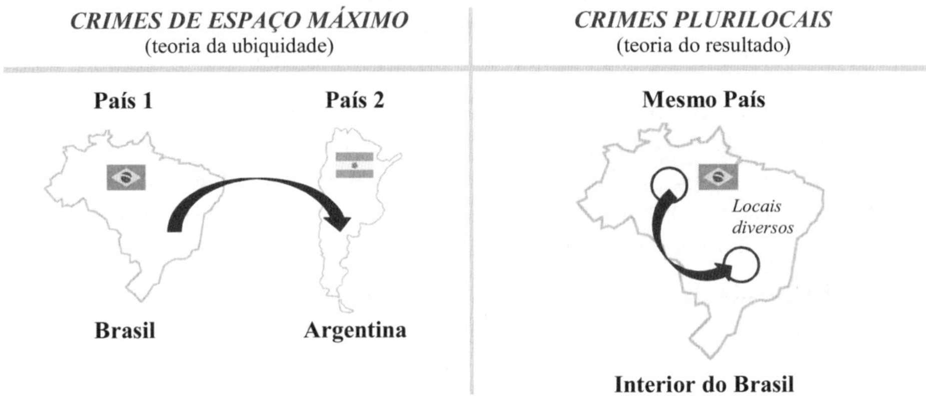

Portanto, de acordo com a matéria de fundo, devemos observar se a questão territorial será regida pelo CP, pelo CPP ou pela Lei n.º 9.099/95.

Para uma visão geral, confira o **quadro estratégico**: (**questão oral**[12]):

LUGAR DO CRIME (Teorias adotadas pela legislação)		
CP	**CPP**	**Lei n.º 9.099/95**
Teoria da ubiquidade	**Teoria do resultado**	**Teoria da atividade**
Crimes entre países	Locais diversos no mesmo país	Infrações de menor potencial ofensivo

Outro ponto a ser lembrado é que, conforme já visto, quanto ao **tempo do crime**, o Código Penal adotou a **teoria da atividade**, segundo a qual considera-se praticado o crime no momento da ação ou omissão, ainda que outro seja o momento do resultado (CP, art. 4º). Na prática, isso significa dizer que o momento da conduta é o marco temporal de aplicação da lei penal, observada a retroatividade da lei penal mais benéfica.

[12] Na prova oral do concurso para o cargo de defensor público da União (DPU), realizada pelo CESPE-UNB/CEBRASPE em 2011, foi formulada a seguinte **questão oral**: "Discorra sobre as teorias do tempo do crime e sobre o crime permanente e crime continuado".

A essa altura, devemos ter bem delimitadas as teorias adotadas pelo Código Penal quanto ao lugar do crime e ao tempo do crime (**mnemônico**[13]).

Para fins de memorização, confira a **simbologia estratégica**:

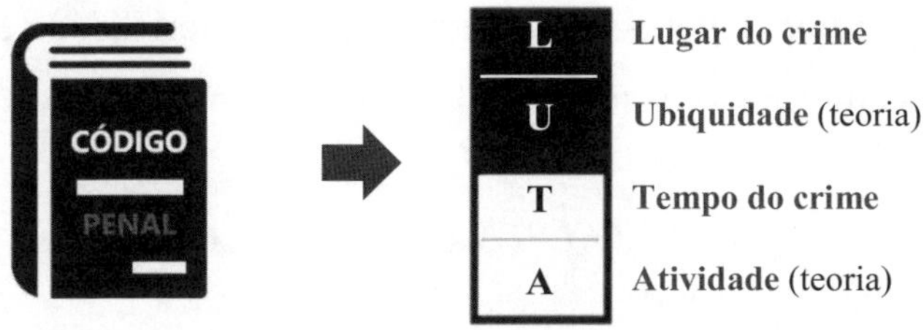

De um modo geral, a teoria da ubiquidade **não se aplica** nas seguintes hipóteses, devendo o leitor ficar atento: (a) crimes conexos; (b) crimes plurilocais; (c) infrações de menor potencial ofensivo; (d) crimes falimentares e (e) atos infracionais praticados por criança ou adolescente.

Vale ressaltar que a teoria da ubiquidade **não se aplica aos crimes conexos**, devendo cada crime ser julgado no país onde foi cometido. Mas a teoria é aplicável nas hipóteses de crime complexo, concurso de agentes, crime permanente, crime continuado e crimes habituais. A teoria da ubiquidade também se aplica na hipótese de **tentativa**, estando incluída na expressão "bem como onde [...] deveria produzir-se o resultado" contida no art. 6º do CP.

O CESPE-UNB/CEBRASPE considerou **correta** a assertiva de que nos crimes conexos, não se aplica a teoria da ubiquidade, devendo cada crime ser julgado pela legislação penal do país em que for cometido[14].

6.2. Territorialidade

Ao crime cometido no território nacional, aplica-se a lei brasileira, sem prejuízo de convenções, tratados e regras de direito internacional.

A aplicação da lei penal no espaço refere-se ao território que a lei penal poderá alcançar, podendo incidir sobre os crimes praticados no Brasil (territorialidade) ou, excepcionalmente, no exterior (extraterritorialidade).

[13] **Macete mnemônico**: **LUTA** – **L**ugar do Crime, **U**biquidade; **T**empo do crime, **A**tividade.

[14] Prova objetiva do concurso para o cargo de Delegado de Polícia (PCMA), realizada em 2018.

O Código Penal adotou o **princípio da territorialidade temperada**, segundo o qual a lei penal brasileira aplica-se aos crimes cometidos no território nacional, salvo norma internacional em sentido contrário (CP, art. 5º). Quanto às leis penais, não vigora a territorialidade absoluta, podendo o Brasil admitir, mediante tratado internacional, a aplicação de uma lei externa a fato cometido em território nacional. Por isso que se diz que a territorialidade é temperada.

Para uma melhor visualização, observe a **simbologia estratégica**:

LEI PENAL NO ESPAÇO

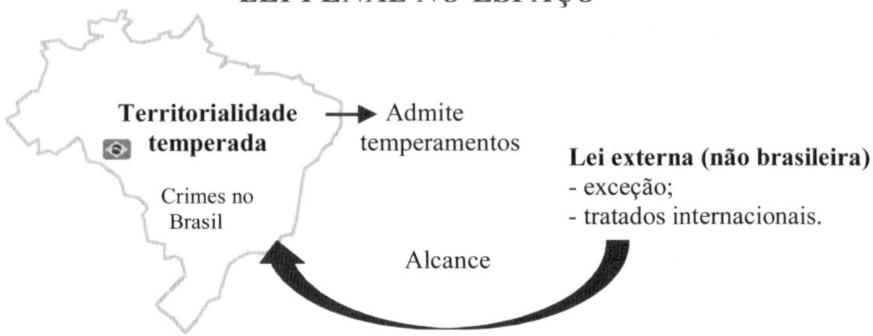

Conceito de território: é a base física definida do Estado sobre a qual este exerce a soberania. Compreende o solo, rios, lagos, mares interiores, golfos, baias e portos, mar territorial e a camada atmosférica que cobre o espaço territorial subjacente, podendo o Estado exercer soberania.

Não integram o território brasileiro: (a) zona contígua[15]; (b) zona econômica exclusiva[16] e (c) alto-mar. Frise-se que o alto-mar não é submetido à soberania de nenhum Estado. Os crimes cometidos em alto-mar ou no espaço aéreo correspondente a bordo de navio ou aeronave são regidos pela lei do pavilhão ou da bandeira, isto é, pela legislação de onde estão registrados.

O leitor deve ficar atento aos crimes praticados no interior de **navios** e **aeronaves**. Os §§1º e §2º do art. 5º do CP fixam as seguintes regras:

> "Art. 5º [...]
> § 1º - Para os efeitos penais, consideram-se como extensão do território nacional as embarcações e aeronaves

[15] Lei n.º 8.617/93, art. 4º: "A zona contígua brasileira compreende uma faixa que se estende das doze às vinte e quatro milhas marítimas, contadas a partir das linhas de base que servem para medir a largura do mar territorial".

[16] Lei n.º 8.617/93, art. 6º: "A zona econômica exclusiva brasileira compreende uma faixa que se estende das doze às duzentas milhas marítimas, contadas a partir das linhas de base que servem para medir a largura do mar territorial".

> brasileiras, de natureza pública ou a serviço do governo brasileiro onde quer que se encontrem, bem como as aeronaves e as embarcações brasileiras, mercantes ou de propriedade privada, que se achem, respectivamente, no espaço aéreo correspondente ou em alto-mar.
> § 2º - É também aplicável a lei brasileira aos crimes praticados a bordo de aeronaves ou embarcações estrangeiras de propriedade privada, achando-se aquelas em pouso no território nacional ou em voo no espaço aéreo correspondente, e estas em porto ou mar territorial do Brasil".

Navios públicos: são considerados parte do território nacional, mesmo quando localizados em Estado estrangeiro (extensão do território). São os navios de guerra, em serviço militar ou a serviço oficial.

Navios privados: são os mercantes (comerciais) ou de propriedade privada. Não são considerados extensão do território nacional e, por isso, em mar territorial estrangeiro, submetem-se à lei do país onde estejam. Vale lembrar que, em matéria criminal, são excluídas do conceito de navio as embarcações de pequeno porte, a exemplo das lanchas[17], *jet skis*, botes, pequenos barcos de transporte local de passageiros etc.

Aeronaves: valem as mesmas regras previstas para os navios. As aeronaves públicas são consideradas extensão do território do Estado a que pertençam. As aeronaves são civis ou militares. As aeronaves civis podem ser públicas ou privadas. As aeronaves militares são consideradas públicas.

De acordo com a lei penal brasileira, o território nacional estende-se a embarcações e aeronaves brasileiras de natureza pública ou a serviço do governo brasileiro, onde quer que se encontrem (CP, art. 5º, §1º).

> **Princípio da passagem inocente**: de acordo com esse princípio, se a infração penal é cometida a bordo de navio ou avião estrangeiro de propriedade privada que esteja apenas de passagem pelo território brasileiro, não será aplicada a lei penal brasileira se o crime não afetar os interesses brasileiros de modo mínimo e substancial.

[17] Como as lanchas estão excluídas do conceito de navio, o STJ tem decidido ser de competência da Justiça Estadual processar e julgar os crimes de homicídio culposo e ameaça praticados em lancha (STJ, CC 43.404-SP, 3ª Seção, Rel. Min. Arnaldo Esteves Lima, julgado em 14/2/2005; STJ, CC 24.249-ES, 3ª Seção, Rel. Min. Gilson Dipp, julgado em 22/3/2000).

Para uma melhor visualização e memorização do assunto, vale conferir a **simbologia estratégica** abaixo:

ABRANGÊNCIA DO TERRITÓRIO
(Relação com navios e aeronaves)

Militares	**Oficiais**	**Privados em serviço oficial**	**Mercantes e outros privados**

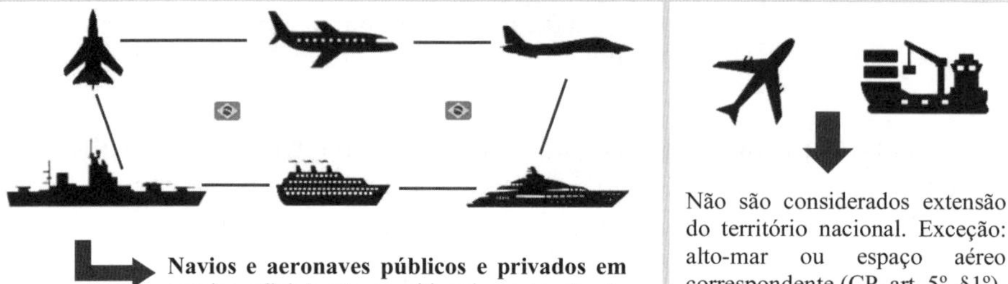

Navios e aeronaves públicos e privados em serviço oficial: são considerados extensão do território nacional onde quer que se encontrem (CP, art. 5º, §1º)

Não são considerados extensão do território nacional. Exceção: alto-mar ou espaço aéreo correspondente (CP, art. 5º, §1º)

Mercante = comercial (privado)

Finalizando o tópico, lembramos que compete à Justiça Federal processar e julgar os crimes cometidos a bordo de navios ou aeronaves, ressalvada a competência da Justiça Militar (CF, art. 109, IX)[18].

6.3. Extraterritorialidade

Em determinadas hipóteses, a lei penal brasileira poderá ser aplicada a um **crime cometido fora do território nacional**, mas que afete interesses nacionais. As hipóteses de extraterritorialidade são fixadas em lei.

Vimos que, como regra geral, o Código Penal adotou o princípio da territorialidade. Como exceção, somente é possível a aplicação extraterritorial da lei penal brasileira nas hipóteses indicadas expressamente pelo legislador.

O Código Penal prevê duas **espécies** de extraterritorialidade da lei penal: (a) incondicionada e (b) condicionada. Essa classificação é baseada na existência de necessidade ou não do atendimento de condições para a aplicação extraterritorial da lei penal brasileira ao caso, além da prática do delito em si.

[18] Para maiores detalhes sobre a competência da Justiça Federal na hipótese, confira nosso *Processo Penal Estratégico*.

Para uma melhor visualização, observe a **simbologia estratégica**:

Extraterritorialidade da lei penal

Extraterritorialidade incondicionada: nesses casos, a aplicação da lei penal brasileira não se submete a nenhuma condição legal específica para alcançar um crime cometido fora do território nacional. São as hipóteses previstas no art. 7º, I, do Código Penal. Vale conferir o teor do dispositivo:

> "Art. 7º - Ficam sujeitos à lei brasileira, embora cometidos no estrangeiro:
> I - os crimes: (**extraterritorialidade incondicionada**)
> a) contra a **vida** ou a **liberdade** do Presidente da República;
> b) contra o **patrimônio** ou a **fé pública** da União, do Distrito Federal, de Estado, de Território, de Município, de empresa pública, sociedade de economia mista, autarquia ou fundação instituída pelo Poder Público;
> c) contra a **administração pública**, por quem está a seu serviço;
> d) de **genocídio**, quando o agente for brasileiro ou domiciliado no Brasil" (grifos nossos).

Observe-se que o que está por trás da norma é a proteção de pessoas e setores estratégicos do país no cenário internacional: Chefe de Estado, Administração Pública e a integridade do povo enquanto coletividade.

Nas hipóteses de extraterritorialidade incondicionada, é irrelevante que o agente tenha sido condenado ou absolvido no exterior (CP, art. 7º, §1º), sendo eventual julgamento estrangeiro desconsiderado. Assim, por exemplo, os crimes contra a vida ou liberdade do Presidente da República ficam sujeitos à lei penal brasileira, ainda que o agente tenha sido julgado no estrangeiro.

Extraterritorialidade condicionada: nesses casos, a aplicação da lei penal brasileira ao crime cometido no estrangeiro somente será possível quando presentes determinadas *condições*. As hipóteses de extraterritorialidade condicionada são previstas no art. 7º, II e §3º, do CP e as condições para a aplicação da lei penal brasileira são elencadas no §2º do art. 7º do CP.

Vejamos o teor das disposições legais:

> "Art. 7º - Ficam sujeitos à lei brasileira, embora cometidos no estrangeiro:
> [...]
> II - os crimes: (**extraterritorialidade condicionada**)
> a) que, por tratado ou convenção, o Brasil se obrigou a reprimir;
> b) praticados por brasileiro;
> c) praticados em aeronaves ou embarcações brasileiras, mercantes ou de propriedade privada, quando em território estrangeiro e aí não sejam julgados.
> § 2º - Nos casos do inciso II, a aplicação da lei brasileira depende do **concurso das seguintes condições**: a) entrar o agente no território nacional; b) ser o fato punível também no país em que foi praticado; c) estar o crime incluído entre aqueles pelos quais a lei brasileira autoriza a extradição; d) não ter sido o agente absolvido no estrangeiro ou não ter aí cumprido a pena; e) não ter sido o agente perdoado no estrangeiro ou, por outro motivo, não estar extinta a punibilidade, segundo a lei mais favorável"
> § 3º - A lei brasileira aplica-se também ao crime cometido por estrangeiro contra brasileiro fora do Brasil, se, reunidas as condições previstas no parágrafo anterior (**extraterritorialidade condicionada**):
> a) não foi pedida ou foi negada a extradição;
> b) houve requisição do Ministro da Justiça" (**outras condições – específicas**).

No contexto da aplicação extraterritorial da lei penal, também merecem destaque os seguintes princípios informadores:

(a) princípio da nacionalidade ou da personalidade ativa: aplica-se a lei brasileira ao crime praticado por brasileiro fora do Brasil. Esse princípio é voltado à figura do autor da infração (sujeito ativo);

(b) princípio da nacionalidade ou da personalidade passiva: aplica-se a lei brasileira ao crime praticado por estrangeiro contra brasileiro fora do Brasil. Centra-se na vítima da infração (sujeito passivo);

(c) princípio real, da defesa ou da proteção: aplica-se a lei brasileira ao crime praticado fora do Brasil que afete interesse nacional. Como podemos perceber, o princípio tem por base o interesse violado;

(d) princípio da justiça universal: todo Estado tem o direito de punir qualquer crime, desde que o infrator esteja localizado dentro do seu território, independentemente da nacionalidade do autor, da vítima ou do local do delito;

(e) princípio da representação: refere-se aos crimes praticados em aeronaves e embarcações. De acordo com o princípio da representação, aplica-se a lei brasileira aos delitos cometidos em aeronaves e embarcações privadas quando cometidos no estrangeiro e aí não venham a ser julgados.

Sobre a relação entre os princípios mencionados e as hipóteses de extraterritorialidade previstas no CP, observe o **quadro estratégico** abaixo:

EXTRATERRITORIALIDADE DA LEI PENAL (visão geral)	
Hipótese	**Princípios**
Art. 7º, I, *a* a *c*, do CP (hipóteses de extraterritorialidade incondicionada)	Princípio real, da defesa ou da proteção
Art. 7º, I, *d*, do CP (genocídio – hipótese de extraterritorialidade incondicionada)	Há divergência. Para uns, princípio da justiça universal. Para outros, princípio da nacionalidade ativa
Art. 7º, II, *a*, do CP (repressão de crimes por tratados – hipótese de extraterritorialidade condicionada)	Princípio da justiça universal
Art. 7º, II, *b*, do CP (crimes praticados por brasileiro – hipótese de extraterritorialidade condicionada)	Princípio da nacionalidade ativa
Art. 7º, II, *c*, do CP (crimes praticados em aeronaves e embarcações privadas – hipótese de extraterritorialidade condicionada)	Princípio da representação
Art. 7º, §3º, do CP (crime cometido por estrangeiro contra brasileiro – hipótese de extraterritorialidade condicionada)	Princípio real, da defesa ou proteção

Crime de tortura: além das disposições previstas no Código Penal, lembramos que ainda há uma hipótese de extraterritorialidade da lei penal brasileira prevista para o crime de tortura (Lei n.º 9.455/97). Confira:

> "Art. 2º O disposto nesta Lei aplica-se ainda quando o crime não tenha sido cometido em território nacional, sendo a vítima brasileira ou encontrando-se o agente em local sob jurisdição brasileira".

O art. 2º da Lei de Tortura adotou o princípio da personalidade passiva, admitindo a aplicação da lei brasileira na hipótese de crime de tortura praticado contra vítima brasileira fora do território nacional. Conforme anota Gabriel Habib, trata-se de hipótese de **extraterritorialidade incondicionada**, já que a lei especial não impõe qualquer condição[19].

7. EXTRADIÇÃO

Extradição é o ato pelo qual um Estado entrega a outro Estado soberano indivíduo acusado de haver cometido crime de certa gravidade para responder a processo penal ou cumprir pena[20]. Conforme explica Malcom Shaw, a extradição tem seu fundamento em tratados bilaterais e não existe como obrigação dos Estados no direito consuetudinário[21].

Observe-se que a extradição somente é cabível por questões de *ordem penal* e nunca por razões de natureza cível.

Pressupostos. São eles: (a) dupla tipicidade penal; (b) ausência de impedimentos constitucionais ou legais[22]; (c) ser estrangeiro, em regra; (d) existência de convenção ou tratado firmado com o Brasil ou, na sua falta, que

[19] HABIB, Gabriel. *Leis Penais Especiais*. Tomo I. 7ª Ed. Salvador: *Juspodivm*, 2015, p. 314.

[20] ACCIOLY, Hildebrando; NASCIMENTO E SILVA, G. E. do; CASELLA, Paulo Borba. *Manual de Direito Internacional Público*. 20ª ed. São Paulo: Saraiva, 2010, p. 541.

[21] SHAW, Malcolm N. *Direito Internacional*. Trad. Marcelo Brandão. São Paulo: Martins Fontes, 2010, p. 503.

[22] O art. 82 da Lei n.º 13.445/2017 (Lei de Migração) prevê um rol de impedimentos legais: "Art. 82. Não se concederá a extradição quando: I - o indivíduo cuja extradição é solicitada ao Brasil for brasileiro nato; II - o fato que motivar o pedido não for considerado crime no Brasil ou no Estado requerente; III - o Brasil for competente, segundo suas leis, para julgar o crime imputado ao extraditando; IV - a lei brasileira impuser ao crime pena de prisão inferior a 2 (dois) anos; V - o extraditando estiver respondendo a processo ou já houver sido condenado ou absolvido no Brasil pelo mesmo fato em que se fundar o pedido; VI - a punibilidade estiver extinta pela prescrição, segundo a lei brasileira ou a do Estado requerente; VII - o fato constituir crime político ou de opinião; VIII - o extraditando tiver de responder, no Estado requerente, perante tribunal ou juízo de exceção; ou IX - o extraditando for beneficiário de refúgio, nos termos da Lei nº 9.474, de 22 de julho de 1997 , ou de asilo territorial".

haja oferecimento de reciprocidade e (e) existência de sentença final condenatória ou ordem de prisão cautelar no estrangeiro.

Segundo o STF, a prisão preventiva é condição de procedibilidade do processo de extradição, não se admitindo a liberdade provisória, salvo em hipóteses excepcionais (STF, Ext 1409 ED, 1ª Turma, Rel. Edson Fachin, DJe 09/11/2015). Para o STF, nessa hipótese em especial, a prisão cautelar não depende da presença dos requisitos dos arts. 312 e 313 do CPP (STF, Ext 1473, 2ª Turma, Rel. Min. Edson Fachin, DJe-213 19/09/2017).

Limites. Não serão objeto de extradição os crimes religiosos, de imprensa, fiscais, puramente militares, contravenções penais, crimes políticos[23] e de opinião. Além disso, em nosso sistema, existe **proteção aos brasileiros contra a extradição**. O art. 5º, LI e LII, da CF assim dispõe:

> "Art. 5º [...]
> LI - nenhum brasileiro será extraditado, salvo o naturalizado, em caso de crime comum, praticado antes da naturalização, ou de comprovado envolvimento em tráfico ilícito de entorpecentes e drogas afins, na forma da lei".
> LII - não será concedida extradição de estrangeiro por crime político ou de opinião".

De acordo com o **sistema da contenciosidade limitada**, no processo de extradição, via de regra, não é possível o exame do mérito da acusação (fatos e provas) ou da condenação, mas apenas dos requisitos legais para o ato.

Nesse sentido, vale conferir o entendimento do STF:

> "EXTRADIÇÃO PASSIVA. DUPLA TIPICIDADE. DUPLA PUNIBILIDADE. PRINCÍPIO DA CONTENCIOSIDADE LIMITADA. PRESENÇA DOS DEMAIS REQUISITOS. ESTATUTO DO ESTRANGEIRO. ALEGAÇÃO DE PERSEGUIÇÃO POLÍTICA. ACOLHIMENTO INVIÁVEL. SÚMULA 421 DO STF. EXTRADIÇÃO POSSÍVEL. 1. Presentes a dupla tipicidade e punibilidade, bem como os demais requisitos previstos no Estatuto do Estrangeiro e em tratado bilateral, não se verifica óbice ao deferimento da extradição [...] 3. *Ao Supremo Tribunal Federal não é*

[23] Os atos de terrorismo não podem ser enquadrados sob a rubrica de crimes políticos. São tratados como crime comum para fins de extradição (art. 82, §4º, da Lei n.º 13.445/2017). De acordo com o STF, em território brasileiro, a tipificação do crime de terrorismo somente veio a lume com a Lei n.º 13.260/2016, antes da qual a conduta era atípica no direito brasileiro (STF, Ext 1578/DF, 2ª Turma, Rel. Min. Edson Fachin, j. 06/08/2019, Informativo n.º 946).

> *dado analisar o mérito da acusação ou condenação em que se funda o pedido de extradição, em razão da adoção pelo ordenamento jurídico pátrio do princípio da contenciosidade limitada* [...] (STF, Ext 1448, 1ª Turma, Rel. Min. Edson Fachin, DJ 06/10/2016).

Mas existe uma **exceção**, hipótese em que poderá ser efetuado o exame de provas sobre o ilícito penal em persecução: no caso de tráfico de entorpecentes cometido por brasileiro naturalizado, antes ou depois da naturalização, para fins de efetivação do art. 5º, LII, da Constituição Federal.

O CESPE-UNB/CEBRASPE considerou **correta** a assertiva de que o sistema de contenciosidade limitada não permite, ordinariamente, indagação probatória pertinente ao ilícito criminal cuja persecução, no exterior, justifica a demanda extradicional perante o STF, salvo em caso de pedido de extradição de brasileiro naturalizado por tráfico de entorpecentes e drogas afins, praticado antes ou depois da naturalização[24].

Extradição x entrega (TPI): a extradição não se confunde com a entrega (*surrender*) ao Tribunal Penal Internacional. O conceito de "entrega" é utilizado pelo art. 102 do Estatuto de Roma, trançando-se a diferença com a extradição. Hildebrando Accioly explica que, em tal caso, não se aplica a garantia da não extradição de brasileiros a outro Estado, porquanto não se trata de extradição, mas de *entrega*, como também não se trata de Estado estrangeiro, mas de *tribunal internacional*[25].

7.1. O caso *Cesare Battisti*

Cesare Battisti, escritor italiano e militante de extrema esquerda, foi condenado à prisão perpétua na Itália em 1993 pela prática de quatro homicídios e, por algum tempo, foi considerado foragido da justiça francesa desde 2004. *Battisti* foi preso no Brasil em 2007, em operação conjunta realizada pela Polícia Federal, Interpol e pelas Polícias da Itália e França. O governo italiano solicitou a extradição, que foi autorizada pelo STF.

Na ocasião, o Supremo entendeu que, examinados os requisitos formais e autorizada a extradição pelo STF, **quem dá a última palavra sobre a extradição é o Presidente da República** (*poder discricionário*). Para a Corte,

---

[24] Prova objetiva do concurso para o cargo de Juiz Federal Substituto (TRF5), realizada em 2011.
[25] ACCIOLY, Hildebrando *Et alli*. *Op. Cit.*, p. 544.

a decisão do Supremo em "mandar" extraditar não vincula o Chefe do Executivo (STF, Ext 1085, Pleno, Rel. Min. Cezar Peluso, j. 16/12/2009).

Ao STF cabe apenas examinar a legalidade e procedência do pedido. A efetiva entrega do extraditando é submetida ao poder discricionário do Presidente da República, que poderá analisar a conveniência e oportunidade da medida. Apenas o **indeferimento** pelo STF vincula o Chefe do Executivo, que não poderá extraditar quando ausentes os requisitos legais e formais em controle prévio feito pelo STF (CF, art. 102, I, *g*).

8. OUTRAS DISPOSIÇÕES SOBRE A APLICAÇÃO DA LEI PENAL

8.1. Pena cumprida no estrangeiro

O Código Penal ainda possui outras disposições sobre a aplicação da lei penal e que merecem nossa atenção.

A pena cumprida no estrangeiro atenua a pena imposta no Brasil pelo mesmo crime, quando diversas, ou nela é computada, quando idênticas (CP, art. 8º). O dispositivo, indiretamente, contempla o princípio no *ne bis in idem*, segundo o qual ninguém será punido mais de uma vez pelo mesmo fato.

8.2. Eficácia da sentença estrangeira

A sentença estrangeira poderá produzir efeitos no Brasil, desde que não se refira ao cumprimento da *pena* (efeito principal da condenação).

O que não se admite é a exportação ou "desova" geral de condenados estrangeiros no exterior para cumprir *pena* no Brasil. O sistema carcerário não suportaria. Mas a sentença estrangeira poderá ser homologada no Brasil para **outros efeitos** distintos da pena: reparação do dano, restituições e outros efeitos civis, bem como para a aplicação de medida de segurança (CP, art. 9º, I e II).

> **Natureza jurídica da homologação**: trata-se de *sentença de delibação de caráter integrante*, que tem por função complementar a eficácia jurídica da sentença proferida no exterior. Não há exame do conteúdo da sentença estrangeira, mas apenas de seus aspectos formais.

Após a EC n.º 45/2004, a homologação de sentença estrangeira passou a ser de competência do STJ (CF, art. 105, I, *i*).

Quanto aos efeitos de reparação do dano, restituições e outros efeitos civis (interesses privados), a homologação depende de pedido da parte interessada (CP, art. 9º, parágrafo único, *a*). Já para imposição de medida de segurança (interesse público), é necessário que haja tratado de extradição com o país de onde emanou a sentença, ou, na falta de tratado, que haja requisição do Ministro da Justiça (CP, art. 9º, parágrafo único, *b*).

> **Desnecessidade de homologação**: a homologação da sentença estrangeira não será necessária nas seguintes hipóteses: (a) efeitos penais secundários da condenação (reincidência, impedimento da concessão de *sursis* ou livramento condicional); (b) absolvição ocorrida no estrangeiro e (c) sentença estrangeira de extinção da punibilidade.

Após a homologação, a sentença estrangeira será executada no Brasil na Justiça Federal de primeira instância (CF, art. 109, X).

8.3. Contagem de prazo

Na sistemática dos prazos penais (ex: prescrição), o dia do começo inclui-se no cômputo do prazo. Contam-se os dias, os meses e os anos pelo calendário comum (CP, art. 10). Vale ressaltar que esse dispositivo somente se aplica aos prazos penais. Em relação aos prazos processuais, exclui-se o dia do começo, sendo incluído o dia do vencimento (CPP, art. 789, §1º).

Frações não computáveis na pena. Desprezam-se, nas penas privativas de liberdade e nas restritivas de direitos, as frações de dia, e, na pena de multa, as frações da moeda (CP, art. 11).

8.4. Código Penal e legislação especial

As regras gerais do Código Penal aplicam-se aos fatos incriminados por lei especial, se esta não dispuser de modo diverso (CP, art. 12). Em outras palavras, as disposições do Código Penal são aplicáveis subsidiariamente aos crimes previstos em lei especial, funcionando como "normas gerais".

PARTE II

TEORIA GERAL DO DELITO

CAPÍTULO 6

INTRODUÇÃO À TEORIA DO CRIME

1. CONSIDERAÇÕES INICIAIS

Após o exame dos fundamentos do Direito Penal (conceito, fontes, princípios, movimentos de política criminal, norma penal, aplicação da lei penal etc.), o estudo da disciplina, daqui para frente, será feito em dois grandes pilares: (a) teoria do crime e (b) consequências jurídicas do delito. As consequências jurídicas do delito pressupõem a existência de crime e todos os aspectos setoriais da disciplina, direta ou indiretamente, ligam-se ao delito.

Enquanto os princípios são a base, a *teoria do crime*, com todos os seus detalhes e nuances, representa o "coração" do Direito Penal. É nela que o Direito Penal se exprime em todo o seu brilho e encanto. Como diretriz para facilitar o estudo, o leitor deve observar que a teoria do crime funciona com um conjunto de conceitos e institutos fundamentais que se relacionam.

A partir do presente Capítulo – e nos capítulos seguintes – trataremos da teoria do crime e seus diversos setores. Como ponto de partida, iniciaremos pela conceituação da própria teoria do crime e seus componentes essenciais.

2. A TEORIA DO CRIME (CONCEPÇÃO MODERNA)

2.1. Conceito, origem e evolução

A teoria do crime é o seguimento do Direito Penal que busca estudar, descrever e sistematizar o delito e os grandes institutos a ele relacionados.

Zaffaroni e Pierangeli assim definiram a teoria do delito:

> "Chama-se 'teoria do delito' a parte da ciência do direito penal que se ocupa de explicar o que é o delito em geral, isto é, quais são as características que deve ter qualquer delito [...] atende ao cumprimento de um propósito essencialmente prático, consistente em tornar mais fácil a averiguação da presença, ou ausência, do delito em cada caso concreto [...] em síntese: a teoria do delito é uma construção dogmática, que nos proporciona o caminho lógico para averiguar se há delito em cada caso concreto"[1].

Quanto à origem, a moderna teoria do crime surgiu na Alemanha, em 1906, com o sistema naturalista ou causal da ação (Franz Von Liszt e Ernst Beling). É verdade que existiram antecedentes (períodos anteriores) à moderna teoria do crime, com alguns avanços pretéritos[2]. Mas como nosso intuito não é abordar a história do Direito Penal, analisaremos a teoria do crime na **concepção moderna**, a partir de Beling e da Escola Clássica.

Tendo berço na doutrina alemã, o pensamento de juristas germânicos sobre a teoria do crime repercutiu por todo o mundo: Liszt, Beling, Frank, Mezger, Welzel, Roxin, Jakobs, Hirsch (discípulo de Welzel), dentre outros[3].

Como dissemos, a moderna teoria do delito surgiu com sistema naturalista ou causal. Mais tarde, o corpo de institutos penais (ex: tipo, tipicidade, ilicitude, culpabilidade etc.), como grandes conceitos que compõem a teoria do delito, foi sendo lapidado e aperfeiçoado ao longo do tempo, de acordo com as quatro fases de evolução epistemológica (do conhecimento) do

[1] ZAFFARONI, Eugenio Raúl; PIERANGELI, José Henrique. *Manual de Direito Penal Brasileiro. Vol. 1. Parte Geral.* 6ª Ed. São Paulo: Revista dos Tribunais, 2006, p. 331-332.

[2] BITENCOURT, Cezar Roberto. *Tratado de Direito Penal. Vol. I. Parte Geral.* 11ª Ed. São Paulo: Saraiva, 2007, p. 205-206.

[3] Veremos mais à frente que justamente esses juristas alemães, indicados acima, são apontados pela doutrina como representantes dos quatro grandes sistemas penais (naturalismo, neokantismo, finalismo e funcionalismo), que têm impactos diretos na evolução da moderna teoria do delito.

Direito Penal: naturalismo, neokantismo, finalismo e funcionalismo. Conforme veremos, esses são os grandes sistemas penais que figuram como marcos evolutivos do Direito Penal moderno e seus institutos.

O estudo do conteúdo da teoria do crime pode ser iniciado em **três passos**: (1) primeiro, veremos o **conceito de crime** e o desenvolvimento dos sistemas penais; (2) no segundo passo, estudaremos a definição dos "**grandes institutos**" que compõem a teoria do delito (ex: conduta, tipo, tipicidade, nexo causal etc.), que são conceitos pré-requisitos indispensáveis à compreensão da matéria e (3) por fim, em um terceiro passo, veremos o "**mapa**" (esquema) da teoria do crime, que guiará o leitor a compreender as "**engrenagens**" e o funcionamento da teoria do delito, mostrando onde tudo se encaixa.

2.2. Conceito de crime

2.2.1. O crime e a teoria geral do Direito

O crime, enquanto fenômeno social, é estudado por diversas ciências sociais, sob diferentes ângulos e enfoques: Sociologia, Criminologia, Política Criminal, Estatística Criminal, Direito Penal etc.

No campo do Direito, o crime é uma espécie de fato jurídico – o fato jurídico penal –, classificado entre os atos ilícitos. É um *ilícito penal.*

Na esteira da lição de Pontes de Miranda e Marcos Bernardes de Mello, lembramos que os atos ilícitos não passam pelo *plano da validade* (infelizmente não se pode invalidar um homicídio), mas apenas pelos *planos da existência* e da *eficácia*[4]. Na teoria do delito, o foco é o plano da *existência* do fenômeno jurídico-penal. No plano da *eficácia*, são examinadas as consequências jurídicas do delito (ex: pena, efeitos da condenação etc.).

Sobre o crime como ato ilícito, veja o que diz Assis Toledo:

> "a inclusão do delito no gênero dos 'fatos jurídicos' não pode ser impugnada diante da constatação óbvia de que o crime é uma criação do direito positivo [...] o delito é um

[4] Sobre os três planos do mundo jurídico na teoria geral do Direito (*existência*, *validade* e *eficácia*), *cf.* PONTES DE MIRANDA, Francisco Cavalcante. *Tratado de Direito Privado*. 3ª Ed. Rio de Janeiro: Borsoi, 1972. MELLO, Marcos Bernardes de. *Teoria do Fato Jurídico. Plano da Existência*. 17ª Ed. São Paulo: Saraiva, 2011.

> fato jurídico, classificado, em uma das ramificações deste, entre os denominados atos ilícitos"[5].

Desse modo, em uma visão inicial, podemos dizer que o crime é situado entre as espécies de ato ilícito: ilícito civil, **ilícito penal**, ilícito administrativo etc., que são punidos em instâncias autônomas. Pode acontecer, porém, que um único fato seja considerado, ao mesmo tempo, ilícito penal, ilícito civil e ilícito administrativo[6]. Mas como dissemos, as instâncias são autônomas e cada ramo do Direito fixa as consequências correspondentes, lembrando que os atos de improbidade administrativa não são ilícitos penais, mas ilícitos civis.

> **STF, Tema 576 (repercussão geral)**: "O processo e julgamento de prefeito municipal por crime de responsabilidade (Decreto-lei 201/67) não impede sua responsabilização por atos de improbidade administrativa previstos na Lei 8.429/1992, em virtude da autonomia das instâncias" (STF, RE 976566, Pleno, Rel. Min. Alexandre de Moraes, DJe-210 26/09/2019).

Existem duas espécies de ilícito penal: **crime** e **contravenção**. Analisaremos a distinção entre essas duas espécies mais à frente, depois do exame do conceito de crime e seus diversos sentidos.

2.2.2. Conceito penal: sentido material, formal e analítico

O Código Penal não apresenta o conceito de crime (omissão legal), ficando a sua definição a cargo da doutrina. No Direito Penal, o delito pode ser conceituado sob três aspectos: **material**, **formal** e **analítico**.

---

[5] TOLEDO, Francisco de Assis. *Princípios Básicos de Direito Penal*. 5ª Ed. São Paulo: Saraiva, 1994, p. 159-160.

[6] **Ilícito penal, ilícito civil e ilícito administrativo**: a diferença entre essas espécies de ilícito não é ontológica, mas de grau. A identificação de cada espécie de ato ilícito decorre da natureza da sanção correspondente (sanção penal, civil ou administrativa). Em linhas gerais, o ilícito penal exige prévia definição legal rígida como tal (reserva legal e tipicidade), sendo punido com sanção penal (pena ou medida de segurança). O ilícito civil, por sua vez, não exige a tipicidade rígida que vemos na esfera penal e é punido com sanção civil (ex: indenização, obrigação de fazer etc.). Em comparação com o ilícito penal, o ilícito civil representa um grau menor de violação da ordem jurídica. O ilícito administrativo é punido com sanções administrativas (ex: demissão do cargo, multa administrativa etc.). Recorde-se que um fato pode, ao mesmo tempo, ser um ilícito penal, civil e administrativo. Ex: servidor público que desvia dinheiro público.

Terminologia. A palavra "**crime**", em sentido amplo, significa ilícito penal ou delito. Em sentido estrito, constitui uma das espécies de infração penal, ao lado da contravenção (as diferenças serão vistas mais à frente).

Sobre o conceito de crime, observe o **quadro estratégico** abaixo:

<table>
<tr><td rowspan="6">Conceito de crime
(sentidos)</td><td>Sentido material</td><td colspan="3">Conduta humana que lesa os bens jurídicos considerados fundamentais para a coletividade</td></tr>
<tr><td>Sentido formal</td><td colspan="3">Comportamento humano previsto em lei como crime</td></tr>
<tr><td rowspan="4">Sentido analítico
(concepções)</td><td>Bipartida</td><td colspan="2">Fato típico e ilícito</td></tr>
<tr><td rowspan="2">Tripartida</td><td>Tradicional</td><td>Fato típico, ilícito e culpável</td></tr>
<tr><td>Moderna</td><td>Fato típico, ilícito e punível</td></tr>
<tr><td>Quadripartida</td><td colspan="2">Fato típico, ilícito, culpável e punível</td></tr>
</table>

O leitor que se prepara para concursos públicos deve ficar atento, pois o ponto já foi cobrado em prova (**questão discursiva**[7]).

Sentido material: crime é o comportamento humano que lesa ou expõe a perigo *bens jurídicos* considerados fundamentais para a sociedade. É um conceito aberto e pré-jurídico, que orienta o legislador com critérios de política criminal para repressão e criminalização de condutas ilícitas.

Sentido formal: retrata a concepção do direito objetivo sobre o delito. Em sentido formal, crime é toda ação ou omissão humana descrita em *lei* como tal. Em outras palavras, crime é o que o legislador diz sê-lo.

Sentido analítico: diz respeito aos aspectos *estruturantes* do delito. Nesse ponto, existem várias concepções na doutrina.

Vejamos o painel doutrinário:

[7] Na prova discursiva do concurso para o cargo de Promotor de Justiça (MP-RR), realizada pelo CESPE-UNB/CEBRASPE em 2017, foi formulada a seguinte **questão discursiva**: "Teorias - Para exercer com qualidade as funções precípuas do MP, de acusador e de fiscal da lei nos moldes estabelecidos pela Constituição Federal de 1988, o promotor de justiça deve dominar os conceitos de crime e de ação para aplicá-los devidamente. Nesse sentido, considerando a omissão legal acerca do conceito de crime, disserte sobre os conceitos material, formal e analítico à luz da doutrina majoritária, diferenciando-os [...]".

(a) concepção bipartida: crime é todo fato *típico* e *ilícito*. No Brasil, essa posição é defendida por René Ariel Dotti[8], Damásio de Jesus[9], Mirabete[10], Luiz Flávio Gomes[11] e Fernando Capez[12]. Para essa corrente, a culpabilidade não é elemento do crime, mas pressuposto da pena. Na doutrina brasileira, essa orientação foi iniciada por René Ariel Dotti, de quem Damásio foi seguidor;

(b) concepção tripartida: existem duas grandes orientações tripartidas. De acordo com a visão tripartida tradicional, crime é todo fato *típico*, *ilícito* e *culpável*. No Brasil, essa posição é defendida por Assis Toledo[13], Luiz Regis Prado[14], Juarez Cirino[15], Cezar Bitencourt[16], Rogério Greco[17], entre outros. Já na visão tripartida moderna, crime é fato *típico*, *ilícito* e *punível*.

(c) concepção quadripartida: defende que crime é todo fato *típico*, *ilícito*, *culpável* e *punível*. Essa visão é sustentada na doutrina por Muñoz Conde[18], Basileu Garcia[19], Giulio Battaglini[20] e outros penalistas.

Posição dominante: prevalece a corrente tripartida tradicional (fato típico, ilícito e culpável). A concepção tripartida surgiu no final do Século XIX, iniciada por Luden e sistematizada por Von Liszt e Beling, no sistema naturalista ou causal, sendo aperfeiçoada nos sistemas posteriores (neokantismo, finalismo e funcionalismo). Foi adotada no Brasil e em praticamente todo o continente europeu. No **modelo finalista** adotado pelo Código Penal brasileiro, prevalece a **concepção tripartida**, segundo a qual crime é todo **fato *típico*, *ilícito* e *culpável***. Para a maioria da doutrina, a culpabilidade é vista como elemento do crime, e não como pressuposto da pena.

---

[8] DOTTI, René Ariel. *Curso de Direito Penal. Parte Geral*. 4ª Ed. São Paulo: Revista dos Tribunais, 2012, p. 428-434.

[9] JESUS, Damásio E. de. *Direito Penal. Vol. 1. Parte Geral*. 34ª Ed. São Paulo: Saraiva, 2013, p. 193-196.

[10] MIRABETE, Júlio Fabbrini. *Manual de Direito Penal. Parte Geral*. São Paulo: Atlas, 1990, p. 94.

[11] GOMES, Luiz Flávio. *Teoria Constitucionalista do Delito e Imputação Objetiva*. São Paulo: RT, 2011, p. 85; GOMES, Luiz Flávio; MOLINA, Antônio García-Pablos de. *Direito Penal. Vol. 2. Parte Geral. 2ª Ed.* São Paulo: RT, 2007, p. 208;

[12] CAPEZ, Fernando. *Curso de Direito Penal. Parte Geral*. 16ª Ed. São Paulo: Saraiva, 2012, p. 134-135.

[13] TOLEDO, Francisco de Assis. *Princípios Básicos de Direito Penal*. 5ª Ed. São Paulo: Saraiva, 1994, p. 86.

[14] PRADO, Luiz Regis. *Curso de Direito Penal Brasileiro*. 12ª Ed. São Paulo: Revista dos Tribunais, 2013, p. 297-300.

[15] SANTOS, Juarez Cirino dos. *Direito Penal. Parte Geral. 7ª Ed.* Florianópolis: Empório do Direito, 2017, p. 78.

[16] BITENCOURT, Cezar Roberto. *Tratado de Direito Penal. Vol. I. Parte Geral*. 11ª Ed. São Paulo: Saraiva, 2007, p., 221-212.

[17] GRECO, Rogério. *Curso de Direito Penal. Parte Geral*. 20ª Ed. Niteroi: Impetus, 2018, p. 203.

[18] *Apud* QUEIROZ, Paulo. *Direito Penal. Parte Geral*. 4. ed. Rio de Janeiro: *Lumen Juris*, 2008, p. 146-147.

[19] GARCIA, Basileu. *Instituições de Direito Penal. Vol. 1. Tomo I*. 7ª Ed. Série Clássicos Jurídicos. São Paulo: Saraiva, 2008, p. 264.

[20] BATTAGLINI, Giulio. *Direito Penal. Parte Geral*. Trad. Paulo José da Costa Jr. e Arminda Bergamini Miotto. São Paulo: Saraiva, 1973, p. 339.

Substratos do crime: o conceito analítico de crime compreende os elementos estruturantes do delito, isto é, os "substratos" que, somados, formam a infração penal[21]. Assim, *substratos do crime* são os grandes elementos do conceito analítico de delito que, segundo a posição dominante já vista, são três (fato típico, ilícito e culpável), de acordo com a concepção tripartida.

2.2.3. Diferenças entre crime e contravenção

Existem duas espécies de ilícito penal: **crime** e **contravenção**. Não há diferença ontológica (de ser enquanto ser) entre essas espécies, mas **apenas de grau**, o que repercute no tratamento conferido pelo legislador (regime jurídico), de acordo com a gravidade do ilícito.

O art. 1º da Lei de Introdução ao Código Penal assim dispõe:

> "Art. 1º Considera-se **crime** a infração penal que a lei comina pena de reclusão ou de detenção, quer isoladamente, quer alternativa ou cumulativamente com a pena de multa; **contravenção**, a infração penal a que a lei comina, isoladamente, pena de prisão simples ou de multa, ou ambas, alternativa ou cumulativamente".

O primeiro passo a ser observado é a natureza da **sanção penal** cominada. Mas indo direto ao ponto, para não perdermos tempo, confira as diferenças entre crime e contravenção no **quadro estratégico** abaixo:

CRIME E CONTRAVENÇÃO (Principais diferenças)	
CRIME	**CONTRAVENÇÃO**
Mais grave	**Gravidade menor**
Reclusão ou detenção	Prisão simples ou multa
A tentativa é punível	A tentativa não é punível
A ignorância da lei é inescusável	A ignorância da lei pode levar à isenção de pena
Admite extraterritorialidade da lei penal	Não admite extraterritorialidade da lei penal
Previsão no CP e diversas leis especiais	Previsão na Lei de Contravenções Penais

[21] CUNHA, Rogério Sanches. *Manual de Direito Penal. Parte Geral*. 8ª Ed. Salvador: *Juspodivm*, 2020, p. 238.

No Brasil, as contravenções penais são previstas no Decreto-Lei n.º 3.688/1941 (Lei de Contravenções Penais), diploma que, em geral, foi recepcionado pela Constituição de 1988 com *status* de lei ordinária, salvo nas disposições em que consagra o famigerado modelo de Direito Penal do autor.

> **STF, Tema 113 (repercussão geral)**: "O art. 25 da Lei de Contravenções Penais (Decreto-lei 3.688/1941)[22] não foi recepcionado pela Constituição de 1988, por violar os princípios da dignidade da pessoa humana" (CF, art. 1º, III) e da isonomia (CF, art. 5º, caput e I) (STF, RE 583523, Pleno, Rel. Min. Gilmar Mendes, DJe-208 22/10/2014).

Os principais pontos do **regime jurídico** de *direito material* das contravenções penais são os seguintes: (a) não admite a extraterritorialidade da lei penal (LCP, art. 2º); (b) a tentativa não é punível (LCP, art. 4º); (c) a ignorância da lei pode levar à isenção de pena (LCP, art. 8º); (d) limite máximo da pena em 05 anos (LCP, art. 10); (e) não cabe confisco penal como efeito da condenação[23] e (f) período de prova do *sursis*: de 01 a 03 anos (LCP, art. 11).

2.3. Sistemas penais

2.3.1. Naturalismo, neokantismo, finalismo e funcionalismo

Ao longo do tempo, a dogmática penal[24] evoluiu. Boa parte dessa evolução é identificada nos sistemas penais, que representam o desenvolvimento progressivo da ciência penal e seus institutos fundamentais, partindo de um Direito Penal mais "simplório" até um Direito Penal mais estruturado cientificamente na forma em que conhecemos hoje.

Cada etapa que veremos a seguir representa uma fase da *evolução epistemológica* ("evolução do conhecimento") do Direito Penal.

---

[22] LCP, art. 25: "Ter alguém em seu poder, depois de condenado, por crime de furto ou roubo, ou enquanto sujeito à liberdade vigiada ou quando conhecido como vadio ou mendigo, gazuas, chaves falsas ou alteradas ou instrumentos empregados usualmente na prática de crime de furto, desde que não prove destinação legítima: Pena – prisão simples, de dois meses a um ano, e multa de duzentos mil réis a dois contos de réis".

[23] CUNHA, Rogério Sanches. *Op. Cit.*, p. 201-202.

[24] Segundo Paulo Nader, a dogmática jurídica, também chamada de Ciência do Direito, tem a função de descrever e sistematizar o Direito vigente. *Cf.* NADER, Paulo. *Introdução ao Estudo do Direito*. 21ª Ed. Forense: Rio de Janeiro, 2002, p. 10-11.

Naturalismo (Liszt e Beling): surgiu em 1906 como primeira fase evolutiva do Direito Penal moderno. O sistema clássico, naturalista ou causal foi preconizado por Franz Von Liszt e Ernst Von Beling e, nessa época, o Direito Penal era influenciado pelas **leis da física** (**causalidade**). A configuração do crime dependia apenas de o agente causar fisicamente (naturalisticamente) um resultado previsto como crime, *sem analisar qualquer aspecto de ordem valorativa*, havendo um mero exercício de lógica formal (pura causalidade objetiva). Dolo e culpa não eram considerados no exame da conduta. Prevalecia a fotografia externa do evento. O tipo penal era **avalorado, neutro ou acromático** ("**sem valor e sem cor**"). Esse modelo vigorou durante o positivismo jurídico e o Estado liberal. Atualmente, encontra-se superado.

Neokantismo (Frank e Mezger): essa segunda fase evolutiva surgiu no início do Século XX e teve como precursores os alemães Reinhard Frank e Edmund Mezger. Nessa fase, para a caracterização do crime, já não era mais possível falar em pura causalidade física ou objetiva como se defendia no naturalismo. No modelo neokantista ou neoclássico, para a configuração da conduta criminosa, foram incorporados **aspectos valorativos** de ordem normativa e subjetiva. O Direito Penal apresenta-se como um reflexo da **cultura** e dos valores de uma sociedade. O crime passa a receber, então, *carga valorativa, não sendo mais visto apenas pelas leis da física de causa e efeito*. Foram descobertos novos elementos do tipo (subjetivos e normativos), indo além dos elementos descritivos ("**coloração**"). Houve um período de enriquecimento do tipo penal, o qual passou a ser visto como norma de cultura.

Finalismo (Welzel): a terceira fase evolutiva surgiu no final da década de 1920 e início de 1930, representada pelo alemão Hans Welzel, a partir de constatações neokantistas e como reação ao sistema naturalista. Segundo Welzel, *a ação não é um querer puramente causal, mas um querer final*[25]. O elemento central desse modelo é a **finalidade** da conduta. Por isso, o sistema é chamado de "finalista". O finalismo retirou dolo e culpa da culpabilidade e os transportou para o fato típico como elementos inseparáveis da conduta. Assim, não havendo dolo ou culpa, o fato é atípico, não podendo sofrer a incidência da norma penal. Para reprovabilidade do comportamento deve existir não só *desvalor do resultado*, mas também *desvalor da ação*.

> **Finalismo puro e finalismo moderado**: o modelo finalista possui algumas variações catalogadas pela doutrina: *(a) finalismo puro* - considera apenas o *desvalor da ação*, deixando de lado o desvalor do resultado em intensa

[25] WELZEL, Hans. *El Nuevo Sistema de Derecho Penal*. Trad. Cerezo Mir. Barcelona: Ed. Ariel, 1964, p. 25.

reação ao sistema naturalista. É uma variação que não recebeu muita atenção, sendo, porém, identificada e catalogada pela doutrina e *(b) finalismo moderado* - considera não só o *desvalor da ação*, mas também o *desvalor do resultado*, em uma equação em que temos a lesão ao bem jurídico como pressuposto do injusto. Foi o modelo defendido por Welzel, falecido em 1977, e desenvolvido pelo seu discípulo Hisrch. De modo mais recente, ainda é identificada uma terceira variação: o *finalismo constitucional*, concebido como a *versão constitucionalizada* do modelo finalista desenvolvido originalmente por Welzel entre os anos de 1920-1930, com o acréscimo da perspectiva penal-constitucional (*releitura*). No Brasil, essa vertente ganhou relevo a partir da promulgação da Constituição de 1988.

Funcionalismo ou pós-finalismo (Roxin e Jakobs): a quarta fase evolutiva do conhecimento penal surgiu na década de 1970, na Alemanha, e ganhou notoriedade a partir das ideias de Claus Roxin e Günther Jakobs. Nessa fase, são mantidas as conquistas alcançadas pelas etapas anteriores, mas pretende-se pensar o Direito Penal a partir de suas **funções**. Daí a denominação "funcionalismo". Esse modelo também é conhecido como "pós-finalismo", porque veio depois do finalismo. Mas qual a *função* do Direito Penal? Na doutrina, existem duas grandes concepções funcionalistas (**questão oral**[26]):

(a) funcionalismo radical, sistêmico ou monista (Jakobs): a função da norma penal é a reafirmação da autoridade do Direito para que o corpo social funcione adequadamente. Possui forte cunho legalista. É uma linha que se aproxima do Estado formal de Direito e, também, da **3ª velocidade** do Direito Penal e do movimento do **Direito Penal do Inimigo** defendido por Jakobs.

(b) funcionalismo moderado, teleológico ou dualista (Claus Roxin): a função maior do Direito Penal é proteger a sociedade e os bens jurídicos (proteção de valores sociais). Possui forte cunho sociológico. É uma linha que se aproxima do Estado Democrático de Direito.

Na doutrina, ainda é identificado o chamado *funcionalismo redutor (Eugênio Zaffaroni)*: a função do Direito Penal passa a ser apenas a de impor freio à arbitrariedade do Estado, em reação à violência institucional. Zaffaroni é um ex-finalista e sua doutrina tem se aproximado de uma perspectiva abolicionista, sendo identificado por muitos como um "minimalista radical".

No funcionalismo, diante da preocupação com o risco/perigo no mundo moderno, a conduta é vinculada a um processo de imputação que vai além da

[26] Na prova oral do concurso para o cargo de defensor público da União (DPU), realizada pelo CESPE-UNB/CEBRASPE em 2018, foi formulada a seguinte **questão oral**: "Explique as diferenças entre a teoria funcionalista moderada do direito penal e a teoria funcionalista radical do direito penal".

pura causalidade física, tendo por elemento mais expressivo a criação de um *risco proibido* (teoria imputação objetiva).

Para fins de memorização, observe a **simbologia estratégica** abaixo:

Naturalismo (Liszt e Beling)	**Neokantismo** (Frank e Mezger)	**Finalismo** (Welzel)	**Funcionalismo** (Jakobs e Roxin)

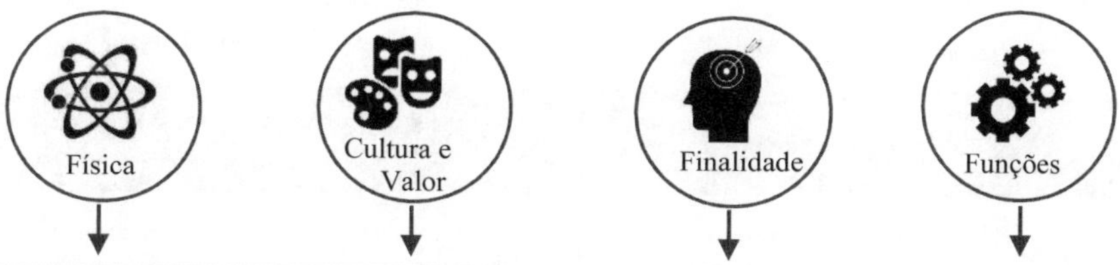

Causalidade Leis da física	**Aspectos valorativos** Cultura e novos elementos do tipo ("coloração")	**Finalidade da conduta** Dolo e culpa no fato típico	**Funções do DP** *Jakobs*: reafirmação do Direito (radical) *Roxin*: proteger a sociedade (moderado)

O CESPE-UNB/CEBRASPE considerou **incorreta** a assertiva de que consoante a concepção funcional defendida por Claus Roxin, a função da norma é a reafirmação da autoridade do direito, e sua aplicação constante e rotineira determina os padrões sociais de comportamento considerados normais e os indesejáveis, sendo a finalidade da pena a de exercitar a confiança despertada pela norma[27].

O Código Penal brasileiro adotou o **sistema finalista**, que teve Welzel como grande mentor. No modelo finalista, crime é todo *fato típico*, *ilícito* e *culpável*. Nessa estrutura, dolo e culpa integram o fato típico.

Eficácia sistêmica. Essas fases epistemológicas (de evolução do conhecimento penal), como "**sistemas**", geram reflexos em diversos institutos penais (evolução): *conduta, tipo, tipicidade, culpabilidade etc.*, não se esgotando na conduta. Sendo assim, podemos dizer que os sistemas penais têm **eficácia sistêmica**, estendendo-se por todo o Direito Penal, conforme o modelo adotado pela legislação de cada país. Por exemplo, o sistema finalista gera reflexos no estudo da conduta, do tipo e da culpabilidade: teoria finalista da ação, quinta fase de evolução do tipo e teoria normativa pura da culpabilidade. A cada novo sistema, os institutos penais se desenvolvem.

[27] Prova objetiva do concurso para o cargo de defensor público (DPE-MA), realizada em 2011.

Estrutura do delito nos sistemas penais. Ao longo da evolução do Direito Penal, a estrutura do crime foi sendo progressivamente desenvolvida e aperfeiçoada, com a alocação dos institutos penais.

Para uma visão geral e panorâmica, vale conferir os **quadros estratégicos** abaixo (**questão oral**[28]):

Naturalismo
(causalidade objetiva)

Fato típico	*Ilícito*	*Culpável* (teoria psicológica)
a) conduta b) resultado c) nexo causal d) tipicidade	Caráter objetivo	a) imputabilidade b) dolo ou culpa

OBS: no naturalismo, o dolo era normativo (3 elementos: consciência, vontade e consciência da ilicitude).

Neokantismo[29]
(aspectos valorativos)

Fato ilícito (ilicitude tipificada)	*Culpável* (teoria psicológico-normativa)
Fusão: tipicidade + ilicitude no interior do injusto (tipo total de injusto). Teoria dos elementos negativos do tipo	a) imputabilidade b) dolo ou culpa c) exigibilidade de conduta diversa

OBS: no neokantismo, o dolo era normativo (3 elementos: consciência, vontade e consciência da ilicitude).

Finalismo
(finalidade: dolo e culpa no fato típico)

Fato típico	*Ilícito*	*Culpável* (teoria normativa pura)
a) conduta (dolo ou culpa) b) resultado c) nexo causal d) tipicidade	Caráter objetivo	a) imputabilidade b) potencial consciência da ilicitude c) exigibilidade de conduta diversa

Tipo objetivo e subjetivo

OBS: no finalismo, o dolo passa a ser **natural** (2 elementos: consciência e vontade)

Funcionalismo
(risco e responsabilidade)

Fato típico	*Ilícito*	*Responsabilidade* (teoria normativo-preventiva)
a) conduta (dolo ou culpa) b) resultado c) nexo causal d) tipicidade	Realocação das exclud. com base no risco	a) imputabilidade b) potencial consciência da ilicitude c) exigibilidade de conduta diversa

Tipo objetivo e subjetivo (+ risco/perigo) → *Risco proibido*: teoria da imputação objetiva

OBS: a culpabilidade deixa de ser elemento do crime, sendo substituída pela *responsabilidade* (Roxin)

[28] Na prova oral do concurso para o cargo de defensor público (DPE-PE), realizada pelo CESPE-UNB/CEBRASPE em 2018, foi formulada a seguinte **questão oral**: "Explique em que consiste a culpabilidade dentro do conceito analítico de crime na perspectiva do sistema causalista e da teoria finalista, distinguindo os elementos e as teorias que a caracterizam em cada uma dessas perspectivas".

[29] Para maiores detalhes sobre a estrutura analítica do delito no sistema neokantista, *cf.* PRADO, Luiz Regis. *Curso de Direito Penal Brasileiro*. 12ª Ed. São Paulo: Revista dos Tribunais, 2013, p. 331.

Atenção! O finalismo retirou o dolo e a culpa da culpabilidade e os transportou para o interior do fato típico. Observe ainda que, na culpabilidade, a exigibilidade de conduta diversa (elemento normativo), somente começa a aparecer a partir do neokantismo (aspectos valorativos).

No funcionalismo moderado (Roxin), o crime é composto por três elementos: *fato típico*, *ilícito* e *responsabilidade*. No plano da tipicidade, no tipo objetivo, passa-se a exigir a criação de um risco proibido. No campo da ilicitude, há uma realocação das tradicionais excludentes: quando o risco for permitido, haverá exclusão da tipicidade, e não da ilicitude.

Além disso, segundo Roxin, a culpabilidade deixa de integrar diretamente o crime, figurando como limite funcional da pena [30] . A culpabilidade é substituída pela *responsabilidade*, formada pela pelos tradicionais elementos da culpabilidade e por critérios de prevenção geral e especial (teoria normativo-preventiva). Como novo elemento em substituição à culpabilidade da doutrina tradicional, a *responsabilidade* é integrada por: (a) imputabilidade; (b) potencial consciência da ilicitude e (c) exigibilidade de conduta diversa. Sendo o agente responsável, incide a culpabilidade como limite da sanção penal, na operação de dosimetria da pena[31].

O CESPE-UNB/CEBRASPE considerou **incorreta** a assertiva de que de acordo com a teoria do funcionalismo moderado, o crime é composto por três requisitos: tipicidade, antijuridicidade e punibilidade, e este último requisito compreende culpabilidade e necessidade concreta da pena[32].

2.3.2. Um quinto sistema? O sistema constitucional

Entre os anos de 1950 e 1970, surgiu na Itália o movimento da *constitucionalização do Direito Penal*, a partir dos estudos de Paolo Rossi e Franco Bricola, o que, no atual estágio pós-positivista, abriu espaço para um quinto sistema: o **sistema constitucional**, que vem para somar com os avanços do finalismo. É uma tendência observada na doutrina contemporânea.

Aqui, lembramos que o Código Penal deve ser interpretado de acordo com a Constituição, e não o contrário: não deve a Constituição ser interpretada a partir do Código Penal, que é de hierarquia inferior e mais antigo (1940). O sistema constitucional decorre dos movimentos do neoconstitucionalismo e da

[30] CUNHA, Rogério Sanches. *Manual de Direito Penal. Parte Geral*. 8ª Ed. Salvador: *Juspodivm*, 2020, p. 249.

[31] CUNHA, Rogério Sanches. *Op. Cit.*, p. 249.

[32] Prova objetiva do concurso para o cargo de Promotor de Justiça (MP-RO), realizada em 2010.

constitucionalização do Direito, sendo influenciado pelo pós-positivismo no atual modelo de organização do Estado (*Estado Constitucional de Direito*).

Nessa visão, os grandes institutos do Direito Penal (conduta, tipo, tipicidade, ilicitude, culpabilidade, pena etc.) passam por **releitura** e **filtragem constitucional**, devendo ser enxergados sob a perspectiva penal-constitucional. O Direito Penal passa a receber novos aportes do Direito Constitucional e a incorporar as novas tendências do pensamento jurídico contemporâneo, sobretudo em relação à teoria dos direitos fundamentais.

No atual estágio evolutivo pós-positivista, indo além do finalismo moderado de Welzel, podemos falar, sem nenhuma ironia, em **finalismo constitucional**, concebido como a *versão constitucionalizada* do modelo finalista desenvolvido originalmente entre os anos de 1920-1930, com o acréscimo da perspectiva penal-constitucional (*releitura*). No Brasil, essa nova visão ganhou relevo a partir da promulgação da Constituição de 1988.

Para memorizar, observe-se a seguinte **simbologia estratégica**:

Sistema constitucional
(Paolo Rossi e Franco Bricola)

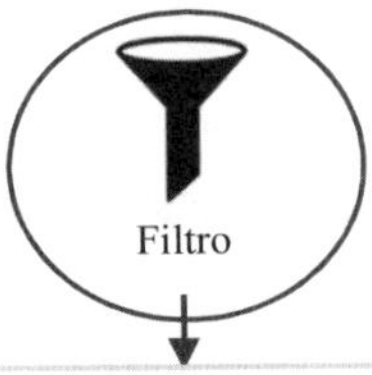

Releitura e filtragem constitucional
Constitucionalização do Direito Penal

Para maiores detalhes sobre a *constitucionalização do Direito Penal*, para evitar repetições desnecessárias, confira o que dissemos no Capítulo 26.

2.4. Os grandes conceitos da teoria do delito e a estrutura do crime

Na teoria do crime, existem alguns conceitos fundamentais que reunimos nesse tópico para facilitar o estudo. Na verdade, esses conceitos podem ser vistos como verdadeiras "**engrenagens**" de uma grande máquina que, com as conexões necessárias, fazem funcionar a teoria do crime.

Para uma visão panorâmica, observe o **quadro estratégico** abaixo:

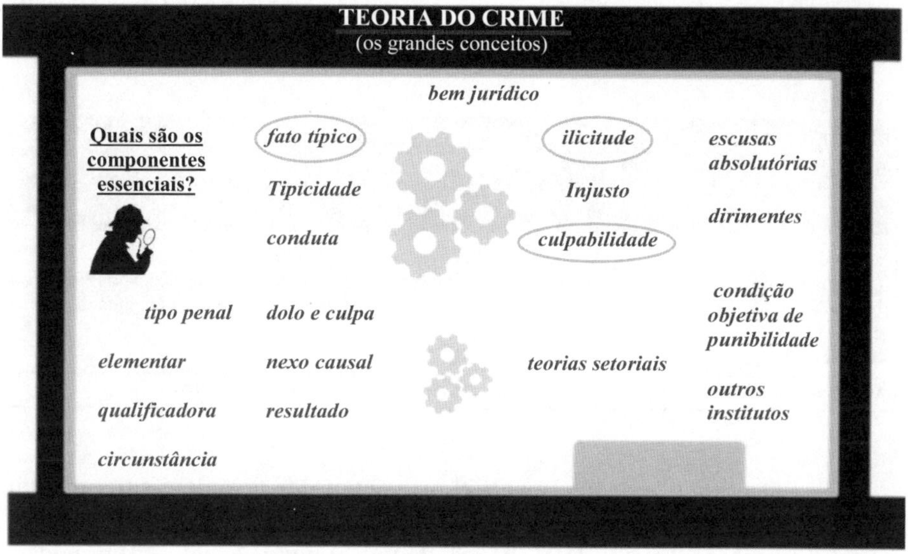

Cuidado! O leitor deve ficar atento aos "**grandes conceitos**" da teoria do crime: são fundamentais! Além disso, a pura definição desses institutos já foi cobrada em prova. Por exemplo: o que é injusto penal na teoria do delito? O que são escusas absolutórias e condições objetivas de punibilidade?

Bem jurídico. É o interesse protegido pela norma penal incriminadora. Ex: a vida no homicídio, o patrimônio no furto etc. Na doutrina, o bem jurídico também é chamado de objeto jurídico.

Tipo penal. É o molde, a descrição abstrata da conduta prevista em lei como crime. Ex: "matar alguém" (CP, art. 121, *caput*). O tipo penal possui elementos objetivos, subjetivos e normativos, sendo composto por duas partes ou "faces": *(i) tipo objetivo*, que retrata a descrição dos caracteres objetivos da conduta (ex: verbo) e *(ii) tipo subjetivo*, que diz respeito aos elementos anímicos/subjetivos da conduta (ex: dolo e fim especial de agir).

Nomen juris. É o nome jurídico dado ao crime. Ex: o tipo penal do art. 121 do CP é denominado de homicídio e o do art. 155 recebe o nome de furto.

Tipicidade. É o enquadramento da conduta na descrição abstrata da norma penal. Quando o fato não se enquadra na norma, diz-se que o fato é atípico. A atipicidade do fato pode ser absoluta (quando o crime desaparece) ou relativa (desclassificação da conduta). Conforme veremos, a tipicidade penal possui três *dimensões*: formal (ou objetiva), material e subjetiva.

A essa altura, para aumentar o campo de visão, é fundamental "**olhar**" para a **estrutura analítica do crime** no modelo finalista. Observe:

ESTRUTURA ANALÍTICA DO CRIME (Sistema finalista)		
FATO TÍPICO	**ILÍCITO**	**CULPÁVEL**
a) conduta (dolo ou culpa) b) resultado; c) nexo causal; d) tipicidade	Caráter objetivo (contrariedade ao direito)	a) imputabilidade; b) potencial consciência da ilicitude c) exigibilidade de conduta diversa
OBS: no finalismo, o dolo é o natural. No sistema naturalista, o dolo é o normativo		

Fato típico. É o fato material que se amolda aos elementos constantes do tipo penal. Em outras palavras, é o fato que sofre a incidência da norma penal. Elementos: (a) conduta; (b) resultado; (c) nexo causal e (d) tipicidade.

Conduta. É a ação ou omissão humana, consciente e voluntária, dirigida a uma finalidade. A conduta pode ser dolosa ou culposa.

> **Dolo e culpa (elementos da conduta)**: dolo e culpa são elementos da conduta, situados no interior do fato típico. *Dolo* é a famosa "intenção" (ideia do senso comum). No Direito Penal, tecnicamente, dolo é a consciência e vontade de realizar, no mundo dos fatos, os elementos constantes do tipo penal. Na doutrina, o dolo é visto como elemento psicológico da conduta, sendo composto por dois elementos: (a) consciência e (b) vontade. Diz-se o crime "doloso, quando o agente quis o resultado ou assumiu o risco de produzi-lo" (CP, art. 18, I). Quando o agente *quer* o resultado, temos o *dolo direto*; quando o agente, embora não querendo diretamente o resultado, assume o risco de produzi-lo, temos o *dolo eventual*. A *culpa* representa a conduta "não intencional", com a quebra do dever objetivo de cuidado. Existem três modalidades de culpa: *imprudência*, *negligência* e *imperícia*.

Resultado. É a consequência da conduta. Existem duas espécies de resultado: (a) resultado naturalístico: é aquele que modifica o mundo exterior (ex: morte no homicídio) e (b) resultado jurídico: é a violação ao bem jurídico.

Nexo causal. É a relação de causa e efeito entre a conduta e o resultado naturalístico (ligação ou elo físico de causa e efeito).

Nexo normativo. É a exigência de dolo ou culpa na conduta para que o agente possa ser responsabilizado penalmente.

Elementar. "Elementares" são os *elementos* essenciais que constituem o tipo penal. São aqueles componentes que se você "mexer" neles, o crime se descaracteriza (atipicidade absoluta) ou se transforma em outra figura típica (atipicidade relativa). Ex: substância entorpecente no tráfico de drogas.

Circunstância. No Direito Penal, circunstâncias são dados acessórios que circundam o crime, mas que não integram o tipo penal. Apenas aumentam ou diminuem a pena. Ex: reincidência (circunstância agravante).

Qualificadora. São aquelas que alteram os limites abstratos da pena, fazendo nascer um tipo penal derivado. Ex: no homicídio simples, a pena é de reclusão, de 6 a 20 anos (CP, art. 121, *caput*). Já no homicídio qualificado a pena é de reclusão, de 12 a 30 anos (CP, art. 121, §2º).

Ilicitude. É a contrariedade entre a conduta e o ordenamento jurídico. Poderá ser excluída por: estado de necessidade, legítima defesa, exercício regular de direito e estrito cumprimento do dever legal, que são as chamadas excludentes de ilicitude ou causas de justificação.

Injusto. Em sentido formal, o injusto engloba a conduta já valorada como *típica* e *ilícita*[33] e, em sentido material, revela a contrariedade ao sentimento social de justiça. O injusto penal não se confunde com o tipo total de injusto proposto pelos defensores da *ratio essendi* na terceira fase de evolução da teoria do tipo, conceito que estudaremos mais à frente.

Culpabilidade. Na teoria do crime, a culpabilidade é estudada na acepção de elemento do crime ou pressuposto da pena, que possui três elementos: (a) imputabilidade; (b) potencial consciência da ilicitude e (c) exigibilidade de conduta diversa.

Imputabilidade. É a capacidade de entender o caráter ilícito do fato e de se autodeterminar de acordo com esse entendimento. Em outras palavras, é a **capacidade penal**, que, no Brasil, é adquirida aos 18 anos. Os menores de 18 anos e os doentes mentais são considerados inimputáveis.

Causas dirimentes ou exculpantes. São as excludentes de culpabilidade. São elas: (a) doença mental; (b) desenvolvimento mental incompleto (menores de 18 anos); (c) desenvolvimento mental retardado e (d)

[33] TOLEDO, Francisco de Assis. *Op. Cit.*, p. 119.

embriaguez acidental completa, decorrente de caso fortuito ou força maior; (e) erro de proibição invencível; (f) coação moral irresistível; (g) obediência hierárquica e (h) causas supralegais de inexigibilidade de conduta diversa.

Condição objetiva de punibilidade. A prática de um crime faz surgir a punibilidade, mas, às vezes, a efetivação da punibilidade pode estar sujeita a determinado requisitos. As condições objetivas de punibilidade, desenvolvidas por Binding, são elementos externos ao tipo penal que condicionam a efetivação da pretensão punitiva estatal. Segundo Luiz Regis Prado, as condições objetivas de punibilidade pressupõem um delito completo em todos os seus elementos constitutivos, funcionando como condicionantes da aplicação concreta da pena. São alheias à noção de delito e atuam objetivamente, não sendo abarcadas pelo dolo ou pela culpa[34].

> **STF, Súmula Vinculante n.º 24**: "Não se tipifica crime material contra a ordem tributária, previsto no artigo 1º, incisos I a IV, da Lei nº 8.137/90, antes do lançamento definitivo do tributo".
>
> **Crimes tributários e condição objetiva de punibilidade**: nos crimes materiais contra a ordem tributária (art. 1º, I a IV, da Lei n.º 8.137/90), apropriação indébita previdenciária (CP, art. 168-A) e sonegação de contribuição previdenciária (CP, art. 337-A), o encerramento do procedimento administrativo-fiscal, com o lançamento definitivo do tributo, constitui condição objetiva de punibilidade, sem o que a persecução penal não poderá ser deflagrada: o inquérito policial não pode ser instaurado, a ação penal não pode ser iniciada, prisões provisórias e medidas cautelares não poderão ser decretadas e nem a prescrição penal começará a correr[35]. Segundo o STJ, essa orientação não alcança os crimes *não tributários* conexos[36] (**questão discursiva**[37]) e nem o descaminho (CP, art. 334), que é crime formal[38]. Além disso, para a Corte, tendo sido realizado procedimento administrativo fiscal contra pessoa jurídica, não é necessário que se promova procedimento administrativo em relação a cada um dos corréus, na qualidade de pessoas físicas (STJ, HC 86.309/MS, 6ª Turma, Rel. Min. Maria Thereza de Assis Moura, DJe 28/02/2011, Informativo n.º 462). Trata-se de condição *objetiva* ligada ao fato, e não de uma condição subjetiva de punibilidade.

---

[34] PRADO, Luiz Regis. *Curso de Direito Penal Brasileiro*. Vol. I. 12ª Ed. São Paulo: RT, p. 805-808.

[35] STF, HC 108159, 1ª Turma, Rel. Min. Dias Toffoli, DJe-073 19/04/2013; STJ, EREsp 1318662/PR, 3ª Seção, Rel. Min. Felix Fischer, DJe 04/12/2018.

[36] Segundo o STJ, não há nulidade na decretação de medidas investigatórias (ex: interceptação telefônica, busca e apreensão, quebra de sigilo bancário) para apurar crimes autônomos *conexos* ao crime de sonegação fiscal quando o crédito tributário ainda pende de lançamento definitivo, a exemplo dos crimes de associação criminosa e falsidade ideológica (STJ, HC 148.829/RS, 5ª Turma, Rel. Min. Laurita Vaz, DJe 27/08/2012).

[37] O ponto foi cobrado na prova discursiva do concurso para o cargo de Delegado da Polícia Federal, realizada pelo CESPE-UNB/CEBRASPE no ano de 2012.

[38] STJ, AgRg no REsp 1807259/SC, 6ª Turma, Rel. Min. Nefi Cordeiro, DJe 02/08/2019.

Escusa absolutória. Escusas absolutórias são causas previstas em lei que fazem com que um fato típico e ilícito, não obstante a culpabilidade do sujeito, não seja associado a pena alguma por razões de utilidade pública, por opção do legislador. Isentam o agente de pena, retirando a sanção penal, apesar de a culpabilidade estar aperfeiçoada com todos os seus elementos. Ex: filho maior de 18 anos que furta dinheiro do pai (CP, art. 181, II) (**questão oral**[39]).

Enfim, a absorção prévia desses grandes conceitos habilita o leitor a compreender mais facilmente a "apaixonante" *teoria do crime* e seus meandros, seguimento que, sem dúvidas, é a parte mais empolgante do Direito Penal!

3. SUJEITOS DO CRIME

3.1. Sujeito ativo e passivo

Os sujeitos do crime são os atores do evento delituoso. O sujeito pode ser *ativo* (aquele que comete o delito) ou *passivo* (a vítima).

O **sujeito ativo** poderá ser *pessoa física*, maior de 18 anos, quanto aos crimes em geral, ou *pessoa jurídica*, nas hipóteses previstas na Constituição Federal quando houver regulamentação legal. O sujeito ativo pode ser *autor* (conduta principal) ou *partícipe* (conduta acessória).

> **Crimes próprios e de mão própria**: são conceitos ligados ao sujeito ativo. *Crimes próprios* são aqueles que exigem uma qualidade especial do sujeito ativo. Ex: a condição de funcionário público no delito de peculato (CP, art. 312). *Crime de mão própria*, também chamado de crime de atuação pessoal ou de conduta infungível, é aquele que somente pode ser cometido pelo sujeito em pessoa, não podendo ser praticado por interposta pessoa (*atuação personalíssima*). Não admite coautoria, mas apenas participação.

O **sujeito passivo** é aquele contra quem o crime é praticado. Ex: pessoa física vítima do crime de homicídio (CP, art. 121). Vale registrar que, na doutrina, tem-se entendido que a personalidade jurídica e a capacidade civil não são requisitos para ser sujeito passivo do delito, bastando que haja um ente, mesmo despersonalizado, que possa ser titular de interesses.

---

[39] Na prova oral do concurso para o cargo de defensor público da União (DPU), realizada pelo CESPE-UNB/CEBRASPE em 2011, foi formulada a seguinte **questão oral**: "Fale sobre escusa absolutória".

O incapaz, a pessoa jurídica e o feto podem ser sujeitos passivos do delito. Já o morto, os animais e as coisas inanimadas não podem.

Damásio de Jesus assim explica o ponto:

> "o incapaz pode ser sujeito passivo do delito [...] A pessoa jurídica, como vimos, também pode ser sujeito passivo material do delito [...] o homem morto não pode ser sujeito passivo, pois não é titular de direitos, podendo ser objeto material do delito [...] Nos crimes de destruição, subtração, ocultação ou vilipêndio a cadáver (arts. 211 e 211), o sujeito passivo é a coletividade e, em particular, a família do morto [...] O homem pode ser sujeito passivo mesmo antes de nascer, pois o feto tem direito à vida, sendo esta protegida pela punição do aborto (arts. 124, 125 e 126). Os animais e as coisas inanimadas podem ser objeto material do delito, mas não sujeitos passivos [...] em casos de lesão a coisas ou animais, sujeitos passivos são seus proprietários (furto, dano etc.). Em certos casos é a coletividade, como no crime de crueldade contra animais (Lei n. 9.605/98, art. 32)"[40].

O morto, em si, não pode ser sujeito passivo do crime. Embora o Código Penal criminalize a calúnia contra os mortos (CP, art. 138, §2º) e preveja os delitos de violação de sepultura (CP, art. 210) e de vilipêndio a cadáver (CP, art. 212), nesses casos, o sujeito passivo não é o morto. No crime de calúnia contra os mortos, o sujeito passivo é indicado pela doutrina como sendo os parentes do morto. Nos crimes de violação de sepultura e vilipêndio a cadáver, os sujeitos passivos são a coletividade e a família do falecido.

Crimes vagos são aquele que têm por sujeito passivo entidades sem personalidade jurídica, como a família, o público ou a coletividade.

3.2. Espécies de sujeito passivo: direto, indireto, formal, material e as classes de vítima (primária, secundária e terciária)

A doutrina identifica algumas espécies de sujeitos passivos: direto, indireto, formal e material. Ainda há algumas classes de vítimas.

Para uma visão panorâmica, confira o **quadro estratégico** abaixo:

[40] JESUS, Damásio E. de. *Op. Cit.*, p. 217-218.

<table>
<tr><td rowspan="7">Sujeitos do crime
(classificação)</td><td>Ativo
(pratica o delito)</td><td colspan="3">Pessoa física (crimes em geral) ou jurídica (casos previstos na CF + regulamentação legal).</td></tr>
<tr><td rowspan="6">Passivo
(sofre a ação)</td><td rowspan="3">Direto ou imediato
(lesão direta)</td><td rowspan="3">Vítima
(classes)</td><td>Primária: sofre as consequências diretas da infração penal</td></tr>
<tr><td>Secundária: dupla vitimização. Consequências diretas + inércia ou má atuação do Estado na persecução</td></tr>
<tr><td>Terciária: autor do delito que sofre violência na persecução. Ex: tortura</td></tr>
<tr><td>Indireto ou mediato</td><td colspan="2">Lesão indireta. Estado.</td></tr>
<tr><td>Formal</td><td colspan="2">É o Estado</td></tr>
<tr><td>Material</td><td colspan="2">É o titular do bem jurídico violado</td></tr>
</table>

Sujeito passivo direto ou imediato: é aquele que é afetado diretamente pela conduta (vítima). Ex: homem que foi morto no homicídio.

Sujeito passivo indireto ou mediato: é aquele que é lesado indiretamente pelo crime. O Estado, enquanto organização social, é considerado sujeito passivo indireto de todo e qualquer crime.

Sujeito passivo formal: considerando o crime em sentido formal (violação da norma penal), o sujeito passivo formal do delito é o *Estado*. Também é chamado de sujeito passivo constante, geral ou genérico.

Sujeito passivo material: considerando o crime em sentido material (violação de bens jurídicos), o sujeito passivo material ou eventual é *o titular do bem jurídico* violado. Ex: vida, liberdade, honra, patrimônio etc. Também é chamado de sujeito passivo eventual, particular ou acidental.

Segundo Knippel[41], a vítima pode ser classificada em:

(a) vítima primária: é aquela que sofre diretamente as consequências da infração penal. Temos, aqui, a chamada vítima material do Direito Penal (titular do bem jurídico violado ou exposto a risco pela prática do crime). Ex: indivíduo que tem seu veículo roubado;

[41] KNIPPEL, Edson Luz *et al.* Criminologia. In: GONZAGA, Álvaro de Azevedo; ROQUE, Nathaly Campitelli (coord.). *Vade Mecum Humanístico*. São Paulo: RT, 2010.

(b) vítima secundária: trata da hipótese de dupla vitimização. O agente é atingido tanto pela infração penal diretamente quanto pela má atuação dos órgãos perseicutórios. A mesma pessoa, então, é vítima duas vezes: uma em razão do crime e outra pela inércia dos órgãos estatais;

(c) vítima terciária: é o autor da infração penal (criminoso) que sofre alguma violência no decorrer da persecução penal. Ex: tortura (**mnemônico**[42]).

3.3. Pessoa jurídica como sujeito ativo de crime

No direito brasileiro, a pessoa jurídica pode ser sujeito ativo de crime nas hipóteses expressamente previstas na Constituição Federal e desde haja regulamentação legal (norma constitucional de eficácia limitada).

Na doutrina, três são as principais teorias existentes sobre a responsabilidade penal da pessoa jurídica:

1) teoria da ficção (Savigny): não admite que a pessoa jurídica seja sujeito ativo de crime, pois o ente moral teria existência fictícia, irreal, de pura abstração, não apresentando vontade própria. Os crimes imputados à pessoa jurídica são, na verdade, praticados por seus funcionários e dirigentes;

2) teoria da realidade (Otto Gierke): admite que a pessoa jurídica seja sujeito ativo de crime, a qual apresenta personalidade real, com vontade própria, capacidade de ação e de praticar crimes. O ente moral é capaz de dupla responsabilidade: civil e penal. Enquanto a culpabilidade das pessoas físicas é baseada em três elementos (imputabilidade, potencial consciência da ilicitude e exigibilidade de conduta diversa), a culpabilidade das pessoas jurídicas é fundada apenas em um elemento: a exigibilidade de conduta diversa;

3) teoria eclética (diversos defensores): busca conciliar as posições anteriores. Para essa teoria "mista", a pessoa jurídica ou moral pode ser responsabilizada pela prática de crimes, mas com sanções especiais. Existem algumas vertentes dessa teoria em relação à natureza das sanções possíveis: (a) medidas de segurança (Scchunemann); (b) sanções híbridas, situadas entre o Direito Penal e o Direito Administrativo (Jescheck); (c) medidas que não sejam penas propriamente ditas, mas sanções "quase-penais", como confisco, extinção, sequestro dos lucros etc.

No Brasil, prevalece a **teoria da realidade (Otto Gierke)**, que pode ser extraída da Constituição Federal e da legislação penal.

[42] **Macete mnemônico**: observe-se que o "T" de terciária lembra o "T" do exemplo da tortura.

A Constituição admite expressamente a responsabilidade penal da pessoa jurídica em três hipóteses: (a) crimes contra o meio ambiente (CF, art. 225, §3º[43]); (b) crimes contra a ordem econômica e financeira (CF, art. 173, §5º) e (c) crimes contra a economia popular (CF, art. 173, §5º)[44]. Mas há um **requisito específico**: deve existir lei regulamentadora (**mnemônico**[45]).

PESSOA JURÍDICA COMO SUJEITO ATIVO DE CRIME (Regulamentação legal)	
Crimes ambientais	Existe lei regulamentadora (Lei n.º 9.605/98)
Crimes contra a ordem econômica e financeira	Não existe lei regulamentadora
Crimes contra a economia popular	Não existe lei regulamentadora

Nos crimes ambientais, as **penas** aplicáveis às pessoas jurídicas são restritivas de direitos e de multa (arts. 21 e 22 da Lei n.º 9.605/98).

Diante da orientação firmada pelo STF no RE 548.181/PR, o STJ abandonou a exigência de dupla imputação necessária, passando a entender que **não há mais a necessidade de denúncia simultânea** da pessoa jurídica e dos sócios responsáveis pela infração (STJ, AgRg no RMS 48.851/PA, 6ª Turma, Rel. Min. Nefi Cordeiro, DJe 26/02/2018).

4. OBJETO DO CRIME

O objeto do crime pode ser material ou jurídico, devendo o leitor ficar atento a essa classificação fundamental.

O **objeto material** é o bem ou coisa sobre a qual recai a conduta. Ex: celular roubado, veículo incendiado dolosamente etc. O **objeto jurídico** é o

[43] CF, art. 225, §3º: "As condutas e atividades consideradas lesivas ao **meio ambiente** sujeitarão os infratores, pessoas físicas ou jurídicas, a sanções penais e administrativas, independentemente da obrigação de reparar os danos causados".

[44] CF, art. 173, §5º: "A lei, sem prejuízo da responsabilidade individual dos dirigentes da pessoa jurídica, estabelecerá a responsabilidade desta, sujeitando-a às punições compatíveis com sua natureza, nos atos praticados contra a **ordem econômica e financeira** e contra a **economia popular**".

[45] **Macete mnemônico**: "**EMO**" – Crimes contra a economia popular, contra o meio ambiente e contra a ordem econômica e financeira.

interesse protegido pela norma penal (bem jurídico). Ex: a vida no homicídio, a integridade física no delito de lesões corporais, a honra na injúria etc.

5. BEM JURÍDICO

5.1. Conceito, evolução, objeto da ação e função

Como visto, bem jurídico é o interesse protegido pela norma penal. Mas o conceito de bem jurídico passou por evolução ao longo do tempo, até que se chegasse à concepção que temos hoje: bem jurídico constitucional.

O leitor deve ficar atento à nova teoria do bem jurídico, pois o ponto já foi cobrado em prova discursiva de concurso público (**questão dissertativa**[46]).

> **Concepção privatista de Feuerbach**: foi uma concepção pioneira a respeito da ideia de bem jurídico (proteção de interesse privado). Nessa época, o crime era visto como uma lesão a um direito subjetivo e caso não houvesse lesão de direito subjetivo, não haveria delito[47]. No centro da definição de delito estava o direito subjetivo, concebido como *faculdade privada* atribuída ao indivíduo pela ordem jurídica positiva[48].

O CESPE-UNB/CEBASPE considerou **incorreta** a assertiva de ao vincular a ideia de crime à violação de direitos subjetivos, o pensamento do autor do fragmento em apreço[49] nega os fundamentos da doutrina privatista de Feuerbach, concepção pioneira a respeito do objeto de tutela penal[50].

---

[46] Na prova discursiva do concurso para o cargo de Promotor de Justiça (MPE-SE), realizada pelo CESPE-UNB/CEBRASPE em 2010, foi formulada a seguinte **questão discursiva**: "Com base na teoria do crime, redija um texto dissertativo acerca do bem jurídico-penal e do conteúdo do injusto. Ao elaborar seu texto, aborde, necessariamente, os seguintes aspectos: 1- conceito de bem jurídico-penal, objeto da conduta e função do bem jurídico-penal; 2- distinção entre bem jurídico e objeto da ação; 3- bem jurídico-penal individual e transindividual".

[47] TAVARES, Juarez. *Fundamentos de Teoria do Delito*. 2ª Ed. São Paulo: Editora Tirant, 2020, p. 106

[48] LOPES, Maurício Antônio Ribeiro. *Teoria Constitucional do Direito Penal*. São Paulo: RT, 2000, p. 292-293.

[49] Fragmento de texto citado pela questão: "O Estado, para garantir a segurança dos cidadãos, deve proibir ou restringir todas aquelas ações que se refiram, de maneira imediata, só a quem as realize, das quais derive lesão aos direitos dos outros, isto é, que atinjam sua liberdade e propriedade, sem o seu consentimento ou contra ele, ou das que haja de temê-las provavelmente; probabilidade na qual haverá de considerar a dimensão do dano que se quer causar e a importância da limitação da liberdade produzida por lei proibitiva. Wilhem Von Humboldt. Los límites de la acción del estado. 1792, p. 122 (com adaptações)".

[50] Prova objetiva do concurso para o cargo de defensor público (DPE-PE), realizada em 2015.

O conceito moderno de bem jurídico surgiu após o Iluminismo, com Feuerbach e Birnbaum, a partir da separação entre Direito e Moral. Feuerbach sustentou a concepção privatista de bem jurídico (violação de direitos subjetivos privados) e Birnbaum defendeu a ideia de um objeto de tutela. Em seguida, surgiram outras concepções: Hegel (valor coletivo), Binding (objeto de livre criação pelo Direito), Liszt (interesse vital juridicamente protegido) e Hong (mera criação do legislador). Era a **concepção legalista** de bem jurídico.

Para os funcionalistas, a definição do bem jurídico deve ser entendida em sua dimensão social, tendo por base a lesividade social: Hassemer (escala de valores extraídos do convívio social); Amelung (danosidade social); Jakobs (relação com a configuração social básica); Mir Puig (concepção político-criminal). No funcionalismo, a visão de bem jurídico não é pré-jurídica, mas imanentista (concepções funcionais-sociológicas).

> **Concepção constitucional**: após a Segunda Guerra mundial e a ascensão do modelo de Estado Constitucional de Direito, ganhou força a concepção de bem jurídico-constitucional, sendo identificadas duas grandes vertentes: *(a) concepção constitucional radical ou rígida*: todo valor que não estiver contemplado explicitamente na Constituição não pode ser tutelado pelo Direito Penal. É uma visão mais rígida e *(b) concepção constitucional moderada ou flexível*: a norma constitucional não constitui fundamento obrigatório do bem jurídico, mas um ponto de referência. O bem jurídico não precisa estar previsto expressamente na Constituição para ser merecedor de tutela penal[51]. É a diretriz prevalente.

Na doutrina contemporânea, Luiz Regis Prado assim conceitua o bem jurídico sob a perspectiva penal-constitucional:

> "O bem jurídico bem a ser um ente (dado ou valor social) material ou imaterial haurido do contexto social, de titularidade individual ou metaindividual reputado como essencial para a coexistência e desenvolvimento do homem e, por isso, jurídico-penalmente protegido. E, segundo a concepção acolhida, deve estar sempre em compasso com o quadro axiológico (*Wetbild*) vazado na Constituição e com o princípio do Estado democrático e social de Direito"[52].

---

[51] GOMES, Luiz Flávio. *Norma e Bem Jurídico no Direito Penal*. São Paulo: Revista dos Tribunais, 2002, p. 97.
[52] PRADO, Luiz Regis. *Op. Cit.*, p. 315.

O bem jurídico não se confunde com o *objeto da ação*. Na doutrina, Juarez Tavares aponta a diferença entre os conceitos:

> "O bem jurídico, por seu turno, não se confunde com o objeto da ação, pois não pode ser entendido no sentido puramente material, como se fosse uma pessoa ou coisa, mas no sentido da característica dessa pessoa e de suas relações, isto é, como valor decorrente da vida individual e social indispensável à sua manutenção e ao seu desenvolvimento"[53].

Em suma, o bem jurídico é o interesse protegido pela norma; o objeto da ação é o objeto material do crime, vale dizer, a pessoa ou coisa sobre a qual recai a conduta. O bem jurídico se evidencia no plano axiológico (o direito é *fato*, *valor* e *norma*). São conceitos que se relacionam.

O bem jurídico possui as seguintes funções: fundamentadora do injusto, sistemática, interpretativa e de garantia ou político-criminal[54]. É possível falar, ainda, em função social ou sócio-protetiva do bem jurídico-penal.

5.2. Bem jurídico e conteúdo do injusto

A relação entre bem jurídico e o conteúdo do injusto já foi cobrada em prova de concurso público de alto rendimento (**questão discursiva**[55]).

Relembrando, em sentido formal, o injusto engloba a conduta já valorada como *típica* e *ilícita* e, em sentido material, revela a contrariedade ao sentimento social de justiça. A ideia de bem jurídico fundamenta a *ilicitude material*[56], concebida como o comportamento humano que fere o interesse social tutelado pela norma penal. Um resultado que opera no âmbito do injusto revela um resultado axiológico e juridicamente valorado, do qual deflui a lesão

---

[53] TAVARES, Juarez. *Teoria do Injusto Penal*. 4ª Ed. São Paulo: Editora Tirant, 2019, p. 216.

[54] GOMES, Luiz Flávio. *Norma e Bem Jurídico no Direito Penal*. *Op. Cit.*, p. 138-140.

[55] Na prova discursiva do concurso para o cargo de Promotor de Justiça (MPE-SE), realizada pelo CESPE-UNB/CEBRASPE em 2010, foi formulada a seguinte **questão discursiva**: "Com base na teoria do crime, redija um texto dissertativo acerca do bem jurídico-penal e do conteúdo do injusto. Ao elaborar seu texto, aborde, necessariamente, os seguintes aspectos: 1- conceito de bem jurídico-penal, objeto da conduta e função do bem jurídico-penal; 2- distinção entre bem jurídico e objeto da ação; 3- bem jurídico-penal individual e transindividual".

[56] Conforme veremos mais à frente no Capítulo sobre ilicitude, Franz Von Liszt estabeleceu distinção entre **ilicitude formal** e **material**, asseverando que é formalmente antijurídico todo comportamento humano que viola a norma penal, ao passo que é substancialmente antijurídico o comportamento humano que fere o interesse social tutelado pela própria norma.

ou perigo de lesão ao bem jurídico: tem-se o desvalor do resultado, formando, juntamente com o desvalor da conduta, o injusto penal[57].

O bem jurídico possui **função fundamentadora** do injusto penal. É o critério determinante nos dois âmbitos em que se expressa o injusto penal: tipicidade e ilicitude. A interpretação desses dois elementos deve começar pelo que está por trás de ambos, que é a correta identificação do bem jurídico, fundamento e razão de ser da tutela penal e, por conseguinte, do injusto penal[58].

5.3. Espiritualização do bem jurídico

Chama-se espiritualização do bem jurídico a tendência contemporânea de proteção de bens jurídicos abstratos e transindividuais.

Em sua origem, o Direito Penal só se preocupava com crimes que causassem danos individuais, na realidade materialmente tangível. No entanto, com o passar do tempo, houve a necessidade de *ampliação* da proteção do bem jurídico: são alcançados bens jurídicos *abstratos* e *transindividuais*, antecipando-se a intervenção penal ao momento que precede o dano. Ex: meio ambiente, ordem tributária, ordem econômica etc.

A ampliação da tutela penal aos interesses metaindividuais e aos crimes de perigo abstrato é denominada por Roxin de **espiritualização, dinamização, desmaterialização ou liquefação de bens jurídicos**[59].

6. MAPA ESTRATÉGICO DA TEORIA DO CRIME

Agora que já conhecemos o conceito de crime, os sistemas penais e os grandes institutos que compõem a moderna teoria geral do delito, é preciso "ver" onde tudo se encaixa na teoria do crime.

Pensando nisso, elaboramos um mapa para orientar o "caminho" do leitor. A ideia, aqui, é apenas mostrar onde os principais componentes estão localizados na teoria do delito, facilitando uma visão sistemática dos pontos a ser estudados. O mapa dá um **norte** do caminho a ser trilhado:

[57] PRADO, Luiz Regis. *Op. Cit.*, p. 317.
[58] GOMES, Luiz Flávio. *Norma e Bem Jurídico no Direito Penal. Op. Cit.*, p. 138-140.
[59] ROXIN, Claus. *Derecho Pena. Parte General. Fundamentos. La Estructura de La Teoría del Delito. Tomo I*. Trad. Diego-Manuel Luzón Peña, Miguel Díaz y García Conlledo e Javier de Vicente Remensal. Madrid: Civitas, 2006, p. 410.

MAPA
Teoria do crime

Visão estratégica

Desbravador
Parte I

CONCEITO DE CRIME	*SISTEMAS PENAIS*
Conceito material: lesão a bens jurídicos fundamentais para a sociedade. **Conceito formal**: indicação em lei formal. **Conceito analítico**: aspecto estruturante. Concepções bipartida, tripartida e quadripartida. Dominante: *tripartida* (fato típico, ilícito e culpável), adotada pelo CP. Modelo finalista.	**Naturalismo:** leis da física (causalidade objetiva). **Neokantismo:** aspectos valorativos. **Finalismo:** finalidade da conduta (adotado). **Funcionalismo (pós-finalismo)**: funções do DP. Reafirmação do Direito (radical/Jakobs) ou proteção da sociedade (moderado/Roxin).

CONCEITO ANALÍTICO DE CRIME

Fato típico	Ilícito	Culpável
a) conduta (dolo e culpa); b) resultado; c) nexo causal; d) tipicidade.	Não agir em (excludentes): a) estado de necessidade; b) legítima defesa; c) exercício regular de direito; d) estrito cump. do dever legal.	a) imputabilidade (18 anos); b) potencial consciência da ilicitude; c) exigibilidade de conduta diversa.

CONDUTA	*RESULTADO*	*NEXO CAUSAL*
Ação ou omissão humana. *Principais teorias*: a) teoria naturalista; b) teoria neokantista; c) teoria finalista (adotada) d) teoria social; e) teoria constitucional (adotada/complemento).	É a consequência da conduta. *Teorias*: a) naturalista; b) normativa (adotada).	É a relação física de causa e efeito entre a conduta e o resultado. *Principais teorias*: a) equivalência dos antecedentes (adotada como regra); b) causalidade adequada (exceção); c) imputação objetiva; d) teoria dos papeis (Jakobs).

Relevância causal da omissão

Em regra, a omissão não possui relevância causal. Exceção: quando há o *dever jurídico* de agir. Três hipóteses: a) dever legal; b) dever do garantidor e c) dever por ingerência da norma (CP, art. 13, §2º).

TIPICIDADE

Enquadramento da conduta na lei penal.
Dimensões: formal, material e subjetiva.

Evolução da teoria do tipo

Evolução externa:	**Evolução interna**:
1ª fase: independência; *2ª fase*: caráter indiciário (adotada); *3ª fase*: essência da ilicitude.	*4ª fase*: fase defensiva; *5ª fase*: fase do finalismo (adotada); *6ª fase*: fase funcionalista.

MAPA
Teoria do crime
Parte II
(continuação)

CONSUMAÇÃO E TENTATIVA

Consumação	Tentativa
Diz-se consumado o crime quando nele se reúnem todos os elementos de sua definição legal.	Diz-se tentado o crime quando, iniciada a execução, o delito não se consuma por circunstâncias alheias à vontade do agente. **Elementos da tentativa**: (a) início de execução; (b) não consumação e (c) interferência de circunstâncias alheias à vontade do agente. **Tentativa abandonada ou qualificada**: tem como espécies a desistência voluntária e o arrependimento eficaz. **Tentativa inidônea**: corresponde ao crime impossível.

CULPABILIDADE
(elementos estruturantes – teoria normativa pura)

Imputabilidade	Potencial consciência da ilicitude	Exigibilidade de conduta diversa
Capacidade penal, adquirida aos 18 anos. Critérios de aferição da inimputabilidade: *a) biológico*: presença de causa biológica (é exceção – menores de 18 anos); *b) psicológico*: situação psíquica no momento da conduta; *c) biopsicológico*: causa biológica + influência no momento da ação (é a regra).	É a possibilidade de o agente conhecer o caráter ilícito da conduta (consciência *potencial*, e não real ou atual).	O agente poderia ter agido de forma diversa. Reprovação.
Excludentes: (a) doença mental; (b) desenvolvimento mental incompleto; (c) desenvolvimento mental retardado e (d) embriaguez acidental completa decorrente de caso fortuito ou força maior.	**Excludente**: erro de proibição invencível	**Excludentes**: (a) coação moral irresistível; (b) obediência hierárquica e (c) causas supralegais de inexigibilidade de conduta diversa.

ERRO DE TIPO E ERRO DE PROIBIÇÃO

Erro de tipo
(incide sobre *elementos* do tipo)

Essencial (espécies)			
Inevitável	→	~~dolo~~	~~culpa~~
Evitável	→	~~dolo~~	culpa

Erro de proibição
(recai sobre a *ilicitude* do fato)

		Consciência da ilicitude	
Inevitável	→	~~Atual~~	~~Potencial~~
Evitável	→	~~Atual~~	Potencial

CONCURSO DE CRIMES	*CONCURSO DE PESSOAS*
Concurso material: pluralidades de condutas + pluralidade de resultados. **Concurso formal**: única conduta + pluralidade de resultados. **Crime continuado**: mesmas condições de tempo, lugar e modo de execução.	**Formas**: coautoria e participação **Autor**: é aquele que realiza o verbo do tipo (conduta principal). **Partícipe**: conduta acessória (auxílio, instigação ou induzimento). **Requisitos**: pluralidade de condutas, relevância causal das condutas, identidade de infração e liame subjetivo.

CAPÍTULO 7
FATO TÍPICO E SEUS ELEMENTOS

1. INTRODUÇÃO

Vimos anteriormente que, no sistema finalista, crime, sob o aspecto analítico, é todo *fato típico*, *ilícito* e *culpável*. No presente capítulo, estudaremos mais a fundo o primeiro desses três elementos: o fato típico.

Lembrando da ideia de fato jurídico, o fato da vida torna-se jurídico quando sofre a incidência da norma (fenômeno da *juridicização*)[1]. No Direito Penal, o fato jurídico tem como principal expressão o fato típico, ou seja, o fato da vida que se enquadra da definição da conduta prevista abstratamente pela lei penal como crime. Traduz, então, a ideia de fato com "enquadramento pela lei penal", como concretização do princípio da legalidade.

Na estrutura do fato típico, estudaremos seus elementos (conduta, resultado, nexo causal e tipicidade), com o exame dos conceitos, teorias, correntes doutrinárias, jurisprudência e outros aspectos relevantes.

---

[1] MELLO, Marcos Bernardes de. *Teoria do Fato Jurídico. Plano da Existência*. 17ª Ed. São Paulo: Saraiva, 2011, p. 127-128.

2. O FATO TÍPICO

2.1. Conceito, elementos e estrutura

Fato típico é o fato material que se amolda aos elementos constantes do tipo penal. Em outras palavras, é o fato da vida que reúne todos os elementos previstos abstratamente pela lei penal incriminadora, encaixando-se na norma.

A estrutura básica do fato típico doloso[2] é composta pelos seguintes elementos essenciais:

(a) conduta;

(b) resultado (só nos crimes materiais);

(c) nexo causal (só nos crimes materiais);

(d) tipicidade.

Na falta desses elementos constitutivos mínimos, diz-se que o fato é **atípico**, isto é, que não se enquadra na norma penal e, por isso, não tem relevância penal. A atipicidade pode ser **absoluta** (quando o crime desaparece) ou **relativa** (quando o delito se transforma em outra figura típica).

Para uma melhor visualização, observe a **simbologia estratégica**:

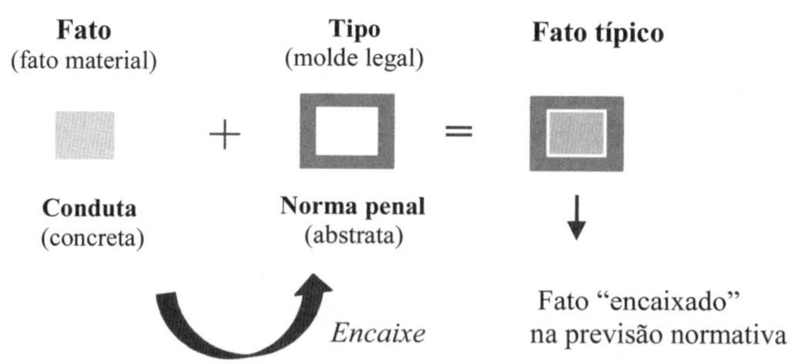

Atenção! O resultado e o nexo causal somente são exigidos nos **crimes materiais**. Quanto ao resultado, os crimes classificam-se em: materiais, formais e de mera conduta. **Crime material** é aquele cuja consumação depende da produção do resultado naturalístico. Ex: homicídio. **Crime formal** é aquele em

[2] Estudaremos a estrutura do fato típico culposo quando do estudo dos crimes culposos.

que o resultado naturalístico, embora possível, é irrelevante para a consumação. Ex: extorsão (CP, art. 158) e corrupção de menores (ECA, art. 244-B). No **crime de mera conduta**, não é possível a produção de resultado naturalístico. Ex: desobediência (CP, art. 330) e violação de domicílio (CP, art. 150).

2.2. Um olhar panorâmico sobre o fato típico

Para uma visão panorâmica sobre o caminho a ser trilhado no estudo do fato típico, vale conferir o **quadro estratégico** abaixo:

FATO TÍPICO

Conduta	**Noção**	Comportamento humano. A conduta pode ser dolosa, culposa, positiva (ação) ou negativa (omissão).
	Teorias (principais)	a) teoria naturalista ou causal (Liszt e Beling); b) teoria neokantista ou neoclássica (Mezger); c) teoria finalista (Welzel); d) teoria social (Jescheck); e) teoria constitucional (Paolo Rossi e Franco Bricola)
Resultado	**Espécies**	**Naturalístico** (modificação do mundo exterior) **Normativo** (lesão ao bem jurídico)
	Teorias	a) naturalista b) normativa
Nexo causal	**Noção**	Relação de causa e efeito entre a conduta e o resultado naturalístico
	Teorias	a) equivalência dos antecedentes (adotada pelo CP como regra); b) causalidade adequada (adotada pelo CP como exceção); c) imputação objetiva d) teoria dos papeis (Jakobs)
	"Concausas"	**Dependentes** **Independentes**: – **Absolutamente independentes**: Supervenientes, Concomitantes, Preexistentes – **Relativamente independentes**: Supervenientes, Concomitantes, Preexistentes
	Omissão e causalidade	**Regra**: não possui relevância causal. **Exceção**: há relevância causal quando presente o dever jurídico de agir (teoria normativa)
Tipicidade	**Dimensões**	**Formal ou objetiva** (enquadramento formal) **Material** (princípios e valores constitucionais) **Subjetiva** (dolo e demais elementos anímicos)

3. CONDUTA

3.1. Conceito, elementos e excludentes

Conduta é a ação ou omissão humana, consciente e voluntária, dirigida a uma finalidade. Somente o homem pode praticar conduta (comportamento humano). Para o Direito Penal, ficam de fora do conceito de conduta os "atos" praticados por animais, coisas e seres inanimados.

A conduta pode ser positiva (ação), negativa (omissão), dolosa (querer/assumir o risco) ou culposa (imprudência, imperícia ou negligência).

São elementos da conduta: (a) consciência; (b) vontade; (c) finalidade e (d) exteriorização. A conduta existe apenas no mundo dos *fatos*, não havendo conduta enquanto vontade enclausurada na mente (pensamentos). O ato é apenas uma parte da conduta, quando esta se exterioriza sob a forma de ação. De acordo com o número de atos que a compõem, a conduta pode ser unissubsistente (único ato) ou plurissubsistente (pluralidade de atos).

Excludentes: coação física (*vis absoluta*), movimentos reflexos e estados de inconsciência (ex: sonambulismo, convulsões etc.).

Atenção! Existem outras espécies de coação. A coação moral irresistível (*vis compulsiva*) exclui a culpabilidade, e não a conduta, eliminando a exigibilidade de conduta diversa (CP, art. 22). Por outro lado, a coação moral resistível atua como circunstância atenuante da pena (CP, art. 65, III, c).

3.2. Teorias: naturalista, neokantista, finalista, social e constitucional

O Código Penal não apresenta o conceito de conduta (*omissão legal*), ficando sua definição a cargo da doutrina. Na doutrina, existem diversas teorias que buscam definir e estudar a conduta e sua repercussão criminal.

O leitor que se preparar para concursos públicos deve ficar atento, pois o ponto é já foi cobrado em concurso de alto rendimento (**questão discursiva**[3]).

---

[3] Na prova discursiva do concurso para o cargo de Promotor de Justiça (MP-RR), realizada pelo CESPE-UNB/CEBRASPE em 2017, foi formulada a seguinte **questão discursiva**: "Teorias - Para exercer com qualidade as funções precípuas do MP, de acusador e de fiscal da lei nos moldes estabelecidos pela Constituição Federal de 1988, o promotor de justiça deve dominar os conceitos de crime e de ação para aplicá-los devidamente [...] Discorra, também, a respeito da teoria causal naturalista da ação, da teoria finalista da ação e da teoria social da ação, diferenciando-as [valor: 1,00 ponto]".

Sobre as principais teorias da conduta, observe o **quadro estratégico**:

Teorias da conduta (painel)
a) teoria naturalista ou causal (Liszt e Beling); b) teoria neokantista ou neoclássica (Mezger); c) teoria finalista (Welzel); d) teoria social (Jescheck); e) teoria constitucional (Paolo Rossi e Franco Bricola)

Ainda existem outras teorias da conduta, que veremos no Capítulo 28 em conjunto com outros aspectos complementares da teoria do crime.

Teoria naturalista ou causal (Liszt, Beling e Radbruch): surgiu no final do Século XIX e, em 1906, ensejou o sistema naturalista ou causal, sob influência das leis da física, das ciências naturais e do positivismo mecanicista. *Conceito de conduta*: é a ação ou omissão (inervação) voluntária que altera o mundo exterior[4]. Era o **conceito natural de ação**. Como explica Zaffaroni, a ação é uma "inervação muscular", isto é, um movimento físico voluntário – não reflexo –, sendo a finalidade da conduta irrelevante [5]. A ação era vista como um querer puramente causal (causalidade física objetiva), sem qualquer aspecto valorativo ou subjetivo (anímico). O desvalor era atribuído apenas ao *resultado* e a conduta era concebida em seu aspecto natural, sendo axiologicamente neutra (teoria acromática, sistema Liszt-Beling ou clássico de delito).

Na **estrutura do delito**, crime é todo *fato típico*, *ilícito* e *culpável*. Dolo e culpa integravam a culpabilidade e não eram vistos como elementos da conduta (teoria psicológica da culpabilidade). O dolo era normativo (consciência, vontade e consciência da ilicitude). O tipo penal era puramente objetivo-descritivo e não existiam elementos subjetivos e normativos, sendo considerado **avalorado, neutro ou acromático** ("sem valor e sem cor"). Prevalecia a mera *causalidade física* do evento no mundo dos fatos, sem qualquer consideração de ordem normativa ou subjetiva no interior do fato típico. A teoria causal-naturalista teve problemas para explicar a omissão (falta de nexo causal físico) e os crimes culposos (baseados no desvalor da ação).

Atualmente, a teoria naturalista ou causal da ação encontra-se superada, sendo registrada apenas para demonstrar a evolução do Direito Penal.

---

[4] LISZT, Franz Von. *Tratado de Derecho Penal. Tomo II*. Madrid: Reus, 1929, p. 285-286.

[5] ZAFFARONI, Eugenio Raúl; PIERANGELI, José Henrique. *Manual de Direito Penal Brasileiro. Vol. 1. Parte Geral*. 6ª Ed. São Paulo: Revista dos Tribunais, 2006, p. 363.

Para uma visão completa, confira abaixo o "**extrato**" do perfil da teoria naturalista ou causal da ação, com algumas conexões:

Teoria naturalista ou causal da ação (extrato do perfil e conexões)	
Representantes	Franz Von Liszt, Ernst Von Beling e Radbruch (1906)
Influências	Leis da física, positivismo jurídico, liberalismo e Estado de Direito
Conceito de ação	Ação é um querer puramente causal, sem aspectos valorativos ou subjetivos
Elemento central	Causalidade física ou objetiva, sem valores ou elementos subjetivos
Estrutura do crime	Fato típico, ilícito e culpável
Institutos correlatos (conexões): *a) tipo penal:* era "pobre", composto apenas por elementos objetivo-descritivos. Não existiam elementos subjetivos e normativos (aspectos valorativos). O tipo penal era considerado avalorado, neutro ou acromático ("sem valor e sem cor"). *b) culpabilidade (teoria psicológica)*: no sistema causal, a culpabilidade era composta por apenas dois elementos: (1) imputabilidade e (2) dolo e culpa. *c) dolo*: era normativo (elementos: consciência, vontade e consciência da ilicitude)	

Teoria neokantista ou neoclássica (Mezger, Sauer e Frank): surgiu formalmente em 1915, em reação à teoria naturalista ou causal e ao positivismo jurídico excessivo e mecanicista. Seus principais representantes foram Edmund Mezger e Wilhelm Sauer. Para caracterização da conduta típica, já não se podia mais falar em pura causalidade física ou simples subsunção formal, passando a ser exigidas considerações de ordem subjetiva e normativa. Exsurge, então, o **conceito valorativo de ação**. *Conceito de conduta*: ação é um querer causal com aspectos valorativos e subjetivos. O Direito é uma ciência social e a punição do comportamento humano não pode depender simplesmente das leis da física, sendo necessário um juízo de valor (**teoria causal-valorativa**).

O objetivo da teoria neokantista foi a limitação da pura causalidade física, com o acréscimo de elementos de *ordem valorativa*.

Luiz Regis Prado explica a estrutura do delito no neokantismo:

> "Teoria causal-valorativa. Em um momento posterior, admitiu-se, por influência da filosofia neokantiana, um conceito valorativo de ação [...] mas que não deixou de ser um conceito causal [...] as consequências dessa diretriz se

> revelam, sobretudo, na teoria da antijuridicidade. O delito é ação *tipicamente antijurídica*, visto que a tipicidade não constitui um elemento independente da antijuridicidade. No sistema de Mezger, estuda-se a antijuridicidade como injusto objetivo e depois como injusto típico. Também em Sauer os elementos do conceito de delito não se acham coordenados como no sistema clássico (Beling-Liszt), sendo a tipicidade uma *antijuridicidade tipificada* [...] Delito é um comportamento antijurídico e culpável"[6].

Na **estrutura do delito**, o crime era um *injusto total* (fusão: fato típico + ilícito) *culpável*. Em 1915, Mezger identificou a existência de elementos normativos e subjetivos do tipo, tendo início um período de enriquecimento do tipo penal. A estrutura do delito começa a "**ganhar cor**", com a inclusão de **aspectos valorativos** no tipo (elementos normativos e subjetivos) e na culpabilidade (exigibilidade de conduta diversa) a partir dos estudos de Frank. Nessa época, prevalecia a teoria psicológico-normativa da culpabilidade. Na tipicidade, Mezger adotava a terceira fase de evolução do tipo, com a fusão da tipicidade e ilicitude no interior do injusto (tipo total de injusto).

Teoria neokantista ou neoclássica da ação (extrato do perfil e conexões)	
Representantes	Edmund Mezger, Frank e Wilhelm Sauer (1915)
Influências	Filosofia, reflexão e mitigação do positivismo jurídico
Conceito de ação	Ação é um querer causal com aspectos valorativos e subjetivos
Elemento central	Juízo de valor. Limitação da pura causalidade física
Estrutura do crime	Injusto total (fusão: tipicidade + ilicitude) culpável

Institutos correlatos à conduta (conexões):

a) tipo penal: passou por um período de "enriquecimento", com a descoberta de elementos subjetivos e normativos, deixando de ser meramente descritivo. O tipo penal é visto norma de cultura: deixa de ser concebido como pura criação abstrata do legislador e passa a ser compreendido como um reflexo da cultura e dos valores de uma sociedade (carga valorativa).

b) culpabilidade (teoria psicológico-normativa): no sistema neokantista, era composta por três elementos: (1) imputabilidade; (2) dolo e culpa e (3) exigibilidade de conduta diversa

c) dolo: era normativo (elementos: consciência, vontade e consciência da ilicitude)

[6] PRADO, Luiz Regis. *Curso de Direito Penal Brasileiro.* 12ª Ed. São Paulo: Revista dos Tribunais, 2013, p. 331.

O CESPE-UNB/CEBRASPE considerou **correta** a assertiva de que com relação à conduta, a teoria neokantista, que surgiu como reação à concepção positivista de tipo penal, propõe que o tipo penal não contém apenas elementos de ordem objetiva, não sendo, assim, meramente descritivo, e não podendo o fato típico depender de mera comparação entre o fato objetivo e a descrição legal[7].

Teoria finalista da ação (Welzel): surgiu entre os anos de 1920 e 1930, como expressão do sistema finalista. Seu principal representante foi o alemão Hans Welzel. Entra em cena o **conceito final de ação**. *Conceito conduta*: é a ação ou omissão voluntária, dirigida a uma finalidade. Segundo Welzel, *ação não é um querer puramente causal, mas um querer final*[8]. O elemento central passa a ser não a *causalidade* (naturalismo), nem os valores (neokantismo), mas a **finalidade** da conduta do agente (finalismo). O juízo de reprovação da conduta passa a incidir não só sobre o desvalor do resultado, mas também sobre o *desvalor da ação*. Distinguiu-se, assim, a *finalidade* da *causalidade*, mas o finalismo não abandona as conquistas decorrentes das teorias anteriores.

Sobre o conceito finalista de ação, Welzel assim se pronunciou:

> "Ação humana é exercício de atividade finalista. Ação é, portanto, um acontecimento finalístico (= dirigido a um fim), não um acontecimento puramente causal"[9].

Para Welzel, ação humana é exercício de atividade final. A vontade consciente do fim, que dirige o acontecer causal, é a espinha dorsal da ação final. A finalidade é *vidente*; a causalidade, *cega*[10]. Valora-se, pois, o elemento subjetivo central da conduta: a *finalidade* da ação ou omissão humana.

Assim, sem o exame da vontade finalística do agente, não é possível saber se houve ou não fato típico. Ex: o furto (CP, art. 155) exige a subtração da coisa alheia móvel com ânimo de assenhoramento definitivo (finalidade). Por isso, no direito brasileiro, o "furto de uso" não é crime. Outro exemplo: de acordo com a teoria finalista da ação, não pratica crime de apropriação indébita (CP, art. 168) o agente que, mesmo não revelando a intenção de apoderar-se de bem alheio que temporariamente permaneça na sua posse, demore a devolvê-lo ao proprietário, uma vez que o exame da finalidade da conduta é determinante.

O sistema finalista apresentou transformações na **estrutura do delito**. O finalismo retirou dolo e culpa da sua tradicional localização – a culpabilidade

---

[7] Prova objetiva do concurso para o cargo de defensor público (DPE-MA), realizada em 2011.
[8] WELZEL, Hans. *El Nuevo Sistema de Derecho Penal*. Trad. Cerezo Mir. Barcelona: Ed. Ariel, 1964, p. 25.
[9] WELZEL, Hans. *Das Neue Bild des Strafrechtssystemas*. 4. Aufl.Göttinger, O. Schwartz, 1961, p. 1.
[10] WELZEL, Hans. *Das Deutsche Strafrecht*. 11. Aufl. Berlim: Walter de Gruyter, 1969, p. 33-34.

– e os transportou para o interior do fato típico, como elementos inseparáveis da conduta. Com isso, a culpabilidade tornou-se puramente normativa (teoria normativa pura da culpabilidade). O dolo passou a ser natural e o tipo penal a apresentar estrutura complexa, dividido em duas partes: *tipo objetivo* (elementos objetivos) e *tipo subjetivo* (elementos subjetivos ou anímicos).

Atenção! A teoria finalista da ação é compatível com os **crimes culposos**. No Capítulo 28, veremos que, em 1971, em resposta aos críticos, Welzel chegou a falar na existência de uma **teoria cibernética da ação**, com o intuito de defender a adaptação da teoria finalista aos crimes culposos.

O Código Penal brasileiro de 1940 adotou a **teoria finalista da ação** preconizada por Welzel. Ação não é um querer puramente causal, mas um querer final. A consagração do finalismo reflete na posição dominante sobre a estrutura analítica do delito, que é visto como fato *típico*, *ilícito* e *culpável*.

Para uma melhor visualização, confira abaixo o "**extrato**" do perfil da teoria finalista da ação, com algumas conexões:

Teoria finalista ou final da ação (extrato do perfil e conexões)	
Representantes	Hans Welzel (1920-1930)
Influências	Teleologia, avanço dos estudos penais e Estado de Direito
Conceito de ação	Ação não é um querer puramente causal, mas um querer final (finalista)
Elemento central	Finalidade da conduta. Desvalor da ação, e não só do resultado
Estrutura do crime	Fato típico, ilícito e culpável

Institutos correlatos à conduta (conexões):

a) tipo penal: evoluiu. Passou a ser visto como um instituto de *estrutura complexa*, composto por duas partes: (1) tipo objetivo (elementos descritivos) e (2) tipo subjetivo (dolo e demais elementos anímicos). Na ausência de dolo ou culpa, o fato é atípico;

b) culpabilidade (teoria normativa pura): no sistema finalista, dolo e culpa foram retirados da culpabilidade e transportados para o interior do fato típico, como elementos inseparáveis da conduta. A culpabilidade é composta por três elementos: (1) imputabilidade; (2) potencial consciência da ilicitude e (3) exigibilidade de conduta diversa;

c) dolo: passou a ser natural (elementos: consciência e vontade)

O CESPE-UNB/CEBRASPE considerou **incorreta** a assertiva de que segundo a teoria finalista, a culpabilidade é puro juízo de reprovação do crime, ou seja, nem puramente psicológica, como na teoria neokantista, nem psicológica e normativa, como na teoria causalista[11].

Teoria social da ação (Schmidt, Jescheck e Maurach): é uma via intermediária entre as teorias anteriores, com o acréscimo do *elemento social*. Fundada inicialmente por Eberhard Schmidt, teve como principal defensor Hans-Heinrich Jescheck (**conceito social de ação**). *Conceito de conduta*: segundo Maurach, ação é uma conduta humana socialmente relevante, dominada ou dominável por uma vontade final e dirigida a um resultado[12]. Ou, na dicção de Jescheck, ação é o comportamento humano de relevância social[13]. Fundamenta-se no princípio da adequação social: as condutas humanas que não produzirem um dano socialmente relevante, sendo toleradas pela sociedade em um determinado momento histórico, não podem ser consideradas crimes.

Para a teoria social da ação, um fato considerado normal, correto, justo e adequado pela coletividade, ainda que formalmente enquadrável em um tipo penal incriminador, não pode ser considerado típico pelo ordenamento jurídico.

Na estrutura do delito, conforme explica Luiz Regis Prado, a teoria social da ação reúne dados característicos dos modelos causal e finalista, não apresentando uma estrutura sistemática própria de delito[14]. Segundo Juarez Cirino, a teoria social utiliza as mesmas categorias conceituais e adota os mesmos princípios metodológicos do finalismo[15]. Isso acontece porque a teoria social não é vista como parte de um sistema autônomo como ocorre nas teorias anteriores. Mas há uma particularidade: nos tipos penais, haveria uma elementar implícita, que é o *dano de relevância social* (elemento sociológico).

Essa teoria sofre duras críticas e não é aceita pelo STJ. Para a teoria social, o costume revoga a lei, o que é incompatível com o art. 2º da LINDB[16].

> **STJ, Súmula n.º 502**: "Presentes a materialidade e a autoria, afigura-se típica, em relação ao crime previsto no art. 184, § 2º, do CP[17], a conduta de expor à venda CDs e DVDs piratas".

[11] Prova objetiva do concurso para o cargo de Promotor de Justiça (MP-RO), realizada em 2010.

[12] MAURACH, Reinhart. *Derecho Penal*. Vol. I. Trad. Jorge Bofill Genzsch e Enrique Aimone Gibson. Buenos Aires: Astrea, 1994, p. 265-269.

[13] JESCHEK, Cirino, p. 105.

[14] PRADO, Luiz Regis. *Op. Cit.*, p. 332.

[15] SANTOS, Juarez Cirino dos. *Direito Penal. Parte Geral. 7ª Ed.* Florianópolis: Empório do Direito, 2017, p. 106.

[16] Art. 2º do Decreto-Lei n.º 4.657/42 (LIND): "Não se destinando à vigência temporária, a lei terá vigor até que outra a modifique ou revogue".

[17] CP, art. 184: "Violar direitos de autor e os que lhe são conexos: Pena – detenção, de 3 (três) meses a 1 (um) ano, ou multa. [...] §2º Na mesma pena do §1º incorre quem, com o intuito de lucro direto ou indireto, distribui, vende, expõe à venda, aluga, introduz no País, adquire, oculta, tem em depósito, original ou cópia

> **STJ, Tema Repetitivo 593**: "Considera-se típica, formal e materialmente, a conduta prevista no artigo 184, § 2º, do Código Penal, afastando, assim, a aplicação do princípio da adequação social, de quem expõe à venda CD's E DVD's 'piratas'" (STJ, REsp 1193196/MG, 3ª Seção, Rel. Min. Maria Thereza de Assis Moura, DJe 04/12/2012).

Para uma visão panorâmica, confira abaixo o "**extrato**" do perfil da teoria social da ação, com algumas conexões:

Teoria social da ação (extrato do perfil e conexões)	
Representantes	Schimidt, Jescheck e Maurach
Influências	Sociologia, adequação social e interpretação evolutiva da lei
Conceito de ação	É o comportamento socialmente inadequado
Elemento central	Dano de relevância social (princípio da adequação social)
Estrutura do crime	Fato típico, ilícito e culpável

Institutos correlatos à conduta (conexões):

A teoria social da ação não é vista como um sistema, mas apenas como uma teoria da conduta. Por isso, os institutos penais correlatos à conduta (ex: tipo, culpabilidade, dolo etc.) não têm estrutura própria. Compartilha a estrutura do sistema finalista em linhas gerais, sendo identificada uma particularidade na teoria do tipo (elementar implícita).

Tipo penal: compartilha a estrutura finalista, com o acréscimo do elemento sociológico. Nos tipos penais, haveria uma elementar implícita: o *dano de relevância social* (elemento sociológico). Princípio da adequação social e influência na tipicidade.

OBS: a teoria social da ação não é aceita pelo STJ (Súmula n.º 502)

O CESPE-UNB/CEBRASPE considerou **incorreta** a assertiva de que para a teoria social da ação, um fato considerado normal, correto, justo e adequado pela coletividade, ainda que formalmente enquadrável em um tipo incriminador, pode ser considerado típico pelo ordenamento jurídico, devendo, no entanto, ser excluída a culpabilidade do agente[18].

---

de obra intelectual ou fonograma reproduzido com violação do direito de autor, do direito de artista intérprete ou executante ou do direito do produtor de fonograma, ou, ainda, aluga original ou cópia de obra intelectual ou fonograma, sem a expressa autorização dos titulares dos direitos ou de quem os represente".

[18] Prova objetiva do concurso para o cargo de Promotor de Justiça (MP-RN), realizada em 2009.

Teoria constitucional (Paolo Rossi e Franco Bricola): surgiu na Itália entre os anos de 1950 e 1970, a partir dos estudos de Paolo Rossi e Franco Bricola. Tem por objetivo abordar a teoria do delito a partir de bases constitucionais, promovendo uma *releitura* da teoria geral do delito e de seus institutos fundamentais. No Brasil, foi defendida por Luiz Flávio Gomes.

Veja o que disse Luiz Flávio Gomes sobre a necessidade de evolução:

> "No Brasil, até a década de 70, predominou a teoria causalista ou neokantista do delito (Bento Faria, Nelson Hungria, Basileu Garcia, Magalhães Noronha, Aníbal Bruno, Frederico marques, Paulo José da Costa Júnior, Romeu Sales etc.). Dessa época até recentemente passou a preponderar a teoria finalista (Mestieri, Dotti, Toledo, Delmanto, Damásio, Mirabete, Tavares, Cirino dos Santos, Bitencourt, Silva Franco, Prado, Capez, Greco, Brandão etc.). Agora, de acordo com nossa opinião, é chegado o momento do primado da teoria constitucionalista do delito" [19].

A teoria constitucionalista do delito tem apresentado profundas transformações no Direito Penal contemporâneo. O crime é visto como uma ofensa a um bem jurídico constitucional. Segundo Luiz Flávio Gomes, o delito só pode ter existência quando o bem jurídico protegido pela norma (que também é valorativa) for *concretamente* afetado (lesado ou posto em perigo)[20]. O foco passa a ser o conteúdo de crime e a afetação do bem jurídico-constitucional. Essa vertente traz para a teoria do delito a incorporação dos valores constitucionais substantivos. A conduta e a estrutura do crime passam por **releitura** e **filtragem constitucional** (*constitucionalização do Direito*).

O CESPE-UNB/CEBRASPE considerou **incorreta** a assertiva de que a teoria constitucionalista do delito, que integra o direito penal à CF, enfoca o delito como ofensa, concreta ou abstrata, a bem jurídico protegido constitucionalmente, havendo crime com ou sem lesão ou perigo de lesão ao bem jurídico relevante[21].

Na estrutura analítica do crime, a teoria constitucionalista do delito na vertente defendida por Luiz Flávio Gomes adota um conceito bipartido[22]. Em

---

[19] GOMES, Luiz Flávio. *Teoria Constitucionalista do Delito e Imputação Objetiva*. São Paulo: RT, 2011, p. 213.

[20] GOMES, Luiz Flávio. *Teoria Constitucionalista do Delito*. Disponível em: https://jus.com.br/artigos/7931. Acesso em: 06/11/2020.

[21] Prova objetiva do concurso para o cargo de Juiz de Direito (TJAC), realizada em 2012.

[22] "para a teoria constitucionalista não existe crime sem ofensa ao bem jurídico (porque não existe crime sem resultado, como diz o art. 13 do CP). O crime possui dois requisitos: fato típico e antijurídico (adotamos o

uma de suas últimas obras, Luiz Flávio Gomes assim discorreu sobre o conceito analítico de crime para a teoria constitucionalista:

> "Crime, portanto, é o fato formal e materialmente típico + contrário ao Direito (tipicidade + antijuridicidade). Nem a punibilidade nem culpabilidade fazem parte do conceito de crime. A punibilidade exprime o preceito secundário da norma [...] a culpabilidade é o fundamento da pena"[23].

O CESPE-UNB/CEBRASPE considerou **incorreta** a assertiva de que de acordo com a teoria constitucionalista do delito, crime é fato típico, antijurídico e punível. A culpabilidade, fundamento para a aplicação da pena, não é requisito do crime[24].

Na teoria constitucionalista, promove-se, então, uma releitura da teoria do crime. **A tipicidade penal passa a apresentar três dimensões: tipicidade formal, material e subjetiva**. O delito não é só desvalor da ação, senão também desvalor do resultado (penalmente relevante para o bem jurídico). Ganha realce o método normativista (premissas funcionalistas). O crime passa a ser compreendido como infração ao aspecto valorativo da norma[25].

O CESPE-UNB/CEBRASPE considerou **correta** a assertiva de que para a teoria constitucional do direito penal, a verificação da ocorrência do fato típico doloso não se resume ao aspecto formal-objetivo, dependendo, ainda, da ocorrência de outros elementos de índole material-normativa e subjetiva[26].

A jurisprudência já tem dado mostras da adoção dos aportes teóricos fornecidos pela teoria constitucionalista do delito. Confira:

> "[...] FURTO. PRINCÍPIO DA INSIGNIFICÂNCIA. INCIDÊNCIA. AUSÊNCIA DE TIPICIDADE MATERIAL. TEORIA CONSTITUCIONALISTA DO DELITO. INEXPRESSIVA LESÃO AO BEM JURÍDICO TUTELADO. ORDEM CONCEDIDA.
> 1. O princípio da insignificância surge como instrumento de interpretação restritiva do tipo penal que, de acordo com a dogmática moderna, não deve ser considerado apenas em

conceito bipartido de crime)" (*in* GOMES, Luiz Flávio. *Teoria Constitucionalista do Delito e Imputação Objetiva*, p. 10).

[23] GOMES, Luiz Flávio; BIANCHINI, Alice; DAHER, Flávio. *Curso de Direito Penal. Parte Geral*. 2ª Ed. Salvador: *Juspodivm*, 2016, p. 237.

[24] Prova objetiva do concurso para o cargo de Promotor de Justiça (MP-RO), realizada em 2010.

[25] GOMES, Luiz Flávio; MOLINA, Antonio García-Pablos de. *Direito Penal. Vol. 2. Parte Geral. 2ªEd.* São Paulo: RT, 2007, p. 208.

[26] Prova objetiva do concurso para o cargo de Promotor de Justiça (MP-RN), realizada em 2009.

> seu aspecto formal, de subsunção do fato à norma, mas, primordialmente, em seu conteúdo material, de cunho valorativo, no sentido da sua efetiva lesividade ao bem jurídico tutelado pela norma penal, consagrando os postulados da fragmentariedade e da intervenção mínima.
> 2. Indiscutível a sua relevância, na medida em que exclui da incidência da norma penal aquelas condutas cujo desvalor da ação e/ou do resultado (dependendo do tipo de injusto a ser considerado) impliquem uma ínfima afetação ao bem jurídico.
> 3. A subtração de 3 peças de picanha, avaliadas em R$ 87,70 e restituídas à vítima, embora se amolde à definição jurídica do crime de furto, não ultrapassa o exame da tipicidade material, mostrando-se desproporcional a imposição de pena privativa de liberdade" (STJ, HC 159.390/SP, 5ª Turma, Rel. Min. Arnaldo Esteves Lima, DJe 21/06/2010).

Para facilitar a visualização dos principais pontos relacionados à teoria constitucionalista, observe o **quadro estratégico** abaixo:

Teoria constitucional da ação (extrato do perfil e conexões)	
Representantes	Paolo Rossi e Franco Bricola (1950 até os dias atuais)
Influências	Neoconstitucionalismo, constitucionalização do Direito, pós-positivismo e Estado Constitucional de Direito. Período pós-Segunda Guerra Mundial
Conceito de ação	Ação é um querer que viola bens jurídico-constitucionais
Elemento central	Releitura e filtragem constitucional (perspectiva penal-constitucional)
Estrutura do crime	Fato típico e ilícito (posição de Luiz Flávio Gomes no Brasil). Concepção adaptada do STJ: fato típico, ilícito e culpável
Institutos correlatos (conexões): *a) tipo penal:* evoluiu. A norma penal é valorativa, sendo incorporados os valores constitucionais substantivos. A tipicidade passou a apresentar três dimensões: formal, material e subjetiva. *b) culpabilidade (teoria normativa pura)*: não houve grandes transformações além da filtragem constitucional. A culpabilidade é composta por três elementos: (1) imputabilidade; (2) potencial consciência da ilicitude e (3) exigibilidade de conduta diversa. Alguns autores, porém, sustentam existir influência de premissas funcionalistas (posição não aceita). *c) dolo*: é natural (elementos: consciência e vontade)	

Agora, para uma visão panorâmica sobre as principais teorias da conduta anteriormente estudadas, confira a **simbologia estratégica** abaixo:

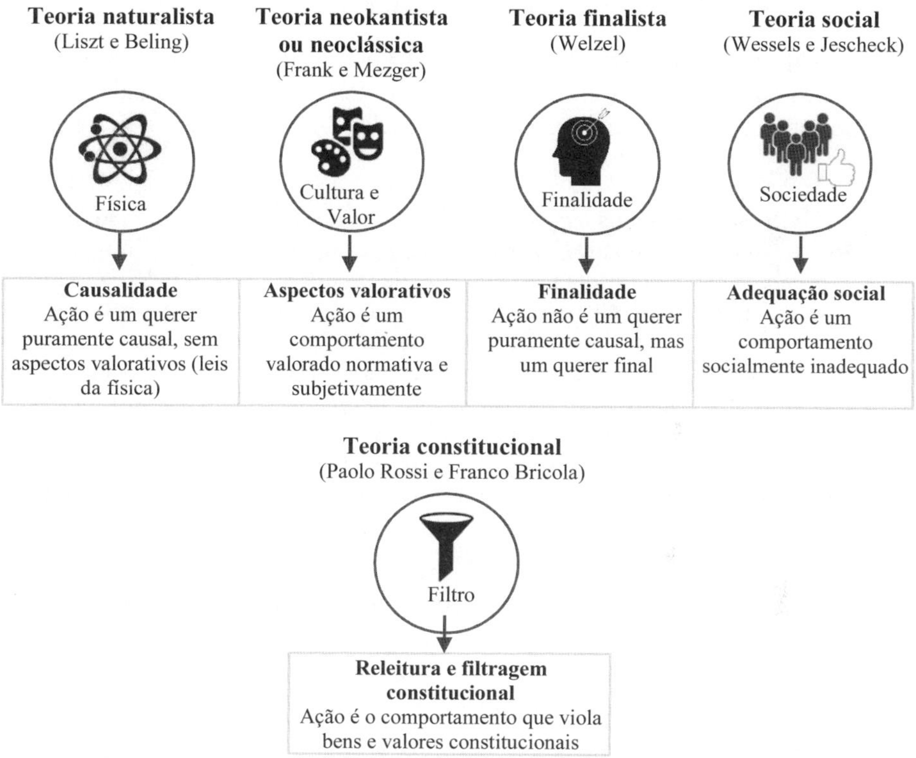

Com isso, encerramos o estudo das teorias da conduta, lembrando que as mais aceitas são a **teoria finalista** da ação e a **teoria constitucional**.

4. RESULTADO

4.1. Conceito e espécies

Resultado é a consequência da conduta humana, podendo ser visualizado tanto no mundo físico (modificação do mundo exterior) quanto no plano jurídico (ameaça ou lesão ao bem jurídico).

No contexto da teoria do crime, existem duas espécies de resultado que podem ser atribuídos à conduta:

(a) resultado naturalístico: é a modificação do mundo exterior (físico) provocada pela conduta. Ex: a morte no homicídio;

(b) resultado jurídico: é a lesão ao bem jurídico tutelado pela norma penal. Ex: violação da honra. Todos os crimes possuem resultado jurídico, porque sempre agridem um bem jurídico tutelado pela norma.

> **Classificação dos crimes quanto ao resultado**: relembrando o ponto, quanto ao resultado, os delitos podem ser classificados em: *(a) crime materiais* – a consumação depende da produção do resultado naturalístico. Ex: homicídio (CP, art. 121); *(b) crimes formais* – embora o resultado naturalístico seja possível, sua produção é irrelevante para a consumação. Ex: extorsão (CP, art. 158), corrupção passiva (CP, art. 317), concussão (CP, art. 316), dentre outros e *(c) crimes de mera conduta* – não é possível a produção de resultado naturalístico. Ex: desobediência (CP, art. 330) e violação de domicílio (CP, art. 150). Note-se que nos crimes formais e de mera conduta, a infração se consuma no momento da prática da conduta.

Portanto, guarde bem essa informação: o resultado naturalístico somente possui relevância para a consumação e aperfeiçoamento do fato típico nos **crimes materiais**. Os crimes formais e de perigo abstrato independem da produção do resultado naturalístico para a consumação do delito.

O leitor deve ficar atento, pois esse ponto tem levado o STJ a fixar orientações jurisprudenciais importantes.

> **STJ, Súmula n.º 500**: "A configuração do crime do art. 244-B do ECA[27] independe da prova da efetiva corrupção do menor, por se tratar de delito formal" (**questão oral**[28]).
>
> **STJ, Súmula n.º 96**: "O crime de extorsão consuma-se independentemente da obtenção da vantagem indevida".

---

[27] ECA, art. 233-B: "Corromper ou facilitar a corrupção de menor de 18 (dezoito) anos, com ele praticando infração penal ou induzindo-o a praticá-la: Pena - reclusão, de 1 (um) a 4 (quatro) anos".

[28] Na prova oral do concurso para o cargo de Juiz de Direito (TJDFT), realizada pelo CESPE-UNB/CEBRASPE em, foi formulada a seguinte **questão oral**: "No que tange ao art. 244-B do ECA, que trata da corrupção de menores, é necessária a corrupção do menor? É crime formal ou material?".

> **STJ - Jurisprudência em Teses - ED 102 - Tese 05**: "O crime de posse ou porte ilegal de arma de fogo, acessório ou munição de uso restrito (art. 16, caput, da Lei n. 10.826/2003) é crime de perigo abstrato, que presume a ocorrência de dano à segurança pública e prescinde, para sua caracterização, de resultado naturalístico à incolumidade física de outrem".
>
> **STJ - Jurisprudência em Teses - ED 90 - Tese 04**: "Os delitos tipificados no art. 1º, I a IV, da Lei n. 8.137/90 são materiais, dependendo, para a sua consumação, da efetiva ocorrência do resultado".

Destaque-se que não há resultado naturalístico nos crimes de mera conduta. Assim, por exemplo, nos crimes de desobediência (CP, art. 330) e de violação a domicílio (CP, art. 150), que são considerados crimes de mera conduta, não há necessidade de se discutir sobre o resultado naturalístico.

4.2. Teorias: naturalista e normativa

Na doutrina, duas são as principais teorias sobre o resultado:

(a) teoria naturalista: resultado é a modificação do mundo exterior provocada pela conduta. Essa teoria analisa o resultado sob o enfoque naturalístico e explica que nem todo crime possui resultado naturalístico;

(b) teoria normativa: resultado é a lesão ou ameaça de lesão ao bem jurídico protegido. Todo crime possui resultado jurídico.

5. NEXO CAUSAL

5.1. Generalidades

Nexo causal é a relação de causa e efeito entre a conduta e o resultado naturalístico (ligação ou elo físico de causa e efeito; relação de causalidade).

O nexo causal somente possui relevância para a consumação e integração o fato típico nos *crimes materiais*, que dependem da produção do resultado naturalístico. Tecnicamente, o nexo causal (relação de causalidade) não se confunde com o "**nexo normativo**" (exigência de dolo e culpa) e nem com o "**nexo funcional**", que reflete a relação entre a conduta e as funções exercidas pelo agente. Ex: peculato (CP, art. 312).

Anotado o apuro técnico, nos crimes funcionais, encontramos alguns precedentes do STJ denominando impropriamente o "**nexo funcional**" de nexo de causalidade, mesmo em se tratando de crimes formais, em que a produção do resultado naturalístico é irrelevante à consumação, como no delito de corrupção passiva, que se perfaz com o verbo *solicitar* (CP, art. 317).

> **STJ - Jurisprudência em Teses - ED 57 - Tese 17**: "No crime de corrupção passiva, é indispensável haver nexo de causalidade entre a conduta do servidor e a realização de ato funcional de sua competência".

Voltando ao nexo causal em sentido técnico, enfim, este é concebido como a **relação de causa e efeito** entre a conduta e o resultado naturalístico.

Para memorizar, observe a **simbologia estratégica** abaixo:

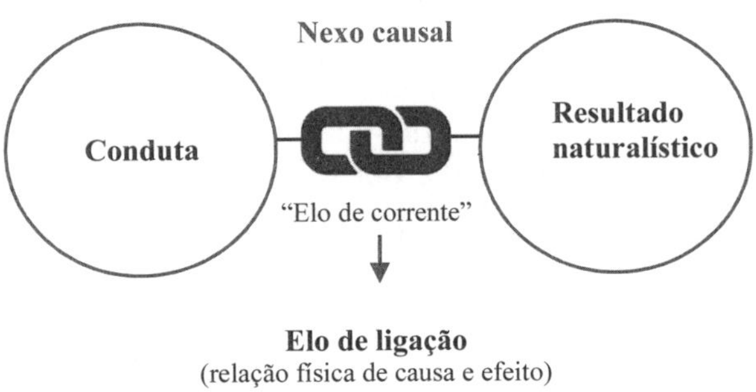

Quando esse elo é "**quebrado**", há ruptura do nexo causal e o resultado naturalístico não poderá ser atribuído ao agente (crimes materiais).

O art. 13 do CP é expresso nesse sentido. Confira:

> "Art. 13 - O resultado, de que depende a existência do crime, somente é imputável a quem lhe deu causa. Considera-se causa a ação ou omissão sem a qual o resultado não teria ocorrido".

O CESPE-UNB/CEBRASPE considerou **correta** a assertiva de que de acordo com preceito expresso no CP, a relação de causalidade limita-se aos crimes materiais[29].

5.2. Teorias

5.2.1. Considerações preliminares

Sobre o nexo causal e o processo de imputação (vinculação) do resultado à conduta, quatro são as principais teorias indicadas pela doutrina:

(a) teoria da equivalência dos antecedentes ou da *conditio sine qua non* (Julius Glaser e Von Buri);

(b) teoria da causalidade adequada (Von Kries);

(c) teoria da imputação objetiva (Karl Larenz, Richard Honig e Roxin);

(d) teoria dos papeis (Jakobs).

Ressalte-se que essas e outras vertentes teóricas são construções doutrinárias, lembrando que cabe ao direito positivo de cada país disciplinar as linhas básicas da matéria sobre a verificação da relação de causalidade. O Código Penal brasileiro adotou a **teoria da equivalência dos antecedentes** como regra geral (CP, art. 13, *caput*) e, como exceção, adotou a **teoria da causalidade adequada** (CP, art. 13, §1º). De modo complementar, o STJ tem aplicado a teoria da imputação objetiva em algumas situações[30].

5.2.2. Teoria da equivalência dos antecedentes

5.2.2.1. Conceito, origem e limites

Considera-se causa a condição sem a qual o resultado não teria ocorrido. Todos os antecedentes são considerados causas (núcleo da teoria).

---

[29] Prova objetiva do concurso para o cargo de defensor público (DPE-RR), realizada em 2013.

[30] O STJ já admitiu a aplicação da teoria da imputação objetiva no direito brasileiro nos crimes culposos de trânsito, em homicídio culposo ocorrido durante mergulho e trote de formatura (STJ, REsp 822.517/DF, 5ª Turma, Rel. Min. Gilson Dipp, DJ 29/06/2007; STJ, HC 68.871/PR, 6ª Turma, Rel. p/ ac. Min. Og Fernandes, DJe 05/10/2009; STJ, HC 46.525/MT, 5ª Turma, Rel. Min. Arnaldo Esteves Lima, DJ 10/04/2006).

Oriunda a partir do pensamento filosófico de John Stuart Mill (1806-1873), a teoria da equivalência dos antecedentes foi idealizada por Julius Glaser em 1858 e aplicada no Direito Penal pelo magistrado Von Buri, no final do Século XIX, em julgamento no Tribunal Supremo do Reich, na Alemanha.

De acordo com a teoria da equivalência dos antecedentes ou das condições (*conditio sine qua non*), todo antecedente é causa: *considera-se causa a condição sem a qual o resultado não teria ocorrido*. Não há distinção entre causa e condição. É uma teoria baseada nas *leis da física*.

Segundo Von Buri, não é possível distinguir entre condições essenciais e não essenciais ao resultado, sendo consideradas *causa* todas as forças que cooperam para a produção do resultado, quaisquer que sejam[31]. Todas os antecedentes são considerados causas individuais, não havendo distinção entre eles (causa, condição, concausa etc.). Por isso mesmo é que a teoria recebe o nome de "equivalência dos antecedentes".

Fernando Capez e Edilson Mougenot explicam o ponto:

> "Para essa teoria, portanto, não existe qualquer distinção entre causas chamadas individualizadoras, que sopesam as distintas condições, abandonando-se as nomenclaturas das primitivas investigações: causa inicial, *causa efficiens*, *causa finalis*, *causa impulsiva*, *causa causarum*, *causa sui*, *sole cause*, causa concorrente, absorvente, contingente, concausa, ocasião e outras que tais: contribuiu de alguma forma é causa, ainda que remota"[32].

O CESPE-UNB/CEBRASPE considerou **incorreta** a assertiva de que no sistema penal brasileiro, adota-se, no que diz respeito à relação de causalidade, a teoria da equivalência causal, caracterizada pelo fato de o agente utilizar-se conscientemente das condições para justificar sua conduta criminosa, considerada a energia humana necessária para ocorrer o resultado pretendido, do qual deriva a responsabilidade penal. Essa teoria deixa nítida a distinção entre causa efficiens e condições[33].

Critério da eliminação hipotética: no contexto da teoria da equivalência dos antecedentes, em 1894, o sueco Johan Thyrén propôs o *critério da eliminação hipotética*, também chamado de processo ou método indutivo hipotético de eliminação, com o objetivo de verificar concretamente

[31] *Apud* JESUS, Damásio E. de. *Direito Penal. Vol. 1. Parte Geral*. 34ª Ed. São Paulo: Saraiva, 2013, p. 288.
[32] BONFIM, Edilson Mougenot; CAPEZ, Fernando. *Direito Penal. Parte Geral*. São Paulo: Saraiva, 2004, p. 323.
[33] Prova objetiva do concurso para o cargo de Juiz Federal Substituto (TRF2), realizada em 2011.

se uma determinada condição pode ou não ser considerada causa do resultado. Eis o critério: *é causa de um resultado toda condição que, suprimida mentalmente (eliminada por hipótese), faria desaparecer o resultado.*

Esse critério resvala em outro problema apontado pela doutrina: o risco de *regressus ad infinitum* (regresso ao infinito).

> **Teoria da equivalência dos antecedentes e *regressus ad infinitum***: na expressão de Träger, um dos problemas da teoria da equivalência dos antecedentes é a questão do "regresso ao infinito". Segundo Jakobs, a teoria da equivalência dos antecedentes em sua forma original leva a conduta até Adão e Eva (Bíblia Sagrada, Gênesis, Capítulo 3). Alguns exemplos são encontrados na doutrina: se o pai e mãe do homicida nunca tivessem gerado o filho, desapareceria o resultado morte; se suprimimos mentalmente o pecado original de Adão e Eva, desapareceriam todos os delitos[34]; se o fabricante não tivesse produzido a arma, o resultado morte no homicídio com arma de fogo não teria ocorrido. Em todos esses casos, o agente antecessor (ex: pai, fabricante da arma etc.) só não seria responsabilizado em razão da exigência de dolo ou culpa. É esse, portanto, o problema do *regressus ad infinitum* no exame do nexo causal físico. Diante do impasse apontado, diversas críticas e propostas foram apresentadas pela doutrina, indo desde o estabelecimento de limitações à concepção original da teoria da equivalência dos antecedentes até a defesa do abandono da teoria da *conditio sine qua non* e sua substituição por outras teorias, como a teoria da causa próxima, que exclui as causas remotas (Ortmann), e a teoria imputação objetiva, com a transformação da verificação da causalidade em um processo de imputação a partir do exame de requisitos normativos (Roxin), conforme veremos.

No direito brasileiro, a teoria da equivalência dos antecedentes foi adotada como regra geral pelo Código Penal, com algumas **limitações** na verificação da relação de causalidade (temperamentos), a exemplo das causas relativamente independentes supervenientes, que estudaremos mais à frente.

O art. 13, *caput*, do CP consagra expressamente a teoria da equivalência dos antecedentes como regra geral no direito brasileiro:

> "Art. 13 - O resultado, de que depende a existência do crime, somente é imputável a quem lhe deu causa. Considera-se causa a ação ou omissão sem a qual o resultado não teria ocorrido".

[34] ZAFFARONI, Eugenio Raúl; PIERANGELI, José Henrique. *Op. Cit.*, p. 405.

A essa altura, não podemos perder de vista que, no Brasil, a responsabilidade penal não é baseada apenas no nexo causal físico, dependendo também do chamado "**nexo normativo-subjetivo**" (exigência de dolo ou culpa), que reflete o exame da causalidade subjetiva ou psíquica. Em outras palavras, a responsabilidade penal não possui natureza objetiva, mas subjetiva.

Para uma melhor visualização, confira o **quadro estratégico**:

Responsabilidade penal (imputação delitiva)			
	Nexo causal	Relação de causa e efeito	**Causalidade objetiva**
	Nexo normativo-subjetivo	Exigência de dolo ou culpa	**Causalidade subjetiva ou psíquica**

Sobre a teoria da equivalência dos antecedentes e seu modo de aplicação, vale conferir o seguinte precedente do STJ:

> [...] TEORIA DA EQUIVALÊNCIA DOS ANTECEDENTES. MÉTODO DE ELIMINAÇÃO HIPOTÉTICO. CAUSALIDADE PSÍQUICA. AUSÊNCIA DE ELEMENTO SUBJETIVO" [...]
> 2. No Brasil, a relação de causalidade é decifrada pela conjugação entre a Teoria da Equivalência dos Antecedentes Causais (art. 13 do CP), o método de eliminação hipotético e o filtro de causalidade psíquica (imputatio delicti). Em apertada síntese, uma ação poderá ser considerada causa do evento danoso se, suprimida mentalmente do contexto fático, o resultado teria deixado de ocorrer tal como ocorreu. Ainda, de forma a evitar o regresso ao infinito, deve-se sempre perscrutar o elemento subjetivo (dolo ou culpa) que anima a conduta do agente" (STJ, RHC 80.142/SP, 6ª Turma, Rel. Min. Maria Thereza de Assis Moura, DJe 04/04/2017).

Limites: a teoria da equivalência dos antecedentes possui algumas limitações, justamente para tentar contornar a questão do *regressus ad infinitum* e outros problemas, sem que haja o abandono por completo da teoria, mas apenas a fixação de alguns limites ao seu alcance. São eles:

(a) causas absolutamente independentes (preexistentes, concomitantes e supervenientes), que rompem o nexo causal;

(b) causas relativamente independentes supervenientes, que também rompem o nexo de causalidade físico;

(c) nexo normativo-subjetivo (exigência de dolo ou culpa), identificado como a "causalidade subjetiva" que limita a responsabilização penal.

Os itens "a" e "b" serão estudados mais à frente, na "teoria das concausas" e seus reflexos sobre o nexo causal. Por ora, guarde-se apenas a seguinte informação: são limites à teoria da equivalência dos antecedentes.

O CESPE-UNB/CEBRASPE considerou **correta** a assertiva de que as causas ou concausas absolutamente independentes e as causas relativamente independentes constituem limitações ao alcance da teoria da equivalência das condições[35].

5.2.2.2. A crise da teoria da equivalência dos antecedentes

Tempos depois de sua formulação, a teoria da equivalência dos antecedentes entrou em crise. As críticas se referem não só à possibilidade de regresso ao infinito, mas também a algumas hipóteses não solucionadas adequadamente pela teoria da *conditio sine qua non*.

Na doutrina, são apontadas cinco situações[36] ou problemas gerados pela aplicação da teoria da equivalência dos antecedentes e do puro critério da eliminação hipotética de Thyrén. Convém analisar os problemas apontados.

(1) dupla causalidade alternativa: duas ou mais causas concorrem para o resultado, sendo cada uma suficiente, por si só, para produzi-lo. Ex: A e B ministram veneno com intuito de matar C, sendo cada dose suficiente para causar a morte da vítima. Aplicado o critério da eliminação hipotética, nenhuma das condutas será considerada causa, pois a supressão de uma delas não faz desaparecer o resultado. Não havendo provas da conduta que gerou a morte, ambos responderão por tentativa (*in dubio pro reo*).

> **Dupla causalidade alternativa e o critério da eliminação global (Welzel)**: conforme explica Juarez Tavares, diante do problema gerado pela dupla causalidade alternativa, Welzel elaborou a fórmula da *eliminação global ou*

[35] Prova objetiva do concurso para o cargo de Delegado de Polícia (PC-BA), realizada em 2013.
[36] CAPEZ, Fernando. *Curso de Direito Penal. Vol. I. Parte Geral.* 16ª Ed. São Paulo: 2012, p. 194.

cumulativa, como mitigação ao puro critério da eliminação hipotética de uma das condições. Se o resultado não desaparecesse com a exclusão alternativa, mas sumisse com a exclusão cumulativa das condições, deve-se concluir, então, que ambas as condições são causas do resultado[37]. Vejamos o exemplo em que dois indivíduos (A e B) ministram doses de veneno em uma pessoa e a vítima (C) vem a falecer. Caso A e B tenham ministrado as doses de veneno no mesmo instante, sem combinação prévia e sem conhecimento da intenção um do outro, tendo sido comprovado que cada uma das doses produziu seu efeito de forma instantânea, e que cada uma delas, isoladamente, era suficiente para matar, o fato configuraria dupla causalidade alternativa, mostrando-se inadequada a aplicação pura e simples da fórmula da eliminação hipotética, cuja correção, nesta situação, pode ser feita pela fórmula *da eliminação global*[38].

(2) dupla causalidade com doses insuficientes: imagine agora que, no exemplo anterior, fossem ministradas doses insuficientes por cada agente, mas que, somadas, acabassem por atingir nível de envenenamento necessário para levar à morte. Aplicado o critério da eliminação hipotética, ambas as condutas seriam consideradas causas, pois, caso suprimida uma delas, não seria alcançado o nível de envenenamento necessário para causar a morte. Parece estranho, nessa hipótese, considerar as condutas como causas (doses menores) e, no exemplo anterior (doses maiores), não. É um dos problemas apontados pela doutrina na sistemática da teoria da equivalência dos antecedentes.

(3) resultado que ocorreria de qualquer modo: cite-se o exemplo de um médico que, com a conduta de desligar os aparelhos, acelera a morte de um paciente em estágio terminal, já diagnosticado com danos cerebrais irreversíveis. Aplicado o critério da eliminação hipotética, suprimida a conduta do médico, ainda assim, a morte seria certa de ocorrer.

(4) decisões corporativas: uma sociedade empresária, através de um órgão colegiado composto por vários diretores, decide colocar no mercado um produto que causa danos ao meio ambiente. Em relação à conduta individual da pessoa física, cada um dos votantes poderia dizer que, ainda que não tivesse votado, o colegiado chegaria à maioria e que, ainda assim, o resultado seria produzido, razão pela qual sua conduta não poderia ser considerada causa.

(5) cursos causais hipotéticos ou desvios de cursos causais: na doutrina, cita-se o exemplo de dois rapazes e uma mulher que se dirigiam para um motel na rodovia Presidente Dutra em São Paulo (local de grande

---

[37] WELZEL, Hans. *Das Deutsche Strafrecht*. *Op. Cit.*, p. 45; TAVARES, Juarez. *Teoria do Injusto Penal*. São Paulo: Del Rey, 2002, p. 211-212.

[38] TAVARES, Juarez. *Teoria do Injusto Penal*. 4ª Ed. São Paulo: Editora Tirant, 2019, p. 266-267.

movimento). No caminho, a moça mudou de ideia e, aproveitando-se do momento da parada do veículo no acostamento, saiu correndo e, ao tentar atravessar a estrada, foi atropelada e morta[39]. De acordo com a teoria da equivalência dos antecedentes, se não fosse a conduta dos agentes, a mulher não teria fugido e, em consequência, não teria sido atropelada e morta, havendo nexo causal. No direito brasileiro, a teoria da equivalência dos antecedentes é afastada nessa hipótese, dando lugar à teoria da causalidade adequada, por se tratar de causa relativamente independente superveniente (CP, ar. 13, §1º).

Essas são as principais situações não resolvidas adequadamente pela teoria da equivalência dos antecedentes. Por isso, a teoria costuma ser adotada não em sua forma pura, mas com algumas limitações, de modo temperado.

5.2.3. Teoria da causalidade adequada

Causa é a condição que, isoladamente considerada, seja necessária e idônea (adequada) para determinar a produção do resultado (núcleo da teoria).

A teoria da causalidade ou da condicionalidade adequada foi concebida inicialmente por Ludwig Von Bar, em 1871. Posteriormente, foi aprimorada pelo alemão Von Kries, que definiu causa como o *antecedente adequado* para produzir o resultado, com o objetivo de evitar o regresso ao infinito (*regressus ad infinitum*), em limitação à teoria da equivalência dos antecedentes.

De acordo com a teoria da causalidade adequada, somente pode ser considerada causa a conduta que, isoladamente, seja idônea (adequada) à produção do resultado, devendo existir uma *probabilidade mínima* de causar o evento. São exigidos: (a) contribuição efetiva e (b) idoneidade individual mínima. Enquanto a teoria da equivalência dos antecedentes é baseada nas leis da física, a teoria da causalidade adequada é fundada na *lei das probabilidades*.

A teoria da causalidade adequada foi adotada apenas como **exceção** pelo Código Penal brasileiro no tocante às causas relativamente independentes supervenientes, que estudaremos em detalhes mais à frente. Confira:

> "Art. 13 [...]
> § 1º - A superveniência de causa relativamente independente exclui a imputação quando, por si só, produziu o resultado; os fatos anteriores, entretanto, imputam-se a quem os praticou".

[39] CAPEZ, Fernando. *Op. Cit.*, p. 194.

O CESPE-UNB/CEBRASPE considerou **incorreta** a assertiva de que em regra, o CP adotou a teoria da causalidade adequada para identificar o nexo causal entre a conduta e o resultado[40].

5.2.4. Teoria da imputação objetiva

A imputação do resultado não pode decorrer de mera relação física de causa e efeito, devendo ir além e atender a requisitos objetivos-normativos relacionados à existência de um *risco proibido* (processo de imputação).

A teoria da imputação objetiva surgiu em entre os anos de 1927 e 1930, a partir dos estudos de Karl Larenz e Richard Honig, com a finalidade de limitar o alcance da teoria da equivalência dos antecedentes, sem, contudo, abandoná-la totalmente. Buscou limitar o nexo causal físico, conferindo-lhe um conteúdo *jurídico*, e não meramente material ou naturalístico. Atualmente, a imputação objetiva é defendida por Claus Roxin (funcionalismo).

De acordo com a **teoria da imputação objetiva**, a atribuição (imputação) do resultado à conduta é um processo que deve atender a requisitos normativos específicos, não sendo suficiente a mera causalidade física. O tradicional nexo causal evolui, transformando-se em *nexo de imputação*, indo além do exame da pura relação física de causa e efeito. Na visão inicial, imputação objetiva restringia-se aos crimes materiais (que só se consumam com a produção do resultado) e comissivos (praticados por ação).

Concepção ampliativa. Em seu surgimento (1930), a teoria da imputação objetiva estava limitada ao **nexo causal** (Richard Honig). Porém, na concepção ampliativa, passou-se a entender que a imputação objetiva não é apenas um problema ligado ao nexo causal, mas uma exigência para o *enquadramento típico* (**tipicidade**). A vertente ampliativa ganhou relevo na Alemanha, na Áustria e na Suíça. Nesse ponto, aproxima-se do funcionalismo, que preocupa-se com o risco e o perigo causados pela conduta, e ambos são critérios de política criminal que passam a ser incluídos no tipo objetivo, conforme preconizado pela perspectiva do funcionalismo penal.

Veja o que diz Damásio de Jesus sobre as repercussões da teoria da imputação objetiva no plano do tipo e da tipicidade:

> "a imputação objetiva constitui elemento normativo do tipo, seja o crime doloso ou culposo [...] A imputação

[40] Prova objetiva do concurso para o cargo de Promotor de Justiça (MP-RN), realizada em 2009.

> objetiva distingue-se da maioria dos outros elementos normativos do tipo, que são expressos. Ela se encontra implícita nas figuras típicas, assim como o dolo, que configura como elemento subjetivo implícito do tipo [...] Para nós, a ausência da imputação objetiva conduz à atipicidade do fato"[41].

Requisitos. São pressupostos da teoria da imputação objetiva para o enquadramento típico (**mnemônico**[42]):

(a) nexo físico entre a conduta e o resultado naturalístico (único requisito exigido pela *conditio sine qua non*);

(b) criação de um risco proibido;

(c) que o resultado esteja na mesma linha de desdobramento causal da conduta, decorrendo diretamente do risco;

(d) que o agente atue fora do sentido de proteção da norma.

O requisito mais expressivo da teoria da imputação objetiva é a criação de um **risco proibido**, que deve ser conjugado com os demais pressupostos.

O CESPE-UNB/CEBRASPE considerou **incorreta** a assertiva de que de acordo com a teoria da imputação objetiva, a criação de um risco proibido é suficiente para se atribuir ao agente o tipo incriminador, ainda que o resultado não decorra diretamente desse risco[43].

Além dos requisitos enumerados acima, que refletem a *imputação objetiva*, lembramos que há necessidade da presença de dolo ou culpa para que o agente possa ser responsabilizado (**imputação subjetiva**). Mas é apenas depois da verificação dos requisitos normativos da teoria da imputação objetiva (tipicidade formal) que se analisa a ocorrência de dolo ou culpa (tipicidade subjetiva). Com isso, temos um maior rigor na imputação do crime e do resultado, antes mesmo da verificação da existência de dolo ou culpa.

No direito brasileiro, a teoria da imputação objetiva não possui previsão legal, sendo aplicada apenas pela jurisprudência em caráter complementar. O STJ já admitiu a aplicação da teoria da imputação objetiva nos crimes culposos de trânsito[44], bem como nos casos de homicídio culposo ocorrido em

[41] JESUS, Damásio E. de. *Direito Penal. Vol. 1. Parte Geral*. 34ª Ed. São Paulo: Saraiva, 2013, p. 323-324.

[42] **Macete mnemônico**: "**NERI DIFO**" – **Ne**xo físico, **Ri**sco proibido, desdobramento **Di**reto e atuação **Fo**ra do sentido de proteção da norma.

[43] Prova objetiva do concurso para o cargo de Juiz de Direito (TJRN), realizada em 2013.

[44] STJ, REsp 822.517/DF, 5ª Turma, Rel. Min. Gilson Dipp, DJ 29/06/2007.

mergulho[45] e trote de formatura[46]. Frise-se que no contexto da verificação da causalidade, a imputação objetiva limita-se aos crimes materiais.

O CESPE-UNB/CEBRASPE considerou **incorreta** a assertiva de que a teoria da imputação objetiva tem aplicação nos crimes de mera conduta, formais e materiais[47].

5.2.5. Teoria dos papeis (Jakobs)

Segundo a **teoria dos papeis**, o comportamento humano está vinculado a determinados *papeis sociais* e o exame da causalidade deve ser substituído por critérios de imputação, que são consequências da adequação social.

A teoria dos papeis é defendida por Günter Jakobs, que alia a ideia de adequação social aos postulados da imputação objetiva[48]. É uma teoria que decorre do sistema funcionalista, derivada da teoria da imputação objetiva.

Na teoria dos papeis, existem quatro critérios de imputação que decorrem da diretriz de **adequação social**: (a) risco permitido: cada indivíduo se comporta de acordo com o seu papel em sociedade e, se o fizer, mesmo que crie algum risco, não poderá ser incriminado por sua conduta; (b) princípio da confiança: na vida em sociedade, as pessoas devem confiar que as outras cumprirão os seus papeis sociais e quem agir com base na confiança de que os demais cumprirão o seu papel, não poderá sofrer imputação penal por isso; (c) proibição de regresso social: se cada indivíduo agir conforme o seu papel, não poderá haver imputação penal e (d) capacidade da vítima: devem ser levados em consideração o consentimento do ofendido e as ações a próprio risco.

Enfim, a teoria dos papeis, desenvolvida no contexto do funcionalismo, mescla a aplicação da imputação objetiva com a ideia de adequação social.

5.2.6. Visão estratégica sobre as principais teorias do nexo causal

Para facilitar a visualização e memorização das principais teorias sobre o nexo causal, observe a **simbologia estratégica** abaixo:

---

[45] STJ, HC 68.871/PR, 6ª Turma, Rel. p/ ac. Min. Og Fernandes, DJe 05/10/2009.

[46] STJ, HC 46.525/MT, 5ª Turma, Rel. Min. Arnaldo Esteves Lima, DJ 10/04/2006.

[47] Prova objetiva do concurso para o cargo de Juiz Federal Substituto (TRF5), realizada em 2007.

[48] JAKOBS, Günter. *Derecho Penal. Parte General: fundamentos y teoria de la imputación*. 2ª Ed. Madrid: Marcial Pons, 1997, p. 225.

Equivalência dos antecedentes (Stuart Mill, Von Buri e Julius Glaser)	**Causalidade adequada** (Von Kries)	**Imputação objetiva** (Roxin)	**Teoria dos papeis** (Jakobs)

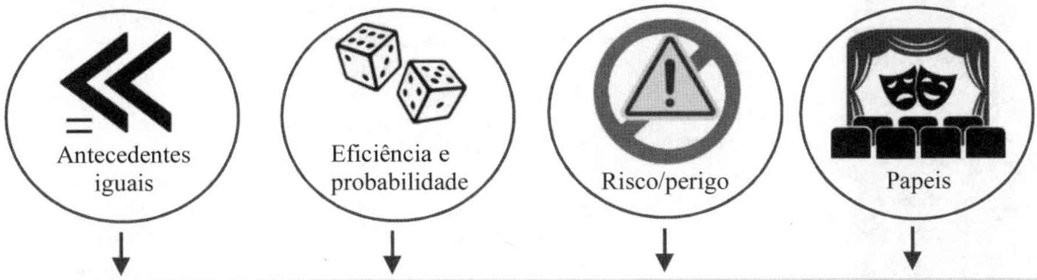

Todo antecedente é causa (leis da física) Critério da eliminação hipotética (Thyrén)	**Lei das probabilidades** Contribuição efetiva + probabilidade mínima	**Risco proibido** O resultado deve decorrer diretamente desse risco	**Papéis sociais** Imputação e ideia de adequação social

O CESPE-UNB/CEBRASPE considerou **correta** a assertiva de que segundo uma das teorias mais conhecidas de imputação objetiva, para atribuição do tipo objetivo ao agente, a criação ou o incremento de um risco proibido é insuficiente quando o resultado não provenha diretamente desse risco[49].

5.3. Nexo causal e as chamadas "concausas"

Concausa, expressão criticada pela doutrina, significa *concorrência de eventos causais*. Ex: o agente é baleado e, no momento em que é socorrido, a ambulância se envolve em um acidente e a vítima vem a falecer, não em razão dos disparos de arma de fogo, mas pelas lesões sofridas no acidente.

Como resolver a imputação do resultado nessas situações? O agente responde por homicídio? Tentado ou consumado? Mas não houve morte?

Essas e outras situações versam o estudo das chamadas "concausas", que, na prática, busca-se identificar quando haverá ou não o rompimento do nexo de causalidade na hipótese de concurso de eventos causais.

Sobre a lógica de funcionamento, confira o **quadro estratégico** abaixo:

[49] Prova objetiva do concurso para o cargo de Juiz Federal Substituto (TRF3), realizada em 2011.

"Concausas" (concorrência de eventos causais)				
	Causa dependente (interdependência)	Constitui desdobramento normal da conduta. Ex: hemorragia causada por disparo de arma de fogo, parada cardíaca etc.		
	Causa independente (produz por si só o resultado)	*Limites* **Absolutamente independentes** (não se originam da conduta)	**Supervenientes**	Rompem o nexo causal. *Teoria da equivalência dos antecedentes.*
			Concomitantes	
			Preexistentes	
		Relativamente independentes (originam-se da conduta)	**Supervenientes**	Rompem o nexo causal. *Teoria da causalidade adequada.*
			Concomitantes	
			Preexistentes	
	OBS: no Brasil, as causas absolutamente independentes e a causas relativamente independenes supervenientes rompem o nexo causal (CP, art. 13, *caput* e §1º).			

No exemplo citado anteriormente (pessoa baleada que sofre acidente em ambulância), há ruptura do nexo de causalidade, por se tratar de causa relativamente independente superveniente. E uma vez quebrado o nexo causal, o agente não poderá responder pelo resultado. No exemplo da ambulância, o atirador responderia apenas por tentativa de homicídio (CP, art. 13, §1º)

Causa dependente: é aquela que está na linha de desdobramento causal normal da conduta. Ex: hemorragia causada por disparos de arma de fogo em pessoa baleada, parada cardiorrespiratória etc. Não exclui o nexo causal. De acordo com a doutrina, as complicações cirúrgicas e a infecção hospitalar, em regra, são consideradas causas dependentes.

Causa independente: é aquela que, por si só, produz o resultado. Poderá ser: absolutamente independente ou relativamente independente.

Causas absolutamente independentes: são aquelas que não possuem origem na conduta. Segundo a doutrina, as causas absolutamente independentes podem ser classificadas em *preexistentes* (anteriores à conduta), *concomitantes* (simultâneas à conduta) ou *supervenientes* (posteriores à conduta).

Exemplos: o agente é atingido por um disparo, mas morre por ter ingerido veneno anteriormente (causa absolutamente independente preexistente); no momento em que o agente começa a atirar em outro na calçada, que reage e entra em luta corporal, um prédio desmorona e causa a morte da vítima que estava apenas ferida (causa absolutamente independente concomitante); após envenenar o companheiro que ganhou na loteria, antes de a substância fazer efeito, dois assaltantes invadem a casa e matam o ganhador (causa absolutamente independente superveniente).

Causas relativamente independentes: originam-se da conduta. Também podem ser preexistentes, concomitantes ou supervenientes.

Exemplos: "A" esfaqueia "B", que vem a falecer a partir do golpe de faca, somado à sua condição de hemofílico (causa relativamente independente preexistente); "A" atira na vítima que, assustada, sofre um ataque cardíaco e morre (causa relativamente independente concomitante); uma pessoa sofre disparos de arma de fogo, é socorrida por uma ambulância, mas, no trajeto até o hospital, o veículo se envolve em um acidente e a vítima vem a falecer, não em razão dos disparos, mas pelas lesões causas pelo acidente de trânsito.

Atenção! Observe que, no contexto das causas independentes, as expressões "absolutamente" e "relativamente" *são utilizadas para indicar se a "concausa" (causa concorrente) possui ou não origem na conduta.*

Sobre os efeitos, o art. 13, *caput* e §1º, do Código Penal assim dispõe:

> "Art. 13 - O resultado, de que depende a existência do crime, somente é imputável a quem lhe deu causa. Considera-se causa a ação ou omissão sem a qual o resultado não teria ocorrido.
> §1º - A superveniência de causa relativamente independente exclui a imputação quando, por si só, produziu o resultado; os fatos anteriores, entretanto, imputam-se a quem os praticou".

Como já visto, o Código Penal adotou a teoria da equivalência dos antecedentes como regra geral (CP, art. 13, *caput*) e, como exceção, foi adotada a teoria da causalidade ou condicionalidade adequada, mas apenas em relação às causas relativamente independentes supervenientes (CP, art. 13, §1º).

O nexo causal será rompido em todas as causas absolutamente independentes e nas causas relativamente independentes supervenientes.

Cuidado! Diante da adoção da teoria da equivalência dos antecedentes, o Código Penal não faz distinção entre causa, concausa, condição, ocasião etc. A sistemática das "concausas" e a indicação das hipóteses de ruptura do nexo causal são previstas como limitações ao alcance da teoria mencionada.

O CESPE-UNB/CEBRASPE considerou **correta** a assertiva de que as causas ou concausas absolutamente independentes e as causas relativamente independentes constituem limitações ao alcance da teoria da equivalência das condições[50].

Teoria da imputação objetiva. Ao contrário do que se extrai da teoria da equivalência dos antecedentes, para a teoria da imputação objetiva, em nenhuma das causas relativamente independentes haveria nexo causal.

5.4. Omissão e relevância causal

Em regra, a omissão não possui relevância causal, salvo quando presente o dever jurídico de agir (*causalidade jurídica*).

Ao lado da ação, a omissão surge como uma forma de conduta humana, podendo ser regida pela vontade dirigida a um fim (omissão voluntária). Segundo Welzel, a omissão, do ponto de vista ontológico, não é em si mesma uma ação, mas sim a omissão de uma ação devida. No Direito Penal, não existe omissão em si mesma, mas apenas a omissão de uma ação determinada.

> **Normas preceptivas**: a norma penal pode ser: *(a) proibitiva*, quando veda ou proíbe um comportamento; *(b) permissiva*, quando autoriza a conduta ou *(c) preceptiva*, quando impõe a realização de um comportamento (*facere*). O item n.º 13 da Exposição de Motivos da reforma penal de 1984 utiliza o conceito relacionado ao dever de agir para evitar o resultado: "No artigo 13, § 2º, cuida o Projeto dos destinatários, em concreto, das normas preceptivas, subordinadas à prévia existência de um dever de agir. Ao introduzir o conceito de omissão relevante, e ao extremar, no texto da lei, as hipóteses em que estará presente o dever de agir, estabelece-se as normas preceptivas".

Na doutrina, existem duas teorias sobre a causalidade da omissão. Para uma rápida visualização, observe o **quadro estratégico** abaixo:

OMISSÃO (Teorias)	
Teoria naturalista	**Teoria normativa**
A omissão é um fenômeno causal (*causalidade fática*)	Em regra, omissão não possui relevância causal, salvo quando presente o dever jurídico de agir (*causalidade jurídica*)

[50] Prova objetiva do concurso para o cargo de Delegado de Polícia (PC-BA), realizada em 2013.

Teoria naturalista da omissão: a omissão é um fenômeno causal. De acordo com a teoria naturalista, a omissão (*non facere*) provoca alterações no mundo natural ou exterior (mundo dos fatos). Aquele que se omite dá causa ao evento e deve responder pelo resultado não evitado (*causalidade fática*).

Teoria normativa da omissão: em regra, a omissão não possui relevância causal, salvo quando presente o dever jurídico de agir. Na teoria normativa da omissão, a causalidade não é fática, mas *jurídica*.

Para a maioria da doutrina brasileira, o Código Penal adotou a **teoria normativa** da omissão. Mas precisamos dizer que, no Brasil, alguns autores do Sul têm apontado que o art. 13 do CP seria vinculado ao conceito naturalístico de omissão. Luiz Regis Prado assim expõe suas impressões sobre a codificação:

> "[...] A respeito da matéria, reina na doutrina brasileira séria divergência. A sua origem, talvez, esteja ligada ao conceito naturalístico de omissão (teoria da condição) acolhido no artigo 13, *caput*, do Código Penal"[51].

Essa interpretação minoritária e puramente literal do Código tem sido adotada por alguns dos seguidores da doutrina dos penalistas do Sul. Apesar do respeito que temos ao professor Regis Prado, devemos dizer que essa não foi a visão que inspirou a reforma penal de 1984. Na verdade, a reforma, operada em um bloco normativo homogêneo e sistemático, adotou a *teoria normativa*.

Assis Toledo, que foi Ministro do STJ e Presidente da Comissão da reforma penal de 1984, já explicou que, com a referida reforma legislativa, a divergência encontra-se superada e que, na omissão, o nexo causal é *normativo* (crimes omissivos impróprios ou comissivos por omissão):

> "o problema da causalidade nesses delitos comissivos por omissão tem ensejado inúmeras disputas doutrinárias que, entre nós, com a reforma penal, perde relevância. Com efeito, o legislador pátrio estabeleceu um nexo de causalidade *normativo* entre a omissão e o resultado, no art. 13 e parágrafos do Código, especificando as hipóteses em que esse nexo deva ser reputado presente, a saber: a) tenha o agente, por lei, obrigação de cuidado, proteção ou vigilância; b) de outra forma, assumiu a responsabilidade de impedir o resultado e c) com seu comportamento anterior, criou o risco da ocorrência do resultado"[52].

[51] PRADO, Luiz Regis. *Op. Cit.*, p. 351.
[52] TOLEDO, Francisco de Assis. *Op. Cit.*, p. 116.

Enfim, como dissemos, a posição dominante na doutrina é a de que o Código Penal brasileiro adotou a **teoria normativa da omissão**. Nos crimes omissivos impróprios (ou comissivos por omissão), em que há o *dever jurídico* de agir, o agente responde pelo resultado que *devia* e *podia* ter evitado.

O art. 13, §2º, do CP assim dispõe:

> "Art. 13 [...]
> § 2º - A omissão é penalmente relevante quando o omitente devia e podia agir para evitar o resultado. O dever de agir incumbe a quem:
> a) tenha por lei obrigação de cuidado, proteção ou vigilância;
> b) de outra forma, assumiu a responsabilidade de impedir o resultado;
> c) com seu comportamento anterior, criou o risco da ocorrência do resultado".

Existem duas grandes espécies de crimes omissivos:

- **crimes omissivos próprios**: inexiste o dever jurídico de agir e o agente responde apenas pela omissão. Ex: desobediência (CP, art. 330);

- **crimes omissivos impróprios ou comissivos por omissão**: existe o dever jurídico de agir e o agente responde pelo resultado não evitado, mas não o fez. Ex: homicídio culposo por omissão (CP, art. 121, §3º c/c art. 13, §2º).

Dever jurídico de agir: trata-se de gênero que possui três espécies: *(a) dever legal*: ocorre quando há determinação legal específica impondo a conduta positiva (*facere*). Ex: policiais e bombeiros militares, que têm o dever de agir imposto por lei; *(b) dever do garantidor*: verifica-se quando o agente houver assumido de qualquer outro modo a obrigação de agir. Ex: babá de criança e salva-vidas e *(c) dever por ingerência da norma*: ocorre quando o omitente, com seu comportamento anterior, criou o risco para a produção do resultado, o qual não impediu. Ex: exímio nadador ou alpinista que convida um neófito para práticas arriscadas. Lembramos mais uma vez que, quando há o dever jurídico de agir, estamos diante de crime omissivo impróprio.

> **Enunciado n.º 29, I Jornada de Direito Penal e Processo Penal**: "A responsabilidade a título de omissão imprópria deve observar a assunção fática e real de competências que fundamentam a posição de garantidor".

Em todos esses casos, o agente responderá pelo resultado que *devia* (= dever jurídico de agir) e *podia* (= possibilidade concreta de agir) ter evitado (CP, art. 13, §2º). Nessas hipóteses, a causalidade não é fática, mas *jurídica* (teoria normativa da omissão). Exige-se, ainda, dolo ou culpa *stricto sensu*.

Em precedente antigo, porém esclarecedor, o STF assim decidiu:

> "HABEAS CORPUS. SENDO DESCRITO NA DENÚNCIA FATOS QUE CONFIGURAM CRIME EM TESE, NÃO CABE O TRANCAMENTO DA AÇÃO PENAL SOB ALEGAÇÃO DE FALTA DE JUSTA CAUSA. A causalidade, nos crimes comissivos por omissão, *não é fática, mas jurídica*, consistente em não haver atuado o omitente, como devia e podia, para impedir o resultado (STF, RHC 63428, 2ª Turma, Rel. Min. Carlos Madeira, DJ 14/11/1985).

Sobre a relevância causal da omissão, para facilitar a memorização do ponto, observe-se o seguinte **quadro estratégico**:

Conduta omissiva		
	Noção	Ao lado da ação, a omissão (*non facere*) surge como uma forma de conduta humana que pode apresentar repercussões penais
	Teorias	**a) naturalista**: a omissão é um fenômeno causal (*causalidade fática*)
		b) normativa: em regra, a omissão não possui relevância causal, salvo quando presente o dever jurídico de agir (*causalidade jurídica*)
	Classificação dos crimes omissivos	**Omissivo próprio**: inexiste o dever jurídico de agir. A omissão perde relevância causal.
		Omissivo impróprio: há o dever jurídico de agir. A omissão possui relevância causal e o agente responde pelo resultado. Também é chamado de crime comissivo por omissão.
	Relevância causal da omissão	O Código Penal adotou a *teoria normativa*. Em regra, a omissão não possui relevância causal, salvo quando presente o dever jurídico de agir (3 hipóteses): a) dever legal; b) dever do garantidor e c) dever por ingerência da norma (CP, art. 13, §2º). Crimes omissivos impróprios. Causalidade jurídica, e não fática (STF).
	OBS: para a maioria da doutrina, o Código Penal adotou a teoria normativa da omissão. Porém, para alguns autores do Sul, o art. 13 do CP é vinculado à teoria naturalista.	

O CESPE-UNB/CEBRASPE considerou **incorreta** a assertiva de que a relevância causal da omissão diz respeito tão somente aos crimes omissivos próprios, em face da relação causal objetiva preconizada pelo CP[53].

6. TIPICIDADE

Tipicidade é o enquadramento da conduta na descrição abstrata contida na lei penal. Ex: a ação de matar alguém com arma de fogo encaixa-se na definição abstrata da norma penal que prevê o homicídio (CP, art. 121).

Na visão contemporânea e pós-positivista, a tipicidade penal possui **três dimensões**: (a) tipicidade formal (enquadramento formal do fato à norma); (b) tipicidade material (princípios e valores constitucionais substantivos) e (c) tipicidade subjetiva (dolo e demais elementos anímicos da conduta).

Diante da importância dos conceitos de *tipo* e *tipicidade*, analisaremos o tema de forma mais ampla e detalhada no Capítulo seguinte.

[53] Prova objetiva do concurso para o cargo de defensor público (DPE-RR), realizada em 2013.

CAPÍTULO 8
TIPO E TIPICIDADE

1. INTRODUÇÃO

A palavra "**tipo**" provém do latim *typus*, que significa "**imagem**", "**modelo**". A Constituição Federal preceitua que não há crime sem lei anterior que o *defina* (CF, art. 5º, XXXIX). Cabe, então, ao legislador estabelecer o modelo abstrato de conduta proibida, definindo a conduta delituosa. Por isso, no Direito Penal, os tipos penais são vistos como verdadeiros "moldes legais".

Tipo e *tipicidade* são elementos centrais na teoria do crime, uma vez que são vias pelas o princípio constitucional da legalidade se concretiza.

Segundo Beling, não existe delito sem tipo[1]. Karl Binding sistematizou o princípio da reserva legal na **teoria dos tipos legais**, sendo considerado por muitos o criador do tipo penal. Uma vez praticada a conduta definida em lei como crime, dizemos que há tipicidade (enquadramento). O fato jurídico penal depende da realização, no mundo dos fatos, da hipótese abstratamente prevista no preceito primário da norma (*fattispecie*), que revela o seu suporte fático hipotético. Pontes de Miranda chamava o suporte fático de *tatbestand.*

---

[1] BELING, Ernest *Von. Die Lehre v. Verbrechen*, §4º; SOLER, Sebastián. *Derecho Penal Argentino*. Vol. 1. 5ª Ed. Buenos Aires: Tipográfica Editora Argentina, 1999, p. 138.

2. O TIPO PENAL

2.1. Conceito e funções

Tipo penal é o "molde", a descrição abstrata da conduta considerada como crime ou contravenção pela lei penal.

Vejamos um exemplo de tipo penal (homicídio simples):

> "Art. 121. Matar alguém:
> Pena - reclusão, de seis a vinte anos".

Como podemos perceber, o tipo penal descreve a conduta abstrata proibida pela lei penal (preceito primário da norma). A cominação de pena é prevista no preceito secundário da norma penal incriminadora.

Diz-se, então, que o tipo penal é o "*molde legal*" no qual deve ser encaixada/enquadrada a conduta. Há um jargão jurídico conhecido entre os operadores do Direito que bem retrata a operação: "**tipifique a conduta**", que significa *faça o enquadramento penal da conduta no artigo da lei penal.*

Ilustrando, confira o **esquema estratégico** abaixo:

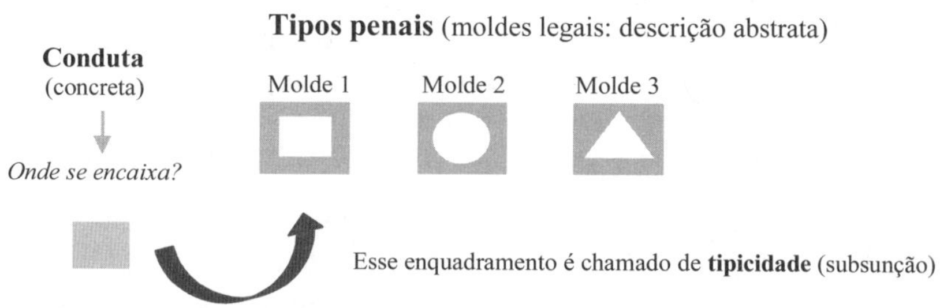

Funções. De acordo com a doutrina, três são as principais funções dos tipos penais no sistema penal (**mnemônico**[2]):

- **função de garantia**: todo cidadão, antes de realizar um fato, deve ter a possibilidade de saber se sua conduta é ou não punível criminalmente, o que revela uma função limitadora do âmbito do penalmente relevante;

[2] **Macete mnemônico**: "**INDIGA**" – **IN**diciária, **DI**ferenciadora do erro e de **GA**rantia.

■ **função indiciária**: a circunstância de uma conduta ser típica faz surgir um *indício* de que a conduta é ilícita (presunção relativa), salvo quando presente alguma causa de exclusão da ilicitude (ex: legítima defesa);

■ **função diferenciadora do erro**: o agente somente poderá ser punido pela prática de um fato doloso quando conhecer as circunstâncias fáticas que o constituem, sob pena de caracterização do chamado erro de tipo essencial, excludente do dolo, ponto que será estudado oportunamente.

Na doutrina, ainda são identificadas **outras funções** do tipo penal: *função fundamentadora* (fundamenta o direito de punir) e *função seletiva* (seleciona as condutas em que haverá intervenção penal).

2.2. Elementos: objetivos, normativos e subjetivos

O tipo penal possui três espécies de elementos constitutivos ou "elementares", cada um com características próprias.

Para uma visão geral, confira o **quadro estratégico (mnemônico**[3]): :

Elementos do tipo (espécies)			
	Elementos objetivos	Descritivos. Ex: matar, subtrair etc.	
	Elementos normativos	**Jurídicos**	Juízo de valor jurídico
		Extrajurídicos	Juízode valor extrajurídico
	Elementos subjetivos	Dolo e demais elementos anímicos (fim especial de agir)	

Núcleo do tipo: é o *verbo* que caracteriza a conduta típica. Por exemplo, no crime de homicídio (CP, art. 121), o núcleo do tipo é o verbo "matar" e, no furto (CP, art. 155), o verbo "subtrair".

Os **elementos objetivos** possuem caráter *descritivo* e se referem ao aspecto material do fato, podendo versar sobre o núcleo da ação ou omissão delituosa (verbo), objeto do crime, lugar, tempo, modo de execução etc. Seu significado é extraído a partir de simples observação ou descrição.

[3] **Macete mnemônico**: "**NOS**" – **O**bjetivos, **N**ormativos e **S**ubjetivos.

Os **elementos normativos** são aqueles que cujo significado exige um *juízo de valor*, que pode ser jurídico, social, cultural, histórico, político, religioso etc. Essa valoração que não pode ser extraída da simples descrição. Espécies: (a) elementos normativos jurídicos (juízo de valor jurídico) e (b) elementos normativos extrajurídicos (juízo de valor extrajurídico).

Os **elementos subjetivos**, por sua vez, são aqueles que se referem ao *aspecto anímico* da conduta do agente. Para a maioria da doutrina brasileira, dois são elementos subjetivos do tipo penal: (a) dolo (elemento subjetivo geral) e (b) fim especial de agir (elemento subjetivo especial).

Na doutrina, são encontradas *categorizações* do elemento subjetivo especial do tipo. Cezar Roberto Bitencourt, partindo da concepção de Mezger, classifica os elementos subjetivos especiais do tipo em: intenções, tendências, motivos especiais de agir e estados especiais de ânimo[4] (**mnemônico**[5]). Em posição semelhante é o entendimento de Luiz Regis Prado[6] e de Juarez Cirino, este último invocando o esquema proposto por Roxin e Jescheck[7].

2.3. Elementares, circunstâncias e qualificadoras

Na teoria do tipo, elementares são os "elementos essenciais" do tipo e as circunstâncias são vistas como "dados acidentais" à figura típica.

Elementares: são os *elementos essenciais* que constituem o tipo penal. As elementares representam aquele componente que se você "mexer" nele, o delito se descaracteriza (atipicidade absoluta) ou se transforma em outra figura típica (atipicidade relativa). Ex: no tráfico de entorpecentes, a "droga" é uma elementar, de modo que se a substância for talco, não haverá tráfico de drogas.

Circunstâncias: são *dados acessórios* que circundam o crime, mas que não integram o tipo penal. Apenas agravam ou atenuam a pena prevista. Enquanto as elementares são "elementos essenciais" do tipo, as circunstâncias são "elementos acidentais" à figura típica.

---

[4] BITENCOURT, Cezar Roberto. *Tratado de Direito Penal. Vol. I. Parte Geral.* 11ª Ed. São Paulo: Saraiva, 2007, p. 273.

[5] **Macete mnemônico**: "**TIME**" – **T**endências, **I**ntenções, **M**otivos especiais de agir e **E**stados especiais de ânimo.

[6] PRADO, Luiz Regis. *Curso de Direito Penal Brasileiro.* 12ª Ed. São Paulo: Revista dos Tribunais, 2013, p. 413-414.

[7] SANTOS, Juarez Cirino dos. *Direito Penal. Parte Geral. 7ª Ed.* Florianópolis: Empório do Direito, 2017, p. 158-160.

Segundo Alberto Silva Franco, as elementares e circunstâncias podem ser classificadas em:

(a) objetivas, materiais ou reais: relacionam-se com o fato delituoso em sua materialidade, abrangendo o aspecto exterior do crime (ex: modo de execução, uso de determinados instrumentos, tempo, ocasião, lugar etc.);

(b) subjetivas ou pessoais: são aquelas que dizem respeito ao sujeito ativo, estado anímico ou motivos do crime[8].

O Código Penal utiliza essa classificação no art. 30. Confira:

> "Art. 30 - Não se comunicam as circunstâncias e as condições de caráter pessoal, salvo quando elementares do crime".

Como exemplo de *elementar* subjetiva, temos a qualidade de funcionário público no crime de peculato (CP, art. 312), que se comunica aos coautores ou partícipes, mesmo que sejam particulares (*extraneus*).

> **Circunstâncias elementares?** Parte da doutrina sustenta a existência de uma "categoria intermediária", ao lado das elementares e circunstâncias. Segundo Nelson Hungria, as *circunstâncias elementares* não chegam a ser elementares, mas também não podem ser reduzidas a meras circunstâncias. São as qualificadoras. Essa categoria recebe o mesmo tratamento das elementares do tipo, inclusive para fins de comunicabilidade (CP, art. 30)[9]. A maioria da doutrina opta pela denominação *qualificadora*.

Qualificadoras: são aquelas que alteram os limites abstratos da pena, fazendo surgir uma forma derivada de tipo penal. Ex: no homicídio simples, a pena é de reclusão, de 6 a 20 anos (CP, art. 121, *caput*); já no homicídio qualificado, a pena é de reclusão, de 12 a 30 anos (CP, art. 121, §1º). Ressalte-se que as qualificadoras recebem o mesmo tratamento das elementares do tipo, pois são elementos essenciais do tipo penal derivado.

O STJ possui orientações importantes sobre a aplicação das qualificadoras, devendo o leitor ficar atento, lembrando que, por força do princípio da legalidade estrita, não se admite analogia ou interpretação extensiva para ampliação do campo de incidência de uma qualificadora.

---

[8] FRANCO, Alberto Silva. *Código Penal e Sua Interpretação Jurisprudencial. Parte geral.* Vol. 1. Tomo I. São Paulo: Revista dos Tribunais, 1997, p. 491.

[9] HUNGRIA, Nelson. *Comentários ao Código Penal.* 5ª Ed. Rio de Janeiro: Forense, 1979, p. 382.

> **STJ, Súmula n.º 442**: "É inadmissível aplicar, no furto qualificado, pelo concurso de agentes, a majorante do roubo".
>
> **STJ, Súmula n.º 24**: "Aplica-se ao crime de estelionato, em que figure como vítima entidade autárquica da previdência social, a qualificadora do § 3º do art. 171 do Código Penal"[10].

Segundo o STJ, no homicídio mercenário, a qualificadora da paga ou promessa de recompensa é elementar do tipo qualificado, sendo **comunicável** ao mandante (STJ, AgInt no REsp 1681816/GO, 5ª Turma, Rel. Min. Nefi Cordeiro, DJe 15/05/2018). O leitor deve ficar atento (**questão oral**[11]).

Outro ponto importante refere-se à compatibilidade do concurso entre **qualificadoras objetivas** e **subjetivas** ou entre uma qualificadora objetiva e uma causa de diminuição de pena. Ex: homicídio qualificado-privilegiado.

Para uma melhor visualização, confira o **quadro estratégico**:

Qualificadoras e outros dados (concurso)			
	Objetivas + subjetivas	Ex: fato e motivo	**Compatíveis**
	Subjetivas + subjetivas	Ex: motivo e motivo	**Incompatíveis**

Assim, por exemplo, só é admissível o homicídio qualificado-privilegiado se a qualificadora for de **ordem objetiva**, lembrando que as qualificadoras subjetivas referem-se aos motivos do crime. Ex: motivo fútil.

O STJ assim já decidiu:

> "[...] HOMICÍDIO QUALIFICADO. PEDIDO DE DESCLASSIFICAÇÃO PARA HOMICÍDIO PRIVILEGIADO, PREVISTO NO ART. 121, § 1º, DO

[10] CP, art. 171, §3º: "A pena aumenta-se de um terço, se o crime é cometido em detrimento de entidade de direito público ou de instituto de economia popular, assistência social ou beneficência". Tecnicamente, não se trata de uma qualificadora, mas de uma causa de aumento de pena.

[11] Na prova oral do concurso para o cargo de Promotor de Justiça (MP-PI), realizada pelo CESPE-UNB/CEBRASPE em 2013, foi formulada a seguinte **questão oral**: "As qualificadoras relativas aos motivos do crime se comunicam aos coautores?".

> CÓDIGO PENAL. INCOMPATIBILIDADE COM A QUALIFICADORA DE CARÁTER SUBJETIVO (MOTIVO FÚTIL) [...]
> 1. Uma vez reconhecida a qualificadora de caráter subjetivo (motivo fútil), torna-se incompatível a tese de homicídio privilegiado. Precedentes desta Corte e do STF" (STF, HC 50.743/AL, 5ª Turma, Rel. Min. Arnaldo Esteves Lima, DJe 17/03/2008).

Essa orientação também tem sido estendida ao concurso entre causas de aumento e diminuição de pena. A compatibilidade é reconhecida quando se tratar da concorrência entre causas objetivas e subjetivas.

> **STJ, Tema Repetitivo 561**: "Afigura-se absolutamente 'possível o reconhecimento do privilégio previsto no § 2º do art. 155 do Código Penal nos casos de furto qualificado (CP, art. 155, § 4º)', máxime se presente qualificadora de ordem objetiva, a primariedade do réu e, também, o pequeno valor da *res furtiva*" (STJ, REsp 1193194/MG, 3ª Seção, Rel. Min. Maria Thereza de Assis Moura, DJe 28/08/2012).
>
> **STJ, Súmula n.º 511**: "É possível o reconhecimento do privilégio previsto no § 2º do art. 155 do CP nos casos de crime de furto qualificado, se estiverem presentes a primariedade do agente, o pequeno valor da coisa e a qualificadora for de ordem objetiva".

O leitor deve ficar atento, pois esse é um ponto bastante recorrente na jurisprudência e que tem sido explorado nas provas pelas bancas examinadoras.

2.4. Classificação dos tipos penais

2.4.1. Tipos incriminadores e tipos permissivos

Tipo incriminador é aquele que prevê uma conduta proibida pela lei penal. Corresponde à maioria dos tipos penais. Ex: roubo, furto etc.

Tipo permissivo é aquele que contempla uma causa de exclusão da ilicitude do fato. Ex: legítima defesa, estado de necessidade etc.

2.4.2. Tipos básicos ou fundamentais e tipos derivados

Tipo básico ou fundamental é aquele que descreve a forma mais simples que caracteriza o delito. Normalmente, costuma aparecer no *caput* dos artigos da lei penal. Ex: homicídio simples (CP, art. 121, *caput*).

Tipo derivado é aquele que descreve uma forma modificada ou derivada do tipo básico, com a inserção qualificadoras ou de causas de aumento ou de diminuição de pena. Se a agravação consistir em novos limites abstratos da pena, temos o tipo qualificado; na hipótese de causa especial de aumento ou diminuição da pena, tem-se o tipo majorado ou privilegiado. Ex: homicídio qualificado (CP, art. 121, §2º) e homicídio privilegiado (CP, art. 121, §1º).

2.4.3. Tipo objetivo, tipo subjetivo e tipo complexo

O **tipo objetivo** é composto pelo conjunto de caracteres objetivos ou materiais apresentados na definição abstrata da conduta (face objetiva). Ex: núcleo (verbo), resultado, objeto material etc.

O **tipo subjetivo** refere-se ao conjunto de caracteres subjetivos ou elementos anímicos exigidos pelo tipo em relação à conduta (face subjetiva). Ex: dolo e elementos subjetivos especiais.

O **tipo complexo** é uma construção do sistema finalista. Conforme já estudado, vimos que o finalismo retirou dolo e culpa da culpabilidade e os transportou para o fato típico. Com isso, o tipo penal passou a ser visto como uma *realidade complexa*, composto por uma *parte objetiva* (tipo objetivo) e por uma *parte subjetiva* (tipo subjetivo).

2.4.4. Tipos fechados e tipos abertos

Tipo fechado é aquele em que há *descrição completa* e *precisa* da conduta proibida, não exigindo do intérprete qualquer trabalho de complementação do tipo. Ex: homicídio doloso simples (CP, art. 121, *caput*).

Tipo aberto é aquele em que há *descrição incompleta*, transferindo-se para o intérprete o encargo de completar o tipo dentro dos limites nele próprio contidos. É o que ocorre nos crimes culposos, que precisam ser completados pelo intérprete a partir da norma geral que impõe o dever objetivo de cuidado[12].

2.4.5. Tipo normal e tipo anormal

Tipo normal é aquele que se caracteriza por conter apenas elementos objetivos ou descritivos.

Tipo anormal é aquele que que, além dos elementos objetivos, possui elementos subjetivos especiais ou normativos.

2.4.6. Tipo avalorado, neutro ou acromático

Na doutrina, o conceito de **tipo avalorado, neutro ou acromático** é uma construção existente no sistema naturalista ou causal da ação, vinculado à primeira fase de evolução da tipicidade penal (fase da independência do tipo). Retrata o *tipo penal sem nenhum conteúdo valorativo*.

O prefixo "a" traduz a ideia de "negação". Logo, *avalorado* significa "sem valor", aquilo que "não apresenta valor". Cromático significa "cor" ou "coloração". Acrescentando a partícula "a", temos a palavra *acromático*, que revela a ideia de "negação de cor". *Neutro* significa "aquilo que se abstém".

Sendo assim, fica fácil entender que tipo avalorado, neutro ou acromático é aquele que **não possui conteúdo valorativo**, exatamente o modelo de tipo penal indicado na primeira fase de evolução do tipo (fase da independência), nos termos em que concebido originalmente por Beling no sistema naturalista ou causal da ação. Também é chamado de "**tipo oco**", sem substância, por ser baseado na pura causalidade objetiva (tipicidade meramente formal). É um conceito ultrapassado, não sendo mais aceito na atualidade.

2.4.7. Tipos simples e tipos mistos (alternativos e cumulativos)

Tipo simples é aquele que contém apenas um núcleo (verbo) caracterizador da conduta. Ex: homicídio – "matar" alguém (CP, art. 121).

---

[12] TOLEDO, Francisco de Assis. *Princípios Básicos de Direito Penal. 5ª Ed.* São Paulo: Saraiva, 1995, p. 136.

Tipo misto é aquele que possui mais de um núcleo (verbo) que caracteriza a conduta típica. Existem duas espécies de tipos mistos.

Tipo misto alternativo. Nessa hipótese, a lei estabelece diversos núcleos que, caso sejam praticados no mesmo contexto fático, caracterizam um único crime, por força da aplicação do princípio da alternatividade (*cf.* o que dissemos no Capítulo 5 sobre conflito aparente de normas). Ex: o tráfico de drogas (art. 33, *caput*, da Lei n.º 13.43/2006) é composto por diversos verbos: importar, fabricar, adquirir, vender, dentre outros (**questão discursiva**[13]). Assim, por exemplo, se o agente fabrica e vende a droga no mesmo contexto fático, responde apenas por um único crime de tráfico.

> **Crime de ação múltipla ou conteúdo variado**: o tipo penal descreve vários verbos para a realização do mesmo crime (*tipo misto alternativo*).
>
> **STJ – Jurisprudência em Teses - ED 60 - Tese 01**: "O tráfico de drogas é crime de ação múltipla e a prática de um dos verbos contidos no art. 33, *caput*, é suficiente para a consumação da infração, sendo prescindível a realização de atos de venda do entorpecente".

O CESPE-UNB/CEBRASPE considerou **incorreta** a assertiva de que o agente responderá, no tipo misto alternativo, por todos os crimes que sua conduta alcançar, atingindo mais de um núcleo enunciado na norma[14].

Tipo misto cumulativo. A lei estabelece vários núcleos que, se praticados seguidamente, ainda que no mesmo contexto fático, caracterizam diversos delitos, em concurso material de infrações. Ex: art. 198 do CP.

2.4.8. Tipo congruente ou simétrico e tipo incongruente ou assimétrico

Tipo congruente ou **simétrico** é aquele em que o componente subjetivo (tipo subjetivo) corresponde ao resultado exigido pelo componente objetivo (tipo objetivo), havendo uma simetria ou "alinhamento" entre eles para a consumação. Ex: no homicídio, o dolo se alinha com o resultado morte.

---

[13] Na prova discursiva do concurso para o cargo de Juiz de Direito (TJDFT), realizada pelo CESPE-UNB/CEBRASPE em 2014, foi formulada a seguinte **questão discursiva**: "O que são tipos penais de conteúdo misto alternativo? Quais as consequências jurídicas do reconhecimento de que determinado tipo penal é de conteúdo misto alternativo?".

[14] Prova objetiva do concurso para o cargo de defensor público (DPE-AC), realizada em 2017.

Tipo incongruente ou **assimétrico** é aquele em que o componente subjetivo (tipo subjetivo) vai além do resultado exigido pelo componente objetivo (tipo objetivo) para a consumação do delito, havendo uma assimetria ou "desalinhamento" entre eles. Ex: no crime de extorsão (CP, art. 158), o dolo do agente dirige-se à obtenção da vantagem (resultado), mas a consumação exige apenas o verbo "constranger". Nesse caso, a consumação do delito se perfaz independentemente da produção do resultado (**crime formal**).

Para uma melhor visualização, confira o **esquema estratégico** abaixo:

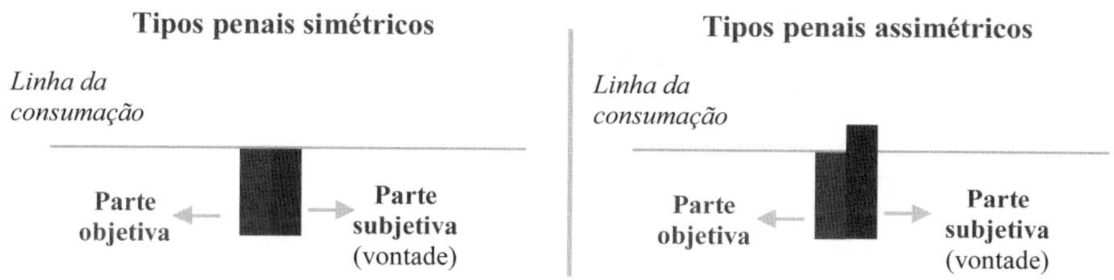

Segundo Assis Toledo, nos **tipos incongruentes**, o agente quer e persegue um resultado que não necessita ser atingido para a consumação do delito [15]. Os tipos penais que descrevem crimes formais [16] são *tipos incongruentes*, havendo um descompasso entre a finalidade pretendida pelo agente e a exigência típica. Nos crimes formais, embora o agente queira o resultado, este não é necessário à consumação do delito.

2.4.9. Tipo de autor e tipo de fato

Tipo de autor é aquele que em que a punição recai em decorrência da *condição pessoal* de alguém, e não em razão da prática de um fato. É um modelo que deriva do Direito Penal do autor, repudiado pela doutrina.

Tipo de fato é aquele que em que a punição recai em virtude da prática de um *fato*, e não em razão da condição pessoal de alguém[17]. É o modelo que decorre do Direito Penal do fato, acolhido entre nós.

[15] TOLEDO, Francisco de Assis. *Princípios Básicos de Direito Penal*. 5ª Ed. São Paulo: Saraiva, 1994, p. 151.

[16] Crime formal é aquele em que o resultado naturalístico, embora possível, é irrelevante para a consumação do delito.

[17] ZAFFARONI, Eugenio Raúl; PIERANGELI, José Henrique. *Manual de Direito Penal Brasileiro. Vol. 1. Parte Geral*. 6ª Ed. São Paulo: Revista dos Tribunais, 2006, p. 385-386.

2.4.10. Outras classificações: tipo preventivo, indiciário e remetido

Tipo preventivo é aquele em que o legislador antecipa a intervenção penal, criminalizando uma conduta que normalmente seria ato preparatório de outro crime. Ex: petrechos para falsificação de moeda (CP, art. 291).

Tipo indiciário é um conceito doutrinário que sustenta ser a tipicidade um indício de ilicitude. Conforme veremos mais à frente, é o modelo acolhido pela segunda fase de evolução da tipicidade.

Tipo remetido é aquele que faz remissão a outro tipo penal para que possa ser aplicado. Ex: uso de documento falso (CP, art. 304)[18].

3. TIPICIDADE

3.1. Considerações iniciais

No Direito Penal, *tipicidade* é o enquadramento da conduta na descrição abstrata contida na lei penal[19].

A moderna compreensão do *tipo* foi criada por Ernst Von Beling (1906). Após a criação da moderna teoria do tipo, esta se desenvolveu, tendo passado por algumas fases evolutivas e ganhado novas dimensões.

3.2. Evolução: as seis fases evolutivas. Da independência ao pós-finalismo

A evolução da teoria do tipo a partir de Beling pode ser analisada sob dois ângulos: (a) *externo*, analisando as relações entre tipicidade e ilicitude e (b) *interno*, com foco voltado para os aspectos internos do tipo/tipicidade.

[18] "Art. 304 - Fazer uso de qualquer dos papéis falsificados ou alterados, a que se referem os arts. 297 a 302: Pena - a cominada à falsificação ou à alteração".

[19] *Tipo* e *tipicidade* são conceitos lógico-jurídicos que pertencem à teoria geral do Direito, não sendo exclusivos do Direito Penal. Na verdade, são conceitos universais que podem ser utilizados em outros ramos do Direito (Direito Tributário, Processual, Administrativo etc.). Na teoria dos fatos jurídicos, Marcos Bernardes de Mello identifica dois elementos estruturantes da norma jurídica: *(a) suporte fático hipotético*: hipótese fática abstrata descrita no enunciado lógico da norma jurídica, condicionante da existência do fato jurídico (*fattispecie*) e *(b) preceito*: disposição normativa sobre a eficácia jurídica. Para Pontes de Miranda, o suporte fático traduz a expressão *Tatbestand*, criada pela doutrina alemã. *Cf.* MELLO, Marcos Bernardes de. *Teoria do Fato Jurídico. Plano da Existência.* 17ª Ed. São Paulo: Saraiva, 2011, p. 73-107.

Primeiramente, convém examinar as três fases de evolução externa da teoria do tipo, que tratam das relações entre tipicidade e ilicitude.

1ª) Fase da independência (Beling): a primeira fase de evolução da tipicidade foi "vivida" logo após o nascimento da teoria do tipo na concepção moderna, nos termos em que concebida por Beling. Nessa primeira etapa evolutiva, há uma separação absoluta entre tipicidade e ilicitude, que não se relacionam. *A tipicidade é completamente desvinculada da ilicitude* e da culpabilidade, apresentando apenas função descritiva, sem nenhum conteúdo valorativo. O tipo penal nasce e começa a se afirmar como "ser". O mérito de Beling foi tornar a tipicidade independente da ilicitude e da culpabilidade.

Para uma melhor visualização, confira a **simbologia estratégica**:

1ª fase
Independência

Tipicidade **Ilicitude**

Separação total

Na fase da independência (primeira fase evolutiva), o tipo foi contemplado única e exclusivamente de modo objetivo. Era o modelo adotado **no sistema naturalista ou causal**, baseado apenas na pura causalidade objetiva (tipicidade meramente formal) e fotografia externa do evento, sem que houvesse qualquer juízo de valor quanto à finalidade ou conteúdo. Ex: no caso de atropelamento, não importava se a vítima se jogou para cometer suicídio.

> **Tipo avalorado, neutro ou acromático**: essa é uma construção existente na primeira fase de evolução da tipicidade (fase da independência), que retrata o *tipo penal sem nenhum conteúdo valorativo*, nos termos em que concebido originalmente por Beling no sistema naturalista ou causal da ação. Também é chamado de "**tipo oco**", sem substância, por ser baseado na pura causalidade objetiva (tipicidade meramente formal), sem qualquer juízo de valor sobre a finalidade ou conteúdo da conduta. É um conceito superado.

O CESPE-UNB/CEBRASPE considerou **incorreta** a assertiva de que adotando-se a teoria do tipo avalorado ou acromático, no caso de atropelamento com morte, a comprovação de que a vítima se jogou na frente do veículo para cometer suicídio seria relevante para a verificação da existência do fato típico[20].

2ª) Fase do caráter indiciário (*ratio cognoscendi*): na segunda fase evolutiva, observou-se que o tipo e a tipicidade não poderiam ser completamente desvinculados da ilicitude, tendo início uma caminhada de aproximação. Segundo Mayer, a tipicidade não possui simplesmente função descritiva, mas constitui um indício de ilicitude: *a circunstância de a conduta ser típica traz um indício de ilicitude* (presunção relativa), que somente será afastado quando presente alguma causa de exclusão da ilicitude (ex: legítima defesa). Aqui, o tipo penal, já nascido, começa a "caminhar", fazer conexões e se torna "noivo" da ilicitude, estabelecendo com ela um *elo de ligação*. Essa segunda fase também é chamada de **teoria do tipo indiciário**.

Para uma melhor visualização, confira a **simbologia estratégica**:

2ª fase
Caráter indiciário da ilicitude
(ratio cognoscendi)

Tipicidade Ilicitude

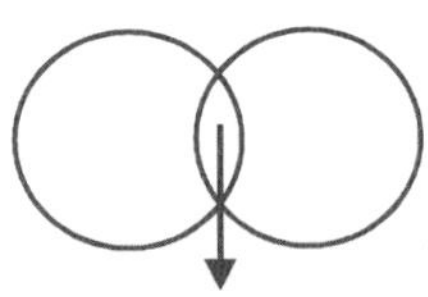

Indício de ilicitude
(presunção relativa)
Intersecção

O CESPE-UNB/CEBRASPE considerou **incorreta** a assertiva de que de acordo com a teoria do tipo indiciário, a tipicidade leva à presunção absoluta de ilicitude da conduta[21].

3ª) Fase do tipo legal como essência da ilicitude (*ratio essendi*): na terceira fase evolutiva da teoria do tipo, Mezger inclui a tipicidade na ilicitude. *Tipicidade e ilicitude se fundem no interior do injusto, formando o tipo total de injusto*, um terceiro elemento novo. Nessa fase, já não se pode mais dividir a tipicidade e a ilicitude em dois momentos distintos. Para estimular a memória, podemos dizer que, o tipo penal, já nascido e com conexões, resolve "se casar" com a ilicitude, tornando-se "uma só carne" (Bíblia Sagrada Cristã, Marcos 10:

[20] Prova objetiva do concurso para o cargo de Juiz de Direito (TJRN), realizada em 2013.
[21] Prova objetiva do concurso para o cargo de Juiz de Direito (TJRN), realizada em 2013.

7-8). Como consequência, as causas de exclusão da ilicitude são vistas como elementos negativos do tipo, passando a figurar como excludentes de tipicidade (*teoria dos elementos negativos do tipo*) no contexto de pertencimento ao chamado **tipo total de injusto**[22].

Na fase do tipo legal como essência da ilicitude, o tipo foi conceituado como **ilicitude tipificada**, já que o tipo e a ilicitude fundiram-se no interior do injusto. Parte-se do pressuposto de que não é possível fracionar a tipicidade e a ilicitude em dois momentos distintos, embora seus conceitos não se confundam. Essa terceira fase também é conhecida por **teoria da identidade**.

Visualizando o ponto, observe-se a **simbologia estratégica** abaixo:

3ª fase
Tipo legal como essência da ilicitude
(*ratio essendi*)

Injusto
(tipo total de injusto)

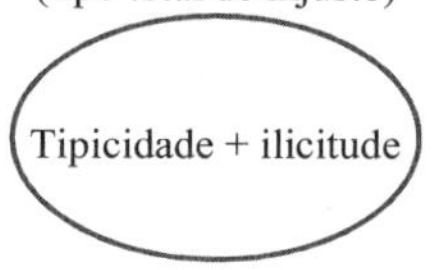

Fusão

O CESPE-UNB/CEBRASPE considerou **correta** a assertiva de que conforme a teoria dos elementos negativos do tipo ou do tipo total de injusto, a legítima defesa configura causa excludente da tipicidade[23].

Não é difícil notar, sobretudo pelas ilustrações acima, que as três principais fases de evolução externa da teoria do tipo em sua relação com a ilicitude ensaiam uma caminhada teórica de aproximação, partindo da separação absoluta até se chegar à completa fusão. Lembramos que apenas estamos examinando a evolução teórica na tipicidade. Conforme veremos, nem todas essas concepções são compatíveis com o direito brasileiro.

Ilustrando mais uma vez com o objetivo de estimular a memorização, observe-se o movimento de evolução da teoria do tipo no **esquema estratégico**:

[22] SANTOS, Juarez Cirino dos. *Direito Penal. Parte Geral. 7ª Ed.* Florianópolis: Empório do Direito, 2017, p. 82; BITENCOURT, Cezar Roberto. *Op. Cit.*, p. 256; JESUS, Damásio E. de. *Op. Cit.*, p. 305-306; GRECO, Rogério. *Curso de Direito Penal. Parte Geral.* 20ª Ed. Niteroi: Impetus, 2018, p. 266-269.
[23] Prova objetiva do concurso para o cargo de Juiz de Direito (TJRN), realizada em 2013.

EVOLUÇÃO DA MODERNA TEORIA DO TIPO
(relação do tipo com a *ilicitude* – evolução externa)
(**mnemônico**[24])

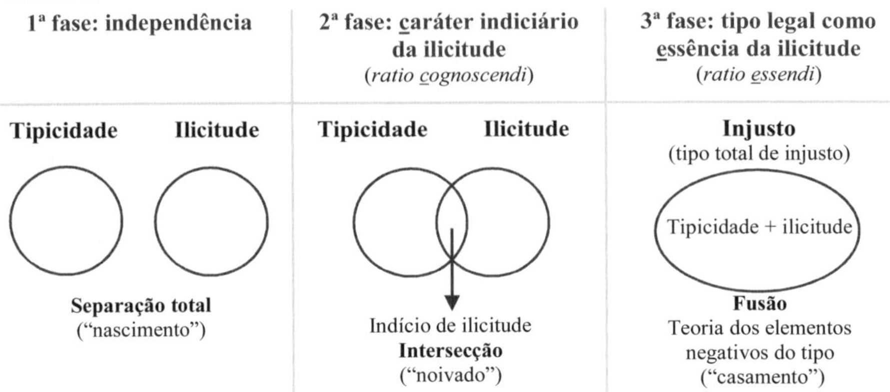

No Brasil, prevalece a diretriz do **caráter indiciário da ilicitude** (2ª fase evolutiva): a circunstância de a conduta ser típica traz um *indício* de que, também, será ilícita (presunção relativa), salvo quando presente alguma causa de exclusão da ilicitude. Ex: legítima defesa, estado de necessidade etc.

Avançando em nosso estudo, a teoria do tipo ainda apresentou mais três fases com foco na **evolução interna**: fases defensiva, finalista e funcionalista.

4ª) Fase defensiva: representa a *defesa da teoria do tipo por Beling contra as críticas apresentadas*. Após a criação da teoria do tipo em 1906, Beling, no ano de 1930, publicou novo trabalho ("*La doctrina del tipo*") com o objetivo de defender a teoria do tipo contra as críticas formuladas pela doutrina, apresentando novos aportes teóricos. O jurista estabeleceu a distinção entre *tipo de delito* (*Deliktypus*) e *Tatbestand* ou *figura reitora* (*Leitbild*). Nessa fase, pode-se falar em "**tipo de defesa**" ou "**tipo defendido**". Apesar do esforço de Beling, esses "novos aportes teóricos" não geraram grandes reflexos no Brasil.

5ª) Fase do finalismo: na quinta fase evolutiva, incorpora-se a concepção finalista na teoria do tipo. O tipo, na visão finalista, é uma *realidade complexa*, formada por uma parte objetiva (*tipo objetivo*), composta pela descrição legal, e outra parte subjetiva (*tipo subjetivo*), constituída pela vontade reitora, com dolo ou culpa, acompanhados de quaisquer outras características subjetivas[25]. Conforme anota Mestieri, a parte objetiva forma o componente

[24] **Macete mnemônico**: "**ICE**" – fases da **I**ndependência, **C**aráter Indiciário e da **E**ssência da ilicitude.
[25] BITENCOURT, Cezar Roberto. *Op. Cit.*, p. 257-258.

causal e a parte subjetiva, o componente *final*, que domina e dirige o componente causal[26]. É nessa fase que surge a noção de **tipo complexo.**

> **Finalismo e tipo complexo**: o *tipo complexo*, na acepção aqui tratada, é uma construção do sistema finalista. Conforme já visto, o finalismo retirou dolo e culpa de sua antiga localização – a culpabilidade – e os transportou para o fato típico. Com isso, o tipo passou a ser visto como uma *realidade complexa*, composto por uma *parte objetiva* (tipo objetivo) e por uma *parte subjetiva* (tipo subjetivo). Essa acepção não se confunde com o conceito de crime complexo, que resulta da fusão de dois ou mais crimes (ex: latrocínio).

6ª) Fase do funcionalismo (pós-finalismo): na sexta etapa evolutiva, são acrescidas novas exigências ao tipo objetivo, com base em critérios de política criminal. Na atualidade, o funcionalismo tem apontado para o risco/perigo gerado pela criminalidade moderna e uma das contribuições de Roxin ao sistema penal foi vincular o tipo objetivo à realização de um perigo não permitido dentro do fim de proteção da norma, sendo necessário que esse perigo se concretize no desvalor do resultado. O tipo, na visão funcionalista ou pós-finalista, mantém a divisão entre tipo objetivo e subjetivo, mas incorpora novas exigências ao tipo objetivo: o *exame do risco ou perigo causado pela conduta*, o que abre espaço para a aplicação da teoria da imputação objetiva, cujo requisito mais emblemático é a criação de um risco proibido.

Para fins de memorização, observe o **esquema estratégico** abaixo:

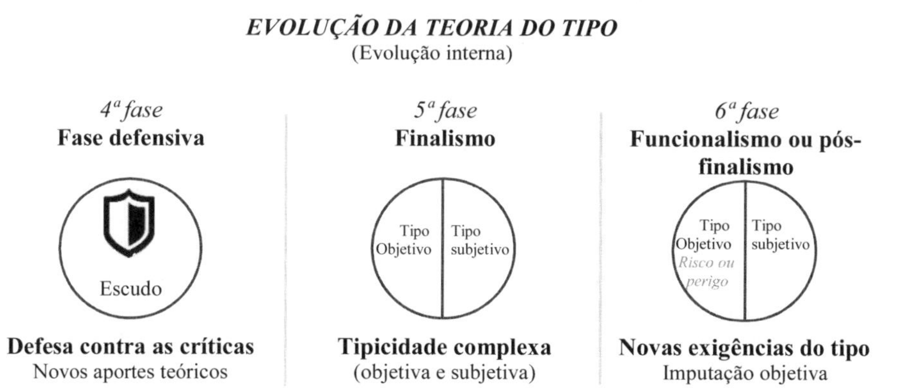

[26] MESTIERI, João. *Teoria Elementar do Direito Criminal*. Parte Geral. Rio de Janeiro: Editora do Autor, 1990, p. 157.

Agora, para uma visão geral e panorâmica sobre as seis fases de evolução da teoria do tipo, confira o **quadro estratégico** abaixo:

Fases evolutivas da teoria do tipo (concepção moderna)	**Evolução externa** (relação com a ilicitude)	**1ª) fase da independência (Beling)**: tipo e ilicitude são independentes. Tipo sem conteúdo valorativo (***tipo avalorado, neutro ou acromático***)
		2ª) fase do caráter indiciário (Mayer): a circunstâncias de a conduta ser típica traz um *indício* de ilicitude. É conhecida como *ratio cognoscendi* da ilicitude (***tipo indiciário***)
		3ª) fase do tipo legal como essência da ilicitude (Mezger): tipicidade e ilicitude são fundidas no interior do injusto. É conhecida como *ratio essendi* (***tipo total de injusto***)
	Evolução interna (evolução interna do tipo)	**4ª) fase defensiva (Beling)**: *defesa* da teoria do tipo por Beling contra as críticas apresentadas (***tipo de defesa ou tipo defendido***)
		5ª) fase do finalismo (Welzel): o tipo é uma realidade complexa, composto por uma parte objetiva (*tipo objetivo*) e por uma parte subjetiva (*tipo subjetivo*) (***tipo complexo***)
		6ª) fase do funcionalismo (pós-finalismo/Roxin e Jakobs): novas exigências incorporadas ao tipo objetivo (risco/perigo) (**"tipo no risco" e imputação objetiva**)

Convém destacar que o sistema penal brasileiro adotou as fases do **caráter indiciário** (evolução externa) e **finalista** (evolução interna). Como são evoluções em níveis ou ângulos distintos, não há contradição na doutrina de Welzel, que defende o caráter indiciário e a fase finalista.

3.3. Tipicidade e injusto

São conceitos que não se confundem. Como visto, **tipicidade** é o enquadramento da conduta concreta na descrição abstrata da lei penal. Retrata a conduta *típica*. Já o **injusto**, em sentido formal, engloba a conduta já valorada como *típica* e *ilícita*[27] e, em sentido material, revela a contrariedade ao sentimento social de justiça[28]. Conforme adverte Rogério Greco, o injusto penal

[27] TOLEDO, Francisco de Assis. *Op. Cit.*, p. 119.

[28] BONFIM, Edilson Mougenot; CAPEZ, Fernando. *Direito Penal. Parte Geral.* São Paulo: Saraiva, 2004, p. 472.

não se confunde com o tipo total de injusto proposto pelos defensores da *ratio essendi* na terceira fase de evolução da teoria do tipo[29].

3.4. As três dimensões da tipicidade penal: formal, material e subjetiva

Na visão contemporânea pós-positivista, a tipicidade penal possui três **dimensões**: formal, material e subjetiva. Fala-se em **teoria tríptica ou tridimensional** da tipicidade, o que decorre da conjugação do finalismo com o movimento da *constitucionalização do Direito Penal* (releitura).

Para uma rápida visualização, observe o **esquema estratégico** abaixo:

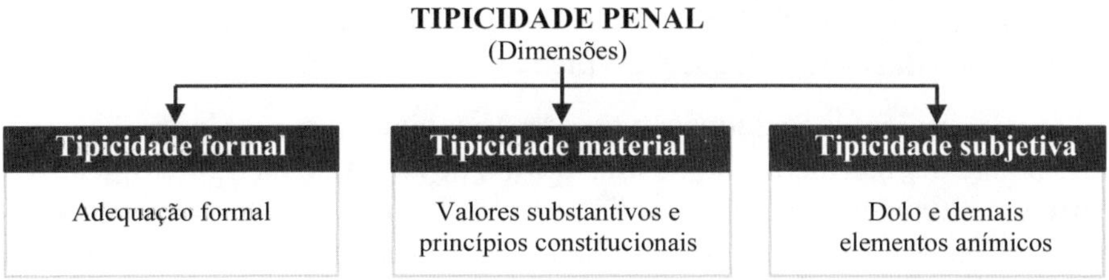

A fenomenologia da tipicidade penal não se esgota com a simples subsunção ou enquadramento formal do fato à norma. Vai além: é concebida pela doutrina pós-positivista como um fenômeno **multidimensional**.

O CESPE-UNB/CEBRASPE considerou **incorreta** a assertiva de que dada a necessidade de observância do princípio da legalidade, a tipicidade penal resume-se ao mero exercício de adequação do fato concreto à norma abstrata[30].

Tipicidade formal ou objetiva: representa a adequação formal do fato concreto à previsão da norma abstrata (*subsunção formal*), como expressão do princípio da legalidade no Direito Penal. É a ideia mais comum que temos da tipicidade penal, sendo o "primeiro degrau" do juízo de tipicidade. Na dimensão formal ou objetiva, são verificados os *elementos objetivos* (descritivos) do tipo, a partir da observação externa do evento.

A tipicidade formal é regida pelo princípio da legalidade estrita e todos os componentes do tipo objetivo precisam estar presentes na conduta concreta

[29] GRECO, Rogério. *Curso de Direito Penal. Parte Geral.* 20ª Ed. Niteroi: *Impetus*, 2018, p. 269.
[30] Prova objetiva do concurso para o cargo de Juiz de Direito (TJES), realizada em 2011.

para que o juízo de tipicidade possa ingressar na primeira dimensão. Ex: no crime de calúnia, em que há imputação falsa de fato definido como crime (CP, art. 138), o STJ tem decidido que é preciso que o fato imputado seja específico, concreto e delimitado no tempo (alegações genéricas são insuficientes)[31].

> **STJ - Jurisprudência em Teses - ED 130 - Tese 04**: "O crime de calúnia não se contenta com afirmações genéricas e de cunho abstrato, devendo a inicial acusatória conter a descrição de fato específico, marcado no tempo, que teria sido falsamente praticado pela pretensa vítima".

Existem duas espécies ou modos de tipicidade formal:

(a) direta: a adequação típica é feita diretamente, sem a intermediação de norma de extensão. Ex: homicídio consumado praticado por único agente. Também é chamada de adequação típica de subordinação imediata;

(b) indireta: a adequação típica não é feita de modo direto, havendo a necessidade de intermediação de uma norma de extensão da figura típica, como ocorre com a *norma da tentativa* (CP, art. 14, II) para alcançar o crime tentado (norma de extensão temporal) e com a *norma do concurso de agentes* (CP, art. 29) para alcançar a conduta do partícipe, que não realiza o verbo (núcleo) do tipo (norma de extensão pessoal e espacial). A tipicidade formal indireta também é chamada de adequação típica de subordinação mediata.

Não havendo tipicidade formal, que se apresenta como primeiro degrau do juízo de tipicidade, as outras dimensões ficam prejudicadas.

Tipicidade material: revela o aspecto *substancial* da tipicidade, sendo relacionada ao conteúdo da conduta típica. Para que haja crime, não basta o simples enquadramento formal da conduta, devendo haver um conteúdo mínimo de lesividade reprovável ao bem jurídico. O conteúdo da tipicidade material é preenchido pelos princípios constitucionais do Direito Penal (ex: insignificância, lesividade, intervenção mínima etc.) à luz dos valores substantivos consagrados pela Constituição. Trata-se de um reflexo do movimento da *constitucionalização do Direito* e da teoria constitucional do Direito Penal, decorrentes das fases neoconstitucionalista e pós-positivista que atravessamos. A tipicidade material somente pode ser verificada *in concreto*.

Essa é a razão pela qual o furto de um chiclete, embora tenha tipicidade formal, não é considerado crime (**atipicidade material**).

---

[31] STJ, RHC 77.768/CE, 5ª Turma, Rel. Min. Reynaldo Soares da Fonseca, DJe 26/05/2017.

Princípio da insignificância e exclusão da tipicidade material: na jurisprudência, o exemplo mais emblemático de exame da tipicidade material é a aplicação do *princípio da insignificância* e seus *vetores* pelos tribunais: (a) mínima ofensividade da conduta do agente; (b) ausência de periculosidade social da ação; (c) reduzido grau de reprovabilidade do comportamento e (d) inexpressividade da lesão jurídica provocada (STF, RHC 172825 AgR, 1ª Turma, Rel. Min. Rosa Weber, DJ 05/05/2021; (STJ, AgRg no HC 690.394/MG, 6ª Turma, Rel. Min. Laurita Vaz, DJe 25/10/2021). O STF e o STJ têm entendido que o princípio da insignificância exclui a *tipicidade material* do fato (STF, HC 165577 AgR, 2ª Turma, Rel. Min. Gilmar Mendes, DJ 29/09/2021; STJ, AgRg no HC 536.663/ES, 6ª Turma, Rel. Min. Sebastião Reis Júnior, DJe 16/08/2021).

O CESPE-UNB/CEBRASPE considerou **incorreta** a assertiva de que, conforme entendimento da doutrina majoritária, o princípio da insignificância afeta a tipicidade formal[32].

No plano da **tipicidade material**, existem entendimentos jurisprudenciais importantes relacionados à aplicação dos princípios penais constitucionais, especialmente quanto aos crimes materiais contra a ordem tributária e às imunidades constitucionais e legais conferidas aos titulares de determinados cargos e funções de relevância pública, além de outros temas.

STJ, Súmula n.º 502: "Presentes a materialidade e a autoria, afigura-se típica, em relação ao crime previsto no art. 184, § 2º, do CP, a conduta de expor à venda CDs e DVDs piratas".

STJ, Tema Repetitivo 593: "Considera-se típica, formal e materialmente, a conduta prevista no artigo 184, § 2º, do Código Penal, afastando, assim, a aplicação do princípio da adequação social, de quem expõe à venda CD's E DVD's 'piratas'" (STJ, REsp 1193196/MG, 3ª Seção, Rel. Min. Maria Thereza de Assis Moura, DJe 04/12/2012).

STF, Súmula Vinculante n.º 24: "Não se tipifica crime material contra a ordem tributária, previsto no artigo 1º, incisos I a IV, da Lei nº 8.137/90, antes do lançamento definitivo do tributo".

STJ - Jurisprudência em Teses - ED 90 - Tese 04: "Os delitos tipificados no art. 1º, I a IV, da Lei n. 8.137/90 são materiais, dependendo, para a sua consumação, da efetiva ocorrência do resultado".

[32] Prova objetiva do concurso para o cargo de Promotor de Justiça (MP-AC), realizada em 2014.

> **MPF, 2ª CCR, Enunciado n.º 63:** "A sentença trabalhista transitada em julgado, condenatória ou homologatória de acordo, após sua liquidação, constitui definitivamente o crédito tributário".
>
> **STJ - Jurisprudência em Teses - ED 130 - Tese 11**: "Os deputados federais e os senadores gozam de imunidade parlamentar material, o que afasta a tipicidade de eventuais condutas, em tese, ofensivas à honra praticadas no âmbito de suas atuações político-legislativas (art. 53 da CF/1988), prerrogativa estendida aos deputados estaduais, a teor do disposto no art. 27, § 1º, da CF/1988".
>
> **STJ - Jurisprudência em Teses - ED 130 - Tese 12**: "A imunidade em favor do advogado, no exercício da sua atividade profissional, insculpida no art. 7º, § 2º, do Estatuto da OAB (Lei n. 8.906/1994), não abrange o crime de calúnia, restringindo-se aos delitos de injúria e difamação".

Tipicidade subjetiva: nessa dimensão, são verificados os *elementos subjetivos do tipo*, que se referem ao aspecto anímico da conduta do agente. São eles: (a) dolo (elemento subjetivo geral) e (b) fim especial de agir (elemento subjetivo especial). Na doutrina, são encontradas *categorizações* do elemento subjetivo especial do tipo. Cezar Roberto Bitencourt, partindo da concepção de Mezger, classifica os elementos subjetivos especiais do tipo em: intenções, tendências, motivos especiais de agir e estados especiais de ânimo[33].

A dimensão subjetiva da tipicidade penal é uma conquista do **finalismo**. Conforme já estudado, o finalismo retirou dolo e culpa de sua antiga localização – a culpabilidade – e os deslocou para o interior do fato típico. Não havendo dolo ou culpa, o fato é atípico. Lembramos ainda que, na quinta fase evolutiva (fase do finalismo), o tipo é visto como uma *realidade complexa*, formada por uma parte objetiva (*tipo objetivo*), composta pela descrição legal, e outra parte subjetiva (*tipo subjetivo*), constituída pela vontade reitora, com dolo ou culpa, acompanhados de quaisquer outras características subjetivas.

O CESPE-UNB/CEBRASPE considerou **correta** a assertiva de que o estudo do tipo subjetivo dos crimes dolosos tem por objeto o dolo, elemento subjetivo geral, excluído nas hipóteses de erro de tipo, sendo as intenções, tendências ou atitudes pessoais elementos subjetivos especiais existentes em conjunto com o dolo em determinados delitos[34].

O STJ tem fixado diversas orientações relacionadas ao campo da tipicidade subjetiva, devendo o leitor ficar atento.

---

[33] BITENCOURT, Cezar Roberto. *Op. Cit.*, 273.
[34] Prova objetiva do concurso para o cargo de Juiz de Direito (TJPB), realizada em 2011.

> **STJ - Jurisprudência em Teses - ED 130 - Tese 01**: "Para a configuração dos crimes contra a honra, exige-se a demonstração mínima do intento positivo e deliberado de ofender a honra alheia (dolo específico), o denominado animus caluniandi, diffamandi vel injuriandi"[35].
>
> **STJ - Jurisprudência em Teses ED 130 - Tese 02**: "Nos casos em que a inexistência da intenção específica de ofender a honra alheia é flagrante, admite-se, excepcionalmente, em sede de habeas corpus, a análise da presença do dolo específico exigido para a caracterização dos crimes contra a honra".
>
> **STJ - Jurisprudência em Teses - ED 130 - Tese 07**: "Expressões eventualmente contumeliosas, quando proferidas em momento de exaltação, bem assim no exercício do direito de crítica ou de censura profissional, ainda que veementes, atuam como fatores de descaracterização do elemento subjetivo peculiar aos tipos penais definidores dos crimes contra a honra".
>
> **STJ - Jurisprudência em Teses - ED 134 - Tese 01**: "Para a configuração do delito tipificado no art. 89 da Lei n. 8.666/1993, é indispensável a comprovação do dolo específico do agente em causar dano ao erário, bem como do prejuízo à administração pública".
>
> **STJ - Jurisprudência em Teses - ED 87 - Tese 07**: "O delito de apropriação indébita previdenciária constitui crime omissivo próprio, que se perfaz com a mera omissão de recolhimento da contribuição previdenciária dentro do prazo e das formas legais, prescindindo, portanto, do dolo específico".
>
> **STJ - Jurisprudência em Teses - ED 81 - Tese 10**: "O crime de sonegação de contribuição previdenciária, previsto no art. 337-A do CP, não exige dolo específico para a sua configuração".

Enfim, a teoria tríptica ou tridimensional da tipicidade (dimensões formal, material e subjetiva) é uma realidade na doutrina e nos tribunais.

4. TIPICIDADE CONGLOBANTE

A tipicidade penal deve ser verificada não só a partir da ordem penal, mas deve considerar todo o ordenamento jurídico (ordem conglobada).

[35] "A ausência de previsibilidade de que a ofensa chegue ao conhecimento da vítima afasta o dolo específico do delito de injúria, tornando a conduta atípica" (STJ, REsp 1.765.673-SP, 6ª Turma, Rel. Min. Sebastião Reis Júnior, DJe 29/05/2020, Informativo n.º 672).

A teoria da **tipicidade conglobante** é defendida por **Zaffaroni e Pierangeli**. Partindo do pressuposto de que o Direito é um sistema, a teoria propõe que, no exame da tipicidade penal, deve ser considerado o ordenamento jurídico como um todo, e não só a ordem penal. O ordenamento jurídico é visto como um bloco monolítico e se algum ramo do Direito (Constitucional, Civil, Administrativo etc.) permitir o comportamento, o fato será considerado penalmente atípico (a ordem é conglobante). A tipicidade é dita *conglobante* justamente porque "**engloba**", "**congloba**" todo o ordenamento jurídico.

Para uma melhor visualização, confira a **simbologia estratégica**:

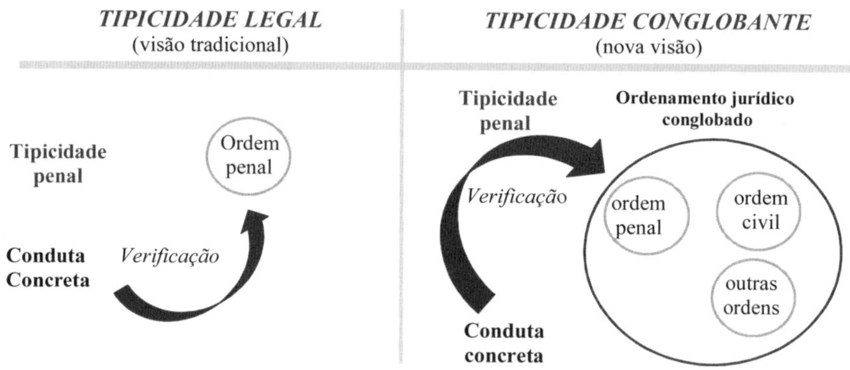

O CESPE-UNB/CEBRASPE considerou **correta** a assertiva de que segundo a teoria da tipicidade conglobante, o ordenamento jurídico deve ser considerado como um bloco monolítico, de forma que, quando algum ramo do direito permitir a prática de uma conduta formalmente típica, o fato será considerado atípico[36].

Sobre o tema, vale registrar as palavras de Zaffaroni e Pierangeli:

> "o juízo de tipicidade não é um mero juízo de *tipicidade legal*, mas que exige outro passo, que é a comprovação da *tipicidade conglobante*, consistente na averiguação da proibição através da indagação do alcance proibitivo da norma, não considerada isoladamente, e sim conglobada na ordem normativa. *A tipicidade conglobante é um corretivo da tipicidade legal*"[37].

[36] Prova objetiva do concurso para o cargo de defensor público (DP-AL), realizada em 2009.
[37] ZAFFARONI, Eugenio Raúl; PIERANGELI, José Henrique. *Manual de Direito Penal Brasileiro. Vol. 1. Parte Geral*. 6ª Ed. São Paulo: Revista dos Tribunais, 2006, p. 394.

Portanto, no exame da tipicidade penal, não deve ser analisada apenas a ordem penal, mas o ordenamento jurídico como um todo. Vale a fórmula: tipicidade penal = tipicidade legal + tipicidade conglobante.

A adoção da teoria da tipicidade conglobante gera alguns reflexos práticos no campo das excludentes de ilicitude. Quando a conduta for prévia e expressamente permitida, não há que se falar em tipicidade penal.

Atenção! Na teoria da tipicidade conglobante, o exercício regular de direito e o estrito cumprimento do dever legal passam a ser vistos como causas de exclusão da *tipicidade*, e não como excludentes de ilicitude[38]. Nesse ponto em especial, a teoria não é compatível com o Código Penal brasileiro, que prevê o exercício regular de direito e o estrito cumprimento do dever legal como causas de exclusão da ilicitude do fato (CP, art. 23, III).

5. TEORIA DOS ELEMENTOS NEGATIVOS DO TIPO

De acordo com a **teoria dos elementos negativos do tipo**, as excludentes de ilicitude são agregadas como requisitos negativos do tipo penal e, caso uma delas esteja presente, o fato será atípico. Não é adotada no Brasil.

A teoria dos elementos negativos do tipo foi desenvolvida por **Adolf Merkel** (1836-1896)[39], que foi professor de Franz Von Liszt em Viena. Na Itália, a teoria foi defendida por Nuvolone, Grispini e Gallo.

O ambiente dessa teoria é a terceira fase de evolução da teoria do tipo, que retrata o tipo legal como essência da ilicitude (*ratio essendi*) e apresenta o polêmico conceito de *tipo total de injusto* (fusão: tipicidade + ilicitude). Os elementos são considerados **"negativos"** porque *não* podem estar presentes para que o tipo total de injusto (ilicitude tipificada) se aperfeiçoe. Ex: matar alguém não estando em legítima defesa, estado de necessidade etc.

Cuidado! Essa é uma teoria que relaciona *tipicidade* e *ilicitude* no interior do tipo total de injusto. A *culpabilidade* não faz parte da formulação.

O CESPE-UNB/CEBRASPE considerou **incorreta** a assertiva de que segundo a teoria dos elementos negativos do tipo, as causas de exclusão de culpabilidade devem ser agregadas ao tipo como requisitos negativos deste, resultando no conceito denominado pela doutrina de tipo total de injusto[40].

[38] ZAFFARONI, Eugenio Raúl; PIERANGELI, José Henrique. *Op. Cit.*, p. 393 e ss.
[39] SANTOS, Juarez Cirino dos. *Op. Cit.*, p.77.
[40] Prova objetiva do concurso para o cargo de defensor público (DP-AL), realizada em 2009.

CAPÍTULO 9
CRIME DOLOSO E CRIME CULPOSO

1. INTRODUÇÃO

No Capítulo sobre princípios, vimos que o sistema penal brasileiro adotou o modelo de **responsabilidade penal subjetiva**: o agente somente poderá ser punido quando agir com dolo ou culpa (princípio da culpabilidade). Desse modo, a responsabilidade objetiva, sem dolo ou culpa, não é admitida na esfera criminal. Na legislação brasileira, a regra é que os crimes sejam dolosos. A modalidade culposa constitui exceção, somente sendo admitida nos casos expressamente previstos pelo legislador (CP, art. 18, parágrafo único).

Dolo e **culpa** são elementos da conduta e integram o fato típico. Conforme já exaustivamente apontado, o finalismo retirou dolo e culpa da culpabilidade e os transportou para o fato típico. Não havendo dolo ou culpa, o fato será atípico e o agente não poderá ser responsabilizado criminalmente.

No presente Capítulo, estudaremos os institutos do dolo e da culpa, apresentando a conceituação, teorias, espécies e diversos outros detalhes a eles relacionados. São pontos fundamentais no estudo da teoria do delito.

2. CRIME DOLOSO

2.1. Considerações preliminares

Nos termos do art. 18, I, do CP, diz-se o crime "doloso, quando o agente quis o resultado ou assumiu o risco de produzi-lo".

Segundo Johannes Wessels, o tipo subjetivo doloso é constituído por um elemento subjetivo geral – o dolo –, que, por vezes, é acompanhado de elementos subjetivos especiais – intenções e tendências[1] ou mesmo por um "fim especial de agir", este último também chamado pela doutrina de "dolo específico", exigido em conjunto com o dolo em determinados delitos, conforme a opção do legislador[2]. É a dimensão subjetiva da tipicidade penal.

A seguir, veremos o **dolo** e os **elementos subjetivos especiais** do tipo, apresentando seus detalhes e nuances.

2.2. Dolo

2.2.1. Conceito, natureza jurídica e elementos

Dolo é a consciência e vontade de realizar, no mundo dos fatos, os elementos constantes do tipo penal.

Natureza jurídica: trata-se de elemento subjetivo geral do tipo penal (elemento implícito), compondo o tipo subjetivo. Na doutrina, é visto como elemento psicológico da conduta e integra o juízo de tipicidade[3].

Elementos: o dolo possui dois elementos: (a) consciência (elemento intelectivo) e (b) vontade (elemento volitivo).

Na teoria finalista da ação (Welzel), o dolo é o *natural*, sendo composto apenas pela *consciência* e *vontade*. Na falta de um desses elementos constitutivos, não haverá dolo. Ex: estados de inconsciência e coação física (*vis absoluta*). Note-se que a embriaguez e a doença mental não excluem o dolo,

---

[1] WESSELS, Johannes. *Direito Penal. Parte Geral. Trad. Juarez Tavares*. Porto Alegre: Editor Sérgio A. Fabris, 1976, p. 40.
[2] BONFIM, Edilson Mougenot; Capez, Fernando. *Direito Penal. Parte Geral*. 4ª Ed. São Paulo: 2004, p. 397.
[3] JESUS, Damásio E. de. *Direito Penal. Vol. 1. Parte Geral*. 34ª Ed. São Paulo: Saraiva, 2013, p. 327.

mas poderão figurar como causas de exclusão da imputabilidade penal, conforme a hipótese (CP, arts. 26 e 28, §2º).

O dolo (consciência e vontade) **deve abranger *todos* os elementos do tipo, qualificadoras, circunstâncias etc., e não só o resultado naturalístico**. Assim, por exemplo, se não há dolo sobre uma elementar do tipo, o crime se descaracteriza; se não há dolo sobre uma qualificadora, esta não poderá qualificar o delito; se não há dolo sobre uma agravante, esta não poderá incidir. O mesmo pode ser dito em relação às causas de aumento e diminuição de pena[4].

Como não se admite a responsabilidade objetiva (sem dolo ou culpa), o elemento subjetivo também é exigido quanto ao resultado agravador.

O art. 19 do CP é bastante claro a respeito. Confira:

> "Art. 19 - Pelo resultado que agrava especialmente a pena, só responde o agente que o houver causado ao menos culposamente".

O CESPE-UNB/CEBRASPE considerou **incorreta** a assertiva de que pelo resultado que agrava especialmente a pena só responde o agente que o houver causado dolosamente[5].

Como verificar o dolo na prática? Tendo em vista que o juiz não pode "entrar na mente do agente" para descobrir qual era a sua real intenção, o dolo deve ser verificado a partir do exame dos *aspectos externos* da conduta.

Sobre essa questão, o STJ assim decidiu:

> "[...] DELITO DE TRÂNSITO. EMBRIAGUEZ E EXCESSO DE VELOCIDADE. HOMICÍDIO E LESÃO CORPORAL [...] DOLO EVENTUAL. CULPA CONSCIENTE [...]
> 6. O Superior Tribunal de Justiça vem entendendo que o dolo eventual não é extraído da 'mente do agente', mas das circunstâncias do fato" (STJ, AgRg no AREsp 1166037/PB, 5ª Turma, Rel. Min. Reynaldo Soares Da Fonseca, DJe 19/12/2019).

Naturalmente, como o dolo é um elemento da conduta e o Direito Penal se ocupa de *fatos*, e não de pensamentos (Direito Penal do fato), o dolo deve ser verificado *in concreto*, à luz dos aspectos externos da conduta (fatos).

---

[4] JESUS, Damásio E. *Op. Cit.*, p. 332.

[5] Prova objetiva do concurso para o cargo de Promotor de Justiça (MP-PI), realizada em 2012.

2.2.2. Teorias da vontade, da representação e do assentimento

Três são as principais **teorias** existentes sobre o dolo: teoria da vontade, teoria da representação e teoria do assentimento.

Para uma visão panorâmica, confira o **quadro estratégico** abaixo:

TEORIAS DO DOLO (Principais teorias)		
Teoria da vontade	Teoria da representação	Teoria do assentimento
Vontade dirigida ao resultado	Representação subjetiva (previsão) do resultado	Previsão do resultado + aceitação do risco de produzi-lo

Teoria da vontade: foi defendida por Carrara. Para a teoria da vontade, dolo é a *vontade dirigida ao resultado*, ou seja, é a vontade de realizar a conduta e de produzir o resultado (o agente "quer" diretamente o resultado).

Teoria da representação (ou da possibilidade): seus principais defensores foram Von Liszt e Frank. De acordo com a teoria da representação, para a existência do dolo, é suficiente a *representação subjetiva ou a previsão do resultado como certo ou provável, ainda que o agente não o deseje*. A teoria da representação confunde culpa consciente com dolo eventual.

Teoria do assentimento: surgiu a partir das críticas formuladas por Ernest von Beling à teoria da representação. Para a teoria do assentimento, dolo é o assentimento ou aceitação do resultado, ou seja, é a *previsão do resultado com a aceitação do risco de produzi-lo* (o agente não quer diretamente o resultado, mas "assume" o risco de produzi-lo).

O Código Penal adotou a **teoria da vontade** (*dolo direto*) e a **teoria do assentimento** (*dolo eventual*). O art. 18, I, do CP assim dispõe:

> "Art. 18 - Diz-se o crime:
> I - doloso, quando o agente *quis* o resultado ou *assumiu o risco* de produzi-lo".

Mais à frente, veremos a diferença entre dolo eventual e culpa consciente, que parte da teoria do assentimento.

2.2.3. Espécies de dolo

Dolo natural ou neutro: é concebido como elemento psicológico da conduta, sendo composto por apenas dois elementos: consciência e vontade. É o dolo componente da conduta adotado pela teoria finalista.

Dolo normativo ou híbrido: é aquele que exige a realização de um juízo de valor. Possui três elementos: consciência, vontade e consciência da ilicitude. O terceiro elemento (consciência da ilicitude) é o que o diferencia do dolo natural. Foi o modelo de dolo adotado pelas teorias naturalista ou causal da ação e neokantista. Figurava como elemento da culpabilidade.

Dolo direto ou determinado: o agente quer diretamente o resultado. Também é chamado de dolo intencional, imediato ou incondicionado.

Dolo indireto ou indeterminado: o agente não quer diretamente o resultado, mas, com sua conduta, assume o risco de produzi-lo (**dolo eventual**) ou não se importa em produzir este ou aquele resultado (**dolo alternativo**).

Sobre o dolo indireto, confira o **quadro estratégico** abaixo:

Dolo indireto (espécie)	**Dolo eventual**	O agente não quer diretamente o resultado, mas *assume o risco* de produzi-lo
	Dolo Alternativo	O agente não quer o diretamente o resultado, mas não se importa em produzir *este ou aquele resultado*

No dolo eventual, o agente **assume o risco** de produzir o resultado. Essa espécie de dolo não se confunde com a pura esperança ou simples desejo de que determinado resultado aconteça, como no clássico exemplo apresentado por Welzel, em que o sujeito manda seu desafeto a um bosque durante uma tempestade na esperança de que o mesmo seja atingido por um raio[6].

Segundo o STJ, a ocorrência de disputa automobilística ("**racha**"), em alta velocidade e após aparente ingestão de bebida alcoólica, autoriza a pronúncia no Tribunal do Júri por crime doloso contra a vida. Lembramos que

[6] WELZEL, Hans. *Derecho Penal Alemán*. Trad. Juan Bustos Ramirez e Sergio Yáñez Pérez. Santiago: Ed. Jurídica de Chile, 1970, p. 97.

cabe ao Conselho de Sentença deliberar sobre a existência de culpa consciente ou dolo eventual. Sobre o tema, vale conferir o precedente abaixo:

> "[...] TRÊS HOMICÍDIOS [...] CONDUÇÃO DE VEÍCULO AUTOMOTOR EM ALTA VELOCIDADE (RACHA) E SOB O EFEITO DE ÁLCOOL. DOLO EVENTUAL. DESCARACTERIZAÇÃO. COMPETÊNCIA DO TRIBUNAL DO JÚRI [...]
> 4. A existência de dúvida razoável acerca da ocorrência de disputa automobilística, denominada "racha", em alta velocidade e após aparente ingestão de bebidas alcoólicas autoriza a prolação de decisão de pronúncia, cabendo ao Tribunal do Júri a análise não só do contexto fático em que ocorreu o fato, mas também o exame acerca da existência de dolo ou culpa, uma vez que o deslinde da controvérsia sobre o elemento subjetivo do crime, se o acusado atuou com dolo eventual ou culpa consciente, é de competência do Tribunal do Júri" (STJ, AgRg no AREsp 1456542/PR, 5ª Turma, Rel. Min. Reynaldo Soares, DJe 30/08/2019).

O STJ tem considerado que a tentativa é compatível com o delito de homicídio praticado com dolo eventual, na direção de veículo automotor, na hipótese em que o agente estava sob a influência de álcool e substância tóxica[7].

> **Qualificadoras e dolo eventual**: para o STJ, as qualificadoras, que alteram os limites abstratos da pena, são compatíveis com o dolo eventual, salvo algumas exceções. Na jurisprudência, o tema tem oscilado sobre a compatibilidade entre algumas qualificadoras e o homicídio, devendo o leitor acompanhar a evolução. A 5ª Turma do STJ já decidiu que o dolo eventual no crime de homicídio é compatível com as qualificadoras objetivas previstas no art. 121, § 2º, III e IV, do Código Penal[8] (STJ, REsp 1.836.556-PR, 5ª Turma, Rel. Min. Joel Ilan Paciornik, j. 15/06/2021, Informativo n.º 701, jun-2021). O STJ já decidiu que o dolo eventual é compatível com as qualificadoras de ordem subjetiva, como o motivo fútil[9] e o motivo torpe[10].

---

[7] STJ, HC 503.796/RS, 5ª Turma, Rel. Min. Des. Conv. Leopoldo de Arruda Raposo, DJe 11/10/2019.

[8] CP, art. 121, § 2º: "Se o homicídio é cometido: III - com emprego de veneno, fogo, explosivo, asfixia, tortura ou outro meio insidioso ou cruel, ou de que possa resultar perigo comum; IV - à traição, de emboscada, ou mediante dissimulação ou outro recurso que dificulte ou torne impossivel a defesa do ofendido".

[9] STJ, AgRg no REsp 1831164/RS, 5ª Turma, Rel. Min. Joel Ilan Paciornik, DJe 03/03/2020; STJ, REsp 1779570/RS, 6ª Turma, Rel. Min. Laurita Vaz, DJe 27/08/2019.

[10] "[...] HOMICÍDIO [...] QUALIFICADORA SUBJETIVA. DOLO EVENTUAL. COMPATIBILIDADE [...] 1. A jurisprudência desta Corte reconhece a compatibilidade entre o dolo eventual e as qualificadoras de ordem subjetiva, como o motivo torpe" (STJ, AgRg no HC 504.202/RJ, 5ª Turma, Rel. Min. Joel Ilan, DJe 25/06/2019).

Um último exemplo de dolo eventual: é possível a configuração do dolo eventual na conduta do agente que realiza disparos de arma de fogo em via pública movimentada, pois é crível que ele possuía condições de prever e consentir com a possibilidade de atingir fatalmente pessoas diversas daquela contra quem despejava a sua fúria (exame dos aspectos externos da conduta).

Dolo de dano: é a vontade de produzir um dano ou efetiva lesão ao bem jurídico protegido.

Dolo de perigo: é a vontade de expor o bem jurídico a perigo de lesão, sem que necessariamente ocorra dano.

Dolo cumulativo: é aquele em que o agente pretende alcançar dois resultados, em sequência. Em outras palavras, o agente pretende alcançar inicialmente um resultado e, ao atingi-lo, passa a agir para alcançar outro resultado em sequência. Ex: o agente quer lesionar a vítima e, após lesioná-la, atingindo o resultado inicial, resolve causar a morte da mesma (**questão oral**[11]).

Dolo genérico: é a vontade de realizar a conduta sem que haja um fim especial de agir.

Dolo específico: é a vontade de realizar a conduta com um fim especial previsto no tipo penal incriminador.

Dolo geral, erro sucessivo ou *aberratio causae*: é o erro sobre o nexo causal. Verifica-se quando o agente, após realizar a conduta, acreditando já ter produzido o resultado, pratica o que supõe ser exaurimento e, nesse momento, atinge a consumação. Ex: após balear a vítima, o agente, acreditando que a mesma já estava morta, joga o "corpo" no mar, vindo a vítima falecer não em razão dos disparos de arma de fogo, mas por afogamento.

Dolo de primeiro grau: é aquele cuja vontade destina-se à realização das consequências primárias do delito.

Dolo de segundo grau: é aquele cuja vontade abrange as *consequências secundárias* ("efeitos colaterais") do delito. Também é chamado de dolo de consequências necessárias. Ex: no caso Thomas, ocorrido na Alemanha em 1875, pretendendo afundar navio tripulado para receber o valor do seguro provocando dolosamente uma explosão, o agente assumiu o risco de causar a morte dos passageiros. Para parte da doutrina, trata-se de espécie de

[11] Na prova oral do concurso para o cargo de Juiz de Direito (TJCE), realizada pelo CESPE-UNB/CEBRASPE em 2019, foi formulada a seguinte **questão oral**: "Defina as seguintes espécies de dolo: 1 neutro; 2 híbrido; 3 cumulativo; 4 de primeiro grau; 5 de segundo grau".

dolo direto[12]. Para outra corrente, na maioria dos casos, essa forma de agir caracteriza dolo eventual[13].

O dolo direto em relação ao *fim proposto* e aos *meios escolhidos* é classificado como dolo de primeiro grau e, em relação aos *efeitos colaterais*, representados como efeitos *necessários*, é classificado como de segundo grau.

O CESPE-UNB/CEBRASPE considerou **incorreta** a assertiva de que suponha que, com intenção de fraudar o seguro que contratara, Mauro tenha instalado explosivos em embarcação de sua propriedade e detonado o dispositivo de explosão por meio de controle remoto antes de uma viagem programada. Suponha, ainda, que, em decorrência da explosão, a embarcação tenha sido destruída e a tripulação, morta. Nesse caso, com relação à conduta de Mauro, fica caracterizado o dolo de primeiro grau, ainda que as mortes não tenham sido por ele desejadas[14].

> **Dolo de terceiro grau?** Por essa espécie de dolo, a vontade do agente estender-se-ia à "*consequência da consequência*" necessária. Ex: alguém, querendo matar o piloto de um avião em serviço, coloca uma bomba para explodir a aeronave, havendo, entre os passageiros, uma mulher grávida. Há uma gradação de dolos: morte do piloto (dolo de primeiro grau), morte dos demais passageiros (dolo de segundo grau) e aborto (dolo de terceiro grau). Segundo Rogério Sanches, essa modalidade de dolo não existe. No exemplo citado, ou o agente sabia da gravidez (consciência) ou não haverá dolo[15].

Dolo antecedente, inicial ou preordenado: é o dolo anterior à conduta, verificado no plano dos pensamentos. Por se tratar de mera cogitação, não interessa ao Direito Penal, que não se ocupa de pensamentos.

Dolo concomitante: é aquele que existe no momento da conduta, sendo este o momento temporal do dolo que interessa ao Direito Penal.

Dolo subsequente: é aquele que ocorre em momento posterior ao crime, sendo indiferente ao Direito Penal.

O CESPE-UNB/CEBRASPE considerou **incorreta** a assertiva de que considere a seguinte situação hipotética. Por imprudência no trânsito, Abel

---

[12] PRADO, Luiz Regis. *Op. Cit.*, p. 409; BITENCOURT, Cezar Roberto. *Tratado de Direito Penal. Vol. 1. Parte Geral*. 11ª Ed. São Paulo: Saraiva, 2007, p. 270.

[13] CAPEZ, Fernando. *Curso de Direito Penal. Vol. 1. Parte Geral*. 16ª Ed. São Paulo: Saraiva, 2012, p. 229.

[14] Prova objetiva do concurso para o cargo de Juiz de Direito (TJPB), realizada em 2011.

[15] CUNHA, Rogério Sanches. *Manual de Direito Penal. Parte Geral*. 8ª Ed. Salvador: *Juspodivm*, 2020, p. 260-261.

atropelou um pedestre. Ao descer do veículo para prestar socorro à vítima, percebeu que ela era um inimigo seu, razão pela qual deixou de socorrê-la. A vítima faleceu em consequência dos ferimentos provocados pelo atropelamento. Nessa situação, caracterizou-se o dolo subsequente, que consiste na conversão da ação imprudente em fato doloso[16].

Dolo de propósito: revela a vontade e consciência pensadas, refletidas e premeditadas. Conforme veremos, a premeditação figura como elemento para majoração da pena-base no exame das circunstâncias judiciais (CP, art. 59).

> **STJ - Jurisprudência em Teses - ED 26 - Tese 04**: "A premeditação do crime evidencia maior culpabilidade do agente criminoso, autorizando a majoração da pena-base".

Dolo de ímpeto: é aquele que se caracteriza por ser repentino, sem que haja premeditação. O ímpeto poderá caracterizar uma forma privilegiada do crime (CP, art. 121, §1º) ou circunstância atenuante (CP, art. 65, III, *c*).

Dolo abandonado: verifica-se nos casos de desistência voluntária e arrependimento eficaz (espécies de tentativa "abandonada" ou qualificada), em que o agente, por sua própria vontade, desiste de prosseguir na execução do crime ou impede que o resultado se produza (CP, art. 15).

Dolo global ou unitário: é o dolo existente na continuidade delitiva, em que o agente deve atuar baseado em um "plano" que envolva toda a cadeia de crimes praticados, sendo delitos da mesma espécie, em condições semelhantes de tempo, lugar e modo de execução (CP, art. 71).

2.2.4. Dolo eventual e a teoria da cegueira deliberada

Também conhecida como teoria do avestruz, a **teoria da cegueira deliberada** (*Willful blindness doctrine*) surgiu na jurisprudência norte-americana, estando relacionada à verificação do elemento subjetivo do tipo nos crimes de lavagem de dinheiro, especificamente o dolo indireto eventual.

A teoria teve origem no célebre caso *United States v. Campell*. A vendedora do mercado imobiliário (Campell) foi denunciada por lavagem de dinheiro por ter vendido um imóvel a um traficante que se passara por pessoa

[16] Prova objetiva do concurso para o cargo de defensor público (DPE-MA), realizada em 2011

de alto poder aquisitivo. Durante o julgamento, uma testemunha afirmou que Campell teria dito que o dinheiro poderia ser proveniente de atividade ilícita, o que levou o Júri Federal a decidir pela condenação, sob o fundamento de a acusada ter "fechado os olhos" para um fato evidente: o de que o valor utilizado para pagar a aquisição do imóvel era derivado de origem ilícita. A alegoria do "avestruz" é utilizada para ilustrar: o avestruz, ao menor sinal de perigo, enterra sua cabeça na terra para não ver o que está se passando ao seu redor.

Para parte da doutrina, a teoria da cegueira deliberada constitui forma de responsabilização penal objetiva. No entanto, o STF tem admitido a aplicação da teoria da cegueira deliberada para afirmar o dolo eventual no contexto dos crimes de lavagem de dinheiro (**questão oral**[17]).

2.3. Elemento subjetivo especial do tipo: o fim especial de agir

Ao lado do dolo, em determinadas hipóteses, o tipo pode apresentar um elemento subjetivo especial: o fim especial de agir ("**dolo específico**").

Tradicionalmente, o elemento subjetivo especial do tipo é identificado como um fim especial de agir, que corresponde ao "dolo específico". Na doutrina, são encontradas *categorizações* do elemento subjetivo especial do tipo. Cezar Roberto Bitencourt, partindo da concepção de Mezger, classifica os elementos subjetivos especiais do tipo em: intenções, tendências, motivos especiais de agir e estados especiais de ânimo[18] (**mnemônico**[19]).

Nesses casos, apenas o dolo não será suficiente. A ausência do elemento subjetivo especial descaracteriza o tipo subjetivo, independentemente da presença de dolo, gerando a atipicidade do fato.

O CESPE-UNB/CEBRASPE considerou **correta** a assertiva de que o estudo do tipo subjetivo dos crimes dolosos tem por objeto o dolo, elemento subjetivo geral, excluído nas hipóteses de erro de tipo, sendo as intenções, tendências ou atitudes pessoais elementos subjetivos especiais existentes em conjunto com o dolo em determinados delitos[20].

---

[17] Na prova oral do concurso para o cargo de Promotor de Justiça (MP-PI), realizada pelo CESPE-UNB/CEBRASPE em 2013, foi formulada a seguinte **questão oral**: "descreva a teoria da cegueira deliberada e a aceitação pelo STF".

[18] BITENCOURT, Cezar Roberto. *Tratado de Direito Penal. Vol. I. Parte Geral.* 11ª Ed. São Paulo: Saraiva, 2007, p. 273.

[19] **Macete mnemônico**: "**TIME**" – **T**endências, **I**ntenções, **M**otivos especiais de agir e **E**stados especiais de ânimo.

[20] Prova objetiva do concurso para o cargo de Juiz de Direito (TJPB), realizada em 2011.

Na jurisprudência, podemos encontrar algumas orientações específicas sobre a existência ou não de "dolo específico", devendo o leitor que se prepara para concursos públicos ficar atento. Nesse contexto, os Tribunais Superiores têm destacado algumas situações que **exigem** a presença de **dolo específico**.

> **STF, Súmula n.º 246**: "Comprovado não ter havido fraude, não se configura o crime de emissão de cheque sem fundos".
>
> **STJ - Jurisprudência em Teses - ED 134 - Tese 01**: "Para a configuração do delito tipificado no art. 89 da Lei n. 8.666/1993, é indispensável a comprovação do dolo específico do agente em causar dano ao erário[21], bem como do prejuízo à administração pública"[22].
>
> **STJ - Jurisprudência em Teses - ED 130 - Tese 01**: "Para a configuração dos crimes contra a honra, exige-se a demonstração mínima do intento positivo e deliberado de ofender a honra alheia (dolo específico), o denominado animus caluniandi, diffamandi vel injuriandi".
>
> **STJ - Jurisprudência em Teses - ED 130 - Tese 02**: "Nos casos em que a inexistência da intenção específica de ofender a honra alheia é flagrante, admite-se, excepcionalmente, em sede de habeas corpus, a análise da presença do dolo específico exigido para a caracterização dos crimes contra a honra".

Por outro lado, também são apontadas pelo STJ algumas hipóteses nas quais o "dolo específico" é **dispensável**, devendo o leitor ficar atento.

> **STJ - Jurisprudência em Teses - ED 174 – Tese 04**: "Para a configuração do crime de apropriação indébita tributária (art. 2º, II, da Lei n. 8.137/1990), basta que o agente deixe de recolher os valores devidos ao fisco de forma consciente (dolo genérico), não sendo necessária a comprovação da intenção de causar prejuízo aos cofres públicos (dolo específico)".

---

[21] O ponto não é pacífico. O STF já decidiu que, para caracterização do crime do art. 89 da Lei n.º 8.666/93, é desnecessário o efetivo prejuízo ao erário (STF, AP 580, 1ª Turma, Rel. Min. Rosa Weber, DJ 26/06/2017; STF, Inq 3674/RJ, 1ª Turma, Rel. Min. Luiz Fux, j. 07/03/2017, Informativo n.º 856).

[22] **Crime de licitação, dolo e parecer jurídico**: segundo o STF, o crime previsto no art. 89 da Lei 8.666/93 reclama o dolo, que não se faz presente quando o acusado atua com fulcro em parecer da Procuradoria Jurídica no sentido da inexigibilidade da licitação (STF, Inq 3753/DF, 1ª Turma, Rel. Min. Luiz Fux, j. 18/04/2017, Informativo n.º 861). Essa é uma orientação geral, que pode ser afastada caso outros elementos indiquem a possibilidade de desvio de finalidade ou de conluio entre o gestor e o responsável pelo parecer (STF, Inq 3621/MA, 1ª Turma, Red. p/ ac. Min. Alexandre de Moraes, j. 28/03/2017, Informativo n.º 859).

> **STJ - Jurisprudência em Teses - ED 90 - Tese 07**: "O tipo penal do art. 1º da Lei n. 8.137/90 prescinde de dolo específico, sendo suficiente a presença do dolo genérico para sua caracterização"
>
> **STJ - Jurisprudência em Teses - ED 87 - Tese 03**: "O delito de dano ao patrimônio público, quando praticado por preso para facilitar a fuga do estabelecimento prisional, demanda a demonstração do dolo específico de causar prejuízo ao bem público (*animus nocendi*), sem o qual a conduta é atípica".
>
> **STJ - Jurisprudência em Teses - ED 87 - Tese 07**: "O delito de apropriação indébita previdenciária constitui crime omissivo próprio, que se perfaz com a mera omissão de recolhimento da contribuição previdenciária dentro do prazo e das formas legais, prescindindo, portanto, do dolo específico".
>
> **STJ - Jurisprudência em Teses - ED 81 - Tese 10**: "O crime de sonegação de contribuição previdenciária, previsto no art. 337-A do CP, não exige dolo específico para a sua configuração".
>
> **FONACRIM, Enunciado n.º 90**: "O crime de apropriação indébita previdenciária é crime omissivo próprio e exige apenas o dolo genérico para a configuração do tipo subjetivo".

O CESPE-UNB/CEBRASPE considerou **correta** a assertiva de que o delito de apropriação indébita previdenciária, previsto no art. 168-A do CP, é omissivo próprio, dispensando-se, para a sua caracterização, qualquer especial fim de agir[23].

3. CRIME CULPOSO

3.1. Culpa: conceito e elementos

A **culpa *stricto sensu*** retrata a quebra do dever objetivo de cuidado, podendo decorrer de imprudência, imperícia ou negligência. Nesses casos, o agente comete o crime "sem intenção", atuando forma descuidada.

Um dos elementos centrais da culpa é a **previsibilidade objetiva**, identificada como a possibilidade de qualquer pessoa com prudência mediana

[23] Prova objetiva do concurso para o cargo de Juiz Federal Substituto (TRF5), realizada em 2011.

de prever o resultado, considerando-se as características de um homem médio. Outro elemento importante da culpa é a **quebra do dever objetivo de cuidado**, imposto a todos, podendo decorrer de imperícia, imprudência ou negligência.

Cuidado! A previsibilidade subjetiva (pessoal) não é elemento da culpa. Apenas a previsibilidade objetiva (homem médio) é apontada pela doutrina como elemento integrante da culpa para fins penais.

Quanto à estrutura, o fato típico culposo é composto pelos seguintes elementos: (a) conduta; (b) resultado involuntário (o agente não queria o resultado); (c) nexo causal; (d) tipicidade; (e) previsibilidade objetiva; (f) ausência de previsão (dispensável na culpa consciente) e (g) quebra do dever objetivo de cuidado (por imprudência, imperícia ou negligência);

Tipo penal aberto: nos crimes culposos, em geral, os tipos penais são *abertos*. A culpa não é descrita nem especificada, mas apenas prevista genericamente no tipo penal incriminador. Isso porque não há como o legislador antever todas as formas de realização culposa da conduta. No caso concreto, deve o julgador comparar a conduta do agente com aquela que um homem médio teria na situação agindo em circunstâncias normais.

> **Excepcionalidade do crime culposo**: nos crimes culposos, existe uma característica importante, que merece ser destacada. Os crimes culposos são *excepcionais*, somente sendo admitida a modalidade culposa de um determinado crime se houver disposição legal expressa (CP, art. 18, parágrafo único: "Salvo os casos expressos em lei, ninguém pode ser punido por fato previsto como crime, senão quando o pratica dolosamente").

A doutrina aponta dois princípios ligados à culpa no Direito Penal:

- **princípio do risco tolerado**: existem alguns comportamentos em que o risco é tolerado, não havendo necessariamente conduta culposa. Nesses casos, mesmo arriscada, a conduta deve ser praticada e aceitos eventuais erros, por não haver outra solução. Ex: médico que realiza uma cirurgia de emergência em circunstâncias precárias, podendo causar a morte do paciente;

- **princípio da confiança**: na apuração da conduta culposa, o princípio da confiança informa que as pessoas devem agir de acordo com a expectativa de que as outras atuarão de acordo com aquilo que normalmente se espera.

Segundo Juarez Cirino, o tipo de injusto imprudente é formado por dois elementos relacionados: (a) a *lesão do dever de cuidado objetivo*, como criação de risco não permitido, que define o desvalor da ação e (b) o *resultado de lesão do bem jurídico*, como produto da violação do dever de cuidado objetivo ou realização de risco não permitido, que define o desvalor do resultado[24].

3.2. Modalidades de culpa: imprudência, negligência e imperícia

O sistema penal brasileiro contempla três **modalidades** de culpa: imprudência, negligência e imperícia.

Para uma visão panorâmica, confira o **quadro estratégico** abaixo:

MODALIDADES DE CULPA
(Visão geral)

Imprudência	Negligência	Imperícia
Ação descuidada (conduta positiva)	Omissão descuidada (conduta negativa)	Inaptidão técnica

Imprudência: é a ação descuidada. Revela a conduta positiva praticada pelo agente que, por não observar o dever de cuidado, causa o resultado lesivo que era previsível. Ex: motorista que realiza ultrapassagem em local proibido e se envolve em acidente de trânsito, causando a morte de várias pessoas.

Negligência: é a culpa em sua forma *omissiva*. Em outras palavras, é um "deixar de fazer" aquilo que a diligência normal impunha. Ex: mãe deixa de amamentar recém-nascido que morre de inanição; motorista que não dá manutenção adequada nos freios do automóvel, vindo a causar acidente.

Imperícia: para os franceses, é a *inobservation des règles d'art* (inobservação das regras da arte). Retrata a inaptidão técnica, momentânea ou não, para o exercício de arte, profissão ou ofício. Por exigir uma "habilidade especial", foi chamada por Frederico Marques de "imprudência qualificada".

No crime de homicídio culposo, se além da demonstração da falta de habilidade for ignorada pelo agente regra técnica específica da arte, ofício ou profissão, haverá aumento de pena (CP, art. 121, §4º). Para que o *bis in idem*

[24] SANTOS, Juarez Cirino dos. *Op. Cit.*, p. 166.

seja evitado, devem existir elementos fáticos diversos: um funcionará como núcleo da culpa e o outro como causa de aumento de pena[25].

Não se deve confundir a culpa por imperícia com **erro profissional**. O eventual erro científico (ex: diagnóstico, tratamento ou cirurgia) realizado por profissional habilitado, a exemplo do médico, quando este age em conformidade com a *lex artis* e a metodologia científica regular, não implica violação ao dever objetivo de cuidado caracterizador de conduta culposa.

3.3. Espécies de culpa: culpa consciente, inconsciente, imprópria e outras

Culpa inconsciente ou sem previsão: nessa modalidade de culpa, também chamada de culpa comum, o agente não prevê o que era previsível a um homem médio (ausência de previsão subjetiva).

Culpa consciente ou com previsão: na culpa consciente, o agente prevê o resultado que era previsível, mas não o aceita, por confiar intimamente na sua habilidade. Assim, caso o agente preveja o resultado (previsibilidade subjetiva), mas não aceite o risco de produzi-lo, haverá culpa consciente.

A culpa *inconsciente* distingue-se da *consciente* quanto à previsão subjetiva do resultado. Na culpa inconsciente, o resultado, embora previsível por um homem médio, não é previsto pelo agente (ausência de previsibilidade subjetiva); na culpa consciente, o resultado é previsto pelo agente, mas este acredita que não falhará, por confiar em suas habilidades pessoais.

> **Diferença entre culpa consciente e dolo eventual**: na culpa consciente, o agente prevê o resultado, mas não assume o risco de produzi-lo; no dolo eventual, o agente prevê o resultado, mas assume o risco de produzi-lo. Como podemos perceber, a diferença reside na assunção ou não do risco.
>
> **STJ - Jurisprudência em Teses - ED 114 - Tese 01**: "Na hipótese de homicídio praticado na direção de veículo automotor, havendo elementos nos autos indicativos de que o condutor agiu, possivelmente, com dolo eventual, o julgamento acerca da ocorrência deste ou da culpa consciente compete ao Tribunal do Júri, na qualidade de juiz natural da causa".

---

[25] STJ, HC 143.172/RJ, 6ª Turma, Rel. Min. Nefi Cordeiro, DJe 05/02/2016.

Culpa imprópria: trata-se de figura *híbrida*, sendo um misto de culpa e dolo. No momento inicial de formação da conduta, há *culpa* e, no momento posterior, há *dolo*. Decorre de descriminante putativa por erro de tipo vencível. Também é chamada de culpa por extensão, por equiparação ou por assimilação. Corrente minoritária na doutrina não aceita a existência da culpa imprópria.

Sobre as **consequências** da culpa imprópria, existem duas posições. *1ª corrente*: trata-se de crime culposo e, por isso, o agente responde por crime culposo (Assis Toledo)[26]. *2ª corrente*: trata-se de crime doloso, mas por motivos de política criminal o agente é punido como crime culposo (Luiz Flávio Gomes)[27]. A segunda corrente não aceita a existência da culpa imprópria.

Para uma melhor visualização, confira **quadro estratégico** abaixo sobre os principais pontos relacionados à culpa imprópria:

Culpa imprópria (visão geral)		
	Sinônimos	Culpa por extensão, por equiparação ou por assimilação
	Fonte	Deriva de descriminante putativa por erro de tipo vencível
	Figura híbrida (culpa + dolo)	**Momento inicial**: culpa **Momento posterior**: dolo
	Tentativa	Admite tentativa
	Consequência (divergência)	**1ª corrente**: trata-se de crime culposo. O agente responde por crime culposo (Assis Toledo). **2ª corrente**: trata-se de crime doloso, mas por critérios de política criminal, o agente responde por crime culposo (Luiz Flávio Gomes).

O CESPE-UNB/CEBRASPE considerou **incorreta** a assertiva de que caracteriza culpa imprópria por assimilação, extensão ou equiparação o fato de

[26] TOLEDO, Francisco de Assis. *Princípios Básicos de Direito Penal*. 5ª Ed. São Paulo: Saraiva, 1994, p. 275

[27] GOMES, Luiz Flávio. *Erro de Tipo e Erro de Proibição*. 2ª Ed. São Paulo: Revista dos Tribunais, 1994, p. 144.

o agente responder por crime doloso embora tenha praticado a ação com culpa consciente, nos casos de erro vencível, nas descriminantes putativas[28].

Culpa presumida: trata-se de forma de responsabilização objetiva, não sendo aceita no Direito Penal brasileiro. Não é mais prevista pelo legislador. Na sistemática atual, a culpa deve ser provada, não podendo ser presumida.

Culpa indireta ou mediata: ocorre quando o agente produz indiretamente um resultado, agindo de forma culposa.

Culpa temerária: é a culpa gravíssima. Para Luiz Flávio Gomes, a culpa temerária expressa uma especial intensificação da culpa em conduta praticada de modo especialmente perigoso. O nível de censura penal é graduado de acordo com os graus de culpa (leve, levíssima, grave e gravíssima ou temerária)[29]. O STF possui precedentes que adotaram a culpa gravíssima como fundamento para majoração da pena-base (HC 44.485 e HC 58.350).

3.4. Resultado culposo e autoexposição a perigo

No contexto da exclusão da imputação do resultado por crime culposo, Juarez Cirino lembra dos chamados "resultados fora da área de proteção do tipo": (a) autoexposição a perigo; (b) exposição consentida a perigo criado por outrem; (c) perigos situados em área de responsabilidade alheia; (d) danos psíquicos ou emocionais sobre terceiros e (e) outras consequências danosas posteriores. Nessas hipóteses, segundo o jurista, a culpa deve ser afastada[30].

Nos casos de *autoexposição a perigo*, afasta-se a culpa do agente. Ex: o traficante não poderá ser responsabilizado por homicídio culposo no caso de morte pessoa por uso de drogas. Outros exemplos: morte de motoqueiro por imperícia própria em disputa de velocidade ("racha"); paciente que morre ao ingerir altas doses de remédio para emagrecimento, violando a quantidade receitada por médico; vítima que, após acidente de trânsito, vem a falecer por se recusar a receber transfusão de sangue, optando por se expor à morte, caso em que o causador do acidente responderá apenas por lesões corporais[31].

O CESPE-UNB/CEBRASPE considerou **incorreta** a assertiva de que caso um dependente químico de longa data morra após abusar de substância

---

[28] Prova objetiva do concurso para o cargo de defensor público (DPE-MA), realizada em 2011

[29] GOMES, Luiz Flávio. *Culpabilidade, graduabilidade da culpa e culpa temerária.* Revista Jus Navigandi, ISSN 1518-4862, Teresina, ano 10, n. 861, 11 nov. 2005. Disponível em: https://jus.com.br/artigos/7593. Acesso em: 6 ago. 2020.

[30] SANTOS, Juarez Cirino. *Op. Cit.*, p. 176-180.

[31] SANTOS, Juarez Cirino. *Op. Cit.*, p. 177.

entorpecente vendida por um narcotraficante, este responderá por homicídio culposo, devido à previsibilidade do resultado morte nessa hipótese[32].

3.5. Compensação de culpas?

Não se admite a compensação de culpas no Direito Penal para fins de exclusão ou diminuição da responsabilidade penal.

O CESPE-UNB/CEBRASPE considerou **incorreta** a assertiva de que no direito penal brasileiro, admite-se a compensação de culpas no caso de duas ou mais pessoas concorrerem culposamente para a produção de um resultado naturalístico, respondendo cada um, nesse caso, na medida de suas culpabilidades[33].

4. CRIME PRETERDOLOSO

Preterdolo significa "além do dolo". No crime preterdoloso, há um comportamento anterior *doloso* e um resultado agravador *culposo* (dolo + culpa, nessa ordem). Não se confunde com a culpa imprópria (ordem inversa: culpa + dolo). Ex: lesão corporal seguida de morte (CP, art. 129, §3º).

O crime preterdoloso representa uma das quatro espécies de crime qualificado pelo resultado. Observe o **quadro estratégico** abaixo:

CRIMES QUALIFICADOS PELO RESULTADO (Espécies)	
Fato antecedente	**Fato consequente**
Dolo	Dolo
Culpa	Culpa
Culpa	Dolo
Dolo	**Culpa (crime preterdoloso)**

[32] Prova objetiva do concurso para o cargo de defensor público (DPE-PE), realizada em 2015.
[33] Prova objetiva do concurso para o cargo de defensor público da União (DPU), realizada em 2015.

O CESPE-UNB/CEBRASPE considerou **incorreta** a assertiva de que todo delito qualificado pelo resultado é preterdoloso[34].

Para fins de diferenciação, é importante comparar os elementos do conceito de crime preterdoloso com a *culpa imprópria*, lembrando que nesta última não há necessariamente resultado agravador:

Crime preterdoloso	**Fato antecedente**: dolo **Resultado agravador**: culpa
Culpa imprópria	**Momento inicial**: culpa **Momento posterior**: dolo

O CESPE-UNB/CEBRASPE considerou **incorreta** a assertiva de que, no crime preterintencional, há a conjugação da ação culposa no evento antecedente com o dolo no resultado consequente[35].

Registre-se que o latrocínio (CP, art. 157, §3º, II) admite a forma preterdolosa (dolo + culpa), mas não é necessariamente um crime preterdoloso, pois pode derivar da combinação "dolo + dolo". Ex: se o agente dispara arma de fogo na cabeça da vítima para subtrair-lhe o carro, haverá dolo no fato antecedente e dolo no resultado agravador. Diversamente, se o agente empurra uma mulher apenas para tomar-lhe a bolsa e mesma vem a se desiquilibrar e cair, batendo a cabeça no meio fio e vindo a óbito, haverá dolo no fato antecedente e culpa no resultado agravador (crime preterdoloso). Frise-se que a lei menciona "se da violência resulta morte" (CP, art. 157, §3º, II).

Em nosso estudo, devemos lembrar do teor do art. 19 do CP:

> "Art. 19 - Pelo resultado que agrava especialmente a pena, só responde o agente que o houver causado ao menos culposamente".

Assim, pelo resultado agravador, o agente só responde se o houver causado ao menos culposamente, sendo vedada a responsabilização objetiva por provocação de resultado indireto ilícito (*versari in re illicita*).

Finalizando o tópico, devemos registrar que a tentativa não é admitida nos crimes preterdolosos, conforme será estudado mais à frente.

[34] Prova objetiva do concurso para o cargo de Juiz Federal Substituto (TRF1), realizada em 2013.
[35] Prova objetiva do concurso para o cargo de Delegado de Polícia (PCMA), realizada em 2018.

CAPÍTULO 10
CRIME CONSUMADO, TENTADO E TEMAS CORRELATOS

1. INTRODUÇÃO

No sistema romano, não havia previsão da figura da tentativa. Na atualidade, o sistema brasileiro diferencia os crimes consumados e tentados, com a previsão de reprimenda menor para a hipótese de tentativa.

No presente Capítulo, estudaremos o crime *consumado* e seu regramento (crimes formais, materiais, de mera conduta, omissivos etc.), com atenção especial para os crimes de roubo e furto e as novas teorias (*amotio*, *ablatio* etc.), além da consumação dos crimes tributários e sua relação com o procedimento administrativo fiscal. No estudo da *tentativa*, veremos seu conceito, natureza jurídica, elementos, espécies, critérios para distinção entre atos preparatórios e executórios, infrações que não admitem tentativa etc.

Ao lado da consumação e tentativa, ainda existem outros temas correlatos importantes: desistência voluntária, arrependimento eficaz, arrependimento posterior e crime impossível.

2. CONSUMAÇÃO

2.1. Generalidades

Nos termos do art. 14, I, do CP, diz-se o crime "consumado, quando nele se reúnem todos os elementos de sua definição legal".

A consumação do delito pode ser analisada no **tempo** e no **espaço**. Quanto ao tempo, considera-se consumado o crime no momento da produção de todos os elementos do tipo. Quanto ao espaço, em regra, considera-se consumado o crime no local da produção do resultado (CPP, art. 70). Quando o delito se consumar independentemente da produção do resultado, considera-se o local da ação ou omissão nos crimes cometidos em território nacional.

> **STJ - Jurisprudência em Teses - ED 84 - Tese 09**: "O delito de estelionato é consumado no local em que se verifica o prejuízo à vítima".

Crime exaurido é aquele em que o agente, após atingir a consumação, prossegue na agressão ao bem jurídico para dar nova destinação ou tirar novo proveito. Ex: após o roubo, o agente vende a coisa subtraída. Quando o exaurimento não for previsto como causa de aumento de pena, deverá ser valorado na fixação da pena-base (primeira fase), sob a rubrica das "consequências do crime" no exame das circunstâncias judiciais (CP, art. 59).

2.2. Consumação e as espécies de crimes

Nos **crimes materiais**, a consumação ocorre com a produção do resultado naturalístico. Ex: ocorrência da morte no homicídio.

Como exemplos de crimes materiais, com base na jurisprudência, podemos citar: estelionato[1] (CP, art. 171), peculato (CP, art. 312)[2], sonegação fiscal (arts. 1º, I a IV, da Lei n.º 8.137/90)[3], apropriação indébita previdenciária (CP, art. 168-A)[4], sonegação de contribuição previdenciária (CP, art. 337-A)[5],

---

[1] STJ, CC 160.053/SP, 3ª Seção, Rel. Min. Reynaldo Soares da Fonseca, DJe 27/08/2018.
[2] STJ, AgRg no Ag 905.635/SC, 6ª Turma, Rel. Min. Nilson Naves, DJe 24/11/2008.
[3] STJ, AgRg no REsp 1420219/PE, 5ª Turma, Rel. Min. Ribeiro Dantas, DJe 18/04/2018.
[4] STJ, REsp 1734799/SP, 5ª Turma, Rel. Min. Jorge Mussi, DJe 31/08/2018.
[5] STJ, EDcl no AgInt no REsp 1569916/PE, 6ª Turma, Rel. Min. Nefi Cordeiro, DJe 29/06/2018.

superfaturamento ou fraude na execução de contrato em licitação[6] (art. 96 da Lei n.º 8.666/90) etc.

Nos **crimes formais**, a consumação ocorre no momento da prática da conduta, sendo irrelevante a produção do resultado para a consumação. Caso este ocorra, em regra, deverá ser valorado na primeira fase de dosimetria da pena como circunstância judicial (CP, art. 59), salvo quando previsto expressamente como causa especial de aumento de pena para o delito.

Segundo o STJ, são exemplos de crimes formais: extorsão (CP, art. 158), falsidade ideológica (CP, art. 299), concussão (CP, art. 316), corrupção passiva (CP, art. 317), corrupção ativa (CP, art. 333), fraude à licitação (CP, art. 337-F e art. 90 da antiga Lei n.º 8.666/93), exercício arbitrário das próprias razões (CP, art. 337)[7], corrupção de menores (ECA, art. 244-B) etc.

> **STJ, Súmula n.º 96**: "O crime de extorsão consuma-se independentemente da obtenção da vantagem indevida.
>
> **STJ - Jurisprudência em Teses - ED 87 - Tese 01**: "O crime de extorsão é formal e consuma-se no momento em que a violência ou a grave ameaça é exercida, independentemente da obtenção da vantagem indevida".
>
> **STJ - Jurisprudência em Teses - ED 57 - Tese 20**: "Não há flagrante quando a entrega de valores ocorre em momento posterior a exigência, pois o crime de concussão é formal e o recebimento se consubstancia em mero exaurimento".
>
> **STJ - Jurisprudência em Teses - ED 57 - Tese 18**: "O crime de corrupção passiva praticado pelas condutas de aceitar promessa ou solicitar é formal e se consuma com a mera solicitação ou aceitação da vantagem indevida".
>
> **STJ - Jurisprudência em Teses - ED 57 - Tese 19**: "O crime de corrupção ativa é formal e instantâneo, consumando-se com a simples promessa ou oferta de vantagem indevida".
>
> **STJ – Jurisprudência em Teses - ED 57 - Tese 16**: "Não há bilateralidade entre os crimes de corrupção passiva e ativa, uma vez que estão previstos em tipos penais distintos e autônomos, são independentes e a comprovação de um deles não pressupõe a do outro".

[6] STJ, REsp 1683839/SP, 6ª Turma, Rel. Min. Nefi Cordeiro, DJe 19/12/2017.
[7] STJ, REsp 1.860.791/DF, 6ª Turma, Rel. Min. Laurita Vaz, j. 09/02/2021, Informativo n.º 685.

> **STJ, Súmula 645**: "O crime de fraude à licitação é formal, e sua consumação prescinde da comprovação do prejuízo ou da obtenção de vantagem"
>
> **STJ, Súmula n.º 500**: "A configuração do crime do art. 244-B do ECA independe da prova da efetiva corrupção do menor, por se tratar de delito formal" (**questão oral**[8]).

Quanto ao **crime do art. 89**, *caput*, da Lei n.º 8.666/93 (dispensa irregular de licitação), que atualmente corresponde ao art. 337-E do CP (Lei n.º 14.133/2021), há **divergência** entre o STF e o STJ sobre a necessidade ou não de prejuízo ao erário para a consumação (**questão oral**[9]). STJ: exige dano ao erário (crime material). 1ª Turma do STF: o prejuízo é desnecessário (crime formal)[10]. 2ª Turma do STF: exige prejuízo (crime material)[11]. O ponto é controverso e orientamos o leitor a acompanhar a evolução da jurisprudência.

> **STJ - Jurisprudência em Teses - ED 134 - Tese 01**: "Para a configuração do delito tipificado no art. 89 da Lei n. 8.666/1993, é indispensável a comprovação do dolo específico do agente em causar dano ao erário, bem como do prejuízo à administração pública"[12].

Nos **crimes de mera conduta**, a consumação ocorre no momento da ação ou omissão, já que não é possível a produção do resultado naturalístico.

Nos **crimes permanentes**, a consumação se protrai (prolonga) no tempo. Em consequência, o agente poderá ser preso em flagrante enquanto durar a permanência (CP, art. 301). Outro detalhe é que a prescrição somente começa a correr do dia em que cessar a permanência (CP, art. 111, III).

---

[8] Na prova oral do concurso para o cargo de Juiz de Direito (TJDFT), realizada pelo CESPE-UNB/CEBRASPE em 2014, foi formulada a seguinte **questão oral**: "No que tange ao art. 244-B do ECA, que trata da corrupção de menores, é necessária a corrupção do menor? É crime formal ou material?".

[9] A questão em torno da necessidade ou não de prejuízo ao erário para a caracterização do crime art. 89 da antiga Lei n.º 8.666/93 foi cobrada na prova oral XIII concurso público para o cargo de Juiz Federal Substituto do TRF da 5ª Região, certame no qual este autor participou e logrou aprovação.

[10] STF, AP 580, 1ª Turma, Rel. Min. Rosa Weber, DJ 26/06/2017; STF, Inq 3674/RJ, 1ª Turma, Rel. Min. Luiz Fux, j. 07/03/2017, Informativo n.º 856.

[11] STF, Inq 3731, 2ª Turma, Rel. Min. Gilmar Mendes, DJe 02/03/2016, Informativo n.º 816.

[12] **Crime de licitação, dolo e parecer jurídico**: segundo o STF, o crime previsto no art. 89 da Lei 8.666/93 reclama o dolo, que não se faz presente quando o acusado atua com fulcro em parecer da Procuradoria Jurídica no sentido da inexigibilidade da licitação (STF, Inq 3753/DF, 1ª Turma, Rel. Min. Luiz Fux, j. 18/04/2017, Informativo n.º 861). Essa é uma orientação geral, que pode ser afastada caso outros elementos indiquem a possibilidade de desvio de finalidade ou de conluio entre o gestor e o responsável pelo parecer (STF, Inq 3621/MA, 1ª Turma, Red. p/ ac. Min. Alexandre de Moraes, j. 28/03/2017, Informativo n.º 859).

> **Estelionato previdenciário (natureza binária)**: quanto ao art. 171, §3º, do CP, o STF tem reconhecido a natureza binária da infração. Deve-se distinguir a situação daquele que recebe o benefício ilicitamente do terceiro não beneficiário. Para aquele que recebe o benefício, o crime é permanente e a prescrição somente começa a correr com a cessação do recebimento. Quanto ao terceiro não beneficiário, o delito é instantâneo de efeitos permanentes e o prazo prescricional começa a fluir a partir da percepção da primeira parcela (STF, HC 101999, 1ª Turma, Dias Toffoli, DJ 25/08/2011; STF, HC 112095, 2ª Turma, Rel. Min. Cármen Lúcia, DJ 08/11/2012)[13].

Nos **crimes habituais**, a consumação somente ocorre com a reiteração de atos, pois cada ato isoladamente considerado é tido como um indiferente penal. Por isso, nesses casos, o momento da consumação é incerto.

Nos **crimes complexos**, a consumação ocorre, de ordinário, no momento em que são produzidos todos os elementos do tipo, com alguns temperamentos, como a situação do crime de latrocínio.

> **STF, Súmula n.º 610**: "Há crime de latrocínio[14], quando o homicídio se consuma, ainda que não realize o agente a subtração de bens da vítima".

Observe-se que na situação específica do latrocínio, como a vida tem prevalência sobre o patrimônio, considera-se consumado o latrocínio com o evento morte, ainda que a subtração de bens da vítima não se realize.

Sobre o tema, o STJ assim já decidiu:

> "[...] LATROCÍNIO. CRIME COMPLEXO. CONSUMAÇÃO. DESPICIENDA A INVERSÃO EFETIVA DA POSSE [...]
> 2. O latrocínio é crime complexo [...] 3. Em tese, para haver a consumação do crime complexo, necessitar-se-ia a consumação da subtração e da morte, contudo os bens jurídicos patrimônio e vida não possuem igual valoração, havendo prevalência deste último, conquanto o latrocínio seja classificado como crime patrimonial. Por conseguinte,

[13] "Não extingue a punibilidade do crime de estelionato previdenciário (art. 171, § 3º, do CP) a devolução à Previdência Social, antes do recebimento da denúncia, da vantagem percebida ilicitamente, podendo a iniciativa, eventualmente, caracterizar arrependimento posterior, previsto no art. 16 do CP" (STJ, REsp 1.380.672-SC, 6ª Turma, Rel. Min. Rogério Schietti Cruz, DJe 6/4/2015, Informativo n.º 559).

[14] **STF, Súmula n.º 603**: "A competência para o processo e julgamento de latrocínio é do juiz singular e não do Tribunal do Júri".

> nos termos da Súmula 610 do STF, o fator determinante para a consumação do latrocínio é a ocorrência do resultado morte, sendo despicienda a efetiva inversão da posse do bem (STJ, HC 449.110/SP, 5ª Turma, Rel. Min. Ribeiro Dantas, DJe 10/06/2020).

Nos **crimes omissivos**, quanto ao momento da consumação, deve-se distinguir os crimes omissivos próprios e impróprios. Nos crimes omissivos próprios, a consumação ocorre com a abstenção do comportamento devido e, nos crimes omissivos impróprios, com a produção do resultado não evitado.

2.3. Roubo e furto: teorias sobre a consumação (*amotio, ablatio* e outras)

Na doutrina, são identificadas algumas **teorias** sobre o momento da consumação em relação aos crimes de roubo e furto.

Para uma rápida visualização, confira o **quadro estratégico** abaixo:

Consumação – roubo e furto (teorias)	**Teoria da *concretatio***	A consumação ocorre com a ação de tocar o objeto a ser subtraído
	Teoria da *amotio ou apprehensio*	A consumação ocorre com a remoção da coisa do lugar onde se achava, sem exigência de posse tranquila e mansa
	Teoria da *ablatio*	A consumação se opera com a ação de levar a coisa, tirando-a da esfera patrimonial do proprietário
	Teoria da *illatio*	A consumação ocorre com a ação de colocar a coisa em lugar seguro
	Teoria da inversão da posse	O crime de furto ou roubo estaria consumado quando o agente tivesse a posse *tranquila da coisa*, ainda que por tempo curto.

Boa parte dessas teorias, oriundas do direito romano, foram concebidas devido ao fato de o direito romano não ter desenvolvido a ideia de tentativa, o que fazia com que fosse necessária a antecipação da consumação.

No Brasil, durante muito tempo, predominou a teoria da inversão da posse, sendo exigida a existência de posse tranquila do bem subtraído para a consumação. No entanto, de modo mais recente, o STF e o STJ têm adotado a **teoria da *amotio* ou da *apprehensio***, segundo a qual, nos **crimes de roubo e furto**, *a consumação ocorre com a retirada da coisa do lugar onde se achava, independentemente da existência de posse mansa e pacífica.*

> **STJ, Súmula n.º 582**: "Consuma-se o crime de **roubo** com a inversão da posse do bem mediante emprego de violência ou grave ameaça, ainda que por breve tempo e em seguida à perseguição imediata ao agente e recuperação da coisa roubada, sendo prescindível a posse mansa e pacífica ou desvigiada".
>
> **STJ, Tema Repetitivo 934**: "Consuma-se o crime de **furto** com a posse de fato da res furtiva, ainda que por breve espaço de tempo e seguida de perseguição ao agente, sendo prescindível a posse mansa e pacífica ou desvigiada" (STJ, REsp 1524450/RJ, 3ª Seção, Rel. Min. Nefi Cordeiro, DJe 29/10/2015).

Apesar de nos enunciados constar a expressão "inversão da posse", a teoria adotada foi mesmo a da *amotio*. A diferença entre as teorias da *amotio* e da inversão da posse é que, para esta última (inversão da posse), deve existir posse mansa e pacífica da coisa, o que não é exigido pela teoria da *amotio*.

Sobre a inexigência de posse mansa e pacífica, vale conferir, também, o teor do REsp 1.323.275, noticiado no Informativo n.º 539 do STJ:

> "O STF e o STJ, no que se refere à consumação do crime de roubo, adotam a teoria da *apprehensio*, também denominada de *amotio*, segundo a qual se considera consumado o delito no momento em que o agente obtém a posse da res furtiva, ainda que não seja mansa e pacífica ou haja perseguição policial, sendo prescindível que o objeto do crime saia da esfera de vigilância da vítima" (STJ, REsp 1.323.275-GO, 5ª Turma, Rel. Min. Laurita Vaz, j. 24/4/2014, Informativo n.º 539).

O CESPE-UNB/CEBRASPE considerou **correta** a assertiva de que adota-se, em relação à consumação do crime de roubo, a teoria da *apprehensio*, também denominada *amotio*, segundo a qual é considerado consumado o delito no momento em que o agente obtém a posse da res furtiva, ainda que não seja de forma mansa e pacífica[15].

Portanto, havendo o apoderamento do bem subtraído, ainda que a posse não seja mansa e pacífica (ex: perseguição após o delito), haverá consumação em relação aos crimes de roubo e furto. Por essa razão, a prisão em flagrante após a subtração da coisa, ainda que realizada nas imediações, não descaracteriza a consumação do delito, não havendo que se falar em tentativa.

2.4. Consumação e crimes tributários

Os crimes materiais contra a ordem tributária e equiparados somente se consumam com a constituição do crédito tributário (lançamento do tributo).

A consumação dos crimes tributários e equiparados tem sido objeto de entendimentos jurisprudenciais importantes no âmbito do STF e do STJ, devendo o leitor que se prepara para concursos públicos ficar atento.

> **STF, Súmula Vinculante n.º 24**: "Não se tipifica crime material contra a ordem tributária, previsto no artigo 1º, incisos I a IV, da Lei nº 8.137/90, antes do lançamento definitivo do tributo".

Os delitos do art. 1º, I a IV, da Lei n.º 8.137/90 são *crimes materiais*. Já os delitos dos arts. 1º, V, e 2º da referida Lei são *crimes formais*. Os crimes de apropriação indébita previdenciária (CP, art. 168-A) e de sonegação de contribuição previdenciária (CP, art. 337-A) são considerados crimes materiais.

Nos **crimes materiais** contra a ordem tributária, exige-se o encerramento do procedimento fiscal para a consumação do delito.

> **STJ - Jurisprudência em Teses - ED 90 - Tese 04**: "Os delitos tipificados no art. 1º, I a IV, da Lei n. 8.137/90 são materiais, dependendo, para a sua consumação, da efetiva ocorrência do resultado".
>
> **STJ – Jurisprudência em Teses ED 174 - Tese 03**: "O crime previsto no art. 2º da Lei n. 8.137/1990 é de natureza formal e prescinde da constituição definitiva do crédito tributário para sua caracterização".

---

[15] Prova objetiva do concurso para o cargo de Juiz de Direito (TJES), realizada em 2011.

> **STJ - Jurisprudência em Teses - ED 87 - Tese 06**: "O crime de apropriação indébita previdenciária (art. 168-A do CP) é de natureza material e exige a constituição definitiva do débito tributário perante o âmbito administrativo para configurar-se como conduta típica".
>
> **STJ - Jurisprudência em Teses - ED 81 - Tese 11**: "O crime de sonegação de contribuição previdenciária é de natureza material e exige a constituição definitiva do débito tributário perante o âmbito administrativo para configurar-se como conduta típica".
>
> **MPF, 2ª CCR, Enunciado n.º 63**: "A sentença trabalhista transitada em julgado, condenatória ou homologatória de acordo, após sua liquidação, constitui definitivamente o crédito tributário".
>
> **MPF, 2ª CCR, Enunciado n.º 79**: "Considerando os efeitos da Súmula Vinculante nº 24 do STF, em regra, o oferecimento de denúncia por crimes contra a ordem tributária (Lei 8.137/1990, art. 1º, incisos I a IV), de apropriação indébita previdenciária (CP, art. 168-A) ou de sonegação de contribuição previdenciária (CP, art. 337-A) depende do término do procedimento administrativo e da consequente constituição definitiva do crédito tributário, indispensável condição de procedibilidade".

O STF e o STJ têm decidido que o **descaminho** constitui **crime formal**, não sendo necessária a constituição definitiva do crédito tributário para a consumação do delito (STF, HC 121798, 1ª Turma, Rel. Min. Marco Aurélio, DJ 29/05/2018; STJ, AgRg no REsp 1807259/SC, 6ª Turma, Rel. Min. Nefi Cordeiro, DJe 02/08/2019). O mesmo pode ser dito quanto ao contrabando[16].

> **STJ – Jurisprudência em Teses - ED 81 - Tese 06**: "É desnecessária a constituição definitiva do crédito tributário na esfera administrativa para a configuração dos crimes de contrabando e de descaminho" [17].
>
> **STJ – Jurisprudência em Teses - ED 81 - Tese 08**: "O pagamento ou o parcelamento dos débitos tributários não extingue a punibilidade do crime de descaminho, tendo em vista a natureza formal do delito".

[16] "[...] CONTRABANDO DE CIGARROS. CRIME FORMAL. DESNECESSIDADE DE CONSTITUIÇÃO DEFINITIVA DO CRÉDITO TRIBUTÁRIO [...]
1. Esta Corte possui entendimento no sentido de que é desnecessário a constituição definitiva do crédito tributário para a configuração do delito de contrabando de cigarros" (STJ, AgRg no AREsp 536.243/PR, 6ª Turma, Rel. Min. Maria Thereza de Assis Moura, DJe 13/10/2014).

[17] **TRF4, Súmula n.º 123**: "A caracterização do delito de descaminho prescinde da constituição do crédito tributário".

Em suma, nos crimes materiais contra a ordem tributária e equiparados, a consumação depende do encerramento do procedimento fiscal, com a constituição definitiva do crédito tributário pelo lançamento do tributo. Ficam de fora dessa exigência o descaminho e o contrabando.

3. TENTATIVA (*CONATUS*)

3.1. Conceito, natureza jurídica e elementos

Na **tentativa** (*conatus*), o crime tem a execução iniciada, mas não se consuma por circunstâncias alheias à vontade do agente.

Exemplo: indivíduo aborda a vítima com um revólver para efetuar o roubo de um celular, porém, após perceber a aproximação de viatura da polícia militar, corre com medo de ser preso, não chegando a efetuar a subtração.

Natureza jurídica: trata-se de norma de extensão temporal da figura típica, geradora de adequação típica de subordinação mediata (CP, art. 14, II). No crime tentado, há tipicidade formal indireta (norma intermediária).

Elementos: a tentativa é composta por três elementos fundamentais: (a) início de execução; (b) não consumação e (c) interferência de circunstâncias alheias à vontade do agente (**mnemônico**[18]).

Observe-se que, na tentativa, há um "**fator externo**", ligado a circunstâncias alheias à vontade do agente, o que impede a consumação. Quando esse fator for "**interno**", decorrente da própria vontade do agente, a tentativa será afastada, podendo ser caracterizados os institutos da desistência voluntária e arrependimento eficaz, conforme veremos mais à frente.

3.2. Classificação

Na doutrina, existem diversas espécies e terminologias sobre a tentativa. Veremos aquelas com maior incidência em concursos públicos.

Tentativa perfeita ou acabada (crime falho): o agente pratica todos os atos executórios, mas o crime não se consuma por circunstâncias alheias à

[18] **Macete mnemônico**: "**INI**" – **I**nício de execução, **N**ão consumação e **I**nterferência por circunstâncias alheias à vontade do agente.

sua vontade. Desse modo, a "perfeição" da tentativa refere-se à conclusão dos atos executórios sem alcançar a consumação. Ex: indivíduo descarrega todas as balas do revólver, atingindo gravemente a vítima, mas esta consegue sobreviver devido ao rápido socorro de terceiros e de intervenção médica.

Tentativa imperfeita: o agente não chega a praticar todos os atos de execução do crime, havendo interrupção dos atos executórios por circunstâncias alheias à sua vontade. Ex: o agente começa a atirar contra seu desafeto, mas é imobilizado após a vítima reagir e entrar em luta corporal.

Tentativa cruenta: é aquela em que a vítima é atingida, vindo a sofrer lesões. Ex: em tentativa de homicídio mediante disparos de arma de fogo, a vítima é alvejada, mas não vem a falecer.

Tentativa branca ou incruenta: é aquela em que a vítima não é atingida, não vindo a sofrer ferimentos.

Tentativa abandonada ou qualificada: refere-se à desistência voluntária e ao arrependimento eficaz. Diante da importância do tema, estudaremos esses institutos com maiores detalhes adiante.

> **Tentativa supersticiosa ou irreal**: segundo Luiz Flávio Gomes, a tentativa *supersticiosa*, também conhecida como tentativa *irreal*, ocorre quando o agente acredita numa situação típica irrealizável. Na verdade, o bem jurídico, em nenhum momento, sequer chega a correr perigo de lesão. Reflete o crime impossível ou delito putativo. Ex: o agente acredita conseguir matar o inimigo praticando macumba ou feitiçaria. É forma de tentativa impunível, uma vez que o Direito penal não pune pensamentos ou intenções[19].

O CESPE-UNB/CEBRASPE considerou **correta** a assertiva de que na hipótese de tentativa irreal ou supersticiosa, o agente não responde pelo crime pretendido porque sua intenção não basta para ofender o bem jurídico visado, sendo a tentativa impunível e, conforme o caso, o crime impossível ou o delito putativo[20].

Tentativa inidônea ou inadequada: não é propriamente uma espécie de tentativa. Na doutrina, a expressão "tentativa inidônea" é utilizada para identificar a hipótese de crime impossível[21], que estudaremos mais à frente.

---

[19] GOMES, Luiz Flávio. *O que se entende por tentativa supersticiosa?* Disponível em: <https://professorlfg.jusbrasil.com.br/artigos>. Acesso em 30/07/2020.

[20] Prova objetiva do concurso para o cargo de Juiz Federal Substituto (TRF5), realizada em 2013.

[21] JESUS, Damásio E. de. *Direito Penal. Vol. 1. Parte Geral.* 34ª Ed. São Paulo: Saraiva, 2013, p. 393.

3.3. Atos preparatórios e executórios

3.3.1. *Iter criminis*

Iter criminis significa "caminho do crime". Refere-se às etapas percorridas pelo comportamento humano até a consumação do delito.

Sobre as fases do *iter criminis*, confira o **esquema estratégico** abaixo:

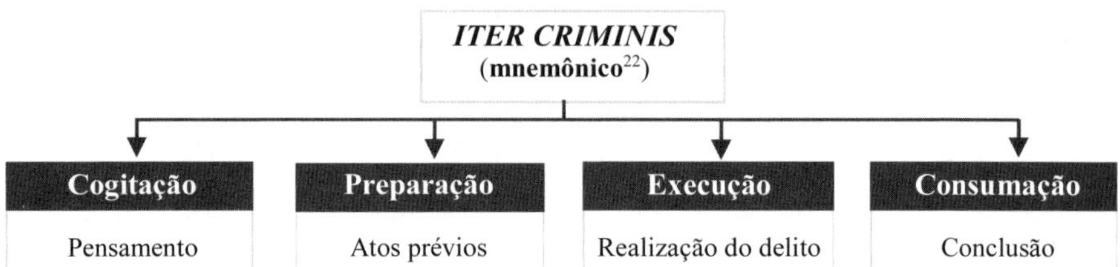

Alguns doutrinadores (corrente minoritária), como Rogério Greco, ainda acrescentam uma quinta fase: o exaurimento[23].

Cogitação: nessa etapa, o agente mentaliza ou planeja a prática do crime, trabalhando apenas no plano das ideias. Ex: pensar em matar alguém.

Preparação: já com o crime pensado, o agente se prepara para sua execução. Ex: aquisição da arma para o homicídio.

Execução: o bem jurídico começa a ser atacado, havendo a execução do verbo do tipo. Ex: o agente começa a matar, com golpes de faca.

Consumação: todos os elementos do tipo foram praticados. Ex: o homicídio se consuma com a morte.

Nas fases de **cogitação** e **preparação**, o crime ainda não pode ser punido, por força do princípio da alteridade ou da transcendentalidade, uma vez que a conduta ainda não ultrapassou a esfera do autor. Como regra geral, o fato somente é punível nas fases de **execução** e **consumação**.

Em regra, os atos preparatórios não são punidos, salvo quando existir previsão legal de crime autônomo. Ex: petrechos de falsificação de moeda.

---

[22] **Macete mnemônico**: "**COPREXCO**" – Cogitação, Preparação, Execução e Consumação".

[23] GRECO, Rogério. *Curso de Direito Penal. Parte Geral*. 20ª Ed. Niteroi: Impetus, 2018, p. 356.

Para uma melhor visualização, confira o **esquema estratégico** abaixo:

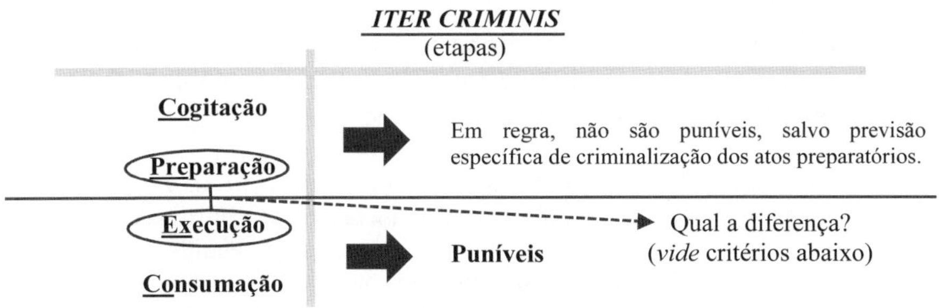

Para fins de aplicação da lei penal, a grande questão é saber quando o comportamento humano sai da esfera dos **atos preparatórios** (conduta ainda não punível, em regra) e ingressa no campo dos **atos executórios**.

3.3.2. Distinção entre atos preparatórios e executórios

Os atos preparatórios diferenciam-se dos atos executórios, tendo o Código Penal adotado o critério objetivo-formal, baseado no verbo do tipo.

Na doutrina, existem diversos critérios para a distinção entre atos preparatórios e executórios. Os principais são os critérios material, formal, subjetivo e misto. Confira no **quadro estratégico** abaixo:

Atos preparatórios e atos executórios (diferenciação)		
	Critério formal	Realização do verbo do tipo
	Critério material	Ataque ao bem jurídico
	Critério subjetivo	Plano interno do autor
	Critério misto	Verbo + plano interno do autor

O Código Penal adotou o **critério formal**, segundo o qual considera-se execução o início da realização do verbo do tipo, o que, de acordo com a doutrina, é mais consentâneo com o princípio da legalidade[24].

Conforme explica Cezar Roberto Bitencourt, o critério formal, de natureza objetiva, pode necessitar de complemento em determinadas hipóteses, de acordo com a **concepção natural de Frank**. Confira:

> "Existem atos *tão próximos e quase indissociáveis do início do tipo* que merecem ser tipificados, como, por exemplo, alguém que é surpreendido dentro de um apartamento, mesmo antes de ter subtraído qualquer coisa; poderá ser-lhe imputada a tentativa de subtração? Mas ele iniciou subtração? Por isso, se tem aceito a complementação proposta por Frank, que inclui na tentativa ações que, por sua vinculação necessária com a ação típica, aparecem, como parte integrante dela, segundo uma *concepção natural*, como é o caso do exemplo *supra* referido"[25].

Ex: vários indivíduos, pretendendo subtrair vultosa quantia de um banco mediante complexa logística, escavam por dois meses um túnel de setenta metros entre um imóvel que adquiriram e o cofre do banco, cessando a empreitada criminosa em decorrência da prisão em flagrante. Nessa hipótese, os indivíduos praticaram atos executórios do crime de furto qualificado.

Na prática, para fins de efetivação do critério formal conjugado com a *concepção natural* de Frank, o que deve ser observado é **se a conduta faz ou não parte do *modus operandi* de execução do delito**, de acordo com as circunstâncias do caso concreto.

3.4. Punibilidade da tentativa: teorias

Na doutrina, quatro são as principais teorias fundamentadoras da punibilidade da tentativa, devendo o leitor ficar atento: teorias subjetiva, objetiva, mista e sintomática (**questão discursiva**[26]).

---

[24] DOTTI, René Ariel. *Curso de Direito Penal. Parte Geral.* 4ª Ed. São Paulo: Revista dos Tribunais, 2012, p. 418.

[25] BITENCOURT, Cezar Roberto. *Tratado de Direito Penal. Vol. I. Parte Geral.* 11ª Ed. São Paulo: Saraiva, 2007, p. 398.

[26] Na prova discursiva do concurso para o cargo de Juiz de Direito, realizada pelo CESPE-UNB/CEBRASPE em 2014, foi formulada a seguinte **questão discursiva**: "Discorra de forma sucinta sobre as teorias

Para uma visão panorâmica, confira o **quadro estratégico** abaixo:

PUNIBILIDADE DA TENTATIVA (Teorias)			
Teoria subjetiva	**Teoria objetiva**	**Teoria mista**	**Teoria sintomática**
Vontade contrária ao Direito	Exposição do bem jurídico a perigo	Vontade contrária ao Direito + perigo ao bem jurídico	Periculosidade do agente

Teoria subjetiva: surgiu na Alemanha, tendo sido defendida por Grolmann e outros penalistas, chegando ao auge com Von Buri. De acordo com a teoria subjetiva, o fundamento da punibilidade da tentativa é a **vontade do autor contrária ao Direito**. A tentativa deve ser punida da mesma forma que o crime consumado, pois o que importa é a intenção do agente. O elemento moral – a vontade do agente – é decisivo, porque está completo, perfeito. Imperfeito é o delito sob o aspecto objetivo, que não chega a consumar-se[27]. *Críticas*: segundo Zaffaroni e Pierangeli, como a vontade contrária ao Direito existente no crime tentado é igual à do delito consumado, não se deveria distinguir entre a pena dos crimes tentado e consumado[28].

Teoria objetiva (realística ou dualista): remonta a Carmignani e Feuerbach. De acordo com a teoria objetiva, o fundamento da tentativa reside no **perigo a que é exposto o bem jurídico**, o que somente se caracteriza com os atos executórios. Por produzir um mal menor, a tentativa deve ser punida de forma mais branda que o crime consumado, havendo redução da pena. *Críticas*: segundo Zaffaroni e Pierangeli, a teoria levaria a uma duplicidade de perigos nos crimes de perigo[29]. Além disso, conforme lembra Rogério Greco, a teoria objetiva sofre exceções, como nos casos em que o legislador pune a tentativa com as mesmas penas previstas para o crime consumado[30].

O CESPE-UNB/CEBRASPE considerou **incorreta** a assertiva de que a pena imposta ao conatus, de acordo com a teoria subjetiva, é motivada pelo perigo a que é exposto o bem jurídico[31].

fundamentadoras da punição da tentativa, indicando, pelo menos, quatro correntes doutrinárias e as principais críticas que recaem sobre cada uma delas".

27 BITENCOURT, Cezar Roberto. *Op. Cit*, p. 401.

28 ZAFFARONI, Eugenio Raúl; PIERANGELI, José Henrique. *Manual de Direito Penal Brasileiro. Vol. 1. Parte Geral*. 6ª Ed. São Paulo: Revista dos Tribunais, 2006, p. 599.

29 ZAFFARONI, Eugenio Raúl; PIERANGELI, José Henrique. *Op. Cit.*, p. 599.

30 GRECO, Rogério. *Op. Cit.*, p. 369.

31 Prova objetiva do concurso para o cargo de Promotor de Justiça (MPE-RO), realizada em 2013.

> **Teoria objetiva temperada**: a tentativa deve ser punida de modo mais brando que o crime consumado, *salvo nas exceções legais expressas*, quando a tentativa poderá ser excepcionalmente punida com a mesma pena que o crime tentado nos casos previstos em lei.

Teoria mista (ou teoria da impressão): também conhecida como teoria objetivo-subjetiva, essa teoria representa a **combinação** das vertentes anteriores. O fundamento da punibilidade da tentativa é tanto a vontade do autor contrária ao Direito quanto o perigo a que é exposto o bem jurídico. Além disso, para Roxin, a tentativa é punível quando e na medida em que é apropriada para produzir na generalidade das pessoas uma impressão juridicamente abaladora. Ela põe em perigo a paz jurídica e necessita de uma sanção correspondente a esta medida[32]. *Críticas*: segundo Zaffaroni, por se fundamentar apenas no alarme social, a teoria da impressão viola o princípio republicano, na medida em que puniria condutas que não afetam bens jurídicos[33].

Teoria sintomática: preconizada pela Escola Positiva, para essa teoria, o fundamento da punição da tentativa reside na **periculosidade do autor**. Com isso, seria possível a punição de atos preparatórios. *Crítica*: segundo Zaffaroni e Pierangeli, essa teoria levaria à punição da tentativa inidônea (crime impossível), que não é punida no Brasil (CP, art. 17)[34].

O Código Penal adotou a **teoria objetiva temperada**, segundo a qual segundo a qual a pena para a tentativa deve ser, salvo expressas exceções, menor que a pena prevista para o crime consumado.

O art. 14, parágrafo único, do CP assim dispõe:

> "Art. 14 [...]
> Parágrafo único - Salvo disposição em contrário, pune-se a tentativa com a pena correspondente ao crime consumado, diminuída de um a dois terços".

A expressão final "salvo disposição em contrário" revela que há casos em que a tentativa pode ser punida com a mesma pena do crime consumado, sem a diminuição da pena, quando houver disposição legal expressa nesse sentido. Ex: "evadir-se ou tentar evadir-se" (CP, art. 352) e "votar ou tentar votar duas vezes" (art. 309 do Código Eleitoral).

---

[32] ROXIN, Claus. *Resolução do fato e começo da execução na tentativa. Problemas Fundamentais de Direito Penal.* 3ª Ed. Lisboa: Veja, 1998, p. 296.
[33] ZAFFARONI, Eugenio Raúl; PIERANGELI, José Henrique. *Op. Cit.*, p. 599.
[34] ZAFFARONI, Eugenio Raúl; PIERANGELI, José Henrique. *Op. Cit.*, p. 599.

Por essa razão, a teoria adotada foi a objetiva temperada, diante do "temperamento" previsto pela possibilidade de **exceções legais expressas.**

O CESPE-UNB/CEBRASPE considerou **correta** a assertiva de que quanto à punibilidade da tentativa, o Código Penal adotou a teoria objetiva temperada, segundo a qual a pena para a tentativa deve ser, salvo expressas exceções, menor que a pena prevista para o crime consumado[35].

Critério para redução da pena: diante da omissão do Código Penal, para o STJ, quanto maior o *iter criminis* percorrido pelo agente, menor será a fração da causa de diminuição (STJ, AgRg no REsp 1943353/SP, 5ª Turma, Rel. Min. Ribeiro Dantas, DJe 13/10/2021).

3.5. Infrações que não admitem tentativa

A regra é a admissibilidade da tentativa, mas existem infrações penais que não admitem tentativa. Confira no **quadro estratégico** abaixo:

INFRAÇÕES QUE NÃO ADMITEM TENTATIVA (visão geral)	
(a) crimes culposos (exceção: culpa imprópria); (b) crimes preterdolosos; (c) contravenções penais; (d) crimes omissivos próprios;	(e) crimes habituais; (f) crimes que a lei só pune se ocorrer o resultado; (g) crimes que a lei pune a tentativa como crime consumado.

O CESPE-UNB/CEBRASPE considerou **incorreta** a assertiva de que as contravenções penais e os crimes preterdolosos admitem a modalidade tentada, uma vez que é possível fracionar o iter criminis[36].

A tentativa é admitida normalmente nos crimes formais. Quanto ao **crime unissubsistente**, que é aquele em que a conduta é composta por um único ato, há **divergência**. *1ª corrente*: não admite tentativa, por não ser possível fracionar o processo executivo[37]. *2ª corrente*: é possível a tentativa em certos casos. Ex: agente efetua um único disparo e erra o alvo[38].

[35] Prova objetiva do concurso para o cargo de Juiz de Direito (TJPI), realizada em 2007.
[36] Prova objetiva do concurso para o cargo de Juiz de Direito (TJSE), realizada em 2008.
[37] DOTTI, René Ariel. *Op. Cit.*, p. 421
[38] BONFIM, Edilson Mougenot; CAPEZ, Fernando. *Direito Penal. Parte Geral.* São Paulo: Saraiva, 2004, p. 440.

4. DESISTÊNCIA VOLUNTÁRIA E ARREPENDIMENTO EFICAZ

4.1. Conceito, natureza jurídica e elementos

São espécies de **tentativa abandonada** ou **qualificada**. Nessas situações, o resultado não se produz em razão da vontade do próprio agente (CP, art. 15). O assunto deve ser examinado em uma relação de complementaridade com o instituto da tentativa comum (CP, art. 14, II)

Alertamos que esse é um tema que possui detalhes importantes, devendo o leitor que se prepara para concursos públicos ficar atento.

O art. 15 do CP assim dispõe:

> "Art. 15 - O agente que, voluntariamente, desiste de prosseguir na execução ou impede que o resultado se produza, só responde pelos atos já praticados".

Natureza jurídica: na doutrina, há divergência sobre a natureza jurídica da tentativa abandonada (desistência voluntária e arrependimento eficaz). *1ª corrente*: trata-se de causa de extinção da punibilidade (Nelson Hungria)[39]. *2ª corrente*: causa geradora de atipicidade (Damásio de Jesus) [40]. Prevalece a segunda corrente (**causa de atipicidade**).

> **Ponte de ouro**: segundo Von Liszt, nos casos de desistência voluntária e arrependimento eficaz haveria a chamada "ponte de ouro". Por critérios de política criminal, provoca-se uma readequação típica mais benéfica ao agente, que só deve responder pelos atos até então praticados[41-42].

---

[39] HUNGRIA, *Nelson. Comentários ao Código Penal.* Vol. 1. Tom. II. 5ª Ed. Rio de Janeiro: Forense, 1978, p. 93.

[40] JESUS, Damásio E. de. *Direito Penal. Vol. 1. Parte Geral.* 34ª Ed. São Paulo: Saraiva, 2013, p. 382.

[41] LISZT, Fran Von. *Tratado de Direito Penal Alemão. Tomo I.* Trad. José Hygino Duarte Pereira. Rio de Janeiro: F. Briguiet & Cia. Editores, 1899, p. 342.

[42] **Ponte de diamante e ponte de prata**: a *ponte de diamante* (ou ponte de prata qualificada) diz respeito aos institutos penais que, após a consumação do crime, podem chegar até a eliminar a responsabilidade penal do agente, a exemplo do que ocorre na colaboração premiada no regime da Lei n.º 12.850/2013, que poderá conduzir ao perdão judicial. O ponto, porém, não deve ser confundido com a chamada *ponte de ouro*, que retrata o pensamento de Franz Von Liszt para identificar a tentativa abandonada (desistência voluntária e arrependimento eficaz), e nem com a ponte de *prata em sentido estrito*, expressão utilizada para identificar os institutos aplicáveis após a consumação do crime, trazendo um tratamento penal mais benéfico ao agente, mas sem excluir a responsabilidade penal. Ex: arrependimento posterior (CP, art. 16).

Elementos: (a) início de execução; (b) não consumação e (c) interferência da vontade do próprio agente.

Para facilitar a visualização da diferença entre a tentativa comum e a tentativa abandonada, confira o **quadro estratégico** abaixo:

TENTATIVA COMUM E TENTATIVA QUALIFICADA (Elementos)	
TENTATIVA COMUM	TENTATIVA ABANDONADA (desistência voluntária e arrependimento eficaz)
Início de execução	Início de execução
Não consumação	Não consumação
Interferência por circunstâncias alheias à vontade do agente	**Interferência da vontade do próprio agente**

Note-se que, enquanto na tentativa comum (CP, art. 14, II) há interferência de um "elemento externo" (circunstâncias alheias à vontade do agente), na desistência voluntária e no arrependimento eficaz (CP, art. 15), há interferência de um "**elemento interno**", que é a vontade do próprio agente, que decide "abandonar" o cometimento do delito e impedir a consumação.

Existem duas espécies de tentativa abandonada ou qualificada: desistência voluntária e arrependimento eficaz, que são institutos distintos.

Para uma rápida visualização, observe o **quadro estratégico** abaixo:

TENTATIVA ABANDONADA OU QUALIFICADA (Espécies)	
DESISTÊNCIA VOLUNTÁRIA	ARREPENDIMENTO EFICAZ
Interferência da vontade do próprio agente ("abandono" da tentativa)	Interferência da vontade do próprio agente ("abandono" da tentativa)
Não há esgotamento da atividade executória	**Esgotamento da atividade executória**
Sucedâneo da tentativa imperfeita (atos executórios inconclusos)	Sucedâneo da tentativa perfeita (atos executórios concluídos)

Desistência voluntária: nessa hipótese, há início de execução, mas o agente, por sua própria vontade, *desiste* de prosseguir na prática dos atos executórios, fazendo com que o resultado não aconteça. O agente poderia continuar com os atos de execução, mas deixa de fazê-lo por desistir do crime. No estudo da desistência voluntária e sua distinção com a tentativa, é emblemática na doutrina a chamada **fórmula de Frank**: "posso, mas não quero (desistência voluntária); quero, mas não consigo (tentativa)"[43].

Para a caracterização da desistência *voluntária*, basta que a desistência seja voluntária, e não necessariamente *espontânea*. Ex: conselho de terceiro.

No crime de **estupro**, o STJ já decidiu que, **havendo falha fisiológica, há tentativa**, devendo ser afastada a hipótese de desistência voluntária:

> "PENAL. RECURSO ESPECIAL. ESTUPRO. TENTATIVA. NÃO CONFIGURAÇÃO DE DESISTÊNCIA VOLUNTÁRIA.
> Dado início a execução do crime de estupro, consistente no emprego de grave ameaça à vítima e na ação, via contato físico, só não se realizando a consumação em virtude de momentânea falha fisiológica, alheia à vontade do agente, tudo isso, caracteriza a tentativa e afasta, simultaneamente, a denominada desistência voluntária (Precedente desta Corte). Recurso especial provido" (STJ, REsp 792.625/DF, 5ª Turma, Rel. Min. Felix Fischer, DJ 27/11/2006).

Vale lembrar, aqui, da fórmula de Frank: a diferença entre a desistência voluntária e a tentativa é que, na primeira, o agente diz "eu consigo, mas não quero" e, na segunda, o agente diz "eu quero, mas não consigo".

O CESPE-UNB/CEBRASPE considerou **incorreta** a assertiva de que ocorrendo o início da execução do crime de estupro mediante o emprego de grave ameaça à vítima e a ação via contato físico só não sendo consumada em virtude de momentânea falha fisiológica, alheia à vontade do agente, resta caracterizada a desistência voluntária e afastada, simultaneamente, a tentativa[44].

Atenção! A ressalva fica para o caso de que, mesmo havendo falha fisiológica, tenha ocorrido ato libidinoso diverso da conjunção carnal, quando haveria consumação (mas esse dado precisaria estar expresso na questão!).

Arrependimento eficaz: o agente esgota a atividade executória, mas se *arrepende* e impede o resultado. Ex: após descarregar arma de fogo contra a vítima, atingindo-a gravemente, o agente se arrepende e vem a socorrê-la de forma satisfatória até um hospital, impedindo o evento morte.

[43] BITENCOURT, Cezar Roberto. *Op. Cit.*, p. 403.
[44] Prova objetiva do concurso para o cargo de Juiz de Direito (TJ-CE), realizada em 2012.

4.2. Consequências

Na desistência voluntária e no arrependimento eficaz, o agente responde apenas pelos atos até então praticados.

Sobre essa questão, o art. 15 do CP assim dispõe:

> "Art. 15 - O agente que, voluntariamente, desiste de prosseguir na execução ou impede que o resultado se produza, só responde pelos atos já praticados".

Em outras palavras, afasta-se a punição da tentativa do crime que estava em andamento, uma vez que esta foi "abandonada", e o agente **responde apenas pelos atos até então praticados**. Como visto, é a chamada "**ponte de ouro**", que promove uma readequação típica mais benéfica ao agente.

Ex: "A", com intenção de matar, começa a esfaquear "B", que cai no chão já sem forças de resistência. Porém, arrependendo-se do que fez, "A" desiste de consumar o homicídio, embora pudesse fazê-lo. A vítima é socorrida e sobrevive. Nesse caso, o algoz responderá apenas pelas lesões praticadas.

4.3. Comunicabilidade

Na doutrina, há divergência sobre a comunicabilidade ou não dos benefícios penais da desistência voluntária e do arrependimento eficaz.

Existem três correntes a respeito. *1ª corrente*: são incomunicáveis (natureza subjetiva)[45]. *2ª corrente*: são comunicáveis (natureza mista) [46]. *3ª corrente*: a comunicabilidade ou não depende da distinção das posições do partícipe e do coautor, que devem atuar no sentido de impedir o resultado[47].

Na verdade, a extensão ou não dos benefícios da desistência voluntária e do arrependimento eficaz aos coautores e partícipes **depende da corrente que se adote sobre a natureza jurídica desses institutos** (se causa de extinção da punibilidade ou da tipicidade). Caso sejam considerados causas de exclusão da tipicidade, o fato não pode ser considerado típico para uns e atípico para

---

[45] FRAGOSO, Heleno Cláudio. *Lições de Direito Penal*. Parte Geral. 2ª Ed. Rio de Janeiro: Forense, 1991, p. 245.
[46] ARAÚJO, Fábio Roque. *Direito Penal Didático. Parte Geral*. 3ª Ed. Salvador: *Juspodivm*, 2020, p. 551.
[47] SANTOS, Juarez Cirino dos. *Direito Penal. Parte Geral. 7ª Ed*. Florianópolis: Empório do Direito, 2017, p. 395-396.

outros: a desistência do autor (conduta principal) beneficia o partícipe (conduta acessória), embora a desistência do partícipe não beneficie o autor. Caso sejam considerados causa pessoal de extinção da punibilidade, são incomunicáveis.

4.4. Limites

A desistência voluntária e o arrependimento eficaz somente se aplicam aos crimes dolosos e aos crimes materiais ou de resultado.

São incompatíveis com os **crimes culposos**[48]. Além disso, a desistência voluntária não é admitida nos crimes **unissubsistentes**, em que a conduta é composta por um único ato, com a prática do qual encerra-se a execução. O arrependimento eficaz somente é admissível nos crimes materiais (resultado exigível para a consumação), não sendo compatível com os **crimes formais** e de **mera conduta**[49-50]. O leitor deve ficar atento a esses limites.

5. ARREPENDIMENTO POSTERIOR

O arrependimento posterior é um benefício penal conferido ao agente que, voluntariamente, repara o dano ou restitui a coisa até o recebimento da denúncia ou queixa-crime, sendo beneficiado com a redução da pena de 1 a 2/3.

O art. 16 do CP assim dispõe:

> "Art. 16 - Nos crimes cometidos sem violência ou grave ameaça à pessoa, reparado o dano ou restituída a coisa, até o recebimento da denúncia ou da queixa, por ato voluntário do agente, a pena será reduzida de um a dois terços".

Natureza jurídica: trata-se de *causa objetiva* e obrigatória de diminuição de pena, aplicável na terceira fase de dosimetria da pena. Não se confunde com a atenuante prevista no art. 65, III, *d*, do CP (arrependimento-atenuante)[51], aplicável a qualquer espécie de infração penal até o julgamento (e não só até o recebimento da denúncia), com uma redução de pena menor.

---

[48] CAPEZ, Fernando. *Curso de Direito Penal*. Vol. 1. São Paulo: Saraiva., 2012, p. 272.

[49] CAPEZ, Fernando. *Op. Cit.*, p. 272.

[50] CUNHA, Rogério Sanches. *Op. Cit.*, p. 444.

[51] CP, art. 65: "São circunstâncias que sempre atenuam a pena: III - ter o agente: d) confessado espontaneamente, perante a autoridade, a autoria do crime".

Requisitos: a aplicação do benefício do arrependimento posterior depende da presença dos seguintes requisitos (cumulativos):

(a) crime cometido sem violência ou grave ameaça à pessoa;

(b) ato voluntário do agente (não precisa ser espontâneo);

(c) **reparação total** do dano ou restituição integral da coisa até o recebimento da denúncia ou queixa (STJ, AgRg no RHC 56.387/CE);

(d) crime patrimonial ou com efeitos patrimoniais (STJ, AgRg no HC 510.052/RJ).

Alcance: a norma que prevê a redução da pena por arrependimento posterior (CP, art. 16) alcança os crimes *dolosos* e *culposos*, tentados e consumados, simples, privilegiados ou qualificados. Lembramos, porém, que sua aplicação é limitada aos crimes patrimoniais ou com efeitos patrimoniais.

Para o STJ, o critério a ser utilizado pelo juiz para quantificar a redução da pena é o da **celeridade da reparação**. Quanto mais rápida for a reparação do dano, maior deverá ser a redução da pena (STJ, REsp 1282696/RS, 6ª Turma, Rel. Min. Maria Thereza de Assis Moura, DJe 13/12/2013).

> **Arrependimento posterior e comunicabilidade**: para o STJ, o arrependimento posterior (CP, art. 16) possui *natureza objetiva*. Uma vez reparado o dano integralmente por um dos autores do delito, o benefício estende-se aos demais coautores (CP, art. 30), cabendo ao julgador avaliar a fração de redução a ser aplicada, conforme a atuação de cada agente em relação à reparação efetivada (STJ, REsp 1.187.976-SP, 6ª Turma, Rel. Min. Sebastião Reis, j. 07/11/2013, Informativo n.º 531).

O CESPE-UNB/CEBRASPE considerou **incorreta** a assertiva de que o arrependimento posterior, por ser uma circunstância subjetiva, não se estende aos demais corréus, uma vez reparado o dano integralmente por um dos autores do delito até o recebimento da denúncia[52].

Limites: o arrependimento posterior **não se aplica**: (a) aos crimes cometidos com violência ou grave ameaça à pessoa (CP, art. 16); (b) aos crimes não patrimoniais em geral; (c) aos crimes contra a fé pública, a exemplo do delito de moeda falsa[53]. Entretanto, nesses casos, o agente poderá ser

[52] Prova objetiva do concurso para o cargo de defensor público (DPE-RN), realizada em 2015.

[53] STJ, REsp 1242294/PR, 6ª Turma, Rel. p/ ac. Min. Rogerio Schietti Cruz, DJe 03/02/2015.

beneficiado com a aplicação do arrependimento-atenuante, desde que a reparação do dano ocorra até o julgamento (CP, art. 65, III, *d*).

Peculato culposo: a reparação do dano até o trânsito em julgado extingue a punibilidade (CP, art. 312, §3º).

Emissão de cheques sem fundos: a reparação do dano até o recebimento da denúncia extingue a punibilidade.

> **STF, Súmula n.º 554**: "O pagamento de cheque emitido sem provisão de fundos, após o recebimento da denúncia, não obsta ao prosseguimento da ação penal".

Juizados Especiais Criminais: nas infrações de ação penal privada e de ação penal pública condicionada à representação do ofendido, o acordo de composição civil dos danos extingue a punibilidade (art. 74, parágrafo único, da Lei n.º 9.099/95).

Crimes materiais contra a ordem tributária: o pagamento do tributo a qualquer tempo extingue a punibilidade (art. 9º, §2º, da Lei n.º 10.684/2003 e arts. 68 e 69 da Lei n.º 11.941/2009).

6. CRIME IMPOSSÍVEL (TENTATIVA INIDÔNEA)

Crime impossível é aquele que não há possibilidade de consumação, seja pela ineficácia absoluta do meio seja pela impropriedade absoluta do objeto. Sua natureza jurídica é de causa de exclusão da tipicidade do fato.

O art. 17 do CP prevê o seguinte:

> "Art. 17 - Não se pune a tentativa quando, por ineficácia absoluta do meio ou por absoluta impropriedade do objeto, é impossível consumar-se o crime".

Terminologia. O crime impossível também é chamado de tentativa inidônea, tentativa inadequada ou quase crime (**mnemônico**[54]).

[54] **Macete mnemônico**: **"Letra I"** – Observe-se as terminologias começam com a letra "I", que lembra crime impossível. Não confundir com tentativa abandonada, que diz respeito à desistência voluntária e ao arrependimento eficaz. Fique atento!

Existem duas espécies de crime impossível:

(a) por ineficácia absoluta do meio;

(b) por impropriedade absoluta do objeto material.

Assim, por exemplo, caso o agente pretenda praticar homicídio com arma de brinquedo, nunca será possível a consumação, diante da ineficácia absoluta do meio. Do mesmo modo, se houver impropriedade absoluta do objeto, haverá crime impossível. Ex: ninguém pode matar um cadáver.

> **STJ – Jurisprudência e Enunciados - ED 108 - Tese 03**: "Demonstrada por laudo pericial a inaptidão da arma de fogo para o disparo, é atípica a conduta de portar ou de possuir arma de fogo, diante da ausência de afetação do bem jurídico incolumidade pública, tratando-se de crime impossível pela ineficácia absoluta do meio".

Cuidado! Apenas a ineficácia **absoluta** do meio caracteriza crime impossível (CP, art. 17). Se a ineficácia do meio for *relativa*, haverá tentativa.

Na doutrina, Basileu Garcia lembra de um exemplo clássico: se um batedor de carteiras, em ponto de ônibus, tenta apalmar carteira alheia, mas enfia a mão no bolso vazio, estando a carteira guardada em outro bolso, a impropriedade será relativa[55] e haverá tentativa. Mas se a vítima não tivesse nada em nenhum de seus bolsos, haveria crime impossível por impropriedade absoluta do objeto. Outro exemplo: se alguém, pretendendo subtrair *dinheiro* de terceiro, toma-lhe a bolsa e, ao percebê-la vazia, jogue-a na rua, haverá crime impossível por impropriedade absoluta do objeto.

Teorias: na doutrina, existem algumas teorias sobre a punibilidade do crime impossível. Confira no **quadro estratégico** abaixo:

PUNIBILIDADE DO CRIME IMPOSSÍVEL (teorias)		
Teoria subjetiva	**Teoria objetiva**	**Teoria sintomática**
Vontade de delinquir	Não é punido porque objetivamente não houve perigo para a coletividade	Sintoma de periculosidade

[55] GARCIA, Basileu. *Instituições de Direito Penal.* Vol. I. Tomo I. Série Clássicos Jurídicos. 7ª Ed. São Paulo: Saraiva, 2008, p. 341.

Teoria subjetiva: de acordo com a teoria subjetiva, o agente deve ser punido porque apresentou vontade de delinquir.

Teoria objetiva: o agente não deve ser punido porque objetivamente não houve perigo para a coletividade. Na doutrina, existem duas grandes vertentes da teoria objetiva. Para a **teoria objetiva pura**, a tentativa inidônea sempre será crime impossível, sejam a ineficácia do meio e a impropriedade do objeto absolutas ou relativas, não sendo feita nenhuma distinção sobre esse ponto. Por outro lado, de acordo com a **teoria objetiva temperada**, somente haverá crime impossível quando a ineficácia do meio ou a impropriedade do objeto forem *absolutas*. Quando *relativas*, haverá tentativa.

Teoria sintomática: para a teoria sintomática, deve-se examinar se a realização da conduta do agente revela sua periculosidade. Em outras palavras, se o agente apresentou "sintoma" de periculosidade, deve ser punido.

O Código Penal adotou a **teoria objetiva temperada**, segundo a qual, no crime impossível, devem ser diferenciadas a ineficácia/impropriedade do meio ou objeto, analisando se são *absolutas* ou *relativas*.

Questão já discutida nos tribunais foi saber se, diante da existência de **sistema eletrônico de vigilância** ou segurança interior no estabelecimento, haveria ou não crime impossível em relação ao delito de furto. Prevaleceu a orientação pelo afastamento da tese de crime impossível na hipótese.

> **STJ, Súmula n.º 567**: "Sistema de vigilância realizado por monitoramento eletrônico ou por existência de segurança no interior de estabelecimento comercial, por si só, não torna impossível a configuração do crime de furto".
>
> **STJ, Tema Repetitivo 924**: "A existência de sistema de segurança ou de vigilância eletrônica não torna impossível, por si só, o crime de furto cometido no interior de estabelecimento comercial" (STJ, REsp 1385621/MG, 3ª Seção, Rel. Min. Rogério Schietti Cruz, DJe 02/06/2015).

Outra situação sobre crime impossível bastante difundida na jurisprudência é hipótese de flagrante preparado. Ex: policial "contrata" um médico para fazer um aborto criminoso e, em seguida, efetua a prisão em flagrante pela prática dessa conduta. Na hipótese, o elemento subjetivo do crime existe em toda a sua plenitude, porém, sob o aspecto objetivo, não há violação da lei penal. O flagrante é ilegal, havendo crime impossível. Assim, o agente não poderá permanecer preso, sendo o fato considerado atípico.

> **STF, Súmula n.º 145**: "Não há crime, quando a preparação do flagrante pela polícia torna impossível a sua consumação"

Por último, lembramos que, no crime de moeda falsa (CP, art. 289), a falsificação grosseira caracteriza crime de estelionato, não gerando, a princípio, a existência de crime impossível.

> **STJ, Súmula n.º 73**: "A utilização de papel moeda grosseiramente falsificado configura, em tese, o crime de estelionato, da competência da Justiça Estadual".

A essa altura, recapitulando os conceitos centrais, devemos ter claro o significado das seguintes terminologias:

QUADRO COMPARATIVO (Institutos e terminologias)			
Tentativa comum	**Tentativa abandonada ou qualificada**	**Arrependimento posterior**	**Tentativa inidônea**
Tentativa real (CP, art. 14, II)	Desistência voluntária e arrependimento eficaz (CP, art. 15)	Restituição da coisa ou reparação do dano até o recebimento da denúncia ou queixa (CP, art. 16)	Crime impossível (CP, art. 17)
O agente responde por crime tentado	O agente responde pelos atos até então praticados, *afastando-se a tentativa* do crime que estava em andamento	Causa objetiva de diminuição da pena, aplicável nos crimes sem violência ou grave ameaça	Não há crime (fato atípico)

Encerrando o Capítulo, alertamos que o leitor deve ficar atento às terminologias apontadas acima, pois nas provas é comum que as bancas examinadoras tentem misturar os conceitos para confundir o candidato.

CAPÍTULO 11
ILICITUDE

1. INTRODUÇÃO

O segundo elemento estruturante do conceito analítico de delito é a **ilicitude**, também chamada por parte da doutrina tradicional de *antijuridicidade*. A ilicitude pressupõe a existência de fato típico e sua análise ocorre **por exclusão**: o fato típico, em princípio, será ilícito, salvo se presente alguma causa de exclusão da ilicitude (ex: estado de necessidade, legítima defesa, estrito cumprimento do dever legal e exercício regular de direito).

Se não há fato típico, não há crime, não sendo possível avançar para o exame da ilicitude do fato (segundo degrau da "escada" da estrutura do delito). Como a ilicitude é analisada por exclusão, na doutrina, o foco do assunto tem sido direcionado para as causas de exclusão da ilicitude, mas nem por isso os aspectos ligados à teoria geral da ilicitude podem ser desprezados.

A seguir, analisaremos os principais pontos em torno da ilicitude e seu regime jurídico (conceito, espécies, excludentes etc.).

2. A ILICITUDE PENAL

2.1. Conceito e terminologia

Ilicitude é a contrariedade entre a conduta e o ordenamento jurídico. Existem diversas modalidades de *atos ilícitos*, de acordo com a natureza da norma jurídica violada: ilícito civil, penal, administrativo, tributário, constitucional etc. Cada uma dessas modalidades recebe um tratamento legislativo específico, com consequências e regime jurídico próprios. Mas a raiz é a mesma: contrariedade ao ordenamento jurídico.

Terminologia. No Direito Penal, de acordo com a posição dominante, as expressões **ilicitude** e **antijuridicidade** são consideradas termos sinônimos.

Sobre o ponto, veja o que diz Assis Toledo:

> "Ilicitude e antijuridicidade são termos empregados como sinônimos. Nossos penalistas, porém, por influência dos autores de língua espanhola, utilizavam, com maior frequência, ao invés do primeiro, a palavra antijuridicidade, para exprimir um dos elementos fundamentais do conceito jurídico do crime. Essa opção, entretanto, não é muito feliz [...] a inclusão do delito no gênero dos 'fatos jurídicos' não pode ser impugnada diante da constatação óbvia de que o crime é uma criação do direito positivo [...] o certo será, pois, dizer-se que o delito é um fato jurídico, classificado, em uma das ramificações deste, entre os denominados atos ilícitos". [1]

A reforma penal de 1984, acolhendo a orientação de Assis Toledo, adotou o termo **ilicitude**, abandonando o emprego da expressão *antijuridicidade*, utilizada na redação original do Código Penal de 1940.

2.2. Espécies de ilicitude: formal, material, subjetiva e objetiva

Franz Von Liszt estabeleceu distinção entre **ilicitude formal** e **material**, asseverando que é formalmente antijurídico todo comportamento

[1] TOLEDO, Francisco de Assis. *Princípios Básicos de Direito Penal*. 5ª Ed. São Paulo: Saraiva, 1994, p. 159-160.

humano que viola a norma penal, ao passo que é substancialmente antijurídico o comportamento humano que fere o interesse social tutelado pela própria norma. No contexto dessa distinção, a concepção material de ilicitude permite a construção de causas supralegais de justificação[2].

Concepção unitária. Para outra corrente de pensamento, a distinção entre ilicitude formal e material é dispensável, devendo prevalecer uma concepção unitária de ilicitude. Argumenta-se que como a tipicidade se tornou material, a ilicitude ficou praticamente esvaziada, sendo meramente formal.

Ilicitude subjetiva: o fato somente será ilícito se o agente apresentar capacidade subjetiva (imputabilidade), tendo a capacidade de entender o caráter ilícito do fato e de se autodeterminar de acordo com esse entendimento.

Ilicitude objetiva: para que o fato seja considerado ilícito, basta que não incida nenhuma excludente de ilicitude, não sendo considerados os critérios subjetivos do autor. No exame da ilicitude, a capacidade de avaliação do agente (imputabilidade) é não é levada em consideração, pois esse ponto faz parte do exame da culpabilidade. É o viés que prevalece entre nós.

No sistema brasileiro, a ilicitude é: formal, objetiva e unitária, devendo ser concebida de acordo com a perspectiva penal-constitucional.

2.3. Ilicitude e injusto

Em sentido formal, o injusto engloba a conduta já valorada como *típica* e *ilícita* e, em sentido material, revela a contrariedade ao sentimento social de justiça. Segundo Assis Toledo, o conceito de injusto engloba toda e qualquer ação típica e ilícita, mesmo que não seja culpável. O crime é, pois, um injusto culpável[3]. Outros autores, porém, consideram o injusto como sendo a contrariedade entre o fato e o sentimento social de justiça[4].

Não devemos confundir o conceito de **injusto** com o conceito de **tipo total de injusto** preconizado pelos defensores da *ratio essendi* da ilicitude, que propõem uma fusão entre tipicidade e ilicitude no interior do fato típico.

Essa é uma diferenciação que o estudioso da teoria geral do delito deve ter clara. Para uma melhor visualização, observe o **esquema estratégico**:

[2] BITENCOURT, Cezar Roberto. *Tratado de Direito Penal. Parte Geral.* 11ª Ed. São Paulo: Saraiva, 2007, p. 295.
[3] TOLEDO, Francisco de Assis. *Op. Cit.*, p. 119.
[4] BONFIM, Edilson Mougenot; CAPEZ, Fernando. *Direito Penal. Parte Geral.* São Paulo: Saraiva, 2004, p. 472.

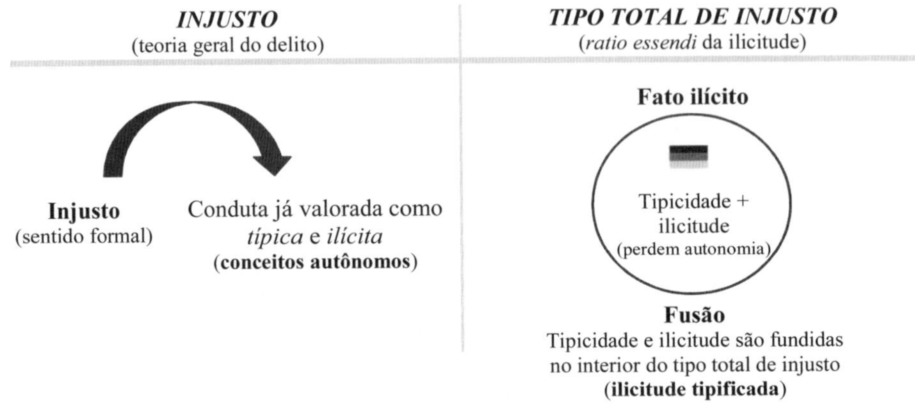

A noção de **tipo total de injusto** é uma posição que surgiu na doutrina alemã. No Brasil, prevalece a diretriz da fase do **caráter indiciário da ilicitude**, segundo a qual a tipicidade traz em seu bojo um *indício de ilicitude*: a conduta típica, em princípio, também será ilícita (presunção relativa), salvo se presente alguma causa de justificação (excludentes de ilicitude)

3. EXCLUDENTES DE ILICITUDE

3.1. Considerações preliminares

Como o Estado não é onipotente e onipresente, não tendo condições de proteger a todos durante todo o tempo, a lei permite que, em determinadas hipóteses, o agente proteja a si próprio ou a terceiros, sem que isso implique a prática de ato ilícito. No direito processual, essa situação é chamada de **autotutela** e, em matéria penal, somente é admitida em casos excepcionais, nas hipóteses previstas como excludentes de ilicitude.

Terminologia. As excludentes de ilicitude também são chamadas de causas de justificação, causas justificantes ou descriminantes.

As causas de exclusão da ilicitude podem ser **legais** ou **supralegais**. O art. 23 do CP prevê quatro causas de exclusão da ilicitude do fato:

(a) estado de necessidade;

(b) legítima defesa;

(c) estrito cumprimento do dever legal;

(d) exercício regular de direito.

É importante ressaltar que as causas de exclusão da ilicitude previstas no Código Penal não são enumeradas em rol exaustivo, mas apenas em **rol exemplificativo**, o que não impede a existência de causas supralegais de exclusão da ilicitude (ex: consentimento do ofendido).

Para uma melhor visualização, confira o **quadro estratégico**:

Excludentes de Ilicitude (causas de justificação)	**Legais** (CP, art. 23)	Estado de necessidade
		Legítima defesa
		Estrito cumprimento do dever legal
		Exercício regular de direito
	Supralegais	Consentimento do ofendido

Conceito legal? Entre as causas de exclusão da ilicitude previstas no Código Penal (CP, art. 23, I a III), o legislador apenas explicitou os conceitos de duas delas: o estado de necessidade (CP, art. 24) e a legítima defesa (CP, art. 25). A definição das demais foi deixada a cargo da doutrina.

Segundo Soler e Fragoso, no que diz respeito à origem, as fontes das causas de exclusão da ilicitude são: a *lei* (estrito cumprimento do dever legal e exercício regular de direito), a *necessidade* (estado de necessidade e legítima defesa) e a *falta de interesse* (consentimento do ofendido)[5].

Efeitos: as causas de exclusão da ilicitude afastam a caracterização da conduta como infração penal (CP, art. 23), mas o legislador, no mesmo dispositivo, excepciona o excesso punível em todas as excludentes (CP, art. 23, parágrafo único), quando poderá ser imposta pena ao agente pelo excesso.

[5] SOLER, Sebastián. *Causas de Justificação da Conduta*. Revista de Direito Penal (RDP5), p. 7 e ss. Disponível em: <http://www.fragoso.com.br/wp-content/uploads/2017/09/RDP05.pdf>. Acesso em 09/08/2020; FRAGOSO. Heleno Cláudio. *Lições de Direito Penal. Parte Geral. 13ª Ed.* Rio de Janeiro: Forense, 1991, p. 190.

Vejamos o teor do dispositivo:

> "Art. 23 - Não há crime quando o agente pratica o fato:
> I - em estado de necessidade;
> II - em legítima defesa;
> III - em estrito cumprimento de dever legal ou no exercício regular de direito.
> Parágrafo único - O agente, em qualquer das hipóteses deste artigo, responderá pelo excesso doloso ou culposo".

Os efeitos das causas excludentes de ilicitude, em regra, alcançam a **esfera cível** (CPP, art. 65). Mas existem duas **exceções**: estado de necessidade agressivo e *aberratio ictus* na reação defensiva, casos em que é atingido terceiro inocente, quando a exclusão da ilicitude não alcançará a esfera cível.

3.2. Elemento subjetivo

Para a incidência de qualquer excludente de ilicitude, não basta que o fato apresente os dados objetivos da causa de justificação, sendo necessário que o agente tenha **conhecimento da situação justificante.**

Para sedimentar a memorização do ponto, aplicável a todas as excludentes de ilicitude, vale conferir a seguinte **simbologia estratégica**:

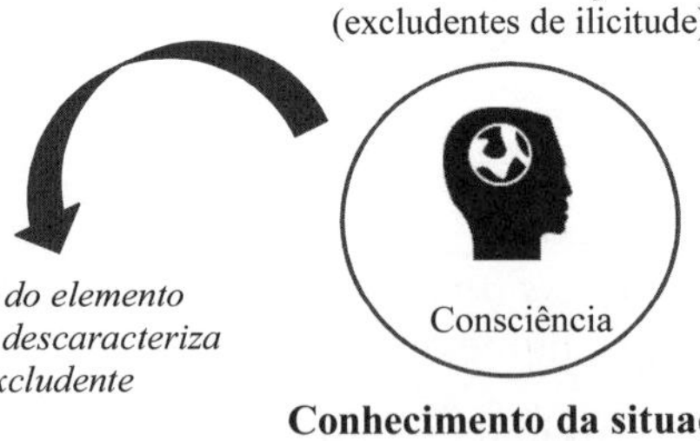

Ex: Billy vê o desafeto Jack em um matagal e, movido por ódio, efetua um disparo de arma de fogo, acertando-o mortalmente. Ao se aproximar, Billy percebe depois que Jack estava prestes a matar outra pessoa a golpes de faca, já atingida e ensanguentada no chão. Não poderá alegar legítima de terceiro.

3.3. Estado de necessidade

3.3.1. Conceito e natureza jurídica

O estado de necessidade representa uma situação extrema em que a violação do bem jurídico é a única opção razoável para salvar direito próprio ou alheio em situações de **perigo atual**. Não haverá crime.

O art. 24, *caput*, do CP apresenta a definição de estado de necessidade:

> "Art. 24 - Considera-se em estado de necessidade quem pratica o fato para salvar de perigo atual, que não provocou por sua vontade, nem podia de outro modo evitar, direito próprio ou alheio, cujo sacrifício, nas circunstâncias, não era razoável exigir-se".

Exemplo: dois náufragos em barco à deriva lutam até a morte em disputa pela única boia existente. Não há crime de homicídio (CP art. 23, I).

Ilustrando, observe-se a seguinte **simbologia estratégica**:

Estado de necessidade
(exemplo)

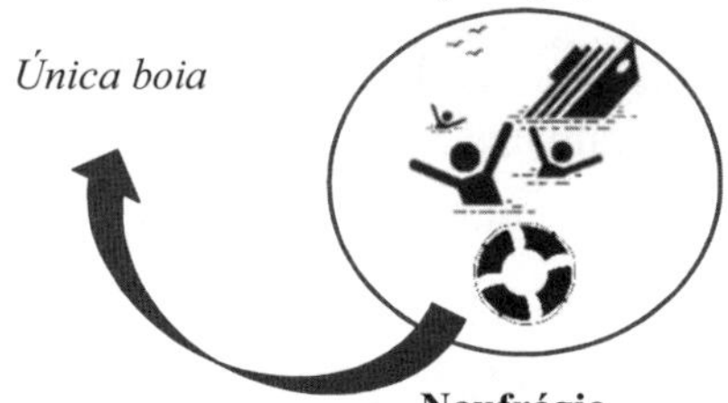

Naufrágio
Não haverá crime na luta pela única boia (morte, lesões etc.)

O estado de necessidade destina-se a proteger não só a *vida*, mas a "qualquer direito próprio ou alheio", desde que presentes os requisitos autorizadores da excludente. Ex: em imóvel afetado por incêndio, um vizinho arromba a porta para salvar animais de estimação e eletrodomésticos antes que sejam consumidos pelo fogo. Não haverá crime de dano (CP, art. 163).

Natureza jurídica: na sistemática do Código Penal, o estado de necessidade é concebido como **causa de exclusão da ilicitude** do fato (CP, art. 23, I). Entretanto, conforme veremos, no Código Penal Militar, o estado de necessidade poderá funcionar como excludente de ilicitude ou de culpabilidade.

> **Caso dos exploradores de caverna**: na clássica obra de Lon Fuller, publicada em 1949, narra-se a história fictícia em que cinco membros de uma sociedade espeleológica (que estuda as cavidades naturais) exploravam uma caverna quando ocorreu um deslizamento de terra que deixou a única saída bloqueada. Devido à demora no resgate, a única forma de sobreviverem era matar e comer a carne de um deles, para evitar que todos morressem de inanição. À luz do Direito Penal, temos um claro exemplo de estado de necessidade (CP, ar. 23, I). Como a vida é um bem jurídico indisponível, eventuais pactos de vontade são irrelevantes.

São **requisitos** para caracterização do estado de necessidade: (a) perigo atual e inevitável; (b) direito próprio ou alheio, cujo sacrifício não era razoável exigir-se; (c) não provocado voluntariamente pelo agente; (d) inexistência do dever de enfrentar o perigo e (e) conhecimento da situação justificante. Veremos cada um desses requisitos com maiores detalhes adiante.

3.3.2. Teorias

Existem três **teorias** sobre o estado de necessidade: teoria unitária, teoria diferenciadora e teoria da equidade.

Para uma rápida visualização, confira o **quadro estratégico** abaixo:

ESTADO DE NECESSIDADE (Teorias)		
Teoria unitária	**Teoria diferenciadora**	**Teoria da equidade**
Sempre excludente de *ilicitude* (razoabilidade)	Excludente de *ilicitude* ou de *culpabilidade* (ponderação de valores)	Não exclui a ilicitude e nem a culpabilidade. O fato não é punido por razões de equidade

Teoria unitária ou monista objetiva: o estado de necessidade é sempre causa de exclusão da *ilicitude* do fato, não havendo comparação de valores ou do peso dos bens jurídicos envolvidos. Em outras palavras, ou situação se reveste de razoabilidade ou não haverá estado de necessidade. Foi a teoria adotada pelo Código Penal comum brasileiro (CP, art. 23, I).

Teoria diferenciadora: o estado de necessidade pode funcionar como causa de exclusão da *ilicitude* ou da *culpabilidade*, de acordo a ponderação entre os bens jurídicos e valores em jogo. Essa teoria é chamada de *diferenciadora* justamente porque "diferencia" as funções do estado de necessidade (excludente de *ilicitude* ou de *culpabilidade*). A teoria diferenciadora alemã foi prevista no CP de 1969, que não chegou a entrar em vigor[6]. Foi a teoria adotada pelo Código Penal Militar (CPM, art. 29).

Para uma melhor visualização acerca da teoria diferenciadora do estado de necessidade, observe o **quadro estratégico** abaixo:

Teoria diferenciadora (estado de necessidade)	**Bem sacrificado de *menor* valor**	Estado de necessidade *justificante* (exclusão da ilicitude)
	Bem sacrificado de valor *igual* ou *maior*	Estado de necessidade *exculpante* (exclusão da culpabilidade)

Teoria da equidade: de acordo com essa teoria, o estado de necessidade não exclui a ilicitude e nem a culpabilidade. O fato deixa de ser punido apenas por *razões de equidade* (Kant).

Estado de necessidade exculpante: é chamado de exculpante porque exclui a *culpabilidade*. Só existe no âmbito da teoria diferenciadora, adotada pelo Código Penal Militar (CPM, art. 29). Funciona como causa de exclusão da culpabilidade quando o bem sacrificado for de valor igual ou maior. Vale ressaltar que, para a teoria unitária – adotada pelo Código Penal comum –, diferentemente do que ocorre com a teoria diferenciadora, todo estado de necessidade é justificante (excludente de ilicitude), inexistindo estado de necessidade exculpante.

[6] DOTTI, René Ariel. *Curso de Direito Penal. Parte Geral*. 4ª Ed. São Paulo: Revista dos Tribunais, 2012, p. 487.

Como dito, o Código Penal adotou a teoria unitária, sendo o estado de necessidade considerado causa de exclusão da ilicitude do fato (CP, art. 23, I).

O CESPE-UNB/CEBRASPE considerou **correta** a assertiva de que no CP, adota-se a teoria unitária ou monista objetiva em relação ao estado de necessidade, situação na qual se encontra pessoa que não pode razoavelmente salvar um bem, interesse ou direito senão pela prática de ato que, em circunstâncias outras, seria delituoso[7].

3.3.3. Requisitos

Para a caracterização do estado de necessidade, é preciso que estejam presentes os requisitos objetivos e subjetivos (CP, art. 24).

Para uma rápida visualização, confira o **quadro estratégico** abaixo:

Estado de necessidade (requisitos)	**Requisitos objetivos**	a) perigo atual (não provocado voluntariamente) e inevitável; b) direito próprio ou alheio; c) razoabilidade d) inexistência do dever legal de enfrentar o perigo
	Requisito Subjetivo	Conhecimento da situação justificante

O requisito fundamental do estado de necessidade é o **perigo**. Não é qualquer perigo, mas um perigo qualificado (atual, não provocado e inevitável).

O perigo deve ser **atual** (CP, art. 24, *caput*), não podendo ser passado ou futuro. Sobre o perigo iminente, há divergência. *1ª corrente*: a expressão perigo "atual" engloba o perigo *iminente*[8]. *2ª corrente*: não alcança o perigo iminente[9]. Continuando, o perigo deve, ainda, apresentar-se como "**não provocado voluntariamente**" (CP, art. 24, *caput*). Mas essa expressão é indicativa de dolo ou de culpa? Existem duas posições a respeito. *1ª corrente*

[7] Prova objetiva do concurso para o cargo de Juiz Federal Substituto (TRF5), realizada em 2011.

[8] TOLEDO, Francisco de Assis. *Op. Cit.*, p. 184-185; JESUS, Damásio E. de. *Direito Penal. Vol. 1. Parte Geral.* 34ª Ed. São Paulo: Saraiva, 2013, p. 416.

[9] MARQUES, José Frederico. *Tratado de Direito Penal.* São Paulo: Saraiva, 1956, p. 131; BITENCOURT, Cezar Roberto. *Op. Cit.*, p. 312-313; BONFIM, Edilson Mougenot; CAPEZ, Fernando. *Op. Cit.*, p. 481.

(dominante): o perigo não pode ser causado *dolosamente*[10]. *2ª corrente*: o perigo não pode derivar nem de dolo e nem de culpa[11]. Por fim, o comportamento/perigo deve ser **inevitável**, havendo a razoabilidade do sacrifício (que não se confunde com a ponderação de valores).

No estado de necessidade como excludente de *ilicitude*, a evitabilidade do comportamento é aferida de acordo com o padrão de um homem médio (*homo medius*), nos termos do item n.º 17 da Exposição de Motivos do Código Penal. A codificação adotou um *critério objetivo*, independentemente das condições subjetivas do agente (lembre-se: a ilicitude possui caráter objetivo).

Atenção! Não poderá alegar estado de necessidade quem tinha o *dever legal* de enfrentar o perigo (CP, art. 24, §1º). Essa restrição não incide nos casos de *dever contratual*, ético ou social. Note-se que a obrigação de se arriscar é exclusivamente legal (policial, bombeiro etc.).

O CESPE-UNB/CEBRASPE considerou **incorreta** a assertiva de que não pode alegar, em sua defesa, estado de necessidade o indivíduo que tem o dever legal ou contratual de enfrentar o perigo[12].

Quando não houver razoabilidade, afasta-se o estado de necessidade, mas poderá incidir causa de diminuição de pena (CP, art. 24, §2º). Confira:

> "Art. 24 [...]
> § 2º - Embora seja razoável exigir-se o sacrifício do direito ameaçado, a pena poderá ser reduzida de um a dois terços".

Quanto à **fonte ou origem do perigo**, a situação autorizadora de estado de necessidade poderá ter sido causada por *conduta humana* ou *fato natural*, desde que não tenha sido provocada voluntariamente pelo agente[13].

> **Estado de necessidade e *comodus discessus* (saída mais cômoda)**: a saída mais cômoda não é compatível com o estado de necessidade. A destruição do bem jurídico deve ser sempre a última saída (comportamento *inevitável*), ficando o estado de necessidade descaracterizado quando houver saída mais cômoda. A fuga, a prática de ilícito extrapenal e a prática de ilícito penal de menor gravidade têm preferência sobre a destruição do bem jurídico.

[10] JESUS, Damásio E. de. *Op. Cit.*, p. 418.
[11] TOLEDO, Francisco de Assis. *Op. Cit.*, p. 186.
[12] Prova objetiva do concurso para o cargo de Juiz Federal Substituto (TRF5), realizada em 2013.
[13] PRADO, Luiz Regis. *Op. Cit.*, p. 443.

Outra questão a ser destacada é que é indispensável que o direito a ser protegido esteja amparado pelo ordenamento jurídico, pois, do contrário, não haverá direito a ser protegido. Ademais, para proteger direito de terceiro, não há necessidade de prévia autorização para agir em estado de necessidade.

Lembramos, por fim, que o agente deve ter conhecimento da situação justificante (*requisito subjetivo*), sob pena de afastamento da excludente de ilicitude (**questão discursiva**[14]).

3.3.4. Espécies

A doutrina tem identificado algumas espécies de estado de necessidade, devendo o leitor ficar atento ao ponto para fins de concursos públicos.

Para uma visão panorâmica, confira o **quadro estratégico** abaixo:

Estado de necessidade (espécies)		
	Quanto à natureza ou efeitos	**Justificante**: exclui a ilicitude
		Exculpante: exclui a culpabilidade
	Quanto ao titular do interesse	**Próprio**: defende direito próprio
		De terceiro: defende direito alheio
	Quanto ao aspecto subjetivo do agente	**Real**: situação de perigo real
		Putativo: situação de perigo imaginária
	Quanto ao terceiro que sofre a ofensa	**Defensivo**: a agressão dirige-se contra o causador dos fatos
		Agressivo: o agente destrói bem de terceiro inocente

Visualizadas as espécies acima, cabe fazer algumas considerações sobre os aspectos mais importantes para as provas.

Estado de necessidade exculpante: é aquele que atua como causa de exclusão da *culpabilidade*. Como visto anteriormente, só existe no âmbito da

[14] Na prova oral do concurso para o cargo de Juiz de Direito (TJDFT), realizada pelo CESPE-UNB/CEBRASPE em 2014, foi formulada a seguinte **questão oral**: "Conceitue estado de necessidade. Qual é a sua natureza jurídica? Existe hipótese em que seria excludente de culpabilidade? Qual é a origem do perigo? Qual é o bem classificado? Quais os requisitos do reconhecimento do estado de necessidade? ".

teoria diferenciadora alemã, adotada pelo Código Penal Militar (CPM, art. 39), sendo baseado na ponderação ou balanceamento de valores.

Estado de necessidade putativo: é aquele erroneamente suposto, que só existe na mente do agente ("estado de necessidade imaginário"). Ex: dois indivíduos em pequeno barco à deriva lutam até a morte pela única boia existente, mas já estavam no raso e não sabiam. *Consequências*: são as do erro de tipo – exclusão do dolo/culpa – ou do erro de proibição (exclusão da culpabilidade/diminuição da pena), conforme o objeto e a evitabilidade do erro, nos termos da teoria limitada da culpabilidade, adotada pelo Código Penal.

Estado de necessidade agressivo: é aquele em que o agente destrói bem de *terceiro inocente*. Ex: o indivíduo, percebendo que atrás de seu veículo vinha um caminhão desgovernado, joga seu automóvel para o acostamento, colidindo com veículo de terceiro inocente. Como o terceiro não foi o causador da situação de perigo, o estado de necessidade é considerado agressivo. Frise-se que o estado de necessidade agressivo afasta o crime de dano (CP, art. 23, I), mas subsiste o dever de indenizar na esfera cível, havendo direito de regresso contra o causador da situação de perigo (CC/2002, arts. 929 e 930)[15-16].

Ilustrando, observe a seguinte **simbologia estratégica**:

Estado de necessidade agressivo
(exemplo)

Caminhão desgovernado

Encerrando o tópico, lembramos, por fim, que no estado de necessidade de **terceiro** não é necessário que haja **prévia autorização** para agir.

[15] CC/2002: "Art. 929. Se a pessoa lesada, ou o dono da coisa, no caso do inciso II do art. 188, não forem culpados do perigo, assistir-lhes-á direito à indenização do prejuízo que sofreram".
[16] CC/2002: "Art. 930. No caso do inciso II do art. 188, se o perigo ocorrer por culpa de terceiro, contra este terá o autor do dano ação regressiva para haver a importância que tiver ressarcido ao lesado".

3.3.5. Outras questões sobre estado de necessidade

3.3.5.1. Estado de necessidade e dificuldades econômicas

Em regra, a existência de dificuldades econômicas, por si só, não caracteriza estado de necessidade, salvo situações extremas e excepcionais. Ex: mãe que furta supermercado para alimentar seus filhos já em estado de inanição (**furto famélico**), abstraída a aplicação do princípio da insignificância.

> **Furto famulato**: é aquele relacionado à situação dos servidores ou fâmulos da posse (CC/2002, art. 1.198). Ex: caseiro de imóvel que subtrai bens móveis do patrão quando este não está presente no local. No Direito Civil, no estudo da posse, Cristiano Chaves e Nelson Rosenvald lembram que os empregados do imóvel são considerados servidores ou fâmulos da posse[17].

Cuidado! Não se deve confundir o **furto famélico**, que está ligado à fome ("furtar para comer"), com o **furto famulato**, que diz respeito à situação dos servidores ou fâmulos da posse. O leitor deve ficar atento.

O CESPE-UNB/CEBRASPE considerou **correta** a assertiva de que considera-se famulato o furto praticado pelo empregado, aproveitando-se de tal situação, de bens pertencentes ao empregador[18].

Embora na dogmática penal o furto famélico seja relacionado ao estado de necessidade, não podemos deixar de registrar que o STF possui precedentes ligados ao plano da tipicidade, com a aplicação do princípio da insignificância quando o valor dos bens for *inexpressivo* (STF, HC 141440 AgR/MG, 2ª Turma, Rel. Min. Dias Toffoli, j. 14/08/2018, Informativo n.º 911).

3.3.5.2. Estado de necessidade e porte de arma de fogo

Não é possível o agente portar arma ilegalmente sob o fundamento de que transita por locais "perigosos". É a orientação prevalente.

---

[17] FARIAS, Cristiano Chaves; ROSENVALD, Nelson. *Direitos Reais*. 5ª Ed. Salvador: *Juspodivm*, 2008, p. 67.

[18] Prova objetiva do concurso para o cargo de Delegado de Polícia (PCPB), realizada em 2009.

Nesse caso, afasta-se o estado de necessidade e o indivíduo poderá ser responsabilizado pelo crime de porte ilegal de arma de fogo, previsto no art. 14 da Lei n.º 10.826/2003 (Estatuto do Desarmamento).

3.3.5.3. Estado de necessidade e crimes habituais, permanentes e reiterados

Em regra, o estado de necessidade não se aplica nos casos de crimes habituais, permanentes e reiteração criminosa, diante da falta do requisito do perigo atual (CP, art. 24), salvo em casos extremos.

3.4. Legítima Defesa

3.4.1. Generalidades

Na legítima defesa, o agente, com a finalidade de defender a si ou terceiro, repele agressão humana injusta, atual ou iminente, a direito próprio ou de terceiro. Não haverá crime (CP, art. 23, II).

O art. 25, *caput*, do CP apresenta a definição da excludente:

> "Art. 25 - Entende-se em legítima defesa quem, usando moderadamente dos meios necessários, repele injusta agressão, atual ou iminente, a direito seu ou de outrem".

Ex: criminoso tenta roubar os pertences de pedestre utilizando uma faca, mas a vítima, exímio capoeirista, rende o infrator após luta corporal.

Ilustrando, observe a **simbologia estratégica** abaixo:

LEGÍTIMA DEFESA
(exemplo do indivíduo que reage a roubo)

Natureza jurídica: na sistemática do Código Penal brasileiro, trata-se de causa de exclusão da ilicitude do fato (CP, art. 23, II).

A legítima pode ser invocada para proteger não só a *vida*, mas "qualquer direito seu ou de outrem", desde que presentes os requisitos da excludente. Ex: ao ver o furto de sua bicicleta, a vítima derruba o meliante, que vem a ferir-se levemente no braço. Não haverá crime de lesões corporais.

3.4.2. Requisitos

Para a caracterização da legítima defesa, é preciso que estejam presentes os requisitos objetivos e subjetivos (CP, art. 25).

Para uma visão geral, confira o **quadro estratégico** abaixo:

Legítima defesa (requisitos)		
	Requisitos objetivos	a) agressão injusta, atual ou iminente; b) a direito próprio ou alheio; c) repulsa com os meios necessários; d) uso moderado dos meios;
	Requisito Subjetivo	Conhecimento da situação justificante

Na legítima defesa, a agressão deve ser injusta, atual ou iminente. Esse é o principal requisito da excludente em estudo.

Agressão **injusta** é agressão **ilícita**, contrária ao ordenamento jurídico. Se a agressão for lícita, fica descaracterizada a legítima defesa. Ex: o estuprador não poderá alegar legítima defesa em face da vítima que começa a agredi-lo. A injustiça da agressão deve ser examinada de *forma objetiva*, independentemente da capacidade subjetiva do agressor. A agressão deve, ainda, ser **atual** ou **iminente**, não podendo ser passada (vingança) ou futura. Parte da doutrina sustenta a legítima defesa antecipada, conforme veremos mais à frente.

O CESPE-UNB/CEBRASPE considerou **incorreta** a assertiva de que segundo o CP, o agente que repele injusta agressão de um menor ou de um louco não age em legítima defesa, pois essa excludente de antijuridicidade só está presente se a agressão for, além de injusta, ilícita[19].

> **Legítima defesa e *comodus discessus* (saída mais cômoda)**: a possibilidade de saída mais cômoda não descaracteriza a legítima defesa. Ao contrário do que ocorre com o estado de necessidade, a saída mais cômoda é compatível com a legítima defesa. A legislação brasileira não exige a obrigatoriedade de se evitar a agressão na legítima defesa (no estado de necessidade, o comportamento deve ser inevitável). Essa é a posição dominante. No entanto, Assis Toledo aponta uma exceção: a agressão de inimputáveis[20].

Observe-se que, na legítima defesa, a *agressão* deve decorrer de **conduta humana**. Se a situação de risco não é causada por conduta humana, afasta-se a legítima defesa, podendo entrar em cena o estado de necessidade.

O CESPE-UNB/CEBRASPE considerou **incorreta** a assertiva de que age em legítima defesa aquele que, para combater o fogo que repentinamente tomou conta de seu automóvel, invade carro de terceiro estacionado nas proximidades e dele retira um extintor, sem autorização do proprietário[21].

Meios necessários: são aqueles menos lesivos colocados à disposição do agente no momento em que sofre a agressão.

Moderação: é o emprego dos meios necessários nos *limites do razoável* para conter a agressão. Assim, por exemplo, o exagerado número de golpes ou disparos revela a imoderação por parte do agente.

Na análise dos *meios necessários* e da *moderação*, segundo Nelson Hungria, não é necessário que haja "pesagem em balança de farmácia", mas apenas uma aferição ajustada às condições de fato do caso concreto[22]. Assis Toledo, em posição semelhante, também explica que a moderação não é um conceito rígido, suscetível de mensuração matemática[23].

Desafio, duelo ou convite para briga: não age em legítima defesa o indivíduo que aceita desafio ou convite para luta, devendo os envolvidos responder pelos atos ilícitos praticados[24].

---

[19] Prova objetiva do concurso para o cargo de defensor público (DP-PI), realizada em 2009.
[20] TOLEDO, Francisco de Assis. *Op. Cit.*, p. 197.
[21] Prova objetiva do concurso para o cargo de Juiz de Direito (TJRN), realizada em 2013.
[22] HUNGRIA, Nelson. *Comentários ao Código Penal*. Vol. 1. Tomo 2. São Paulo: Forense, 1977, p. 302.
[23] TOLEDO, Francisco de. *Op. Cit.*, p. 204.
[24] BONFIM, Edilson Mougenot; CAPEZ, Fernando. *Op. Cit.*, p. 490.

Provocação do agente: poderá ser ou não uma agressão. Em determinados casos, uma injúria de certa gravidade pode ser considerada uma agressão, mas uma brincadeira de mau gosto, não. De todo modo, para o reconhecimento da legítima defesa na reação, deve haver moderação[25].

3.4.3. Espécies

A doutrina tem identificado algumas espécies de legítima defesa, devendo o leitor que se prepara para concursos públicos ficar atento.

Para uma visão panorâmica, observe o **quadro estratégico** abaixo:

Legítima defesa (espécies)	**Quanto ao titular do interesse**	**Própria**: defende direito próprio
		De terceiro: defende direito alheio
	Quanto ao aspecto subjetivo do agente	**Real**: situação real
		Putativa: situação imaginária
	Quanto ao terceiro que sofre a ofensa	**Defensiva**: agressão dirigida contra o causador dos fatos
		Agressiva: agressão dirigida contra terceiro inocente
	Outras espécies	**Subjetiva**: excesso derivado de erro de tipo escusável, que exclui o dolo e a culpa
		Sucessiva: repulsa contra o excesso

Legítima defesa própria: é aquela em que o agente defende direito próprio (autoproteção). É a forma mais comum da excludente.

Legítima defesa de terceiro: o indivíduo defende direito de terceiro, lembrando que não há necessidade de prévia autorização do terceiro para agir em legítima defesa em seu favor.

O CESPE-UNB/CEBRASPE considerou **incorreta** a assertiva de que no caso de legítima defesa de direito de terceiro, é necessária a prévia autorização deste para que a conduta do agente não seja ilícita[26].

---

[25] Nesse sentido: JESUS, Damásio. *Op. Cit.*, p. 430-431.

[26] Prova objetiva do concurso para o cargo de Delegado de Polícia (PCPB), realizada em 2009.

Legítima defesa real: é aquela que existe no mundo dos fatos, havendo uma situação de perigo real.

Legítima defesa putativa: é aquela que só existe na mente do agente ("legítima defesa imaginária"). Ex: indivíduo encontra um desafeto em rua escura, que coloca a mão na cintura para atender o celular, e imagina que o mesmo irá sacar uma arma de fogo, "reagindo" prontamente. Pode decorrer de erro de tipo (pressupostos fáticos da causa de justificação) ou erro de proibição (limites autorizadores da norma permissiva). **Consequências**: as do erro de tipo – exclusão do dolo/culpa – ou do erro de proibição (exclusão da culpabilidade/diminuição da pena), conforme o objeto e a evitabilidade do erro, nos termos da teoria limitada da culpabilidade, adotada pelo Código Penal.

Legítima defesa subjetiva: é o excesso derivado de erro de tipo escusável (inevitável), que exclui dolo e culpa. Não exclui a ilicitude do fato, tendo as consequências do erro de tipo.

Legítima defesa sucessiva: é a reação contra o excesso. Segundo a doutrina, quem dá causa aos fatos não pode arguir legítima defesa em seu favor, devendo dominar quem se excede sem feri-lo. Ex: estuprador que, antes de consumar seu intento, começa a ser agredido pela vítima, lutadora de jiu-jitsu. Não poderá alegar legítima defesa contra a lutadora que o agrediu.

3.4.4. Legítima defesa e impactos da Lei n.º 13.964/2019 (Pacote Anticrime)

A Lei n.º 13.964/2019 (Pacote Anticrime) inovou ao tornar explícita hipótese de legítima defesa em prol dos agentes de segurança pública:

> "Art. 25 [...]
> Parágrafo único. Observados os requisitos previstos no caput deste artigo, considera-se também em legítima defesa o agente de segurança pública que repele agressão ou risco de agressão a vítima mantida refém durante a prática de crimes".

Há quem sustente a inconstitucionalidade da inovação legislativa, que teria sido influenciada por **movimentos repressivistas** (lei e ordem, tolerância zero e Direito Penal do Inimigo) incompatíveis com o garantismo penal (movimento não repressivista) consagrado pela Constituição de 1988.

Para nós, não há inconstitucionalidade. Ainda que a norma não fosse expressa, trata-se de hipótese de legítima defesa de terceiro. O próprio parágrafo único do art. 25 do CP condiciona a aplicação da excludente aos requisitos do art. 25, *caput*, do CP (meios necessários, moderação etc.).

3.4.5. Situações específicas e admissibilidade

Na doutrina, existem algumas situações específicas de confronto sobre a admissibilidade ou não de legítima defesa. Por exemplo, admite-se legítima defesa real contra legítima defesa putativa? E legítima defesa contra agressão de inimputável? São essas e outras situações que examinaremos neste tópico.

Sobre as situações de **admissibilidade**, observe o **quadro estratégico**:

LEGÍTIMA DEFESA (Situações específicas)		
Reação defensiva	**Situação do agressor**	**Admissibilidade**
Legítima defesa real	**Agressão injusta de inimputável** (excludente de culpabilidade)	Admite
Legítima defesa real	**Legítima defesa putativa** (excludente de tipicidade ou de culpabilidade)	Admite
Legítima defesa real	**Agressão acobertada por excludente de culpabilidade**	Admite
Legítima defesa putativa	**Legítima defesa putativa** (excludente de tipicidade ou de culpabilidade)	Admite

A **lógica** por trás ou "**chave de resposta**" é a seguinte: deve-se verificar se há ou não excludente de *ilicitude* na situação oposta (posição do agressor) para saber se a ação é ou não injusta (ilícita). Excludentes de *tipicidade* ou de *culpabilidade* são irrelevantes. Agressão injusta é agressão *ilícita*. Apenas as excludentes de ilicitude afastam a injustiça da agressão, independentemente da capacidade ou dados subjetivos do agente (inimputabilidade, erro etc.).

O CESPE-UNB/CEBRASPE considerou **incorreta** a assertiva de que no âmbito da dogmática jurídico-penal, não se admite legítima defesa contra legítima defesa putativa[27].

[27] Prova objetiva do concurso para o cargo de Juiz de Direito (TJDFT), realizada em 2014.

Sobre os casos de **inadmissibilidade**, confira o **quadro estratégico**:

LEGÍTIMA DEFESA (situações específicas)		
Reação defensiva	**Situação do agressor**	**Admissibilidade**
Legítima defesa real	**Legítima defesa real** (excludente de ilicitude)	Não admite
Legítima defesa real	**Estado de necessidade real** (excludente de ilicitude)	Não admite
Legítima defesa real	**Exercício regular de direito** (excludente de ilicitude)	Não admite
Legítima defesa real	**Estrito cumprimento do dever legal** (excludente de ilicitude)	Não admite

Observe-se que, no quadro acima, em todas as situações do agressor existe uma excludente de ilicitude: **não há agressão injusta.**

O CESPE-UNB/CEBASPE considerou **correta** a assertiva de que não é possível a legítima defesa contra estado de necessidade[28].

Enfim, o leitor não deve se preocupar em "decorar" todas as hipóteses mencionadas nos quadros. Basta apenas compreender a lógica por trás.

3.4.6. Outras questões sobre legítima defesa

3.4.6.1. Legítima defesa e ataque de animais

Agressão é a conduta humana que ataca ou expõe a perigo um bem jurídico. O ataque de animais, a princípio, não enseja legítima defesa.

Normalmente, quando uma pessoa se defende de um animal, age em estado de necessidade. Entretanto, se um indivíduo açula um animal para que este ataque a vítima, verifica-se, nesse caso, uma agressão autorizadora de legítima defesa (o agressor poderia ter usado uma arma, mas utilizou o animal).

[28] Prova objetiva do concurso para o cargo de Delegado de Polícia (PCRN), realizada em 2009.

3.4.6.2. Legítima defesa e agressão de inimputáveis

Como visto anteriormente, a injustiça da agressão deve ser analisada de *forma objetiva*, independentemente da capacidade subjetiva do agente. Sendo assim, o inimputável pode sofrer repulsa acobertada por legítima defesa.

O CESPE-UNB/CEBRASPE considerou **incorreta** a assertiva de que segundo o CP, o agente que repele injusta agressão de um menor ou de um louco não age em legítima defesa, pois essa excludente de antijuridicidade só está presente se a agressão for, além de injusta, ilícita[29].

3.4.6.3. *Aberratio ictus* na reação defensiva

Havendo erro na execução (*aberratio ictus*) durante a reação defensiva, o agente responde como se tivesse atingido o agressor.

Aqui, temos a clássica hipótese de ocorrência de erro na execução dos atos necessários praticados por aquele que age em situação de legítima defesa real. Ex: Mick Jagger, com o intuito de se defender dos tiros efetuados por Osama Bin Laden, dispara contra o agressor, mas, por erro de pontaria, atinge terceiro inocente que estava nas proximidades. Nesse exemplo hipotético, a legítima defesa não se desnatura, devendo o agente responder como se tivesse atingido o agressor inicial, nos termos do art. 73 do CP[30].

Os efeitos das causas excludentes de ilicitude, em regra, alcançam a **esfera cível** (CPP, art. 65[31]). Exceções: estado de necessidade agressivo e *aberratio ictus* na reação defensiva, casos em que é atingido terceiro inocente.

O CESPE-UNB/CEBASPE considerou **incorreta** a assertiva de que o agente que, em legítima defesa, disparar contra seu agressor, mas, por erro, alvejar um terceiro inocente, não responderá por qualquer consequência penal ou civil[32].

---

[29] Prova objetiva do concurso para o cargo de defensor público (DP-PI), realizada em 2009.

[30] CP, art. 73: "Quando, por acidente ou erro no uso dos meios de execução, o agente, ao invés de atingir a pessoa que pretendia ofender, atinge pessoa diversa, responde como se tivesse praticado o crime contra aquela, atendendo-se ao disposto no § 3º do art. 20 deste Código. No caso de ser também atingida a pessoa que o agente pretendia ofender, aplica-se a regra do art. 70 deste Código".

[31] CPP, art. 65: "Faz coisa julgada no cível a sentença penal que reconhecer ter sido o ato praticado em estado de necessidade, em legítima defesa, em estrito cumprimento de dever legal ou no exercício regular de direito".

[32] Prova objetiva do concurso para o cargo de Delegado de Polícia (PCRN), realizada em 2009.

3.4.6.4. Legítima defesa da honra?

Todos os direitos podem ser protegidos através de legítima defesa. Ex: vida, liberdade, patrimônio, honra etc. Logo, a honra não é excluída.

A questão discutida não é a possibilidade de legítima defesa da honra, mas sim a proporcionalidade entre a ofensa e a intensidade da repulsa. A legítima defesa será afastada quando a agressão for desproporcional.

O CESPE-UNB/CEBRASPE considerou **incorreta** a assertiva de que no ordenamento jurídico brasileiro, não se admite a hipótese de legítima defesa da honra, uma vez que o princípio da dignidade da pessoa humana sobrepõe-se ao sentimento de vingança por parte do agressor[33].

Em relação ao **crime de homicídio**, o STF entendeu que a tese da legítima defesa da honra é inconstitucional, por contrariar os princípios da dignidade da pessoa humana, da proteção à vida e da igualdade de gênero. Para a Corte, a legítima defesa da honra não pode ser alegada como tese de defesa válida no plenário do júri, sob pena de nulidade do julgamento. Deve ser conferida interpretação conforme à Constituição aos arts. 23, II, e 25, *caput* e parágrafo único, do CP e ao art. 65 do CPP, de modo a excluir a legítima defesa da honra do âmbito do instituto da legítima defesa (STF, ADPF 779 MC-Ref/DF, Pleno, Rel. Min. Dias Toffoli, j. 13/03/2021, Informativo n.º 1009).

3.4.6.5. Legítima defesa antecipada?

A legítima defesa antecipada não é admitida no direito brasileiro. A agressão deve ser atual ou iminente, e não remota ou futura.

Parte da doutrina sustenta ser cabível a "**legítima defesa antecipada**". Ex: na prisão, indivíduo sofre grave ameaça de morte por chefe de facção criminosa, responsável pela execução de diversos detentos. Seria ele obrigado a esperar a morte, sabendo que dificilmente resistirá aos ataques da facção?

Diante de exemplos semelhantes a este, William Douglas defende a tese da *legítima defesa antecipada*, também denominada de legítima defesa *prévia*, *preventiva* ou *preordenada*. William propõe uma releitura dos termos "atual" e "iminente", conceitos simplistas que não resolveriam, em

[33] Prova objetiva do concurso para o cargo de Promotor de Justiça (MP-RN), realizada em 2009.

determinadas situações, casos de ordem prática no cotidiano[34]. Apesar dos bons argumentos da tese, essa ainda é uma corrente minoritária.

Conforme anota Rogério Greco, nos casos de "legítima defesa antecipada", o mais correto é aplicar tese distinta: a alegação de inexigibilidade de conduta diversa como excludente de culpabilidade[35].

3.5. Estrito cumprimento do dever legal

O Código Penal não apresenta o conceito de estrito cumprimento do dever legal, ficando sua definição a cargo da doutrina.

Assis Toledo nos dá uma ideia do conceito da excludente em estudo:

> "Quem age em cumprimento do dever imposto por lei não comete crime, embora esteja causando eventualmente lesão a um bem jurídico tutelado. É o que resulta da norma permissiva instituída no art. 23, III, primeira parte, do Código Penal. Assim, atuam licitamente os agentes do Poder Público que realizam prisões, arrombamento, busca e apreensão de pessoas ou coisas, portas a dentro de uma residência"[36].

Conceito: é a excludente de ilicitude que ampara aquele que age no estrito cumprimento dos *deveres* impostos pelo ordenamento jurídico, não indo além do necessário para efetivar o cumprimento das obrigações legais.

Natureza jurídica: na sistemática do Código Penal brasileiro, trata-se de causa de exclusão da ilicitude do fato (CP, art. 23, III).

Alcance: o estrito cumprimento do dever legal alcança agentes públicos e o particular que exerce função pública.

Dever legal: é aquele que decorre do ordenamento jurídico. Compreende qualquer dever direta ou indiretamente derivado da lei. Pode ser oriundo de decreto, regulamento ou qualquer ato administrativo infralegal, desde que decorrente de lei. Também pode derivar de decisão judicial. Como se trata de norma permissiva, não há problemas na interpretação extensiva. O dever precisa ser *jurídico*, e não simplesmente moral, religioso ou social.

---

[34] SANTOS, William Douglas Resinente dos. *Ensaios Críticos Sobre Direito Penal e Direito Processual Penal.* Rio de Janeiro: *Lumen Juris*, 1995, p. 3-4.
[35] GRECO, Rogério. *Curso de Direito Penal. Parte Geral.* 20ª Ed. Niteroi: *Impetus*, 2018, p. 455.
[36] TOLEDO, Francisco de Assis. *Op. Cit.*, p. 211.

O CESPE-UNB/CEBRASPE considerou **incorreta** a assertiva de que para que haja estrito cumprimento do dever legal, a obrigação deve decorrer diretamente de lei stricto sensu, não se reconhecendo essa excludente de ilicitude quando a obrigação estiver prevista em decreto, regulamento ou qualquer ato administrativo infralegal[37].

Requisitos: para a incidência da excludente do estrito cumprimento do dever legal, devem estar presentes os seguintes requisitos (**cumulativos**):

(a) agente público ou particular no exercício de função pública;

(b) existência de dever legal (não pode ser apenas religioso ou moral);

(c) cumprimento estrito e regular do dever, nos limites da norma;

(d) conhecimento da situação justificante.

Crimes culposos: não admitem o estrito cumprimento do dever legal, pois a lei não obriga o agente a agir com imprudência, negligência ou imperícia.

Coautores e partícipes: em regra, são alcançados, já que a excludente possui caráter objetivo. Mas para que isso aconteça é preciso que os coautores ou partícipes tenham conhecimento da situação justificante.

3.6. Exercício regular de direito

3.6.1. Generalidades

O Código Penal também não apresenta o conceito de exercício regular do direito, deixando, mais uma vez, a definição a cargo da doutrina.

Assis Toledo apresenta o conceito de exercício regular de direito:

> "Exercício regular é o que se contém nos limites impostos pelo fim econômico ou social do direito em causa, pela boa-fé e pelos costumes. O exercício de um direito com o intuito de prejudicar caracteriza o seu irregular exercício, ou seja, o abuso de direito, se o dano ocorre. Nessa hipótese, bem como naquelas em que o agente excede os limites objetivos de seu próprio direito, fica excluída a causa de justificação"[38].

[37] Prova objetiva do concurso para o cargo de Promotor de Justiça (MP-RN), realizada em 2009.
[38] TOLEDO, Francisco de Assis. *Op. Cit.*, p. 213.

Ex: indivíduo coloca um cão para fazer a segurança da sua propriedade contra furtos cometidos por criminosos na região.

O exercício *irregular* de direito caracteriza abuso de direito. Observe-se que essa é uma excludente ligada ao exercício regular de **direitos** (situação jurídica ativa). Quando o agente estiver no cumprimento dos seus **deveres** legais, poderá haver estrito cumprimento do dever legal.

3.6.2. *Offendiculas*

Esse é um dos pontos mais importantes no estudo da excludente do exercício regular de direito, devendo o leitor ficar atento.

O termo ofendículos (*offendiculas*) provém do latim *offendiculum*, que significa impedimento ou obstáculo. Em sentido jurídico, ofendículo é qualquer **obstáculo visível** utilizado para defender o patrimônio, o domicílio ou qualquer bem jurídico de ataque ou ameaça. Ex: cacos de vidro em muro residencial, pontas de lança, cerca elétrica aparente, cão de guarda etc.

Ilustrando, para estimular a memorização do ponto, vale conferir **simbologia estratégica** abaixo:

Natureza jurídica: há divergência. *1ª corrente*: legítima defesa preordenada (Assis Toledo e Magalhães Noronha)[39]. *2ª corrente*: exercício regular do direito de propriedade (Aníbal Bruno)[40]. *3ª corrente*: poderá funcionar como legítima defesa preordenada ou exercício regular do direito de propriedade. Para a terceira corrente, a predisposição do aparelho constitui exercício regular de direito, mas quando funciona em face de um ataque, o problema passa a ser de legítima defesa preordenada (Damásio de Jesus)[41].

---

[39] TOLEDO, Francisco de Assis. *Op. Cit.*, p. 206; BITENCOURT, Cezar Roberto. *Op. Cit.*, p. 325.

[40] BRUNO, Aníbal. *Direito Penal. Parte Geral.* Tomo II. 4ª Ed. Rio de Janeiro: Forense, 1956, p. 9; CAPEZ, Fernando. *Curso de Direito Penal. Parte Geral.* 16ª Ed. São Paulo: Saraiva, 2012, p. 321.

[41] JESUS, Damásio E. de. *Op. Cit.*, p. 440.

A posição dominante no Brasil é a de que os *offendiculas* caracterizam forma de *exercício regular de direito*, ressalvadas as situações de excesso.

> **O macaco que atirava cocos**: Guilherme Nucci lembra de um exemplo inusitado (caso real). Em uma cidade litorânea do interior de São Paulo, certo proprietário tinha uma casa de veraneio que sofria furtos frequentemente. Sem caseiro, o dono resolveu inovar. Colocou um chimpanzé preso na varanda e o ensinou a atirar cocos verdes a quem colocasse a cabeça no muro pretendendo ingressar no imóvel. Funcionou. O chimpanzé passou a atirar cocos contra os potenciais invasores (a maioria adolescentes infratores). Porém, quando chegou a fase de calmaria, sem novas invasões, o chimpanzé ficou tedioso. À falta de pessoas em colocar a cabeça acima do muro, o animal passou a atirar cocos para o outro lado do muro cada vez mais longe, principiando um "treino por conta própria". Um dia, ele atirou um coco verde que chegou até a via pública, atingindo um pedestre na cabeça, que veio a falecer. Houve exercício regular de direito? Excesso? Para Nucci, a hipótese é de homicídio culposo de responsabilidade do proprietário da casa[42].

O exemplo inusitado foi um caso real e bem retrata a responsabilidade pelos excessos praticados por animais contra **terceiros inocentes**.

Ilustrando, observe a **simbologia estratégica** abaixo:

OFFENDICULAS
(exemplo do macaco que atirava cocos)

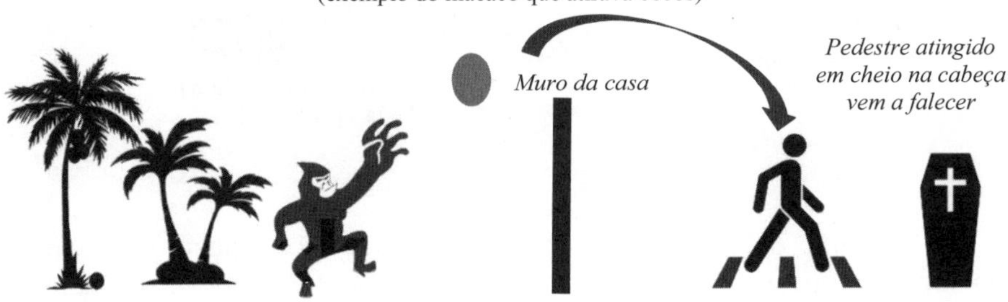

Solução: exercício regular de direito? Excesso? Para Nucci, houve **homicídio culposo** em relação ao proprietário da casa, posição com a qual concordamos. No final, a pena provavelmente será restritiva de direitos (CP, art. 44, I).

[42] NUCCI, Guilherme. *Curso de Direito Penal*. 4ª Ed. São Paulo: Forense, 2020, p. 425-426.

Conforme veremos no estudo da teoria da pena, na hipótese de **crime culposo**, a pena privativa de liberdade poderá ser substituída por restritiva de direitos mesmo que seja superior a 04 anos, não se aplicando o teto de quatro anos previsto para os crimes dolosos (CP, art. 44, I). Essa é uma das consequências possíveis do *excesso culposo*, conforme veremos adiante.

3.6.3. Defesa mecânica predisposta

A *defesa mecânica predisposta* refere-se a **obstáculos ocultos** posicionados como mecanismos para defesa de direitos de modo preventivo.

Ex: dispositivo que aciona arma de fogo em caso de abertura da porta e armadilhas ocultas em geral para defesa da propriedade.

Ilustrando, observe a **simbologia estratégica** abaixo:

DEFESA MECÂNICA PREDISPOSTA
(exemplos)

Obstáculos ocultos

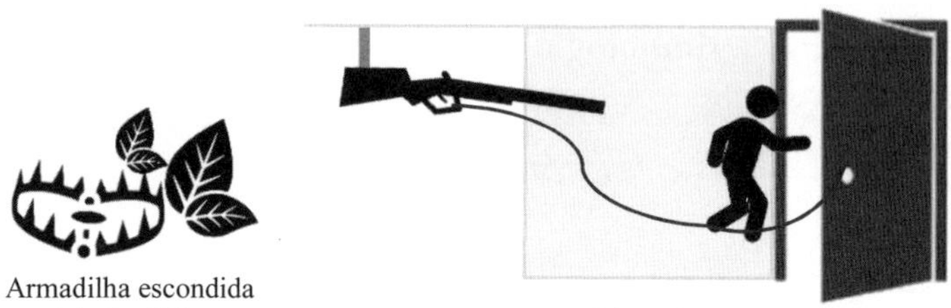

Armadilha escondida atrás das folhas

Mecanismo que aciona a arma caso aberta a porta

O ponto é diferente dos *offendiculas*, que são obstáculos visíveis. De um modo geral, a defesa mecânica predisposta, através de instrumentos ou artefatos **ocultos**, normalmente caracteriza excesso, que poderá ser doloso ou culposo, conforme a hipótese. Não constitui exercício regular de direito. Segundo Luiz Regis Prado, os **dispositivos mecânicos ocultos** unicamente podem ser regulados pelas normas da **legítima defesa preordenada**, se admitida tal espécie de justificante[43], salvo as situações de excesso.

[43] PRADO, Luiz Regis. *Curso de Direito Penal Brasileiro*. 12ª Ed. São Paulo: Revista dos Tribunais, 2013, p. 454.

Na doutrina, ainda é encontrado o seguinte exemplo clássico: sitiante que instala tela elétrica na piscina, de forma bastante discreta, eletrocutando as crianças que a invadem durante a semana para se refrescar[44].

Cuidado! Enquanto o uso de *offendiculas* (obstáculos visíveis) é considerado pela maioria da doutrina como exercício regular de direito, a defesa mecânica predisposta (obstáculos ocultos) funciona como legítima defesa predordenada, não sendo hipótese de exercício regular de direito.

O CESPE-UNB/CEBRASPE considerou **incorreta** a assertiva de que considere que, para proteger sua propriedade, Abel tenha instalado uma cerca elétrica oculta no muro de sua residência e que duas crianças tenham sido eletrocutadas ao tentar pulá-la. Nesse caso, caracteriza-se exercício regular do direito de forma excessiva, devendo Abel responder por homicídio culposo[45].

3.6.4. Intervenções médicas e cirúrgicas

De acordo com a posição dominante, as intervenções médicas e cirúrgicas caracterizam exercício regular de direito. Nesses casos, será indispensável o consentimento do paciente ou representante legal.

Ausente o consentimento, poderá ser caracterizado estado de necessidade em favor de terceiro, o qual independe de prévia autorização.

3.6.5. Violência desportiva

Segundo a orientação majoritária, a violência desportiva, em regra, é considerada hipótese de exercício regular de direito.

Mas registre-se que há divergência na doutrina, havendo duas posições a respeito. *1ª corrente*: exercício regular de direito[46]. *2ª corrente*: exclusão da tipicidade[47]. Prevalece a primeira corrente (excludente de ilicitude).

Na sistemática do Código Penal, a violência desportiva constitui exercício regular de direito (CP, art. 23, III). Quando observadas as regras e

[44] BONFIM, Edilson Mougenot; CAPEZ, Fernando. *Op. Cit.*, p. 505.
[45] Prova objetiva do concurso para o cargo de Juiz de Direito (TJPI), realizada em 2011.
[46] DOTTI, René Ariel. *Op. Cit.*, p. 492; PRADO, Luiz Regis. *Op. Cit.*, p. 453.
[47] ZAFFARONI, Eugenio Raúl; PIERANGELI, José Henrique. *Manual de Direito Penal Brasileiro*. Vol. 1. Parte Geral. 6ª Ed. São Paulo: Revista dos Tribunais, 2006, p. 480.

limites do esporte, não haverá crime. Todavia, em caso de exagero, o agente responderá por excesso doloso ou culposo (CP, art. 23, parágrafo único).

Ilustrando, confira a **simbologia estratégica** abaixo:

Jiu-jitsu

Muay Thai

Kickboxer

Exercício regular de direito
Limite: punição do excesso

Assim, nas **lutas desportivas**, em regra, as agressões não são punidas pelo Direito Penal, sendo consideradas hipótese de *exercício regular de direito*, de acordo com a sistemática adotada pelo Código Penal (CP, art. 23, III), devendo ser ressalvados os casos de excesso doloso ou culposo.

Nessa temática, devemos lembrar que para a teoria da **tipicidade conglobante**[48] e para a **teoria da imputação objetiva**[49], a violência desportiva é considerada excludente de tipicidade.

3.7. Causas supralegais de exclusão da ilicitude?

Conforme já visto no início do capítulo, as causas da exclusão da ilicitude não são enumeradas pelo Código Penal em rol exaustivo, mas apenas em *rol exemplificativo* (CP, art. 23). Como são normas permissivas, não há maiores problemas na interpretação extensiva.

A causa supralegal de exclusão da ilicitude de aceitação mais tranquila na doutrina é o **consentimento do ofendido**, que estudaremos oportunamente.

---

[48] PIERANGELI, José Henrique; ZAFFARONI, Eugênio Raúl. *Op. Cit.*, p. 480.

[49] "De ver, contudo, que, adotada a teoria da imputação objetiva, as afetações jurídicas no esporte, quando obedecidas as regras, são atípicas" (*in* JESUS, Damásio E. de. *Op. Cit.*, p. 443).

4. EXCESSO

O **excesso** ocorre quando o sujeito, agindo inicialmente sob o manto de uma causa de exclusão da ilicitude do fato, ultrapassa os limites do razoável e age de forma exagerada, indo além do necessário para a proteção de direitos.

Estrategicamente, pense o seguinte: um copo pode contemplar líquidos até um determinado limite. Caso este seja ultrapassado, haverá excesso e o líquido excedente não será mais acolhido pelo copo.

Ilustrando, observe a **simbologia estratégica** abaixo:

EXCESSO
(ilustração dos copos)

Mutatis mutandis, o mesmo raciocínio se aplica às excludentes de ilicitude: uma determinada conduta somente é abrigada por causa de justificação até determinados **limites** que, uma vez transpostos, haverá **excesso**. Ex: lutador de jiu-jitsu que, ao perceber que o criminoso utilizava arma de brinquedo, derruba o assaltante e passa a agredi-lo até a morte.

O art. 23 do CP assim dispõe:

> "Art. 23 - Não há crime quando o agente pratica o fato:
> I - em estado de necessidade;
> II - em legítima defesa;
> III - em estrito cumprimento de dever legal ou no exercício regular de direito.
> Parágrafo único - O agente, em qualquer das hipóteses deste artigo, responderá pelo excesso doloso ou culposo".

Atenção! O excesso pode ocorrer em **qualquer excludente de ilicitude**. Na sistemática original do Código Penal de 1940, o excesso punível era restrito ao campo da legítima defesa. No entanto, após a reforma penal de 1984, o excesso será punível em se tratando de qualquer excludente de ilicitude.

Além do teor literal da disposição legal, o item n.º 21 da Exposição de Motivos da reforma penal de 1984 não deixa dúvidas sobre essa questão:

> "21. Permanecem as mesmas, e com o tratamento que lhes deu Código vigente, as causas de exclusão da ilicitude. A inovação está contida no artigo 23, que estende o excesso punível, antes restrito à legítima defesa, a todas as causas de justificação".

Encerrando o tópico, lembramos que como nosso sistema não admite a responsabilidade penal objetiva, o agente somente responderá pelo excesso quando houver dolo ou culpa *stricto sensu* (CP, art. 23, parágrafo único).

5. CONSENTIMENTO DO OFENDIDO

5.1. Generalidades

No Direito Penal, o consentimento do ofendido poderá assumir diversas funções, variando de acordo com a natureza do crime e suas elementares.

Para uma visão rápida e panorâmica, confira o **quadro estratégico**:

Consentimento do ofendido (Direito Penal)	**Funções**	**Irrelevante penal** (bem jurídico indisponível. Ex: vida)
		Elementar do tipo (ex: aborto consentido)
		Excludente de tipicidade (ex: furto)
		Causa de exclusão da ilicitude (ex: operações cirúrgicas, dano etc.)
		Causa de extinção da punibilidade (ex: crimes de ação penal privada e de ação penal pública condicionada à representação)
		Circunstância judicial (CP, art. 59: comportamento da vítima)
		Causa de diminuição de pena

O leitor que se prepara para concursos públicos deve ficar atento às funções possíveis apontadas no quadro acima (**questão discursiva**[50]).

O consentimento do ofendido, para ter relevância penal, precisa ser **eficaz**. Para tanto, segundo Assis Toledo, é necessário que estejam presentes os seguintes **requisitos**: (a) capacidade do agente; (b) que a manifestação de vontade seja livre, válida e consciente; (c) que o bem jurídico seja disponível e (d) que o fato típico se realize nos limites do consentimento da vítima[51].

A doutrina ainda tem acrescentado outros requisitos: (a) conhecimento do consenso e (b) anterioridade do consentimento[52].

Como dito, o agente deve ser *capaz*. Segundo Paulo Queiroz, em regra, não podem consentir validamente os menores de 18 anos, nem incapazes de modo geral (ex: portadores de doença mental), casos em que o consentimento será inválido. Mas existem crimes como o estupro (CP, art. 213) em que o conhecimento poderá ser dado por pessoa maior de 14 anos, tendo em vista que a presunção absoluta de vulnerabilidade cessa com essa idade[53].

É exatamente por isso que, no crime de estupro de vulnerável (CP, art. 217-A), o STJ tem decidido que o consentimento, a experiência sexual anterior ou a homossexualidade[54] da vítima menor de 14 anos são irrelevantes para o tipo incriminador (**questão discursiva**[55]). Mais à frente, veremos a chamada "**exceção de Romeu e Julieta**", abordada pela doutrina contemporânea.

> **STJ, Súmula n. 593**: "O crime de estupro de vulnerável se configura com a conjunção carnal ou prática de ato libidinoso com menor de 14 anos, sendo irrelevante eventual consentimento da vítima para a prática do ato, sua experiência sexual anterior ou existência de relacionamento amoroso com o agente".

[50] Na prova discursiva do concurso para o cargo de Juiz de Direito (TJRN), realizada pelo CESPE-UNB/CEBRASPE em 2014, foi formulada a seguinte **questão discursiva**: "Discorra sobre as funções do consentimento do ofendido no âmbito do direito penal, de acordo com a natureza e elementares do crime, destacando os requisitos para a eficácia desse consentimento. Cite, ainda, três exemplos de sua aplicação na legislação penal brasileira".

[51] TOLEDO, Francisco de Assis. *Op. Cit.*, p. 315; BITENCOURT, Cezar Roberto. *Op. Cit.*, p. 307.

[52] PRADO, Luiz Regis. *Curso de Direito Penal Brasileiro*. 12ª Ed. São Paulo: Revista dos Tribunais, 2013, p. 458.

[53] QUEIROZ, Paulo. *Direito Penal. Parte Geral*. 4ª Ed. Rio de Janeiro: *Lumen Juris*, 2008, p. 348.

[54] STJ, REsp 897.734-PR, 6ª Turma, Rel. Min. Nefi Cordeiro, DJe 13/2/2015, Informativo n.º 555.

[55] Na prova discursiva do concurso para o cargo de Delegado de Polícia (PC-MA), realizada pelo CESPE-UNB/CEBRASPE em 2018, foi formulada a seguinte **questão discursiva** (adaptada): "hipótese em que indivíduo de 30 anos mantém relação sexual consentida com menor de 13 anos, sendo que a menor já possuía experiência sexual anterior. Houve crime? Qual? Comente sobre o consentimento da vítima. Disserte sobre a existência de relacionamento amoroso entre os sujeitos e a experiência sexual anterior da vítima [...]".

> **STJ, Tema Repetitivo 918**: "Para a caracterização do crime de estupro de vulnerável previsto no art. 217-A, *caput*, do Código Penal, basta que o agente tenha conjunção carnal ou pratique qualquer ato libidinoso com pessoa menor de 14 anos. O consentimento da vítima, sua eventual experiência sexual anterior ou a existência de relacionamento amoroso entre o agente e a vítima não afastam a ocorrência do crime" (STJ, REsp 1480881/PI, 3ª Seção, Rel. Min. Rogério Schietti Cruz, DJe 10/09/2015).

O consentimento deve, ainda, ser *livre* e *válido*, não podendo ser obtido mediante coação, fraude e vícios da vontade em geral (erro, dolo, lesão, estado de perigo etc.). A vontade em consentir deve ser *consciente*, devendo o agente ter conhecimento da situação em que a anuência é conferida.

Por fim, para a configuração do consentimento do ofendido no exame da responsabilização penal, é preciso que o bem jurídicos seja *disponível*. Nesse caso, o consentimento opera como causa *supralegal* de exclusão da ilicitude, afastando a proibição da conduta, como, por exemplo, nos crimes de cárcere privado (CP, art. 148), furto (CP, art. 155) e dano (CP, art. 163)[56].

Cuidado! O consentimento do ofendido não é previsto expressamente como causa de exclusão de ilicitude pelo Código Penal, sendo admitido pela doutrina como causa *supralegal* de exclusão da ilicitude.

O CESPE-UNB/CEBRASPE considerou **incorreta** a assertiva de que o consentimento do ofendido é causa de exclusão da ilicitude expressa no CP.

Crimes culposos: o consentimento do ofendido poderá ser considerado eficaz, desde que a vítima tenha ciência da exata dimensão do perigo a que se expõe e, de forma livre, resolva assumir o risco.

Consentimento contrário à ordem pública e aos bons costumes: o eventual consentimento do ofendido será considerado ineficaz, ainda que se trate de bens jurídicos disponíveis.

5.2. Crimes sexuais e relações amorosas: exceção de Romeu e Julieta?

De acordo com a **exceção de Romeu e Julieta**, não deve ser considerada crime a relação sexual consentida com menor de idade quando houver pouca diferença de idade entre ambos, afastando-se a existência de crime contra a dignidade sexual. A tese não é admitida no direito brasileiro.

---

56 BITENCOURT, Cezar Roberto. *Op. Cit.*, p. 307.

O tema é inusitado e já foi cobrado em prova discursiva de concurso público de alto rendimento (**questão discursiva**[57]).

A expressão é inspirada na obra de William Shakespeare "Romeu e Julieta", escrita entre 1591 a 1595, que narra a tragédia e história de amor vivida entre dois jovens, protagonistas de um romance juvenil. Afirma-se que Julieta tinha apenas 13 anos quando manteve relação amorosa com Romeu, de 17 anos.

No direito norte-americano, diante dessa circunstância, foram desenvolvidas as "*Romeo and Juliet Laws*": não há crime nos casos de relação sexual consentida entre pessoas cuja diferença de idade é pequena, considerando que ambos estão na mesma fase de descoberta da sexualidade.

Ilustrando, observe a **simbologia estratégica** abaixo:

EXCEÇÃO DE ROMEU E JULIETA
(admissibilidade controvertida)

Existindo relação amorosa e pouca diferença de idade entre os jovens, não haveria crime

Amor ou prisão?

Segundo a doutrina, a tese seria aplicável nos casos em que não fosse constatada a exploração sexual dos adolescentes, vale dizer, nas hipóteses em que o ato sexual tenha sido consentido, resultando de **relação de afeto**. Os defensores da tese argumentam que quando há **pouca diferença de idade** entre o autor e a vítima, a situação deveria receber um tratamento jurídico diverso. Em geral, *a diferença de idade razoável seria de até 05 anos*.

No Brasil, discute-se sobre a admissibilidade da exceção de Romeu e Julieta, originária do direito norte-americano. O legislador brasileiro criminaliza a prática sexual realizada com menor de 14 anos, independentemente do seu consentimento (CP, art. 217-A). O modelo jurídico

[57] Na prova discursiva do concurso para o cargo de Promotor de Justiça (MPE-RR), realizada pelo CESPE-UNB/CEBRASPE em 2017, foi formulada a seguinte **questão discursiva**: "Redija um texto acerca do crime de estupro de vulnerável, discorrendo sobre a admissão, ou não, pelo ordenamento jurídico brasileiro, da exceção Romeu e Julieta nos crimes contra a dignidade sexual, explicando-a [valor: 1,10 ponto]. Fundamente sua resposta considerando o entendimento do STJ sobre a matéria [valor: 0,80 ponto]".

brasileiro tem tido certa dificuldade em adotar a doutrina norte-americana da exceção de Romeu e Julieta, embora poucos tribunais estaduais tenham admitido a tese como causa supralegal de exclusão da tipicidade.

O STJ não se pronunciou de forma expressa e específica sobre a exceção de Romeu e Julieta, embora os termos da orientação já consolidada tornem difícil a admissibilidade da referida exceção pela Corte.

> **STJ, Súmula n.º 593**: "O crime de estupro de vulnerável se configura com a conjunção carnal ou prática de ato libidinoso com menor de 14 anos, sendo irrelevante eventual consentimento da vítima para a prática do ato, sua experiência sexual anterior ou existência de relacionamento amoroso com o agente".
>
> **STJ, Tema Repetitivo n.º 918**: "Para a caracterização do crime de estupro de vulnerável previsto no art. 217-A, *caput*, do Código Penal[58], basta que o agente tenha conjunção carnal ou pratique qualquer ato libidinoso com pessoa menor de 14 anos. O consentimento da vítima, sua eventual experiência sexual anterior ou a existência de relacionamento amoroso entre o agente e a vítima não afastam a ocorrência do crime" (STJ, REsp 1480881/PI, 3ª Seção, Rel. Min. Rogério Schietti Cruz, DJe 10/09/2015).

O STJ tem reconhecido a existência de "presunção absoluta" e rejeitado a tese de erro de tipo nos crimes sexuais contra menores de 14 anos. Confira:

> "[...] ESTUPRO DE VULNERÁVEL. VÍTIMA MENOR DE 14 ANOS [...] PRESUNÇÃO ABSOLUTA DE VIOLÊNCIA. ERRO DE TIPO. RELATIVIZAÇÃO. IMPOSSIBILIDADE. SÚMULA N. 593 DO STJ [...]
> [...]
> 2. Por força do recente julgamento do REsp Repetitivo n.1.480.881/PI, Rel. Ministro Rogerio Schietti, a Terceira Seção desta Corte Superior sedimentou a jurisprudência, então já dominante, pela presunção absoluta da violência em casos da prática de conjunção carnal ou ato libidinoso diverso com pessoa menor de 14 anos. Súmula n. 593 do STJ.
> 3. Na espécie, a ofendida, à época com 12 anos de idade, foi submetida à prática de conjunção carnal. O réu, naquele tempo, contava 22 anos de idade.

[58] CP, art. 217-A: "Ter conjunção carnal ou praticar outro ato libidinoso com menor de 14 (catorze) anos: Pena - reclusão, de 8 (oito) a 15 (quinze) anos".

> 4. O erro quanto ao elemento objetivo do tipo deve ser inescusável e, aceitar, com largueza, a incidência dessa excludente de tipicidade nos delitos de natureza sexual pode, com muita facilidade e conveniência, definir a responsabilidade penal do ato a partir da avaliação subjetiva do agente sobre o corpo da vítima [...] (STJ, AgRg no REsp 1847890/MG, 6ª Turma, Rel. Min. Rogerio Schietti Cruz, DJe 30/04/2020).

Apesar de não concordarmos com a aplicação fria do entendimento do STJ acima exposto nos casos de pouca diferença de idade, por violar o princípio da isonomia (iguala uma relação de afeto a um estupro violento), é a orientação que prevalece nos tribunais e que deve ser seguida nas provas.

O STF, mesmo não abordando expressamente a questão sob a rubrica da "exceção de Romeu e Julieta", já decidiu que sendo a vítima menor de 14 anos, o estupro é presumido, embora se trate de dois jovens, com **idades próximas**, em **relacionamento afetivo** (STF, HC 122945/BA, 1ª Turma, Red. p/ ac. Min. Roberto Barroso, j. 21/03/2017, Informativo n.º 858).

Em suma, embora não haja pronunciamento expresso com a denominação utilizada pela doutrina norte-americana, a jurisprudência é no sentido de não admitir os termos da tese da exceção de Romeu e Julieta nos crimes sexuais praticados contra menores de 14 anos.

CAPÍTULO 12
CULPABILIDADE

1. INTRODUÇÃO

Na teoria do delito, já vimos que, *crime*, em sentido analítico, é todo fato *típico*, *ilícito* e *culpável*. No presente Capítulo, centraremos nosso estudo no terceiro elemento do crime (ou pressuposto da pena, para alguns): a culpabilidade, apresentando seu conceito, teorias, elementos, excludentes, concepções contemporâneas e outros aspectos relevantes.

Na estrutura analítica do delito, a culpabilidade somente é verificada caso exista fato típico e ilícito. Não estando caracterizados esses dois elementos estruturantes anteriores, fica prejudicado o exame da culpabilidade.

A culpabilidade é um dos grandes conceitos estudados pela dogmática penal, sendo concebida como a reprovabilidade da conduta típica e ilícita de acordo com os limites traçados pelo ordenamento jurídico de cada sociedade, apresentando caráter essencialmente normativo (teoria normativa).

2. A CULPABILIDADE E SEUS ASPECTOS ESTRUTURANTES

2.1. Conceito e acepções

Culpabilidade é o juízo de reprovação que recai sobre a prática de um fato típico e ilícito, ou seja, sobre algo que o agente fez de errado (culpabilidade normativa)[1]. Trata-se de requisito para a responsabilização penal do agente.

No Direito Penal, a palavra culpabilidade possui três **acepções ou sentidos**[2]. Para uma melhor visualização, confira o **quadro estratégico**:

CULPABILIDADE (Acepções)		
Princípio da culpabilidade	**Elemento do crime ou pressuposto da pena**	**Circunstância judicial**
Conceito contrário à responsabilidade penal objetiva (exigência de dolo ou culpa)	Conforme a concepção adotada sobre o conceito analítico de delito (bipartida, tripartida etc.)	Primeira fase da dosimetria da pena (CP, art. 59)

O STJ, inclusive, tem diferenciado as acepções da palavra culpabilidade[3], que não devem ser confundidas. Nesse ponto do nosso estudo, analisaremos a culpabilidade na acepção de elemento do crime ou pressuposto da pena, que é chamada de *culpabilidade normativa*.

> **STJ – Jurisprudência em Teses - ED 26 - Tese 03**: "A culpabilidade normativa, que engloba a consciência da ilicitude e a exigibilidade de conduta diversa e que constitui elementar do tipo penal, não se confunde com a circunstância judicial da culpabilidade (art. 59 do CP), que diz respeito à demonstração do grau de reprovabilidade ou censurabilidade da conduta praticada".

---

[1] TOLEDO, Francisco de Assis. *Princípios Básicos de Direito Penal.* 5ª Ed. São Paulo: Saraiva, 1994, p. 223, 229, 230 e 257.

[2] BITENCOURT, Cezar Roberto. *Tratado de Direito Penal. Vol. I. Parte Geral.* 11ª Ed. São Paulo: Saraiva, 2007, p. 327-328.

[3] "Quanto à culpabilidade, para fins de individualização da pena, tal vetorial deve ser compreendida como o juízo de reprovabilidade da conduta, ou seja, o menor ou maior grau de censura do comportamento do réu, não se tratando de verificação da ocorrência dos elementos da culpabilidade, para que se possa concluir pela prática ou não de delito" (STJ, HC 563.256/PB, 5ª Turma, Rel. Min. Ribeiro Dantas, DJe 26/03/2020).

O enunciado acima possui um erro dogmático grave: a culpabilidade normativa não é "elementar" do tipo. O verbete pode ser aproveitado apenas para demonstrar a distinção entre as acepções da palavra *culpabilidade*.

A culpabilidade normativa possui três **elementos**: (a) imputabilidade; (b) potencial consciência da ilicitude e (c) exigibilidade de conduta diversa.

2.2. Natureza jurídica

De acordo com a orientação dominante, a culpabilidade normativa tem natureza jurídica de elemento do crime (sistema finalista).

Mas na doutrina há **divergência** sobre a natureza jurídica da culpabilidade. *1ª corrente*: trata-se de elemento do crime, o que representa a concepção tripartida (crime é todo fato típico, ilícito e *culpável*). Essa vertente é defendida por Assis Toledo, Cezar Roberto Bitencourt e Luiz Regis Prado[4]. *2ª corrente*: a culpabilidade não é elemento do crime, mas pressuposto da pena. Decorre da concepção bipartida (crime é todo fato típico e ilícito). É a posição defendida por René Ariel Dotti, Damásio de Jesus e Fernando Capez[5].

2.3. Culpabilidade formal e culpabilidade material

Existe na doutrina uma corrente de pensamento que diferencia os conceitos de culpabilidade formal e material, ligados à fixação da pena.

Culpabilidade formal é a fonte inspiradora do legislador para fixar a pena abstrata. Representa o juízo de reprovação definido em abstrato, que serve ao legislador para cominar os limites mínimos e máximos da pena.

Culpabilidade material é o juízo de reprovação concreto, dirigido ao agente após a prática do ilícito, para fixação da pena pelo juiz (CP, art. 59)[6].

---

[4] TOLEDO, Francisco de Assis. *Op. Cit.*, p. 86; BITENCOURT, Cezar Roberto. *Op. Cit.*, p. 328-331; PRADO, Luiz Regis. *Curso de Direito Penal Brasileiro*. 12ª Ed. São Paulo: Revista dos Tribunais, 2013, p. 297-300.

[5] DOTTI, René Ariel. *Curso de Direito Penal. Parte Geral*. 4ª Ed. São Paulo: Revista dos Tribunais, 2012, p. 429-430; CAPEZ, Fernando. *Curso de Direito Penal. Vol. I. Parte Geral*. 16ª Ed. São Paulo: Saraiva, 2012, p. 134-136; JESUS, Damásio E. de. *Direito Penal. Vol. 1. Parte Geral*. 34ª Ed. São Paulo: Saraiva, 2013, p. 193-196.

[6] NUCCI, Guilherme de Souza. *Curso de Direito Penal*. Vol. 1. Parte Geral. 4ª Ed. São Paulo: Forense, 2020, p. 465; CUNHA, Rogério Sanches. *Manual de Direito Penal*. Parte Geral. 8ª Ed. Salvador: *Juspodivm*, 2020, p. 359.

2.4. Culpabilidade do autor e culpabilidade do fato

No direito brasileiro, prevalece a ideia de culpabilidade do fato. Como visto, crime é todo *fato* típico, ilícito e culpável.

Mas devemos registrar que, na doutrina, há divergência sobre se culpabilidade seria uma questão ligada ao autor ou ao fato. *1ª corrente*: a culpabilidade é do autor, já que seus elementos estão ligados à pessoa do autor. *2ª corrente*: a culpabilidade diz respeito ao fato. O agente é objeto da censura (reprovação), mas só pode ser censurado pelo que fez, não pelo que "é"[7]. *3ª corrente*: a culpabilidade é tanto do autor quanto do fato (Jescheck)[8].

Como dissemos, no Brasil, predomina a ideia de que a culpabilidade é do fato, o que é mais consentâneo com o modelo de Direito Penal do fato.

2.5. *Versari in re illicita*

Versari in re illicita consiste em responsabilizar alguém que praticou um comportamento ilícito e, por mero acaso, provocou indiretamente um resultado ilícito, sem agir com dolo ou culpa quanto ao resultado.

É uma forma de **responsabilização objetiva** por provação de resultado indireto ilícito. Ex: após crime de furto, a vítima, ao tomar conhecimento da subtração, morre de infarto. A *versari in re illicita* é incompatível com o direito brasileiro, que exige dolo ou culpa para que o resultado possa ser atribuído ao agente (CP, art. 19: "Pelo resultado que agrava especialmente a pena, só responde o agente que o houver causado ao menos culposamente").

2.6. Teorias (evolução dogmática)

Três são as principais **teorias** sobre a evolução dogmática do conceito de culpabilidade: teoria psicológica, teoria psicológico-normativa e teoria normativa pura da culpabilidade. Existem outras que veremos oportunamente.

Para uma visão panorâmica, observe o **quadro estratégico** abaixo:

---

[7] GOMES, Luiz Flávio; MOLINA, Antônio Garcia-Pablos de. *Direito Penal. Parte Geral*. Vol. 2. 2ª Ed. São Paulo: Revista dos Tribunais, 2007, p. 412.

[8] GRECO, Rogério. *Curso de Direito Penal. Vol. 1. Parte Geral*. Niteroi: Impetus, 2018, p. 497.

CULPABILIDADE
(Evolução dogmática)

Teoria psicológica	Teoria psicológico-normativa	Teoria normativa pura
Naturalismo (elementos psicológicos)	**Neokantismo** (elementos psicológicos e normativos)	**Finalismo** (apenas elementos normativos)

Ao longo do tempo, houve evolução dogmática no conceito de culpabilidade, que antes era psicológica, mas na atualidade é puramente normativa (juízo de reprovação). Essa evolução é retratada por algumas teorias. Conforme veremos mais à frente, a culpabilidade tem sofrido transformações no *funcionalismo* (pós-finalismo). Vamos começar pelas teorias fundamentais.

Teoria psicológica da culpabilidade: surgiu de forma mais evidente no sistema naturalista ou causal da ação (Von Liszt e Beling). Para a teoria psicológica, a culpabilidade é um **vínculo psicológico** que se estabelece entre o autor e o fato, através do dolo ou culpa. Nessa época, o dolo era normativo (elementos: consciência, vontade e consciência da ilicitude) e integrava a estrutura da culpabilidade. Apesar de o dolo ser "normativo" (diferente do dolo natural), era considerado um elemento psicológico da culpabilidade.

A estrutura da culpabilidade era assim:

(a) imputabilidade (capacidade penal);

(b) dolo ou culpa (elementos psicológicos).

O CESPE-UNB/CEBRASPE considerou **correta** a assertiva de que segundo a teoria psicológica da culpabilidade, o dolo e a culpa fazem parte da análise da culpabilidade, e a imputabilidade penal é pressuposto desta[9].

Teoria psicológico-normativa da culpabilidade: foi um reflexo do neokantismo (Reinhard Frank). Para essa teoria, a culpabilidade surge como **vínculo psicológico** e como **reprovabilidade** pela exigência de conduta diversa. Com o neokantismo, houve o enriquecimento da culpabilidade, tendo esta ganhado um novo elemento, de caráter *normativo*: a exigibilidade de conduta diversa. Mas a culpabilidade ainda possuía alguns traços psicológicos. A culpabilidade era, então, psicológica (dolo e culpa) e normativa

[9] Prova objetiva do concurso para o cargo de defensor público da União (DPU), realizada em 2010.

(exigibilidade de conduta diversa). O dolo era normativo (elementos: consciência, vontade e consciência da ilicitude) e pertencia à culpabilidade.

A estrutura da culpabilidade passou a ser assim:

(a) imputabilidade (capacidade penal);

(b) dolo ou culpa (elementos psicológicos);

(c) exigibilidade de conduta diversa (elemento normativo).

O CESPE-UNB/CEBRASPE considerou **correta** a assertiva de que de acordo com a teoria psicológico-normativa, a culpabilidade exige dolo e culpa, elementos psicológicos identificados no autor, e reprovabilidade, juízo de valor sobre o fato, condição considerada existente caso o agente tenha a consciência da ilicitude de sua conduta, ou, ao menos, possa ter tal conhecimento[10].

Teoria normativa pura da culpabilidade: surgiu com o sistema finalista, na década de 1930 (Welzel e Hartmann). Para essa visão, a culpabilidade é **o juízo censura ou reprovação social** pela prática do fato típico e ilícito, quando o autor podia ter atuado de outro modo (reprovabilidade objetiva). Foram extraídos da culpabilidade todos os aspectos psicológicos que a integravam. A culpabilidade perdeu seu elemento psicológico (o dolo), passando a ser puramente normativa, sem traços subjetivos. O finalismo retirou dolo e culpa da culpabilidade e os deslocou para o fato típico. O dolo transferido para o fato típico não foi o normativo, mas o natural (consciência e vontade).

A estrutura da culpabilidade ficou assim (**questão oral**[11]):

(a) imputabilidade (capacidade penal)

(b) potencial consciência da ilicitude (elemento normativo);

(c) exigibilidade de conduta diversa (elemento normativo).

Nessa terceira etapa evolutiva, observe-se que a culpabilidade perdeu seus elementos psicológicos, sendo puramente **normativa**. Essa é a estrutura que prevalece no sistema brasileiro. A consciência da ilicitude foi separada do dolo (que era normativo) e passou a figurar como elemento autônomo da culpabilidade, porém não mais como consciência *atual*, mas como *potencial* consciência da ilicitude. Em consequência, o dolo transferido para o fato típico não foi o normativo, mas o dolo natural (elementos: consciência e vontade).

---

[10] Prova objetiva do concurso para o cargo de Juiz de Direito (TJPB), realizada em 2011.

[11] Na prova oral do concurso para o cargo de defensor público da União (DPU), realizada pelo CESPE-UNB/CEBRASPE em 2011, foi formulada a seguinte **questão oral**: "Fale sobre a teoria da culpabilidade normativa pura e seus elementos".

Para uma visão panorâmica sobre as teorias da culpabilidade (evolução dogmática), confira o **quadro estratégico** abaixo:

CULPABILIDADE (evolução dogmática, teorias e estrutura)		
Teoria psicológica (naturalismo)	**Teoria psicológico-normativa** (neokantismo)	**Teoria normativa pura** (finalismo)
a) imputabilidade (capacidade) b) dolo ou culpa (*elementos psicológicos*)	a) imputabilidade (capacidade) b) dolo ou culpa (*elementos psicológicos*); c) exigibilidade de conduta diversa (*elemento normativo*)	a) imputabilidade (capacidade) b) potencial consciência da ilicitude (*elemento normativo*) c) exigibilidade de conduta diversa (*elemento normativo*)
Dolo normativo Elementos: consciência, vontade e consciência da ilicitude	*Dolo normativo* Elementos: consciência, vontade e consciência da ilicitude.	*Dolo natural* Elementos: consciência e vontade. Dolo e culpa no fato típico.

O Código Penal brasileiro adotou a **teoria normativa pura** da culpabilidade, o que decorre do sistema finalista (Welzel).

Na doutrina, ainda existem duas teorias estudadas na culpabilidade que merecem nossa atenção: as **teorias extremada** e **limitada da culpabilidade**. Ambas são derivações da teoria normativa pura da culpabilidade, divergindo apenas em relação ao **tratamento** das descriminantes putativas.

Indo direto ao cerne dessas teorias, observe o **esquema estratégico**:

TEORIA NORMATIVA PURA
(derivações)

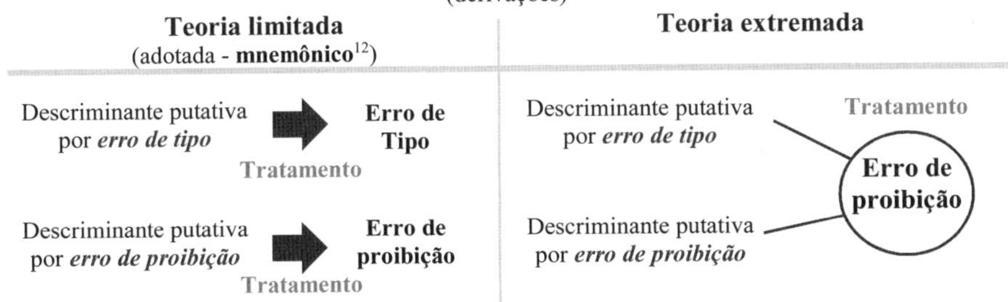

[12] **Macete mnemônico**: "**2 LIMITES**" – a teoria limitada da culpabilidade opera entre dois limites (erro de tipo e erro de proibição).

Como dito, o Código Penal adotou a **teoria limitada da culpabilidade** quanto à disciplina das descriminantes putativas, fixando suas consequências (*cf.* itens 17 e 19 da Exposição de Motivos da reforma penal de 1984). Voltaremos ao tema no capítulo sobre erro de tipo e erro de proibição.

2.7. Elementos

2.7.1. Considerações iniciais

A culpabilidade possui três elementos: (a) imputabilidade; (b) potencial consciência da ilicitude e (c) exigibilidade de conduta diversa (**mnemônico**[13]).

Mas mesmo que o agente seja inimputável, deve-se examinar os outros elementos da culpabilidade. Isso porque, na falta desses requisitos, haverá absolvição própria (sem sanção), que é mais benéfica do que a absolvição imprópria por inimputabilidade com medida de segurança (sanção).

O CESPE-UNB/CEBRASPE considerou **incorreta** a assertiva de que inimputável o agente, dispensa-se a análise dos demais elementos da culpabilidade, potencial consciência da ilicitude e exigibilidade de comportamento diverso[14].

2.7.2. Imputabilidade

2.7.2.1. Generalidades

Imputabilidade é a capacidade de entender o caráter ilícito do fato e de se autodeterminar de acordo com esse entendimento.

Em outras palavras, revela a **capacidade penal na órbita penal** que, no Brasil, é adquirida aos 18 anos. Os menores de 18 anos e os doentes mentais são considerados penalmente inimputáveis. Assim, em linhas gerais, podemos dizer que o *inimputável* é considerado um *incapaz* na órbita penal.

[13] **Macete mnemônico**: "**IPÊ**" – **I**mputabilidade, **P**otencial Consciência da ilicitude e **E**xigibilidade de conduta diversa.

[14] Prova objetiva do concurso para o cargo de Juiz de Direito (TJDFT), realizada em 2014.

A imputabilidade penal deve ser verificada **ao tempo da ação ou da omissão** (CP, art. 26, *caput*), ainda que outro seja o momento do resultado.

Excludentes: (a) doença mental; (b) desenvolvimento mental incompleto (menores de 18 anos); (c) desenvolvimento mental retardado e (d) embriaguez acidental completa decorrente de caso fortuito ou força maior.

2.7.2.2. Semi-imputabilidade e imputabilidade diminuída

A **semi-imputabilidade** é a perda *parcial* da capacidade de entender o caráter ilícito do fato e de se autodeterminar de acordo com esse entendimento. É um meio termo entre a imputabilidade plena e a inimputabilidade.

O art. 26, parágrafo único, do CP assim dispõe:

> "Art. 26 [...] Parágrafo único - A pena pode ser reduzida de um a dois terços, se o agente, em virtude de perturbação de saúde mental ou por desenvolvimento mental incompleto ou retardado não era inteiramente capaz de entender o caráter ilícito do fato ou de determinar-se de acordo com esse entendimento".

A consequência da semi-imputabilidade é a aplicação da pena com causa de diminuição *ou* a aplicação de medida de segurança, de acordo com a conclusão da perícia médica sobre a sanidade mental do agente, devendo o juiz avaliar o grau de periculosidade do indivíduo.

A **imputabilidade diminuída,** que difere da semi-imputabilidade, decorre de embriaguez acidental incompleta (parcial), proveniente de caso fortuito ou força maior. Gera a redução da pena de 1/3 a 2/3 (CP, art. 28, §2º).

2.7.3. Potencial consciência da ilicitude

O segundo elemento da culpabilidade retrata a possibilidade de o agente conhecer o caráter ilícito do fato (consciência *potencial*, e não atual).

Note-se que apenas a **potencial** consciência da ilicitude constitui elemento da culpabilidade. A *atual* ou *real* consciência da ilicitude não é elemento da culpabilidade. A *potencial* consciência da ilicitude é revelada quando o agente, embora não tendo a real ou atual percepção da ilicitude do fato, deveria tê-la em face de sua capacidade normal de culpa resultante da idade (maior de 18 anos) e da integração no meio social[15]. Esse conhecimento potencial não se refere necessariamente às leis penais, bastando que o agente tenha a possibilidade de saber que sua conduta é contrária ao Direito[16].

Excludente: erro de proibição invencível (CP, art. 21: "...O erro sobre a ilicitude do fato, se inevitável, isenta de pena").

2.7.4. Exigibilidade de conduta diversa

Exigibilidade de conduta diversa (terceiro elemento) é a reprovabilidade decorrente da expectativa social de que o agente devia agir de forma diversa no caso, comportando-se de forma não-contrária ao Direito.

> **Teoria da normalidade das circunstâncias concomitantes (Frank)**: de acordo com essa teoria, para que se possa analisar a exigibilidade de conduta diversa, é necessário que a conduta do agente tenha sido praticada em condições e circunstâncias normais, pois, do contrário, não será possível exigir do agente outra conduta distinta da que foi praticada.

Somente estará caracterizado o requisito da exigibilidade de conduta diversa quando a coletividade podia esperar do sujeito que, em circunstâncias normais, tivesse agido de outra forma, não-contrária ao Direito.

Excludentes: (a) coação moral irresistível; (b) obediência hierárquica e (c) causas supralegais de inexigibilidade de conduta diversa.

3. EXCLUDENTES DE CULPABILIDADE

3.1. Considerações preliminares

Assim como ocorre com a ilicitude, a culpabilidade também pode ser afastada por determinadas excludentes. São as causas de exclusão da culpabilidade, também chamadas de causas **dirimentes** ou **exculpantes**.

---

[15] DOTTI, René Ariel. *Op. Cit.*, p. 442.
[16] PRADO, Luiz Regis. *Op. Cit.*, p. 484.

Existem causas de exclusão da culpabilidade associadas a cada um dos três elementos vistos anteriormente. Confira o **quadro estratégico** abaixo:

Culpabilidade (excludentes)	**Imputabilidade**	a) doença mental b) desenvolvimento mental incompleto c) desenvolvimento mental retardado d) embriaguez acidental completa, decorrente de caso fortuito ou força maior
	Potencial consciência da ilicitude	Erro de proibição inevitável
	Exigibilidade de conduta diversa	a) coação moral irresistível b) obediência hierárquica c) causa supralegal

A seguir, analisaremos cada uma das excludentes de culpabilidade em seus aspectos substanciais e mais relevantes.

3.2. Inimputabilidade

3.2.1. Considerações iniciais

A inimputabilidade reflete a **incapacidade penal**, retirando do agente a capacidade de entender o caráter ilícito do fato e de se autodeterminar de acordo com esse entendimento. Nessa hipótese, o agente é isento de pena.

A capacidade penal do autor do fato deve ser verificada ao tempo da ação ou omissão. No direito brasileiro, a inimputabilidade pode decorrer de quatro fatores: (a) doença mental; (b) desenvolvimento mental incompleto; (c) desenvolvimento mental retardado e (d) embriaguez acidental completa decorrente de caso fortuito ou força maior (CP, arts. 26 e 28, §1º).

3.2.2. Critérios de aferição da inimputabilidade

Três são os principais **critérios** identificados para aferição da inimputabilidade: sistemas biológico, psicológico e biopsicológico.

Para uma rápida visualização, observe o **quadro estratégico**:

AFERIÇÃO DA INIMPUTABILIDADE (Critérios)		
Sistema biológico	**Sistema psicológico**	**Sistema biopsicológico**
Presença de causa geradora de inimputabilidade (causa biológica)	Situação psicológica no momento da conduta (influência psicológica)	Causa biológica + influência psicológica no momento da conduta

Sistema biológico: basta que o agente seja portador de alguma **causa biológica** geradora de inimputabilidade prevista em lei (ex: doença mental, desenvolvimento mental incompleto etc.), independente do exame da influência dessa causa no momento da conduta. Há presunção legal de inimputabilidade. Foi o sistema adotado para quanto aos menores de 18 anos (CP, art. 27).

Sistema psicológico: avalia apenas a **situação psicológica** do agente ao tempo da ação ou omissão, independentemente de ser portador de causa biológica prevista em lei como geradora de inimputabilidade.

Sistema biopsicológico: exige a presença de **causa biológica** geradora de inimputabilidade prevista em lei e a **influência** dessa causa no momento da conduta – aspecto psicológico (*causa biológica + influência no momento da conduta*). É o sistema adotado como regra pelo Código Penal (art. 26, *caput*).

> **Sistema biopsicológico (requisitos)**: no contexto do sistema biopsicológico, são exigidos três requisitos para a caracterização da inimputabilidade penal do agente: *(a) requisito causal* – existência de doença mental, desenvolvimento mental incompleto ou retardado (causa biológica); *(b) requisito cronológico* – atuação ao tempo da ação ou omissão, não podendo ser superveniente; *(c) requisito consequencial* – perda total da capacidade de entendimento e autodeterminação.

Em suma, o Código Penal brasileiro adotou expressamente o **sistema biopsicológico** como regra geral (CP, art. 26, *caput*). Como exceção, foi adotado o **sistema biológico** em relação aos menores de 18 anos (CP, art. 27).

O CESPE-UNB/CEBRASPE considerou **correta** a assertiva de que para a aplicação do critério biopsicológico da imputabilidade, conceito expresso no Código Penal brasileiro, é necessário a avaliação da existência de um transtorno mental, da capacidade de entendimento do caráter ilícito do fato e da capacidade de autodeterminação pelo autor e, ainda, do nexo de causalidade entre o distúrbio mental ou psicológico e o ato praticado[17].

3.2.3. Doença mental

Doença mental é toda perturbação psíquica ou mental que retire do agente a capacidade de entender o caráter ilícito do fato e de se autodeterminar de acordo com esse entendimento, de modo permanente ou transitório.

Ex: psicoses traumáticas (lesões cerebrais), psicoses tóxicas, neurose, enfermidades orgânicas cerebrais (epilepsias) etc.

Vale ressaltar que a doença mental somente exclui a culpabilidade quando retirar por **completo** a capacidade do agente de entender o caráter ilícito do fato e de se autodeterminar de acordo com esse entendimento. Quando houver perda **parcial** dessa capacidade, como já visto, o agente será considerado semi-imputável, podendo ter a pena diminuída de 1/3 a 2/3 ou ser aplicada medida de segurança (CP, art. 26, parágrafo único), de acordo com a conclusão da perícia médica e o grau de periculosidade do agente.

O uso de drogas, por si só, não gera inimputabilidade, mas excepcionalmente a dependência patológica poderá caracterizar essa condição.

> **Dependência patológica de entorpecentes**: o art. 45 da Lei n.º 11.343/2006 dispõe que "é isento de pena o agente que, em razão da *dependência*, ou sob o efeito, proveniente de caso fortuito ou força maior, de droga, era, ao tempo da ação ou da omissão, qualquer que tenha sido a infração penal praticada, inteiramente incapaz de entender o caráter ilícito do fato ou de determinar-se de acordo com esse entendimento". Esse dispositivo contempla uma causa de inimputabilidade aplicável aos crimes em geral, não se limitado ao delito do art. 28 ou aos demais crimes previstos na Lei de Drogas. Ademais, lembramos que, de acordo com o sistema biopsicológico (adotado também pela Lei de Drogas), não basta a dependência química, é preciso que esta situação tenha influência concreta no momento da conduta. Desse modo, a dependência química, por si só, não exclui a culpabilidade, salvo quando retirar a plena capacidade de autodeterminação e entendimento no momento da prática delituosa, quando será equiparada à doença mental.

---

[17] Prova objetiva do concurso para o cargo de Delegado de Polícia (PC-AL), realizada em 2012.

O CESPE-UNB/CEBRASPE considerou **incorreta** a assertiva de que a dependência patológica de substância psicotrópica, como drogas, não configura doença mental, ainda que retire a capacidade de entender ou de querer do agente, sendo certo que deve incidir, nessas hipóteses, apenas uma causa especial de redução de pena[18].

O art. 46 da Lei n.º 11.343/2006 (Lei de Drogas) ainda prevê uma hipótese de semi-imputabilidade penal (perda parcial da capacidade):

> "Art. 46. As penas podem ser reduzidas de um terço a dois terços se, por força das circunstâncias previstas no art. 45 desta Lei, o agente não possuía, ao tempo da ação ou da omissão, a plena capacidade de entender o caráter ilícito do fato ou de determinar-se de acordo com esse entendimento.

Superada essa questão, frise-se que a verificação da doença mental depende de *perícia* no processo, com a identificação da doença e se o agente já era ou não portador ao tempo da ação ou omissão. No processo, será instaurado incidente de insanidade mental (CPP, arts. 149 a 154). Caso seja constatado, através de perícia, que o agente era inimputável por doença mental ao tempo da ação ou omissão, o mesmo **não poderá ser condenado, devendo ser absolvido** com a aplicação de medida de segurança (**absolvição imprópria**).

Sobre o momento da doença, confira o **quadro estratégico**:

Doença mental (momento)		
	Ao tempo da ação ou omissão	Aplicação de medida de segurança (absolvição imprópria)
	Superveniente (após a ação ou omissão)	Suspensão do processo (CPP, art. 152)

O CESPE-UNB/CEBRASPE considerou **correta** a assertiva de que aquele que, ao tempo da ação, era inteiramente incapaz de compreender o caráter ilícito do fato, mas que recobrar sua sanidade no curso da ação penal, conforme perícia atestada nos autos, não poderá ser condenado pelo crime cometido, pois o juiz proferirá sentença absolutória imprópria, não incidindo a aplicação de medida de segurança[19].

---

[18] Prova objetiva do concurso para o cargo de defensor público (DP-PI), realizada em 2009.
[19] Prova objetiva do concurso para o cargo de Juiz Federal Substituto (TRF2), realizada em 2013.

3.2.4. Desenvolvimento mental incompleto

O desenvolvimento mental incompleto refere-se à recente idade cronológica do agente ou à sua falta de convivência em sociedade. Ocorre em duas hipóteses: (a) menores de 18 anos e (b) índios não integrados.

Menores de 18 anos: no Brasil, os menores de 18 anos são penalmente inimputáveis e seus atos são submetidos às normas estabelecidas na legislação especial (CF, art. 228; CP, art. 27; ECA, art. 104). Não praticam crime, mas *ato infracional* (ECA, art. 103), como também não se submetem a pena, mas a medidas socioeducativas, cuja duração máxima é de até 03 anos (ECA, art. 121, §3º). Na situação dos menores de 18 anos, temos uma hipótese de **inimputabilidade absoluta** por presunção legal[20]. Trata-se de presunção absoluta, que não pode ser infirmada por prova em sentido contrário.

> **Redução da maioridade penal?** No Brasil, por critérios de política criminal, a capacidade penal é adquirida aos 18 anos. Essa é uma questão disciplinada pela legislação de cada país. No passado, houve um debate sobre a possibilidade de redução da maioridade penal no Brasil. Prevaleceu que, para tanto, seria necessária uma nova Constituição, com manifestação do Poder Constituinte originário, já que a inimputabilidade penal do menor de 18 anos foi prevista na Carta Magna como um *direito individual* (CF, art. 228), sendo considerada *cláusula pétrea* (CF, art. 60, §4º, IV).

Enfim, os menores de 18 anos não praticam crime, mas *ato infracional*, sendo submetidos à disciplina do Estatuto da Criança e do Adolescente, lembrando que a imputabilidade é analisada ao tempo da ação ou omissão.

> **STJ, Súmula n.º 605**: "A superveniência da maioridade penal não interfere na apuração de ato infracional nem na aplicabilidade de medida socioeducativa em curso, inclusive na liberdade assistida, enquanto não atingida a idade de 21 anos".
>
> **STJ, Súmula n.º 74**: "Para efeitos penais, o reconhecimento da menoridade do réu requer prova por documento hábil".

[20] PRADO, Luiz Regis. *Op. Cit.*, p. 481.

Silvícolas: os índios *não integrados* são considerados inimputáveis por desenvolvimento mental incompleto. Trata-se de causa de **inimputabilidade relativa**, que pode ser infirmada por prova em sentido contrário[21].

3.2.5. Desenvolvimento mental retardado

Desenvolvimento mental **retardado** é aquele que se encontra abaixo do desenvolvimento normal para aquela idade cronológica. Ex: oligofrênicos, classificados em débeis mentais, imbecis e idiotas, bem como o surdo-mudo não educado para a vida em sociedade.

Surdo-mudo: conforme explica Luiz Regis Prado, o surdo-mudo não educado para o convívio social é considerado inimputável por desenvolvimento mental retardado[22]. Não é qualquer surdo-mudo, mas apenas aquele não adaptado para o convívio social e desde que essa circunstância influencie no momento da conduta (sistema biopsicológico). Segundo Ariel Dotti, na orientação do sistema vigente, o surdo-mudo é equiparado a oligofrênico e será declarado imputável, semi-imputável ou inimputável de acordo com o exame médico do caso concreto[23]. Trata-se de causa de **inimputabilidade relativa**, podendo ser afastada por prova em sentido contrário.

3.2.6. Embriaguez acidental completa (caso fortuito ou força maior)

A embriaguez acidental completa, decorrente de caso fortuito ou força maior, exclui a imputabilidade do agente.

Sobre a classificação da embriaguez, observe o **quadro estratégico**:

Embriaguez (classificação)			
	Quanto à causa	**Voluntária**	Deriva de dolo ou culpa
		Acidental	Decorre de caso fortuito ou força maior
	Quanto à extensão	**Total**	Completa
		Parcial	Incompleta

[21] VITORELLI, Edilson. *Estatuto do Índio*. 2ª Ed. Salvador: *Juspodivm*, 2013, p. 62.
[22] PRADO, Luiz Regis. *Op. Cit.*, p. 481.
[23] DOTTI, René Ariel. *Op. Cit.*, p. 514.

Para a exclusão da imputabilidade, a embriaguez deve ser **acidental** e **completa** (CP, art. 28, §1º). No sistema brasileiro, a embriaguez voluntária ou culposa não exclui a culpabilidade (CP, art. 28, II) e a embriaguez acidental parcial gera apenas a redução da pena de 1 a 2/3 (CP, art. 28, §2º).

Quanto à embriaguez não acidental – que é a voluntária, podendo ser dolosa ou culposa –, o Código Penal adotou a **teoria da *actio libera in causa***, devendo ser considerado o momento da ingestão da substância (momento anterior), e não o da prática da conduta, para aferir a culpabilidade do agente.

> ***Actio libera in causa***: significa "ação livre na causa". O agente era livre em decidir entre se embriagar ou não, devendo arcar com as consequências de seus atos. Assim, por exemplo, se o agente se embriaga e depois causa um acidente na direção de veículo automotor, deve responder pelos atos praticados. A conduta, mesmo quando praticada em estado de embriaguez completa, teve origem em um ato de livre arbítrio do indivíduo, que optou por ingerir a substância quando tinha a possibilidade de escolher não o fazer (ação livre na causa). A vítima ofendida nada tem a ver com a escolha do indivíduo, não podendo ter seus direitos violados por um ato inconsequente. De acordo com a *actio libera in causa*, considera-se o momento da ingestão da substância (momento anterior), e não o da prática da conduta.

O CESPE-UNB/CEBRASPE considerou **incorreta** a assertiva de que em relação à embriaguez não acidental, o CP adotou a teoria da actio libera in causa, devendo ser considerado o momento da prática delituosa e não o da ingestão da substância, para aferir a culpabilidade do agente[24].

Sobre os reflexos penais da embriaguez, confira o **quadro estratégico**:

Embriaguez (reflexos penais)	**Acidental** (caso fortuito ou força maior)	**Completa**: exclui a imputabilidade (CP, art. 28, II)
		Incompleta: causa de diminuição da pena (CP, art. 28, §2º)
	Voluntária	Dolosa ou culposa. O agente responde pelos atos praticados. Momento anterior (*actio libera in causa*)
	Preordenada	Agravante genérica (CP, art. 61, II, *e*)
	Patológica	Equiparada à doença mental

[24] Prova objetiva do concurso para o cargo de Juiz Federal Substituto (TRF1), realizada em 2009.

Outra questão a ser observada é que **o estado de embriaguez não exclui o dolo do agente** sobre as elementares do tipo, qualificadoras ou circunstâncias. O ponto que pode ser afetado é a *imputabilidade*. Lembramos que, para o exame da culpabilidade – onde se discute a embriaguez para fins de responsabilização penal –, é necessário ter passado anteriormente pelas operações ligadas ao fato típico, onde se encontram o dolo e a culpa.

O STJ, inclusive, já decidiu que a embriaguez preordenada não exclui o motivo fútil no crime de homicídio doloso:

> "PENAL E PROCESSO PENAL. RECURSO ESPECIAL. HOMICÍDIO QUALIFICADO. MOTIVO FÚTIL. EMBRIAGUEZ. COMPATIBILIDADE. [...]
> 2. Em que pese o estado de embriaguez possa, em tese, reduzir ou eliminar a capacidade do autor de entender o caráter ilícito ou determinar-se de acordo com esse entendimento, tal circunstância não afasta o reconhecimento da eventual futilidade de sua conduta" (STJ, REsp 908.396/MG, 5ª Turma, Rel. Min. Arnaldo Esteves Lima, DJe 30/03/2009).

Em suma, a embriaguez somente exclui a imputabilidade do agente se for acidental (caso fortuito ou força maior) e completa.

O CESPE-UNB/CEBRASPE considerou **incorreta** a assertiva de que tendo sido adotada a teoria da actio libera in causa pelo Código Penal, é permitida a exclusão da imputabilidade do agente se a embriaguez não acidental for completa e culposa[25].

3.2.7. Emoção e paixão?

A emoção e a paixão não excluem a imputabilidade penal, mas podem gerar reflexos para fins de diminuição da pena.

O art. 28 do CP assim dispõe:

> "Art. 28 - Não excluem a imputabilidade penal:
> I - a emoção ou a paixão".

[25] Prova objetiva do concurso para o cargo de Juiz de Direito (TJRN), realizada em 2013

Emoção: o art. 65, III, *c*, do CP prevê como **circunstância atenuante** o fato de o crime ter sido cometido sob a influência de violenta emoção, provocada por ato injusto da vítima. Essa é uma atenuante genérica que poderá incidir sobre qualquer delito. Todavia, quanto aos crimes de homicídio e lesões corporais, há previsão de **causa especial de diminuição de pena** se o agente comete o crime sob o domínio de violenta emoção, logo em seguida a injusta provocação da vítima, o juiz poderá reduzir a pena de um sexto a um terço (CP, arts. 121, §1º, e 129, §4º). Nesses casos, prevalece a causa de diminuição.

Paixão: diversamente do que ocorre com a emoção, não há benefícios legais expressos quanto à paixão.

Segundo Frederico Marques, em casos excepcionais, se a emoção ou paixão tiverem caráter patológico, a hipótese será enquadrada no art. 26, *caput*, do CP, equiparando-se à doença mental[26]. É uma corrente doutrinária.

3.3. Erro de proibição inevitável

O erro de proibição inevitável exclui a culpabilidade, eliminando o elemento da potencial consciência da ilicitude.

O erro de proibição recai sobre a **ilicitude do fato** e, de acordo com a espécie de erro, pode gerar consequências no campo da *culpabilidade* (erro de proibição inevitável) ou na *fixação da pena* (erro de proibição evitável).

Para uma melhor visualização, confira o **esquema estratégico** abaixo:

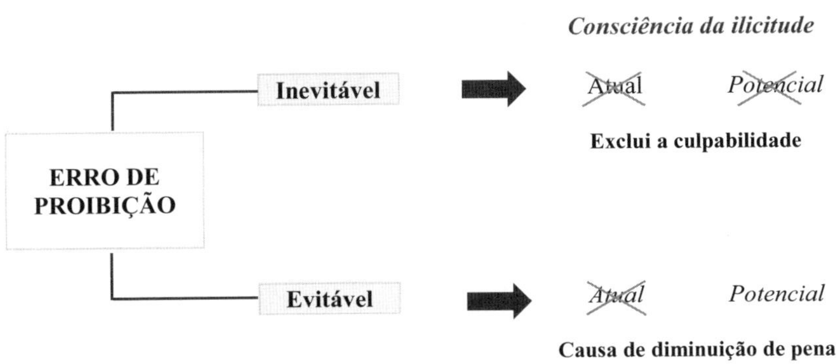

[26] MARQUES, José Frederico. *Tratado de Direito Penal*. Vol. Campinas: Bookseler, 1997, p. 236.

Como podemos perceber, somente o **erro de proibição inevitável** exclui a culpabilidade. Para maiores detalhes sobre o erro de proibição, remetemos o leitor para o próximo Capítulo.

3.4. Inexigibilidade de conduta diversa

3.4.1. Generalidades

A inexigibilidade de conduta diversa (exclui a culpabilidade) decorre de três hipóteses: (a) coação moral irresistível; (b) obediência hierárquica e (c) causas supralegais de exclusão da exigibilidade de conduta diversa.

O art. 22 do CP assim dispõe:

> "Art. 22 - Se o fato é cometido sob coação irresistível ou em estrita obediência a ordem, não manifestamente ilegal, de superior hierárquico, só é punível o autor da coação ou da ordem".

Além das duas causas enumeradas no art. 22 do CP, o STJ tem admitido a existência de *causas supralegais* de exclusão da exigibilidade de conduta diversa, conforme veremos com maiores detalhes mais à frente.

3.4.2. Coação moral irresistível (*vis compulsiva*)

A coação moral irresistível exclui a culpabilidade, eliminando o elemento da exigibilidade de conduta diversa (CP, art. 22).

Conforme já estudado, a coação pode ser física (*vis absoluta*) ou moral (*vis compulsiva*). A coação moral decorre de pressão psicológica ou grave ameaça, podendo ser resistível ou irresistível. Exemplo: após o sequestro do filho menor de um gerente de banco, criminosos, mediante grave ameaça, obrigam que o gerente use valores de terceiros e desvie quantias para as contas bancárias indicadas pelos meliantes, pressionando-o psicologicamente.

Devemos distinguir: enquanto a coação física exclui a conduta (fato atípico), a coação moral **irresistível** exclui a culpabilidade, por inexigibilidade de conduta diversa. Se a coação moral for **resistível**, respondem tanto o coator quanto o coagido (CP, art. 22), lembrando que quanto àquele que sofre a coação incide a circunstância legal atenuante prevista no art. 65, III, *c*, do CP ("cometido o crime sob coação que podia resistir").

O CESPE-UNB/CEBRASPE considerou **incorreta** a assertiva de que exclui a culpabilidade do crime, por inexigibilidade de conduta diversa, a coação física irresistível ou vis absoluta[27].

Segundo o STJ, o fato de o empregador obrigar seu empregado a portar arma de fogo durante o exercício das atribuições de vigia não caracteriza coação moral irresistível capaz de excluir a culpabilidade pelo crime de "porte ilegal de arma de fogo de uso permitido", atribuído ao empregado que tenha sido flagrado portando, em via pública, arma de fogo, após o término do expediente laboral, no percurso entre o trabalho e a sua residência (STJ, REsp 1.456.633-RS, 5ª Turma, Rel. Min. Reynaldo Soares, DJe 13/4/2016, Informativo n.º 581).

3.4.3. Obediência hierárquica

A obediência hierárquica exclui a culpabilidade, por eliminação do requisito da exigibilidade de conduta diversa (CP, art. 22).

Em termos conceituais, obediência hierárquica é o acatamento de ordem não manifestamente ilegal de superior hierárquico (*relação de direito público*), tornando viciada a vontade do subordinado e afastando a exigibilidade de conduta diversa. Nesse caso, a responsabilidade penal excluída é apenas a do *subordinado*, devendo ser responsabilizado pelo crime somente o superior hierárquico responsável pela ordem (**autoria mediata**).

> **Obediência hierárquica e autoria mediata**: a *autoria mediata* ocorre quando o agente se vale de pessoa sem discernimento para realizar por ele a conduta típica. Hipóteses: (1) ausência de capacidade penal do executor-instrumento; (2) coação moral irresistível; (3) provocação de erro de tipo invencível e (4) obediência hierárquica.

O CESPE-UNB/CEBRASPE considerou **incorreta** a assertiva de que na prática de crime em obediência hierárquica, se a ordem não for

[27] Prova objetiva do concurso para o cargo de Delegado de Polícia (PCPB), realizada em 2009.

manifestamente ilegal, o subordinado e o superior hierárquico não respondem por crime algum[28].

Requisitos. São requisitos para a caracterização da obediência hierárquica como excludente de culpabilidade (**cumulativos**):

(a) um superior;

(b) um subordinado;

(c) uma relação de direito público entre ambos;

(d) uma ordem do superior para o subordinado;

(e) ilegalidade da ordem;

(f) aparente legalidade da ordem.

Atenção! A obediência hierárquica decorre de **relação de direito público**, não sendo admissível como excludente de culpabilidade quando se tratar de relações privadas (ex: relações contratuais, de trabalho etc.).

Se a ordem **não for manifestamente ilegal**, responde apenas o superior hierárquico, sendo excluída a culpabilidade do subordinado por inexigibilidade de conduta diversa. No entanto, se a ordem for **manifestamente ilegal** o subordinado também deve responder pelo crime praticado (CP, art. 22), mas incide a circunstância atenuante prevista no art. 65, III, *c*, do CP ("ou em cumprimento de ordem de autoridade superior").

Ilustrando, observe-se a seguinte **simbologia estratégica**:

[28] Prova objetiva do concurso para o cargo de Delegado de Polícia (PCPB), realizada em 2009.

O CESPE-UNB/CEBRASPE considerou **incorreta** a assertiva de que verifica-se a situação de obediência hierárquica tanto nas relações de direito público quanto nas de direito privado, uma vez que, nas duas hipóteses, é possível se identificar o nexo entre o subordinado e o seu superior[29].

3.4.4. Causas supralegais

Admite-se a existência de causas supralegais de exclusão da exigibilidade de conduta diversa, além daquelas previstas no art. 22 do CP.

Na doutrina, existem duas posições a respeito. *1ª corrente*: são inadmissíveis, uma vez que o legislador se valeu de rol exaustivo[30]. *2ª corrente*: admite-se a existência de causas supralegais de inexigibilidade de conduta diversa, sendo possível a aplicação analógica[31]. Prevalece segunda corrente.

O STJ tem admitido a existência de causas supralegais de exclusão da exigibilidade de conduta diversa. Ex: sérias **dificuldades financeiras** em relação ao crime de apropriação indébita previdenciária (STJ, AgRg no REsp 1264697/SP, 6ª Turma, Rel. Min. Rogerio Schietti Cruz, DJe 02/02/2016). No entanto, quanto aos casos de **falsificação de passaporte**, o STJ já decidiu que o argumento da inexigibilidade de conduta diversa por dificuldades financeiras não pode ser admitido para a absolvição[32].

> **STJ – Jurisprudência em Teses - ED 176 – Tese 12**: "Nos crimes do art. 2º, II, da Lei n. 8.137/1990, é possível a exclusão da culpabilidade por inexigibilidade de conduta diversa se ficar comprovada nos autos a crise financeira da empresa".

Juarez Cirino, com base na doutrina estrangeira, enumera quatro grupos de situações de exculpação supralegais: (a) fato de consciência moral ou religiosa; (b) provocação da situação de legítima defesa; (c) desobediência civil e (d) conflito de deveres fundado na escolha do mal menor[33].

[29] Prova objetiva do concurso para o cargo de Promotor de Justiça (MP-RN), realizada em 2009.
[30] TJSP, ACrim 76.681-3, 4ª Câmara Criminal, Rel. Des. Dante Busana.
[31] TOLEDO, Francisco de Assis. *Op. Cit.*, p. 329.
[32] STJ, REsp 628.688/RJ, 5ª Turma, Rel. Min. José Arnaldo da Fonseca, DJ 12/09/2005.
[33] SANTOS, Juarez Cirino. *Direito Penal. Parte Geral. 7ª Ed.* Florianópolis: Empório do Direito, 2017, p. 331-337.

CAPÍTULO 13

ERRO DE TIPO E ERRO DE PROIBIÇÃO

1. INTRODUÇÃO

A consciência humana é passível de **erros**. Em determinadas hipóteses, o agente pode enganar-se quanto a uma questão de fato prevista como elementar do tipo ou mesmo em saber se algo é permitido ou proibido. Mas até que ponto o erro do agente pode gerar consequências penais?

Erro de tipo e erro de proibição são construções da dogmática alemã acolhidas pelo Código Penal brasileiro. O agente pode ter uma falsa percepção sobre questões de fato previstas como elementos do tipo (**erro de tipo**) ou sobre a ilicitude do fato (**erro de proibição**). Na teoria do crime, o erro que vicia a vontade pode recair sobre a *tipicidade* ou sobre a *ilicitude* do comportamento[1].

As consequências do erro vão desde a exclusão da tipicidade, da culpabilidade, diminuição da pena até a ser considerado, em determinadas hipóteses, um irrelevante penal, conforme a natureza e espécie de erro.

---

[1] TOLEDO, Francisco de Assis. *Princípios Básicos de Direito Penal. 5ª Ed.* São Paulo: Saraiva, 1995, p. 267.

Como ponto de partida em nosso estudo, observe o **esquema estratégico** abaixo para uma melhor visualização dos conceitos iniciais:

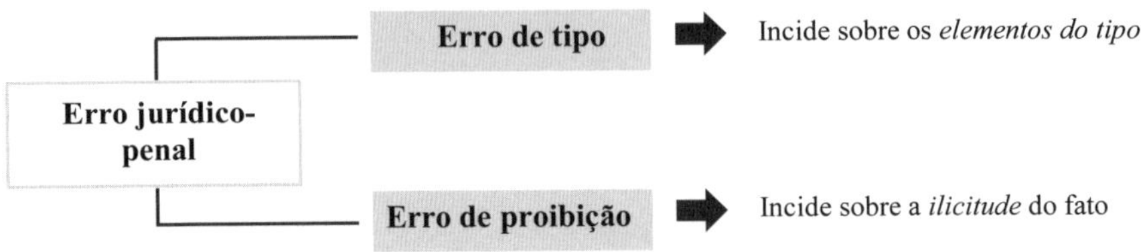

No presente Capítulo, estudaremos os delineamentos fundamentais do erro de tipo, erro de proibição e descriminantes putativas.

2. ERRO DE TIPO

2.1. Conceito e aspectos fundamentais

Erro de tipo é o erro jurídico-penal que recai sobre os elementos constitutivos do tipo legal. É previsto no art. 20 do CP:

> "Art. 20 - O erro sobre elemento constitutivo do tipo legal de crime exclui o dolo, mas permite a punição por crime culposo, se previsto em lei".

Na verdade, o dispositivo disse menos do que queria dizer. Segundo a doutrina, o erro de tipo pode ter por objeto: (a) elementares do tipo (seja o tipo incriminador ou permissivo); (b) circunstâncias e (c) dados irrelevantes ou secundários da figura típica. Vai, portanto, além das *elementares* do tipo.

No ponto, vale conferir a lição de Damásio de Jesus:

> "Erro de tipo é o que incide sobre elementares ou circunstâncias da figura típica, sobre pressupostos de fato de uma causa de justificação ou dados secundários da norma penal incriminadora"[2].

[2] JESUS, Damásio E. de. *Direito Penal. Vol. 1. Parte Geral.* 34ª Ed. São Paulo: Saraiva, 2013, p. 349.

Portanto, o erro de tipo pode incidir sobre questões de fato previstas como elementar, qualificadora, agravante etc. Ex: o indivíduo quer vender *cocaína* (elementar do crime de tráfico de drogas), mas, por erro, vende talco.

Existem duas grandes espécies de erro de tipo:

- **erro de tipo essencial**: recai sobre questões de fato previstas como elementares ou circunstâncias do tipo. Pode ser evitável ou inevitável;

- **erro de tipo acidental**: incide sobre dados irrelevantes para a figura típica. Ex: o agente quer furtar arroz, mas furta café.

Consequências: variam de acordo com a espécie, objeto e a evitabilidade do erro. O erro de tipo **essencial** *inevitável* (sinônimos: invencível, escusável ou justificável) sobre elementar exclui o dolo e a culpa; o erro de tipo **essencial** *evitável* (sinônimos: vencível, inescusável ou injustificável) sobre elementar exclui apenas o dolo, subsistindo a culpa; o erro de tipo **essencial** sobre circunstância exclui a circunstância. Por outro lado, o erro de tipo **acidental** não traz qualquer consequência jurídica, respondendo o agente como se não houvesse erro. Estudaremos o erro acidental mais à frente.

Para uma visualização panorâmica sobre o funcionamento e as consequências do erro de tipo, confira o **esquema estratégico** abaixo:

ERRO DE TIPO
(Classificação, funcionamento e consequências)

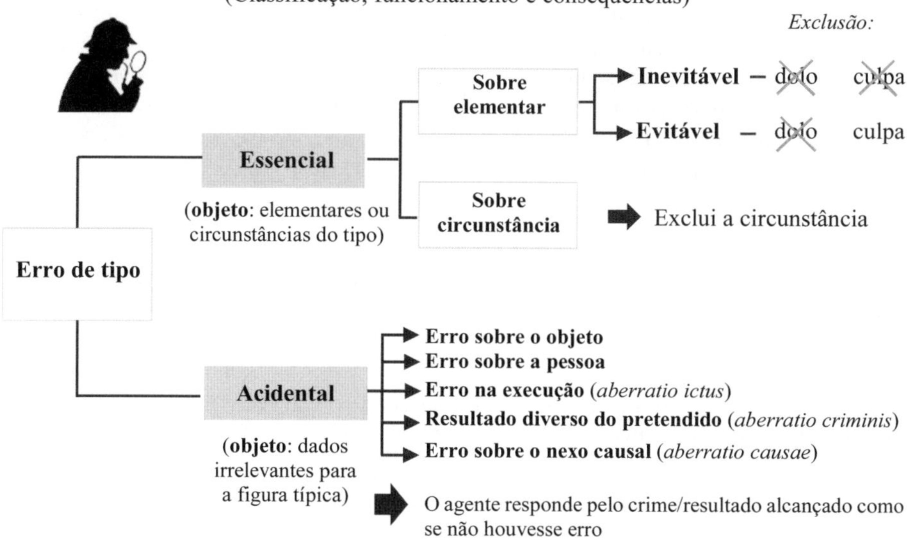

O CESPE-UNB/CEBRASPE considerou **correta** a assertiva de que o erro de tipo inevitável exclui o dolo e a culpa[3].

Nos casos de exclusão apenas do *dolo* (erro de tipo essencial evitável), para a responsabilização do agente a título de *culpa*, deve existir previsão legal expressa da modalidade *culposa* para o delito (CP, art. 18, parágrafo único).

Como aferir a evitabilidade do erro de tipo? Existem duas orientações. De acordo com a *concepção tradicional*, deve ser utilizada a figura do "homem médio". Já para a *concepção moderna*, devem ser examinadas as circunstâncias do caso concreto, analisando-se o grau de instrução do agente, o momento e o local onde ocorreu o crime. Prevalece a concepção moderna.

Nos crimes sexuais, embora a doutrina aponte o erro sobre a idade da vítima como exemplo de erro de tipo essencial no estupro de vulnerável (CP, art. 217-A[4]), o STJ não tem aceitado com largueza a tese de erro de tipo em relação à idade da vítima nos crimes contra a dignidade sexual[5].

> **STJ, Súmula n. 593**: "O crime de estupro de vulnerável se configura com a conjunção carnal ou prática de ato libidinoso com menor de 14 anos, sendo irrelevante eventual consentimento da vítima para a prática do ato, sua experiência sexual anterior ou existência de relacionamento amoroso com o agente".
>
> **STJ, Tema Repetitivo 918**: "Para a caracterização do crime de estupro de vulnerável previsto no art. 217-A, *caput*, do Código Penal, basta que o agente tenha conjunção carnal ou pratique qualquer ato libidinoso com pessoa menor de 14 anos. O consentimento da vítima, sua eventual experiência sexual anterior ou a existência de relacionamento amoroso entre o agente e a vítima não afastam a ocorrência do crime" (STJ, REsp 1480881/PI, 3ª Seção, Rel. Min. Rogério Schietti Cruz, DJe 10/09/2015).

Erro de tipo permissivo: é o erro que recai sobre os pressupostos fáticos de uma causa de justificação (excludente de ilicitude). Observe-se que,

[3] Prova objetiva do concurso para o cargo de Juiz de Direito (TJMA), realizada em 2013.

[4] GRECO, Rogério. *Curso de Direito Penal. Parte Geral*. 20ª Ed. Niteroi: Impetus, 2020, p. 406.

[5] "[...] ESTUPRO DE VULNERÁVEL. VÍTIMA MENOR DE 14 ANOS. SÚMULA N. 7 DO STJ. AFASTAMENTO. PRESUNÇÃO ABSOLUTA DE VIOLÊNCIA. ERRO DE TIPO. RELATIVIZAÇÃO. IMPOSSIBILIDADE. SÚMULA N. 593 DO STJ [...] O erro quanto ao elemento objetivo do tipo deve ser inescusável e, aceitar, com largueza, a incidência dessa excludente de tipicidade nos delitos de natureza sexual pode, com muita facilidade e conveniência, definir a responsabilidade penal do ato a partir da avaliação subjetiva do agente sobre o corpo da vítima" (STJ, AgRg no REsp 1847890/MG, 6ª Turma, Rel. Min. Rogerio Schietti Cruz, DJe 30/04/2020).

nessa hipótese, o erro incide sobre os elementos de um tipo permissivo. Ex: indivíduo vai atender o celular e um desafeto, por erro, pensa que o mesmo irá sacar uma arma e "reage" prontamente, acreditando estar em legítima defesa.

> **Natureza jurídica do erro de tipo permissivo**: na doutrina, há controvérsias sobre a natureza jurídica do erro incidente sobre os elementos do tipo permissivo. *1ª corrente*: trata-se de erro de tipo (Assis Toledo)[6]. *2ª corrente*: não é erro de tipo, mas erro de proibição (Guilherme Nucci)[7]. *3ª corrente*: é um erro *sui generis*, situado entre o erro de tipo e o erro de proibição (Jescheck e Luiz Flávio Gomes)[8]. O Código Penal brasileiro adotou a primeira corrente, nos termos da teoria limitada da culpabilidade (*cf.* itens n.º 17 e 19 da exposição de motivos da reforma penal de 1984).

Prevalece que o erro que recai sobre os pressupostos fáticos de uma causa de justificação deve ser tratado como **erro de tipo** (teoria limitada).

2.2. Erro de tipo acidental

O erro de tipo **acidental** incide sobre *dados irrelevantes* para a figura típica. É um erro que não traz qualquer consequência jurídica: o agente responde pelo crime/resultado alcançado como se não houvesse erro. Ex: "A" quer matar "João", mas, por erro, mata "José". Responderá por homicídio.

Sobre as espécies de erro acidental, confira o **esquema estratégico**:

Erro de tipo acidental (**objeto**: dados irrelevantes para a figura típica)

- **Erro sobre o objeto**
- **Erro sobre a pessoa**
- **Erro na execução** (*aberratio ictus*)
- **Resultado diverso do pretendido** (*aberrario criminis*)
- **Erro sobre o nexo causal** (*aberratio causae*)

[6] TOLEDO, Francisco de Assis. *Op. Cit.*, p. 272-274; JESUS, Damásio E. de. *Op. Cit.*, p. 357; DOTTI, René Ariel. *Curso de Direito Penal. Parte Geral.* 4ª Ed. São Paulo: Revista dos Tribunais, 2012, p. 480; CAPEZ, Fernando. *Curso de Direito Penal. Parte Geral. 16ª Ed.* São Paulo: Saraiva, 2012, p. 252.

[7] NUCCI, Guilherme de Souza. *Curso de Direito Penal. Vol. 1. Parte Geral. 4ª Ed.* São Paulo: Forense, 2020, p. 499.

[8] JESCHECK, Hans Heinrich. *Tratado de Derecho Penal.* Trad. Mir Puig e Muñoz Conde. Barcelona: Bosch, 1981, p. 633-634; GOMES, Luiz Flávio. *Erro de Tipo e Erro de Proibição. 2ª Ed.* São Paulo: Revista dos Tribunais, 1994, p. 142; BITENCOURT, Cezar Roberto. *Tratado de Direito Penal. Vol. 1. Parte Geral. 11ª Ed.* São Paulo: Saraiva, 2007, p. 386-387.

Erro sobre o objeto: é o erro que recai sobre o *objeto material* do delito. Ex: no crime de roubo de automóvel, pouco importa que a subtração seja de um veículo Mercedes ou BMW, pois haverá roubo da mesma forma. Mas atenção: se a coisa específica estiver descrita como elementar do tipo, o erro será essencial. Ex: o agente quer vender cocaína, mas, por erro, vende talco.

> **Furto e grande diferença de valor dos produtos**: segundo a doutrina, no crime de furto, quando há uma grande diferença de valor entre os produtos, o erro passaria a ser considerado *essencial*, pois o pequeno valor da *res furtiva* é considerado elemento do tipo privilegiado no crime de furto (CP, art. 155, §2º)[9]. Ex: o agente, querendo furtar joia valiosa, subtrai bijuteria. Nesses casos, para a doutrina, o agente responde como se tivesse subtraído o objeto realmente querido. Isso porque, havendo erro sobre os elementos do tipo privilegiado, afasta-se a incidência da causa de diminuição de pena.

O CESPE-UNB/CEBRASPE considerou **incorreta** a assertiva de que considere a seguinte situação hipotética. Braz pretendia furtar um colar extremamente valioso e, para tanto, dirigiu-se a uma joalheria e executou sua ação com sucesso. Em seguida, ao tentar vender o objeto, ele se certificou de haver furtado bijuteria de valor irrisório. Nessa situação, Braz deverá responder pelo delito de furto e, caso seja primário, fará jus à causa especial de diminuição de pena relativa ao furto privilegiado[10].

Erro sobre a pessoa: o agente se confunde quanto à identificação da pessoa que pretende atingir (*erro de representação*). Ex: o "matador de aluguel", contratado para executar uma criança, por erro, se engana e atinge um anão que também segurava um balão no local. Fala-se em *vítima virtual* (aquela que o agente queria atingir) e *vítima real* (pessoa efetivamente atingida).

Ilustrando, observe a seguinte **simbologia estratégica**:

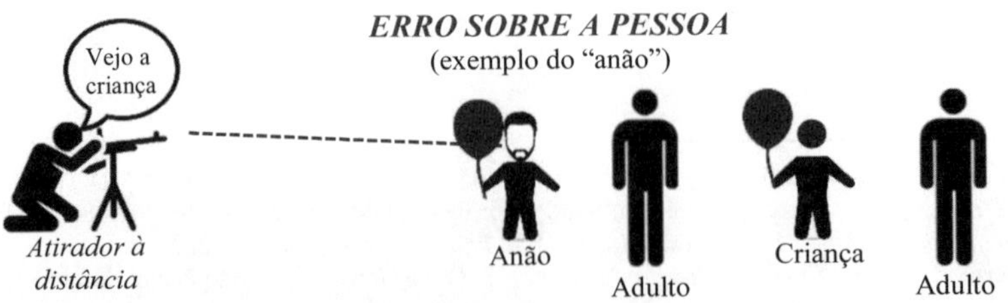

[9] CAPEZ, Fernando. *Curso de Direito Penal. Parte Geral*. 16ª Ed. Saraiva: São Paulo, 2012, p. 255.
[10] Prova objetiva do concurso para o cargo de Juiz de Direito (TJES), realizada em 2011.

Em relação às consequências penais do erro sobre a pessoa, o art. 20, §3º, do CP prevê que deve ser considerada a pessoa que o agente quis atingir:

> "Art. 20 [...]
> § 3º - O erro quanto à pessoa contra a qual o crime é praticado não isenta de pena. Não se consideram, neste caso, as condições ou qualidades da vítima, senão as da pessoa contra quem o agente queria praticar o crime".

Portanto, no erro sobre a pessoa, o agente responde como se tivesse atingido a pessoa pretendida (vítima virtual), como se não houvesse erro.

Erro na execução (*aberratio ictus*): ocorre na hipótese em que o agente, sem nenhum equívoco mental sobre a pessoa, **erra no uso dos meios de execução** do delito. Ex: John dispara arma de fogo contra Jack, porém, por má pontaria, erra o alvo e atinge mortalmente Billy, que estava ao lado de Jack. Outro exemplo emblemático é o caso de "bala perdida" durante tiroteio entre a polícia e criminosos nas favelas do Rio de Janeiro. Existem duas formas de erro na execução: (a) com *unidade simples* (atinge apenas terceiro inocente) e (b) com *unidade complexa* (atinge a vítima pretendida e terceiro inocente).

Ilustrando, vale conferir a **simbologia estratégica** abaixo:

ERRO NA EXECUÇÃO – ABERRATIO ICTUS
(exemplo da "má pontaria")

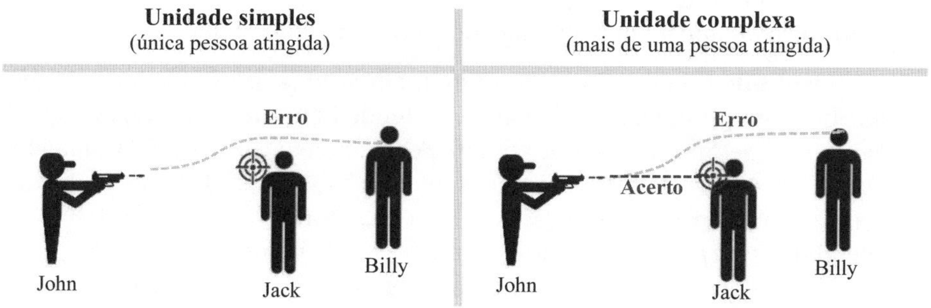

O art. 73 do CP apresenta as consequências do erro na execução:

> "Art. 73 - Quando, por acidente ou *erro no uso dos meios de execução*, o agente, ao invés de atingir a pessoa que pretendia ofender, atinge pessoa diversa, responde como se tivesse praticado o crime contra aquela, atendendo-se ao

> disposto no § 3º do art. 20 deste Código. No caso de ser também atingida a pessoa que o agente pretendia ofender, aplica-se a regra do art. 70 deste Código. ".

Ou seja, no erro na execução (*aberratio ictus*) com unidade simples, o agente responde como se tivesse atingido a vítima virtual; no erro na execução com unidade complexa, o agente responde por ambos os resultados, em concurso formal de infrações, aplicando-se a pena mais grave, aumentada de 1/6 a 1/2 (CP, art. 70). Na hipótese de unidade complexa, a regra geral é a ocorrência de concurso formal próprio de infrações. No entanto, de acordo com o STJ, havendo **dolo eventual** quanto à segunda vítima, haverá concurso formal impróprio ou imperfeito de infrações, quando as penas serão somadas (STJ, HC 200.919/MS, 6ª Turma, Rel. Min. Maria Thereza de Assis Moura, 21/10/2013).

O CESPE-UNB/CEBRASPE considerou **incorreta** a assertiva de que na aberratio ictus com unidade complexa, de acordo com o disposto no CP e o entendimento dos tribunais superiores, o agente, agindo com dolo eventual em relação a terceiros, deve responder por concurso formal próprio[11].

Eventuais causas de aumento de pena serão ou não aplicáveis como se o agente tivesse atingido a pessoa que pretendia originalmente (vítima virtual). Ex: indivíduo pretende assassinar uma criança, posicionando-se na janela de um prédio, mas, por erro de pontaria, atinge fatalmente um adulto inocente que passava pelo local. Nesse caso, o indivíduo responderá por homicídio doloso como se tivesse atingido a criança, havendo a incidência da causa de aumento de pena prevista no art. 121, §4º, do CP[12]. Como o erro na execução é uma espécie de erro de tipo acidental, o agente responde como se não houvesse erro.

Resultado diverso do pretendido (*aberratio criminis*): ocorre quando o agente quer atingir um bem jurídico, mas ofende **bem jurídico diverso**. Quer praticar um crime, mas pratica outro. Ex: Pedro, pretendendo quebrar a janela alheia com uma pedrada, fere um transeunte, ou vice-versa. Da mesma forma que ocorre com o erro na execução, existem duas formas de resultado diverso do pretendido: com *unidade simples* (atinge apenas bem jurídico diverso) e com *unidade complexa* (atinge o bem jurídico pretendido + bem jurídico diverso).

O art. 74 do CP é expresso sobre a hipótese de *aberratio criminis*:

> "Art. 74 - Fora dos casos do artigo anterior, quando, por acidente ou erro na execução do crime, sobrevém *resultado diverso do pretendido*, o agente responde por

[11] Prova objetiva do concurso para o cargo de Juiz de Direito (TJBA), realizada em 2012.

[12] CP, art. 121, §4º: "[...] *Sendo doloso o homicídio, a pena é aumentada de 1/3 (um terço) se o crime é praticado contra pessoa menor de 14 (quatorze) ou maior de 60 (sessenta) anos*".

culpa, se o fato é previsto como crime culposo; se ocorre também o resultado pretendido, aplica-se a regra do art. 70 deste Código".

Para uma melhor visualização da sistemática do Código Penal sobre a matéria, observe a **simbologia estratégica** abaixo:

RESULTADO DIVERSO DO PRETENDIDO
(*aberratio criminis*)

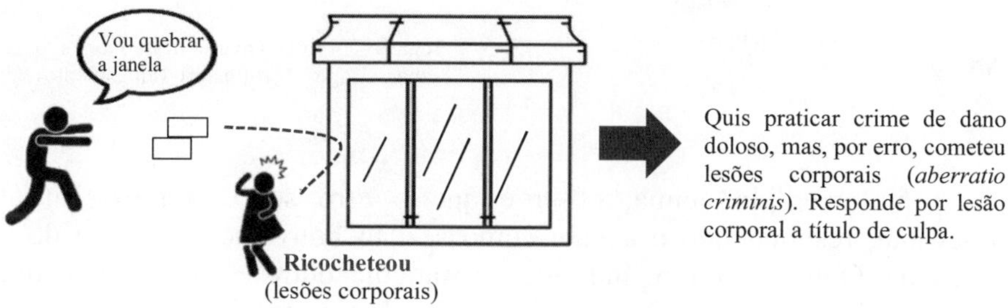

Portanto, na hipótese de *aberratio criminis*, sendo produzido apenas o resultado diverso do pretendido, o agente responde por *culpa*, se o fato é previsto como crime culposo. Se ocorre também o resultado pretendido, o agente responde em concurso formal de infrações (CP, art. 70).

O CESPE-UNB/CEBRASPE considerou **incorreta** a assertiva de que quando, por erro na execução do crime, sobrevém resultado diverso do pretendido, o agente responde por dolo eventual[13].

Erro sobre o nexo causal (*aberratio causae*), dolo geral ou erro sucessivo: ocorre quando o agente, acreditando já ter consumado o crime, pratica nova conduta pensando tratar-se de exaurimento e, nesse momento, atinge a consumação. Ex: após diversos golpes, a vítima fica desacordada e o algoz, pensando que a mesma já está morta, joga o "corpo" no mar, vindo a vítima a falecer por afogamento. Consequência: o erro é irrelevante. Não afasta o dolo e nem o resultado, lembrando que esse é um erro de tipo acidental.

Atenção! O erro sobre o nexo causal (*aberratio causae*) não possui previsão legal expressa, sendo apenas uma construção doutrinária. Como dissemos, é identificado como espécie de erro de tipo acidental.

[13] Prova objetiva do concurso para o cargo de Juiz Substituto (TJSE), realizada em 2008.

Ilustrando, confira a **simbologia estratégica** abaixo:

ERRO SOBRE O NEXO CAUSAL
(exemplo do "corpo lançado no mar")

No exemplo acima, observe que o erro sobre o nexo causal é irrelevante, respondendo o agente como se não houvesse erro (erro de tipo acidental). Outro exemplo: indivíduo estrangula outro e, acreditando que o mesmo já está morto, o enforca com o intuito de simular suicídio.

O CESPE-UNB/CEBRASPE considerou **incorreta** a assertiva de que configura erro de tipo essencial a conduta de um indivíduo que, após estrangular outro, crendo que ele esteja morto, enforque-o para simular suicídio, com comprovação posterior de que a vítima tenha morrido em decorrência do enforcamento[14].

2.3. Outras questões sobre erro de tipo

2.3.1. Erro provocado por terceiro

Havendo erro de tipo *inevitável* provocado por terceiro, responde apenas o terceiro que provocou o erro.

O art. 20, §2º, do CP assim dispõe:

> "Art. 20 [...]
> § 2º - Responde pelo crime o terceiro que determina o erro".

[14] Prova objetiva do concurso para o cargo de Promotor de Justiça (MPE-RO), realizada em 2013.

O ponto possui relação com a autoria mediata, que ocorre nas seguintes hipóteses: (a) ausência de capacidade penal do executor-instrumento; (b) coação moral irresistível; *(c) provocação de erro de tipo inevitável* e (d) obediência hierárquica. O agente se vale de outrem para execução do delito.

Observe o item "c". Nessa hipótese, o **terceiro provocador** responde pelo crime a título de dolo ou culpa, de acordo com o elemento subjetivo de sua conduta. Se o erro de tipo provocado por terceiro for *evitável*, o **agente provocado** responde apenas por *culpa*, se prevista a modalidade culposa.

2.3.2. Erro de representação

Conforme já visto, **erro de representação** é uma expressão utilizada por parte da doutrina para designar o *erro sobre a pessoa*, em que há uma falsa *representação* quanto à identidade da pessoa a ser atingida.

2.3.3. Erro de tipo e erro de subsunção

Segundo Assis Toledo, no **erro de subsunção**, o agente conhece a previsão legal, o fato típico, mas, por erro de compreensão, supõe que a conduta que realiza não coincide ou não se ajusta ao tipo delitivo, isto é, à hipótese legal. Nesse caso, o erro é considerado inescusável (injustificável; evitável)[15].

Luiz Flávio Gomes e Antônio Molina explicam o ponto:

> "Erro de tipo e erro de subsunção: neste último caso, que retrata uma situação jurídica penalmente irrelevante, o erro do agente recai sobre conceitos jurídicos, ou seja, sobre a compreensão do sentido jurídico de um requisito (normativo) previsto no tipo legal. No erro de subsunção, há, portanto, uma valoração jurídica equivocada, isto é, uma interpretação jurídica errônea do que está contido no tipo. O erro de subsunção não afasta a responsabilidade penal do agente"[16].

[15] TOLEDO, Francisco de Assis. *Op. Cit.*, p. 271.

[16] GOMES, Luiz Flávio; MOLINA, Antônio Garcia-Pablos de. *Direito Penal. Parte Geral.* Vol. 2. São Paulo: Revista dos Tribunais, 2007, p. 393.

Conforme anota Rogério Sanches, **o erro de subsunção não se confunde com erro de tipo**, pois não há falsa percepção da realidade concreta. Também não se confunde com erro de proibição, vez que o agente sabe da ilicitude do seu comportamento[17]. Na prática, a consequência é que o erro de subsunção não afasta a responsabilidade penal do agente, sendo considerado irrelevante. Não exclui o dolo, nem a culpa e também não isenta o agente de pena. Porém, dependendo da situação concreta, poderá incidir a circunstância atenuante prevista no art. 66 do CP (atenuante inominada).

3. ERRO DE PROIBIÇÃO

3.1. Conceito e aspectos fundamentais

Erro de proibição é erro jurídico que recai sobre a ilicitude do fato, ou seja, o agente pensa que algo é "permitido" quando na verdade é proibido.

O art. 21 do CP assim dispõe:

> "Art. 21 - O desconhecimento da lei é inescusável. O erro sobre a ilicitude do fato, se inevitável, isenta de pena; se evitável, poderá diminuí-la de um sexto a um terço".

Note-se que o erro de proibição recai sobre a *ilicitude* (objeto), mas gera consequências no campo da culpabilidade (exclusão) ou na aplicação da pena (causa de diminuição). Não se confunde com a ignorância da lei.

Afirmando a distinção entre erro de tipo e erro de proibição, o item n.º 17 da reforma penal de 1984 explicitou o seguinte:

> "É, todavia, no tratamento do erro que o princípio *nullum crimen sene culpa* vai aflorar com todo o vigor no direito legislativo brasileiro. Com efeito, acolhe o Projeto, nos artigos 20 e 21, as duas formas básicas de erro construídas pela dogmática alemã: erro sobre elementos do tipo (*Tatbestandsirrtum*) e erro sobre a ilicitude do fato (*Verbotsirrtum*)".

[17] CUNHA, Rogério Sanches. *Manual de Direito Penal*. Parte Geral. 8ª Ed. Salvador: *Juspodivm*, 2020, p. 284.

Para uma melhor visualização, confira o **esquema estratégico** abaixo:

Erro de tipo → **Fato típico**
a) conduta
b) resultado
c) nexo causal
(d) tipicidade

Erro de proibição → *Objeto* → **Ilicitude** → *Efeitos*: **Culpabilidade**
a) imputabilidade
(b) potencial consciência da ilicitude (**exclusão**)
c) exigibilidade de conduta diversa
(**erro de proibição** ***inevitável ou escusável***)

OU

3ª fase de dosimetria da pena: causa de diminuição da pena de 1/6 a 1/3
(**erro de proibição** ***evitável ou inescusável***)

Consequências: são previstas no art. 21 do CP. Se o erro de proibição for **inevitável** (sinônimos: invencível, escusável ou justificável), exclui a *atual* e a *potencial* consciência da ilicitude e, por conseguinte, a culpabilidade, sendo o agente isento de pena. Porém, se o erro de proibição for **evitável** (sinônimos: vencível, inescusável ou injustificável), a culpabilidade não é excluída, mas incide causa de diminuição de pena de 1/6 a 1/3.

Para uma rápida visualização sobre o funcionamento e efeitos do erro de proibição, observe o **esquema estratégico** abaixo:

ERRO DE PROIBIÇÃO
(Classificação e funcionamento)

Consciência da ilicitude

Erro de proibição
- **Evitabilidade**
  - **Inevitável** → ~~Atual~~ ~~Potencial~~ (**exclui a culpabilidade**)
  - **Evitável** → ~~Atual~~ Potencial (**causa de diminuição da pena**)
- **Espécies**
  - **Erro de proibição direto** (*norma proibitiva*)
  - **Erro de proibição indireto** (*norma permissiva*)
  - **Erro mandamental** (*norma mandamental*)

Atenção! No erro de proibição, não se discute a exclusão de dolo ou culpa. A questão é entre a exclusão da culpabilidade ou diminuição da pena. Assim, se o erro de proibição for evitável (inescusável), o agente responderá por crime doloso, com pena diminuída de 1/6 a 1/3 (CP, art. 21, *caput*).

O CESPE-UNB/CEBRASPE considerou **correta** a assertiva de que caracterizada a ocorrência de erro de proibição indireto inescusável, o agente responderá pelo crime doloso, com pena diminuída de um sexto a um terço[18].

Considera-se *evitável* o erro de proibição se o agente atua ou se omite sem a consciência da ilicitude do fato, quando lhe era possível, nas circunstâncias, ter ou atingir essa consciência (CP, art. 21, parágrafo único).

O desconhecimento da lei é inescusável (CP, art. 21). Caso o agente não conheça a lei, não haverá isenção de pena, mas poderá incidir a circunstância atenuante do art. 65, II, do CP ("... o desconhecimento da lei"). Conforme anota Cezar Roberto Bitencourt, a ignorância da lei não se confunde com o erro de proibição, sendo a lei presumidamente conhecida por todos[19].

3.2. Espécies de erro de proibição

A doutrina tem identificado três espécies de erro de proibição: erro de proibição direto, indireto e mandamental (**mnemônico**[20]).

Para uma rápida visualização, confira o **quadro estratégico** abaixo:

ERRO DE PROIBIÇÃO (Espécies)		
Erro de proibição direto	**Erro de proibição indireto**	**Erro mandamental**
Erro sobre a ilicitude do fato por *ação* (*norma proibitiva*)	Erro sobre a ilicitude do fato quanto aos *limites autorizadores* da norma (*norma permissiva*)	Erro sobre a ilicitude do fato por *omissão* (*norma mandamental*)

Erro de proibição direto: é o erro sobre a ilicitude do fato por *ação* (*facere*). É a forma mais comum de erro de proibição. No erro de proibição direto, o agente engana-se a respeito da *norma proibitiva*, praticando uma

[18] Prova objetiva do concurso para o cargo de Juiz de Direito (TJ-ES), realizada em 2011.
[19] BITENCOURT, Cezar Roberto. *Op. Cit.*, p. 369-379.
[20] **Macete mnemônico**: "**DIM**" – Erro de proibição **D**ireto, **I**ndireto e **M**andamental.

conduta comissiva (ação), seja por desconhecer a norma proibitiva ou por conhecê-la mal, supondo ser permitida a conduta proibida.

Erro de proibição indireto: é aquele que incide sobre os *limites autorizadores* de uma excludente de ilicitude. Aqui, o agente tem perfeita noção da realidade, mas avalia de forma equivocada os limites autorizadores da norma permissiva. Jescheck denomina essa modalidade de erro como *erro de permissão*[21]. As consequências são as mesmas do erro de proibição direto: se *inevitável* (escusável), exclui a culpabilidade, sendo o agente isento de pena; se *evitável* (inescusável), a pena será reduzida de 1/6 a 1/3 (CP, art. 21).

O CESPE-UNB/CEBRASPE considerou **correta** a assertiva de que no erro de proibição indireto, o agente tem perfeita noção da realidade, mas avalia de forma equivocada os limites da norma autorizadora. Tal erro, se escusável, isenta-o de pena; se inescusável, concede-lhe o direito a redução da pena de um sexto a um terço[22].

Erro de proibição mandamental: é o erro sobre a ilicitude do fato praticado por *omissão* (*non facere*). Ocorre nos crimes *omissivos*. O erro recai sobre uma *norma mandamental* (que manda fazer), a qual encontra-se implícita nos crimes omissivos, sejam eles próprios ou impróprios[23]. Assim, nessa espécie de erro de proibição, o agente pratica uma *omissão* indevida (conduta negativa). Ex: omissão de socorro (CP, art. 135) quando o agente imagina que não está obrigado a socorrer por não possuir vínculo com a vítima.

Segundo o STJ, não há que se falar em erro de proibição em favor de agente que, no atual contexto sociocultural, desconhecia que o *cloreto de etila* ("lança-perfume") é substância entorpecente de porte para uso próprio e comércio clandestino proibidos pela Lei de Tóxicos[24].

O CESPE-UNB/CEBRASPE considerou **incorreta** a assertiva de que de acordo com o STJ, é possível reconhecer o erro de proibição em favor de agente que desconhecia que o cloreto de etila — lança-perfume — continua sendo considerado substância entorpecente, tendo em vista que, tratando-se de

---

[21] JESCHECK, Hans Heinrich. *Op. Cit.*, p. 632.

[22] Prova objetiva do concurso para o cargo de Juiz Federal Substituto (TRF1), realizada em 2009.

[23] BITENCOURT, Cezar Roberto. *Op. Cit.*, p. 390.

[24] "HABEAS CORPUS. DIREITO PENAL. ABOLITIO CRIMINIS. CLORETO DE ETILA. RETROATIVIDADE BENÉFICA. INOCORRÊNCIA. RESOLUÇÃO Nº 104. ANVISA. ATO DECLARADO INVÁLIDO. ERRO DE PROIBIÇÃO. INOCORRÊNCIA. 1. Na compreensão da jurisprudência do Superior Tribunal de Justiça, a Resolução nº 104/2000 editada pelo Diretor da ANVISA é inválida, por não referendada pelo colegiado. 2. O cloreto de etila é substância entorpecente de porte para uso próprio e comércio clandestino proibidos pela Lei de Tóxicos. 3. Não há falar em erro de proibição, quando a conduta do agente, ela mesma, o exclui de forma evidente, primus ictus oculi. 4. Ordem denegada" (STJ, HC 35.664/SP, 6ª Turma, Rel. Min. Hamilton Carvalhido, DJ 19/12/2005).

norma penal em branco, não se pode aplicar, de forma absoluta, a máxima de que a ignorância da lei não escusa[25].

3.3. Evitabilidade do erro e consciência profana do injusto

O erro de proibição deve ser avaliado *in concreto*, examinando-se a conduta a partir de uma consciência leiga, não técnica ou profana.

No erro sobre a ilicitude do fato, não se exige do cidadão comum uma consciência técnica ou jurídica sobre o comportamento, mas uma "**consciência profana do injusto**"[26]. Na espécie, o termo "**profano**" é utilizado com o significado de "**não técnico**", "**leigo**" ou "**comum**". Reflete a consciência cultural de todos que vivem em sociedade sobre a permissão ou proibição de determinadas condutas, *não sendo exigida consciência técnico-jurídica.*

> **Consciência profana do injusto**: significa que o exame da evitabilidade do erro de proibição deve ser feito a partir de uma consciência "leiga", "não técnica" ou "profana", não sendo exigível uma consciência técnica ou jurídica sobre a permissão ou proibição da conduta (**questão discursiva**[27]).

Sobre o erro de proibição, Cezar Roberto Bitencourt assim asseverou:

> "com a evolução do estudo da culpabilidade, não se exige mais a consciência da ilicitude, mais sim a potencial consciência. Não mais se admitem presunções irracionais, iníquas e absurdas. Não se trata de uma consciência técnico-jurídica, formal, mas da chamada *consciência profana do injusto*, constituída do conhecimento da anti-socialidade, da imoralidade ou lesividade de sua conduta. E, segundo os penalistas, essa consciência provém de normas de cultura, dos princípios morais e éticos, enfim, dos conhecimentos adquiridos na vida em sociedade, são conhecimentos que, no dizer de Binding, vêm naturalmente com o ar que agente respira"[28].

[25] Prova objetiva do concurso para o cargo de Promotor de Justiça (MP-RO), realizada em 2008.
[26] TOLEDO, Francisco de Assis. *Op. Cit.*, p. 270.
[27] Na prova oral do concurso para o cargo de defensor público da União (DPU), realizada pelo CESPE-UNB/CEBRASPE em 2011, foi formulada a seguinte **questão oral**: "Fale sobre o erro de proibição, mencionando a ideia de valoração com base no profano".
[28] BITENCOURT, Cezar Roberto. *Op. Cit.*, p. 371.

A *potencial* consciência da ilicitude (elemento da culpabilidade) *dispensa o conhecimento técnico sobre o injusto*, exigindo apenas que o agente, com algum esforço ou cuidado, possa perceber que seu comportamento é proibido (valoração com base no profano). [29]

Portanto, no erro de proibição, a ideia de valoração com base no profano encontra-se inserida no exame da **constatação e da evitabilidade do erro**, o que não é feito a partir de uma consciência técnico-jurídica, mas a partir de um juízo leigo ou comum. Na doutrina, o tema é explorado por Assis Toledo[30] e Cezar Roberto Bitencourt[31], com base nas reflexões de Binding.

O CESPE-UNB/CEBRASPE considerou **incorreta** a assertiva de que caracteriza erro de proibição escusável o fato de o agente não poder conhecer a ilicitude do fato em face das circunstâncias do caso concreto. Tal erro exclui a potencial consciência da ilicitude, e, por consequência, a culpabilidade somente se justifica se o agente não tiver condições de conhecer a ilicitude de seu comportamento a partir de um juízo técnico-jurídico, e não apenas de um juízo leigo[32].

3.4. Erro de proibição e estupro de vulnerável

Segundo a posição majoritária, no crime de estupro de vulnerável, não se admite o erro de proibição (**questão discursiva**[33]).

Na atualidade, de acordo com a consciência cultural prevalente, não tem sido aceita a tese de que uma pessoa normal não teria a possibilidade saber que manter relação sexual com menor de 14 anos é uma conduta proibida.

O STF e o STJ, inclusive, têm decidido pela existência de presunção absoluta de violência/vulnerabilidade nos casos de crime de estupro de vulnerável praticado contra menor de 14 anos de idade (STF, HC 130297 AgR, 1ª Turma, Rosa Weber, DJ 19/10/2018; STJ, AgRg no AREsp 1638315/MS, 6ª

[29] TOLEDO, Francisco de Assis. *Op. Cit.*, p. 270.
[30] TOLEDO, Francisco de Assis. *Op. Cit.*, p. 270.
[31] BITENCOURT, Cezar Roberto. *Op. Cit.*, p. 371.
[32] Prova objetiva do concurso para o cargo de Juiz de Direito (TJPB), realizada em 2011.
[33] Na prova discursiva do concurso para o cargo de Delegado de Polícia (PCMA), realizada pelo CESPE-UNB/CEBRASPE em 2018, foi formulada a seguinte **questão discursiva** (adaptada): "hipótese em que indivíduo de 30 anos mantém relação sexual consentida com menor de 13 anos, sendo que a menor já possuía experiência sexual anterior. Houve crime? Qual? Comente sobre o consentimento da vítima. Disserte sobre a existência de relacionamento amoroso entre os sujeitos e a experiência sexual anterior da vítima. Disserte sobre a possibilidade de ter ocorrido erro de proibição na hipótese considerada".

Turma, Rel. Min. Rogerio Schietti Cruz, DJe 01/07/2020). Sobre o ponto, cf. Súmula n.º 593[34] e o Tema Repetitivo 918[35] do STJ.

4. DESCRIMINANTES PUTATIVAS

4.1. Conceito e espécies

Descriminante putativa é a causa de exclusão da ilicitude erroneamente suposta, "imaginária", que só existe na mente do agente.

Existem duas espécies de descriminantes putativas:

(a) descriminantes putativas por erro de tipo: o erro recai sobre os pressupostos de fato de uma causa de justificação (elementares do tipo permissivo). O agente supõe situação de fato que, se existisse, tornaria a ação legítima. Ex: indivíduo em rua escura vai atender o celular e um desafeto pensa que o mesmo irá sacar uma arma, "reagindo" prontamente por acreditar estar em situação caracterizadora de legítima defesa;

(b) descriminantes putativas por erro de proibição: não há erro sobre situação de fato, equivocando-se o agente sobre os limites autorizadores de uma norma permissiva[36]. Na doutrina, a expressão "descriminante putativa por erro de proibição" é utilizada como sinônimo de erro de proibição indireto.

Portanto, no sistema brasileiro, o erro que recai sobre uma causa de justificação (excludente de ilicitude), que identifica a descriminante putativa, pode ser por erro de tipo ou por erro de proibição.

O CESPE-UNB/CEBRASPE considerou **incorreta** a assertiva de que todo erro penalmente relevante relacionado a uma causa de exclusão da ilicitude é erro de proibição indireto[37].

---

[34] **STJ, Súmula n.º 593**: "O crime de estupro de vulnerável se configura com a conjunção carnal ou prática de ato libidinoso com menor de 14 anos, sendo irrelevante eventual consentimento da vítima para a prática do ato, sua experiência sexual anterior ou existência de relacionamento amoroso com o agente".

[35] **STJ, Tema Repetitivo 918**: "Para a caracterização do crime de estupro de vulnerável previsto no art. 217-A, *caput*, do Código Penal, basta que o agente tenha conjunção carnal ou pratique qualquer ato libidinoso com pessoa menor de 14 anos. O consentimento da vítima, sua eventual experiência sexual anterior ou a existência de relacionamento amoroso entre o agente e a vítima não afastam a ocorrência do crime" (STJ, REsp 1480881/PI, 3ª Seção, Rel. Min. Rogério Schietti Cruz, DJe 10/09/2015).

[36] JESUS, Damásio E. de. *Op. Cit.*, p. 356, 357 e 536

[37] Prova objetiva do concurso para o cargo de Juiz Federal Substituto (TRF1), realizada em 2013.

4.2. Consequências: teorias extremada e limitada da culpabilidade

Sobre as consequências das descriminantes putativas, existem duas teorias: **teoria limitada** e **teoria extremada** ou estrita da culpabilidade.

Ambas são derivações da teoria normativa pura da culpabilidade (modelo finalista), divergindo apenas quanto ao tratamento das descriminantes putativas, se devem ser tratadas como erro de tipo ou erro de proibição.

De acordo com a **teoria limitada da culpabilidade**, a descriminante putativa por erro de tipo deve ser tratada como erro de tipo e a descriminante putativa por erro de proibição deve ser tratada como erro de proibição. Por outro lado, para a **teoria extremada da culpabilidade**, toda descriminante putativa – seja por erro de tipo ou por erro de proibição – deve ser tratada como erro de proibição, não sendo feita distinção entre as espécies de erro.

Para uma melhor visualização, confira o **esquema estratégico** abaixo:

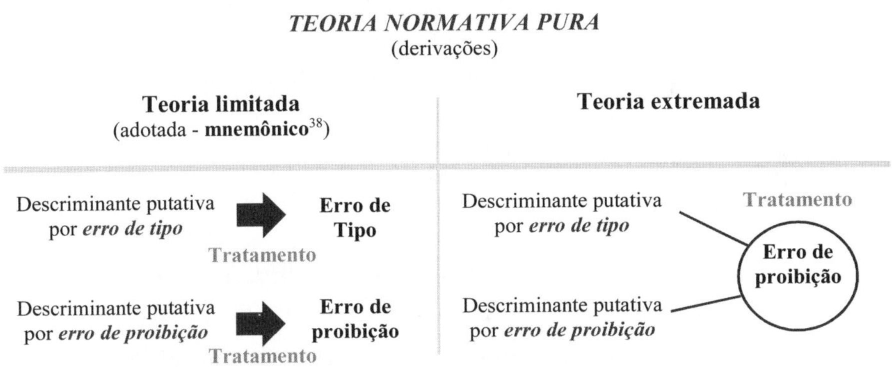

Cuidado! Observe que a teoria que faz a *distinção entre as espécies de erro é a teoria limitada.* A teoria extremada não faz distinção.

O CESPE-UNB/CEBRASPE considerou **incorreta** a assertiva de que de acordo com a teoria limitada da culpabilidade, não se faz distinção entre erro de tipo (o que recai sobre a situação de fato) e erro de proibição (o que recai

[38] **Macete mnemônico**: "**2 LIMITES**" – a teoria limitada da culpabilidade opera entre dois limites (erro de tipo e erro de proibição).

sobre os limites autorizadores da norma), sendo todas essas situações consideradas erro de proibição[39].

O Código Penal adotou a **teoria limitada da culpabilidade**, havendo distinção conforme a espécie de erro. Os itens n.º 17 e 19 da Exposição de Motivos da reforma penal de 1984 não deixam dúvidas (**questão oral**[40]):

> "17 [...] Definiu-se a evitabilidade do erro em função da consciência potencial da ilicitude (parágrafo único do artigo 21), mantendo-se no tocante às descriminantes putativas a tradição brasileira, que admite a forma culposa, em sintonia com a denominada 'teoria limitada da culpabilidade' [...] 19. Repete o Projeto das normas do Código de 1940, pertinentes às denominadas 'descriminantes putativas'. Ajusta-se, assim, o Projeto à teoria limitada pela culpabilidade, que distingue o erro incidente sobre os pressupostos fáticos de uma causa de justificação do que incide sobre a norma permissiva".

O CESPE-UNB/CEBRASPE considerou **incorreta** a assertiva de que de acordo com a teoria da culpabilidade adotada pelo Código Penal, todo erro que recai sobre uma causa de justificação configura erro de proibição[41].

4.3. Excludentes de culpabilidade putativas?

O erro sobre as **excludentes de culpabilidade** não é tratado pela legislação brasileira, sendo possível buscar a solução por analogia[42].

Não só as causas de exclusão da ilicitude, quando sobre elas incide o erro invencível, podem transformar-se em eximentes putativas, mas também as causas de exclusão da culpabilidade (salvo a inimputabilidade). Desse modo,

---

[39] Prova objetiva do concurso para o cargo de Juiz de Direito (TJPI), realizada em 2011.

[40] Na prova oral do concurso para o cargo de Promotor de Justiça (MP-PI), realizada pelo CESPE-UNB/CEBRASPE em 2019, foi formulada a seguinte **questão oral**: "Com relação à posição da legislação brasileira acerca do conteúdo e dos efeitos dos erros de tipo e de proibição frente ao conceito formal de crime, discorra, de forma fundamentada, sobre: 1 teorias da culpabilidade existentes, abordando suas diferenças e seus efeitos para a determinação do erro de proibição; 2 teoria da culpabilidade adotada pela legislação brasileira; 3 conceito de erro de proibição direto, erro de proibição indireto e erro de tipo permissivo, abordando os efeitos de cada um deles; 4 repercussões jurídicas da adoção da culpabilidade limitada diante dos conceitos formais de crime bipartido e tripartido".

[41] Prova objetiva do concurso para o cargo de Juiz de Direito (TJ-SC), realizada em 2019.

[42] BITENCOURT, Cezar Roberto. *Op. Cit.*, p. 391.

admite-se na doutrina a existência de **causas de inculpabilidade putativas**, como a coação moral irresistível putativa e a obediência hierárquica putativa.

Damásio de Jesus cita um exemplo de coação moral irresistível putativa: um funcionário público recebe, por escrito, séria ameaça para não realizar ato de ofício. Com medo da ameaça, omite-se em praticar o ato. No entanto, posteriormente, verifica-se que a carta era endereçada a outro servidor público em idêntica situação funcional. Para Damásio, nesse caso, há exclusão da culpabilidade, embora não possa ser aplicado o art. 20, *caput*, do CP (erro de tipo), encontrando-se a solução na própria órbita do art. 22 do CP, que disciplina as consequências da coação moral irresistível e a obediência hierárquica como causas de exclusão da culpabilidade[43].

5. QUADRO ESTRATÉGICO FINAL

Para uma visão geral e panorâmica sobre o funcionamento do erro de tipo e do erro de proibição, confira o **quadro estratégico** abaixo:

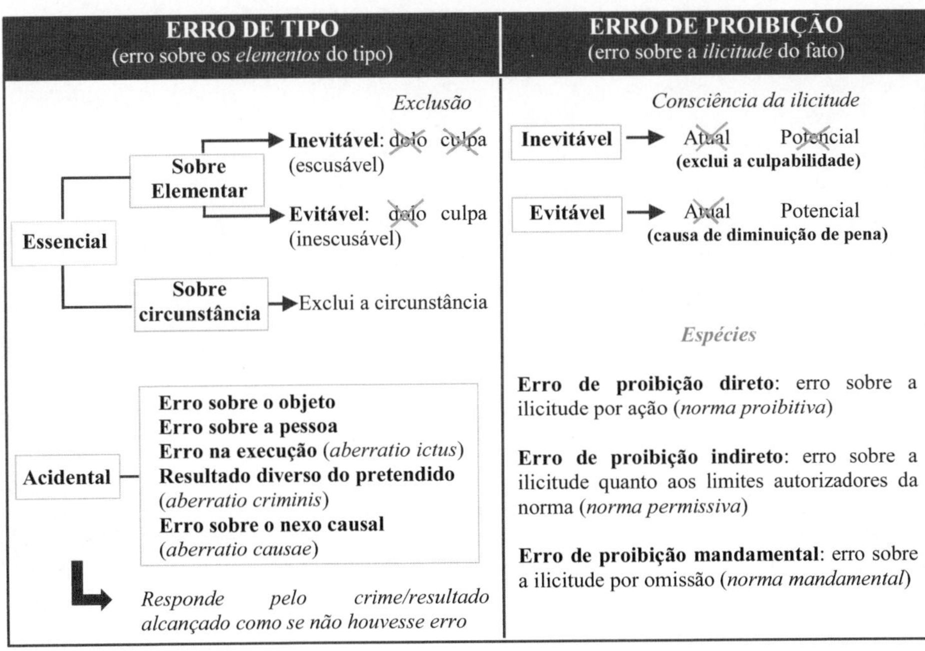

[43] JESUS, Damásio E. de. *Op. Cit.*, p. 357.

CAPÍTULO 14
CLASSIFICAÇÃO DOS CRIMES

1. INTRODUÇÃO

Nos capítulos anteriores, vimos o conceito e a estrutura do delito. Agora, analisaremos a classificação das diversas espécies de delito.

A precisa identificação da categorização de cada espécie de crime (ex: material, formal, próprio, de mão própria etc.) gera reflexos em questões importantes no regramento da figura delitiva. Ex: momento da consumação, admissibilidade ou não de tentativa, aplicação da lei penal no tempo[1], se admite ou não coautoria etc. Diversos conceitos ligados à teoria do crime possuem conexões com a identificação da natureza e da espécie da infração penal.

No Brasil, a classificação dos crimes que possui maior prestígio e que serve de referência na doutrina é apresentada por Damásio de Jesus[2], com algumas complementações feitas pela doutrina contemporânea mais recente.

---

[1] **STF, Súmula n.º 711**: "A lei penal mais grave aplica-se ao crime continuado ou ao crime permanente, se a sua vigência é anterior à cessação da continuidade ou da permanência".

[2] JESUS, Damásio E. de. *Direito Penal. Vol. 1. Parte Geral.* 34ª Ed. São Paulo: Saraiva, 2013, p. 227-266.

2. AS DIVERSAS CLASSIFICAÇÕES DOS CRIMES

2.1. Nota explicativa

Na doutrina, existem diversas classificações dos crimes, baseadas em critérios variados. Buscamos reunir, aqui, aquelas com maior importância para fins de concursos públicos, sobretudo para as provas do CESPE-CEBRASPE.

O leitor não deve se preocupar em "decorar" todas as classificações nas primeiras leituras. Esse é um daqueles pontos que precisam ser revisitados de tempos em tempos para evitar a curva do esquecimento.

2.2. Crime formal, material e de mera conduta

Quanto ao resultado, os crimes podem ser materiais, formais e de mera conduta. Essa classificação é útil para fixar o momento da consumação.

Crime material: é aquele cuja consumação depende da produção do resultado naturalístico. Ex: homicídio, que se consuma com o resultado morte.

Crime formal: nesses casos, o resultado naturalístico, embora possível, é irrelevante para a consumação do delito. Ex: extorsão.

Crime de mera conduta: não é possível a produção de resultado naturalístico. Ex: desobediência e violação de domicílio.

Sobre os detalhes jurisprudenciais sobre o momento consumativo em torno dessa classificação, para evitar repetições desnecessárias, confira o que dissemos no Capítulo sobre crime consumado e crime tentado.

2.3. Crime comum, próprio, de mão própria e bipróprio

De acordo com a qualidade do sujeito ativo, os crimes podem ser classificados em comuns, próprios e de mão própria

Crime comum: é a espécie de infração penal que pode ser praticada por qualquer pessoa, não exigindo a lei qualquer qualidade especial do sujeito ativo. Ex: homicídio, roubo, furto, apropriação indébita, dano etc.

Crime próprio: a lei exige uma qualidade especial do sujeito ativo, não podendo ser praticado por qualquer pessoa. Ex: peculato, concussão e corrupção passiva, em que há necessidade da qualidade de funcionário público. São admitidas a autoria mediata, a coautoria e a participação.

> **Crime próprio puro e crime próprio impuro**: segundo Nilo Batista, os crimes próprios podem ser subdivididos em *puros* e *impuros*[3]. Os crimes próprios puros são aqueles que, quando não cometidos pelo sujeito ativo indicado no tipo penal, deixam de ser crime, não havendo, assim, infração penal (atipicidade absoluta). Ex: advocacia administrativa (CP, art. 321). Por outro lado, os crimes próprios *impuros* são aqueles que, quando não cometidos pelo sujeito ativo indicado pelo tipo penal, transformam-se em figura típica diversa (atipicidade relativa). Ex: peculato (CP, art. 312) e apropriação indébita (CP, art. 168).

O CESPE-UNB/CEBRASPE considerou **correta** a assertiva de que crime próprio impuro é aquele que, se for cometido por outro sujeito ativo que não aquele indicado pelo tipo penal, transforma-se em figura típica diversa[4].

Crime de mão própria: é aquele que somente pode ser cometido pelo **sujeito em pessoa**, não sendo possível delegar a outrem a execução do crime, (crime de atuação pessoal ou de conduta infungível). Não comporta autoria mediata (interposta pessoa) e, quanto ao concurso de agentes, é possível apenas a participação *stricto sensu*, não sendo admissível a coautoria. Ex: falso testemunho, prevaricação, deserção, concussão [5] etc. Segundo o STJ, o advogado pode figurar como partícipe no crime de falso testemunho quando induzir, instigar ou auxiliar outra pessoa a mentir em juízo ou na polícia (STJ, RHC 106.395/SP, 5ª Turma, Rel. Min. Reynaldo Soares, DJe 16/04/2019).

Crime bipróprio: é aquele que exige dupla qualidade especial, tanto do sujeito *ativo* quanto do sujeito *passivo* da infração penal[6]. Ex: infanticídio (CP, art. 123) e maus tratos (CP, art. 136).

O CESPE-UNB/CEBRASPE considerou **correta** a assertiva de que crime bipróprio é aquele que exige uma especial qualidade, tanto do sujeito ativo como do sujeito passivo do delito[7].

---

[3] BATISTA, Nilo. *Concurso de Agentes – Uma investigação sobre os problemas da autoria e da participação no direito penal brasileiro*. 2ª Ed. Rio de Janeiro: *Lumen Juris*, 2004, p. 96.
[4] Prova objetiva do concurso para o cargo de Procurador Federal, realizada em 2007.
[5] STF, HC 132990/PE, 1ª Turma, Red. p/ ac. Min. Edson Fachin, j. 16/08/2016, Informativo n.º 835.
[6] ESTEFAM, André. *Direito Penal. Vol. 1. Parte Geral*. São Paulo: Saraiva, 2013, p. 95.
[7] Prova objetiva do concurso para o cargo de Juiz de Direito (TJPI), realizada em 2007.

> **STJ – Jurisprudência em Teses - ED 81 - Tese 13**: "O delito de sonegação de contribuição previdenciária não exige qualidade especial do sujeito ativo, podendo ser cometido por qualquer pessoa, particular ou agente público, inclusive prefeitos".

Para uma melhor visualização e memorização da classificação em estudo, observe a **simbologia estratégica** abaixo:

Qualidade especial do sujeito ativo Admite delegação	Atuação personalíssima Não admite delegação (sujeito em pessoa)	Qualidade especial dos sujeitos ativo e passivo Qualidades simultâneas

O leitor deve ficar atento à classificação apontada, que vem sendo bastante explorada concursos públicos em diversas fases.

2.4. Crime comissivo e omissivo

Crime comissivo ou por ação: é aquele cometido através de ação (*facere*), ou seja, através de conduta positiva. Ex: homicídio (CP, art. 121).

Crime omissivo: é aquele praticado por omissão (*non facere*). Pode ser próprio ou impróprio. Existem duas espécies de crime omissivo:

(a) crime omissivo próprio: nesses casos, não há o dever jurídico de agir, respondendo o agente pela simples omissão quando prevista em lei como crime. Ex: omissão de socorro (CP, art. 135);

(b) crime omissivo impróprio: há o dever jurídico de agir (CP, art. 13, §2º), respondendo o agente pelo resultado que não foi evitado. Ex: mãe que, por desleixo, deixa de amamentar o filho, fazendo-o morrer de inanição.

Responderá por homicídio culposo. Também é chamado de crime omissivo espúrio ou comissivo por omissão.

> **STJ - Jurisprudência em Teses - ED 87 - Tese 07**: "O delito de apropriação indébita previdenciária constitui crime omissivo próprio, que se perfaz com a mera omissão de recolhimento da contribuição previdenciária dentro do prazo e das formas legais, prescindindo, portanto, do dolo específico".
>
> **FONACRIM, Enunciado n.º 90**: "O crime de apropriação indébita previdenciária é crime omissivo próprio e exige apenas o dolo genérico para a configuração do tipo subjetivo".

O CESPE-UNB/CEBRASPE considerou **correta** a assertiva de que o delito de apropriação indébita previdenciária, previsto no art. 168-A do CP, é omissivo próprio, dispensando-se, para a sua caracterização, qualquer especial fim de agir[8].

Para fins de memorização da classificação sobre os crimes omissivos, vale conferir a **simbologia estratégica** abaixo:

Crimes omissivos

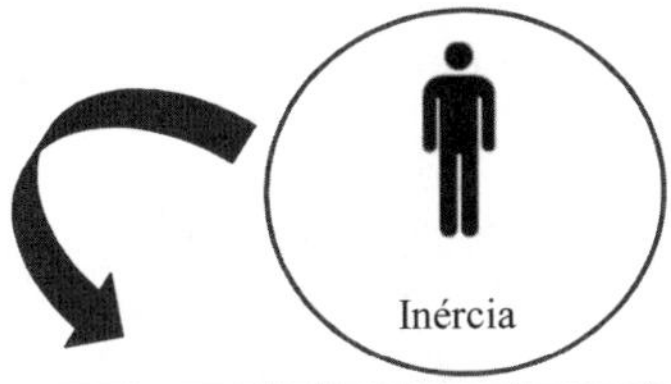

Crimes comissivos (ação)

Conduta negativa	**Conduta positiva**
Omissão da ação devida (*non facere*) **Próprio**: não existe dever jurídico de agir **Impróprio**: existe o dever jurídico de agir (responde pelo resultado)	Prática de ação indevida (*facere*)

Normas preceptivas: conforme já visto no estudo da omissão, a norma penal pode ser: *(a) proibitiva*, quando veda ou proíbe um comportamento; *(b) permissiva*, quando autoriza a conduta ou *(c) preceptiva*, quando impõe a realização de um comportamento (*facere*). O item n.º 13 da Exposição de Motivos da reforma penal de 1984 vincula a omissão às normas preceptivas.

---

[8] Prova objetiva do concurso para o cargo de Juiz Federal Substituto (TRF5), realizada em 2011.

2.5. Crime de perigo e de dano

Crime de dano: é aquele que exige efetiva lesão ao bem jurídico para que ocorra a consumação. Ex: homicídio, lesões corporais etc.

Crime de perigo: é aquele em que basta a exposição do bem a perigo de dano. Ex: periclitação da vida ou saúde de outrem (CP, art. 132).

Sobre essa classificação, observe a **simbologia estratégica** abaixo:

Crime de dano

Lesão ao bem jurídico

Crime de perigo

Perigo de lesão

Na doutrina, são encontradas diversas subdivisões dos crimes de perigo, devendo o leitor ficar atento a essas variações. São elas:

▪ **crime de perigo concreto**: exige uma situação de efetivo perigo para atingir a consumação. Ex: incêndio (CP, art. 250);

▪ **crime de perigo abstrato**: a situação de perigo é presumida pelo legislador. Ex: porte ilegal de arma de fogo (art. 14 da Lei n.º 10.826/2003) e associação criminosa (CP, art. 228). Nesta última hipótese, os integrantes são punidos mesmo que o grupo não tenha praticado nenhum outro crime;

▪ **crime de perigo individual**: é aquele que atinge uma pessoa ou um número determinado de pessoas;

▪ **crime de perigo comum ou coletivo**: o perigo atinge um número indeterminado de pessoas. Ex: incêndio (CP, art. 250);

▪ **crime de perigo atual**: refere-se ao perigo que está acontecendo;

▪ **crime de perigo iminente**: o perigo está prestes a acontecer;

▪ **crime de perigo futuro ou mediato**: corresponde ao perigo que pode advir da conduta. Ex: porte ilegal de arma de fogo.

Na legislação especial, o STF e o STJ possuem orientações importantes sobre a identificação de algumas infrações como **crimes de perigo abstrato**.

Por exemplo, no CTB, são apontados como crimes de perigo abstrato: art. 306 (embriaguez ao volante[9]), **art. 309** (direção perigosa) e **art. 310** (entrega de veículo a pessoa não habilitada ou incapacitada). Na Lei de Drogas, também são considerados crimes de perigo abstrato os delitos do art. 28 (uso de entorpecentes) e do art. 33, *caput* (tráfico de drogas). No Estatuto do Desarmamento, a maioria dos crimes são considerados de perigo abstrato, como por exemplo: art. 12 (posse irregular de arma de fogo de uso permitido[10]), art. 14 (porte ilegal de arma de fogo de uso permitido[11]), art. 15 (disparo de arma de fogo[12]) e art. 16 (posse ou porte ilegal de arma de fogo de uso restrito[13]). Essa orientação, inclusive, alcança o delito de porte de munição[14].

> **STJ, Súmula n.º 575**: "Constitui crime a conduta de permitir, confiar ou entregar a direção de veículo automotor a pessoa que não seja habilitada, ou que se encontre em qualquer das situações previstas no art. 310 do CTB, independentemente da ocorrência de lesão ou de perigo de dano concreto na condução do veículo".
>
> **STF, Súmula n.º 720**: "O art. 309 do Código de Trânsito Brasileiro, que reclama decorra do fato perigo de dano, derrogou o art. 32 da Lei das Contravenções Penais no tocante à direção sem habilitação em vias terrestres".

---

[9] **STJ - Jurisprudência em Teses - ED 114 - Tese 06**: "O crime do art. 306 do CTB é de perigo abstrato, sendo despicienda a demonstração da efetiva potencialidade lesiva da conduta".

[10] **STJ - Jurisprudência em Teses - ED 102 - Tese 01**: "O crime de posse irregular de arma de fogo, acessório ou munição de uso permitido (art. 12 da Lei n. 10.826/2003) é de perigo abstrato, prescindindo de demonstração de efetiva situação de perigo, porquanto o objeto jurídico tutelado não é a incolumidade física e sim a segurança pública e a paz social".

[11] **STJ - Jurisprudência em Teses - ED 102 - Tese 02**: "O crime de porte ilegal de arma de fogo, acessório ou munição de uso permitido (art. 14 da Lei n. 10.826/2003) é de perigo abstrato e de mera conduta, bastando para sua caracterização a prática de um dos núcleos do tipo penal, sendo desnecessária a realização de perícia".

[12] **STJ - Jurisprudência em Teses - ED 102 - Tese 04**: "O crime de disparo de arma de fogo (art. 15 da Lei n. 10.826/2003) é crime de perigo abstrato, que presume a ocorrência de dano à segurança pública e prescinde, para sua caracterização, de comprovação da lesividade ao bem jurídico tutelado".

[13] **STJ - Jurisprudência em Teses - ED 102 - Tese 05**: "O crime de posse ou porte ilegal de arma de fogo, acessório ou munição de uso restrito (art. 16, caput, da Lei n. 10.826/2003) é crime de perigo abstrato, que presume a ocorrência de dano à segurança pública e prescinde, para sua caracterização, de resultado naturalístico à incolumidade física de outrem".

[14] **STJ - Jurisprudência em Teses - ED 108 - Tese 01**: "O simples fato de possuir ou portar munição caracteriza os delitos previstos nos arts. 12, 14 e 16 da Lei n. 10.826/2003, por se tratar de crime de perigo abstrato e de mera conduta, sendo prescindível a demonstração de lesão ou de perigo concreto ao bem jurídico tutelado, que é a incolumidade pública".

STJ, Tema Repetitivo 901: "É de perigo abstrato o crime previsto no art. 310 do Código de Trânsito Brasileiro. Assim, não é exigível, para o aperfeiçoamento do crime, a ocorrência de lesão ou de perigo de dano concreto na conduta de quem permite, confia ou entrega a direção de veículo automotor a pessoa não habilitada, com habilitação cassada ou com o direito de dirigir suspenso, ou ainda a quem, por seu estado de saúde, física ou mental, ou por embriaguez, não esteja em condições de conduzi-lo com segurança" (STJ, REsp 1485830/MG, 3ª Seção, Rel. Min. Sebastião Reis Júnior, DJe 29/05/2015).

STJ - Jurisprudência em Teses - ED 131 - Tese 05: "O princípio da insignificância não se aplica aos delitos do art. 33, caput, e do art. 28 da Lei de Drogas, pois tratam-se de crimes de perigo abstrato ou presumido".

Devemos lembrar que, apesar da divergência na doutrina, o STF reconheceu a **constitucionalidade dos crimes de perigo abstrato**, afastando-se a tese de violação ao princípio da ofensividade (STF, ARE 1058423 AgR, 2ª Turma, Rel. Min. Gilmar Mendes, DJ 07/06/2018).

2.6. Crime instantâneo, permanente, de efeitos permanentes e a prazo

Quanto ao momento em que se consumam, os crimes podem ser classificados em instantâneos, permanentes, instantâneos de efeitos permanentes e a prazo. Essa é outra classificação importante.

Crime instantâneo: a consumação ocorre em um determinado instante, não se prolongando no tempo. Ex: furto (CP, art. 155).

Crime permanente: é aquele cuja consumação se protrai (prolonga) no tempo. Ex: sequestro e cárcere privado (CP, art. 148).

STF, Súmula n.º 711: "A lei penal mais grave aplica-se ao crime continuado ou ao crime permanente, se a sua vigência é anterior à cessação da continuidade ou da permanência".

STJ - Jurisprudência em Teses - ED 87 - Tese 12: "O delito de receptação (art. 180 do CP), nas modalidades transportar, conduzir ou ocultar, é crime permanente, cujo flagrante perdura enquanto o agente se mantiver na posse do bem que sabe ser produto de crime".

Segundo Damásio, o crime permanente divide-se em[15]:

(a) crime necessariamente permanente: a continuidade do estado danoso ou perigoso é essencial à sua configuração. Ex: sequestro (CP, art. 148);

(b) crime eventualmente permanente: a persistência da situação antijurídica não é indispensável e se ela se verifica, não dá lugar a vários crimes, mas a uma só conduta punível. Ex: usurpação de função pública (CP, art. 328).

O CESPE-UNB/CEBRASPE considerou **correta** a assertiva de que é necessariamente permanente o crime para cuja caracterização é essencial a continuidade do estado danoso ou perigoso, como ocorre com o sequestro ou cárcere privado, enquanto o crime eventualmente permanente é aquele para cuja caracterização é dispensável a persistência da situação antijurídica; nesse último caso, se ela se verifica, não dá lugar a vários crimes, mas a uma só conduta punível, como ocorre com o delito de usurpação de função pública[16].

Crime instantâneo de efeitos permanentes: consuma-se em um instante específico, mas seus efeitos se prolongam no tempo. Ex: homicídio.

> **STJ - Jurisprudência em Teses - ED 84 - Tese 04**: "O delito de estelionato previdenciário (art. 171, § 3º do CP), praticado pelo próprio beneficiário, tem natureza de crime permanente uma vez que a ofensa ao bem jurídico tutelado é reiterada, iniciando-se a contagem do prazo prescricional com o último recebimento indevido da remuneração".
>
> **STJ - Jurisprudência em Teses - ED 84 - Tese 05**: "O delito de estelionato previdenciário, praticado para que terceira pessoa se beneficie indevidamente, é crime instantâneo com efeitos permanentes, iniciando-se a contagem do prazo prescricional a partir da primeira parcela do pagamento relativo ao benefício indevido".
>
> **STJ - Jurisprudência em Teses - ED 57 - Tese 19**: "O crime de corrupção ativa é formal e instantâneo, consumando-se com a simples promessa ou oferta de vantagem indevida".

Crime a prazo: a consumação depende do decurso de um determinado período de tempo. Ex: lesão corporal grave por incapacidade para as ocupações habituais por mais de 30 dias (CP, art. 129, §1º, I). Outro exemplo: no crime de

[15] JESUS, Damásio E. de. *Op. Cit.*, p. 234.
[16] Prova objetiva do concurso para o cargo de Juiz Federal Substituto (TRF5), realizada em 2013.

apropriação de coisa achada (CP, art. 169, II), se o agente, no prazo de 15 dias, restitui a coisa ao legítimo dono ou possuidor, não haverá crime.

2.7. Crime principal, acessório e subsidiário

Crime principal: é aquele que existe por si só, independentemente da ocorrência de outros delitos. Ex: homicídio (CP, art. 121).

Crime acessório: depende da ocorrência de outro delito para existir. Ex: receptação (CP, art. 180), em que a coisa deve ser produto de crime;

Crime subsidiário: é aquele em que o tipo penal tem aplicação subsidiária, somente sendo caracterizado se não for o caso de delito mais grave. Ex: periclitação da vida ou da saúde de outrem (CP, art. 132: "Expor a vida ou a saúde de outrem a perigo direto e iminente: Pena - detenção, de três meses a um ano, *se o fato não constitui crime mais grave*").

2.8. Crime simples, complexo e progressão criminosa

Crime simples: é constituído por um tipo penal único, sem decorrer da fusão de outros crimes. Ex: homicídio (CP, art. 121, *caput*).

Crime complexo: resulta da fusão entre dois ou mais tipos penais. Ex: o latrocínio é constituído pela fusão dos delitos de roubo e homicídio.

Crime progressivo: é aquele que, para ser alcançado, necessariamente viola outra norma penal menos grave. É um terreno fértil para a aplicação do princípio da consunção. Para maiores detalhes sobre o princípio da consunção, confira o que dissemos sobre conflito aparente de normas (Cap. 5).

2.9. Crime putativo

Crime putativo ou *imaginário* é aquele que só existe na mente do agente, não chegando a ocorrer no mundo real (dos fatos). Ex: indivíduo pensa estar vendendo cocaína, quando, na verdade, vende talco. Outros exemplos: mulher ingere substância abortiva acreditando estar grávida, mas não estava gestante; indivíduo quer praticar homicídio pensando que a vítima estava dormindo, sem saber que, na verdade, ali existia apenas um cadáver.

Ilustrando, observe a **simbologia estratégica** abaixo:

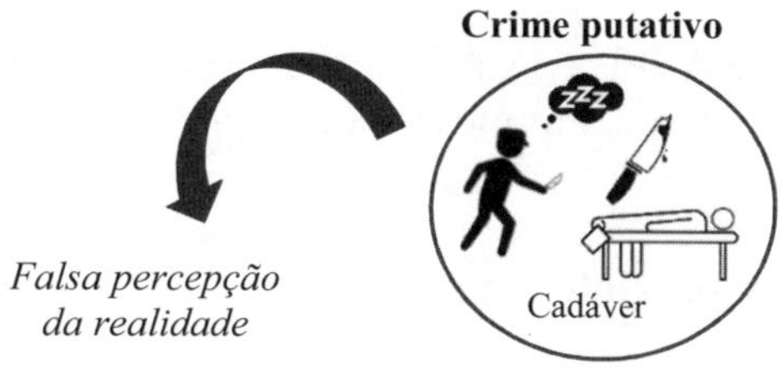

A doutrina identifica **três espécies** de crime putativo, conforme a causa: (a) delito putativo por erro de tipo; (b) delito putativo por erro de proibição e (c) delito putativo por obra do agente provocador.

2.10. Crime falho e exaurido

Crime falho: corresponde à tentativa perfeita ou acabada, em que há conclusão de todos os atos executórios, mas o crime não se consuma por circunstâncias alheias à vontade do agente. Nessa hipótese, o sujeito faz tudo o que está ao seu alcance para a consumação do delito, mas o resultado não ocorre por circunstâncias alheias à sua vontade. Ex: indivíduo descarrega a arma de fogo na vítima, atingindo-a gravemente, mas esta sobrevive.

Crime exaurido: é aquele em que o agente, após atingir a consumação, prossegue na agressão ao bem jurídico para dar nova destinação ou tirar novo proveito. Ex: após o roubo, o criminoso vende a coisa subtraída.

2.11. Crime unissubsistente e plurissubsistente

Crime unissubsistente: é aquele em que a conduta é composta por apenas um único ato. Ex: injúria praticada de modo verbal (CP, art. 140).

> **STJ - Jurisprudência em Teses - ED 87 - Tese 08**: "A apropriação indébita previdenciária é crime instantâneo e unissubsistente, sendo a mera omissão de recolhimento da contribuição previdenciária dentro do prazo e das formas legais suficiente para a caracterização da continuidade delitiva".

Crime plurissubsistente: exige mais de um ato para a sua caracterização. Ex: estelionato (CP, art. 171), que não se consuma pelo simples emprego da fraude, mas com a obtenção da vantagem ilícita em prejuízo alheio.

O CESPE-UNB/CEBRASPE considerou **incorreta** a assertiva de que denomina-se crime plurissubsistente o crime cometido por vários agentes[17].

2.12. Crime mono-ofensivo e pluriofensivo

Crime mono-ofensivo: é aquele que atinge apenas um bem jurídico. Ex: no homicídio, atinge-se a vida (CP, art. 121).

Crime pluriofensivo: atinge mais de um bem jurídico. Ex: o latrocínio viola a vida e o patrimônio (CP, art. 157, §3º, II).

2.13. Crime de dupla subjetividade ativa e passiva

Crime de dupla subjetividade ativa: exige a pluralidade de sujeitos ativos para sua caracterização. Também é chamado de crime de concurso necessário. Ex: associação criminosa (CP, art. 288).

Crime de dupla subjetividade passiva: é aquele que, necessariamente, apresenta mais de um sujeito passivo. Ex: violação de correspondência (CP, art. 151), que atinge o remetente e o destinatário.

2.14. Crime monossubjetivo e plurisubjetivo

Essa é uma classificação que possui relação com o concurso de pessoas, devendo o leitor ficar atento ao ponto.

Crime monosubjetivo ou de concurso eventual: é aquele que pode ser praticado por apenas uma ou por várias pessoas. Ex: roubo (CP, art. 157).

Crime plurisubjetivo ou de concurso necessário: o concurso de agentes é indispensável para sua caracterização. Ex: rixa (CP, art. 137) e associação criminosa (CP, art. 288).

[17] Prova objetiva do concurso para o cargo de defensor público (DPE-PE), realizada em 2018.

2.15. Crime vago, de mera suspeita, multidinário e de opinião

Crime vago: é aquele tem por sujeito passivo uma coletividade ou entidades sem personalidade jurídica, como a sociedade em geral, o público, a família, o morto, o feto etc. Ex: ato obsceno (CP, art. 233) e tráfico de drogas (art. 33 da Lei n.º 11.343/2006). No contexto dessa classificação, devemos lembrar que nos crimes de violação de sepultura (CP, art. 210) e de vilipêndio a cadáver (CP, art. 212), o bem jurídico é o senso de respeito aos mortos e os sujeitos passivos, a coletividade e os integrantes da família do falecido.

No aborto com consentimento da gestante (CP, art. 126), atinge-se também o feto, que não possui personalidade jurídica, embora sejam protegidos, desde a concepção, os direitos do nascituro (CC/2002, art. 2º).

O CESPE-UNB/CEBRASPE considerou **correta** a assertiva de que o aborto com consentimento da gestante e a violação de sepultura são exemplos de crime vago[18].

Crime de mera suspeita: segundo Manzini, é aquele em que o agente é punido pela mera suspeita despertada. Na doutrina, indicava-se como único exemplo a contravenção prevista no art. 25 da LCP[19], dispositivo que, de acordo com o STF, não foi recepcionado pela Constituição de 1988.

> **STF, Tema 113 (repercussão geral)**: "O art. 25 da Lei de Contravenções Penais (Decreto-lei 3.688/1941) não foi recepcionado pela Constituição de 1988, por violar os princípios da dignidade da pessoa humana (CF, art. 1º, III) e da isonomia (CF, art. 5º, caput e I)" (STF, RE 583523, Pleno, Rel. Min. Gilmar Mendes, DJe-208 22/10/2014).

Crime multidinário: é aquele cometido por influência de multidão em tumulto. Ex: linchamento de criminoso pela população.

Crime de opinião: é aquele praticado através de abuso da liberdade de expressão do pensamento. Ex: injúria (CP, art. 140). Pode ser cometido através da imprensa ou não. Na ADPF 130, o STF entendeu que a Lei n.º 5.250/67 (Lei de Imprensa), em sua integralidade, não foi recepcionada pela Constituição de

[18] Prova objetiva do concurso para o cargo de Juiz de Direito (TJAC), realizada em 2012.

[19] LCP, art. 25: "Ter alguém em seu poder, depois de condenado, por crime de furto ou roubo, ou enquanto sujeito à liberdade vigiada ou quando conhecido como vadio ou mendigo, gazuas, chaves falsas ou alteradas ou instrumentos empregados usualmente na prática de crime de furto, desde que não prove destinação legítima: Pena – prisão simples, de dois meses a um ano, e multa de duzentos mil réis a dois contos de réis".

1988 (STF, ADPF 130, Pleno, Rel. Min. Carlos Britto, DJe 05/11/2009). Com isso, as disposições do Código Penal passaram a ser aplicáveis aos crimes contra a honra cometidos através da imprensa. Lembramos que não será concedida extradição por crime político ou de mera opinião (CF, art. 5º, LII).

2.16. Crime de ação única e de ação múltipla ou conteúdo variado

Crime de ação única: é aquele em que o tipo penal descreve um único verbo na definição da conduta típica. Ex: "matar" alguém (CP, art. 121).

Crime de ação múltipla ou conteúdo variado: o tipo penal descreve vários verbos para a realização do mesmo crime (*tipo misto alternativo*). Ex: tráfico de drogas (art. 33, *caput*, da Lei n.º 11.343/2006), que é composto por vários verbos: importar, exportar, adquirir, vender, guardar etc.

Atenção! Os crimes de ação múltipla não se confundem com os crimes multidinários, que são aqueles praticados por multidão em tumulto.

> **STJ - Jurisprudência em Teses - ED 131 - Tese 13**: "O tráfico de drogas é crime de ação múltipla e a prática de um dos verbos contidos no art. 33, caput, da Lei n. 11.343/2006 é suficiente para a consumação do delito".
>
> **STJ – Jurisprudência em Teses - ED 60 - Tese 01**: "O tráfico de drogas é crime de ação múltipla e a prática de um dos verbos contidos no art. 33, *caput*, é suficiente para a consumação da infração, sendo prescindível a realização de atos de venda do entorpecente".

Nos crimes de ação múltipla ou conteúdo variado (*tipos mistos alternativos*), caso o agente realize todos os verbos do tipo no mesmo contexto fático, haverá apenas um único crime (*princípio da alternatividade*).

2.17. Crime de forma livre e de forma vinculada

Crime de forma livre: é aquele que pode ser praticado por qualquer modo de execução (execução livre). Ex: homicídio (CP, art. 121), que pode ser executado de diversas formas (arma de fogo, golpes de faca etc.).

Crime de forma vinculada: é aquele que somente pode ser praticado por um modo específico de execução (execução vinculada). Ex: curandeirismo, em que o legislador prevê as formas específicas de execução (CP, art. 234).

O CESPE-UNB/CEBRASPE considerou **incorreta** a assertiva de que classifica-se pela doutrina como de forma livre o crime de curandeirismo por se admitir que ele seja cometido por meio de qualquer comportamento que cause o resultado jurídico previsto em lei[20].

2.18. Crime habitual, profissional e de ímpeto

Crime habitual: é aquele que apenas se perfaz com a reiteração de atos. Somente se consuma com a habitualidade da conduta e cada ato isolado constitui fato atípico, não podendo ser punido. Ex: curandeirismo (CP, art. 284). Não se confunde com o crime continuado. No crime habitual, as ações que o compõem, consideradas isoladamente, não são consideradas crime. Já no crime continuado, cada ação, por si mesma, constitui crime.

Segundo Damásio de Jesus, existem duas espécies de crime habitual[21]:

(a) crime habitual próprio: somente a reiteração da conduta faz surgir o delito. Também é chamado de crime necessariamente habitual. Ex: curandeirismo (CP, art. 284);

(b) crime habitual impróprio: basta a prática de um ato tendente aos fins previstos no tipo, mas se for reiterado, haverá um só delito. Também é chamado de crime acidentalmente habitual. Ex: crime de incitação previsto no art. 23 da Lei n.º 7.170/83 (Lei de Segurança Nacional)[22].

Crime profissional: revela o crime habitual quando cometido com intuito financeiro ou de lucro. Ex: rufianismo (CP, art. 230). Não basta a intenção de lucro. A conduta ilícita deve ser um meio de vida.

Crime de ímpeto: é aquele praticado em momento de impulsividade, sem premeditação. Ex: homicídio privilegiado cometido sob o domínio de violenta emoção (CP, art. 121, §1º). Quando houver deliberação prévia, planejamento ou premeditação, o delito não será considerado crime de ímpeto, como ocorre na extorsão mediante sequestro (CP, art. 159).

---

[20] Prova objetiva do concurso para o cargo de Juiz Federal Substituto (TRF2), realizada em 2013.

[21] JESUS, Damásio E. de. *Op. Cit.*, p. 36.

[22] Lei n.º 7.170/83: "Art. 23 - Incitar: I - à subversão da ordem política ou social; II - à animosidade entre as Forças Armadas ou entre estas e as classes sociais ou as instituições civis; III - à luta com violência entre as classes sociais; IV - à prática de qualquer dos crimes previstos nesta Lei. Pena: reclusão, de 1 a 4 anos".

2.19. Crime a distância e plurilocal

Crime a distância ou de espaço máximo: é aquele que ocorre entre países, ou seja, quando a execução do crime é efetuada no território de um país e o resultado se verifica em outro. Nesses casos, aplica-se a teoria da ubiquidade (CP, art. 6º: “Considera-se praticado o crime no lugar em que ocorreu a ação ou omissão, no todo ou em parte, bem como onde se produziu ou deveria produzir-se o resultado”). Ex: troca de imagens pedófilo-pornográficas pela *internet* entre pessoas situadas no Brasil e na Argentina.

Crime plurilocal: ocorre em localidades diversas, mas no âmbito do mesmo país. Ex: indivíduo baleado é socorrido por populares e levado a hospital de outro município, onde posteriormente vem a falecer.

No ponto, vale conferir a **simbologia estratégica** abaixo:

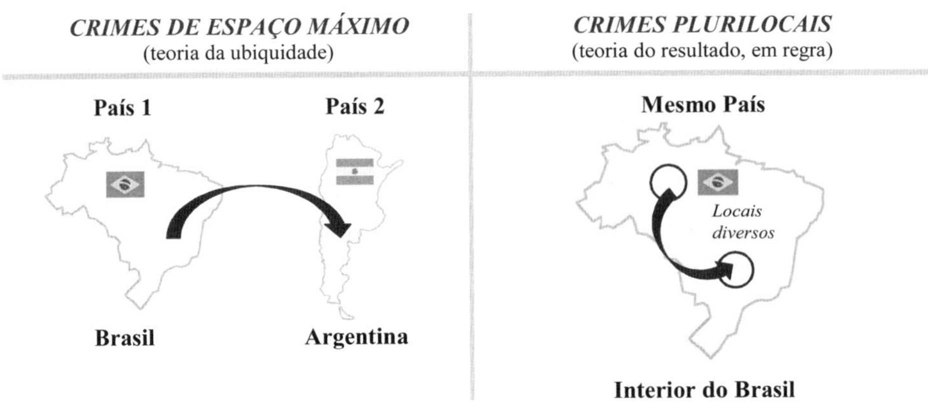

Para maiores detalhes sobre o tema, para evitar repetições desnecessárias, confira o que dissemos no Capítulo 5.

2.20. Crime de intenção, mutilado de dois atos e de tendência

Crime de intenção ou de tendência interna transcendente: segundo Assis Toledo, é aquele em que o agente quer e persegue um resultado que não necessita ser atingido para a consumação do crime (tipos incongruentes)[23]. Há *intenções especiais*, exigindo do autor a persecução de um resultado que não precisa ser alcançado para a consumação. Ex: concussão (CP, art. 316). Possui duas espécies: (a) delito de resultado cortado e (b) delito mutilado de dois atos.

Crime de resultado cortado: o agente espera que o resultado externo, querido e perseguido (situado fora do tipo) se produza sem sua intervenção direta, em razão de um ato externo ou conduta de terceiros. Ex: extorsão mediante sequestro (CP, art. 159), em que o resultado, se vier a ocorrer, será por ato de outrem[24]. O resultado é "cortado" por um ato externo.

Crime mutilado de dois atos: o agente quer alcançar, por ato próprio, o resultado fora do tipo (os "dois atos" são de criminosos e o crime se consuma com o primeiro ato). Ex: falsificação de moeda (CP, art. 289), que supõe a intenção de uso ou de introdução do dinheiro falsificado[25].

O CESPE-UNB/CEBRASPE considerou **incorreta** a assertiva de que delito de resultado cortado e delito mutilado de dois atos são conceitos sinônimos, ambos espécies do gênero delito de tendência interna transcendente[26].

Crime de tendência: é aquele em que a existência do crime depende de uma vontade íntima ou interior do agente. Ex: em consultório médico, o que diferencia o ato médico do ato libidinoso configurador do estupro é a finalidade íntima do sujeito que impulsiona a prática do ato.

2.21. Crime de fato permanente e de fato transeunte

Crime de fato não transeunte ou permanente (*delicta facti permanentis*): é a infração penal que deixa vestígios materiais. Ex: furto mediante arrombamento, homicídio etc.

Crime de fato transeunte ou passageiro (*delicta facti transeuntes*): é a infração penal que não deixa vestígios materiais. Ex: calúnia, injúria e ameaça verbais. Não sendo possível o exame de corpo de delito, por haverem desaparecido os vestígios, a prova testemunhal poderá suprir-lhe a falta.

---

[23] TOLEDO, Francisco de Assis. *Princípios Básicos de Direito Penal*. 5ª Ed. São Paulo: Saraiva, 1994, p. 151.
[24] TOLEDO, Francisco de Assis. *Op. Cit.*, p. 151.
[25] TOLEDO, Francisco de Assis. *Op. Cit.*, p. 151.
[26] Prova objetiva do concurso para o cargo de Juiz de Direito (TJDFT), realizada em 2014.

2.22. Crime de ação violenta, astuciosa, de circulação e de atentado

Crime de ação violenta: é aquele em que o agente emprega violência ou grave ameaça. Ex: roubo (CP, art. 157).

Crime de ação astuciosa: é a infração praticada através de artifício ou habilidade. Ex: subtração de valores de correntistas de instituição financeira, o que caracteriza o crime de furto mediante fraude (CP, ar. 155, §4º, II).

Crime de circulação: é aquele cometido através de automóvel[27].

Crime de atentado ou de empreendimento: identifica a infração na qual a tentativa é punida com a mesma pena do crime consumado. Ex: votar ou tentar votar duas vezes (CE, art. 309), violar ou tentar violar o sigilo do voto (CE, art. 312), evasão mediante violência contra a pessoa (CP, art. 352) e violência ou fraude em arrematação judicial (CP, art. 358).

3. OUTRAS CLASSIFICAÇÕES

Na doutrina, ainda existem outras classificações do crime que merecem ser catalogadas em nosso estudo. Veremos a seguir.

Crimes emergentes: são fruto de uma sociedade considerada pós-moderna e que surgem na legislação à medida que a sociedade vai se desenvolvendo, diante das novas necessidades contemporâneas. Ex: crimes cibernéticos, ambientais, extorsão mediante sequestro, tráfico de armas e de pessoas, lavagem de dinheiro, terrorismo, crime organizado etc.[28]

Crime de olvido ou de esquecimento: é aquele praticado por um ato de esquecimento do agente que possuía um dever de agir. Corresponde ao crime omissivo impróprio praticado por culpa inconsciente ou sem previsão. Ex: pai esquece seu filho, ainda bebê, no carro estacionado em local ensolarado, vindo a criança a morrer por asfixia. Lembre-se que "olvidar" significa esquecer.

O CESPE-UNB/CEBRASPE considerou **incorreta** a assertiva de que o crime de rufianismo configura-se como crime de intenção; o de curandeirismo constitui crime de olvido[29].

[27] JESUS, Damásio E. de. *Op. Cit.*, p. 260.
[28] GRECO, Rogério. *Curso de Direito Penal. Vol. 1. Parte Geral.* 20ª Ed. Niteroi: Impetus, 2018, p. 249.
[29] Prova objetiva do concurso para o cargo de Juiz de Direito (TJSC), realizada em 2019.

Crime achado: possui relação com o "encontro fortuito de provas". Segundo o STF, crime achado é a infração penal desconhecida – e até o momento não investigada –, mas que foi descoberta por acaso (STF, HC 129678, 1ª Turma, Rel. p/ ac. Alexandre de Moraes, DJ 18/08/2017). Assim, diz-se que o crime foi "achado" por acaso na investigação de outro delito.

Crime parcelar: é aquele que integra uma cadeia de delitos cometidos em continuidade delitiva.

Crime de catálogo: segundo o STF, é aquele que pode ser apurado por interceptação telefônica, desde que atendidos os requisitos da Lei n.º 9.296/96 (STF, HC 100524, 2ª Turma, Rel. Min. Joaquim Barbosa, DJ 25/05/2012).

Crime gratuito: é aquele praticado sem motivação conhecida. Não deve ser confundido com o motivo fútil, em que a motivação é conhecida, mas manifestamente desproporcional.

O CESPE-UNB/CEBRASPE considerou **correta** a assertiva de que o crime gratuito e o crime praticado por motivo fútil são tipos de crimes diferentes[30].

Crime político: em linhas gerais, os crimes políticos são previstos na Lei de Segurança Nacional (Lei n.º 7.170/83) e dependem de um *fim especial de agir*, isto é, de motivação política ou de intenção de lesar ou expor a perigo de lesão: a integridade territorial e a soberania nacional; o regime representativo e democrático, a Federação e o Estado de Direito; e a pessoa dos chefes dos Poderes da União. São de competência da Justiça Federal (CP, art. 109, IV).

Crime de responsabilidade: segundo Damásio, no direito brasileiro, a expressão "crime de responsabilidade" apresenta sentido ambíguo, uma vez que se refere a crimes e a infrações político-administrativas não sancionadas com pena de natureza criminal. O crime de responsabilidade *próprio* constitui infração penal comum que lesa deveres funcionais. Ex: art. 1º do Decreto-Lei n.º 201/67. O crime de responsabilidade *impróprio* corresponde às infrações político-administrativas (Lei n.º 1.070/50) e que podem gerar *impeachment*[31].

Quase-crime: refere-se ao crime impossível (CP, art. 17) e à participação impunível (CP, art. 31).

Crime funcional: é aquele praticado por funcionário público. Pode ser próprio ou impróprio. Crime funcional **próprio** é aquele que só pode ser cometido por funcionário público. Ex: prevaricação (CP, art. 319). Crime funcional **impróprio** é aquele que também pode ser cometido por particular,

[30] Prova objetiva do concurso para o cargo de Juiz de Direito (TJPI), realizada em 2007.
[31] JESUS, Damásio E. de. *Op. Cit.*, p. 261-262.

mas com outro *nomen iuris*. Ex: a apropriação indevida de coisa alheia, quando praticada por funcionário público, poderá caracterizar peculato (CP, art. 312) e, quando praticada por particular, apropriação indébita (CP, art. 168).

Crime monoofensivo: é aquele que atinge apenas um bem jurídico. Ex: homicídio.

Crime pluriofensivo: atinge mais de um bem jurídico. Ex: latrocínio, que viola a vida e o patrimônio.

Crime independente: é aquele que não possui conexão com outros delitos.

Crime conexo: é aquele que possui vínculo de conexão com outros delitos, sendo praticado para assegurar a execução, ocultação, impunidade ou vantagem de outro crime relacionado. Ex: homicídio por "queima de arquivo".

Crime consunto e consuntivo: trata-se de classificação contextualizada no campo de aplicação do princípio da consunção. Crime consunto é aquele que é absorvido; crime consuntivo é o que absorve.

Crime de acumulação: é aquele em que não considera o aspecto de lesão ou perigo sobre condutas unitárias, mas sobre a soma ou acumulação de condutas e resultados semelhantes. Ex: crimes contra o meio ambiente[32].

Crime de obstáculo: revela a tipificação de atos preparatórios, que normalmente não são punidos. Ex: associação criminosa (CP, art. 288) e petrechos para falsificação de moeda (CP, 291). Visam impedir um mal maior.

Crime remetido: é aquele em que sua definição legal se reporta a outros delitos, que passam a integrá-los. Ex: uso de documento falso (CP, art. 304: "Fazer uso de qualquer dos papéis falsificados ou alterados, a que se referem os arts. 297 a 302").

O CESPE-UNB/CEBRASPE considerou **correta** a assertiva de que o crime de uso de documento falso configura-se como crime remetido; e o de uso de petrechos para falsificação de moeda, como crime obstáculo[33].

Crime inominado: essa categorização foi idealizada por Salvagno Campos. Crime inominado é aquele em que a conduta recai sobre bens jurídicos protegidos pelo Direito, mas sem tipificação penal correspondente. Não é admitido no sistema jurídico brasileiro, por força do princípio da legalidade.

Crime de hermenêutica: a expressão "crimes de hermenêutica" é utilizada para se referir a uma linha de pensamento que propõe a

[32] CUNHA, Rogério Sanches. *Manual de Direito Penal*. 8ª Ed. Salvador: *Juspodivm*, 2020, p. 231.
[33] Prova objetiva do concurso para o cargo de Juiz de Direito (TJSC), realizada em 2019.

responsabilização penal do juiz por externar posições jurídicas que se contrapõem ao padrão oficial de entendimento sobre os textos legais, agindo o magistrado de acordo com sua consciência no campo interpretativo. No direito brasileiro, a figura doutrinária dos "crimes de hermenêutica" constitui **fato atípico**. Isso porque o art. 1º, §2º, da Lei n.º 13.869/2019 (Abuso de Autoridade) dispõe que "a divergência na interpretação de lei ou na avaliação de fatos e provas não configura abuso de autoridade".

Crime anão ou liliputiano: essa denominação é encontrada na doutrina para fazer referência às contravenções penais. Assim, na verdade, não se trata de crime, mas de *contravenção*.

Crime de rua: é aquele praticado por pessoas economicamente menos favorecidas "nas ruas". Ex: roubo e furto. É denominado crime de colarinho azul em referência ao uniforme que era utilizado pelos operários norte-americanos no início do Século XX, chamados de *blue-collars*[34].

Crime de colarinho branco: é aquele cometido na esfera econômica e que costuma movimentar elevado volume de recursos financeiros. Ex: crimes contra o Sistema Financeiro Nacional (Lei n.º 7.492/86) e Lavagem de Dinheiro (Lei n.º 9.613/98).

Crime cibernético: é aquele cometido por uma rede de computadores e dispositivos informáticos em geral, seja a rede mundial (*internet*) ou outras redes públicas ou privadas.

Crime de greve: é aquele cometido durante a paralisação dos empregados.

Crime de *lockout*: no Direito do Trabalho, locaute (*lockout*) é a paralisação da atividade laboral ordenada pelo *empregador* para frustrar ou dificultar o atendimento das reivindicações dos trabalhadores ou para exercer pressão perante as autoridades em busca de alguma vantagem econômica[35]. É uma prática vedada pelo art. 17 da Lei n.º 7.783/89[36]. Nesse contexto, crime de *lockout* é aquele cometido no decorrer de paralisação imposta por empregador.

Crime natural e crime plástico: *crimes naturais* são aqueles que sempre foram e provavelmente sempre continuarão sendo previstos como crime, por violar bens jurídicos indispensáveis à convivência em sociedade. Ex:

[34] CUNHA, Rogério Sanches. *Op. Cit.*, p. 234.

[35] SARAIVA, Renato; SOUTO, Rafael Tonasi. *Direito do Trabalho. Concursos Públicos*. 19ª Ed. Salvador: *Juspodivm*, 2017, p. 361.

[36] Lei n.º 7.783/89: "Art. 17. Fica vedada a paralisação das atividades, por iniciativa do empregador, com o objetivo de frustrar negociação ou dificultar o atendimento de reivindicações dos respectivos empregados (lockout). Parágrafo único. A prática referida no caput assegura aos trabalhadores o direito à percepção dos salários durante o período de paralisação".

homicídio, roubo etc. Por outro lado, *crimes plásticos* são aqueles que, no passado, não eram previstos como crime, mas que, diante do momento histórico e social, surge a necessidade de incriminação. Ex: delitos cibernéticos[37].

Crime vazio: são modalidades específicas de crimes plásticos, caracterizados pela ausência de proteção a qualquer bem jurídico[38].

Crime de bagatela: são os "delitos" insignificantes, em que incide o princípio da insignificância. Na verdade, nesses casos, não há crime, diante da atipicidade material do fato.

Crime condicionado: é aquele em que a instauração da persecução penal depende da verificação de uma condição objetiva de punibilidade.

Crime incondicionado: é aquele que não depende da verificação de condição objetiva de punibilidade. Corresponde à maioria dos delitos.

Crime internacional: é aquele, por tratado ou convenção, o Brasil se comprometeu a reprimir (CP, art. 7º, II, *a*). Ex: tráfico internacional de pessoas, tráfico internacional de drogas etc.

Crime militar: corresponde aos delitos previstos no Código Penal Militar. Crime militar *próprio* é aquele previsto apenas na legislação militar. Ex: dormir em serviço. Crime militar *impróprio* é aquele que também aparece descrito na legislação penal comum. Ex: homicídio, roubo etc.

4. CONSIDERAÇÕES FINAIS

Como podemos perceber, são muitas as classificações dos crimes. O leitor que se prepara para concursos públicos deve ficar atento. Esse é um daqueles temas que necessitam de revisão na proximidade das provas, diante da quantidade de informações para memorizar e da cobrança em concursos.

---

[37] FÜHRER, Maximiliano Roberto Ernesto. *História de Direito Penal (crime material e crime plástico)*. São Paulo: Malheiros, 2005, p. 114-115.

[38] FÜHRER, Maximiliano Roberto Ernesto. *Op. Cit.*, p. 114-115.

CAPÍTULO 15
CONCURSO DE PESSOAS

1. INTRODUÇÃO

No Direito Penal, o crime pode ser visto tanto como um fato *individual*, quando praticado por uma única pessoa, quanto como um fato *coletivo*, quando cometido por duas ou mais pessoas que se unem para o melhor êxito da infração. Fala-se, então, em **concurso de pessoas**, situação em que dois ou mais agentes concorrem e reúnem esforços para a mesma prática delituosa.

Ao longo dos anos, o tratamento legislativo do concurso de agentes passou por evolução. Na sistemática original do Código Penal de 1940, não havia a distinção entre autor e partícipe. Entretanto, após a reforma penal de 1984, atendendo às críticas da doutrina, a codificação passou a distinguir duas figuras: (a) o *autor*, concebido como aquele que pratica a conduta principal, e (b) o *partícipe*, visto como aquele que realiza a conduta acessória na infração.

Temos, assim, na legislação brasileira, duas formas de concurso de agentes: **coautoria** e **participação** (CP, art. 29 a 31).

2. O CONCURSO DE PESSOAS

2.1. Considerações preliminares

No concurso de pessoas, dois ou mais agentes, com unidade de desígnios, de forma consciente e voluntária, concorrem para a prática da infração penal. Como dissemos, aquele que realiza a conduta principal é chamado de *autor*; o que realiza a conduta acessória é o *partícipe*.

O art. 29, *caput*, do CP prevê a norma matriz do concurso de pessoas:

> "Art. 29 - Quem, de qualquer modo, concorre para o crime incide nas penas a este cominadas, na medida de sua culpabilidade".

Ex: três agentes realizam roubo a uma joalheria, sendo que dois deles ingressam no recinto e outro aguarda no carro para promover a fuga.

Terminologia. Na doutrina, as seguintes expressões também são utilizadas como sinônimos de concurso de pessoas: codelinquência, concurso de agentes e concurso de delinquentes. A terminologia adotada pelo Código Penal foi "concurso de pessoas" (Título IV da Parte Geral).

Nesse ponto, devemos relembrar algumas classificações dos crimes relacionadas ao concurso de agentes. Confira o **quadro estratégico** abaixo:

Classificação dos crimes (pluralidade de agentes)		
	Crime monosubjetivo (concurso eventual)	É aquele que pode ser praticado por uma ou várias pessoas
	Crime plurissubjetivo (concurso necessário)	A pluralidade de agentes é indispensável para sua caracterização. Ex: rixa e organização criminosa.

Nas duas espécies acima, admite-se o concurso de agentes, mas este é indispensável nos crimes plurissubjetivos ou de concurso necessário.

O CESPE-UNB/CEBRASPE considerou **incorreta** a assertiva de que dividem-se os crimes em monossubjetivo e plurissubjetivo, sendo que somente neste último pode ocorrer concurso de pessoas[1].

Atenção! A regra do concurso de agentes (CP, art. 29) funciona como *norma geral*, podendo alcançar os crimes previstos na legislação extravagante. Por exemplo, para o STJ, admite-se concurso de agentes no crime de porte ilegal de arma de fogo, na hipótese de porte compartilhado da arma (STJ, HC 198.186/RJ, 5ª Turma, Rel. Min. Jorge Mussi, DJe 05/02/2014).

2.2. Teorias sobre a natureza jurídica do concurso de pessoas

Três são as principais **teorias** sobre a natureza jurídica do concurso de pessoas: teoria monista ou unitária, teoria pluralista e teoria dualista.

Para uma rápida visualização, observe o **quadro estratégico** abaixo:

CONCURSO DE PESSOAS (Natureza jurídica)		
Teoria monista ou unitária	**Teoria dualista**	**Teoria pluralista**
Único delito	**Dois delitos**	**Pluralidade de delitos**
Há apenas um *único crime* para todos os agentes	Há *dois crimes*: um para os autores e outro para os partícipes	Existe uma *pluralidade de crimes*: cada agente responde por um crime diferente

Teoria monista ou unitária (Von Buri): embora o crime seja praticado por diversas pessoas, permanece único e indivisível. Todo aquele que concorre para o crime, incide nas penas a ele cominadas. As condutas dos agentes geram um *único delito* e todos respondem pelo mesmo crime. Na época em que essa teoria foi concebida, não havia distinção entre autor e partícipe.

> **Teoria monista pura e teoria monista temperada**: de acordo com a *teoria monista pura*, havendo concurso de agentes, todos respondem pelo mesmo crime, não havendo exceções. Já de acordo com a *teoria monista temperada*, em regra, todos respondem pelo mesmo crime, ressalvadas as exceções previstas em lei, quando os agentes poderão responder por delitos diferentes.

[1] Prova objetiva do concurso para o cargo de Delegado de Polícia (PCPB), realizada em 2009.

Teoria dualista (Manzini): para essa teoria, existem dois crimes: um para os *autores*, que realizam a atividade principal, e outro para os *partícipes*, que realizam a atividade acessória. Daí o nome "dualista" (*dois crimes*).

Teoria pluralista (Massari): cada agente responde por um crime diferente, havendo uma pluralidade de fatos típicos. Há tantas infrações penais quantos forem o número de autores e partícipes: a cada participante corresponde uma conduta própria, um elemento psicológico próprio e um resultado igualmente particular (*pluralidade de crimes*). É uma teoria subjetiva.

O Código Penal adotou a **teoria monista temperada**: em regra, os agentes responderão pelo mesmo crime (adequação típica uniforme), mas existem alguns "temperamentos": (a) participação de menor importância (CP, art. 29, §1º); (b) cooperação dolosamente distinta ou desvios subjetivos (CP, art. 29, §2º) e (c) exceções pluralistas à teoria monista, podendo o agente responder por um crime diferente nos casos expressamente previstos em lei.

O CESPE-UNB/CEBRASPE considerou **correta** a assertiva de que verifica-se, nos parágrafos do art. 29 do CP, que determinam punibilidade diferenciada para a participação no crime, aproximação entre a teoria monista e a teoria dualista, o que sugere que, no CP, é adotada a teoria monista temperada[2].

Como exceção, foi adotada a **teoria pluralista** nos casos expressos em lei. O Código Penal contempla diversas **exceções à teoria monista**, desmembrando as condutas em tipos penais diferentes (*exceções pluralísticas*): (a) aborto provocado com consentimento e aborto consentido (CP, art. 124 e 126); (b) bigamia entre pessoa casada (CP, art. 235, *caput*) e pessoa solteira (CP, art. 235, §1º); (c) crimes de corrupção ativa e passiva (CP, art. 333 e 317) e (d) falso testemunho e corrupção de testemunha (CP, art. 342 e 343). Observe que, nesses casos, os agentes respondem por crimes diferentes.

2.3. Distinção: concurso de pessoas, organização criminosa, associação criminosa e associação para o tráfico

Para diferenciar o concurso de pessoas (CP, art. 29) do delito de organização criminosa (arts. 1º, §1º e 2º da Lei n.º 12.850/2013), deve-se analisar se há ou não **habitualidade** e **permanência** (*elementares implícitas*). O mesmo raciocínio se aplica aos crimes semelhantes: associação criminosa (CP, art. 288) e associação para o tráfico (art. 35 da Lei n.º 11.343/2006).

[2] Prova objetiva do concurso para o cargo de defensor público (DPE-RO), realizada em 2012.

> **STJ - Jurisprudência em Teses - ED 45 - Tese 11**: "Para a caracterização do crime de associação para o tráfico é imprescindível o dolo de se associar com estabilidade e permanência".

Para uma visão panorâmica sobre o ponto, observe as principais diferenças no **esquema estratégico** abaixo:

CONCURSO DE PESSOAS E DELITOS ESPECÍFICOS
(Diferenciação)

Concurso de pessoas → Não exige habitualidade e permanência. Mínimo de 02 agentes

Figuras delitivas específicas

Exigem ***habitualidade*** e ***permanência***	**Número mínimo** (*agentes*)	**Fim específico**
Organização criminosa (art. 1º, §1º, da Lei 12.850/2013)	**04**	Obter vantagem, pela prática de crimes com pena máxima superior a 04 anos, ou crimes transnacionais
Associação criminosa (CP, art. 288)	**03**	Prática de crimes
Associação para o tráfico (art. 35 da Lei de Drogas)	**02**	Prática de tráfico de drogas

Nos crimes de **concurso necessário**, não se aplica o art. 29 do CP, pois a pluralidade de dois ou mais autores figura como elementar do tipo. O "concurso de agentes" existe, mas como elemento integrante do próprio tipo.

O STF e o STJ têm decidido que **não há *bis in idem*** na apuração do crime de associação criminosa e roubo qualificado pelo uso de arma e concurso de agentes, uma vez que os delitos são autônomos, aperfeiçoando-se o primeiro independentemente do cometimento de qualquer crime subsequente STF, HC 113413/SP, 2ª Turma, Rel. Min. Ricardo Lewandowski, DJ 12/11/2012; STJ, HC 494.860/SP, 5ª Turma, Rel. Min. Felix Fischer, DJe 20/05/2019).

2.4. Requisitos

São requisitos necessários para a caracterização do concurso de pessoas: (a) pluralidade de condutas; (b) relevância causal das condutas; (c) identidade de infração e (d) liame subjetivo (**mnemônico**[3]).

Para facilitar a memorização, confira o **esquema estratégico** abaixo:

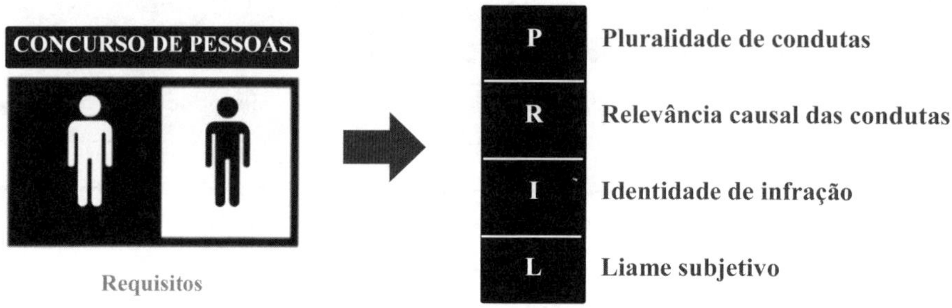

Pluralidade de condutas: são exigidas, no mínimo, duas condutas, sejam duas principais (coautoria) ou uma principal e outra acessória (participação). Uma só conduta não gera concurso de agentes (**questão discursiva**[4]), lembrando que não há limite máximo de condutas ou pessoas.

> **Comparsa inimputável ou não identificado**: de acordo com a orientação do STJ, o concurso de pessoas exige a pluralidade de condutas e de agentes, ainda que um deles seja inimputável ou não identificado (STJ, HC 197.501-SP, 6ª Turma, Rel. Min. Og Fernandes, j. 10/5/2011, Informativo n.º 472). O mesmo raciocínio se aplica aos crimes de organização criminosa, associação criminosa e associação para o tráfico, em que o inimputável entra no cômputo do número mínimo de agentes[5].

---

[3] **Macete mnemônico**: "**PRIL**" – **P**luralidade de condutas, **R**elevância causal das condutas, **I**dentidade de infração e **L**iame subjetivo.

[4] Na prova discursiva do concurso para o cargo de Delegado da Polícia Federal, realizada pelo CESPE-UNB/CEBRASPE em 2018, foi formulada **questão discursiva**: "redija um texto dissertativo abordando os seguintes aspectos: 1 a definição de concurso de agentes e os requisitos para a sua caracterização [...]".

[5] "O delito previsto no art. 288 do Código Penal é de concurso necessário, contudo para a configuração do tipo computam-se eventuais inimputáveis ou pessoas não identificadas" (STJ, AgRg no AgRg no AREsp 546.448/PE, 5ª Turma, Rel. Min. Felix Fischer, DJe 28/02/2018).

O CESPE-UNB/CEBRASPE considerou **correta** a assertiva de que caracteriza o concurso de pessoas, para os efeitos penais, a pluralidade de pessoas e condutas, mesmo que um dos agentes seja inimputável[6].

Relevância causal das condutas: as condutas devem ter contribuído para a produção do resultado. Se a conduta de um dos agentes não teve nenhuma relevância causal, em nada influenciando na eclosão do resultado, não pode ser considerada como integrante do concurso de pessoas.

Identidade de infração: todos devem ter contribuído para a mesma infração. Assim, em regra, todos os agentes devem responder pelo mesmo crime na medida de sua culpabilidade (CP, art. 29).

Liame subjetivo: deve existir unidade de desígnios entre os agentes (conduta consciente e voluntária). Não se exige um *pactum sceleris* ou prévio acordo. Basta a consciência de cooperar no delito. Deve existir *homogeneidade de elementos subjetivos* (ex: dolo + dolo), não sendo admitida a participação culposa em crime doloso e vice-versa. A homogeneidade do elemento subjetivo é indispensável, sob pena de caracterização de delitos diversos.

Os requisitos do concurso de pessoas devem estar presentes no momento da infração, não podendo ser posteriores à consumação. Se a contribuição for posterior, haverá crime autônomo. Ex: favorecimento *pessoal* ou *real* (CP, art. 348 e 349). A participação somente será punível a partir dos *atos executórios*, chegando o crime, pelo menos, a ser tentado (CP, art. 31).

3. AUTORIA

3.1. O conceito jurídico de autor

3.1.1. Teoria unitária, extensiva e restritiva

O Código Penal não apresenta a definição de autor e partícipe, ficando a conceituação a cargo da doutrina. Três são as principais **teorias** sobre o conceito de autor: teoria unitária, extensiva e restritiva (**questão discursiva**[7]).

---

[6] Prova objetiva do concurso para o cargo de Promotor de Justiça (MP-RR), realizada em 2012.

[7] Na prova discursiva do concurso para o cargo de Juiz de Direito (TJPR), realizada pelo CESPE/CEBRASPE em 2019, foi formulada a seguinte **questão discursiva**: "Discorra sobre as teorias de imputação pessoal de fatos criminosos (conceito de autor), cotejando-as inclusive quanto à distinção entre autor e partícipe. Em seu texto, identifique a(s) teoria(s) adotada(s) pelo Código Penal, justificando a sua resposta".

Para uma visão panorâmica, confira o **quadro estratégico** abaixo:

<table>
<tr><td rowspan="7">Conceito de autor
(teorias)</td><td>Unitária</td><td colspan="2">Todos são autores. Não existe a figura do partícipe</td></tr>
<tr><td>Extensiva</td><td colspan="2">Não diferencia autor e partícipe, mas admite a existência de diversos graus de autor (autor e cúmplice)</td></tr>
<tr><td rowspan="5">Restritiva
(autor ≠ partícipe)

Conceito restritivo de autor</td><td rowspan="4">Expressão "autor"
(significado)</td><td>Critério objetivo-formal: pratica o verbo</td></tr>
<tr><td>Critério objetivo material: não verbo. Contribuição objetiva mais importante</td></tr>
<tr><td>Critério do domínio do fato: controle final dos fatos (objetivo-subjetivo)</td></tr>
<tr><td>Critério subjetivo: vontade de praticar o delito como fato próprio (animus auctoris)</td></tr>
<tr><td>Partícipe</td><td>Conduta acessória por exclusão (auxílio, instigação ou induzimento)</td></tr>
</table>

Teoria unitária: autor é aquele que contribui de modo causal para a realização do fato delituoso. Fundamenta-se na teoria da equivalência dos antecedentes (*conditio sine qua non*) e todas as ações/contribuições são consideradas equivalentes. Todos são autores e não existe a figura do partícipe. Era a teoria adotada pelo Código Penal de 1940, antes da reforma de 1984.

Teoria extensiva: não diferencia autor e partícipe, mas reconhece a existência de *diversos graus de autor* (autor e cúmplice). O cúmplice é visto como um autor "menos relevante" beneficiado com redução da pena.

Teoria restritiva: faz distinção entre autor e partícipe, propondo um *conceito restritivo de autor*. Na teoria restritiva, existem quatro **critérios** para definição de *autor*: (a) critério objetivo-formal (núcleo do tipo penal: verbo); (b) objetivo-material (contribuição objetiva mais importante); (c) domínio do fato (controle final dos fatos), que é um critério objetivo-subjetivo e (d) critério subjetivo (vontade de praticar o delito como fato próprio). *Partícipe* é aquele que concorre para o crime com a prática de conduta acessória.

O Código Penal, a partir da reforma de 1984, adotou a **teoria restritiva**, na vertente do **critério objetivo-formal**: considera-se *autor* aquele que pratica o *verbo* do tipo penal (núcleo do tipo). *Partícipe* é aquele que, sem realizar o verbo da conduta típica, concorre para o crime mediante *auxílio, instigação ou induzimento* (*cf.* item n.º 25 da Exposição de Motivos da reforma de 1984).

Para uma melhor visualização, confira a **simbologia estratégica**:

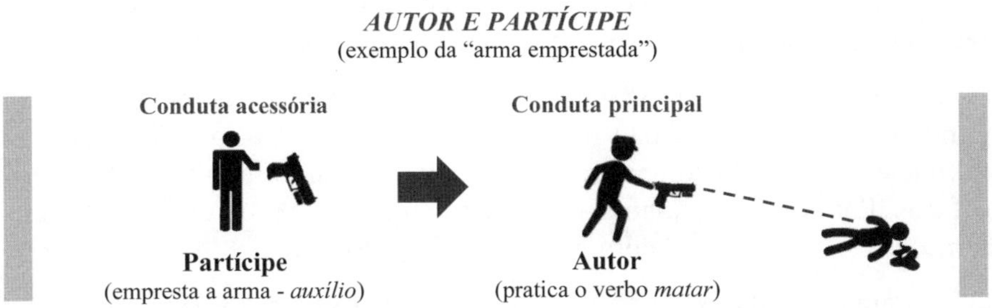

O CESPE-UNB/CEBRASPE considerou **correta** a assertiva de que segundo o critério objetivo-formal da teoria restritiva, somente é considerado autor aquele que pratica o núcleo do tipo; partícipe é aquele que, sem realizar a conduta principal, concorre para o resultado, auxiliando, induzindo ou instigando o autor[8].

Cuidado! Não devemos confundir as teorias sobre a natureza jurídica do concurso de pessoas, em que se discute se as condutas de cada agente constituem um ou vários delitos (teorias monista/unitária, dualista e pluralista), com as teorias sobre a autoria (unitária, extensiva e restritiva).

O CESPE-UNB/CEBRASPE considerou **correta** a assertiva de que no CP, adota-se, em relação ao concurso de agentes, a teoria monística ou unitária, segundo a qual, aquele que, de qualquer modo, concorre para o crime incide nas penas a este cominadas na medida de sua culpabilidade; no referido Código, adota-se, ainda, o conceito restritivo de autor, entendido como aquele que realiza a conduta típica descrita na lei, praticando o núcleo do tipo[9].

3.1.2. Teoria do domínio dos fatos e suas variantes: domínio da ação, domínio funcional, domínio sobre a fonte de perigo e outras vertentes

De acordo com a teoria do domínio dos fatos, considera-se autor aquele que detém o *controle final dos fatos*. Esse é o núcleo da teoria.

[8] Prova objetiva do concurso para o cargo de Promotor de Justiça (MP-ES), realizada em 2010.
[9] Prova objetiva do concurso para o cargo de Juiz Federal Substituto (TRF5), realizada em 2009.

A teoria do domínio dos fatos surgiu na Alemanha, desenvolvida por Roxin, mas Welzel anteriormente discorreu sobre o domínio final do fato[10]. Partindo do conceito restritivo de autor, a teoria mescla os critérios objetivos e subjetivos para identificar autor e partícipe (**teoria objetivo-subjetiva**).

Aquele que possui o controle final do fato é chamado pela doutrina de "**senhor do fato**". Assim, não importa se o agente realiza ou não o verbo do tipo (núcleo), devendo-se analisar se o agente possui ou não o **controle final dos fatos**. Por isso, o mandante, embora não realize o verbo da conduta típica, é considerado autor, pois detém o controle final dos fatos.

Para estimular a memorização, observe o **esquema estratégico**:

Concepção de autor:

Teoria do domínio dos fatos (critério *objetivo-subjetivo*)	→	**Ideia central: controle final dos fatos**. A execução do verbo (núcleo do tipo) não é o fator determinante. Não há obrigatoriedade de execução pessoal do delito.

Cuidado! A teoria do domínio dos fatos, que parte da teoria restritiva, também é chamada de critério objetivo-subjetivo.

Vale ressaltar que a teoria do domínio dos fatos define contribuições diversas para o tipo, tanto na modalidade **autoria** (direta, indireta e coletiva) quanto na **participação** (instigação e cumplicidade). É a ideia de **divisão de tarefas**. Desse modo, o conceito de autor compreende: (a) autor propriamente dito (executor material); (b) autor intelectual (ex: mandantes e chefes de grupos criminosos); (c) autor mediato e (d) coautores (reunião de autorias)[11].

Juarez Cirino, invocando as lições de Roxin, explica a diferença entre autor e partícipe no âmbito da teoria do domínio dos fatos:

> "A ideia básica para distinguir autor e partícipe da teoria do *domínio do fato* é a realização da ação típica: o autor *domina* a realização do tipo de injusto, controlando a continuidade ou a paralisação da ação típica; o partícipe *não domina* a realização do tipo de injusto, não tem controle sobre a continuidade ou paralisação da ação típica"[12].

[10] SANTOS, Juarez Cirino dos. *Direito Penal. Parte Geral. 7ª Ed.* Florianópolis: Empório do Direito, 2017, p. 347.

[11] JESUS, Damásio E. de. *Direito Penal. Vol. 1. Parte Geral.* 34ª Ed. São Paulo: Saraiva, 2013, p. 451-452.

[12] SANTOS, Juarez Cirino dos. *Op. Cit.*, p. 348.

A teoria do domínio dos fatos admite a autoria mediata, sendo também compatível com os crimes de mão própria (coautoria), mas a teoria não se aplica aos crimes culposos e nem aos delitos omissivos. Nos crimes omissivos, é substituída pelo critério da infringência do dever de agir[13].

O CESPE-UNB/CEBRASPE considerou **incorreta** a assertiva de que aplica-se aos crimes dolosos e culposos a teoria do domínio do fato, considerada objetivo-subjetiva e segundo a qual, senhor do fato é aquele que o realiza de forma final em razão de uma decisão volitiva, ou seja, autor é o que detém o poder de direção dos objetivos finais da empreitada criminosa[14].

Infração de dever. Nos **delitos de dever** (relações públicas e privadas), somente o portador do dever jurídico (ex: funcionário público) pode ser autor e os demais podem ser partícipes[15]. Na doutrina, Roxin nega a aplicação da teoria do domínio dos fatos no contexto da criminalidade empresarial: para o jurista alemão, o *domínio da organização* – uma das variações do domínio dos fatos a ser estudada mais à frente – não poderia se estender às organizações empresariais licitamente estabelecidas (sociedades empresárias em geral)[16]. Apesar do impasse doutrinário, no Brasil, a jurisprudência tem admitido a aplicação da teoria do domínio dos fatos nos crimes societários para alcançar os dirigentes empresariais que cometem infrações de dever[17].

> **Domínio do fato e mera posição na empresa**: para o STF, a mera posição hierárquica na empresa, por si só, não é suficiente para responsabilização do agente. Deve existir nexo de causalidade entre a efetiva contribuição do agente e a prática criminosa (STF, AP 975/AL, 2ª Turma, Rel. Min. Edson Fachin, j. 03/10/2017, Informativo n.º 880; STF, HC 127397, 2ª Turma, Rel. Min. Dias Toffoli, DJe 01/08/2017, Informativo n.º 850).

Para aplicação da teoria do domínio dos fatos aos dirigentes da empresa, deve haver "**contribuição mínima e efetiva**". Na verdade, nesses casos, devem existir: (a) dolo em aderir ou anuir com a prática delituosa (a teoria do domínio dos fatos não se aplica aos crimes culposos); (b) contribuição

[13] JESUS, Damásio E. de. *Op. Cit.*, p. 476-477; BATISTA, Nilo. Concurso de Agentes. Rio de Janeiro: *Lumen Juris*, 1979, p. 53; JAKOBS, Günther. *Lá omissión: estado de lá cuestión, in Sobre El estado de la teoria del delito*. Madrid: Civitas, 2000, p. 142 e 143.

[14] Prova objetiva do concurso para o cargo de defensor público (DPE-RO), realizada em 2012.

[15] *Apud* SANTOS, Juarez Cirino dos. *Op. Cit.*, p. 348.

[16] ROXIN, Claus. *El Dominio de Organización Como Forma Independente de Autoria Mediata*. Trad. Justa Gómez Navajas. Revista de Estudios de la Justicia, n.º 7, Faculdade de Derecho, Universidade do Chile, 2006, p. 21.

[17] STF, AP 470, Pleno, Rel. Min. Joaquim Barbosa, DJ 22/04/2013; STF, HC 127397, 2ª Turma, Rel. Min. Dias Toffoli, DJ 02/08/2017.

mínima e efetiva do agente e (c) nexo de causalidade entre a conduta do agente e o resultado (relevância causal). De acordo com o STF, nos crimes societários, a teoria do domínio do fato poderá ser invocada quando houver indícios de que o administrador não só teve conhecimento das práticas criminosas, tendo também dirigido finalisticamente a atividade dos demais (STF, HC 127397, 2ª Turma, Rel. Min. Dias Toffoli, DJe-169 01/08/2017, Informativo n.º 850).

A teoria do domínio do fato possui algumas **variantes** (subcorrentes):

- **domínio da ação**: segundo Roxin, quem, sem coação, realiza o tipo "com as próprias mãos", sem qualquer interferência relevante, domina o seu atuar (ação), sendo considerado autor (**executor material**). O concorrente que não apresentar esse requisito será considerado partícipe[18]. Há uma estreita relação entre essa vertente e o critério formal-objetivo (verbo do tipo);

- **domínio da vontade**: deve ser considerado autor aquele que não executa o fato por si mesmo, mas por intermédio de um executor-instrumento. Essa subcorrente cuida dos casos de **autoria mediata**. Os principais casos de domínio da vontade decorrem de coação, erro invencível, utilização de inimputáveis e dos aparelhos organizados de poder[19];

- **domínio funcional do fato**: em certos casos, os agentes desenvolvem ações indispensáveis ao resultado final, com igual *status* ou controle (domínio conjunto do curso causal). Para essas hipóteses, surgiu a variante do domínio funcional do fato, que preconiza a punição de todos que atuam sob a divisão funcional de tarefas como autores (**coautoria**). Nesses casos, há coautoria, e não simples participação (domínio conjunto do curso causal);

- **domínio sobre a fonte de perigo**: a punição do dirigente de uma empresa, além do agir doloso, pressupõe que o agente se encontre em uma *posição de controle e fiscalização* sobre uma específica *fonte de perigo*. É uma vertente relacionada às **atividades de risco**. Ex: casos envolvendo poluição ambiental ou defeito do produto[20], lembrando que a teoria do domínio dos fatos não se aplica aos crimes culposos, mas apenas às infrações dolosas;

- **domínio da organização ou dos aparatos organizados de poder**: pressupõe a ideia de controle do fato na hierarquia da organização ilícita (perspectiva vertical), em que o agente faz parte da cadeia de comando.

[18] ROXIN, Claus. *Autoría y Dominio del Hecho en Derecho Penal*. Trad. Cuello Contreras e González de Murillo. Madrid: Marcial Pons, 2000, p. 151.

[19] ROXIN, Claus. *Op. Cit.*, p. 151.

[20] Art. 2º da Lei n.º 9.605/98 (Crimes Ambientais): "Quem, de qualquer forma, concorre para a prática dos crimes previstos nesta Lei, incide nas penas a estes cominadas, na medida da sua culpabilidade, bem como o diretor, o administrador, o membro de conselho e de órgão técnico, o auditor, o gerente, o preposto ou mandatário de pessoa jurídica, que, sabendo da conduta criminosa de outrem, deixar de impedir a sua prática, quando podia agir para evitá-la".

Fundamenta a punição, como **autor mediato**, daquele que se encontra no ápice ou nas posições intermediárias retransmissoras de uma ordem para delinquir em estrutura de poder organizada à margem do Estado (algo como "**chefias**", "**subchefias**" e "**gerentes**" nas instâncias da organização). Segundo Roxin, os "homens de trás" que ordenam delitos com poder autônomo podem ser responsabilizados como autores mediatos ("delinquentes de escritório")[21].

Para uma visão panorâmica, confira o **quadro estratégico** abaixo:

Teoria do domínio dos fatos (variantes) (mnemônico[22])		
	Domínio da ação	Execução pelas "próprias mãos" (*executor material*)
	Domínio da vontade	Não executa diretamente, mas se vale de um executor-instrumento (*autoria mediata*)
	Domínio funcional do fato	Divisão funcional de tarefas e domínio conjunto do curso causal. Todos são autores (*coautoria*)
	Domínio sobre a fonte de perigo	Posição de fiscalização e controle sobre uma específica fonte de perigo (*atividades de risco*)
	Domínio da organização ou dos aparatos e poder	"Homens de trás" com poder de mando nas instâncias da organização são autores mediatos especiais (*autoria de escritório*)

O CESPE-UNB/CEBRASPE considerou **incorreta** a assertiva de que o agente que, previamente, na divisão de trabalho de intento criminoso, tenha o domínio funcional do fato e fuja do local do crime é considerado partícipe[23].

> **Teoria do domínio do fato e o caso "Mensalão"**: na APn 470, o STF aplicou a teoria do domínio dos fatos, invocando algumas variantes teóricas. Esse foi um dos precedentes mais emblemáticos de aplicação da teoria no Brasil. Lembrando apenas de alguns pontos, o Supremo invocou expressamente as vertentes do *domínio funcional do fato*, reconhecendo a divisão de tarefas e a coautoria. Também foi citada a vertente do *domínio da organização ou dos aparatos organizados de poder* para alcançar membros do Poder estatal e dirigentes de instituições financeiras envolvidos em grandioso esquema de corrupção, lavagem de dinheiro e desvio de verbas públicas (STF, AP 470, Pleno, Rel. Min. Joaquim Barbosa, DJ 22/04/2013).

[21] ROXIN, Claus. *El Dominio de Organización, Op. Cit.*, p. 11.

[22] **Macete mnemônico**: "os criminosos **VÃO p/ PF**" – domínio da **V**ontade, domínio da **A**ção, domínio da **O**rganização, domínio da fonte de **P**erigo e domínio **F**uncional.

[23] Prova objetiva do concurso para o cargo de Promotor de Justiça (MPTO), realizada em 2012.

O CESPE-UNB/CEBRASPE considerou **incorreta** a assertiva de que conforme a teoria do domínio do fato, não há nenhuma utilidade no conceito de autoria mediata, porque o domínio da vontade, elemento especial dessa modalidade de autoria, insere-se no elemento geral da figura da autoria — que é o próprio domínio do fato —, podendo-se, por isso, concluir que autor mediato é o mesmo que mandante[24].

Finalizando o tópico, devemos lembrar que o Código Penal adotou a teoria restritiva, na vertente do critério objetivo-formal (verbo do tipo), sendo a teoria do domínio do fato adotada apenas como complemento[25].

3.2. Modalidades de autoria

3.2.1. Painel geral: as principais modalidades

Autoria material: é a ideia mais comum que temos de autoria, quando o agente, por si próprio, executa o crime.

Autoria intelectual: diz respeito ao "homem inteligente" do grupo, ou seja, aquele que traça o plano criminoso com todos os seus detalhes. O art. 62, I, do CP prevê circunstância agravante em relação ao agente que promove, ou organiza a cooperação no crime ou dirige a atividade dos demais agentes.

Autoria direta ou imediata: é aquela desempenhada pelo próprio agente, sem utilizar interposta pessoa (execução pessoal).

Autoria mediata ou indireta: ocorre quando o agente se vale de pessoa sem condições de discernimento para realizar por ele a conduta típica. Ex: agente convence doente mental a matar alguém.

Autoria colateral: verifica-se quando mais de um agente realiza a conduta, sem que haja liame subjetivo entre eles. Não há concurso de agentes (ausência de liame subjetivo) e cada um responde pelo crime que cometeu.

Autoria incerta: ocorre quando, na autoria colateral (pessoas conhecidas), não se sabe ao certo quem foi o causador do resultado. Ex: sem saber da conduta do outro, dois garçons utilizam veneno para matar um cliente. Um envenena a comida e outro, a bebida. Como não há certeza sobre quem causou a morte, ambos respondem por homicídio tentado (*in dubio pro reo*).

---

[24] Prova objetiva do concurso para o cargo de Juiz de Direito (TJDFT), realizada em 2014.
[25] JESUS, Damásio E. de. *Op. Cit.*, p. 450.

Autoria desconhecida ou ignorada: ocorre quando, após o término das investigações, não se consegue descobrir quem foi o autor do ilícito. A consequência é o arquivamento do inquérito policial.

Coautoria sucessiva: ocorre quando, dentro do critério de divisão de tarefas, há adesão posterior, por outro comparsa, aos atos executórios já iniciados por um dos agentes (antes da consumação), com união de desígnios (liame subjetivo) e interferência na consumação do delito (relevância causal).

Coautoria parcial: é um conceito adotado pela teoria do domínio do fato. Os atos executórios são distribuídos entre os diversos autores, de modo que cada um é responsável por um elo da cadeia causal, desde a execução até a consumação. As colaborações são diferentes, como partes da união de ação coletiva, e a ausência de uma delas partes faria frustrar o delito. É por isso que cada um mantém o domínio funcional do fato, sendo considerados autores[26].

3.2.2. Autoria mediata

Na autoria mediata, o agente se vale de pessoa sem condições de discernimento para realizar por ele a conduta típica.

Hipóteses. São elas: (a) inimputabilidade do executor-instrumento; (b) coação moral irresistível (*vis compulsiva*); (c) obediência hierárquica e (d) provocação de erro de tipo inevitável/escusável (**mnemônico**[27]).

Atenção! Na autoria mediata, há adequação típica *direta* e não existe concurso de agentes entre o autor mediato e o executor-instrumento. Note-se que na situação jurídica do executor "usado" sempre haverá uma excludente: de *culpabilidade* (inimputabilidade, coação moral irresistível e obediência hierárquica) ou de *tipicidade* (provocação de erro de tipo inevitável/escusável).

Limites. Não se admite autoria mediata nos crimes de **mão própria** e nos delitos **culposos**. Ex: falso testemunho. Para o STJ, o falso testemunho constitui crime de mão própria, somente podendo ser praticado por quem tem a condição de testemunha. O advogado pode figurar como partícipe do falso testemunho quando induzir, instigar ou auxiliar outra pessoa a mentir em juízo ou na polícia (STJ, HC 192.659/ES, 5ª Turma, Rel. Min. Jorge Mussi, DJe 19/12/2011; STJ, RHC 106.395/SP, 5ª Turma, Rel. Min. Reynaldo Soares, DJe 16/04/2019). A autoria mediata é compatível com os *crimes próprios*.

[26] JESUS, Damásio E. de. *Op. Cit.*, p. 452.

[27] **Macete mnemônico**: "**CIPÓ**" – **C**oação moral irresistível, **I**nimputabilidade do executor-instrumento, **P**rovocação de erro de tipo inevitável/escusável e **O**bediência hierárquica.

3.2.3. Autoria de escritório

Autoria de escritório é uma espécie de autoria indireta na qual o "chefe" da organização determina a prática de delitos pelos subalternos.

É um conceito ligado à teoria do domínio do fato, na variante do "domínio da organização ou dos aparatos de poder", a ser explorado no contexto dos delitos praticados por *organizações criminosas*.

Zaffaroni e Pierangeli assim definem a autoria de escritório:

> "Esta forma de autoria mediata pressupõe uma 'máquina de poder', que pode ocorrer tanto num Estado que se rompeu com a toda a legalidade, como numa organização paraestatal (um Estado dentro do Estado), ou como uma máquina de poder autônoma 'mafiosa', por exemplo. Não se trata de qualquer associação para delinquir, e sim de uma organização caracterizada pelo aparato de seu poder hierarquizado, e pela fungibilidade de seus membros (se a pessoa determinada não cumpre a ordem, outro a cumprirá; o próprio determinador faz parte da organização)"[28].

Ex: crimes ordenados pelos chefes do "Comando Vermelho" e do "PCC" para que sejam praticados pelos subalternos da organização (homicídios, roubos a banco, resgate de presos etc.). Essa é uma espécie de autoria mediata **especial**, não havendo que se falar em "impunibilidade do executor-instrumento". Tanto o "chefe" que ordena a prática do crime quanto o executor material que cumpre a ordem são considerados autores (coautoria).

3.2.4. Autoria por convicção

A **autoria por convicção** ocorre na situação do agente que conhece a norma, mas a descumpre por *convicções políticas, filosóficas ou religiosas*. Ex: pai, seguidor das "testemunhas de Jeová", impede que seja realizada transfusão de sangue necessária para salvar a vida do filho, causando a sua morte[29].

---

[28] ZAFFARONI, Eugenio Raúl; PIERANGELI, José Henrique. *Manual de Direito Penal Brasileiro*. Vol. 1. Parte Geral. 6ª Ed. São Paulo: Revista dos Tribunais, 2006, p. 582-583.

[29] GRECO, Rogério. *Curso de Direito Penal. Parte Geral.* 20ª Ed. Niteroi: Impetus, 2018, p. 548.

A "escusa de consciência" que estudamos no Direito Constitucional (CF, art. 5º, VIII) não exclui a responsabilidade penal do agente. Existe liberdade de crença religiosa, convicção filosófica ou política, mas essa liberdade não poderá ser invocada para eximir-se de cumprir as *normas penais*.

3.2.5. Autoria por determinação

Autor de determinação é aquele que se vale de outro, que não realiza conduta punível, para praticar um crime que não admite autoria mediata[30].

Pressupostos. São eles: (a) não cabimento de autoria mediata e (b) que a conduta do executor "usado" não seja punível. Ex: inimputável.

Eis o **dilema**: quanto ao *agente determinador*, não há autoria direta, pois não executou a infração; também não existe autoria mediata, não admitida nos crimes de mão própria; quanto ao *executor*, não há autoria ou participação penalmente relevante, por a conduta por ele praticada não ser punível. Diante disso, ficaria o "agente determinador" livre da responsabilidade penal?

Esse é o problema a ser resolvido pela autoria de determinação. Nesses casos, embora formalmente não haja autoria ou participação, o agente determinador é alcançado pelo art. 29 do CP, pois sua conduta "de qualquer modo, concorre para o crime". Assim, o resultado é imputado unicamente ao autor de determinação, não sendo punível o executor "usado".

3.2.6. Executor de reserva

Executor de reserva é aquele que acompanha a execução da conduta típica sem dela participar diretamente, mantendo-se à disposição caso sua intervenção seja necessária no decorrer da execução do crime. Ex: "A" fica de prontidão no local caso "B" não consiga finalizar o homicídio sozinho.

Discute-se na doutrina sobre situação jurídico-penal do executor de reserva. *1ª corrente*: trata-se de coautor[31]. *2ª corrente*: trata-se de partícipe[32]. O STJ ainda não firmou orientação sobre a matéria.

[30] PIERANGELI, José Henrique; ZAFFARONI, Eugênio Raúl. *Op. Cit.*, p. 580-581.
[31] BATISTA, Nilo. *Concurso de Agentes*. 2ª Ed. Rio de Janeiro: *Lumen Juris*, 2004, p. 109.
[32] NUCCI, Guilherme de Souza. *Curso de Direito Penal. Vol. 1. Parte Geral*. 4ª Ed. São Paulo: Forense, 2020, p. 555-556.

4. PARTICIPAÇÃO

4.1. Generalidades

Partícipe é aquele que, sem realizar o verbo do tipo, concorre para o crime mediante *auxílio*, *instigação* ou *induzimento* (conduta acessória).

O art. 29, *caput*, do CP prevê o seguinte:

> "Art. 29 - Quem, de qualquer modo, concorre para o crime incide nas penas a este cominadas, na medida de sua culpabilidade".

Trata-se de norma de extensão pessoal e espacial da figura típica geradora de adequação típica mediata ou indireta (tipicidade formal indireta). Existem duas formas de participação: *material* ou *moral*.

Para uma melhor visualização sobre as formas de participação, confira o **esquema estratégico** abaixo:

Na participação, deve existir homogeneidade de elemento subjetivo (dolo + dolo), sob pena de descaracterização do concurso de agentes. Não se admite participação culposa em crime culposo[33]. Nesse ponto, vale conferir a observação feita por Zaffaroni e Pierangeli:

> "Não é admissível a participação culposa em delito doloso, nem a participação dolosa em delito culposo e tampouco a participação culposa em delito culposo. A única participação possível é a dolosa em delito doloso"[34].

[33] JESUS, Damásio E. de. *Op. Cit.*, p. 464.
[34] PIERANGELI, José Henrique; ZAFFARONI, Eugênio Raúl. *Op. Cit.*, p. 578

O CESPE-UNB/CEBRASPE considerou **incorreta** a assertiva de que é possível haver participação culposa em crime doloso[35].

4.2. Espécies ou classes de acessoriedade (mínima, limitada e outras)

Como dissemos, na participação *stricto sensu*, há uma conduta *acessória*. A doutrina identifica diversas **espécies** de acessoriedade: (a) mínima; (b) limitada; (c) extremada e (d) hiperacessoriedade.

Para uma visão rápida e com o intuito de facilitar a memorização, observe o **esquema estratégico** abaixo (**questão discursiva**[36]):

Espécie de acessoriedade		**Para o partícipe, exige-se:**
Mínima	➡	Apenas *fato típico*
Limitada	➡	*Fato típico* e *ilícito* (**finalismo**)
Extremada	➡	*Fato típico, ilícito* e *culpável* (naturalismo)
Hiperacessoriedade	➡	*Fato típico, ilícito* e *culpável*, incidindo sobre o partícipe todas as *agravantes* e *atenuantes* de caráter pessoal relativas ao autor principal

Diretriz prevalente: a **acessoriedade limitada**. Como podemos perceber pela estrutura de cada teoria apontada no esquema acima, as excludentes de *ilicitude* (causas de justificação) e de *culpabilidade* podem ou não gerar reflexos na punibilidade do partícipe conforme a teoria analisada.

No modelo finalista, a vertente seguida é a acessoriedade limitada. Segundo Welzel, "para a punibilidade da participação, basta que o fato principal seja típico e antijurídico", não se exigindo que seja culpável"[37]. Desse modo, a participação não requer que o autor principal tenha atuado

---

[35] Prova objetiva do concurso para o cargo de Promotor de Justiça (MP-AM), realizada em 2007.

[36] Na prova discursiva do concurso para o cargo de Promotor de Justiça (MP-RO), realizada pelo CESPE-UNB/CEBRASPE em 2010, foi formulada a seguinte **questão discursiva**: "redija um texto dissertativo que identifique e conceitue a teoria que fundamenta a coautoria. Em seu texto aborde, ainda, a existência de relação de acessoriedade, segundo a visão finalista".

[37] WELZEL, Hans. *Derecho Penal Alemán*. Trad. Juan Bustos Ramírez e Sergio Yáñez Santiago: Ed. Jurídica de Chile, 1970, p. 161.

"culpavelmente" (culpabilidade)[38]. Já no modelo naturalista ou causal da ação, prevalecia a teoria da acessoriedade extremada, exigindo-se fato culpável[39], lembrando que, nessa época, dolo e culpa faziam parte da culpabilidade.

Por isso, diante da necessidade de coerência com o modelo finalista, respeitáveis penalistas como Damásio[40], Zaffaroni (ex-finalista)[41] e Frederico Marques[42] adotam a teoria da acessoriedade limitada (fato típico e ilícito)

Mas qual foi a teoria adotada pelo Código Penal brasileiro? A codificação não foi expressa a respeito. A **doutrina tradicional**, com base no modelo finalista, defende a **acessoriedade limitada** (fato típico e ilícito), sendo esta a posição dominante no Brasil. Entretanto, na **doutrina moderna**, vem ganhando força um movimento de defesa da **acessoriedade extremada** (fato típico, ilícito e culpável), com a finalidade de resolver os problemas ligados à autoria mediata. Com essa nova visão, podemos citar o entendimento de Mezger[43], René Ariel Dotti[44], Flávio de Barros[45] e Fernando Capez[46].

Veja o que diz Rogério Sanches:

> "(B) Acessoriedade limitada (ou média): a punição do partícipe pressupõe apenas a prática de fato típico e ilícito, afastando-se a necessidade de que o agente seja culpável. Esta é a teoria mais aceita pela doutrina brasileira, embora haja apontamentos no sentido de que a sua aplicação é incompatível com a autoria mediata"[47].

Em suma, o modelo finalista e a doutrina tradicional defendem a acessoriedade limitada (fato típico e ilícito). A doutrina moderna, por outro lado, sustenta a teoria extremada (fato típico, ilícito e culpável), mas ainda prevalece na doutrina brasileira a acessoriedade limitada (sistema finalista).

---

[38] WESSELS, Johannes. *Direito Penal. Vol. 1. Tomo 4.* Porto Alegre: Sérgio Antônio Fabris Editor, 1976, p. 125.
[39] GRECO, Rogério. *Op. Cit.*, p. 556.
[40] JESUS, Damásio E. de. *Op. Cit.*, p. 458.
[41] ZAFFARONI, Eugenio Raúl; PIERANGELI, José Henrique. *Op. Cit.*, p. 586-587.
[42] *Apud* JESUS, Damásio E. de. *Op. Cit.*, p. 458.
[43] MEZGER, Edmundo. *Tratado de Derecho Penal.* Trad. José Arturo Rodrigues Muñoz. Madrid: Revista de Derecho Privado, 1946, p. 294.
[44] DOTTI, René Ariel. *Curso de Direito Penal. Parte Geral.* 4ª Ed. São Paulo: Revista dos Tribunais, 2012, p. 448.
[45] BARROS, Flávio Augusto Monteiro de. *Direito Penal. Parte Geral.* 7ª Ed. São Paulo: Saraiva, 2009, p. 435.
[46] CAPEZ, Fernando. *Curso de Direito Penal. Vol. 1. Parte Geral.* 16ª Ed. São Paulo: Saraiva, 2012, p. 370-371.
[47] CUNHA, Rogério Sanches. *Manual de Direito Penal. Parte Geral.* 8ª Ed. Salvador: *Juspodivm*, 2020, p. 470.

O CESPE-UNB/CEBRASPE considerou **incorreta** a assertiva de que consoante a teoria da acessoriedade limitada, adotada no CP, o partícipe somente responderá pelo crime se o fato principal for típico, ilícito e culpável, incidindo ainda sobre o partícipe todas as agravantes e atenuantes de caráter pessoal relativas ao autor principal[48].

4.3. Participação de menor importância

Essa modalidade de participação é prevista no art. 29, §1º, do CP:

> "Art. 29 [...]
> § 1º - Se a participação for de menor importância, a pena pode ser diminuída de um sexto a um terço".

O Código Penal não apresenta o conceito de "participação de menor importância", ficando sua definição a cargo da doutrina. Segundo René Ariel Dotti, a participação de menor importância é aquela de **leve eficiência causal**[49].

Nesse contexto, existem três conceitos importantes ligados à participação que merecem atenção. Observe no **quadro estratégico** abaixo:

PARTICIPAÇÃO (Distinções)		
Participação inócua	**Participação de menor importância**	**Participação comum**
Não possui relevância causal	Eficiência causal *leve*	Eficiência causal *normal*
O agente não responde	Causa de diminuição de pena de 1/6 a 1/3 (CP, art. 29, §1º)	Circunstância judicial (CP, art. 59)

Tudo depende do **caso concreto** e da **espécie de crime**. Ex: no delito de roubo, a conduta do motorista que leva os comparsas ao local e depois dirige na fuga não é considerada participação de menor importância [50], mas

[48] Prova objetiva do concurso para o cargo de Juiz de Direito (TJPI), realizada em 2011.
[49] DOTTI, René Ariel. *Op. Cit.*, p. 454.
[50] STJ, HC 115.056/SP, 5ª Turma, Rel. Min. Jorge Mussi, DJe 01/02/2010.

participação comum. Porém, no crime de homicídio, a conduta do agente que dirige em fuga é considerada participação de menor importância[51].

4.4. Cooperação dolosamente distinta (desvios subjetivos)

O art. 29, §2º, do CP assim dispõe:

> "Art. 29 [...]
> § 2º - Se algum dos concorrentes *quis* participar de crime menos grave, ser-lhe-á aplicada a pena deste; essa pena será aumentada até metade, na hipótese de ter sido *previsível* o resultado mais grave".

O dispositivo trata da chamada **cooperação dolosamente distinta**, em que há **desvios subjetivos** entre as condutas dos agentes, com a diversidade de elementos subjetivos: um ou alguns dos envolvidos querem participar apenas de crime menos grave, mas outros vão além e causam resultado mais grave. Ex: três indivíduos invadem residência durante a noite para furtar, mas um deles se desvia do intuito inicial e estupra uma jovem que dormia no local.

No dispositivo transcrito acima (CP, art. 29, §2º), observe que a palavra "quis" indica dolo e a expressão "previsível" indica culpa[52]

Como o tema trata de desvios subjetivos, relacionados ao elemento anímico da conduta, devemos atentar para algumas "fórmulas". Confira abaixo:

RESPONSABILIZAÇÃO PELO RESULTADO MAIS GRAVE (gradação do elemento subjetivo)	
CONDUTAS	**RESPONSABILIDADE**
Dolo + dolo	Todos respondem pelo resultado mais grave
Dolo + culpa (cooperação dolosamente distinta)	O comparsa responde pelo crime menos grave que quis praticar + causa de aumento de pena
dolo + ausência de dolo ou culpa	O comparsa responde apenas pelo crime menos grave que quis praticar sem aumento de pena

[51] STJ, RHC 110.025/MT, 5ª Turma, Rel. Min. Joel Ilan Paciornik, DJe 25/11/2019.
[52] ZAFFARONI, Eugenio Raúl; PIERANGELI, José Henrique. *Op. Cit.*, p. 591.

> **Responsabilidade subjetiva**: cada agente responde nos limites do seu próprio *dolo* (consciência e vontade), não podendo ser responsabilizado pelo dolo de outrem (o dolo deve ser individualizado). Os comparsas somente respondem pelo resultado mais grave se houver no mínimo *culpa* quanto ao evento, diante da proibição da responsabilidade penal objetiva no sistema penal brasileiro (CP, art. 19). O termo *previsível* contido no art. 29, §2º, do CP refere-se à *previsibilidade objetiva*, que é um dos elementos da culpa *stricto sensu*, baseada no padrão do homem médio (*homo medius*).

Vejamos alguns exemplos sobre a aplicação da norma prevista no art. 29, §2º, do CP. O tema tem sido explorado em concursos públicos.

Ilustrando, confira abaixo o exemplo do crime de furto:

EXEMPLO DE RESULTADO MAIS GRAVE
(Furto e estupro)

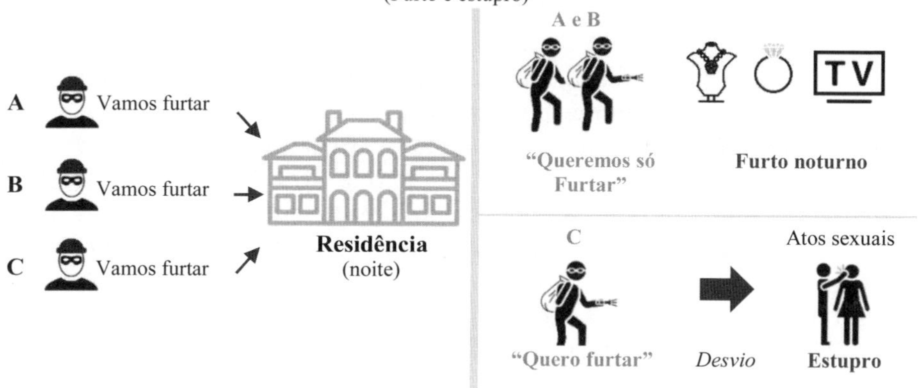

No caso acima, A e B respondem apenas por furto majorado – repouso noturno (CP, art. 155, §1º). C responde por furto e estupro. No crime furto, um estupro não é um desdobramento normal dos fatos como também não é um resultado *previsível* no padrão de um homem médio (não há culpa). Por isso, A e B respondem apenas pelo crime menos grave que quiseram praticar (furto).

No entanto, existem casos em que o resultado mais grave encontra-se inserido no **contexto natural dos fatos**, quando será **abrangido pelo dolo**. Ex: no crime de roubo, tendo todos os agentes ciência (= *consciência*, um dos elementos do dolo) de que um deles portava arma de fogo, assumem o risco (dolo eventual) de que o resultado morte seja produzido no contexto dos fatos.

No exame do resultado mais grave, deve-se verificar se há "consciência" e "vontade" consistente em um "querer" (dolo direto) ou em "assumir o risco" (dolo eventual). Se o resultado mais grave é visto como **consequência natural** do fato, considera-se **abrangido pelo dolo** do agente.

Nesse sentido, vale citar o seguinte precedente do STJ:

> "LATROCÍNIO (ART. 157, § 3º, DO CP). [...] COOPERAÇÃO DOLOSAMENTE DISTINTA. INAPLICABILIDADE AOS COAUTORES [...]
> 1. Na esteira do entendimento desta Corte, a ciência a respeito da utilização de arma de fogo no delito de roubo impõe, a princípio, a responsabilização de todos os agentes por eventual morte da vítima, haja vista ser tal resultado desdobramento ordinário da ação criminosa em que todos contribuem para realização do evento típico" (STJ, AgRg no AREsp 1163320/MG, 5ª Turma, Rel. Min. Jorge Mussi, DJe 20/04/2018).

Para o STF, aquele que se associa a comparsa para a prática de roubo, sobrevindo a morte da vítima, responde pelo crime de latrocínio, ainda que não tenha sido o autor do disparo fatal ou que sua participação se revele de menor importância (STF, RHC 133575/PR, 1ª Turma, Rel. Min. Marco Aurélio, j. 21/02/2017, Informativo n.º 855). Estando o agente armado na prática do roubo, a morte é tida pela jurisprudência como um desdobramento natural do delito. O STJ, inclusive, tem afirmado que o resultado morte está no desdobramento causal dos fatos inerentes ao tipo penal de latrocínio (CP, art. 157, § 3º) (STJ, REsp 1687614/SP, 6ª Turma, Rel. Min. Sebastião Reis, DJe 14/03/2018).

Cuidado! Nos concursos públicos, no contexto do tema em estudo, as expressões "ciência" e "consciência" normalmente são indicativas de dolo, a não ser que a vontade esteja viciada por erro ou coação física.

O CESPE-UNB/CEBRASPE considerou **correta** a assertiva de que no crime de roubo praticado com pluralidade de agentes, se apenas um deles usar arma de fogo e os demais tiverem ciência desse fato, todos responderão, em regra, pelo resultado morte, caso este ocorra, pois este se acha dentro do desdobramento normal da conduta[53].

Outra situação: o agente que "empresta" a arma de fogo é considerado partícipe do crime praticado com a arma, do qual tinha "consciência" prévia

---

[53] Prova objetiva do concurso de Juiz de Direito (TJAM), realizada em 2016.

(dolo direto), inclusive quanto ao resultado mais grave produzido no contexto ordinário (dolo eventual) do delito[54]. Ex: homicídio, roubo etc.

Em suma, havendo dolo (direto ou eventual) do comparsa, este responderá pelo resultado mais grave, afastando-se a cooperação dolosamente distinta. Não havendo dolo, responde apenas pelo crime que quis participar, com a pena aumentada em até a metade, se o resultado mais grave for previsível (culpa). Não havendo dolo ou culpa quanto ao resultado mais grave, responde apenas pelo delito que quis participar (CP, art. 29, §2º c/c art. 19).

4.5. Modalidades de participação

Participação moral: é aquela realizada no plano *psicológico*, através de induzimento (faz nascer a ideia) ou instigação (reforça ideia preexistente).

Participação material: é realizada através de auxílio material. Ex: "A" empresta a arma a "B" para que este mate "C".

Participação em cadeia: é a "participação da participação", ou seja, há uma conduta acessória de outra acessória. Ex: auxílio do auxílio, induzimento ao instigador etc. É punível como participação.

Participação sucessiva: verifica-se quando o mesmo partícipe concorre para a conduta principal com mais de uma forma. Ex: o agente induz o autor a matar uma pessoa e empresta a arma de fogo (auxílio).

Participação necessária: ocorre nos casos em que os bens ou auxílio material fornecidos pelo partícipe são escassos, não podendo ser fornecidos por qualquer pessoa. Ex: explosivos, máquinas de falsificar notas etc. Nesses casos, há participação, mas esta não será considerada de menor importância. Quando o bem ou auxílio não for escasso, a participação não será tida como indispensável e poderá ser de menor importância, conforme o caso[55].

Participação por omissão: ocorre quando o agente, tendo o *dever jurídico* agir para evitar o resultado (CP, art. 13, §2º), omite-se de modo

[54] "LATROCÍNIO [...] PLEITO DE DESCLASSIFICAÇÃO PARA ROUBO DA CONDUTA DAQUELE CUJA PARTICIPAÇÃO SE LIMITOU A EMPRESTAR A ARMA: INVIÁVEL. HIPÓTESE DE DOLO EVENTUAL [...] 3. A jurisprudência desta Corte tem entendido que o ato de emprestar a arma de fogo para a prática de roubo evidencia que o agente assume o risco de se produzir um resultado mais grave, uma vez que o evento morte se trata de mero desdobramento causal da ação delituosa praticada com o uso do artefato bélico, devendo ser afastada a tese de cooperação dolosamente distinta, sob o pretexto de que o réu apenas consentira com o crime de roubo" (STJ, AgRg no AREsp 1205699/SP, 5ª Turma, Rel. Min. Reynaldo Soares da Fonseca, DJe 21/03/2018).

[55] GRECO, Rogério. *Op. Cit.*, p. 554.

intencional, desejando que o resultado se realize. Como o omitente possuía o dever de evitar o resultado, responderá pelo resultado em concurso na qualidade de partícipe. Ex: empregado que deixa de fechar a porta da loja para que, mais tarde, terceiro possa praticar uma subtração (*atitude passiva indevida*).

Participação em crime omissivo: verifica-se quando há uma *atitude ativa* do agente, que auxilia, instiga ou induz outrem a omitir a conduta devida. Ex: o agente que instiga o devedor de alimentos a não pagar pensão alimentícia poderá ser considerado partícipe do crime de abandono material (CP, art. 244).

Conivência ou participação negativa (*crime silenti*): ocorre quando o agente, sem ter o dever jurídico de agir, omite-se durante a prática do delito, quando tinha condições de impedi-lo, sem aderir à vontade criminosa do autor. Não é punível como participação pela lei brasileira. É chamada de crime silente ou *concurso absolutamente negativo*. Não há concurso de agentes. Ex: transeunte presencia roubo armado de pessoa desconhecida e nada faz. Eventualmente, dependendo das circunstâncias do caso, o indivíduo poderá até responder pelo crime de omissão de socorro (CP, art. 135), mas não responde como partícipe pelo resultado não evitado. Ex: vizinhos presenciam homicídio tentado e, após a fuga do criminoso, não prestam auxílio à vítima esfaqueada.

4.6. Participação impunível

O art. 31 do CP prevê a hipótese de participação impunível:

> "Art. 31 - O ajuste, a determinação ou instigação e o auxílio, salvo disposição expressa em contrário, não são puníveis, se o crime não chega, pelo menos, a ser tentado".

No contexto do *iter criminis* (cogitação, preparação, consumação e execução), a conduta somente pode ser punida se houver atos executórios.

4.7. Arrependimento do partícipe

Havendo arrependimento do partícipe, este somente será beneficiado pela regra do art. 15 do CP (arrependimento eficaz) se lograr êxito em evitar a conduta do autor, devendo, assim, haver "eficácia" do arrependimento.

Ex: "A" empresta sua arma a "B" para matar "C". No dia do crime, "A" se arrepende e consegue pegar a arma de volta antes que o crime seja praticado.

4.8. Participação e o problema das ações neutras

Ações neutras são condutas aparentemente normais e úteis, mas que contribuem para que um fato ilícito seja praticado por terceiro[56].

Exemplos: Daniel, funcionário de uma lanchonete, vende um sanduíche a Ronaldo, ciente de que este deseja envenenar o alimento e servi-lo à esposa com o objetivo de matá-la. Manoel, motorista de aplicativo (ex: Uber), transporta um criminoso até o local onde este cometerá homicídio.

O tema da participação por ações neutras foi tratado pela primeira vez por Ludwig Von Bar, em 1907. O Tribunal Superior alemão analisou um caso em que um padeiro e um comerciante forneciam pão e vinho para um bordel, sabendo que lá eram praticados atos de prostituição, que eram considerados crime na época. O tema foi retomado por Günther Jakobs em 1977.

Mas as **ações neutras** são puníveis como participação? Há divergência. *1ª corrente*: são puníveis, de acordo com determinados critérios[57]. *2ª corrente*: não são puníveis[58]. O STF e o STJ ainda não se posicionaram.

5. COMUNICABILIDADE DE ELEMENTARES E CIRCUNSTÂNCIAS

O art. 30 do CP assim dispõe:

> "Art. 30 - Não se comunicam as circunstâncias e as condições de caráter pessoal, salvo quando elementares do crime".

Elementares: são os *elementos essenciais* que constituem o tipo penal. São aqueles componentes que se você "mexer" neles, o crime se descaracteriza

---

[56] GRECO, Luís. *Cumplicidade através de ações neutras: a imputação objetiva na participação*. Rio de Janeiro: Renovar, 2004, p. 110.

[57] CORDERO, Isidoro Blanco. *Limites a la participacion delictiva: lãs acciones neutrales y la cooperación en el delito*. Granada: Comares, 2001, p. 35-41.

[58] JAKOBS, Günter. *Derecho Penal: Parte General. Fundamentos y Teoría de la Imputacíon*. 2ª Ed. Madrid: Marcial Pons, 1997, p. 842 e seguintes.

(atipicidade absoluta) ou se transforma em outra figura típica (atipicidade relativa). Ex: substância entorpecente no tráfico de drogas.

Circunstâncias: são *dados acessórios* que circundam o crime, mas que não integram o tipo penal e apenas aumentam ou diminuem a pena prevista. A partir do texto legal (CP, art. 30), parte da doutrina distingue as circunstâncias das condições. Para essa corrente, diferentemente das circunstâncias, *condições* são dados inerentes ao indivíduo e existentes independentemente da prática do crime. Ex: idade menor de 21 anos, reincidência e relações de parentesco[59].

Segundo Alberto Silva Franco, as elementares e circunstâncias podem ser classificadas em:

(a) objetivas, materiais ou reais: relacionam-se com o fato delituoso em sua materialidade, abrangendo o aspecto exterior do crime (ex: modo de execução, uso de determinados instrumentos, tempo, ocasião, lugar etc.);

(b) subjetivas ou pessoais: são aquelas que dizem respeito ao sujeito ativo, estado anímico ou motivos do crime[60].

Como exemplo de elementar subjetiva, podemos citar a qualidade de funcionário público no crime de peculato (CP, art. 312), que se comunica aos coautores ou partícipes, mesmo que estes não integrem o serviço público.

Para uma visão geral, confira o **quadro estratégico** (**questão oral**[61]):

<table>
<tr><td rowspan="4">Comunicabilidade
(elementares e circunstâncias)</td><td rowspan="2">Elementares
(elementos essenciais)</td><td>Objetivas, materiais ou reais
(fato)</td><td rowspan="2">Comunicáveis ao coautor ou partícipe</td></tr>
<tr><td>Subjetivas
(agente)</td></tr>
<tr><td rowspan="2">Circunstâncias
(dados acidentais)</td><td>Objetivas, materiais ou reais
(fato)</td><td>Comunicáveis, desde que o coautor ou partícipe tenha conhecimento</td></tr>
<tr><td>Subjetivas
(agente)</td><td>Incomunicáveis (CP, art. 30)</td></tr>
</table>

[59] CUNHA, Rogério Sanches. *Op. Cit.*, p. 476.

[60] FRANCO, Alberto Silva. *Código Penal e Sua Interpretação Jurisprudencial. Parte geral*. Vol. 1. Tomo I. São Paulo: Revista dos Tribunais, 1997, p. 491.

[61] Na prova oral do concurso para o cargo de Juiz de Direito (TJCE), realizada pelo CESPE-UNB/CEBRASPE em 2019, foi formulada a seguinte **questão oral**: "Considerando a comunicabilidade das circunstâncias previstas no Código Penal, apresente a definição dos institutos a seguir, esclarecendo quais deles se comunicam dos autores aos partícipes. 1 circunstâncias 2 circunstâncias reais 3 circunstâncias subjetivas 4 condições 5 elementares 6 elementares materiais 7 elementares subjetivas".

O CESPE-UNB/CEBRASPE considerou **incorreta** a assertiva de que não se comunicam as circunstâncias e as condições de caráter pessoal, ainda que elas sejam elementares do crime[62].

> **Circunstâncias elementares?** Parte da doutrina sustenta a existência de uma "categoria intermediária", ao lado das elementares e circunstâncias. Segundo Nelson Hungria, as *circunstâncias elementares* não chegam a ser elementares, mas também não podem ser reduzidas a meras circunstâncias. São as qualificadoras. Essa categoria recebe o mesmo tratamento das elementares do tipo, inclusive para fins de comunicabilidade (CP, art. 30)[63]. A maioria da doutrina opta pela denominação *qualificadora.*

Qualificadoras: são aquelas que alteram os limites abstratos da pena, fazendo surgir uma forma derivada de tipo penal. Ex: no homicídio simples, a pena é de reclusão, de 6 a 20 anos (CP, art. 121, *caput*); já no homicídio qualificado, a pena é de reclusão, de 12 a 30 anos (CP, art. 121, §1º). As qualificadoras recebem o mesmo tratamento das elementares do tipo.

Segundo o STJ, no homicídio mercenário, a qualificadora da paga ou promessa de recompensa é elementar do tipo qualificado, sendo **comunicável** ao mandante (STJ, AgInt no REsp 1681816/GO, 5ª Turma, Rel. Min. Nefi Cordeiro, DJe 15/05/2018).

6. QUESTÕES FINAIS

6.1. Concurso de agentes e crimes culposos

De acordo com a orientação dominante, nos crimes culposos, admite-se apenas a coautoria, mas não a participação *stricto sensu* (**mnemônico**[64]).

O STJ, seguindo a posição majoritária[65], assim já decidiu:

> "É perfeitamente admissível, segundo o entendimento doutrinário e jurisprudencial, a possibilidade de concurso

[62] Prova objetiva do concurso para o cargo de Promotor de Justiça (MPTO), realizada em 2012.

[63] HUNGRIA, Nelson. *Comentários ao Código Penal*. 5ª Ed. Rio de Janeiro: Forense, 1979, p. 382.

[64] **Macete mnemônico**: "**Letra C**" – O crime **C**ulposo admite apenas a **C**oautoria.

[65] JESUS, Damásio E. de. *Op. Cit.*, p. 464; DOTTI, René Ariel. *Op. Cit.*, p. 454, NUCCI, Guilherme de Souza. *Op. Cit.*, p. 459; PIERANGELI, José Henrique; ZAFFARONI, Eugênio Raúl. *Op. Cit.*, p. 578.

> de pessoas em crime culposo, que ocorre quando há um vínculo psicológico na cooperação consciente de alguém na conduta culposa de outrem. O que não se admite nos tipos culposos, ressalve-se, é a participação" (STJ, HC 40.474/PR, 5ª Turma, Rel. Min. Laurita Vaz, DJ 13/02/2006).

O CESPE-UNB/CEBRASPE considerou **correta** a assertiva de que é admissível, segundo o entendimento doutrinário e jurisprudencial, a possibilidade de concurso de agentes em crime culposo, que ocorre quando há um vínculo psicológico na cooperação consciente de alguém na conduta culposa de outrem. O que não se admite nos tipos culposos é a participação[66].

6.2. Concurso de agentes e crimes omissivos

Nos crimes omissivos – próprios ou impróprios[67] –, para a maioria da doutrina, são admitidas tanto a coautoria quanto a participação.

Segundo Aníbal Bruno, "pode-se concorrer por omissão em crime omissivo, como se pode concorrer por ação em crime omissivo próprio ou impróprio"[68]. Nos crimes omissivos, em que a conduta principal é omissiva, a conduta acessória do partícipe pode decorrer de ação (comissão). Ex: instigação (conduta acessória ativa) para omissão do autor (conduta principal negativa).

O CESPE-UNB/CEBRASPE considerou **correta** a assertiva de que o crime omissivo admite a participação por meio de comissão[69].

Por outro lado, a participação por omissão em crime comissivo é admitida. Ex: considera-se partícipe de crime comissivo (delito de ação), com conduta omissiva, o gerente de estabelecimento comercial, detentor das chaves do local, que deixa a porta aberta ao sair para facilitar a prática de furto.

No caso da participação por omissão, como o agente possuía o dever de evitar o resultado, será responsabilizado por este na condição de partícipe.

---

[66] Prova objetiva do concurso para o cargo de defensor público (DPE-RN), realizada em 2015.

[67] **Crimes omissivos próprios e impróprios**: conforme já estudado, os crimes *omissivos próprios* são aqueles em que não há o dever jurídico de agir para impedir o resultado, devendo o agente responder por sua própria omissão quando prevista como crime. Ex: omissão de socorro (CP, art. 135). Já nos crimes *omissivos impróprios*, existe o dever jurídico de agir e impedir o resultado. Nessa hipótese, de acordo com a teoria normativa, a omissão adquire relevância causal e o agente responderá pelo resultado não evitado.

[68] BRUNO, Aníbal. *Direito Penal. Parte Geral.* Tomo II. Rio de Janeiro: Forense 1956, p. 278.

[69] Prova objetiva do concurso para o cargo de Juiz de Direito (TJPB), realizada em 2015.

> **Omissão de socorro (banhistas e salva-vidas)**: imagine a situação em que um banhista e um salva-vidas, ambos *podendo* agir sem perigo pessoal, presenciam o afogamento de uma pessoa na piscina do clube onde o guarda-vidas trabalha e não prestam socorro. A pessoa vem a falecer. O salva-vidas, como tinha o dever de evitar o resultado (CP, art. 13, §2º, *b*: *dever do garantidor*), responde por homicídio culposo. O banhista, por sua vez, poderá ser responsabilizado por omissão de socorro. (CP, art. 135). Não há participação dolosa em crime culposo, havendo crimes distintos.

O exemplo retrata a individualização da responsabilidade nos crimes omissivos, segundo os deveres de cada agente. Observe a ilustração abaixo:

OMISSÃO DE SOCORRO
(exemplo da situação do banhista e salva-vidas inertes)

O CESPE-UNB/CEBRASPE considerou **incorreta** a assertiva de que considere que um guarda-vidas e um banhista, ambos podendo agir sem perigo pessoal, tenham presenciado o afogamento de uma pessoa na piscina do clube onde o guarda-vidas trabalha e não tenham prestado socorro a ela. Nesse caso, na hipótese de morte da vítima, os dois agentes devem responder pelo delito de omissão de socorro[70].

6.3. Multidão delinquente

Na hipótese de multidão delinquente, como nos casos de linchamentos e outros delitos cometidos por influência de multidão em tumulto, todos os agentes responderão pelos crimes praticados em concurso. O art. 65, III, *e*, do

[70] Prova objetiva do concurso para o cargo de Promotor de Justiça (MP-ES), realizada em 2010.

CP prevê como circunstância atenuante a situação de o crime ter sido praticado sob a influência de multidão em tumulto, se não o provocou.

6.4. Concurso de pessoas, trote de formatura e situações análogas

Eventuais mortes e lesões corporais ocorridas no contexto de "trote de formatura" e situações análogas recebem o mesmo tratamento dos crimes de autoria coletiva. Assim, por exemplo, pode haver dolo eventual, cooperação dolosamente distinta, coautoria em crime culposo etc., conforme o caso.

Nesses casos, a conduta de cada agente precisa ser identificada para saber se houve dolo ou culpa para fins de responsabilização, não sendo admitida a responsabilidade penal objetiva (sem dolo ou culpa).

Para o STJ, sendo denunciados em coautoria delitiva, e não havendo hipóteses de participação de menor importância ou cooperação dolosamente distinta, os réus têm que receber rigorosamente a mesma condenação, objetiva e subjetivamente, seja por crime doloso, seja por crime culposo, não sendo possível cindir o delito no tocante à homogeneidade do elemento subjetivo, requisito do concurso de pessoas, sob pena de violação à teoria monista (STJ, REsp 1306731/RJ, 5ª Turma, Rel. Min. Marco Bellizze, DJe 04/11/2013).

CAPÍTULO 16
CONCURSO DE CRIMES

1. CONCEITO E ESPÉCIES

O concurso de crimes ocorre quando o agente, mediante uma ou várias condutas, realiza uma pluralidade de infrações[1].

Na doutrina, Damásio de Jesus define o concurso de delitos e explica que, apesar da opção legislativa verificada no Código Penal, o ponto possui mais relação com a teoria do crime do que com a teoria da pena. Confira:

> "Quando um sujeito, mediante unidade ou pluralidade de ações ou de omissões, pratica dois ou mais delitos, surge o concurso de crimes [...] No CP brasileiro, a questão é tratada nos arts. 69 a 72, 75 e 76, que pertencem ao Cap. III do Tít. V. Este cuida das penas [...] Na verdade, a questão deveria ser tratada pelo Código na teoria geral do

[1] PRADO, Luiz Regis. *Curso de Direito Penal Brasileiro*. 12ª Ed. São Paulo: Revista dos Tribunais, 2013, p. 583.

> crime, pois são mais relevantes os problemas relacionados com o delito em geral que com a pena em geral" [2].

Por isso, embora o concurso de crimes seja tratado pelo Código Penal brasileiro na disciplina da pena, optamos por tratar do assunto no campo da teoria geral do delito, onde o tema é melhor inserido.

Existem três **espécies** de concurso de infrações: (a) concurso material; (b) concurso formal e (c) crime continuado.

Para uma visão panorâmica inicial, confira o **quadro estratégico**:

<table>
<tr><td rowspan="4">Concurso de crimes
(espécies)</td><td>Concurso material
(pluralidade de condutas e de resultados)</td><td>Critério do cúmulo material de penas (penas somadas)</td></tr>
<tr><td rowspan="2">Concurso formal
(unidade de conduta e pluralidade de resultados)</td><td>Próprio ou perfeito: único desígnio (critério da exasperação: pena majorada).</td></tr>
<tr><td>Impróprio ou imperfeito: há desígnios autônomos, por dolo direto ou eventual (critério do cúmulo material de penas: penas somadas)</td></tr>
<tr><td>Crime continuado
(pluralidade de condutas e de resultados)</td><td>Mesmas condições de tempo, lugar e modo de execução (critério da exasperação: pena majorada).</td></tr>
</table>

Esse é o núcleo do nosso estudo. No decorrer do Capítulo, veremos cada das modalidades de concurso de crimes de forma separada.

2. SISTEMAS

Existem três sistemas ou critérios que buscam solucionar o modo de punição do agente na hipótese de concurso de infrações.

Sistema do cúmulo material: as penas dos vários delitos devem ser cumuladas ou somadas (somatório de todas as penas).

Sistema da absorção: a pena mais grave absorve a pena menos grave. Esse sistema é criticável, pois gera impunidade de vários crimes.

---

[2] JESUS, Damásio E. de. *Direito Penal. Vol. 1. Parte Geral.* 34ª Ed. São Paulo: Saraiva, 2013, p. 643-644.

Sistema da exasperação: aplica-se a pena do crime mais grave, aumentada de um *quantum* determinado por lei.

O Código Penal adotou os critérios do cúmulo material (concurso material e concurso formal imperfeito) e da exasperação (concurso formal perfeito e crime continuado (CP, arts. 69 a 71).

3. CONCURSO MATERIAL

No concurso material ou real de infrações, temos a prática de duas ou mais condutas com a produção de dois ou mais resultados.

O art. 69 do CP assim dispõe:

> "Art. 69 - Quando o agente, mediante mais de uma ação ou omissão, pratica dois ou mais crimes, idênticos ou não, aplicam-se cumulativamente as penas privativas de liberdade em que haja incorrido. No caso de aplicação cumulativa de penas de reclusão e de detenção, executa-se primeiro aquela".

Na doutrina, são identificadas duas grandes espécies de concurso material de infrações, de acordo com a espécie de resultado:

- **concurso material homogêneo**: há pluralidade de condutas com resultados idênticos. Ex: roubo a banco e roubo de um celular em outro dia;
- **concurso material heterogêneo**: há pluralidade de condutas com resultados diversos. Ex: injúria e peculato.

> **STJ - Jurisprudência em Teses - ED 51 - Tese 03**: "Há concurso material entre os crimes de roubo e extorsão quando o agente, após subtrair bens da vítima, mediante emprego de violência ou grave ameaça, a constrange a entregar o cartão bancário e a respectiva senha para sacar dinheiro de sua conta corrente".

No concurso material de crimes, seja ele homogêneo ou heterogêneo, as penas devem ser cumuladas ou somadas (critério do cúmulo material de penas), nos termos do art. 69, *caput*, do CP e 72 do CP.

No caso de aplicação cumulativa de penas de **reclusão** e de **detenção**, executa-se primeiro a de reclusão. Quando cumuladas penas restritivas de direitos, o condenado cumprirá simultaneamente as que forem compatíveis entre si e sucessivamente as demais (CP, art. 69, *caput* e §2º). Quando aplicada pena privativa de liberdade não suspensa (*sursis*) por um dos crimes, para os demais será incabível a substituição do art. 44 do CP (CP, art. 69, §1º).

4. CONCURSO FORMAL

No concurso formal ou ideal de infrações, temos uma única conduta que causa dois ou mais resultados. Ex: o agente atira uma pedra em seu desafeto para lesioná-lo e atinge, também, outra pessoa que estava ao lado.

O art. 70 do CP prevê o seguinte:

> "Art. 70 - Quando o agente, mediante uma só ação ou omissão, pratica dois ou mais crimes, idênticos ou não, aplica-se-lhe a mais grave das penas cabíveis ou, se iguais, somente uma delas, mas aumentada, em qualquer caso, de um sexto até metade. As penas aplicam-se, entretanto, cumulativamente, se a ação ou omissão é dolosa e os crimes concorrentes resultam de desígnios autônomos, consoante o disposto no artigo anterior.
> Parágrafo único - Não poderá a pena exceder a que seria cabível pela regra do art. 69 deste Código".

Outro exemplo: dois criminosos armados subtraem bens de diversas pessoas no interior de um ônibus[3]. Há concurso formal entre roubos.

> **STJ - Jurisprudência em Teses - ED 51 - Tese 05**: "O roubo praticado em um mesmo contexto fático, mediante uma só ação, contra vítimas diferentes, enseja o reconhecimento do concurso formal de crimes, e não a ocorrência de crime único".

O CESPE-UNB/CEBRASPE considerou **incorreta** a assertiva de que no interior de um ônibus coletivo, Sérgio subtraiu, com o emprego de grave ameaça, os aparelhos celulares de cinco passageiros, além do dinheiro que o

[3] STJ, HC 453.227/SP, 5ª Turma, Rel. Min. Ribeiro Dantas, DJe 29/08/2018.

cobrador portava. Nessa situação, como houve a violação de patrimônios distintos, Sérgio praticou o crime de roubo simples em concurso material[4].

Como o **roubo** é um crime contra o patrimônio, para analisar a existência ou não de concurso de crimes, deve-se verificar a **quantidade de patrimônios atingidos, e não o número de pessoas que sofrem a ameaça**. Segundo o STJ, no roubo, se a intenção do agente é direcionada à subtração de um único patrimônio, estará configurado apenas um crime, ainda que, no *modus operandi*, seja utilizada violência ou grave ameaça contra mais de uma pessoa para a consecução do resultado pretendido (STJ, AgRg no REsp 1.490.894-DF, 6ª Turma, Rel. Min. Sebastião Reis, DJe 23/2/2015, Informativo n.º 556).

Espécies. A doutrina tem identificado quatro espécies de concurso formal, conforme o elemento anímico e o resultado produzido: (a) próprio ou perfeito; (b) impróprio ou imperfeito; (c) homogêneo e (d) heterogêneo.

Para uma melhor visualização, observe o **quadro estratégico** abaixo:

Concurso formal (espécies)		
	Próprio	Único desígnio
	Impróprio	Desígnios autônomos (dolo direto ou eventual)
	Homogêneo	Resultados idênticos
	Heterogêneo	Resultados diversos

Concurso formal próprio ou perfeito: existe um *único desígnio*. Ex: o agente, dirigindo um carro com falhas nos freios, atropela três pessoas.

Concurso formal impróprio ou imperfeito: há *desígnios autônomos* (dolo direto ou eventual). Somente é admissível nos crimes dolosos. Ex: o agente, com um explosivo, pretende matar duas pessoas em um veículo.

> **STJ - Jurisprudência em Teses - ED 51 - Tese 15**: "Há concurso formal impróprio no crime de latrocínio nas hipóteses em que o agente, mediante uma única subtração patrimonial provoca, com desígnios autônomos, dois ou mais resultados morte".

[4] Prova objetiva do concurso para o cargo de defensor público (DPE-RN), realizada em 2015.

> **STJ - Jurisprudência em Teses - ED 23 - Tese 02**: "A distinção entre o concurso formal próprio e o impróprio relaciona-se com o elemento subjetivo do agente, ou seja, a existência ou não de desígnios autônomos".

O CESPE-UNB/CEBRASPE considerou **correta** a assertiva de que o concurso formal próprio distingue-se do concurso formal impróprio pelo elemento subjetivo do agente, ou seja, pela existência ou não de desígnios autônomos[5].

No HC 191.490-RJ, noticiado no Informativo n.º 505, o STJ decidiu que os **desígnios autônomos** que caracterizam o concurso formal impróprio referem-se a **qualquer forma de dolo, seja direto ou eventual**. Confira:

> "DIREITO PENAL. CONCURSO FORMAL IMPRÓPRIO. DOLO EVENTUAL. *Os desígnios autônomos que caracterizam o concurso formal impróprio referem-se a qualquer forma de dolo, direto ou eventual.* A segunda parte do art. 70 do CP, ao dispor sobre o concurso formal impróprio, exige, para sua incidência, que haja desígnios autônomos, ou seja, a intenção de praticar ambos os delitos. O *dolo eventual* também representa essa vontade do agente, visto que, mesmo não desejando diretamente a ocorrência de um segundo resultado, aceitou-o. Assim, quando, mediante uma só ação, o agente deseja mais de um resultado ou aceita o risco de produzi-lo, devem ser aplicadas as penas cumulativamente, afastando-se a regra do concurso formal perfeito. Precedentes citados do STF: HC 73.548-SP, DJ 17/5/1996; e do STJ: REsp 138.557-DF, DJ 10/6/2002" (STJ, HC 191.490-RJ, 6ª Turma, Rel. Min. Sebastião Reis Júnior, j. 27/9/2012).

O CESPE-UNB/CEBRASPE considerou **correta** a assertiva de que os desígnios autônomos que caracterizam o concurso formal impróprio referem-se a qualquer forma de dolo, direto ou eventual[6].

Concurso formal homogêneo: há unidade de conduta, dois ou mais resultados, mas os resultados são idênticos. Ex: dois furtos.

[5] Prova objetiva do concurso para o cargo de defensor público (DPE-PE), realizada em 2015.
[6] Prova objetiva do concurso para o cargo de titular de serviços notariais e de registro (TJSE).

Concurso formal heterogêneo: há unidade de conduta e dois ou mais resultados diversos. Ex: o agente joga uma pedra grande para avariar um veículo, causa o dano no automóvel e também atinge a perna de uma pessoa.

Ainda sobre a caracterização de concurso formal, o STJ já decidiu que a prática de crimes em concurso com dois adolescentes dá ensejo à condenação por dois crimes de corrupção de menores. Na interpretação da Corte, trata-se de hipótese de concurso formal de infrações (STJ, REsp 1.680.114-GO, 6ª Turma, Rel. Min. Sebastião Reis Júnior, DJe 16/10/2017, Informativo n.º 613).

Teorias. Quanto ao elemento subjetivo no concurso formal de infrações, duas são as principais teorias existentes a respeito:

(a) teoria subjetiva: exige unidade de desígnios para que seja caracterizado o concurso formal;

(b) teoria objetiva: admite a pluralidade de desígnios na caracterização do concurso formal.

O Código Penal adotou a **teoria objetiva**, uma vez que admite o concurso formal imperfeito, em que há desígnios autônomos (CP, art. 70).

Pena. No concurso formal *próprio ou perfeito*, aplica-se a mais grave das penas cabíveis ou, se iguais, somente uma delas, aumentada de um sexto até metade, de acordo com o número de infrações (**critério da exasperação**). No concurso formal *impróprio ou imperfeito*, em que há desígnios autônomos, as penas serão somadas (**critério do cúmulo material**). Em ambos os casos as penas de multa incidem de modo cumulativo (CP, arts. 70 e 72).

> **STJ - Jurisprudência em Teses - ED 23 - Tese 04**: "O aumento decorrente do concurso formal deve se dar de acordo com o número de infrações".
>
> **Cúmulo material benéfico**: havendo concurso formal de crimes, a pena privativa de liberdade não pode exceder a que seria cabível pela regra do concurso material (CP, art. 70, parágrafo único).

O CESPE-UNB/CEBRASPE considerou **correta** a assertiva de que segundo precedentes do STJ, o percentual de aumento decorrente do concurso formal de crimes deve ser aferido em razão do número de delitos praticados, e não, à luz das circunstâncias judiciais analisadas na primeira fase da dosimetria da pena[7].

[7] Prova objetiva do concurso para o cargo de defensor público da União (DPU), realizada em 2010.

5. CRIME CONTINUADO

5.1. Conceito, natureza jurídica e espécies

No crime continuado, há pluralidade de infrações da mesma espécie praticadas em condições semelhantes *de tempo, lugar e modo de execução*, com unidade de desígnios, em intervalo não superior a 30 dias como regra.

O art. 71, *caput*, do CP prevê o seguinte:

> "Art. 71 - Quando o agente, mediante mais de uma ação ou omissão, pratica dois ou mais crimes da mesma espécie e, pelas condições de tempo, lugar, maneira de execução e outras semelhantes, devem os subsequentes ser havidos como continuação do primeiro, aplica-se-lhe a pena de um só dos crimes, se idênticas, ou a mais grave, se diversas, aumentada, em qualquer caso, de um sexto a dois terços".

Na verdade, o crime continuado é uma opção de política criminal na qual o legislador confere um tratamento mais benéfico ao réu que pratica crimes da mesma espécie em um curto período de tempo. O STF e o STJ têm decidido que, em regra, caso os delitos sejam cometidos em **intervalo superior a 30 dias**, não haverá crime continuado, mas concurso material de infrações (STF, HC 112484, 2ª Turma, Rel. Min. Cármen Lúcia, DJ 16/10/2012; STJ, RvCr 4.890/DF, 3ª Seção, Rel. Min. Laurita Vaz, DJe 02/06/2021).

Existem três teorias sobre a natureza jurídica do crime continuado:

(a) teoria da unidade real: os vários delitos são considerados uma unidade, sendo vistos como um único crime;

(b) teoria da ficção jurídica: existem vários crimes, mas considera-se, por uma ficção, a existência de um único delito;

(c) teoria mista: o crime continuado não é um só e nem vários delitos (nem uma coisa nem outra). Trata-se de um terceiro delito.

O Código Penal adotou a **teoria da ficção jurídica**, segundo a qual, no crime continuado, há uma pluralidade de infrações, mas o legislador, por uma ficção legal, considera que eles constituem um só crime, apenas para efeito de sanção penal. É uma teoria baseada em critérios de política criminal.

Atenção! O ponto não deve ser confundido com a teoria adotada sobre a unidade de desígnios (teoria mista), conforme veremos mais à frente.

> **STF, Súmula n.º 711**: "A lei penal mais grave aplica-se ao crime continuado ou ao crime permanente, se a sua vigência é anterior à cessação da continuidade ou da permanência".

O **crime continuado** não se confunde com o **crime habitual**. No crime continuado, cada ação isolada é considerada infração penal, podendo ser punida autonomamente. Por outro lado, o crime habitual é aquele que apenas se perfaz com a reiteração de atos. Somente se consuma com a habitualidade da conduta e cada ato isolado constitui fato atípico, não podendo ser punido. O crime habitual depende da repetição de atos. Ex: curandeirismo (CP, art. 284).

Ademais, a configuração do crime continuado depende dos requisitos do art. 71 do CP, que não são exigidos no crime habitual (**questão discursiva**[8]).

Essa diferenciação é importante, uma vez que, segundo o STJ, quanto aos efeitos, não é possível a aplicação dos benefícios da continuidade delitiva na hipótese de habitualidade delitiva ou **reiteração criminosa** (STJ, AgRg no HC 525.931/PR, 5ª Turma, Rel. Min. Ribeiro Dantas, DJe 26/04/2021).

> **STJ - Jurisprudência em Teses - ED 17 - Tese 05**: "Não há crime continuado quando configurada habitualidade delitiva ou reiteração criminosa".

Portanto, nos casos de reiteração criminosa, não haverá crime continuado, mas concurso material de infrações.

5.2. Requisitos

São requisitos do crime continuado: (a) pluralidade de crimes da mesma espécie; (b) condições objetivas semelhantes (tempo, lugar, modo de execução etc.) e (c) unidade de desígnios (**mnemônico**[9]).

---

[8] Na prova discursiva do concurso para o cargo de defensor público (DPE-TO), realizada pelo CESPE-UNB/CEBRASPE em 2012, foi formulada a seguinte **questão discursiva**: "Disserte sobre crime habitual e crime continuado, apresentando, necessariamente: 1- o conceito de cada um desses crimes e distinção entre ambos; 2- as teorias acerca do crime continuado; 3- os requisitos para o reconhecimento judicial do crime continuado e respectivos efeitos".

[9] **Macete mnemônico**: "**CPU**" – **C**ondições objetivas semelhantes, **P**luralidade de crimes da mesma espécie e **U**nidade de desígnios.

Pluralidade de crimes da mesma espécie: no crime continuado, há pluralidade de crimes, que devem ser da mesma espécie. Sobre o significado da expressão "crimes da mesma espécie", há divergência. *1ª corrente*: crimes da mesma espécie são aqueles previstos no mesmo tipo penal[10]. *2ª corrente*: são aqueles que ofendem o mesmo bem jurídico, mas sem a exigência de previsão no mesmo tipo penal[11]. Na doutrina, prevalece a segunda corrente.

No STJ, o tema tem passado por **oscilação jurisprudencial**, devendo leitor ficar atento (*mesmo tipo penal x mesmo bem jurídico*).

Em um primeiro momento, o STJ fixou que crimes da mesma espécie seriam aqueles previstos no **mesmo tipo penal**[12]. Com esse viés, a Corte passou a diferenciar crimes do mesmo gênero (mesmo bem jurídico) dos crimes da mesma espécie (mesmo tipo penal), afastando a continuidade delitiva, por exemplo, na concorrência entre roubo e extorsão[13], roubo e furto[14] e roubo e latrocínio[15]. Essa orientação ensejou a aprovação de diversas teses pelo STJ.

> **STJ - Jurisprudência em Teses - ED 20 - Tese 01**: "Para a caracterização da continuidade delitiva, são considerados crimes da mesma espécie aqueles previstos no mesmo tipo penal".
>
> **STJ - Jurisprudência em Teses - ED 51 - Tese 04**: "Não é possível reconhecer a continuidade delitiva entre os crimes de roubo e de extorsão, pois são infrações penais de espécies diferentes".
>
> **STJ - Jurisprudência em Teses - ED 51 - Tese 11**: "Não há continuidade delitiva entre roubo e furto, porquanto, ainda que possam ser considerados delitos do mesmo gênero, não são da mesma espécie"[16].

---

[10] JESUS, Damásio E. de. *Op. Cit.*, p. 561.

[11] FRAGOSO, Heleno Cláudio. *Lições de Direito Penal. Parte Geral.* 13ª Ed. Rio de Janeiro: Forense, 1991, p. 351; COSTA JUNIOR, Paulo José da Costa. *Comentários ao Código Penal.* 4ª Ed. São Paulo: Saraiva, 1996, p. 245.

[12] STJ, HC 224395/MG, 5ª Turma, Rel. Min. Marco Aurélio Bellizze, DJe 03/02/2012; STJ, HC 144771/MS, 6ª Turma, Rel. Min. Sebastião Reis Júnior, DJe 06/02/2012; STJ, HC 221.211/MG, 5ª Turma, Rel. Min. Gilson Dipp, DJe 20/06/2012; STJ, HC 134.642/DF, 5ª Turma, Rel. Min. Laurita Vaz, DJe 13/02/2012; STJ, HC 162672/MG, 6ª Turma, Rel. Min. Maria Thereza de Assis Moura, DJe 06/06/2013; STJ, HC 240630/RS, 5ª Turma, Rel. Min. Laurita Vaz, DJe 17/02/2014.

[13] STJ, HC 265544/SP, 5ª Turma, Rel. Min. Reynaldo Soares da Fonseca, DJe 14/09/2015; STJ, HC 240930/SP, 5ª Turma, Rel. Min. Gurgel De Faria, DJe 01/02/2016.

[14] STJ, HC 214157/RS, 5ª Turma, Rel. Min. Laurita Vaz, DJe 29/10/2013; STJ, AgRg no REsp 1525229/MG, 6ª Turma, Rel. Min. Sebastião Reis Júnior, DJe 11/06/2015.

[15] STJ, HC 222928/SP, 6ª Turma, Rel. Min. Rogerio Schietti Cruz, DJe 29/09/2015; STJ, HC 212430/SP, 6ª Turma, Rel. Min. Nefi Cordeiro, DJe 15/09/2015.

[16] STF, HC 114667/SP, 1ª Turma, Red. p/ o ac. Min. Roberto Barroso, j. 24/04/2018, Informativo n.º 899.

> **STJ - Jurisprudência em Teses - ED 51 - Tese 12**: "Não é possível o reconhecimento da continuidade delitiva entre os crimes de roubo e latrocínio pois, apesar de se tratarem de delitos do mesmo gênero, não são da mesma espécie, devendo incidir a regra do concurso material".
>
> **STJ – Jurisprudência em Teses - ED 20 - Tese 04**: "Não é possível reconhecer a continuidade delitiva entre os crimes de roubo (art. 157 do CP) e de latrocínio (art. 157, § 3º, segunda parte, do CP) porque apesar de serem do mesmo gênero não são da mesma espécie".

O CESPE-UNB/CEBRASPE considerou **incorreta** a assertiva de que admite-se a continuidade delitiva entre os crimes de roubo e de latrocínio[17].

No entanto, em um segundo momento, o STJ começou a sinalizar para uma possível mudança de entendimento (*technique of sinaling*), passando a decidir no sentido de que crimes da mesma espécie seriam aqueles que ofendem o **mesmo bem jurídico**. O leitor deve ficar atento, pois, com o passar do tempo, é comum a existência de oscilações jurisprudenciais em matéria criminal.

> **Crimes da mesma espécie e possível mudança de entendimento do STJ**: de modo mais recente, existem precedentes da 5ª e da 6ª Turma do STJ admitido a continuidade delitiva entre os crimes de estupro comum (CP, art. 213) e estupro de vulnerável (CP, art. 217-A), previstos em tipos penais distintos. Nesses precedentes, encontra-se a afirmação de que os crimes da mesma espécie, para fins de reconhecimento da figura da continuidade delitiva, não são necessariamente os que estejam previstos no mesmo tipo penal, mas os que possuem, essencialmente, o mesmo modo de execução e tutelam o *mesmo bem jurídico*[18-19].

Os precedentes que ensejaram a orientação acima versaram sobre os *crimes sexuais*. Ainda é cedo para afirmar a existência de uma modificação de entendimento ampla, extensível a todos os delitos. De todo modo, fica o alerta para o acompanhamento da evolução do tema na jurisprudência do STJ.

---

[17] Prova objetiva do concurso para o cargo de Delegado de Polícia (PCMT), realizado em 2017.

[18] "[...] ESTUPRO E ESTUPRO DE VULNERÁVEL. ARTS. 213 E 217-A DO CP. CONTINUIDADE DELITIVA. REQUISITO OBJETIVO. CRIMES DA MESMA ESPÉCIE. CUMPRIMENTO. MODO DE EXECUÇÃO ASSEMELHADO. TUTELA DO MESMO BEM JURÍDICO [...]
II - Os crimes da mesma espécie, para fins de reconhecimento da figura da continuidade delitiva, não são necessariamente os que estejam previstos no mesmo tipo penal, mas os que possuem, essencialmente, o mesmo modo de execução e tutelam o mesmo bem jurídico" (STJ, AgRg no REsp 1562088/MG, 5ª Turma, Rel. Min. Felix Fischer, DJe 22/10/2018).

[19] STJ, REsp 1767902/RJ, 6ª Turma, Rel. Min. Sebastião Reis Júnior, DJe 04/02/2019.

Condições objetivas semelhantes: para caracterização do crime continuado, devem existir condições objetivas semelhantes de tempo, lugar, modo de execução e outras similares. Esses são elementos *objetivos*. Ex: criminosos que furtam residências, em determinada região de veraneio e com o mesmo *modus operandi* (período noturno, escalada, imóveis vazios etc.).

> **STJ - Jurisprudência em Teses - ED 20 - Tese 13**: "O reconhecimento dos pressupostos do crime continuado, notadamente as condições de tempo, lugar e maneira de execução, demanda dilação probatória, incabível na via estreita do habeas corpus".
>
> **STJ - Jurisprudência em Teses - ED 17 - Tese 04**: "A continuidade delitiva não pode ser reconhecida quando se tratarem de delitos cometidos com modos de execução diversos".

Unidade de desígnios: retrata o elemento subjetivo, consistente na vontade de praticar delitos em continuação, havendo *vínculo subjetivo entre os eventos*. Sobre a exigência de unidade de desígnios no crime continuado, existem três teorias: teoria objetiva, teoria subjetiva e teoria objetivo-subjetiva.

Para uma melhor visualização, confira o **quadro estratégico**:

CONCURSO FORMAL E UNIDADE DE DESIGNIOS (Teorias)		
Teoria objetiva	**Teoria subjetiva**	**Teoria objetivo-subjetiva**
Basta a existência de condições *objetivas* semelhantes. A unidade de desígnios é dispensável	Independe das condições objetivas semelhantes. Basta o requisito *subjetivo* (unidade de desígnios)	Condições *objetivas* semelhantes + requisito *subjetivo* (unidade de desígnios)

Embora a doutrina tradicional afirme que o Código Penal adotou a teoria puramente objetiva[20], concordamos com Damásio, para quem deve ser adotada a teoria objetivo-subjetiva (ou mista), não podendo o elemento subjetivo ser desprezado[21]. O STJ tem decidido pela aplicação da teoria

[20] No sentido de que o Código Penal adotou a teoria objetiva: HUNGRIA, Nelson. *Comentários ao Código Penal*. Rio de Janeiro: Forense, 1978, p. 164-165.

[21] JESUS, Damásio E. de. *Op. Cit.*, p. 651.

objetivo-subjetiva, com a afirmação expressa de que o Código Penal adotou a teoria mista[22]. É a orientação que deve ser adotada nas provas de concursos.

> **STJ - Jurisprudência em Teses ED 17 - Tese 01**: "Para a caracterização da continuidade delitiva é imprescindível o preenchimento de requisitos de ordem objetiva - mesmas condições de tempo, lugar e forma de execução - e de ordem subjetiva - unidade de desígnios ou vínculo subjetivo entre os eventos (Teoria Mista ou Objetivo-subjetiva)".

O CESPE-UNB/CEBRASPE considerou **incorreta** a assertiva de que a jurisprudência reiterada do STJ orienta-se no sentido de que, para caracterizar a continuidade delitiva, basta o preenchimento dos requisitos de ordem objetiva[23].

Voltando aos requisitos objetivos, em relação às mesmas condições de **tempo**, o STF e o STJ têm decidido que o **lapso temporal superior a 30 dias**, em regra, impede o reconhecimento da continuidade delitiva, devendo incidir a regra do concurso material (STF, HC 112484, 2ª Turma, Rel. Min. Cármen Lúcia, DJ 16/10/2012; STJ, RvCr 4.890/DF, 3ª Seção, Rel. Min. Laurita Vaz, DJe 02/06/2021). Mas atenção: o parâmetro do prazo de 30 dias **não é absoluto**. Funciona apenas como uma regra geral, que pode ser relativizada de acordo com as circunstâncias excepcionais do caso concreto[24].

> **STJ - Jurisprudência em Teses - ED 17 - Tese 02**: "A continuidade delitiva, em regra, não pode ser reconhecida quando se tratarem de delitos praticados em período superior a 30 (trinta) dias".

Quanto ao requisito espacial, para caracterização do crime continuado, o art. 71 do CP exige que os crimes tenham sido praticados nas mesmas condições de **lugar**. Isso significa que os delitos devem ter sido praticados em

[22] [...] ROUBOS. RECONHECIMENTO DA CONTINUIDADE DELITIVA. DESÍGNIOS AUTÔNOMOS [...] 1. Esta Corte Superior de Justiça, ao interpretar o art. 71 do CP, adota a teoria mista, ou objetivo-subjetiva, segundo a qual caracteriza-se a ficção jurídica do crime continuado quando preenchidos tanto os requisitos de ordem objetiva - mesmas condições de tempo, lugar e modo de execução do delito -, quanto o de ordem subjetiva - a denominada unidade de desígnios ou vínculo subjetivo entre os eventos criminosos (STJ, AgRg no AREsp 1900291/RJ, 5ª Turma, Rel. Min. Reynaldo Soares da Fonseca, DJe 04/10/2021).

[23] Prova objetiva do concurso para o cargo de Juiz de Direito (TJCE), realizada em 2012.

[24] "CONTINUIDADE DELITIVA [...] o lapso temporal superior a 30 dias impede, em regra, o reconhecimento da continuidade delitiva. Entretanto, tal parâmetro não é absoluto" (STJ, AgRg no REsp 1629450/MG, 6ª Turma, Rel. Min. Nefi Cordeiro, DJe 04/10/2017).

regiões próximas, podendo a continuidade delitiva ser caracterizada na hipótese de delitos praticados em comarcas próximas ou limítrofes.

> **STJ - Jurisprudência em Teses - ED 17 - Tese 03**: "A continuidade delitiva pode ser reconhecida quando se tratarem de delitos ocorridos em comarcas limítrofes ou próximas".

O CESPE-UNB/CEBRASPE considerou **correta** a assertiva de que a continuidade delitiva pode ser reconhecida quando se tratar de delitos de mesma espécie ocorridos em comarcas limítrofes ou próximas[25].

Lembramos que somente é possível a continuidade delitiva nos crimes dolosos, não sendo admitida nos crimes culposos[26].

5.3. Espécies

Existem duas espécies de crime continuado, conforme as infrações sejam ou não praticadas com violência ou grave ameaça à pessoa:

- **crime continuado comum**: é aquele cometido sem violência ou grave ameaça à pessoa. Ex: furtos contínuos;
- **crime continuado específico ou qualificado**: é aquele praticado com violência ou grave ameaça à pessoa. Ex: roubos e homicídios continuados.

> **STJ - Jurisprudência em Teses - ED 20 - Tese 06**: "Admite-se a continuidade delitiva nos crimes contra a vida".

A Súmula n.º 605 do STF, aprovada em 17/10/1984, encontra-se superada ("Não se admite continuidade delitiva nos crimes contra a vida"). A reforma penal de 1984, que entrou em vigor em 1985, após a edição do enunciado sumular, passou a admitir expressamente a continuidade delitiva nos crimes cometidos com violência ou grave ameaça à pessoa, nos termos do art. 71, parágrafo único, do CP, que prevê a figura do **crime continuado específico**.

---

25 Prova objetiva do concurso para o cargo de Delegado de Polícia (PCMT), realizado em 2017.

26 PRADO, Luiz Regis. *Curso de Direito Penal Brasileiro*. 12ª Ed. São Paulo: Revista dos Tribunais, 2013, p. 595.

Sobre essa questão, vale conferir o seguinte julgado do STF:

> "Superação da Súmula 605 após a reforma penal de 1984 [...] O Código Penal determina, expressamente, no parágrafo único de seu artigo 71, seja aplicada a continuidade delitiva também nos crimes dolosos contra a vida. Essa norma, resultado da reforma penal de 1984, é posterior à edição da Súmula 605/STF, que vedava o reconhecimento da continuidade delitiva nos crimes contra a vida" (STF, HC 93.367, 2ª Turma, Rel. Min. Eros Grau, DJe 18/04/2008).

Essa orientação, inclusive, é tranquila no âmbito da jurisprudência do STJ, como efeitos da reforma penal de 1984.

> **STJ – Jurisprudência em Teses - ED 20 - Tese 07**: "O entendimento da Súmula n. 605 do STF - não se admite continuidade delitiva nos crimes contra a vida - encontra-se superado pelo parágrafo único do art. 71 do Código Penal, criado pela reforma de 1984".

O CESPE-UNB/CEBRASPE considerou **incorreta** a assertiva de que não se admite continuidade delitiva nos crimes contra a vida[27].

Portanto, atualmente, é admissível a continuidade delitiva nos crimes contra a vida, por força do art. 71, parágrafo único, do CP.

5.4. Aplicação da pena

No crime continuado, adota-se o critério da exasperação, sendo aplicada a pena do crime mais grave aumentada de uma fração.

No crime continuado **comum** (sem violência ou grave ameaça), aplica-se a pena do crime mais grave, aumentada de 1/6 a 2/3 (CP, art. 71, *caput*). No crime continuado **específico** (com violência ou grave ameaça), aplica-se a pena do crime mais grave, aumentada até o triplo (CP, art. 71, parágrafo único).

O critério jurisprudencial utilizado pelo STJ para definir o *quantum* específico de aumento em cada caso é o número de infrações praticadas.

[27] Prova objetiva do concurso para o cargo de Juiz Federal Substituto (TRF1), realizada em 2009.

> **STJ - Jurisprudência em Teses - ED 20 - Tese 08**: "Na continuidade delitiva prevista no caput do art. 71 do CP, o aumento se faz em razão do número de infrações praticadas e de acordo com a seguinte correlação: 1/6 para duas infrações; 1/5 para três; 1/4 para quatro; 1/3 para cinco; 1/2 para seis; 2/3 para sete ou mais ilícitos".

Quanto ao **crime continuado específico**, o art. 71, parágrafo único, do CP faz menção à culpabilidade, os antecedentes, a conduta social, personalidade do agente, motivos e circunstâncias, que são **circunstâncias judiciais** (CP, art. 59). Ou seja, nesse caso, para definir o *quantum* de aumento, devem ser conjugados o número de infrações e as circunstâncias judiciais.

> **STJ - Jurisprudência em Teses - ED 20 - Tese 09**: "Na continuidade delitiva específica, prevista no parágrafo único do art. 71 do CP, o aumento fundamenta-se no número de infrações cometidas e nas circunstâncias judiciais do art. 59 do CP".

Para uma visão panorâmica, observe o **quadro estratégico** abaixo:

CRIME CONTINUADO (aplicação da pena)		
Espécie	**Fração de aumento**	**Critério jurisprudencial**
Crime continuado comum (s/ violência ou grave ameaça)	Pena do crime mais grave aumentada de 1/6 a 2/3	Número de infrações
Crime continuado específico (c/ violência ou grave ameaça)	Pena do crime mais grave aumentada até o triplo (3x)	Número de infrações + circunstâncias judicias

O CESPE-UNB/CEBRASPE considerou **incorreta** a assertiva de que o acréscimo da pena em razão do crime continuado é fixado de acordo com o iter criminis percorrido pelo agente, porquanto na continuidade delitiva, os vários delitos que a integram são considerados como crime único[28].

Por fim, também no crime continuado, o aumento de pena efetuado pelo juiz em razão da continuidade não poderá exceder o resultado que ocorreria em caso de concurso material de delitos – cúmulo material benéfico (CP, art. 71, parágrafo único, parte final, c/c art. 70, parágrafo único).

[28] Prova objetiva do concurso para o cargo de Delegado de Polícia (PCAL), realizada em 2012.

6. CONCURSO DE CRIMES E TEMAS FINAIS

6.1. Concurso formal e crime continuado simultâneos

Havendo crime continuado e concurso formal simultâneos, deve ser aplicado apenas o aumento relativo à continuidade, evitando-se o *bis in idem*.

> **STJ – Jurisprudência em Teses - ED 20 - Tese 10**: "Caracterizado o concurso formal e a continuidade delitiva entre infrações penais, aplica-se somente o aumento relativo à continuidade, sob pena de bis in idem".

Lembramos que a sistemática de concurso de infrações prevista no Código Penal é baseada em critérios de política criminal, buscando evitar, em determinadas situações, o rigor excessivo contra o réu na aplicação da pena.

6.2. Concurso de crimes e pena de multa

No concurso de crimes, as penas de multa são aplicadas distinta e integralmente, exceto quanto ao crime continuado.

O art. 72 do CP assim dispõe:

> "Art. 72 - No concurso de crimes, as penas de multa são aplicadas distinta e integralmente".

Como exceção, o art. 72 do CP não aplica na hipótese de continuidade delitiva, devendo incidir o critério da exasperação.

> **STJ – Jurisprudência - ED 20 - Tese 12**: "No crime continuado, a pena de multa deve ser aplicada mediante o critério da exasperação, tendo em vista a inaplicabilidade do art. 72 do CP".

O CESPE-UNB/CEBRASPE considerou **correta** a assertiva de que a utilização da regra segundo a qual, no concurso de crimes, as penas de multa são aplicadas distinta e integralmente restringe-se aos casos de concursos material e formal, não se inserindo no âmbito de abrangência da continuidade delitiva[29].

6.3. Concurso de crimes e prescrição

Havendo concurso de crimes de qualquer espécie, para efeito de prescrição, as penas serão consideradas isoladamente.

O art. 119 do CP assim dispõe:

> "Art. 119 - No caso de concurso de crimes, a extinção da punibilidade incidirá sobre a pena de cada um, isoladamente".

Assim, no concurso de crimes, para fins de prescrição, nenhuma soma ou causa de aumento deverá ser computada. Isso significa dizer que, havendo concurso material as penas não são somadas e, havendo concurso formal ou crime continuado, os acréscimos de pena não são considerados.

> **STF, Súmula n.º 497**: "Quando se tratar de crime continuado, a prescrição regula-se pela pena imposta na sentença, não se computando o acréscimo decorrente da continuação".
>
> **STJ – Jurisprudência em Teses - ED 23 - Tese 07**: "No concurso de crimes, o cálculo da prescrição da pretensão punitiva é feito considerando cada crime isoladamente, não se computando o acréscimo decorrente do concurso formal, material ou da continuidade delitiva".

O CESPE-UNB/CEBRASPE considerou **correta** a assertiva de que o cálculo da prescrição da pretensão punitiva no concurso de crimes é feito isoladamente para cada um dos crimes praticados, desconsiderando-se o acréscimo decorrente do concurso formal ou material ou da continuidade delitiva[30].

---

[29] Prova objetiva do concurso para o cargo de Juiz de Direito (TJCE), realizada em 2012.

[30] Prova objetiva do concurso para o cargo de defensor público (DPE-PE), realizada em 2015.

PARTE III

CONSEQUÊNCIAS JURÍDICAS DO DELITO

CAPÍTULO 17

TEORIA GERAL DA PENA E PENA PRIVATIVA DE LIBERDADE

1. INTRODUÇÃO

Ao lado da teoria do crime, a teoria da pena é outro grande pilar de estudo do Direito Penal, compondo parte das consequências do crime.

Para uma melhor didática, o presente Capítulo foi dividido em duas partes. Na primeira, veremos a **teoria geral da pena**, analisando o conceito, princípios, fundamentos, teorias e outros aspectos gerais sobre a pena. Na segunda parte, será examinada a pena privativa de liberdade, de acordo com a disciplina estabelecida pelo legislador brasileiro (regime jurídico-positivo).

A pena, considerada em sentido estrito, somente pode ser fixada pelo Poder Judiciário, através de prévio *processo judicial* e observadas as garantias constitucionais do acusado (devido processo legal, contraditório, ampla defesa etc.). Não é possível a aplicação da pena através de processo administrativo. Além disso, a exigência de cumprimento da pena depende do trânsito em julgado da condenação (CF, art. 5º, LVII: "ninguém será considerado culpado até o trânsito em julgado de sentença penal condenatória").

2. TEORIA GERAL DA PENA

2.1. Conceito e finalidade

Pena é a sanção penal imposta pelo Estado ao criminoso, após o devido processo legal, como medida de retribuição e prevenção. A pena poderá ser privativa de liberdade, restritiva de direitos ou de multa.

A doutrina aponta as seguintes finalidades da pena:

(a) retribuição: o objetivo da pena é *punir* o autor do delito. A pena é a retribuição do mal injusto praticado pelo infrator pelo mal justo da lei;

(b) prevenção geral: o objetivo da pena é *intimidar* o corpo social, tendo por foco central o temor dirigido à coletividade. As pessoas não devem cometer crimes pelo receio de sofrer a punição penal;

(c) prevenção especial: objetiva a segregação (retirada do meio social) e a readaptação do criminoso (ressocialização) para que não volte a delinquir.

2.2. Princípios

A pena é regida por alguns princípios que devem dirigir a atividade do legislador e do juiz, lembrando que princípio é uma espécie de *norma*.

Princípio da legalidade: não há pena sem prévia cominação legal (CF, art. 5º, XXXIX). Conforme já estudado, a legalidade penal abrange a anterioridade e a reserva legal. Apenas a lei em sentido estrito, entendida como ato emanado do Poder Legislativo, pode cominar penas.

Princípio da personalidade ou intranscendência da pena: nenhuma pena passará da pessoa do condenado, podendo a obrigação de reparar o dano e a decretação do perdimento de bens ser estendidas aos sucessores nos limites da herança (CF, art. 5º, XLV). A multa tem natureza de pena, mas a obrigação de reparar o dano não é pena. O princípio também se aplica às medidas de segurança. É conhecido como princípio da responsabilidade pessoal.

O CESPE-UNB/CEBRASPE considerou **incorreta** a assertiva de que a obrigação de pagar a quantia em dinheiro determinada na pena de multa é transmissível aos herdeiros do condenado[1].

Princípio da individualização da pena: a pena abstrata deverá ser individualizada de acordo com as características de cada agente e conforme as circunstâncias do caso concreto (CF, art. 5º, XLVI, XLVIII e L).

Princípio da humanidade da pena: não serão admitidas as penas desumanas, como a pena de morte, salvo em caso de guerra declarada (CF, art. 5º, XLVII, a), e nem penas de caráter perpétuo, de trabalhos forçados, de banimento e cruéis (CF, art. 5º, XLVII, *b* a *e*). Concretiza a dignidade humana e o respeito à integridade física e moral do preso (CF, art. 1º, III e art. 5º, XLIX).

Princípio da proporcionalidade: a pena deve ser proporcional à infração penal praticada, tanto no plano abstrato quanto no plano concreto. A pena desproporcional é inconstitucional (CF, art. 5º, XLVI e XLVII).

Princípio da necessidade da pena: o juiz aplicará a pena conforme seja necessária e suficiente para a reprovação do crime. Quando a pena for desnecessária, o juiz tem o poder de deixar de aplicá-la, nos limites do sistema jurídico. Ex: perdão judicial e bagatela imprópria. Segundo Luiz Flávio Gomes, o princípio da necessidade da pena é previsto expressamente no art. 59 do CP[2].

2.3. Modalidades de sanção penal no Brasil

No Brasil, existem duas grandes espécies de sanção penal: **pena** e **medida de segurança**. A legislação penal brasileira prevê três espécies de pena: privativa de liberdade, restritiva de direitos e multa.

Sobre as espécies de pena, confira a **simbologia estratégica** abaixo:

Pena privativa de liberdade	**Pena restritiva de direitos**	**Pena de multa**

Prisão-pena	Ex: serviços comunitários	Fundo penitenciário

[1] Prova objetiva do concurso para o cargo de Juiz de Direito (TJMA), realizada em 2013.

[2] GOMES, Luiz Flávio; MOLINA, Antonio García-Pablos de. *Direito Penal. Vol. 2. Parte Geral. 2ª Ed.* São Paulo: RT, 2007, p. 722-723.

Atenção! O legislador ainda fixou outros efeitos da condenação, como o dever de reparar o dano (CP, art. 91, I), mas que não são penas.

A segunda espécie de sanção penal é a **medida de segurança**, aplicável aos inimputáveis por doença mental. Possui duas espécies: detentiva e restritiva. Devemos lembrar que aos menores de 18 anos são aplicáveis as medidas socioeducativas previstas no Estatuto da Criança e do Adolescente.

Para uma visão panorâmica sobre as modalidades de sanção penal existentes no direito brasileiro, confira o **quadro estratégico** abaixo:

SANÇÃO PENAL

<table>
<tr><td rowspan="14">Pena</td><td rowspan="3">Privativas de liberdade</td><td colspan="2">Reclusão</td></tr>
<tr><td colspan="2">Detenção</td></tr>
<tr><td colspan="2">Prisão simples (contravenções)</td></tr>
<tr><td rowspan="9">Restritiva de direitos</td><td colspan="2">1) Prestação pecuniária</td></tr>
<tr><td colspan="2">2) Perda de bens e valores</td></tr>
<tr><td colspan="2">3) Limitação de fim de semana</td></tr>
<tr><td colspan="2">4) Prestação de serviços à comunidade ou a entidades públicas</td></tr>
<tr><td rowspan="5">5) interdição temporária de direitos (5)</td><td>1) proibição do exercício de cargo, função ou atividade pública, bem como de mandato eletivo</td></tr>
<tr><td>2) proibição do exercício de profissão, atividade ou ofício que dependam de habilitação especial, de licença ou autorização do poder público</td></tr>
<tr><td>3) suspensão de autorização ou de habilitação para dirigir veículo</td></tr>
<tr><td>4) proibição de frequentar determinados lugares</td></tr>
<tr><td>5) proibição de inscrever-se em concurso, avaliação ou exame públicos</td></tr>
<tr><td>Multa</td><td colspan="2">Dívida ativa. Não pode ser convertida em prisão</td></tr>
<tr><td rowspan="2">Medida de segurança</td><td>Detentiva</td><td colspan="2">Internação em hospital de custódia e tratamento psiquiátrico</td></tr>
<tr><td>Restritiva</td><td colspan="2">Tratamento ambulatorial, mas sem internação</td></tr>
</table>

O dinamismo penal, que representa a dinâmica para imposição da pena, possui três grandes etapas: cominação, aplicação e execução.

A **cominação** é feita pelo legislador, com a indicação precisa da pena para cada crime. Deverá atender ao princípio da legalidade, pois não há pena sem prévia cominação legal (CF, art. 5º, XXXIX).

A **aplicação** consiste na fixação da pena ou medida de segurança aos casos concretos. Somente o Poder Judiciário é competente para realizar essa atividade, com destaque para o princípio da individualização da pena. O Código Penal fornece os parâmetros para a dosimetria da pena, com a adoção do sistema trifásico preconizado por Nelson Hungria (CP, arts. 59 a 76).

A **execução** consiste no efetivo cumprimento da pena ou medida de segurança imposta na sentença penal. A importância dessa etapa do dinamismo penal levou o legislador a editar a Lei n.º 7.210/84, conhecida como Lei de Execução Penal, onde a matéria é disciplinada de forma ampla.

> **Execução penal provisória**: no final de 2019, o Plenário do STF voltou a entender que a execução penal antes do trânsito em julgado não é compatível com a Constituição de 1988, e a ordem de prisão decretada antes desse marco processual deve se revestir dos requisitos legais autorizadores da prisão cautelar, sob pena de ofensa ao princípio da presunção de não-culpabilidade (STF, ADC 43/DF, ADC 44/DF e ADC 54/DF, Pleno, Rel. Min. Marco Aurélio, j. 07/11/2019, Informativo n.º 969).

Em todas essas etapas (cominação, aplicação e execução), não poderão ser vulnerados os princípios constitucionais, que, como dissemos, no atual estágio pós-positivista, são concebidos como espécies de *norma*.

2.4. Penas proibidas

São proibidas as penas de morte (salvo em caso de guerra declarada), de caráter perpétuo, de trabalhos forçados, de banimento e cruéis.

Na antiguidade, a pena possuía caráter aflitivo e expiatório, recaindo sobre o próprio corpo do condenado. Mutilações, açoites, trabalhos forçados e a morte, em suas mais variadas formas, já foram admitidos no passado. Mas com a evolução dos tempos, sobretudo a partir do Século XVIII, passou-se a conferir humanidade e proporcionalidade às penas.

A Constituição cidadã de 1988, visando evitar qualquer espécie de retrocesso, proibiu determinadas modalidades de penas. Confira:

> "Art. 5º [...]
> XLVII - não haverá penas:
> a) de morte, salvo em caso de guerra declarada, nos termos do art. 84, XIX;
> b) de caráter perpétuo;
> c) de trabalhos forçados;
> d) de banimento;
> e) cruéis".

O CESPE-UNB/CEBRASPE considerou **incorreta** a assertiva de que não haverá penas de caráter perpétuo, de banimento, cruéis ou pecuniárias[3].

A **pena de morte** somente é admitida em caso de guerra declarada. Nessa hipótese excepcional, serão aplicadas as disposições do Código Penal Militar, que disciplina a pena de morte em caso de guerra.

Diversos tratados internacionais proíbem a pena de morte e, no Brasil, uma vez abolida por completo, não poderá ser adotada novamente. Isso porque o art. 4º, item 3, do Pacto de San José da Costa Rica dispõe que "*não se pode restabelecer a pena de morte nos Estados que a hajam abolido*". Trata-se de garantia contra a proibição do retrocesso na proteção do direito à vida.

2.5. Limite máximo das penas

No Brasil, o tempo de cumprimento das penas privativas de liberdade **não pode ser superior a 40 anos**, o que alcança as medidas de segurança.

O art. 75 do CP, com redação dada pela Lei n.º 13.964/2019 (Pacote Anticrime), majorou o limite anterior de 30 para 40 anos:

> "Art. 75. O tempo de cumprimento das penas privativas de liberdade não pode ser superior a 40 (quarenta) anos.
> § 1º Quando o agente for condenado a penas privativas de liberdade cuja soma seja superior a 40 (quarenta) anos, devem elas ser unificadas para atender ao limite máximo deste artigo.

[3] Prova objetiva do concurso para o cargo de Juiz de Direito (TJSE), realizada em 2009.

> § 2º - Sobrevindo condenação por fato posterior ao início do cumprimento da pena, far-se-á nova unificação, desprezando-se, para esse fim, o período de pena já cumprido".

Aqui, estamos diante de *novatio legis in pejus*, que não poderá alcançar os fatos praticados antes da sua entrada em vigor.

Atenção! O limite de 40 anos é o tempo máximo de **cumprimento** da pena. Esse limite não será considerado como data-base para a concessão de benefícios (ex: progressão de regime, livramento condicional etc.), quando deverá ser considerada a pena integral imposta, sem o corte da limitação.

> **STF, Súmula n.º 715**: "A pena unificada para atender ao limite de trinta anos[4] de cumprimento, determinado pelo art. 75 do Código Penal, não é considerada para a concessão de outros benefícios, como o livramento condicional ou regime mais favorável de execução".
>
> **STJ, Súmula n.º 527**: "O tempo de duração da medida de segurança não deve ultrapassar o limite máximo da pena abstratamente cominada ao delito praticado".

O CESPE-UNB/CEBRASPE considerou **incorreta** a assertiva de que a pena unificada para atender ao limite de trinta anos de cumprimento previsto no Código Penal é considerada para a concessão de outros benefícios, como o livramento condicional[5].

2.6. Teorias sobre a pena

2.6.1. Teorias absolutas ou retributivas: Kant, Hegel e outras vertentes

As teorias absolutas ou retributivas apontam que a pena é uma **retribuição** ao infrator pelo crime praticado. Para Kant, a fundamentação para tanto é de ordem ética e, para Hegel, a fundamentação é de ordem jurídica.

---

[4] Onde está escrito "trinta anos", leia-se "quarenta anos" (Lei n.º 13.964/2019).

[5] Prova objetiva do concurso para o cargo de Juiz de Direito (TJ-SE), realizada em 2008.

Para uma melhor visualização, observe o **quadro estratégico** abaixo:

TEORIAS RETRIBUTIVAS DA PENA (Fundamentos)	
Kant	**Hegel**
Fundamento de ordem ética. Decorre de uma exigência de justiça	**Fundamento de ordem jurídica.** Decorre da afirmação do Direito

Na doutrina, Kant e Hegel integravam a *Escola Clássica ou Retribucionista*, na qual a pena apresenta **finalidade retributiva**, divergindo apenas sobre qual seria o fundamento da retribuição.

Luiz Flávio Gomes e Antônio Molina, discorrendo sobre as visões dos dois pensadores clássicos quanto à finalidade da pena, assim ponderaram:

> "Kant parte da necessidade 'absoluta' da pena, que derivaria de um imperativo categórico, de um mandamento de justiça e não admite exceções de nenhum gênero [...] mesmo que fosse dissolvida a sociedade civil e desaparecessem todos os seus membros, teria que ser executada a prisão de todos os que ficaram presos, para que todos sofram o que merecem por seus fatos [...] Hegel fundamentaria a pena, mais tarde, não em um mandamento absoluto de justiça, mas sim em um processo 'dialético' (posição-negação e negação da negação) [...] A justiça concreta, entretanto, segundo Hegel, não decorre da rigorosa 'lei do talião' sustentada por Kant, senão de um princípio valorativo mais flexível, que leve em conta as características da lesão concreta assim como as circunstâncias da sociedade civil "[6]

O CESPE-UNB/CEBRASPE considerou **correta** a assertiva de que Kant, que era adepto da teoria absoluta da pena, asseverava que, ainda que a sociedade civil acordasse em se dissolver, o último assassino que estivesse no cárcere deveria ser executado, a fim de que cada um sofresse o que efetivamente merecia por seus feitos[7].

[6] GOMES, Luiz Flávio; MOLINA, Antonio García-Pablos de. *Op. Cit.*, p, 664.

[7] Prova objetiva do concurso para o cargo de Promotor de Justiça (MP-AM), realizada em 2007.

O leitor deve ficar atento às ideias desses dois pensadores, sobretudo em relação às provas de concursos públicos de alto rendimento, como as carreiras da Magistratura e do Ministério Público (**questão discursiva**[8]).

O CESPE-UNB/CEBRASPE considerou **correta** a assertiva de que para Hegel, a justiça da pena concreta decorre de um processo dialético, pelo qual se levam em conta as características da lesão concreta assim como as circunstâncias da sociedade civil[9].

Luiz Regis Prado explica a relação entre as teorias de Kant e Hegel:

> "A teoria de Hegel tem em comum com a de Kant a ideia essencial de retribuição e o reconhecimento de que entre o delito praticado e a sua punição deve haver uma relação de igualdade"[10].

Além das concepções de Kant e Hegel, que foram os representantes mais expressivos, ainda existem outras teses retribucionistas da pena.

Para uma visão panorâmica, observe o **quadro estratégico** abaixo:

Teorias retribucionistas (vertentes)	**Kant**	A fundamentação da pena é de **ordem ética**. Decorre da necessidade de justiça	
	Hegel	A fundamentação da pena é de **ordem jurídica**. Decorre da afirmação do Direito	
	Outros pensadores retribucionistas	**Binding**	A pena é a retribuição de um mal por outro mal, como expressão da força do Estado
		Mezger	A pena é um mal que se adapta à gravidade do fato, com a privação de bens jurídicos
		Welzel	A pena é uma retribuição justa, devendo cada um sofrer o que os seus atos valem.
		Stahl	A pena é uma retribuição divina (teoria da retribuição divina)
		Köhler	A dor da pena repara a vontade imoral (teoria da reparação)

[8] Na prova discursiva do concurso para o cargo de Juiz Federal Substituti (TRF1), realizada em 2009, foi formulada a seguinte **questão discursiva**: "Discorra sobre a finalidade da pena como sanção específica do direito penal, abordando as principais teorias relacionadas ao tema, com ênfase na doutrina de Kant".

[9] Prova objetiva do concurso para o cargo de Promotor de Justiça (MP-AM), realizada em 2007.

[10] PRADO, Luiz Regis. *Curso de Direito Penal Brasileiro. Vol. I. Parte Geral.* 12ª Ed. São Paulo: Revista dos Tribunais, 2013, p. 628.

2.6.2. Teorias preventivas, relativas ou utilitárias

As teorias preventivas ou utilitárias sustentam que a finalidade da pena não é a retribuição pelo crime praticado, mas sim a **prevenção** da sua prática.

Teoria da prevenção geral ou coletiva: enfatiza a *intimidação* dirigida à coletividade, sustentando que as pessoas não devem praticar delitos por medo ou receio de sofrer a punição. Feuerbach formulou a *teoria da coação psicológica*, sendo a prevenção dos delitos fundada na ameaça de pena.

Teoria da prevenção especial ou individual: informa que a pena tem por objetivo a *segregação* e a readaptação do criminoso, retirando-o do meio social e promovendo sua ressocialização para que não volte a delinquir.

As teorias preventivas possuem algumas *variantes* sobre qual seria o fundamento justificador da prevenção. Veja no **quadro estratégico** abaixo:

FUNDAMENTO JUSTIFICADOR DA PREVENÇÃO

<table>
<tr><td rowspan="4">Teorias preventivas (vertentes)</td><td rowspan="2">Prevenção geral</td><td>Negativa</td><td>O fundamento é a intimidação coletiva (Carrara, Feuerbach, Carmignani, Romagnosi, Schopenhauer e Francesco Pagano).</td></tr>
<tr><td>Positiva</td><td>O fundamento é promover a confiança social na firmeza do ordenamento jurídico (Roxin, Jakobs e Niklas Luhmann). Possui duas vertentes:

(a) prevenção geral positiva fundamentadora: ao castigar a violação de valores fundamentais, objetiva-se promover um juízo ético-social na coletividade e a fidelidade ao Direito. Busca incutir na coletividade a manutenção fiel aos mandamentos do Direito (Welzel e Jakobs).

(b) prevenção geral positiva limitadora: a afirmação da confiança no Direito Penal exige respeito aos limites do poder punitivo do Estado (Hassemer, Mir Puig e Roxin).</td></tr>
<tr><td rowspan="2">Prevenção especial</td><td>Negativa</td><td>O fundamento é a neutralização do delinquente</td></tr>
<tr><td>Positiva</td><td>O fundamento é a ressocialização do infrator</td></tr>
</table>

O CESPE-UNB/CEBRASPE considerou **correta** a assertiva de que a teoria preventiva geral positiva considera que a pena tem a função de inibir comportamentos antissociais e moldar comportamentos socialmente aceitos[11].

2.6.3. Teorias mistas

A teoria mista, eclética ou conciliatória informa que a pena tem a finalidade de **retribuição** e de **prevenir** a prática de novos crimes.

É uma fusão das teorias retributiva e preventiva. Nessa visão, a pena objetiva a punição do criminoso e a prevenção (geral e especial) da prática de novos delitos, pela intimação coletiva, segregação e ressocialização do infrator. É a teoria mais aceita na doutrina, sendo a que prevalece na atualidade.

O Código Penal adotou a **teoria mista ou eclética** (CP, art. 59), tendo a pena caráter retributivo e preventivo (prevenção geral e especial).

> **Teoria dialética unificadora (Claus Roxin)**: busca conciliar aspectos das diversas teorias, sem que se proceda a um mero somatório. Repudia-se a natureza retributiva da pena, dando ênfase aos aspectos preventivos. A principal finalidade da pena é de prevenção geral, com o objetivo de fortalecer a consciência jurídica da comunidade (prevenção geral positiva) e dissuadir a coletividade da prática de delitos (prevenção geral negativa). Na aplicação da pena, atuará a prevenção especial (ressocialização do infrator).

Para Roxin, a ideia de retribuição compensadora somente é plausível mediante um ato de fé, pois não há como se compreender, de forma racional, como apagar um mal cometido pelo sujeito ativo do crime com um outro mal, isto é, o sofrimento da pena[12].

2.6.4. Teoria agnóstica

De acordo com a **teoria agnóstica da pena**, a pena é vista como um mero exercício de poder, que possui explicação política, e a única finalidade da pena é a neutralização do condenado pelo Estado.

---

[11] Prova objetiva do concurso para o cargo de Delegado de Polícia (DPMA), realizada em 2018.
[12] GOMES, Luiz Flávio; MOLINA, Antonio García-Pablos de. *Op. Cit.*, p, 571 e 667.

A palavra *agnóstico* significa "**neutro**" ou "**incrédulo**". Em descrédito aos modelos retribucionistas e preventivos, sustenta-se que a função da pena não seria de retribuição – seja a fundamentação de ordem ética ou jurídica – e nem de prevenção geral baseada na intimidação coletiva. Para a teoria agnóstica da pena, a fundamentação seria de **ordem política** e a única função da pena é a *neutralização do condenado*, especialmente quando a prisão acarreta seu afastamento da sociedade (**questão discursiva**[13]).

Essa teoria é defendida por Zaffaroni, que é um ex-finalista e um ex-defensor das teorias preventivas da pena.

O CESPE-UNB/CEBRASPE considerou **correta** a assertiva de que a teoria que sustenta que a única função efetivamente desempenhada pela pena seria a neutralização do condenado, especialmente quando a prisão acarreta seu afastamento da sociedade, é a teoria agnóstica[14].

2.6.5. Teoria correcionalista

É uma corrente preventiva, destacada aqui em separado apenas para fins didáticos. Para a teoria correcionalista, a pena é vista como meio de correção da vontade do criminoso ("corrigir"), e não de retribuição a um mal (Karl Roeder). A finalidade da pena é de **prevenção especial.**

O CESPE-UNB/CEBRASPE considerou **incorreta** a assertiva de que a teoria correcionalista considera que a pena se esgota na ideia da retribuição como resposta ao mal causado pelo autor do crime[15].

3. PENA PRIVATIVA DE LIBERDADE

3.1. Considerações iniciais

A pena privativa de liberdade é a principal e a mais conhecida espécie de pena existente em nosso sistema. É disciplinada pelos arts. 33 a 42 do Código Penal e pelos arts. 105 a 146-D da Lei n.º 7.210/84 (Lei de Execução Penal).

---

[13] Na prova oral do concurso para o cargo de defensor público da União, realizada pelo CESPE-UNB/CEBRASPE em 2018, foi formulada a seguinte **questão oral**: "Discorra sobre as teorias da pena adotadas pelo Código Penal brasileiro, comentando-as à luz da teoria agnóstica".

[14] Prova objetiva do concurso para o cargo de Juiz de Direito (TJSC), realizada em 2019.

[15] Prova objetiva do concurso para o cargo de Delegado de Polícia (DPMA), realizada em 2018.

Para estimular a memória, observe a **simbologia estratégica** abaixo:

Pena privativa de liberdade

Prisão-pena

Em geral, após o trânsito em julgado da condenação, o indivíduo será **encarcerado** para cumprir a pena privativa de liberdade imposta, de acordo com a individualização fixada pelo juiz. No Brasil, a *prisão-pena* somente pode ser cumprida após o trânsito em julgado da condenação (CF, art. 5º, LVII), o que não exclui a possibilidade prisão cautelar no curso do inquérito ou processo.

3.2. Espécies: reclusão, detenção e prisão simples

O sistema penal brasileiro contempla **três espécies** de pena privativa de liberdade: reclusão, detenção e prisão simples, com algumas diferenças.

Em todas elas, o traço comum é a privação da liberdade de locomoção, em maior ou menor intensidade. Observe as diferenças no **quadro estratégico**:

PENA PRIVATIVA DE LIBERDADE (Espécies)		
Reclusão	**Detenção**	**Prisão simples**
Crime	**Crime**	**Contravenção**
Regime inicial fechado, semiaberto ou aberto	Regime inicial semiaberto ou aberto. Não cabe regime inicial fechado, mas admite transferência posterior	Regime semiaberto ou aberto. Não há possibilidade de transferência para o regime fechado.
Eventual medida de segurança será sempre *detentiva* (internação)	Eventual medida de segurança poderá ser *restritiva* (tratamento ambulatorial, sem internação)	Eventual medida de segurança poderá ser *restritiva* (tratamento ambulatorial, sem internação)
Pode gerar incapacidade para o exercício do poder familiar, tutela ou curatela	Não gera incapacidade para o exercício do poder familiar, tutela ou curatela	Não gera incapacidade para o exercício do poder familiar, tutela ou curatela

Como podemos perceber, há uma escala de **gravidade** entre as penas de reclusão, detenção e prisão simples.

3.3. Regimes de cumprimento

3.3.1. Regimes fechado, semiaberto e aberto

No direito brasileiro, como expressão do *sistema progressivo*[16], existem três regimes de cumprimento de pena: **fechado, semiaberto** e **aberto**.

Para uma visão panorâmica, observe o **quadro estratégico** abaixo:

REGIMES DE PENA (Espécies)		
Fechado	**Semiaberto**	**Aberto**
Estabelecimento de segurança máxima ou média. Pena superior a 08 anos (CP, art. 33, §2º, *a*)	Colônia agrícola, industrial ou estabelecimento similar. Pena superior a 04 e não superior a 08 anos (CP, art. 33, §2º, *b*)	Casa do albergado ou estabelecimento adequado. Pena igual ou inferior a 04 anos (CP, art. 33, §2º, *c*)

Considera-se **regime fechado** a execução da pena em estabelecimento de segurança máxima ou média (CP, art. 33, §1º, *a*). Em geral, aplica-se ao condenado a pena superior a 08 anos (CP, art. 33, §2º, *a*).

No regime fechado, há encarceramento em *período integral*. O condenado fica sujeito a trabalho no período diurno e a isolamento durante o repouso noturno. O trabalho será em comum dentro do estabelecimento prisional, em conformidade com as aptidões ou ocupações anteriores do condenado, desde que compatíveis com a execução da pena (CP, art. 34, §§1º e 2º). No regime fechado, o trabalho externo é admissível, em serviços ou obras

[16] Na doutrina, são identificados três grandes sistemas de execução da pena: **(a) sistema pensilvânico ou celular**: surgiu no final do século XVIII, sendo caracterizado pelo isolamento absoluto dos presos entre si e com o mundo exterior (*solitary-system*). O objetivo era promover o arrependimento moral do apenado através da meditação, do silêncio e do isolamento; **(b) sistema auburniano**: a denominação deriva da cidade de Auburn, em Nova York. Em 1823, deixou-se o sistema de isolamento total do indivíduo para o sistema coletivo de trabalho, porém, de forma silenciosa (*silent-system*). O trabalho era obrigatório, assim como o silêncio, sob pena de sanções; **(c) sistema progressivo**: trata da preparação do apenado, mediante etapas, para a vida em liberdade (*progressive-system*). Devem existir períodos distintos durante o cumprimento da pena, progredindo ou regredindo, a depender da boa ou má conduta do preso.

públicas (CP, art. 34, §3º), mediante autorização da direção do estabelecimento penitenciário (art. 37, *caput*, da Lei n.º 7.210/84).

Considera-se **regime semiaberto** a execução da pena em colônia agrícola, industrial ou estabelecimento similar (CP, art. 33, §1º, *b*). Em geral, aplica-se ao condenado não reincidente, cuja pena seja superior a 04 anos e não exceda a 08 anos (CP, art. 33, §2º, *b*). No regime semiaberto, o condenado fica sujeito a trabalho em comum durante o período diurno, em colônia agrícola, industrial ou estabelecimento similar (CP, art. 34, §1º). O trabalho externo é admissível, bem como a frequência a cursos supletivos profissionalizantes, de instrução de segundo grau ou superior (CP, art. 34, §2º).

> **FONAJUC, Enunciado n.º 64**: "A execução de pena em regime semiaberto deverá ser realizada, ao menos, com pernoite em estabelecimento prisional".

O **regime aberto** é a execução da pena em casa de albergado ou estabelecimento adequado (CP, art. 33, §1º, *c*). Aplica-se ao condenado não reincidente a pena igual ou inferior a 04 anos. É baseado na autodisciplina e senso de responsabilidade do condenado (CP, art. 36, *caput*). No regime aberto, o condenado deverá, fora do estabelecimento e sem vigilância, trabalhar, frequentar curso ou exercer outra atividade autorizada, permanecendo recolhido durante o período noturno e nos dias de folga (CP, art. 36, §1º).

> **STJ, Súmula n.º 493**: "É inadmissível a fixação de pena substitutiva (art. 44 do CP) como condição especial ao regime aberto".
>
> **FONACRIM, Enunciado n.º 63**: "Na fiscalização do cumprimento da pena no regime aberto domiciliar, em face da inexistência de casa de albergado, bem como das penas restritivas de direitos, o custeio das despesas do monitoramento eletrônico não pode ser imposto ao apenado".
>
> **FONACRIM, Enunciado n.º 62**: "Nas Seções ou Subseções onde não haja casa de albergado, não há óbice ao Juiz Federal com competência em execução penal exercer a fiscalização das penas dos réus em regime aberto".

Lembramos que o condenado será transferido do regime aberto se praticar fato definido como crime doloso, se frustrar os fins da execução ou se, podendo, não pagar a multa cumulativamente aplicada (CP, art. 33, §2º).

O Código Penal denomina de "**regime especial**" o estabelecimento penitenciário para cumprimento de pena por mulheres (CP, art. 37). Na prática, não chega a ser um quarto regime, mas apenas uma penitenciária com características especiais (local para amamentação, creche etc.).

Para fins de memorização, observe a **simbologia estratégica** abaixo:

Conforme veremos, na **falta de vagas** do regime semiaberto ou aberto, o condenado não poderá arcar com a inércia com a inércia do Estado, não podendo ser submetido ao cumprimento de pena em regime mais gravoso.

3.3.2. Fixação do regime inicial

Na fixação do regime inicial de cumprimento de pena, deverão ser observados requisitos **objetivos** (limites da pena aplicada) e **subjetivos** (reincidência e circunstâncias judiciais do art. 59 do CP).

Esses requisitos concretizam o **princípio da individualização da pena** e deverão ser analisados no caso concreto pelo juiz.

Sobre os requisitos objetivos, confira o **quadro estratégico** abaixo:

REGIME INICIAL DA PENA (Visão geral)		
Regime fechado	**Regime semiaberto**	**Regime aberto**
Pena superior a 08 anos (CP, art. 33, §2º, *a*)	Não reincidente, com pena superior 04 anos e não superior a 08 anos (CP, art. 33, §2º, *b*)	Não reincidente, com pena igual ou inferior a 04 anos (CP, art. 33, §2º, *c*)

Na fixação do regime inicial, devem ser observados: (a) limites da pena aplicada; (b) exame da reincidência e (c) circunstâncias judiciais (CP, art. 59). A pena de *detenção* não comporta regime inicial fechado (CP, art. 33, *caput*).

Ex: se um indivíduo reincidente é condenado pelo crime de dano qualificado (CP, art. 163, parágrafo único), que possui pena de detenção, de 06 meses a 03 anos, diante da reincidência e da impossibilidade de fixação de regime inicial fechado na pena detenção, a hipótese é de fixação do regime inicial semiaberto, conforme entendeu o STJ[17] (**questão discursiva**[18]).

> **STJ, Súmula n.º 269**: "É admissível a adoção do regime prisional semiaberto aos reincidentes condenados a pena igual ou inferior a 4 anos se favoráveis as circunstâncias judiciais".

O CESPE-UNB/CEBRASPE considerou **incorreta** a assertiva de que a comprovação da reincidência, embora possa ensejar o aumento do quantum da pena aplicada, não exerceria influência na fixação do regime inicial para o seu cumprimento[19].

Superada essa questão, ainda existem alguns pontos sobre a fixação do regime inicial de cumprimento da pena que merecem nossa atenção especial.

> **STF, Tema 972 (repercussão geral)**: "É inconstitucional a fixação *ex lege*, com base no art. 2º, § 1º, da Lei 8.072/1990, do regime inicial fechado, devendo o julgador, quando da condenação, ater-se aos parâmetros previstos no artigo 33 do Código Penal" (STF, ARE 1052700 RG, Pleno, Rel. Min. Edson Fachin, DJe-018 01/02/2018
>
> **STJ, Súmula n.º 440**: "Fixada a pena-base no mínimo legal, é vedado o estabelecimento de regime prisional mais gravoso do que o cabível em razão da sanção imposta, com base apenas na gravidade abstrata do delito".

---

[17] STJ, AgRg no AREsp 1691662/MS, 5ª Turma, Rel. Min. Reynaldo Soares da Fonseca, DJe 30/06/2020.

[18] Na prova oral do concurso para o cargo de defensor público (DPE-PE), realizada pelo CESPE-UNB/CEBRASPE em 2018, foi formulada a seguinte **questão oral**: "Lucas foi condenado pelo crime de dano qualificado, por ter destruído o computador de uma Delegacia de Polícia Civil do Estado de Pernambuco. Por ser reincidente genérico em crime doloso, recebeu a pena privativa de liberdade de oito meses de detenção. Considerando essa situação hipotética, responda fundamentadamente às seguintes indagações. 1 Qual o regime de cumprimento de pena privativa de liberdade aplicável, a luz do Código Penal e da jurisprudência dos tribunais superiores? [...]".

[19] Prova objetiva do concurso para o cargo de Juiz de Direito (TJRN), realizada em 2013.

> **STJ, Súmula n.º 492**: "O ato infracional análogo ao tráfico de drogas, por si só, não conduz obrigatoriamente à imposição de medida socioeducativa de internação do adolescente".

Segundo o STF, não é possível a fixação de **regime inicial fechado** no crime de tráfico de drogas, com base apenas na **gravidade abstrata** do delito, o que viola o princípio da individualização da pena (STF, HC 163231/SP, 1ª Turma, Red. p/ ac. Min. Alexandre de Moraes, j. 25/06/2019, Informativo n.º 945). No HC 111.840/ES, o Plenário do STF declarou a inconstitucionalidade do § 1º do art. 2º da Lei 8.072/1990 (redação dada pela Lei 11.464/2007), que determinava a imposição de regime inicial fechado *ex lege* (automático) nos crimes hediondos, de tortura, de tráfico ilícito de entorpecentes e de terrorismo (STF, HC 111840, Pleno, Rel. Min. Dias Toffoli, DJ 17/12/2013).

Em suma, é inconstitucional a fixação pelo legislador de regime inicial fechado com base na gravidade abstrata do delito. Isso porque os requisitos para a fixação do regime inicial (CP, art. 33, §§2º e 3º do CP) concretizam o princípio da individualização da pena, devendo ser analisados no caso concreto.

Outro ponto a ser destacado é que os aspectos individuais e as circunstâncias do caso concreto podem justificar a aplicação de regime inicial mais gravoso. Mesmo que, à luz do requisito objetivo (limites da pena imposta), seja cabível regime mais benéfico, o juiz poderá, através de motivação concreta com base nas circunstâncias judicias previstas no art. 59 do CP, fixar regime inicial mais gravoso (CP, art. 33, §3º). Essa operação exige motivação idônea.

Mas atenção: essa possibilidade somente é permitida com base na **gravidade concreta**, não sendo aceita com base na **gravidade abstrata**.

> **STJ, Súmula n.º 440**: "Fixada a pena-base no mínimo legal, é vedado o estabelecimento de regime prisional mais gravoso do que o cabível em razão da sanção imposta, com base apenas na gravidade abstrata do delito".

O CESPE-UNB/CEBRASPE considerou **incorreta** a assertiva de que fixada a pena-base no mínimo legal, é permitido, considerando-se a gravidade abstrata do delito cometido, o estabelecimento de regime prisional mais gravoso do que o cabível em razão da sanção imposta[20].

---

[20] Prova objetiva do concurso para o cargo de Juiz de Direito (TJAC), realizada em 2012.

3.3.3. Exame criminológico

O exame criminológico é realizado no início do cumprimento da pena, vistas à classificação dos condenados (antecedentes e personalidade), para orientar a individualização da execução penal. Trata-se de perícia realizada por equipe multidisciplinar (psiquiatras, psicólogos e assistentes sociais).

O exame criminológico é obrigatório no regime fechado (CP, art. 34, *caput*) e facultativo no semiaberto (art. 8º, parágrafo único, da LEP), podendo ser determinado pelo juiz neste último regime mediante decisão motivada.

> **STJ, Súmula n.º 439**: "Admite-se o exame criminológico pelas peculiaridades do caso, desde que em decisão motivada".

Segundo o STJ, o exame criminológico também poderá ser realizado no curso da execução para outras finalidades (ex: progressão de regime, livramento condicional etc.), desde que por decisão motivada (STJ, AgRg no HC 639.495/SP, 5ª Turma, Rel. Min. Ribeiro Dantas, DJe 17/08/2021; STJ, AgRg no HC 688.093/SP, 6ª Turma, Rel. Min. Laurita Vaz, DJe 24/09/2021).

3.3.4. Progressão de regime

Para ter direito à progressão de regime, o agente deve cumprir uma certa fração da pena (requisito objetivo) e apresentar bom comportamento carcerário (requisito subjetivo), nos termos do art. 112 da LEP.

O art. 112, *caput* e §1º, da Lei n.º 7.210/84, com redação dada pela Lei n.º 13.964/2019 (Pacote Anticrime), assim dispõe:

> "Art. 112. A pena privativa de liberdade será executada em forma progressiva com a transferência para regime menos rigoroso, a ser determinada pelo juiz, quando o preso **tiver cumprido ao menos**:
> I - 16% (dezesseis por cento) da pena, se o apenado for primário e o crime tiver sido cometido sem violência à pessoa ou grave ameaça;
> II - 20% (vinte por cento) da pena, se o apenado for reincidente em crime cometido sem violência à pessoa ou grave ameaça;

> III - 25% (vinte e cinco por cento) da pena, se o apenado for primário e o crime tiver sido cometido com violência à pessoa ou grave ameaça;
> IV - 30% (trinta por cento) da pena, se o apenado for reincidente em crime cometido com violência à pessoa ou grave ameaça;
> V - 40% (quarenta por cento) da pena, se o apenado for condenado pela prática de **crime hediondo ou equiparado**, se for primário;
> VI - 50% (cinquenta por cento) da pena, se o apenado for:
> a) condenado pela prática de **crime hediondo ou equiparado, com resultado morte**, se for primário, vedado o livramento condicional;
> b) condenado por exercer o comando, individual ou coletivo, de organização criminosa estruturada para a prática de crime hediondo ou equiparado; ou
> c) condenado pela prática do crime de constituição de milícia privada;
> VII - 60% (sessenta por cento) da pena, se o apenado for reincidente na prática de **crime hediondo ou equiparado**;
> VIII - 70% (setenta por cento) da pena, se o apenado for reincidente em crime hediondo ou equiparado com resultado morte, vedado o livramento condicional.
> § 1º Em todos os casos, o apenado só terá direito à progressão de regime se ostentar **boa conduta carcerária**, comprovada pelo diretor do estabelecimento, respeitadas as normas que vedam a progressão".

O art. 112, §3º, da Lei n.º 7.210/84, com redação dada pela Lei n.º 13.769/2018, ainda previu requisitos específicos para a **mulher gestante, mãe ou responsável** por crianças ou pessoas portadoras de necessidades especiais:

> "Art. 112 [...]
> § 3º No caso de mulher gestante ou que for mãe ou responsável por crianças ou pessoas com deficiência, os requisitos para progressão de regime são, cumulativamente:
> I - não ter cometido crime com violência ou grave ameaça a pessoa;
> II - não ter cometido o crime contra seu filho ou dependente;
> III - ter cumprido ao menos 1/8 (um oitavo) da pena no regime anterior;
> IV - ser primária e ter bom comportamento carcerário, comprovado pelo diretor do estabelecimento;

V - não ter integrado organização criminosa".

Progressão de regime e crimes hediondos: é possível, mas houve evolução no tema. No HC 82959, o STF considerou *inconstitucional a proibição de progressão de regime nos crimes hediondos*, por violação ao princípio da individualização da pena. Posteriormente, a Lei n.º 8.072/90 foi alterada pelas Leis n.º 11.464//2007, 13.769/2018 e 13.964/2019, passando a progressão a ser admitida em lei. Com isso, foi superada a antiga Súmula n.º 698 do STF[21]. Nos crimes hediondos e equiparados, o agente deverá cumprir: (a) 40% da pena, se primário; (b) 50% da pena, se houver resultado morte e for primário ou (c) 60% da pena, se reincidente específico nesses crimes.

> **STF, Súmula Vinculante n.º 26**: "Para efeito de progressão de regime no cumprimento de pena por crime hediondo, ou equiparado, o juízo da execução observará a inconstitucionalidade do art. 2º da Lei n. 8.072, de 25 de julho de 1990, sem prejuízo de avaliar se o condenado preenche, ou não, os requisitos objetivos e subjetivos do benefício, podendo determinar, para tal fim, de modo fundamentado, a realização de exame criminológico".

Atenção! As normas sobre progressão de regime têm natureza penal. Quando mais severas, não poderão retroagir em prejuízo do agente, por força do princípio da irretroatividade da lei penal mais gravosa (CF, art. 5º, XL).

> **STF, Tema 1169 (repercussão geral)**: "Tendo em vista a legalidade e a taxatividade da norma penal (art. 5º, XXXIX, CF), a alteração promovida pela Lei 13.964/2019 no art. 112 da LEP não autoriza a incidência do percentual de 60% (inc. VII) aos condenados reincidentes não específicos para o fim de progressão de regime. Diante da omissão legislativa, impõe-se a analogia *in bonam partem*, para aplicação, inclusive retroativa, do inciso V do artigo 112 da LEP (lapso temporal de 40%) ao condenado por crime hediondo ou equiparado sem resultado morte reincidente não específico" (STF, ARE 1327963/SP, Pleno, Rel. Min. Gilmar Mendes, j. 17/09/2021).
>
> **STJ, Tema Repetitivo 1084**: "É reconhecida a retroatividade do patamar estabelecido no art. 112, V, da Lei n. 13.964/2019, àqueles apenados que, embora tenham cometido crime hediondo ou equiparado sem resultado morte, não sejam reincidentes em delito de natureza semelhante" (STJ, 1910240/MG, 3ª Seção, Rel. Min. Rogério Schietti Cruz, DJ 31/05/2021).

[21] **STF, Súmula n.º 698 (superada)**: "Não se estende aos demais crimes hediondos a admissibilidade de progressão no regime de execução da pena aplicada ao crime de tortura".

> **STJ, Súmula n.º 471**: "Os condenados por crimes hediondos ou assemelhados cometidos antes a vigência da Lei n. 11.464/2007 sujeitam-se ao disposto no art. 112 da Lei n. 7.210/1984 (Lei de Execução Penal) para a progressão de regime prisional".
>
> **STF, Tema 59 (repercussão geral)**: "A Lei n.º 11.464/07, que majorou o tempo necessário para progressão no cumprimento da pena, não se aplica a situações jurídicas que retratem crime hediondo ou equiparado cometido em momento anterior à respectiva vigência" (STF, RE 579167, Pleno, Rel. Min. Marco Aurélio, DJe-207 18/10/2013).

Preso provisório e progressão e regime: o preso provisório tem direito à progressão de regime, mesmo antes do trânsito em julgado. A presunção de inocência existe para proteger o réu, e não para prejudicá-lo. O art. 5º, LVII, da CF estabelece garantia em prol do acusado como limitação do direito de punir do Estado, estando o dispositivo catalogado expressamente como uma garantia do indivíduo. Não se trata de norma protetiva da acusação.

> **STF, Súmula n.º 717**: "Não impede a progressão de regime de execução da pena, fixada em sentença não transitada em julgado, o fato de o réu se encontrar em prisão especial".
>
> **STF, Súmula n.º 716**: "Admite-se a progressão de regime de cumprimento da pena ou a aplicação imediata de regime menos severo nela determinada, antes do trânsito em julgado da sentença condenatória".

O STF tem decidido que, em se tratando de preso provisório, o marco inicial para a progressão de regime é a data da efetivação da **prisão preventiva**, e não o dia da publicação da decisão que determinou a prisão (STF, RHC 142463/MG, 1ª Turma, Rel. Min. Luiz Fux, j. 12/09/2017, Informativo n.º 877).

Progressão de regime *per saltum*: não é admitida no direito brasileiro. A progressão de regime ocorre "por passos", ou seja, de regime em regime, não sendo admitida a chamada progressão *per saltum* (ex: do fechado diretamente para o aberto). O leitor deve ficar atento a esse ponto.

> **STJ, Súmula n.º 491**: "É inadmissível a chamada progressão *per saltum* de regime prisional".

Progressão de regime e falta de vagas: o preso não deve arcar com a inércia do Estado, não podendo ser submetido ao cumprimento de pena em regime mais gravoso e nem impedida sua saída do regime mais gravoso pela falta de vagas. A responsabilidade pela falta de estrutura do sistema prisionais deve ser suportada pelo Estado, e não pelo condenado.

O STF e o STJ fixaram teses importantes sobre a temática da falta de vagas em regime adequado para cumprimento da pena.

> **STF, Súmula Vinculante n.º 56**: "A falta de estabelecimento penal adequado não autoriza a manutenção do condenado em regime prisional mais gravoso, devendo-se observar, nessa hipótese, os parâmetros fixados no RE 641.320/RS".
>
> **STF, Tema 423 (repercussão geral)**: "I - A falta de estabelecimento penal adequado não autoriza a manutenção do condenado em regime prisional mais gravoso; II - Os juízes da execução penal poderão avaliar os estabelecimentos destinados aos regimes semiaberto e aberto, para qualificação como adequados a tais regimes. São aceitáveis estabelecimentos que não se qualifiquem como "colônia agrícola, industrial" (regime semiaberto) ou "casa de albergado ou estabelecimento adequado" (regime aberto) (art. 33, §1º, alíneas "b" e "c"); III - Havendo déficit de vagas, deverá determinar-se: (i) a saída antecipada de sentenciado no regime com falta de vagas; (ii) a liberdade eletronicamente monitorada ao sentenciado que sai antecipadamente ou é posto em prisão domiciliar por falta de vagas; (iii) o cumprimento de penas restritivas de direito e/ou estudo ao sentenciado que progride ao regime aberto. Até que sejam estruturadas as medidas alternativas propostas, poderá ser deferida a prisão domiciliar ao sentenciado" (STF, RE 641320, Pleno, Rel. Min. Gilmar Mendes, DJ 01/08/2016).
>
> **STJ, Tema Repetitivo n.º 993**: "A inexistência de estabelecimento penal adequado ao regime prisional determinado para o cumprimento da pena não autoriza a concessão imediata do benefício da prisão domiciliar, porquanto, nos termos da Súmula Vinculante n° 56, é imprescindível que a adoção de tal medida seja precedida das providências estabelecidas no julgamento do RE n° 641.320/RS, quais sejam: (i) saída antecipada de outro sentenciado no regime com falta de vagas, abrindo-se, assim, vagas para os reeducandos que acabaram de progredir; (ii) a liberdade eletronicamente monitorada ao sentenciado que sai antecipadamente ou é posto em prisão domiciliar por falta de vagas; e (iii) cumprimento de penas restritivas de direitos e/ou estudo aos sentenciados em regime aberto" (STJ, REsp 1710674/MG, 3ª Seção, Rel. Min. Reynaldo Soares Da Fonseca, DJe 03/09/2018).

FONAJUC, Enunciado n.º 05: "Revela-se indevida a progressão antecipada de regime prisional fundada na inexistência de vagas no sistema penal".

FONAJUC, Enunciado n.º 03: "Incumbe exclusivamente ao Poder Executivo a responsabilidade pela suficiência de vagas no sistema prisional, não podendo tal disponibilidade, em hipótese alguma, condicionar a decisão judicial acerca de prisões, definitivas ou cautelares".

Para o STF, no regime semiaberto, a falta de local qualificado como colônia penal não autoriza a concessão de prisão domiciliar ou regime aberto, diante do regramento previsto na Lei de Execução Penal. São aceitáveis estabelecimentos não qualificados como colônia agrícola ou industrial (regime semiaberto) ou casa de albergado ou estabelecimento adequado (regime aberto). Porém, não é permitido o alojamento conjunto de presos dos regimes semiaberto e aberto com presos do regime fechado (STF, Rcl 25123/SC, 2ª Turma, Rel. Min. Ricardo Lewandowski, j. 18/04/2017, Informativo n.º 861).

Para uma melhor visualização, confira o **quadro estratégico** abaixo:

FALTA DE VAGAS NO REGIME ADEQUADO (possibilidades e vedações – STF e STJ)	
ADMITE	**NÃO ADMITE**
Saída antecipada de outro sentenciado no regime com falta de vagas	Manutenção do agente em regime mais gravoso
Liberdade eletronicamente monitorada ao sentenciado que sai antecipadamente	Progressão antecipada de regime
Cumprimento de penas restritivas de direito ou estudo ao sentenciado que progride para o regime aberto	Progressão *per saltum*
Concessão de prisão domiciliar em caráter subsidiário, até que sejam estruturadas as medidas anteriores	Concessão imediata de prisão domiciliar
Outros estabelecimentos não qualificados, mas com destinação específica	Alojamento conjunto de presos dos regimes semiaberto e aberto com presos do regime fechado

O CESPE-UNB/CEBRASPE considerou **correta** a assertiva de que constatada a inexistência de condições adequadas ao cumprimento de pena, por precariedade, superlotação e falta de estabelecimento prisional compatível, por exemplo, admite-se o deferimento, ao sentenciado, de saída antecipada no regime com falta de vagas, além do cumprimento de penas restritivas de direito[22].

Penitenciária federal e progressão de regime: de acordo com o STF, o cumprimento de pena em penitenciária federal de segurança máxima por motivo de segurança pública não é compatível com a progressão de regime prisional. A transferência do apenado para o sistema federal tem, em regra, como fundamento razões que atestam que, naquele momento, o condenado não tem mérito para progredir de regime, não satisfazendo aos requisitos subjetivos para a progressão (STF, HC 131.649/RJ, 2ª Turma, Rel. p/ ac. Min. Dias Toffoli, j. 06/09/2016, Informativo n.º 838).

Progressão de regime e estrangeiro irregular: o STJ tem decidido que o estrangeiro, mesmo estando em situação irregular, tem direito à progressão de regime, uma vez cumpridos os requisitos legais. O direito à progressão depende apenas da presença dos requisitos do art. 112 da LEP.

Sobre o tema, vale conferir o seguinte precedente:

> "[...] EXECUÇÃO PENAL. PROGRESSÃO DE REGIME PRISIONAL. ESTRANGEIRO EM SITUAÇÃO IRREGULAR NO PAÍS. PENDÊNCIA DE PROCESSO DE EXPULSÃO. IRRELEVÂNCIA. PRECEDENTES [...]
> A jurisprudência do Superior Tribunal de Justiça pacificou-se no sentido de que não constitui motivação idônea para justificar o indeferimento do pleito de progressão de regime prisional o simples fato de se tratar de sentenciado estrangeiro, em situação irregular no país, ainda que exista processo de expulsão pendente. Assim, a análise do pleito deve levar em consideração, tão somente, o preenchimento dos requisitos subjetivos e objetivos previstos no art. 112 da LEP - Lei de Execução Penal" (STJ, HC 345.726/SP, 5ª Turma, Rel. Min. Joel Ilan Paciornik, DJe 20/04/2016).

Pena de multa e progressão de regime: segundo o STF, o inadimplemento deliberado da pena de multa cumulativamente aplicada ao sentenciado impede a progressão de regime prisional. Tal regra somente é excepcionada pela comprovação da absoluta impossibilidade econômica do

[22] Prova objetiva do concurso para o cargo de defensor público (DPE-AL), realizada em 2017.

apenado em pagar a multa, ainda que parceladamente (STF, EP 12 ProgReg-AgR, Pleno, Rel. Min. Roberto Barroso, DJ 11/05/2015).

Com isso, encerramos o estudo da progressão de regime. Como foi possível perceber ao longo do tópico, o tema é fértil em orientações jurisprudenciais, devendo o leitor ficar atento para as provas.

3.3.5. Regressão de regime

A **regressão** de regime poderá ocorrer nas hipóteses de prática de fato definido como crime doloso, falta grave, unificação superveniente de penas e na hipótese de inadimplemento deliberado do pagamento pena de multa.

O art. 118 da Lei n.º 7.210/84 assim dispõe:

> "Art. 118. A execução da pena privativa de liberdade ficará sujeita à forma regressiva, com a transferência para qualquer dos regimes mais rigorosos, quando o condenado:
> I - praticar fato definido como crime doloso ou falta grave;
> II - sofrer condenação, por crime anterior, cuja pena, somada ao restante da pena em execução, torne incabível o regime (artigo 111).
> § 1° O condenado será transferido do regime aberto se, além das hipóteses referidas nos incisos anteriores, frustrar os fins da execução ou não pagar, podendo, a multa cumulativamente imposta.
> § 2º Nas hipóteses do inciso I e do parágrafo anterior, deverá ser ouvido previamente o condenado".

Atenção! Assim como a progressão de regime, a determinação de regressão de regime é um **ato jurisdicional** de competência do juiz da execução penal (art. 66, III, *b*, da Lei n.º 7.210/84), não podendo a matéria ser decidida por ato administrativo do diretor da penitenciária.

O CESPE-UNB/CEBRASPE considerou **correta** a assertiva de que se o réu estiver cumprindo pena no regime semiaberto e este se tornar incompatível em razão da soma de nova pena por outro crime, deverá o magistrado proceder à regressão do acusado ao regime fechado e, ao unificar as penas, deve abater do tempo efetivamente cumprido pelo réu o lapso temporal para a concessão da progressão[23].

[23] Prova objetiva do concurso para o cargo de Juiz de Direito (TJPB), realizada em 2011.

3.4. Direitos do preso

O condenado conserva todos os direitos não atingidos pela condenação (art. 3º da LEP). A condenação criminal não exclui a condição de sujeito de direitos daquele que sofre a constrição ou condenação. Na execução da pena, são assegurados ao preso direitos **individuais** e, também, direitos **sociais**.

Além das penas proibidas vistas anteriormente, o art. 5º da Constituição Federal contempla outros direitos do preso (rol exemplificativo):

> "Art. 5º [...]
> III - ninguém será submetido a tortura nem a tratamento desumano ou degradante;
> VII - é assegurada, nos termos da lei, a prestação de assistência religiosa nas entidades civis e militares de internação coletiva;
> XLVIII - a pena será cumprida em estabelecimentos distintos, de acordo com a natureza do delito, a idade e o sexo do apenado;
> XLIX - é assegurado aos presos o respeito à integridade física e moral;
> L - às presidiárias serão asseguradas condições para que possam permanecer com seus filhos durante o período de amamentação;
> LXI - ninguém será preso senão em flagrante delito ou por ordem escrita e fundamentada de autoridade judiciária competente, salvo nos casos de transgressão militar ou crime propriamente militar, definidos em lei;
> LXII - a prisão de qualquer pessoa e o local onde se encontre serão comunicados imediatamente ao juiz competente e à família do preso ou à pessoa por ele indicada;
> LXIII - o preso será informado de seus direitos, entre os quais o de permanecer calado, sendo-lhe assegurada a assistência da família e de advogado;
> LXIV - o preso tem direito à identificação dos responsáveis por sua prisão ou por seu interrogatório policial;
> LXVIII - conceder-se-á *habeas corpus* sempre que alguém sofrer ou se achar ameaçado de sofrer violência ou coação em sua liberdade de locomoção, por ilegalidade ou abuso de poder;
> LXXIV - o Estado prestará assistência jurídica integral e gratuita aos que comprovarem insuficiência de recursos;

> LXXV - o Estado indenizará o condenado por erro judiciário, assim como o que ficar preso além do tempo fixado na sentença".

Além das disposições constitucionais, a Lei n.º 7.210/84 (Lei de Execução Penal) também prevê diversos direitos do preso, como por exemplo: alimentação, vestuário e alojamento (arts. 12 e 13); trabalho remunerado (art. 29); assistência à saúde (art. 14); assistência social (art. 22) etc.

3.5. Trabalho do preso

O trabalho é um dever do preso e será sempre remunerado, sendo-lhe garantidos os benefícios da Previdência Social (CP, art. 39)[24].

A Constituição proíbe a pena de trabalhos forçados (CF, art. 5º, XLVII, *c*), mas, durante o cumprimento da pena privativa de liberdade, o trabalho é um **dever do preso**, que será submetido a prestação de serviços internos ou externos, mediante remuneração, conforme suas aptidões e capacidades, sob pena de caracterização de **falta grave** (arts. 31, 39, V e 50, VI, da Lei n.º 7.210/84). A recusa ao trabalho poderá implicar até mesmo na imposição de regime disciplinar diferenciado (art. 53, V, da Lei n.º 7.210/84). Esse dever é imposto como medida de ressocialização, sendo compatível com a CF/88.

> **STJ – Jurisprudência em Teses ED 146 - Tese 16**: "Consoante previsão dos art. 50, VI, e art. 39, V, da LEP, configura falta grave a recusa pelo condenado à execução de trabalho interno regularmente determinado pelo agente público competente, não havendo que se confundir o dever de trabalho, referendado pela Convenção Americana de Direitos Humanos (art. 6º), com a pena de trabalho forçado, vedada pela Constituição Federal - art. 5º, XLVIII, c".
>
> **Excluídos do trabalho**: o preso provisório e o condenado por crime político não estão obrigados ao trabalho (arts. 31, parágrafo único, e 200 da Lei n.º 7.210/84). No entanto, se trabalharem, terão os mesmos direitos reconhecidos aos demais presos.

[24] **Preso e qualidade de segurado no RGPS**: no RGPS, o preso é tratado como segurado facultativo (art. 11, §1º, IX, do Decreto n.º 3.048/99). Além disso, o art. 15, IV, da Lei n.º 8.213/91 prevê que mantém a qualidade de segurado, independentemente de contribuições até 12 (doze) meses após o livramento, o segurado retido ou recluso. Com isso, garante-se ao condenado o acesso aos benefícios da Previdência Social, bem como uma um período mínimo de cobertura após sua saída, tempo para se reinserir no mercado de trabalho.

Sob a ótica do Direito do Trabalho, a atividade laboral desenvolvida pelo preso **não gera relação de emprego** com o Estado e nem com eventual pessoa jurídica privada tomadora dos serviços, **não estando sujeita ao regime da CLT** (art. 28, §2º, da Lei n.º 7.210/84). A jornada de trabalho normal do preso não será inferior a 6 e nem superior a 8 horas, com descanso aos domingos e feriados. Além disso, para cada **03 dias trabalhados**, haverá **remição** correspondente a 01 dia de pena (arts. 33, 126, §1º, II, da Lei n.º 7.210/84). Por não se aplicar o regime trabalhista, o preso não terá direito a férias, 13º, FGTS e outras verbas rescisórias quando da sua saída da prisão.

Lembramos que o preso é **excepcionado** da garantia do **salário mínimo** (CF, art. 7º, IV), mas sua remuneração não poderá ser inferior a 3/4 do salário mínimo (art. 29, *caput*, da Lei n.º 7.210/84). De acordo com o STF, o patamar mínimo diferenciado de remuneração aos presos previsto no art. 29, *caput*, da Lei 7.210/1984 (Lei de Execução Penal) **não representa violação** aos princípios da dignidade humana e da isonomia, sendo inaplicável à hipótese a garantia de salário mínimo. O preso não se sujeita ao regime da CLT e seu trabalho possui finalidades educativa e produtiva, não podendo ser comparado com o trabalho das pessoas que não cumprem pena (STF, ADPF 336/DF, Pleno, Rel. Min. Luiz Fux, j. 27/02/2021, Informativo n.º 1007).

Apesar de o trabalho ser remunerado, existem algumas **limitações** sobre a disposição da remuneração pelo próprio preso, a qual deverá atender: (a) à indenização dos danos causados pelo crime, desde que determinados judicialmente e não reparados por outros meios; (b) à assistência à família; (c) a pequenas despesas pessoais e (d) ao ressarcimento do Estado quanto às despesas realizadas com a manutenção do condenado, em proporção a ser fixada e sem prejuízo da destinação prevista nos itens anteriores. No mais, ressalvadas outras aplicações legais, será depositada a parte restante para **constituição do pecúlio**, em caderneta de poupança, que será entregue ao condenado quando posto em liberdade (art. 29, §§1º e 2º, da Lei n.º 7.210/84).

Atenção! Estamos tratando da pena privativa de liberdade. As tarefas executadas como prestação de serviço à comunidade (pena restritiva de direitos) não serão remuneradas (art. 30 da Lei n.º 7.210/84).

3.6. Superveniência de doença mental

O condenado a quem sobrevém doença mental deve ser recolhido a hospital de custódia e tratamento psiquiátrico ou, à falta, a outro estabelecimento adequado (CP, art. 41).

Estando o indivíduo preso cumprindo pena, o Estado possui o dever de proteção e de fornecer tratamento de saúde adequado.

3.7. Detração

O tempo de prisão provisória, prisão administrativa ou internação deve ser descontado da pena privativa de liberdade imposta.

Detração vem de *detrair*, que significa "**diminuir**" ou "**enfraquecer**". No Direito Penal, o tempo em que o agente permaneceu preso provisoriamente ou foi submetido à internação é descontado da pena a ser cumprida.

O art. 42 do CP assim dispõe:

> "Art. 42 - Computam-se, na pena privativa de liberdade e na medida de segurança, o tempo de **prisão provisória**, no Brasil ou no estrangeiro, o de **prisão administrativa** e o de **internação** em qualquer dos estabelecimentos referidos no artigo anterior".

A internação do preso para tratamento mental ou de saúde não gera interrupção da execução, sendo computada como pena cumprida (CP, art. 42).

Por fim, em relação ao momento, lembramos que a detração é efetuada na **sentença**. Antes da Lei n.º 12.736/2012, a detração somente era realizada após o trânsito em julgado da condenação, na execução penal (art. 66, III, *c*, da Lei n.º 7.210/84). Todavia, a Lei n.º 12.736/2012 antecipou esse momento para a sentença condenatória (CPP, art. 387, §2º). Não obstante, na hipótese de condenação por mais de um crime, a detração será realizada na unificação da pena, mesmo havendo condenação em processos distintos.

O art. 111 da LEP assim dispõe:

> "Art. 111. Quando houver condenação por mais de um crime, no mesmo processo ou em **processos distintos**, a determinação do regime de cumprimento será feita pelo resultado da soma ou **unificação das penas**, observada, quando for o caso, a **detração** ou remição".

O CESPE-UNB/CEBRASPE considerou **incorreta** a assertiva de que o instituto da detração penal não pode ser aplicado em processos distintos, ainda que os crimes praticados pelo réu sejam de mesma natureza[25].

3.8. Execução definitiva e prisão humanitária domiciliar

É possível que a execução definitiva da pena privativa de liberdade seja efetuada excepcionalmente em caráter domiciliar, por razões humanitárias.

O ponto não é previsto no Código Penal, mas na Lei n.º 7.210/84 (Lei de Execução Penal). No direito brasileiro, a prisão domiciliar é mais difundida como modalidade de prisão provisória (CPP, arts. 317 a 318-B).

Mas o estudioso do Direito Penal deve saber que a **prisão-pena** também poderá ser cumprida em **caráter domiciliar**, em hipóteses excepcionais previstas pelo legislador, por razões de humanidade.

A **prisão humanitária domiciliar** é prevista no art. 117 da LEP:

> "Art. 117. Somente se admitirá o recolhimento do beneficiário de regime aberto em residência particular quando se tratar de:
> I - condenado maior de 70 (setenta) anos;
> II - condenado acometido de doença grave;
> III - condenada com filho menor ou deficiente físico ou mental;
> IV - condenada gestante".

Apesar de somente haver previsão legal expressa dessa possibilidade em relação ao condenado que cumpre pena em regime *aberto*, a jurisprudência tem estendido o benefício aos casos de regime **fechado** e **semiaberto**.

Sobre essa questão, o STF assim decidiu:

> "PRISÃO DOMICILIAR EM DECORRÊNCIA DO ESTADO DE SAÚDE. REGIME FECHADO [...] A norma que se extrai do art. 117 da Lei de Execuções Penais possibilita o deferimento da prisão domiciliar ao condenado que cumpre pena no regime aberto, desde que atendidas as condições descritas nos respectivos incisos. A jurisprudência desta Corte tem admitido, em situações

[25] Prova objetiva do concurso para o cargo de Promotor de Justiça (MPE-AC), realizada em 2013.

> absolutamente excepcionais, a concessão de prisão domiciliar a **regimes mais severos de execução penal**, a exemplo das ordens implementadas nas hipóteses em que o condenado estiver acometido de doença grave, a demandar tratamento específico, incompatível com o cárcere ou impassível de ser oferecido pelo Estado (STF, AP 996 AgR-quinto, 2ª Turma, Rel. Min. Edson Fachin, DJ 29/09/2020).

No mesmo sentido é o entendimento do STJ:

> "[...] PRISÃO DOMICILIAR [...] EXECUÇÃO DEFINITIVA DA PENA [...] LEI N.º 7.210/1984. [...] 1. A despeito da falta de previsão legal, 'o Superior Tribunal de Justiça tem decidido que é possível o deferimento de prisão domiciliar ao sentenciado recolhido no regime **fechado** ou **semiaberto** sempre que a peculiaridade concreta do caso demonstrar sua imprescindibilidade" (STJ, AGRHC 538837, 6ª Turma, Rel. Min. Laurita Vaz, DJ 17/12/2019)[26].

Como podemos perceber, esse é um exemplo concreto de que, no Direito Penal, a interpretação puramente literal nem sempre é a mais adequada, devendo as normas penais ser interpretadas conforme a Constituição, sobretudo à luz dos valores constitucionais substantivos (humanidade, dignidade etc.)

> **Enunciado n.º 20, I Jornada de Direito Penal e Processo Penal**: "É possível, em situações excepcionais, a aplicação da prisão domiciliar humanitária, prevista no art. 117 da Lei n.º 7.210/1984, também aos condenados em cumprimento de regime fechado e semiaberto".

Em suma, é possível que a pena privativa de liberdade (regime fechado, semiaberto ou aberto) seja cumprida excepcionalmente em caráter domiciliar, por razões humanitárias, de acordo com as circunstâncias do caso concreto.

[26] "[...] PRISÃO DOMICILIAR EM EXECUÇÃO DEFINITIVA E REGIME FECHADO. POSSIBILIDADE. MÃE DE MENOR DE 12 ANOS. AUSÊNCIA DE CONDENAÇÃO EM CRIME DE VIOLÊNCIA OU GRAVE AMEAÇA OU CONTRA DESCENDENTE. AGRAVO REGIMENTAL NÃO PROVIDO. 1. 'A melhor exegese do art. 117 da Lei n.º 7.210/1984, extraída dos recentes precedentes da Suprema Corte, é na direção da possibilidade da prisão domiciliar em qualquer momento do cumprimento da pena, ainda que em regime fechado, desde que a realidade concreta assim o imponha (STJ, AGRRHC 113084, 5ª Turma, Rel. Min. Reynaldo Soares da Fonseca, DJ 22/10/2019).

CAPÍTULO 18
PENAS RESTRITIVAS DE DIREITOS

1. CONCEITO E CARACTERÍSTICAS

Conforme se viu, o Código Penal prevê três espécies de pena: (a) privativa de liberdade; (b) restritiva de direitos e (c) multa.

No sistema brasileiro, as penas restritivas de direito, em conjunto com a pena de multa, correspondem às chamadas **penas alternativas**, as quais, como medidas de política criminal, apresentam-se como uma "via alternativa" ao cárcere, que deve ser reservado às situações estritamente necessárias.

Apesar de enumerar um rol de penas possíveis (arts. 43 a 48), a codificação não apresenta um "conceito legal" de penas restritivas de direito, deixando sua definição a cargo da doutrina (*omissão legal*).

René Ariel Dotti assim expõe o conceito doutrinário:

> "As penas restritivas de direitos são reações aplicadas contra o autor da infração, limitando o exercício de determinados direitos, liberdades ou garantias. Tais penas,

> como a designação bem o diz, destinam-se a *restringir* ou recortar determinados direitos do condenado"[1].

Se na pena privativa de liberdade o agente é "privado" da liberdade de locomoção, nas penas restritivas de direitos, como a própria denominação deixa entrever, o agente tem alguns de seus direitos *restringidos*.

O Código Penal prevê cinco espécies de penas restritivas de direitos (CP, art. 43, I a VI[2]). Confira no **quadro estratégico** abaixo:

<table>
<tr><td rowspan="9">Penas restritivas de direitos
(visão geral)</td><td colspan="2">1) Prestação pecuniária</td></tr>
<tr><td colspan="2">2) Perda de bens e valores</td></tr>
<tr><td colspan="2">3) Limitação de fim de semana</td></tr>
<tr><td colspan="2">4) Prestação de serviços à comunidade ou a entidades públicas</td></tr>
<tr><td rowspan="5">5) Interdição temporária de direitos</td><td>1) proibição do exercício de cargo, função ou atividade pública, bem como de mandato eletivo</td></tr>
<tr><td>2) proibição do exercício de profissão, atividade ou ofício que dependam de habilitação especial, de licença ou autorização do poder público</td></tr>
<tr><td>3) suspensão de autorização ou de habilitação para dirigir veículo</td></tr>
<tr><td>4) proibição de frequentar determinados lugares</td></tr>
<tr><td>5) proibição de inscrever-se em concurso, avaliação ou exame públicos</td></tr>
</table>

Além disso, na **legislação especial**, ainda são previstas outras espécies de medidas restritivas especiais, como por exemplo: (a) art. 28 da Lei de Drogas (advertência e medida educativa de comparecimento a programa ou curso educativo); (b) art. 41-B, §2º, do Estatuto do Torcedor (impedimento de comparecimento às proximidades do estádio ou local que se realize evento esportivo); (c) art. 13 da Lei de Crimes Ambientais (recolhimento domiciliar) e (d) art. 78 do CDC (publicação na imprensa, às expensas do condenado, de notícia sobre os fatos e a condenação).

---

[1] DOTTI, René Ariel. *Curso de Direito Penal. Parte Geral*. 4ª Ed. São Paulo: Revista dos Tribunais, 2012, p. 549.

[2] No art. 43 do Código Penal, há uma falha de técnica legislativa: a limitação de fim de semana aparece enumerada duas vezes no art. 43: no inciso III e no inciso VI.

> **Princípio da legalidade**: não há pena sem prévia cominação legal (CF, art. 5º, XXXIX). O juiz somente poderá aplicar as penas restritivas de direito expressamente previstas em lei (seleção entre as espécies legalmente previstas). Não poderá ampliar o rol ou criar novas penas alternativas à margem da legalidade penal. Por isso, as espécies de penas restritivas de direito são apenas aquelas previstas em lei (*numerus clausus*).

As penas restritivas de direito possuem duas características:

(a) autonomia: constituem modalidades autônomas de pena, distintas da pena privativa de liberdade (CP, arts. 32, II e 44);

(b) substitutividade: em regra, não são cominadas de modo direto em cada norma penal. O critério adotado pelo Código Penal foi o *substitutivo* (CP, art. 44), e não o da cominação direta[3]. Primeiro, o juiz fixa a pena privativa de liberdade e, em seguida, analisando os requisitos legais (CP, art. 44), decide se é cabível ou não a substituição por pena restritiva de direitos no caso concreto.

Para estimular a memória, observe a **simbologia estratégica** abaixo:

2. REQUISITOS PARA APLICAÇÃO

A substituição da pena privativa de liberdade por restritiva de direitos somente é possível quando presentes os requisitos **objetivos** e **subjetivos** previstos no art. 44 do CP, que devem examinados pelo juiz *in concreto*, como expressão do **princípio da individualização da pena.**

[3] Nos crimes previstos no Código de Trânsito Brasileiro, como exceção, as penas restritivas de direito são previstas diretamente.

O art. 44 do CP assim dispõe:

> "Art. 44. As penas restritivas de direitos são autônomas e substituem as privativas de liberdade, quando:
> I – aplicada pena privativa de liberdade não superior a quatro anos e o crime não for cometido com violência ou grave ameaça à pessoa ou, qualquer que seja a pena aplicada, se o crime for culposo;
> II – o réu não for reincidente em crime doloso;
> III – a culpabilidade, os antecedentes, a conduta social e a personalidade do condenado, bem como os motivos e as circunstâncias indicarem que essa substituição seja suficiente".

Para uma melhor visualização, confira o **quadro estratégico** abaixo:

Penas restritivas de direitos (requisitos)	**Requisitos objetivos** (CP, art. 44, I)	Pena não superior a 04 anos, salvo se o crime for culposo
		Crime cometido sem violência ou grave ameaça à pessoa
	Requisitos subjetivos (CP, art. 44, II e III)	Réu não reincidente, em regra
		Circunstâncias judiciais favoráveis

Crimes culposos: nas infrações culposas, não se aplica o limite de 04 anos previsto no art. 44, I, do CP, diante da ressalva contida na parte final do dispositivo ("... ou, qualquer que seja a pena aplicada, se o crime for culposo").

Violência ou grave ameaça: nesses casos, não é possível a substituição da pena privativa de liberdade por restritiva de direitos (CP, art. 44, I), ainda que seja *lesão leve*[4], *contravenção*[5] ou crime de *menor potencial ofensivo*.

O art. 17 da Lei n.º 11.340/2006 (Lei Maria da Penha) veda a substituição da pena privativa de liberdade por restritivas de direitos.

> "Art. 17. É vedada a aplicação, nos casos de violência doméstica e familiar contra a mulher, de penas de cesta básica ou outras de prestação pecuniária, bem como a substituição de pena que implique o pagamento isolado de multa".

[4] STF, HC 131219, 1ª Turma, Rel. Min. Rosa Weber, DJe-120 13/06/2016, Informativo n.º 830.
[5] STF, HC 137888/MS, 1ª Turma, Rel. Min. Rosa Weber, j. 31/10/2017, Informativo n.º 884.

Na verdade, a norma especial acima apontada só reforça a norma geral do art. 44, I, do CP (impedimento nos casos de violência ou grave ameaça).

> **STJ, Súmula n.º 588**: "A prática de crime ou contravenção penal contra a mulher com violência ou grave ameaça no ambiente doméstico impossibilita a substituição da pena privativa de liberdade por restritiva de direitos".

Reincidente: em regra, o reincidente em crime doloso não tem direito à substituição da pena privativa de liberdade por restritiva de direitos (CP, art. 44, II), mas deve-se distinguir os casos de reincidência *genérica* e *específica*.

Sobre essa questão, o art. 44, §3º, do CP traz uma previsão importante:

> "Art. 44 [...]
> § 3º Se o condenado for reincidente, o juiz poderá aplicar a substituição, desde que, em face de condenação anterior, a medida seja socialmente recomendável e a reincidência não se tenha operado em virtude da prática do mesmo crime".

Portanto, o impedimento para a substituição da pena não é absoluto, devendo ser diferenciados os casos de **reincidência genérica** (substituição excepcionalmente admissível) e **reincidência específica** (não admissível).

Atenção! De acordo com o STJ, a reincidência específica tratada no art. 44, § 3º, do Código Penal somente se aplica quando forem idênticos, e não apenas de mesma espécie, os crimes praticados (STJ, AREsp 1.716.664-SP, 3ª Seção, Rel. Min. Ribeiro Dantas, j. 25/08/2021, Informativo n.º 706).

> **Influência das circunstanciais judiciais (CP, art. 59)**: são requisitos subjetivos expressamente previstos no art. 44, III, do CP. Para o STJ, a análise desfavorável das circunstâncias judiciais justifica o afastamento da substituição da sanção corporal por restritivas de direitos, ainda que a pena seja inferior a 4 anos (STJ, AgRg no AgRg no AREsp 1697424/SP, 6ª Turma, Rel. Min. Rogerio Schietti Cruz, DJe 13/10/2021). Ex: na hipótese em que um motorista atropela uma criança, praticando homicídio culposo, e vem a fugir do local para evitar a prisão em flagrante, buscando se esquivar da responsabilização penal, o juiz poderá deixar de substituir a pena privativa de liberdade por restritiva de direitos com base no art. 44, III, do CP.

Cuidado! A análise do cabimento ou não da substituição da pena privativa de liberdade por pena restritiva de direitos deve ser **analisada *in concreto*** pelo juiz, sendo uma operação ligada ao princípio da individualização da pena. A lei **não poderá vedar *in abstracto*** a substituição da pena privativa de liberdade por restritiva de direitos, sob pena de inconstitucionalidade.

> **STF, Tema 626 (repercussão geral)**: "É inconstitucional a vedação à conversão da pena privativa de liberdade em restritiva de direitos, prevista nos artigos 33, § 4º, e 44, *caput*, da Lei 11.343/2006" (STF, ARE 663261 RG, Pleno, Rel. Min. Luiz Fux, DJe-025 06/02/2013).

Cumulação com pena privativa de liberdade? Não é possível. A pena restritiva de direitos não possui caráter meramente acessório (é autônoma) e não admite cumulação com pena privativa de liberdade com duração idêntica.

3. ESPÉCIES

O Código Penal prevê **cinco espécies** de penas restritivas de direitos, que, como medidas alternativas à prisão, podem atingir o patrimônio, limitar a liberdade nos finais de semana e restringir outros direitos. Confira:

> "Art. 43. As penas restritivas de direitos são:
> I - prestação pecuniária;
> II - perda de bens e valores;
> III - limitação de fim de semana.
> IV - prestação de serviço à comunidade ou a entidades públicas;
> V - interdição temporária de direitos;
> VI - limitação de fim de semana"[6].

Conforme já visto, existem outras previsões na legislação especial, mas **o rol legal não poderá ser ampliado pelo juiz**, por força do princípio da legalidade ("não há pena sem prévia cominação legal"). Sendo assim, para a inclusão de uma nova espécie de pena restritiva de direitos, há necessidade de aprovação de lei em sentido estrito, emanada do Congresso Nacional.

---

[6] A limitação de fim de semana aparece duas vezes, no inciso III e no inciso VI. A falha legislativa decorreu da sucessão de leis (Leis n.º 7.209/84 e 9.714/98).

Para fins de memorização, observe a **simbologia estratégica** abaixo:

Na seleção das espécies de penas restritivas de direitos aplicáveis, o juiz deve observar as diretrizes do Código Penal, à luz dos princípios da individualização e da proporcionalidade (necessidade e adequação). O julgador deve verificar a modalidade de pena restritiva de direitos mais adequada à situação concreta, de acordo com o perfil e a finalidade de cada espécie de pena restritiva prevista pelo legislador, dentre as aplicáveis à espécie.

Número de penas: em relação ao número de penas restritivas de direitos aplicáveis em cada caso, o art. 44, §2°, do CP assim dispõe:

> "Art. 44 [...]
> "§ 2º Na condenação igual ou inferior a um ano, a substituição pode ser feita por multa ou por uma pena restritiva de direitos; se superior a um ano, a pena privativa de liberdade pode ser substituída por uma pena restritiva de direitos e multa ou por duas restritivas de direitos".

Duração: o art. 55 do CP preceitua que as penas restritivas de direitos referidas nos incisos III, IV, V e VI do art. 43 terão a **mesma duração** da pena privativa de liberdade substituída, ressalvado o disposto no §4° do art. 46.

A ressalva do art. 46, §4°, do CP prevê o seguinte:

> "Art. 46 [...]
> § 4º Se a pena substituída for superior a um ano, é facultado ao condenado cumprir a pena substitutiva em menor tempo (art. 55), nunca inferior à metade da pena privativa de liberdade fixada".

Vistos os aspectos gerais, convém analisar rapidamente cada uma das espécies de penas restritivas de direitos em seus aspectos substanciais.

I - prestação pecuniária;

A **prestação pecuniária** consiste no pagamento em dinheiro à vítima, a seus dependentes ou a entidade pública ou privada com destinação social, de importância fixada pelo juiz, não inferior a 01 salário mínimo nem superior a 360 salários mínimos. O valor pago será deduzido do montante de eventual condenação em ação de reparação civil, se coincidentes os beneficiários (CP, art. 45, §1º)[7]. A prestação pecuniária, espécie de pena restritiva de direitos (CP, art. 43, I), **não se confunde com a pena de multa** (CP, art. 68). Não devem ser misturados os conceitos, nem os critérios de fixação (dias-multa etc.).

Para uma melhor visualização, observe a **simbologia estratégica**:

Prestação pecuniária

Espécie de pena restritiva de direitos
Pagamento à vítima, dependentes ou entidade com destinação social

Pena de multa

Pena alternativa autônoma
Pagamento ao fundo penitenciário.
Critérios próprios de fixação

Se houver aceitação do beneficiário, a prestação em pecúnia (dinheiro) poderá consistir em prestação de outra natureza (CP, art. 45, §2º). Na doutrina, essa hipótese é chamada de **prestação inominada**.

> **FONAJE, Enunciado n.º 63**: "As entidades beneficiárias de prestação pecuniária, em contrapartida, deverão dar suporte à execução de penas e medidas alternativas".
>
> **FONAJE, Enunciado n.º 62**: "O Conselho da Comunidade poderá ser beneficiário da prestação pecuniária e deverá aplicá-la em prol da execução penal e de programas sociais, em especial daqueles que visem a prevenção da criminalidade".

[7] **Compensação na sentença**: segundo o STJ, a prestação pecuniária prevista no art. 45, §1º, do CP pode ser compensada com o montante fixado com fundamento no art. 387, IV, do CPP, ante a coincidência de beneficiários (STJ, REsp 1.882.059-SC, 5ª Turma, Rel. Min. Joel Ilan, j. 19/10/2021, Informativo n.º 714).

Apesar de não haver previsão legal de **parcelamento** quanto à pena de prestação pecuniária, é possível aplicação de analogia *in bonam partem* do art. 50 do CP, que permite o parcelamento da pena de multa. O STJ tem admitido o parcelamento da pena de prestação pecuniária, caso comprovada, perante o juízo da execução, a impossibilidade de pagamento em parcela única (STJ, REsp 1832207/RS, 6ª Turma, Rel. Min. Nefi Cordeiro, DJe 30/06/2020).

> **FONACRIM, Enunciado n.º 42**: "A adoção da prestação pecuniária depositada em conta única, em substituição de pena (art. 44 do CP), assim como em propostas de transação penal e suspensão condicional do processo, é decisão de conteúdo jurisdicional, cabendo exclusivamente ao juiz da ação penal decidir por sua adoção ou não. Da mesma forma, caberá ao juiz da execução penal, quando remetida a ele a decisão sobre a destinação dos recursos, decidir se será adotado o procedimento de conta única ou não".

Lembramos que, em caso de descumprimento injustificado, a prestação pecuniária (CP, art. 43, I) poderá ser convertida em pena privativa de liberdade (CP, art. 44, §4º), o que não é possível na pena de multa (CP, art. 51).

Na legislação especial, o art. 17 da Lei n.º 11.340/2006 veda expressamente a substituição da pena privativa de liberdade por pecuniária.

II – perda de bens e valores;

A **perda de bens e valores** pertencentes aos condenados dar-se-á, ressalvada a legislação especial, em favor do Fundo Penitenciário Nacional, e seu valor terá como teto – o que for maior – o montante do prejuízo causado ou do provento obtido pelo agente ou por terceiro, em consequência da prática do crime (CP, art. 45, §3º). É uma pena que recai sobre o patrimônio do agente.

Para estimular a memória, observe a **simbologia estratégica** abaixo:

A pena de perda de bens e valores não deve ser confundida com o confisco penal (CP, art. 91, II), que constitui efeito extrapenal da condenação.

> **Extinto TFR, Súmula n.º 138**: "A pena de perdimento de veículo, utilizado em contrabando ou descaminho, somente se justifica se demonstrada, em procedimento regular, a responsabilidade do seu proprietário na prática do ilícito" .

O CESPE-UNB/CEBRASPE considerou **incorreta** a assertiva de que é assegurado aos presos o respeito à integridade física, moral e material, sendo vedada pena que implique perda ou privação de bens[8].

III e VI - limitação de fim de semana;

A **limitação de fim de semana** consiste na obrigação de permanecer, aos sábados e domingos, por 05 horas diárias, em casa de albergado ou outro estabelecimento adequado. Durante a permanência poderão ser ministrados ao condenado cursos e palestras ou atribuídas atividades educativas (CP, art. 48, *caput* e parágrafo único). Há *restrição* da liberdade, mas não privação.

Para fins de memorização, observe a **simbologia estratégica** abaixo:

Limitação de fim de semana

Restrição da liberdade

Caberá ao juiz da execução determinar a intimação do condenado, cientificando-o do local, dias e horário em que deverá cumprir a pena. O estabelecimento designado encaminhará, mensalmente, ao juiz da execução, relatório, bem assim comunicará, a qualquer tempo, a ausência ou falta disciplinar do condenado (LEP, arts. 151 e 153).

[8] Prova objetiva do concurso para o cargo de Juiz de Direito (TJSE), realizada em 2009.

IV - prestação de serviço à comunidade ou a entidades públicas;

A **prestação de serviços à comunidade** ou a entidades públicas consiste na atribuição de tarefas gratuitas ao condenado, sendo aplicável às condenações superiores a 06 meses de privação da liberdade (CP, art. 46).

Para estimular a memória, observe a **simbologia estratégica** abaixo:

Prestação de serviços à comunidade

Obrigação de fazer

Quanto ao local, a prestação de serviço à comunidade dar-se-á em entidades assistenciais, hospitais, escolas, orfanatos e outros estabelecimentos congêneres, em programas comunitários ou estatais (CP, art. 46, §2º). As tarefas serão atribuídas conforme as aptidões do condenado, devendo ser cumpridas à razão de uma hora de tarefa por dia de condenação, fixadas de modo a não prejudicar a jornada normal de trabalho (CP, art. 46, §3º).

A prestação de serviços à comunidade deve durar pelo tempo correspondente à pena privativa de liberdade, mas sendo superior a um ano será possível ao condenado cumpri-la em menor tempo, nunca inferior à metade (CP, art. 55 e 46, §4º). **O trabalho do preso não será remunerado.**

V - interdição temporária de direitos;

O art. 47, I a V, do Código Penal prevê cinco espécies de **interdição temporária de direitos**. Vale conferir o teor das disposições legais:

> "Art. 47 - As penas de interdição temporária de direitos são:
> I - proibição do exercício de cargo, função ou atividade pública, bem como de mandato eletivo;

> II - proibição do exercício de profissão, atividade ou ofício que dependam de habilitação especial, de licença ou autorização do poder público;
> III - suspensão de autorização ou de habilitação para dirigir veículo.
> IV – proibição de frequentar determinados lugares.
> V - proibição de inscrever-se em concurso, avaliação ou exame públicos".

Para estimular a memória, observe a **simbologia estratégica** abaixo:

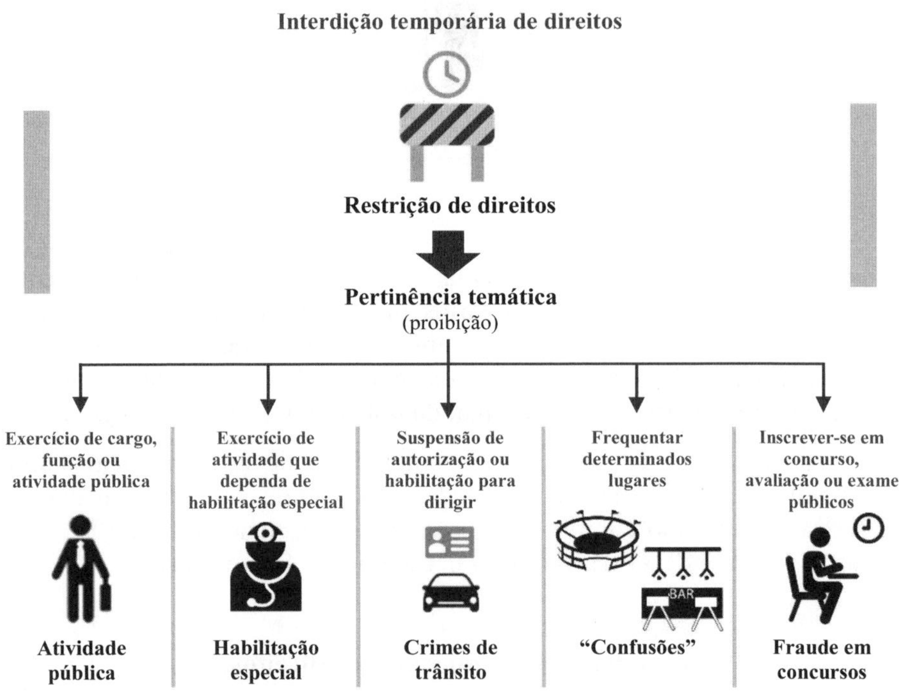

Conforme explica Damásio de Jesus, essas interdições temporárias de direitos serão **individualizadas**, devendo o juiz adequá-las ao fato e às condições concretas do réu[9]. Mas o Código Penal fornece algumas diretrizes para a individualização. A ideia fundamental por trás é a de que as interdições temporárias de direito **devem guardar sintonia com o crime praticado.**

[9] JESUS, Damásio E. de. *Direito Penal. Vol. 1. Parte Geral*. 34ª Ed. São Paulo: Saraiva, 2013, p. 584.

Com esse raciocínio, sobre a proibição do exercício de funções públicas, mandato eletivo ou profissão que dependa de habilitação especial (**incisos I e II**), o art. 56 do CP prevê que essas penas são aplicáveis para todo o crime cometido no exercício de profissão, atividade, ofício, cargo ou função, sempre que houver violação dos deveres que lhes são inerentes.

A suspensão de autorização ou de habilitação para dirigir veículo (**inciso III**) aplica-se aos crimes culposos de trânsito (CP, art. 57). Segundo o STJ, a suspensão da CNH em razão do cometimento de crime de trânsito alcança o motorista profissional. O fato de o condenado ser motorista profissional não infirma a aplicabilidade da referida pena, visto que é justamente de tal categoria que mais se espera acuidade no trânsito (STJ, AgRg no AREsp 1807878/SP, 5ª Turma, Rel. Min. João Otávio, DJe 16/08/2021).

> **STF, Tema 486 (repercussão geral)**: "É constitucional a imposição da pena de suspensão de habilitação para dirigir veículo automotor ao motorista profissional condenado por homicídio culposo no trânsito" (STF, RE 607107, Pleno, Rel. Min. Roberto Barroso, DJ 14/04/2020).

A proibição de frequentar determinados lugares (**inciso IV**), por sua vez, deve ser imposta levando-se em consideração o local da prática do crime (ex: bares, boates, casas de prostituição, estádios de futebol etc.).

A proibição de inscrever-se em concurso, avaliação ou exame públicos (**inciso V**) possui relação com o art. 311-A do CP, dispositivo que tipifica o crime de fraudes em certames de interesses públicos. Desse modo, nas situações enumeradas no art. 311-A, presentes os requisitos do art. 44 do CP, poderá ser imposta a proibição de inscrever-se em concurso, avaliação ou exame públicos. Essa imposição depende do trânsito em julgado, não podendo o candidato ser eliminado do concurso público por inquéritos ou ações penais em andamento.

4. EXECUÇÃO E FISCALIZAÇÃO

Fixada pena restritiva de direitos, a execução penal cabe ao juízo prolator da sentença condenatória (juízo processante).

Devemos distinguir a execução das **penas privativas de liberdade** das **penas restritivas de direitos**. Em matéria criminal, é atribuída competência a um juízo (vara) para a execução das penas privativas de liberdade perante o estabelecimento penitenciário do qual é responsável. Assim, após o trânsito em julgado da condenação, as penas privativas de liberdade impostas por outros órgãos jurisdicionais serão remetidas à vara de execuções penais responsável pelo estabelecimento penitenciário onde a pena será cumprida (*centralização da execução penal*). Porém, o mesmo não ocorre com as **penas restritivas de direito**: a competência para execução permanece com o juízo da condenação, ou seja, o juízo processante (*descentralização da execução penal*).

> **STJ, Súmula 643**: "A execução da pena restritiva de direitos depende do trânsito em julgado da condenação".
>
> **STJ, Súmula n.º 192**: "Compete ao juízo das execuções penais do Estado a execução das penas impostas a sentenciados pela Justiça Federal, Militar ou Eleitoral, quando recolhidos a estabelecimentos sujeitos a administração estadual.

Atenção! O STJ tem afastado a aplicação da Súmula n.º 192 nos casos de pena restritivas de direito. Conforme a orientação da Corte, em casos de cumprimento de penas restritivas de direitos, a competência para a sua execução e fiscalização é do juízo prolator da sentença condenatória (STJ, CC 117.384/PA, 3ª Seção, Rel. Min. Assusete Magalhães, DJe 28/05/2013).

Assim, a competência para a execução da pena varia conforme a espécie de pena aplicada (privativa de liberdade, restritiva de direitos ou multa).

Para uma melhor visualização, confira o **esquema estratégico** abaixo:

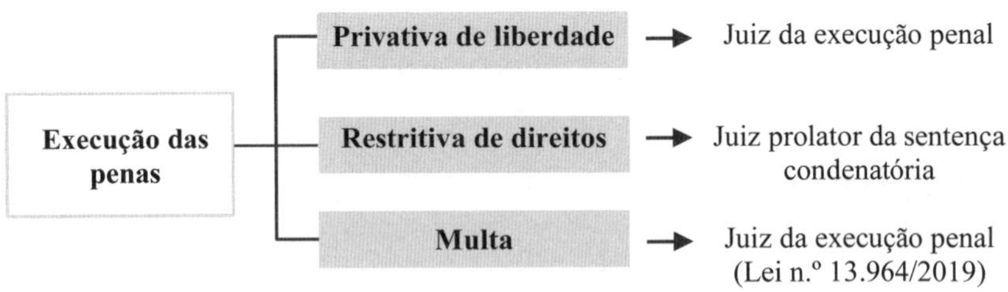

Em suma, a competência para a execução das **penas restritivas de direitos** pertence ao próprio **juízo prolator da sentença condenatória** (juízo processante), não sendo transmitida à vara de execuções penais.

É possível expedição de carta precatória para supervisão e acompanhamento do cumprimento das penas restritivas de direito no domicílio do réu, mas a competência para execução penal é do juízo de origem.

Sobre essa questão, o STJ assim já decidiu:

> "PENAL E PROCESSUAL PENAL. CONFLITO NEGATIVO DE COMPETÊNCIA. EXECUÇÃO PENAL. SENTENÇA CONDENATÓRIA PROFERIDA POR JUÍZO FEDERAL. PENA PRIVATIVA DE LIBERDADE SUBSTITUÍDA POR DUAS PENAS RESTRITIVAS DE DIREITOS [...]. CARTA PRECATÓRIA [...]
> V. Quanto à execução de penas restritivas de direitos, 'esta Corte possui entendimento firmado no sentido de que a competência para a execução penal cabe ao Juízo da condenação, sendo deprecada ao Juízo do domicílio do apenado somente a supervisão e acompanhamento do cumprimento da pena determinada, inexistindo deslocamento de competência" (STJ, CC 117.384/PA, 3ª Seção, Rel. Min. Assusete Magalhães, DJe 28/05/2013).

A carta precatória não implica delegação de competência, mas apenas a cooperação para a prática de atos jurisdicionais (ex: audiência admonitória, supervisão e acompanhamento do cumprimento em outro local etc.).

Segundo o STJ, não cabe ao juízo deprecado, responsável, tão somente, pela realização de audiência admonitória, pelas intimações deprecadas e pela fiscalização do cumprimento da pena restritiva de direitos, determinar a conversão das penas restritivas de direitos em privativa de liberdade, extrapolando os limites do que lhe fora deprecado (STJ, CC 117.384/PA, 3ª Seção, Rel. Min. Assusete Magalhães, DJe 28/05/2013).

5. DESCUMPRIMENTO

O descumprimento injustificado das penas restritivas de direito fixadas resulta na conversão em privativa de liberdade.

O art. 44, §4º, do CP assim dispõe:

> "Art. 44 [...]
> § 4º A pena restritiva de direitos converte-se em privativa de liberdade quando ocorrer o descumprimento

> injustificado da restrição imposta. No cálculo da pena privativa de liberdade a executar será deduzido o tempo cumprido da pena restritiva de direitos, respeitado o saldo mínimo de trinta dias de detenção ou reclusão".

O CESPE-UNB/CEBRASPE considerou **incorreta** a assertiva de que de acordo com o CP, a pena restritiva de direitos não pode ser convertida em pena privativa de liberdade, mas constitui título executivo judicial, podendo ser executada pela fazenda pública ou pela vítima e seus representantes legais[10].

Questão interessante é saber se seria necessária ou não a prévia oitiva do condenado antes de o juiz decidir sobre a conversão da pena restritiva de direitos em pena privativa de liberdade.

O STJ tem decidido pela necessidade de **prévia intimação**. Confira:

> [...] EXECUÇÃO PENAL. PENAS RESTRITIVAS DE DIREITOS. DESCUMPRIMENTO REITERADO. CONVERSÃO EM PENA PRIVATIVA DE LIBERDADE. NULIDADE POR AUSÊNCIA DE INTIMAÇÃO PESSOAL [...] em homenagem aos princípios do contraditório e da ampla defesa, faz-se necessária a intimação do reeducando para, com a presença de defensor, esclarecer as razões do descumprimento das medidas restritivas de direito antes da conversão delas em pena privativa de liberdade" (STJ, AgRg no HC 596.950/PR, 6ª Turma, Rel. Min. Sebastião Reis, DJe 17/05/2021).

O fundamento da necessidade de prévia oitiva do condenado é avaliar a existência de eventual justificativa para o não cumprimento da pena restritiva no prazo fixado. Ex: acusado enfermo, internado, acidentado etc. Sobrevindo condenação a pena privativa de liberdade, por outro crime, o juiz da execução penal decidirá sobre a conversão, podendo deixar de aplicá-la se for possível ao condenado cumprir a pena substitutiva anterior (CP, art. 44, §5º).

6. ALTERAÇÃO DA PENA NA FASE DE EXECUÇÃO?

Havendo fatos extraordinários e supervenientes, é possível ao juiz da execução alterar as penas restritivas de direito fixadas na sentença, hipótese em

[10] Prova objetiva do concurso para o cargo de Promotor de Justiça (MP-RO), realizada em 2008.

que poderão ser fixadas outras penas restritivas em adequação às circunstâncias. Essa possibilidade existe apenas **em benefício do réu**.

> **FONACRIM, Enunciado n.º 65**: "O Juízo da Execução Penal, excepcionalmente e desde que não prejudique o apenado, por ocasião da realização da audiência admonitória, poderá realizar a adequação das penas restritivas de direito fixadas na sentença aos fatos extraordinários supervenientes ao trânsito em julgado, ajustando-as às condições pessoais do condenado".

Na execução penal, também incide o **princípio da adequação**, que decorre do princípio da proporcionalidade e viabiliza essa possibilidade. Ex: após o trânsito em julgado da condenação, indivíduo condenado à prestação de serviços à comunidade sofre acidente e não consegue mais andar.

Mas essa alteração **somente é possível em benefício do sentenciado**. No conflito entre a coisa julgada e os princípios da proporcionalidade e do *favor rei* – todos garantias do réu –, estes últimos devem prevalecer.

7. EFEITOS DA CONDENAÇÃO

A substituição da pena privativa de liberdade por restritiva de direitos não afasta os efeitos da condenação previstos no art. 91 e 92 do CP.

Conforme veremos, os efeitos da condenação abrangem o dever de reparar o dano, o confisco, a suspensão dos direitos políticos, dentre outros.

> **STF, Tema 370 (repercussão geral)**: "A suspensão de direitos políticos prevista no art. 15, inc. III, da Constituição Federal aplica-se no caso de substituição da pena privativa de liberdade pela restritiva de direitos" (STF, RE 601182, Pleno, Rel. Min. Marco Aurélio, j. 08/05/2019).

O art. 44 do CP prevê a possibilidade de substituição da pena privativa de liberdade por restritiva de direitos, mas isso não impede a incidência dos efeitos da condenação previstos nos arts. 91 e 92 do CP, que são mantidos mesmo na hipótese de aplicação da pena restritiva de direitos.

442

CAPÍTULO 19

PENA DE MULTA

1. CONSIDERAÇÕES INICIAIS

Instituída para impedir penas privativas de liberdade de curta duração (criminalidade média e leve), a pena de multa é a sanção penal mais frequente nos sistemas penais modernos. Conforme já visto, ao lado das penas restritivas de direito, a pena de multa integra o rol das chamadas **penas alternativas**, apresentando-se como uma "via alternativa" ao cárcere.

A multa é prevista como sanção em diversos ramos do Direito: temos a multa civil, penal, processual, administrativa, fiscal etc. O Direito Penal também se vale da multa como modalidade de sanção, que, nesse aspecto, é chamada de **pena de multa** ou **multa criminal**. O art. 5º, XLVI, *c*, da CF prevê que a lei poderá adotar, dentre outras, a *pena* de multa. Mas a multa criminal segue regime jurídico distinto das multas extrapenais, diante da sua natureza de sanção penal. Ex: não se transmite aos herdeiros (CF, art. 5º, XLV).

Na prática, a pena de multa consiste no pagamento de quantia em dinheiro ao fundo penitenciário, como consequência de um ilícito penal.

2. A PENA DE MULTA NO CÓDIGO PENAL

A **pena de multa** é disciplinada pelos arts. 49 a 52 do Código Penal e arts. 164 a 170 da Lei n.º 7.210/84 (Lei de Execução Penal).

O art. 49 do CP apresenta a definição legal dessa espécie de pena:

> "Art. 49 - A pena de multa consiste no pagamento ao fundo penitenciário da quantia fixada na sentença e calculada em dias-multa. Será, no mínimo, de 10 (dez) e, no máximo, de 360 (trezentos e sessenta) dias-multa".

Natureza jurídica: a multa criminal possui natureza jurídica de **pena** (CF, art. 5º, XLVI, *c*), sendo aplicáveis todos os princípios e regras correlatos, a exemplo do princípio da intranscendência, segundo o qual a pena não passará da pessoa do condenado (CF, art. 5º, XLV). É personalíssima.

Para estimular a memória, observe a **simbologia estratégica** abaixo:

Pena de multa

Pena alternativa autônoma
Pagamento ao fundo penitenciário.
Critérios próprios de fixação

Na sistemática do Código Penal, existem duas espécies de multa. Para uma melhor visualização, confira no **quadro estratégico** abaixo:

PENA DE MULTA (espécies)	
Multa comum	**Multa substitutiva**
Prevista em cada tipo legal de crime em *cominação direta* (CP, art. 58, *caput*)	Prevista como forma de *substituição* da pena privativa de liberdade (CP, art. 44, §2º)

Multa comum: é aquela prevista em cada tipo legal de crime, em *cominação direta* (CP, art. 58, *caput*). É a espécie que vemos cominada nos crimes previstos na Parte Especial do Código Penal e na legislação especial.

Multa substitutiva: é prevista como forma de *substituição* da pena privativa de liberdade (CP, arts. 44, §2º, 58, parágrafo único e 60, §2º).

> **Limite de pena para aplicação da multa substitutiva**: se para a substituição da pena privativa de liberdade por pena restritiva de direitos existe um limite geral de pena não superior a 04 anos (CP, art. 44, I), para a fixação da *multa substitutiva* também existe um limite. Mas qual seria esse limite? Há divergência doutrina. *1ª corrente*: o limite é de 06 meses (CP, art. 60, §2º[1])[2]. *2ª corrente*: após a Lei n.º 9.714/98, que incluiu o §2º no art. 44 do CP[3], o limite foi ampliado para 01 ano, estando revogado tacitamente o limite do art. 60, §2º, do CP[4]. O STJ adota a segunda corrente, utilizando o **limite máximo de 01 ano**, nos termos do art. 44, §2º, do CP (STJ, AgRg no HC 623.095/SC, 5ª Turma, Rel. Min. João Otávio, DJe 07/06/2021).

Outro ponto importante refere-se à impossibilidade de aplicação de *multa substitutiva* quando já existe na norma cominação direta de *multa comum* cumulada com pena privativa de liberdade: haveria duplicidade de multas.

> **STJ, Súmula n.º 171**: "Cominadas cumulativamente, em lei especial, penas privativa de liberdade e pecuniária, é defeso a substituição da prisão por multa".

Atenção! Embora faça referência à "lei especial", a Súmula 171 do STJ também alcança os crimes previstos na Parte Especial do Código Penal.

Os precedentes que ensejaram edição do enunciado em 1996 versavam sobre o tráfico de drogas. Não obstante, o STJ tem estendido a orientação aos crimes previstos em outras leis especiais e na Parte Especial do Código Penal.

---

[1] CP, art. 60, §2º: "A pena privativa de liberdade aplicada, não superior a 6 (seis) meses, pode ser substituída pela de multa, observados os critérios dos incisos II e III do art. 44 deste Código".

[2] DOTTI, René Ariel. *Curso de Direito Penal. Parte Geral.* 4ª Ed. São Paulo: Revista dos Tribunais, 2012, p. 590 e 652.

[3] CP, art. 44, §2º: "Na condenação igual ou inferior a um ano, a substituição pode ser feita por multa ou por uma pena restritiva de direitos; se superior a um ano, a pena privativa de liberdade pode ser substituída por uma pena restritiva de direitos e multa ou por duas restritivas de direitos" (Incluído pela Lei n.º 9.714/98).

[4] Nesse sentido: GRECO, Rogério. *Op. Cit.*, p. 675; GOMES, Luiz Flávio. *Penas e Medidas Alternativas à Prisão.* São Paulo: Revista dos Tribunais, 1999, p. 120.

No ponto, vale conferir o seguinte precedente do STJ:

> [...] CRIME DE FURTO [...] MULTA SUBSTITUTIVA. SÚMULA N. 171 DO STJ. DECISÃO MANTIDA.
> 1. Nos termos do art. 44, § 2°, primeira parte, do Código Penal, sendo a reprimenda igual ou inferior a 1 ano, é possível a substituição da pena privativa de liberdade por multa ou por uma pena restritiva de direitos, competindo exclusivamente ao julgador decidir, de forma fundamentada, por uma das referidas possibilidades.
> [...]
> 3. Se ao tipo penal incriminador - art. 155, caput, do Código Penal - é cominada pena privativa de liberdade cumulada com multa, não é socialmente recomendável a substituição da prisão por multa (Súmula n. 171 do STJ) (STJ, AgRg no HC 623.095/SC, 5ª Turma, Rel. Min. João Otávio de Noronha, DJe 07/06/2021).

Ademais, sobre a possibilidade de aplicação de multa substitutiva ao réu **reincidente**, são aplicáveis as diretrizes do art. 44, §3° do CP ("Se o condenado for reincidente, o juiz poderá aplicar a substituição, desde que, em face de condenação anterior, a medida seja socialmente recomendável e a reincidência não se tenha operado em virtude da prática do mesmo crime").

Cálculo do valor: o Código Penal adotou o **critério do dia-multa** e estabelece as balizas para o cálculo do valor da multa pelo juiz.

Para uma melhor visualização, confira o **quadro estratégico** abaixo:

Pena de multa (aplicação)	**Número de dias-multa**	Mínimo de 10 e máximo de 360 (CP, art. 49, *caput*)
	Valor do dia-multa	Não poderá ser inferior a 1/30 do salário mínimo vigente ao tempo do fato, nem superior a 5x a esse salário (CP, art. 49, §1°)
	Aumento da multa	Poderá ser aumentada até o triplo, caso o juiz considere que, em virtude da situação econômica do réu, a multa é ineficaz, embora aplicada no máximo (CP, art. 60, §1°)

Na fixação da pena de multa, o juiz deverá atender, principalmente, à **situação econômica** do réu. O valor da multa será atualizado, quando da execução, pelos índices de correção monetária (CP, art. 49, §§1° e 2°).

Cuidado! O valor do dia multa deverá ser fixado de acordo com o salário mínimo vigente *ao tempo do fato*, e não ao tempo da condenação.

O CESPE-UNB/CEBRASPE considerou **incorreta** a assertiva de que o valor do dia-multa é arbitrado com base no salário mínimo mensal vigente ao tempo da condenação do réu e deve ser atualizado, quando da execução, pelos índices de correção monetária aplicáveis[5].

Prazo: a multa deverá ser paga dentro do prazo de 10 dias depois do trânsito em julgado da sentença, ressalvada a hipótese de parcelamento, quando esse prazo poderá ser dilatado (CP, art. 50, *caput*).

Forma de pagamento: a multa deverá ser paga em dinheiro, não sendo permitido o pagamento em trabalho. São admitidas três formas de pagamento: (a) integral (cota única); (b) parcelado; (c) mediante desconto no vencimento ou salário. A requerimento do condenado e conforme as circunstâncias, o juiz poderá autorizar que a multa seja paga em parcelas mensais (CP, art. 50). Na prática, o pedido de parcelamento da multa é formulado no juízo da execução.

É possível que a cobrança da multa seja efetuada mediante desconto na remuneração do condenado. O art. 50, §§1º e 2º, do CP assim dispõe:

> "Art. 50 [...]
> § 1º - A cobrança da multa pode efetuar-se mediante desconto no vencimento ou salário do condenado quando:
> a) aplicada isoladamente;
> b) aplicada cumulativamente com pena restritiva de direitos;
> c) concedida a suspensão condicional da pena.
> § 2º - O desconto não deve incidir sobre os recursos indispensáveis ao sustento do condenado e de sua família".

Quando a pena de multa for aplicada cumulativamente com pena privativa de liberdade, não será possível o desconto no salário do agente.

Destinação: em regra, os valores pagos a título de pena de multa serão destinados ao FUPEN – Fundo Penitenciário Nacional, salvo previsão legal específica em sentido contrário, conforme a hipótese.

Descumprimento: não sendo paga a multa no prazo e termos legais, esta será inscrita e executada como dívida ativa (CP, art. 51). No sistema brasileiro, desde o advento da Lei n.º 9.268/96, não é mais possível a conversão da pena de multa em pena privativa de liberdade na hipótese de não pagamento.

[5] Prova objetiva do concurso para o cargo de Juiz Federal Substituto (TRF1), realizada em 2015.

Para estimular a memória, observe a **simbologia estratégica** abaixo:

Suspensão da execução: é suspensa a execução da pena de multa, se sobrevém ao condenado doença mental, *ex vi* do art. 52 do CP (**mnemônico**[6]). Essa disposição não se aplica à pena privativa de liberdade.

3. EXECUÇÃO DA PENA DE MULTA

3.1. Regime jurídico

Após o trânsito em julgado, a execução da pena de multa segue o regime jurídico das normas relativas à **dívida ativa da Fazenda Pública**, inclusive quanto à interrupção e suspensão da prescrição (CP, art. 51).

Mesmo inscrita em dívida ativa e expedida a CDA (certidão de dívida ativa, que constitui título executivo civil extrajudicial), a multa criminal **não perde a natureza de pena** (CF, art. 5º, XLVI, *c*), pelo que não poderá ser cobrada dos herdeiros, por força do princípio da intranscendência da pena.

3.2. Legitimidade, competência e procedimento

A multa será executada pelo Ministério Público perante o juiz da execução penal, podendo a Fazenda Pública promover a execução em caso de inércia. O procedimento segue o rito da execução fiscal (Lei n.º 6.830/80).

[6] **Macete mnemônico**: "O louco não vai saber porque está pagando".

O art. 51 do CP, com redação dada pela Lei n.º 13.964/2019 (Pacote Anticrime), fixou nova sistemática para a execução da pena de multa. Confira:

> "Art. 51. Transitada em julgado a sentença condenatória, a multa será executada perante o juiz da execução penal e será considerada dívida de valor, aplicáveis as normas relativas à dívida ativa da Fazenda Pública, inclusive no que concerne às causas interruptivas e suspensivas da prescrição".

Na sistemática anterior, a multa era executada pela Fazenda Pública perante uma das varas cíveis especializadas (vara da Fazenda Pública ou de execuções fiscais). Após a Lei n.º 13964/2019 (Pacote Anticrime), a competência passou a ser do juízo da execução penal.

A legitimidade para execução da pena de multa pertence ao Ministério Público, de modo **principal**, e à Fazenda Pública, de modo **subsidiário**.

Convém registrar que antes mesmo da Lei n.º 13.964/2019, o STF decidiu que o Ministério Público possui **legitimidade** para a execução da **pena de multa**, com a possibilidade subsidiária de cobrança pela Fazenda Pública. Porém, caso o titular da ação penal, devidamente intimado, não proponha a execução da multa no prazo de 90 dias, o juiz da execução criminal deverá dar ciência do feito ao órgão competente da Fazenda Pública (federal ou estadual, conforme o caso) para a respectiva cobrança (STF, ADI 3150/DF, Pleno, Rel. p/ ac. Min. Roberto Barroso, j. 12 e 13/12/2018; STF, AP 470/MG, Pleno, Rel. Min. Roberto Barroso, j. 12 e 13/12/2018, Informativo n.º 927).

Para uma melhor visualização, confira o **esquema estratégico** abaixo:

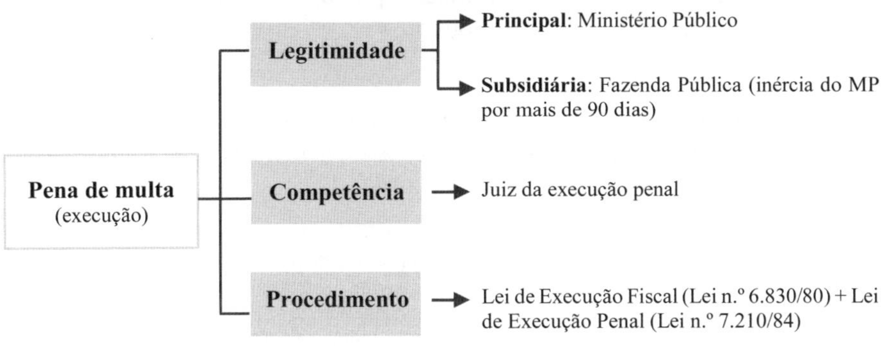

Portanto, como o Ministério Público possui legitimidade para a execução da pena de multa perante a vara de execuções penais, **encontra-se superada a Súmula n.º 521 do STJ** ("A legitimidade para a execução fiscal de multa pendente de pagamento imposta em sentença condenatória é exclusiva da Procuradoria da Fazenda Pública"), por incompatibilidade legislativa.

Quanto ao procedimento, a execução da pena de multa é disciplinada pelos arts. 164 a 170 da Lei n.º 7.210/84 (Lei de Execução Penal), com a aplicação do **rito processual** da Lei n.º 6.830/80 (Lei de Execução Fiscal).

> **GNCCRIM, Enunciado n.º 01**: "Cabe preferencialmente ao membro do Ministério Público com atribuição para execução penal ingressar com a ação para a execução da pena de multa perante o juízo das execuções penais, sob o rito da Lei 6.830/80".

No âmbito dos Juizados Especiais, o pagamento será efetuado na própria Secretaria do JECRIM, o que permite a concretização dos princípios da simplicidade, informalidade e celeridade (art. 2º da Lei n.º 9.099/95). Não sendo paga a multa, esta será executada na própria Secretaria dos Juizados.

O leitor deve ficar atento às questões ligadas à cobrança da pena de multa, pois o tema tem sido cobrado em prova (**questão oral**[7]).

4. OUTRAS QUESTÕES SOBRE A PENA DE MULTA

Pena de multa e *habeas corpus*: não cabe *habeas corpus* quando a pena de multa for a única cominada, por não estar em jogo direta ou indiretamente a liberdade de locomoção.

> **STF, Súmula n.º 693**: "Não cabe *habeas corpus* contra decisão condenatória à pena de multa, ou relativo a processo em curso por infração penal a que a pena pecuniária seja a única cominada".

[7] Na prova oral do concurso para o cargo de Procurador do Município (PGM-RR), realizada pelo CESPE-UNB/CEBRASPE em 2019, foi formulada a seguinte **questão oral**: "Com relação a pena de multa imposta em sentença penal condenatória transitada em julgado, atenda ao que se pede a seguir. 1 Aborde o conceito e a natureza jurídica da multa no âmbito do direito penal. 2 Indique o prazo disposto no Código Penal para o pagamento de multa imposta na sentença condenatória e esclareça o que deve ser feito caso o condenado não cumpra essa obrigação. 3 Discorra sobre os entendimentos do STJ e do STF acerca da legitimidade para execução da multa penal. 4 Esclareça sobre a legitimidade subsidiária para execução da multa penal no caso de o titular da ação penal não propor a execução da multa no prazo legal, conforme entendimento do STF".

Pena de multa e progressão de regime: para o STF, o inadimplemento deliberado da pena de multa cumulativamente aplicada ao sentenciado impede a progressão de regime, salvo comprovação da absoluta impossibilidade econômica do apenado em pagar a multa, ainda que parceladamente (STF, EP 12 ProgReg-AgR, Pleno, Rel. Min. Roberto Barroso, DJ 11/05/2015).

> **Enunciado n.º 18, I Jornada de Direito Penal e Processo Penal**: "Na execução penal, o não pagamento da multa pecuniária ou a ausência do seu parcelamento não impedem a progressão de regime, desde que os demais requisitos a tanto estejam preenchidos e que se demonstre a impossibilidade econômica de o apenado adimpli-la".
>
> **FONACRIM, Enunciado n.º 66**: "As implicações da pena de multa na progressão do regime de cumprimento da pena não alteram a legitimidade para a cobrança do valor atribuída à Fazenda Nacional".

Pena de multa e extinção da punibilidade: houve mudança de entendimento jurisprudencial. Anteriormente, prevalecia que o inadimplemento da multa criminal não impedia o reconhecimento da extinção da punibilidade do agente quando cumprida integralmente a pena privativa de liberdade. No entanto, na ADI 3150, o Plenário do STF decidiu que o **inadimplemento da pena de multa obsta a extinção da punibilidade do apenado**, ainda que a pena privativa de liberdade tenha sido cumprida (STF, ADI 3150, Pleno, Rel. p/ ac. Min. Roberto Barroso, DJe 06/08/2019).

Diante disso, o STJ passou a acompanhar o STF e, no final de 2020, revisou a tese firmada no Tema Repetitivo n.º 931[8].

> **STJ, Tema Repetitivo 931**: "Na hipótese de condenação concomitante a pena privativa de liberdade e multa, o inadimplemento da sanção pecuniária obsta o reconhecimento da extinção da punibilidade" (STJ, ProAfR no REsp 1785383/SP, 3ª Seção, Rel. Min. Rogerio Schietti Cruz, DJe 02/12/2020).

Portanto, para que haja declaração de extinção da punibilidade do agente, este deve cumprir todas as penas aplicadas.

---

[8] **Redação anterior do Tema Repetitivo 931 do STJ (alterada)**: "Nos casos em que haja condenação a pena privativa de liberdade e multa, cumprida a primeira (ou a restritiva de direitos que eventualmente a tenha substituído), o inadimplemento da sanção pecuniária não obsta o reconhecimento da extinção da punibilidade" (STJ, REsp 1519777/SP, 3ª Seção, Rel. Min. Rogério Cruz, DJe 10/09/2015).

CAPÍTULO 20
APLICAÇÃO DA PENA

1. INTRODUÇÃO

A pena é cominada de modo abstrato pelo legislador, mas, por imperativo constitucional, deverá ser individualizada (CF, art. 5º, XLVI).

O estudo da aplicação da pena pode ser dividido em duas partes: na primeira, de caráter *estático* e *conceitual*, veremos a definição de cada um dos grandes elementos valorados na dosimetria da pena; na segunda parte, de caráter *dinâmico* e *pragmático*, já conhecendo os conceitos, analisaremos a dinâmica da dosimetria da pena à luz da jurisprudência do STF e do STJ (compensação entre agravantes e atenuantes, *ne bis in idem* etc.).

Como ponto de partida, devemos dizer que o Código Penal adotou o **critério trifásico** de dosimetria da pena (CP, art. 68), preconizado por Nelson Hungria. Na primeira fase, são analisadas as circunstâncias judiciais (CP, art. 59); na segunda fase, são examinadas as circunstâncias agravantes e atenuantes e, por fim, na terceira fase, as causas de aumento e de diminuição de pena.

2. CIRCUNSTÂNCIAS JUDICIAIS

O Código Penal prevê oito circunstâncias judiciais:

> "Art. 59. O juiz, atendendo à culpabilidade, aos antecedentes, à conduta social, à personalidade do agente, aos motivos, às circunstâncias e consequências do crime, bem como ao comportamento da vítima, estabelecerá, conforme seja necessário e suficiente para reprovação e prevenção do crime [...]".

Culpabilidade: revela o grau de reprovabilidade concreto da conduta. De acordo com o item n.º 50 da Exposição de Motivos da reforma penal de 1984, a expressão "culpabilidade" substituiu as antigas expressões "intensidade do dolo ou grau de culpa", visto que o que graduável é a censura. Nessa acepção, a culpabilidade representa a análise da maior ou menor censurabilidade do comportamento. Ex: premeditação[1], crueldade etc.

Antecedentes: diz respeito à vida pregressa do agente em matéria criminal. Os maus antecedentes são as *condenações definitivas* anteriores ao fato que não forem utilizadas para fins de reincidência. Ressalte-se que, havendo condenações múltiplas, uma delas pode ser valorada como reincidência e as demais como maus antecedentes. A ausência de condenações criminais significa bons antecedentes, com efeito redutor da pena.

> **STJ, Súmula n.º 444**: "É vedada a utilização de inquéritos policiais e ações penais em curso para agravar a pena-base".
>
> **STJ, Tema Repetitivo 1077**: "Condenações criminais transitadas em julgado, não consideradas para caracterizar a reincidência, somente podem ser valoradas, na primeira fase da dosimetria, a título de antecedentes criminais, não se admitindo sua utilização para desabonar a personalidade ou a conduta social do agente" (STJ, REsp 1794854/DF, 3ª Seção, Rel. Min. Laurira Vaz, DJe 01/07/2021).

Atenção! Em mudança de orientação (*overruling*), o STF passou a entender pela inexistência de um **"direito ao esquecimento"**. Com isso, foi abandonada a orientação anterior que era favorável à aplicação do período

[1] STJ, AgRg no AREsp 1794034/GO, 5ª Turma, Rel. Min. Ribeiro Dantas, DJe 10/08/2021.

depurador de 05 anos previsto para a reincidência (CP, art. 64, I) para a extinção dos maus antecedentes (STF, RE 593818, Pleno, Rel. Min. Roberto Barroso, j. 18/08/2020; STF, RE 1010606/RJ, Rel. Min. Dias Toffoli, j. 11/02/2021).

> **STF, Tema 786 (repercussão geral)**: "É incompatível com a Constituição a ideia de um direito ao esquecimento, assim entendido como o poder de obstar, em razão da passagem do tempo, a divulgação de fatos ou dados verídicos e licitamente obtidos e publicados em meios de comunicação social analógicos ou digitais. Eventuais excessos ou abusos no exercício da liberdade de expressão e de informação devem ser analisados caso a caso, a partir dos parâmetros constitucionais – especialmente os relativos à proteção da honra, da imagem, da privacidade e da personalidade em geral – e as expressas e específicas previsões legais nos âmbitos penal e cível" (STF, RE 1010606/RJ, Rel. Min. Dias Toffoli, j. 11/02/2021).
>
> **STF, Tema 150 (repercussão geral)**: "Não se aplica para o reconhecimento dos maus antecedentes o prazo quinquenal de prescrição da reincidência, previsto no art. 64, I, do Código Penal" (STF, RE 593818, Pleno, Rel. Min. Roberto Barroso, j. 18/08/2020).

Conduta social: refere-se às atividades relativas ao trabalho, relacionamento familiar e social do agente. Com a reforma penal de 1984, o legislador separou os "antecedentes" (que antes abrangiam todo o passado do réu) da "conduta social", passando esta última a ser ligada ao comportamento do agente nos diversos papeis exercidos na sociedade (pai, filho, aluno, membro da comunidade, no exercício da profissão, como cidadão etc.).

Personalidade do agente: diz respeito à índole do infrator em seu perfil psicológico e moral (*perfil subjetivo*). Seu conceito é mais bem estudado no campo da Psiquiatria e da Psicologia Forenses, mas não há necessidade de perícia. São fatores negativos: a maldade, a perversidade, a covardia, a frieza etc. Segundo o STJ, a personalidade do agente deve ser analisada com base nos elementos dos autos, de acordo com o livre convencimento motivado, independentemente de perícia sobre os traços da personalidade (STJ, AgRg no HC 644.672/SP, 5ª Turma, Rel. Min. Felix Fischer, DJe 31/05/2021).

> **STJ – Jurisprudência em Teses - ED 26 - Tese 13**: "Para valoração da personalidade do agente é dispensável a existência de laudo técnico confeccionado por especialistas nos ramos da psiquiatria ou da psicologia".

Motivos: são as razões que ensejaram a prática do crime. Ex: cometer um crime por piedade é menos reprovável do que fazê-lo por ganância. Em determinadas hipóteses, o motivo poderá qualificar o crime, ocasião em que não poderá ser valorado como circunstância judicial, sob pena de *bis in idem*. Ex: homicídio por motivo torpe (CP, art.121, §2º, I). De acordo com o STJ, nos crimes patrimoniais, na concussão e na corrupção passiva, o intuito de obter lucro fácil e a cobiça integram as elementares do tipo, não sendo motivação idônea para majorar a pena-base (STJ, EDv nos EREsp 1.196.136-RO, 3ª Seção, Rel. Min. Reynaldo Soares, DJe 1/8/2017, Informativo n.º 608).

Circunstâncias: são os elementos acidentais que não integram o tipo, mas que podem influir sobre a sua prática. São as "circunstâncias" do caso concreto, que circundam a conduta típica. Ex: lugar do crime, duração da ação delituosa, relação de confiança entre o autor e a vítima, instrumentos utilizados, audácia na execução do delito, *modus operandi* etc.

Consequências do crime: representam o mal causado pela infração penal que transcende ao resultado típico. São as consequências *incomuns* que extrapolam ao que de ordinário se verifica na violação da norma penal com a prática do delito. Ex: morte de arrimo de família que deixe desamparadas crianças de tenra idade. Frise-se que os elementos inerentes ao tipo penal não devem ser considerados consequências do crime para fins de aumento da pena-base. Nos crimes patrimoniais, o prejuízo financeiro, em regra, integra o resultado típico. No entanto, na hipótese de elevado prejuízo econômico[2] ou quando a vítima é levada à falência ou à situação de penúria, as consequências do crime ultrapassam ao resultado típico. Desse modo, o roubo ou desvio de milhões deve ter uma reprimenda maior do que o roubo de pequenas quantias[3].

> **STJ – Jurisprudência em Teses - ED 167 – Tese 08**: "Nos crimes de lavagem ou ocultação de bens, direitos e valores, é legítima a exasperação da pena-base pela valoração negativa das consequências do crime em decorrência da movimentação de expressiva quantia de recursos envolvidos que extrapole o elemento natural do tipo".

[2] STJ, AgRg no AREsp 1789918/SP, 5ª Turma, Rel. Min. Felix Fischer, DJe 27/04/2021.

[3] "As despesas suportadas pelo Estado com a investigação de um crime e o enriquecimento do paciente não se subsumem no vetor 'consequências do crime' entendido como extensão do dano produzido pelo ilícito em si" (STF, HC 134193, 2ª Turma, Rel. Min. Dias Toffoli, DJe-252 25/11/2016, Informativo n.º 849).

> **STJ - Jurisprudência em Teses - ED 90 - Tese 03**: "Nos crimes tributários, o montante do tributo sonegado, quando expressivo, é motivo idôneo para o aumento da pena-base, tendo em vista a valoração negativa das consequências do crime".
>
> **STJ - Jurisprudência em Teses - ED 57 - Tese 02**: "É possível o agravamento da pena-base nos delitos praticados contra a Administração Pública com fundamento no elevado prejuízo causado aos cofres públicos, a título de consequências do crime".

Comportamento da vítima: é o modo de agir da vítima no contexto da prática do crime. Segundo o STJ, se não restar evidente a interferência da vítima no desdobramento causal, essa circunstância judicial será sempre neutra ou positiva, não podendo ser valorada em prejuízo do agente (STJ, HC 621.348/AL, 6ª Turma, Rel. Min. Laurita Vaz, DJe 29/04/2021).

> **STJ – Jurisprudência em Teses - ED 26 - Tese 15**: "O comportamento da vítima em contribuir ou não para a prática do delito não acarreta o aumento da pena-base, pois a circunstância judicial é neutra e não pode ser utilizada em prejuízo do réu".

Para fins de memorização, observe o **quadro estratégico** abaixo:

Circunstâncias judiciais (CP, art. 59) **(8)**		
	Culpabilidade	Grau de reprovabilidade concreto da conduta
	Antecedentes	Vida pregressa em matéria criminal (condenações definitivas)
	Conduta social	Atividades sociais (trabalho, família, meio social etc.)
	Personalidade	Perfil psicológico e moral (perfil subjetivo)
	Motivos	Razões que levaram à prática do crime
	Circunstâncias	Elementos acidentais que circundam o crime
	Consequências do crime	Mal causado que ultrapassa o resultado típico
	Comportamento da vítima	Agir da vítima no desdobramento causal

Conforme veremos com maiores detalhes adiante, as circunstâncias judiciais são examinadas na **primeira fase** de aplicação da pena.

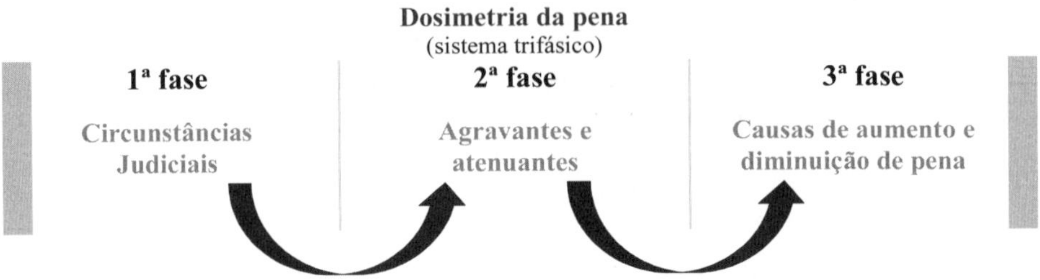

No exame das circunstâncias judiciais, deve existir fundamentação **concreta** e **específica**, não sendo lícita a utilização de conceitos genéricos, em decorrência do princípio da motivação substancial das decisões.

> **STJ – Jurisprudência em Teses - ED 26 - Tese 01**: "O aumento da pena-base em virtude das circunstâncias judiciais desfavoráveis (art. 59 CP) depende de fundamentação concreta e específica que extrapole os elementos inerentes ao tipo penal".

De acordo com o STJ, na fixação da pena-base, o juiz não se encontra vinculado a nenhum critério objetivo sobre o *quantum* de majoração em cada circunstância judicial. Essa é uma operação baseada em **critérios subjetivos**, submetidos ao prudente **exame discricionário do juiz** (STJ, HC 240.007/SP, 6ª Turma, Rel. Min. Sebastião Reis Júnior, DJe 11/06/2015).

O STF também tem decidido que o ponto é submetido à discricionariedade judicial. Confira o seguinte precedente:

> "A dosimetria da pena é matéria sujeita a certa discricionariedade judicial. O Código Penal não estabelece rígidos esquemas matemáticos ou regras absolutamente objetivas para a fixação da pena. Cabe às instâncias ordinárias, mais próximas dos fatos e das provas, fixar as penas e às Cortes Superiores, em grau recursal, o controle da legalidade e da constitucionalidade dos critérios empregados, bem como a correção de eventuais discrepâncias, se gritantes ou arbitrárias, nas frações de aumento ou diminuição adotadas pelas instâncias

> anteriores" (STF, RHC 105921, 1ª Turma, Rel. p/ ac. Min. Rosa Weber, DJe-082 28/04/2016, Informativo n.º 823).

Mas essa discricionariedade não é absoluta, sendo limitada pela lei e pela Constituição. Para o STJ, a pobreza, a ignorância (baixa instrução) e o desemprego não podem ser valorados como circunstâncias desfavoráveis na fixação da pena-base, diante da vedação do **Direito Penal do Inimigo** (STJ, HC 152.144/ES, 5ª Turma, Rel. Min. Laurita Vaz, DJe 01/08/2011).

3. AGRAVANTES E ATENUANTES

3.1. Generalidades

Na segunda fase de aplicação da pena, são analisadas as circunstâncias legais agravantes e atenuantes (CP, arts. 61 a 67).

O legislador previu um **rol taxativo** de agravantes e uma relação **exemplificativa** de atenuantes. Quanto à aplicação das agravantes e atenuantes, não há previsão legal de um *quantum* específico de aumento ou diminuição de pena, sendo o ponto submetido à discricionariedade judicial.

3.2. Agravantes em geral

As circunstâncias legais **agravantes** são previstas nos arts. 61 e 62 do CP e na legislação especial. O art. 62 prevê as agravantes incidentes na hipótese de concurso de pessoas, ponto que estudaremos mais à frente.

As circunstâncias agravantes somente poderão incidir quando não figurarem como elementares ou qualificadoras do crime, sob pena de *bis in idem*. Inclusive, o próprio art. 61 do CP dispõe que "São circunstâncias que sempre agravam a pena, *quando não constituem ou qualificam o crime*".

> **Agravantes e dolo**: as agravantes devem ser abrangidas pelo *dolo* do agente, com exceção da reincidência. Assim, não havendo dolo (consciência e vontade), a agravante será excluída. Além disso, lembramos que o erro de tipo acidental que recai sobre uma circunstância exclui a circunstância, o que pode afastar a incidência da circunstância agravante no caso concreto.

Convém analisar rapidamente cada uma das agravantes previstas no art. 61 do CP em seus aspectos substanciais.

I - a reincidência;

Verifica-se a reincidência quando o agente comete novo crime, depois de transitar em julgado a sentença que, no País ou no estrangeiro, o tenha condenado por crime anterior (CP, art. 64).

Diante da importância do tema, analisaremos a reincidência com maiores detalhes em tópico específico mais adiante.

II - a) ter o agente cometido o crime por motivo fútil ou torpe;

O art. 61, II, *a*, do CP prevê como agravante a circunstância de ter o agente cometido o crime por motivo fútil ou torpe.

Motivo fútil é o motivo "tolo", "insignificante", "banal" ou "sem nenhuma importância", que impõe maior reprovabilidade. Ex: chefe da empresa mata seu subordinado apenas porque chegou atrasado.

Motivo torpe é o motivo "repulsivo", "odioso" ou "baixo", que também merece maior reprovabilidade. Ex: homicídio praticado para receber herança; esposa que assassina o marido para ficar com o prêmio da loteria.

Lembramos que a agravante somente poderá incidir quando não figurar como *elementar* ou *qualificadora* do crime. No **homicídio**, a agravante do art. 61, II, *a*, do CP não poderá incidir, sob pena de *bis in idem*, diante da existência de qualificadora específica (CP, art. CP, art. 121, §2º, I e II).

II - b) ter o agente cometido o crime para facilitar ou assegurar a execução, a ocultação, a impunidade ou vantagem de outro crime;

Nessa hipótese, em princípio, há *conexão objetiva* entre os crimes. A conexão objetiva ocorre quando um crime é praticado para assegurar a vantagem, execução, impunidade ou ocultação de outro (**mnemônico**[4]) .

[4] **Macete mnemônico**: **"VEIO"** – **V**antagem, **E**xecução, **I**mpunidade ou **O**cultação.

De acordo com a doutrina, a agravante do art. 61, II, *b*, do CP é aplicável ainda que não venha a suceder o crime cuja execução, ocultação, impunidade ou vantagem o agente buscava facilitar ou assegurar[5].

II - c) ter o agente cometido o crime à traição, de emboscada, ou mediante dissimulação, ou outro recurso que dificultou ou tornou impossível a defesa do ofendido;

Nesses casos, as chances de defesa da vítima são reduzidas, havendo uma reprimenda maior do comportamento do infrator.

A **traição** pode ser *física*, com ataque súbito e sorrateiro (ex: violento golpe de bastão pelas costas, com o intuito de ferir a vítima) ou *moral*, quando há quebra de confiança entre agente e vítima (ex: convidar conhecido para consumir bebida alcoólica visando, após, furtá-lo com maior facilidade).

Emboscada é a tocaia, o ataque inesperado do criminoso que se oculta à espera da passagem da vítima pelo local. Ex: criminosos ficam escondidos no percurso aguardando a vítima passar na volta do trabalho para roubar-lhe a motocicleta. **Dissimulação** é o disfarce que esconde o propósito delituoso[6]. Ex: indivíduo se fantasia de palhaço para cometer roubo durante festa infantil.

Observe-se que, ao se referir a "ou outro recurso que tornou impossível a defesa do ofendido", o legislador autorizou a interpretação analógica. Ex: indivíduo joga areia nos olhos da vítima para depois agredi-la.

No ponto, confira a **simbologia estratégica** abaixo (**mnemônico**[7]):

Agravante – redução das chances de defesa da vítima
(CP, art. 61, II, *c*)

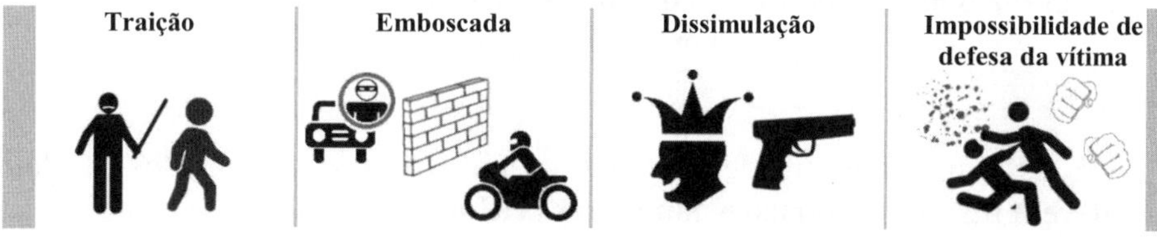

[5] DOTTI, René Ariel. *Curso de Direito Penal. Parte Geral*. 4ª Ed. São Paulo: Revista dos Tribunais, p. 626.
[6] NORONHA, Magalhães E. *Direito Penal. Vol. 2*. 26ª Ed. São Paulo: 1994, p. 26.
[7] **Macete mnemônico**: "**TEDI**" – **T**raição, **E**mboscada, **D**issimulação e **I**mpossibilidade de defesa da vítima.

No homicídio, não se aplica a agravante do art. 61, II, *c*, do CP, pois esses dados são previstos como qualificadoras do crime (CP, art. 121, §2º, IV).

II - d) ter o agente cometido o crime com emprego de veneno, fogo, explosivo, tortura ou outro meio insidioso ou cruel, ou de que podia resultar perigo comum;

Nessas hipóteses, o crime é praticado através de meios traiçoeiros ou cruéis, a merecer maior reprimenda penal (**meios utilizados**).

Conforme explica Ariel Dotti, **veneno** é a substância que altera ou destrói as funções vitais. Ex: garçom insere "chumbinho" (veneno de rato) na comida do cliente com o intuito de matá-lo. O gás tóxico e o vidro moído se enquadram nessa categoria[8]. Ademais, devemos pontuar que o **fogo**, o **explosivo** e a **tortura** revelam a prática do crime com maior grau de crueldade, podendo figurar ora como meios insidiosos, ora como meios cruéis.

Para fins de memorização, observe a **simbologia estratégica** abaixo:

Agravante – meios utilizados
(CP, art. 61, II, *d*)

II - e) ter o agente cometido o crime contra ascendente, descendente, irmão ou cônjuge;

Essa agravante incide em razão da violação dos sentimentos de afeto que devem inspirar as relações familiares (**vítima da família**).

O rol legal não comporta interpretação extensiva. Na doutrina, há controvérsias sobre a aplicação da agravante ao companheiro (união estável).

[8] DOTTI, Rene Ariel. *Op. Cit.*, p. 626.

1ª corrente: não se aplica[9]. *2ª corrente*: é aplicável, diante da equiparação constitucional do cônjuge ao companheiro que vive em união estável[10].

Por fim, em relação ao cônjuge, lembramos que, havendo *separação de fato*, não subsiste a agravante do art. 61, II, *e*, do CP.

Para fins de memorização, observe a **simbologia estratégica** abaixo:

Agravante – vítima da família
(CP, art. 61, II, *e*)

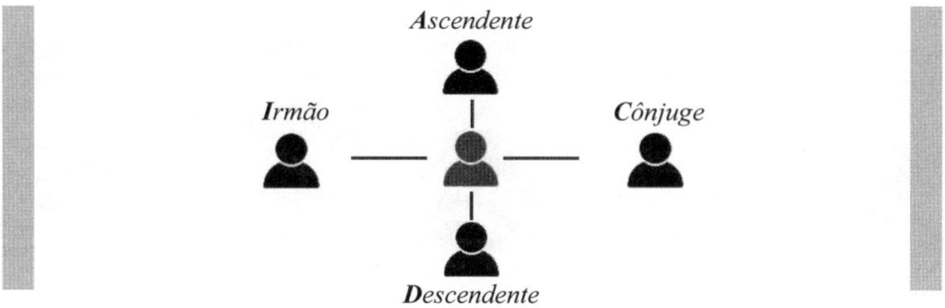

Esse rol contempla interpretação restrita, não podendo ser ampliado para alcançar outros parentes (**mnemônico**[11]).

II - f) ter o agente cometido o crime com abuso de autoridade ou prevalecendo-se de relações domésticas, de coabitação ou de hospitalidade, ou com violência contra a mulher na forma da lei específica;

Nessas hipóteses, o agente se vale de uma condição particular que facilita a prática do delito e diminui a capacidade de resistência da vítima.

A expressão "**autoridade**" utilizada no dispositivo diz respeito às **relações privadas** que estabelecem o vínculo de dependência entre a vítima e o agente. Ex: empregador, tutor e curador. O abuso de poder nas relações públicas enquadra-se em outra agravante (CP, art. 61, II, *g*).

---

[9] DOTTI, Rene Ariel. *Op. Cit.*, p. 617.
[10] CAPEZ, Fernando; BONFIM, Edilson Mougenot. *Direito Penal. Parte Geral.* Saraiva: São Paulo, 2004, p. 718.
[11] **Macete mnemônico**: "**CADI**" – **C**ônjuge, **A**scendente, **D**escendente ou **I**rmão.

As relações **domésticas** (mesma família ou pessoas próximas ao círculo familiar), de **coabitação** (morar sob o mesmo teto) ou de **hospitalidade** (hospedeiro e hóspede) revelam um vínculo de aproximação entre as pessoas que deveria inspirar uma maior confiança entre os sujeitos. Por isso, os crimes praticados nesse contexto são merecedores de maior reprimenda.

Para fins de memorização, observe a **simbologia estratégica** abaixo:

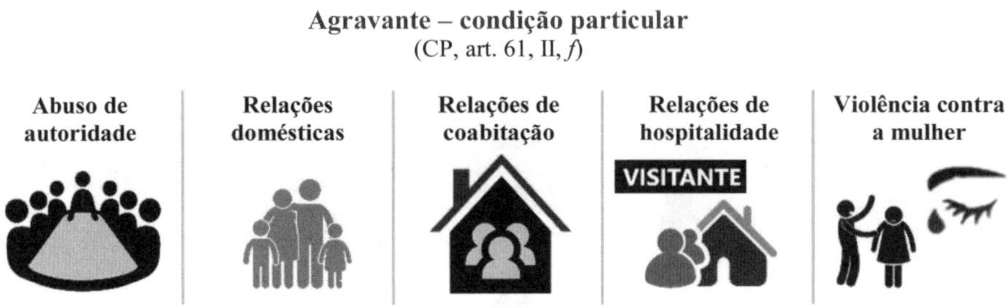

II - g) ter o agente cometido o crime com abuso de poder ou violação de dever inerente a cargo, ofício, ministério ou profissão;

A expressão "**abuso de poder**" é interpretada como sendo relacionada aos crimes cometidos no exercício de cargo ou função pública. Vale registrar que, segundo Celso Antônio Bandeira de Mello, o abuso de poder abrange o excesso de competência e o desvio de finalidade[12].

O **cargo** ou **ofício** deve ser público. **Profissão** é qualquer atividade habitual que alguém exerce, mediante remuneração, como meio de vida. **Ministério** é o exercício de atividades religiosas (pastor, padre, monge etc.).

Segundo o STJ, a agravante do art. 61, II, *g*, do CP é incompatível com alguns crimes contra a Administração Pública que pressupõem abuso de poder ou violação de dever inerente a cargo, que nesses casos funciona como elementar do tipo. Ex: concussão[13], corrupção passiva e peculato[14] etc. No entanto, a Corte já decidiu que a agravante incide nos casos de fraude em licitação, não havendo que se falar em *bis in idem* (STJ, REsp 1484415/DF, 6ª Turma, Rel. Min. Rogerio Schietti Cruz, DJe 22/02/2016).

[12] MELLO, Celso Antônio. *Curso de Direito Administrativo*. 27ª Ed. Malheiros: São Paulo, 2010, p. 407.
[13] STJ, REsp 1073085/SP, 6ª Turma, Rel. p/ ac. Min. Maria Thereza de Assis Moura, DJe 22/03/2010.
[14] STJ, HC 300.214/RR, 5ª Turma, Rel. Min. Ribeiro Dantas, DJe 17/02/2017.

> **STJ - Jurisprudência em Teses - ED 57 - Tese 04**: "A agravante prevista no art. 61, II, g, do Código Penal não é aplicável nos casos em que o abuso de poder ou a violação de dever inerente ao cargo configurar elementar do crime praticado contra a Administração Pública".
>
> **STJ - Jurisprudência em Teses - ED 134 - Tese 06**: "É possível a incidência da agravante genérica prevista no art. 61, II, g, do Código Penal, no crime de fraude em licitação, quando violado dever inerente à função pública, circunstância que não integra o tipo previsto no art. 90 da Lei n. 8.666/1993".

O CESPE-UNB/CEBRASPE considerou **correta** a assertiva de que a incidência da agravante genérica relativa à prática de delito com abuso de poder ou violação de dever inerente a cargo, ofício, ministério ou profissão é incompatível com o peculato, pois este pressupõe abuso de poder ou violação de dever inerente ao cargo[15].

Para fins de memorização, observe a **simbologia estratégica** abaixo:

Agravante – abuso de poder ou violação de deveres
(CP, art. 61, II, *g*)

II - h) ter o agente cometido o crime contra criança, maior de 60 (sessenta) anos, enfermo ou mulher grávida;

Nessas hipóteses, a agravante é justificada pela *fragilidade*, ou seja, a menor resistência física e psicológica decorrente das condições da vítima.

Criança é a pessoa de até 12 anos de idade incompletos, de acordo com o critério legal (ECA, art. 2º). Não podemos esquecer que a agravante não incide quando a condição de criança figurar como elementar do tipo, de modo a se evitar o *bis in idem*. Ex: abandono material (CP, art. 244) estupro de

[15] Prova objetiva do concurso para o cargo de Juiz de Direito (TJPI), realizada em 2011.

vulnerável (CP, art. 217-A), corrupção de menor (CP, art. 218), satisfação de lascívia mediante a presença de criança (CP, art. 218-A) etc.

Maior de 60 anos é o idoso, conforme critério legal (art. 1º do Estatuto do Idoso). **Enfermo** é a pessoa que não tem boa saúde, sendo portadora de doença física ou mental que lhe impeça ou diminua a possibilidade de resistência. O conceito alcança os portadores de necessidades especiais.

Mulher grávida é a gestante, que está à espera da criança por nascer. O aumento da pena é justificado diante da proteção do nascituro e, também, da segurança física, moral e espiritual que merece a mulher grávida. Caso a gestação esteja nos estágios iniciais, sendo imperceptível para um homem médio, a agravante não incide, salvo quando comprovado que o agente conhecia essa circunstância. Lembramos que as agravantes devem ser abrangidas pelo *dolo* do agente (consciência e vontade).

Para fins de memorização, observe a **simbologia estratégica** abaixo:

Agravante – vulneráveis
(CP, art. 61, II, *h*)

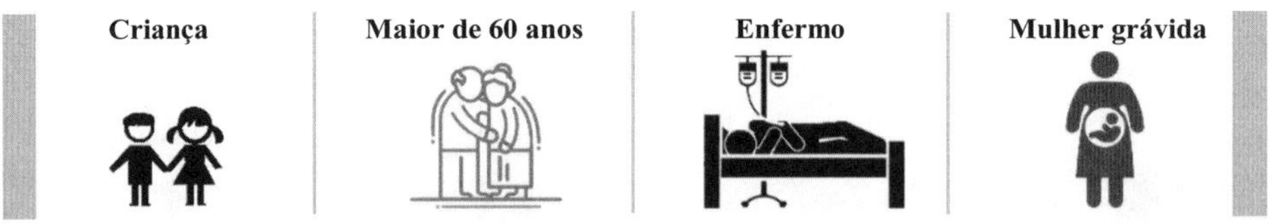

II - i) ter o agente cometido o crime quando o ofendido estava sob a imediata proteção da autoridade;

Nessa hipótese, ofende-se não só a pessoa que está sob a custódia do Estado, mas o respeito da autoridade que o tem sob sua proteção, o que impõe maior reprovabilidade diante da audácia do agente em furar o círculo de proteção das autoridades estatais. Ex: durante sessão do júri, criminosos invadem o fórum para matar réu preso que se deslocou para o julgamento.

A agravante não incide na hipótese da prática de crime de arrebatamento de preso (CP, art. 353), por ser a custódia elementar do tipo.

II - j) ter o agente cometido o crime em ocasião de incêndio, naufrágio, inundação ou qualquer calamidade pública, ou de desgraça particular do ofendido;

Nesses casos, o criminoso se aproveita da situação de infortúnio, calamidade ou desgraça particular da vítima para a prática delituosa.

Ex: após a passagem de furacão no local, indivíduos se valem da situação para saquear lojas da região. Outro exemplo: após caminhão da "Nestlé" tombar na estrada, transeuntes saqueiam a carga de guloseimas.

II - l) ter o agente cometido o crime em estado de embriaguez preordenada.

Aqui, temos a hipótese do agente que se embriaga para "criar coragem" de praticar o crime, rompendo as resistências psicológicas naturais contra o delito. Ressalte-se que a embriaguez pode ser resultante de álcool, entorpecentes, medicamentos etc. Ex: após nutrir ódio por um desafeto, o agente consome whisky para ter coragem de matá-lo.

A agravante da embriaguez preordenada (CP, art. 61, II, *l*) não se aplica aos crimes *culposos* de trânsito, uma vez que, conforme já afirmado, a incidência de agravante deve ser abrangida pelo *dolo* do agente.

Agravante – embriaguez preordenada (CP, art. 61, II, *l*)

3.3. Agravantes no concurso de pessoas

No art. 62 do CP, o legislador previu agravantes específicas em relação aos crimes praticados em **concurso de pessoas**. Nesses casos, há um *facere* por parte de um dos agentes merecedor de maior reprovabilidade do que os demais.

I – agente que promove, ou organiza a cooperação no crime ou dirige a atividade dos demais agentes;

Essa agravante incide sobre o autor intelectual do crime, líder ou chefe. Deve existir uma efetiva posição de ascendência do agente na prática do ilícito em relação aos demais comparsas, não sendo suficiente a mera sugestão ou cooperação. Ex: agente que planeja o roubo a um banco e coordena as ações.

II – agente que coage ou induz outrem à execução material do crime;

A agravante do art. 62, II, do CP aplica-se ao agente que influencia outra pessoa a executar o delito, mediante coação ou induzimento.

Coagir significa forçar outra pessoa à prática do delito. A coação pode ser física (*vis absoluta*) ou moral (*vis compulsiva*). **Induzir** significa criar a ideia na mente de outrem. Note-se que a agravante do art. 62, II, do CP incide apenas sobre o coator ou aquele que induz, e não sobre o coagido ou induzido.

III – agente que instiga ou determina a cometer o crime alguém sujeito à sua autoridade ou não-punível em virtude de condição ou qualidade pessoal;

Possui maior reprovação a conduta do agente se vale de sua autoridade ou de pessoa não punível como meio para alcançar a prática delituosa. Nesse último caso, na maioria das vezes, haverá autoria mediata[16].

A "autoridade" referida no art. 62, III, do CP poderá decorrer de qualquer tipo de subordinação, seja de natureza pública, privada, religiosa, profissional ou doméstica. **Instigação** é o reforço psicológico a uma ideia preexistente. Ex: indivíduo convence inimputável por doença mental a matar o vizinho que agrediu o enfermo este desejava vingança. **Determinação** é a ordem dada pelo agente a alguém. Ex: pessoa em situação de erro.

[16] A *autoria mediata* ocorre quando o agente se vale de pessoa sem discernimento para realizar por ele a conduta típica. Hipóteses: (a) ausência de capacidade penal do executor-instrumento; (b) coação moral irresistível; (c) provocação de erro de tipo invencível e (d) obediência hierárquica.

IV – agente que executa o crime, ou nele participa, mediante paga ou promessa de recompensa.

Aqui, o legislador conferiu maior reprovabilidade à conduta do criminoso mercenário. Não é preciso que a recompensa seja efetivamente recebida, sendo suficiente que haja promessa e que o crime seja praticado.

Na doutrina, sustenta-se que a agravante não incide nos crimes contra o patrimônio[17]. Também não incide no crime de homicídio, diante da existência de qualificadora específica (CP, art. 121, §2º, I).

3.4. Reincidência e multirreincidência

Verifica-se a reincidência quando o agente comete novo crime, depois de transitar em julgado a sentença que, no País ou no estrangeiro, o tenha condenado por crime anterior (CP, art. 63).

Reincidir significa "**incidir novamente**". Por força do princípio da presunção de inocência ou de não-culpabilidade (CF, art. 5º, LVII), a reincidência somente se caracteriza quando o agente comete novo delito após o trânsito em julgado de condenação criminal anterior.

> **STF, Tema 114 (repercussão geral)**: "Surge harmônico com o princípio constitucional da individualização da pena o inciso I do artigo 61 do Código Penal, no que prevê, como agravante, a reincidência" (STF, RE 453000, Pleno, Rel. Min. Marco Aurélio, DJe-194 03/10/2013).

Para fins de memorização, observe a **simbologia estratégica** abaixo:

[17] CAPEZ, Fernando; BONFIM, Edilson Mougenot. *Op. Cit.*, p. 720.

O art. 64 do CP possui duas importantes limitações em torno da caracterização da reincidência. Confira:

> "Art. 64 - Para efeito de reincidência:
> I - não prevalece a condenação anterior, se entre a data do cumprimento ou extinção da pena e a infração posterior tiver decorrido período de tempo superior a 5 (cinco) anos, computado o período de prova da suspensão ou do livramento condicional, se não ocorrer revogação;
> II - não se consideram os crimes militares próprios e políticos".

Período depurador: a reincidência "caduca" quando decorrido prazo superior a **05 anos** entre a data do cumprimento ou extinção da pena e o novo crime (CP, art. 64, I). Apesar de ser expresso quanto à reincidência, o Código Penal não prevê norma semelhante quanto aos maus antecedentes (CP, art. 59).

> **STF, Tema 786 (repercussão geral)**: "É incompatível com a Constituição a ideia de um direito ao esquecimento, assim entendido como o poder de obstar, em razão da passagem do tempo, a divulgação de fatos ou dados verídicos e licitamente obtidos e publicados em meios de comunicação social analógicos ou digitais. Eventuais excessos ou abusos no exercício da liberdade de expressão e de informação devem ser analisados caso a caso, a partir dos parâmetros constitucionais – especialmente os relativos à proteção da honra, da imagem, da privacidade e da personalidade em geral – e as expressas e específicas previsões legais nos âmbitos penal e cível" (STF, RE 1010606/RJ, Rel. Min. Dias Toffoli, j. 11/02/2021).
>
> **STF, Tema 150 (repercussão geral)**: "Não se aplica para o reconhecimento dos maus antecedentes o prazo quinquenal de prescrição da reincidência, previsto no art. 64, I, do Código Penal" (STF, RE 593818, Pleno, Rel. Min. Roberto Barroso, j. 18/08/2020).

Para fins de memorização, observe a **simbologia estratégica** abaixo:

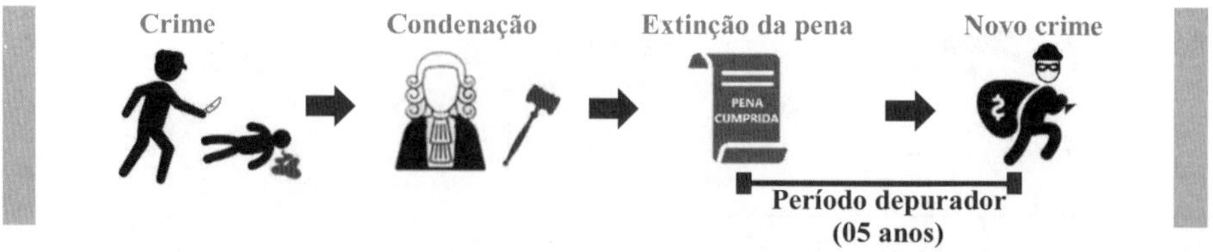

O período depurador da reincidência funciona em conjunto com alguns institutos e momentos penais que o operador deve observar.

Para uma melhor visualização, confira o **esquema estratégico** abaixo:

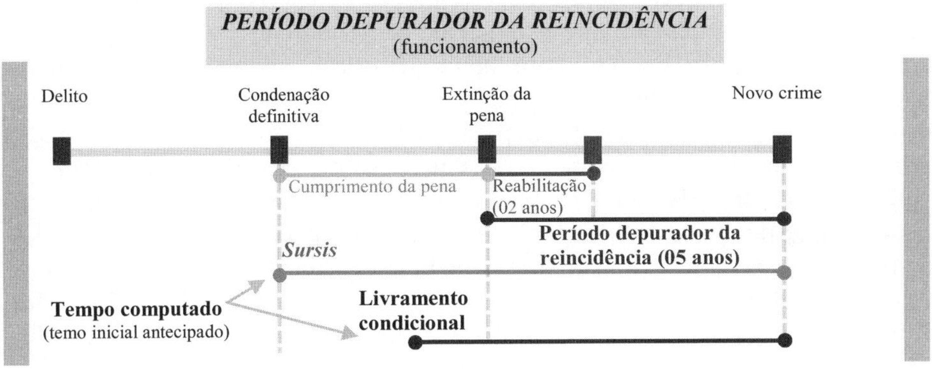

Atenção! Além do limite temporal, é importante ressaltar que **nem toda condenação anterior** é suficiente para caracterizar reincidência.

Para uma visão panorâmica, confira o **quadro estratégico** abaixo:

REINCIDÊNCIA (visão geral)		
Infração anterior	**Infração posterior**	**Reincidência?**
Contravenção	Crime	Não (CP, art. 63)
Contravenção	Contravenção	Sim (LCP, art. 7º)
Crime	Contravenção	Sim (LCP, art. 7º)
Crimes militares próprios	Crime/contravenção	Não (CP, art. 64, II)
Crimes políticos	Crime/contravenção	Não (CP, art. 64, II)
Crime do art. 28 da Lei de Drogas	Crime/contravenção	Não (STJ, HC 564.566/SP)
Atos infracionais previstos no ECA	Crime/contravenção	Não (STJ)
Absolvição imprópria de inimputável	Crime/contravenção após a recuperação mental	Não

O CESPE-UNB/CEBRASPE considerou **incorreta** a assertiva de que para efeito de reincidência, não se consideram os crimes militares impróprios nem os crimes políticos[18].

Recentemente, a 5ª e a 6ª Turma do STJ passaram a entender que, à luz do princípio da proporcionalidade, **condenações anteriores pelo art. 28 da Lei n.º 11.343/2006 não são aptas a gerar reincidência**. Para a Corte, se a contravenção penal, punível com pena de prisão simples, não configura reincidência, resta inequivocamente desproporcional a consideração, para fins de reincidência, da posse de droga para consumo próprio, que conquanto seja crime, é punida apenas com "advertência sobre os efeitos das drogas", "prestação de serviços à comunidade" e "medida educativa de comparecimento a programa ou curso educativo", não havendo qualquer possibilidade de conversão em pena privativa de liberdade pelo descumprimento, como no caso das penas substitutivas (STJ, AgRg no HC 564.566/SP, 5ª Turma, Rel. Min. Ribeiro Dantas, DJe 21/09/2020; STJ, REsp 1.672.654/SP, 6ª Turma, Rel. Min. Maria Thereza De Assis Moura, DJe 30/8/2018; STJ, AgRg no REsp 1832209/SP, 6ª Turma, Rel. Min. Rogerio Schietti Cruz, DJe 04/08/2020).

> **Enunciado n.º 126 do FONAJE**: "A condenação por infração ao artigo 28 da Lei 11.343/06 não enseja registro para efeitos de antecedentes criminais e reincidência" [19].

Outro ponto importante é que a condenação anterior à **pena de multa**, por si só, não afasta a caracterização da reincidência, lembrando que a condenação anterior à pena de multa também não impede a concessão do *sursis* (CP, art. 77, §1º). Ademais, a reabilitação criminal não exclui a reincidência e a condenação do agente no estrangeiro é apta a gerar reincidência (CP, art. 63).

> **Reincidência e prescrição**: a reincidência não influi no prazo da prescrição da pretensão punitiva (PPP), mas apenas no cálculo da prescrição da pretensão executória (PPE), nos termos do art. 110, *caput*, do CP ("A prescrição depois de transitar em julgado a sentença condenatória regula-se pela pena aplicada e verifica-se nos prazos fixados no artigo anterior, os quais se aumentam de um terço, se o condenado é reincidente"). Essa influência opera de duas formas: (a) interrupção do prazo da PPE (CP, art. 117, VI) e (b) pelo aumento do prazo da PPE em 1/3 (CP, art. 110).

[18] Prova objetiva do concurso para o cargo de defensor público da União (DPU), realizada em 2007.

[19] **Enunciado n.º 118 do FONAJE**: "Somente a reincidência específica autoriza a exasperação da pena de que trata o parágrafo quarto do artigo 28 da Lei nº 11.343/2006".

> **STJ, Súmula n.º 220**: "A reincidência não influi no prazo da prescrição da pretensão punitiva".

A reincidência possui **múltiplos efeitos**, gerando diversas consequências penais. Observe o **quadro estratégico** abaixo:

Reincidência (efeitos)	**Dosimetria da pena**	1) circunstância legal agravante (CP, art. 61, I); 2) circunstância preponderante no concurso de agravantes (CP, art. 67).
	Substituição da pena	3) em regra, impede a substituição da pena privativa de liberdade por restritiva de direitos (CP, art. 44, II); 4) impede a substituição da pena privativa de liberdade por pena de multa (CP, art. 60, §2º)
	Regime inicial da pena	5) se a pena for de reclusão, o regime inicial será fechado (CP, art. 33, §2º).
	Benefícios penais (impactos)	6) impede a concessão do *sursis* quando o condenado for reincidente em crime doloso (CP, art. 77, I); 7) aumenta o prazo de cumprimento da pena para obtenção do livramento condicional (CP, art. 83, II); 8) impede o livramento condicional na hipótese de reincidência específica em crime hediondo e equiparados; 9) revogação do *sursis* (CP, art. 81, I e §1º); 10) revogação do livramento condicional (CP, arts. 86 e 87); 11) revoga a reabilitação quando o agente for condenado a pena que não seja de multa (CP, art. 95).
	Prescrição da pretensão executória (PPE)	12) interrompe o prazo da PPE (CP, art. 117, VI); 13) aumenta o prazo da PPE em 1/3 (CP, art. 110).
	Causas de aumento e diminuição de pena	14) impede a aplicação de causas de diminuição de pena em relação a alguns crimes contra o patrimônio (CP, arts. 155, §2º e 171, §1º).
	Prisão preventiva	15) autoriza a prisão preventiva nos crimes com pena não superior a 04 anos (CPP, art. 313).

Multirreincidência: ocorre quando o agente, ao praticar novo delito, possui *múltiplas condenações* anteriores com trânsito em julgado, sem que haja o decurso do período depurador de 05 anos. Nesses casos, para fins de aplicação da pena, uma condenação é valorada como reincidência (CP, art. 63) e as demais como maus antecedentes (CP, art. 59).

Segundo o STJ, a multirreincidência, em regra: afasta a aplicação do princípio da insignificância[20], impede a compensação integral com a atenuante da confissão[21], justifica a prisão cautelar[22], constitui fundamento idôneo para recrudescer o regime prisional inicial[23], não gera *bis in idem* quando uma das condenações é valorada como reincidência na segunda fase de aplicação da pena e as demais como maus antecedentes na primeira fase[24].

> **STJ - Jurisprudência em Teses - ED 29 - Tese 10**: "Nos casos em que há múltipla reincidência, é inviável a compensação integral entre a reincidência e a confissão".
>
> **STJ – Jurisprudência em Teses - ED 26 - Tese 12**: "Havendo diversas condenações anteriores com trânsito em julgado, não há bis in idem se uma for considerada como maus antecedentes e a outra como reincidência".

Finalizando o ponto, lembramos que, no exame de multirreincidência, o decurso do período depurador deve ser verificado em relação a cada uma das condenações com trânsito em julgado, consideradas isoladamente.

3.5. Atenuantes em geral

As circunstâncias legais atenuantes são previstas nos arts. 65 e 66 do CP em **rol exemplificativo**. O art. 66 do CP prevê a chamada *atenuante inominada* – a ser estudada mais à frente –, que permite ao juiz reduzir a pena por circunstância relevante, anterior ou posterior ao crime, embora não prevista expressamente em lei. Não há violação ao princípio da legalidade (norma de proteção), pois a medida de abertura é estabelecida em favor do réu.

---

[20] STJ, AgRg no AREsp 1899820/MG, 5ª Turma, Rel. Min. Reynaldo Soares da Fonseca, DJe 12/11/2021.
[21] STJ, AgRg no HC 671.453/SC, 5ª Turma, Rel. Min. Reynaldo Soares da Fonseca, DJe 10/08/2021.
[22] STJ, AgRg no RHC 144.832/MG, 5ª Turma, Rel. Min. Ribeiro Dantas, DJe 13/05/2021.
[23] STJ, AgRg no HC 661.870/SC, 5ª Turma, Rel. Min. João Otávio de Noronha, DJe 06/08/2021.
[24] STJ, AgRg no HC 697.801/SP, 5ª Turma, Rel. Min. Reynaldo Soares da Fonseca, DJe 25/10/2021.

O CESPE-UNB/CEBRASPE considerou **incorreta** assertiva de que em atendimento ao princípio da legalidade, não é possível a aplicação de circunstância atenuante que não esteja expressamente tipificada no CP[25].

As atenuantes incidem na segunda fase de aplicação da pena, lembrando que, à semelhança do que que ocorre com as agravantes, o legislador não prevê um *quantum* ou fração específica de diminuição da pena.

I – ser o agente menor de 21 anos, na data do fato, ou maior de 70 anos, na data da sentença

A menoridade relativa (menor de 21 anos) é a atenuante mais importante (circunstância preponderante). O dispositivo também prevê a redução da pena quando o agente for maior de 70 anos na data da sentença.

> **STJ, Súmula n.º 74**: "Para efeitos penais, o reconhecimento da menoridade do réu requer prova por documento hábil".

Cuidado! O STJ tem decidido que a atenuante da senilidade só será aplicada ao agente que contar com 70 anos na data da **sentença condenatória**, e não na data da confirmação em grau de recurso (STJ, AgRg no AREsp 1380448/RS, 6ª Turma, Rel. Min. Nefi Cordeiro, DJe 21/05/2019).

Conforme veremos no capítulo sobre **prescrição**, sendo o agente menor de 21 anos na data do fato ou maior de 70 na data da sentença, ainda há outro benefício: o prazo prescricional é reduzido pela metade (CP, art. 115).

II - o desconhecimento da lei;

O desconhecimento da lei (que não se confunde com o erro de proibição) é inescusável (CP, art. 21), mas é previsto como circunstância atenuante (CP, art. 65, II). Ninguém se escusa de cumprir a lei, alegando que não a conhece (LINDB, art. 3º). Em relação às contravenções penais, o erro sobre a compreensão da lei, se invencível, gera perdão judicial (CP, art. 8º).

---

[25] Prova objetiva do concurso para o cargo de Juiz de Direito (TJDFT), realizada em 2014.

Na doutrina, Paulo Queiroz diferencia o desconhecimento da lei do erro de proibição. Vale conferir a reflexão:

> "O conhecimento da lei é obtido por meio de informações (meios de comunicação, família, escola etc.) sobre a existência formal e principais proibições que a lei encerra. Já o conhecimento da proibição do fato é adquirido por meio dos processos de socialização e inserção do indivíduo numa determinada tradição moral, religiosa, jurídica etc., quando são internalizados certos mandamentos, como os de não matar, não roubar etc.".[26]

Quando a situação concreta do agente evoluir para erro de proibição (erro sobre a ilicitude do fato), não incidirá a atenuante em estudo, mas outra situação mais benéfica: poderá haver a exclusão da culpabilidade (erro de proibição inevitável ou escusável) ou a incidência de causa de diminuição de pena de 1/6 a 1/3 (erro de proibição evitável ou inescusável), de acordo com a espécie de erro, nos termos do art. 21 do CP, segunda parte.

Para maiores detalhes sobre o erro de proibição, para evitar repetições desnecessárias, confira o que dissemos no Capítulo 13.

III – a) ter o agente cometido o crime por motivo de relevante valor social ou moral;

O motivo de relevante valor *social* ou *moral*, embora não exclua o crime, atenua a pena. Esses são motivos "nobres" que, apesar de não excluírem o caráter delituoso da conduta, apresentam menor reprovabilidade, sendo o agente beneficiado com a redução da pena (CP, art. 65, III, *a*).

Valor social representa o interesse público ou coletivo que transcende aos interesses individuais do autor da conduta. Ex: defesa da vida do Presidente da República, tutela do patrimônio público etc. **Valor moral** diz respeito ao interesse subjetivo do agente, de acordo com postulados éticos, conceitos morais e dignidade das razões. Ex: homicídio do estuprador da filha.

A atenuante do art. 65, III, *a*, do CP somente incide quando não houver previsão de causa de diminuição de pena. Ex: homicídio e lesões corporais praticados por relevante valor moral (CP, arts. 121, §1º e 129, §4º).

[26] QUEIROZ, Paulo. *Direito Penal. Vol. 1. Parte Geral*. 14. ed. Salvador: *Juspodivm*, 2020, p. 277-280.

III – b) ter o agente procurado, por sua espontânea vontade e com eficiência, logo após o crime, evitar-lhe ou minorar-lhe as consequências, ou ter, antes do julgamento, reparado o dano;

Trata-se do "arrependimento-atenuante", que não se confunde com o arrependimento eficaz (CP, art. 15), que exclui a tipicidade, e nem com o arrependimento posterior (CP, art. 16), que é causa de diminuição de pena.

No arrependimento-atenuante (CP, art. 65, III, *b*), após a consumação do delito, o agente tenta reduzir as consequências do ilícito. A atenuante é compatível com os crimes cometidos com violência ou grave ameaça à pessoa.

A *reparação do dano* referida na parte final do dispositivo deve ocorrer até a sentença de primeiro grau. Além disso, nessa hipótese, a atenuante em estudo somente se aplica quando não caracterizar hipótese de extinção da punibilidade ou causa de redução da pena. Exemplos: no peculato culposo, a reparação do dano até a sentença isenta o agente de pena (CP, art. 312, §3º); o pagamento de cheques sem fundos antes do recebimento da denúncia extingue a punibilidade quanto ao delito do art. 171, VI, do CP (STF, Súmula n.º 554[27]).

III – c) ter o agente cometido o crime sob coação a que podia resistir, ou em cumprimento de ordem de autoridade superior, ou sob a influência de violenta emoção, provocada por ato injusto da vítima;

Na primeira parte do dispositivo, temos o outro lado da moeda na situação do agente que coage moralmente outrem à prática do ilícito. O agente *coator* terá a pena agravada (CP, art. 62, II); o agente *coagido*, quando a coação for resistível, será beneficiado com a atenuante (CP, art. 65, III, *c*)

Continuando, a obediência hierárquica, quando não exclui a culpabilidade por inexigibilidade de conduta diversa (ordem manifestamente *ilegal*), funciona como circunstância atenuante da pena para o *subordinado*.

A influência de violenta emoção, provocada por ato injusto da vítima, embora em regra não exclua a responsabilidade penal[28], atenua a pena. Nos crimes de homicídio privilegiado e lesões corporais privilegiadas (CP, arts. 121,

[27] A orientação, acolhida pelo Pretório Excelso, decorre da interpretação da **Súmula n.º 554 do STF**: "O pagamento de cheque emitido sem provisão de fundos, após o recebimento da denúncia, não obsta ao prosseguimento da ação penal".

[28] Quando caracterizada a legítima defesa, a responsabilidade penal será excluída.

§1º e 129, §4º), o legislador exigiu o que o agente tenha agido sob o *domínio* de violenta emoção (causa de diminuição da pena), e não sob mera influência.

III – d) ter o agente confessado espontaneamente, perante a autoridade, a autoria do crime;

Confissão é o ato pelo qual o agente reconhece a autoria ou participação *stricto sensu* na infração penal que lhe é atribuída.

Quando o agente confessar o crime, terá direito à redução da pena pela atenuante da confissão (CP, art. 65, III, *d*). No processo penal, a confissão é um meio de prova (CPP, art. 197) e, seja ela judicial ou extrajudicial, sempre que for utilizada para motivar a condenação, o agente terá direito à redução da pena.

> **STJ, Súmula n.º 545**: "Quando a confissão for utilizada para a formação do convencimento do julgador, o réu fará jus à atenuante prevista no art. 65, III, *d*, do Código Penal".
>
> **Confissão informal extrajudicial**: segundo o STJ, se a confissão informal do agente aos policiais, no momento da prisão em flagrante, foi utilizada como fundamento para a condenação, é devida a incidência da respectiva atenuante, sendo aplicável a Súmula n. 545 do STJ (STJ, AgRg no REsp 1827438/MG, 6ª Turma, Rel. Min. Laurita Vaz, Sexta Turma, DJe 01/10/2019). Segundo o STJ, a confissão espontânea extrajudicial (ex: realizada em Delegacia) pode servir como circunstância atenuante, ainda que o réu se retrate sobre sua declaração em juízo (STJ, AgRg no HC 557.946/SP, 5ª Turma, Rel. Min. Reynaldo Soares DJe 09/03/2020).

O STJ possui diversas orientações importantes relacionadas à confissão (CP, art. 65, III, *d*; CPP, art. 197). O leitor deve ficar atento.

> **STJ, Súmula n.º 630**: "A incidência da atenuante da confissão espontânea no crime de tráfico ilícito de entorpecentes exige o reconhecimento da traficância pelo acusado, não bastando a mera admissão da posse ou propriedade para uso próprio".
>
> **STF, Tema 158 (repercussão geral)**: "Circunstância atenuante genérica não pode conduzir à redução da pena abaixo do mínimo legal" (STF, RE 597270 QO-RG, Pleno, Rel. Min. Cezar Peluso, DJe-104 05/06/2009).

> **STJ, Tema Repetitivo 585**: "É possível, na segunda fase da dosimetria da pena, a compensação da atenuante da confissão espontânea com a agravante da reincidência" (STJ, REsp 1341370/MT, 3ª Seção, Rel. Min. Sebastião Reis Júnior, DJe 17/04/2013).
>
> **STJ - Jurisprudência em Teses - ED 29 - Tese 04**: "Incide a atenuante prevista no art. 65, inciso III, *d*, do CP na chamada confissão qualificada, hipótese em que o autor confessa a autoria do crime, embora alegando causa excludente de ilicitude ou culpabilidade".

O CESPE-UNB/CEBRASPE considerou **correta** a assertiva de que a confissão não pode ser considerada pelo juiz como circunstância atenuante se sua consideração ensejar fixação da pena abaixo do mínimo legal[29].

III – e) ter o agente cometido o crime sob a influência de multidão em tumulto, se não o provocou.

Nessa hipótese, a conduta do agente é influenciada por multidão em tumulto. Ex: pancadaria entre torcidas em estádio de futebol. Se o agente não provocou o tumulto, terá direito à redução da pena pela atenuante em questão.

3.6. Atenuante inominada (CP, art. 66)

Como dissemos anteriormente, o rol de **atenuantes** previsto pelo legislador é exemplificativo. O réu poderá ter a pena atenuada em razão de circunstância relevante, ainda que não expressamente prevista em lei.

O art. 66 do CP prevê o seguinte:

> "Art. 66 - A pena poderá ser ainda atenuada em razão de circunstância relevante, anterior ou posterior ao crime, embora não prevista expressamente em lei".

Trata-se da chamada "**atenuante inominada**". Admite-se a incidência de outras circunstâncias, não enumeradas em lei, com efeito redutor da pena em

[29] Prova objetiva do concurso para o cargo de Juiz de Direito (TJRN), realizada em 2013.

favor do réu, sejam anteriores ou posteriores ao crime. A questão é submetida à avaliação do juiz, com base na *cláusula de abertura* do art. 65 do CP.

Atenção! Essa "abertura" somente existe em relação às atenuantes, sendo estabelecida em favor do réu. Não alcança as agravantes.

4. CAUSAS DE AUMENTO E DE DIMINUIÇÃO DE PENA

As causas de aumento e de diminuição de pena são fatores de aumento ou redução da pena em um *quantum* previamente fixado pelo legislador. Normalmente são fixadas sob a forma de uma fração. Ex: 1/3, 1/6 etc.

Na doutrina, também são chamadas de **majorantes** ou **minorantes**. Em relação à Parte Geral do Código Penal, podemos lembrar: (a) tentativa (CP, art. 14, parágrafo único), embriaguez acidental parcial (CP, art. 28, §2º), concurso formal perfeito (CP, art. 70) e crime continuado (CP, art. 71).

5. DOSIMETRIA DA PENA

5.1. Considerações iniciais

A partir de agora, veremos a dinâmica de aplicação da pena. O Código Penal adotou o **sistema trifásico**, preconizado por Nelson Hungria. Na primeira fase, são analisadas as circunstâncias judiciais (CP, art. 59); na segunda fase, são examinadas as circunstâncias legais agravantes e atenuantes (CP, arts. 61 a 64) e, por fim, na terceira fase, as causas de aumento e de diminuição de pena.

Para uma melhor visualização, confira o **esquema estratégico** abaixo:

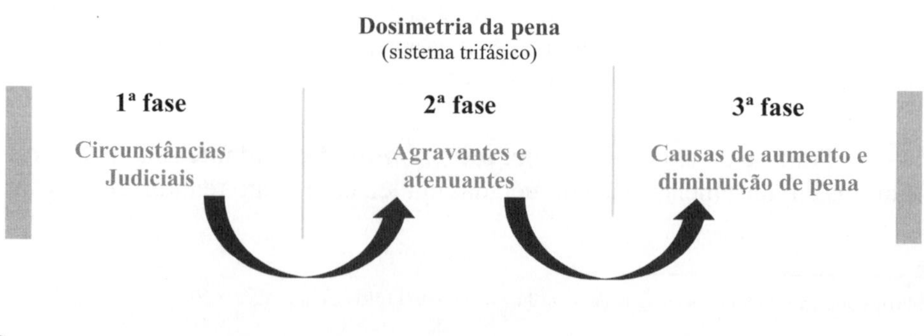

Atenção! No contexto do sistema trifásico, nas duas primeiras fases, a pena não poderá ultrapassar os limites mínimo e máximo.

> **STJ, Súmula n.º 231**: "A incidência da circunstância atenuante não pode conduzir à redução da pena abaixo do mínimo legal".

Antes de iniciar a operação de dosimetria da pena, o juiz deverá analisar se há ou não a incidência de **qualificadoras**, que, conforme já visto na teoria do crime, alteram os limites abstratos da pena.

Ainda há outras diretrizes fundamentais de caráter pragmático:

(1) as circunstâncias judiciais têm **caráter residual**: os elementos fáticos somente poderão ser valorados como circunstâncias judiciais (CP, art. 59) na dosimetria da pena quando não capitulados previamente (*ex ante*) pelo legislador como elementares do tipo, qualificadoras, agravantes, atenuantes, causas de aumento ou diminuição de pena (*v.g.*, concurso formal perfeito);

(2) não é possível a compensação entre elementos de fases distintas. Ex: circunstância judicial (primeira fase) e agravante (segunda fase);

> **STJ – Jurisprudência em Teses - ED 29 - Tese 02**: "Em observância ao critério trifásico da dosimetria da pena estabelecido no art. 68 do CP, não é possível a compensação entre institutos de fases distintas".

(3) o mesmo elemento fático já valorado não pode ser considerado novamente nas outras fases, devendo ser evitado o *bis in idem.*

5.2. Sistema trifásico e *ne bis in idem*

A atividade de dosimetria da pena é dirigida pelo **princípio do *ne bis in idem***: os elementos concretos valorados em cada uma das fases de aplicação da pena não poderão ser utilizados nas demais, sendo vedada a dupla valoração fática. Grave bem essa informação, pois ela é a raiz para a resolução de uma série de pontos importantes. Ex: uma mesma condenação não pode ser considerada, ao mesmo tempo, maus antecedentes e reincidência.

> **STJ, Súmula n.º 241**: "A reincidência penal não pode ser considerada como circunstância agravante e, simultaneamente, como circunstância judicial".
>
> **STJ – Jurisprudência em Teses - ED 26 - Tese 12**: "Havendo diversas condenações anteriores com trânsito em julgado, não há *bis in idem* se uma for considerada como maus antecedentes e a outra como reincidência".

O STJ tem entendido que os elementos inerentes ao próprio tipo penal não podem servir para o agravamento da pena, sob pena de *bis in idem* (STJ, HC 563.256/PB, 5ª Turma, Rel. Min. Ribeiro Dantas, DJe 26/03/2020). Ex: intenção de satisfazer a lascívia nos crimes sexuais[30].

O STJ também já decidiu que, no crime de redução à condição análoga à de escravo (CP, art. 149), o elevado número de vítimas não poderá ser considerado ao mesmo tempo para exasperação da pena-base e para o aumento de pena pelo concurso formal, sob pena de *bis in idem*[31] (**questão discursiva**[32]).

5.3. Primeira fase: pena-base

Na primeira fase de dosimetria da pena, são analisadas as **circunstâncias judiciais** (CP, art. 59), as quais podem ser valoradas de modo *positivo*, *negativo* ou *neutro*. Nessa etapa, é fixada a pena-base.

Na hipótese de **concurso de agentes**, a fundamentação poderá ser **conjunta**, desde que o princípio da individualização da pena seja respeitado. O leitor que se prepara para os concursos da magistratura deve ficar atento, pois o ponto é relevante para ganhar tempo e espaço na prova de sentença penal.

> **STJ – Jurisprudência em Teses - ED 26 - Tese 02**: "Não há ilegalidade na análise conjunta das circunstâncias judiciais comuns aos corréus, desde que seja feita de forma fundamentada e com base nas semelhanças existentes".

---

[30] STJ, HC 289.604/BA, 6ª Turma, Rel. Min. Antônio Saldanha Palheiro, DJe 19/12/2016.

[31] "[...] DOSIMETRIA. PENA-BASE. FUNDAMENTAÇÃO INIDÔNEA [...] Configura bis in idem se, na fixação da pena-base, foi utilizado o fato de serem 23 trabalhadores submetidos ao regime de escravidão - consequências do delito -, circunstância que levou, ainda, ao reconhecimento do concurso formal (cometimento de 23 crimes de redução à condição análoga à de escravo), com a majoração da sanção em 1/3" (STJ, AgRg no HC 406.479/RO, 6ª Turma, Rel. Min. Rogério Cruz, DJe 26/03/2018).

[32] Na prova discursiva do concurso para o cargo de Procurador da República (29-MPF), realizada pelo CESPE-UNB/CEBRASPE em 2018, foi formulada a seguinte **questão discursiva**: "Fundamente a possibilidade de exasperação da pena-base do crime de redução a condição análoga à de escravo em razão do elevado número de vítimas com o aumento de pena pelo concurso formal".

O CESPE-UNB/CEBRASPE considerou **correta** a assertiva de que é possível ao magistrado fixar a pena-base em conjunto para os corréus servidores públicos, na hipótese em que todos eles sejam funcionários da mesma entidade pública e as circunstâncias judiciais se mostram equivalentes, sem que isso importe em ofensa ao princípio constitucional da individualização da pena, segundo entendimento do STJ[33].

Outro ponto de relevância prática a ser lembrado é que as circunstâncias judiciais possuem *caráter residual*, devendo o leitor ficar atento.

> **Caráter residual das circunstâncias judiciais**: repetimos, aqui, o que dissemos linhas atrás: os elementos fáticos somente poderão ser valorados como circunstâncias judiciais (CP, art. 59) quando não capitulados previamente (*ex ante*) pelo legislador como elementares do tipo, qualificadoras, agravantes, atenuantes, causas de aumento ou diminuição de pena (*v.g.*, concurso formal perfeito). Assim, por exemplo, caso a quantidade de vítimas seja levada em consideração para caracterização do concurso formal de crimes, esse mesmo elemento fático não poderá ser valorado para fins de exasperação da pena-base. O ponto, inclusive, já foi cobrado na prova discursiva do concurso para o cargo de Procurador da República, conforme já apontado (**questão discursiva**[34]).
>
> **STJ - Jurisprudência em Teses - ED 134 - Tese 03**: "A condição de agente político (cargo de prefeito) é elementar do tipo penal descrito no *caput* do art. 89 da Lei n. 8.666/1993, não podendo, portanto, ser sopesada como circunstância judicial desfavorável".

Ainda no campo das circunstâncias judiciais, no passado, houve um debate sobre qual seria o documento hábil à comprovação dos maus antecedentes, se a certidão do trânsito em julgado ou a folha de antecedentes. No STJ, prevaleceu a orientação pela suficiência da folha de antecedentes.

> **STJ, Súmula n.º 636**: "A folha de antecedentes criminais é documento suficiente a comprovar os maus antecedentes e a reincidência".

[33] Prova objetiva do concurso para o cargo de Promotor de Justiça (MP-AC), realizada em 2014.

[34] Na prova discursiva do concurso para o cargo de Procurador da República (29-MPF), realizada pelo CESPE-UNB/CEBRASPE em 2018, foi formulada a seguinte **questão discursiva**: "Fundamente a possibilidade de exasperação da pena-base do crime de redução a condição análoga à de escravo em razão do elevado número de vítimas com o aumento de pena pelo concurso formal".

Continuando, o STJ tem decidido que os **atos infracionais** praticados por criança ou adolescente (ECA, art. 103) **não podem** ser utilizados para fins de **reincidência** ou **maus antecedentes**, por não serem considerados crimes.

> **STJ - Jurisprudência em Teses - ED 26 - Tese 06**: "Os atos infracionais não podem ser considerados maus antecedentes para a elevação da pena-base, tampouco para a reincidência".
>
> **STJ - Jurisprudência em Teses - ED 26 - Tese 07**: "Os atos infracionais podem ser valorados negativamente na circunstância judicial referente à personalidade do agente" (**possível superação**).
>
> **FONAJUC, Enunciado n.º 33:** "Os atos infracionais poderão ser valorados na fixação da pena-base, quando da análise das circunstâncias judiciais (art. 59 CP)".

Recentemente, há precedentes da 5ª e 6ª Turmas do STJ no sentido de que não é possível o aumento da pena-base pela prática de ato infracional anterior para sopesar na análise da **personalidade** do sentenciado (STJ, AgRg no HC 589.121/SP, 5ª Turma, Rel. Min. Ribeiro Dantas, DJe 26/02/2021; STJ, AgRg no HC 647.525/SP, 6ª Turma, Rel. p/ ac. Min. Laurita Vaz, DJe 25/05/2021)[35]. O leitor deve ficar atento, pois há oscilação jurisprudencial.

No plano da dinâmica de aplicação das circunstâncias judiciais, ainda existem outros **pontos jurisprudenciais específicos** que merecem atenção.

> **Reprovabilidade abstrata da conduta**: para o STJ, a gravidade em abstrato do delito não constitui fundamento idôneo para a exasperação da pena-base com fundamento na circunstância judicial da culpabilidade (STJ, AgRg no REsp 1695878/PE, 6ª Turma, Rel. Min. Sebastião Reis, DJe 04/09/2018).
>
> **Vício em drogas e conduta social negativa**: para o STF, o fato de o réu ser viciado em drogas não constitui critério idôneo para majoração da pena-base, não podendo o vício não pode ser valorado como conduta social negativa (STF, HC 98456, 2ª Turma, Rel. Min. Cezar Peluso, DJ 06/11/2009).

[35] "Não é possível o aumento da pena-base pela prática de ato infracional para sopesar na análise da personalidade do sentenciado. Isso porque, por não configurarem infrações penais, os atos infracionais registrados pelo sentenciado são inidôneos para subsidiar o aumento da sanção, seja a que título for: como maus antecedentes, personalidade desfavorável ou conduta social inadequada" (STJ, AgRg no HC 589.121/SP, 5ª Turma, Rel. Min. Ribeiro Dantas, DJe 26/02/2021).

> **STJ, Súmula n.º 444**: "É vedada a utilização de inquéritos policiais e ações penais em curso para agravar a pena-base".
>
> **STJ - Jurisprudência em Teses - ED 26 - Tese 04**: "A premeditação do crime evidencia maior culpabilidade do agente criminoso, autorizando a majoração da pena-base".
>
> **STJ – Jurisprudência em Teses - ED 26 - Tese 10**: "O registro decorrente da aceitação de transação penal pelo acusado não serve para o incremento da pena-base acima do mínimo legal em razão de maus antecedentes, tampouco para configurar a reincidência".
>
> **STJ – Jurisprudência em Teses - ED 26 - Tese 13**: "Para valoração da personalidade do agente é dispensável a existência de laudo técnico confeccionado por especialistas nos ramos da psiquiatria ou da psicologia".
>
> **STJ – Jurisprudência em Teses - ED 26 - Tese 14**: "O expressivo prejuízo causado à vítima justifica o aumento da pena-base, em razão das consequências do crime".
>
> **STJ – Jurisprudência em Teses - ED 26 - Tese 15**: "O comportamento da vítima em contribuir ou não para a prática do delito não acarreta o aumento da pena-base, pois a circunstância judicial é neutra e não pode ser utilizada em prejuízo do réu".

De acordo com o STJ, nos casos em que se aplica a Lei n. 13.654/2018 (altera o Código Penal), é possível a valoração do emprego de arma branca, no crime de roubo, como circunstância judicial desabonadora (STJ, HC 556.629-RJ, 5ª Turma, Rel. Min. Ribeiro Dantas, DJe 23/03/2020, Informativo n.º 668).

Além disso, para o STJ, ser **membro de poder** ou exercer **cargo de elevada envergadura** ou proeminência são circunstâncias que revelam maior reprovabilidade do comportamento, aptas a majorar a pena-base (STJ, AgRg no REsp 1412510/AC, 5ª Turma, Rel. Min. Ribeiro Dantas, DJe 25/04/2018)[36].

---

[36] [...] CORRUPÇÃO PASSIVA. PENA-BASE ACIMA DO MÍNIMO LEGAL. CULPABILIDADE VALORADA NEGATIVAMENTE. PROEMINÊNCIA E RELEVÂNCIA DO CARGO EXERCIDO [...] 1. A jurisprudência do STJ, no que se refere à culpabilidade, admite que o cargo ocupado pelo condenado é parâmetro idôneo para se aferir o referido vetor judicial [...] quanto mais proeminente e mais relevante o cargo exercido dentro da estrutura da Administração Pública, mais acentuado é o dever de probidade imposto ao servidor e maior é a reprovabilidade do crime praticado" (STJ, AgRg no REsp 1412510/AC, 5ª Turma, Rel. Min. Ribeiro Dantas, DJe 25/04/2018).

> **STJ - Jurisprudência em Teses - ED 57 - Tese 08**: "A prática de crime contra a Administração Pública por ocupantes de cargos de elevada responsabilidade ou por membros de poder justifica a majoração da pena-base".

O CESPE-UNB/CEBRASPE considerou **incorreta** a assertiva de que ser membro de poder ou exercer cargo de elevada envergadura são circunstâncias irrelevantes para a formulação da pena-base dos crimes contra a Administração Pública[37].

5.4. Segunda fase: pena intermediária ou provisória

Na segunda fase de dosimetria da pena, serão analisadas as circunstâncias legais **agravantes** e **atenuantes** (CP, arts. 61 a 64). Nessa etapa, a pena não pode ultrapassar os limites mínimo e máximo legais.

O juiz pode conhecer agravantes e atenuantes *ex officio*, embora nenhuma tenha sido alegada pelas partes (CPP, art. 385).

Na segunda fase, em primeiro lugar, deverão ser examinadas as circunstâncias agravantes. A verificação das atenuantes ocorre depois para que não haja prejuízo ao réu, já que, como nessa fase a pena não pode ficar abaixo do mínimo legal, caso a operação fosse iniciada pelas atenuantes – e não pelas agravantes –, o benefício redutor da pena poderia ser "anulado".

Nessa análise, o juiz também poderá efetuar a **compensação** entre algumas agravantes e atenuantes, o que tem sido admitido pelo STJ.

> **STJ, Tema Repetitivo 585**: "É possível, na segunda fase da dosimetria da pena, a compensação da atenuante da confissão espontânea com a agravante da reincidência" (STJ, REsp 1341370/MT, 3ª Seção, Rel. Min. Sebastião Reis Júnior, DJe 17/04/2013).
>
> **Multirreincidência e compensação**: a múltipla reincidência afasta a compensação *integral* entre a atenuante da confissão espontânea e a agravante da reincidência. Entretanto, é permitida a compensação *parcial* ou proporcional (STJ, AgRg no HC 671.453/SC, 5ª Turma, Rel. Min. Reynaldo Soares da Fonseca, DJe 10/08/2021; STJ, AgRg no HC 654.637/MS, 6ª Turma, Rel. Min. Rogerio Schietti Cruz, DJe 28/06/2021).

[37] Prova objetiva do concurso para o cargo de Delegado de Polícia (DPMA), realizada em 2018.

STJ - Jurisprudência em Teses - ED 29 - Tese 10: "Nos casos em que há múltipla reincidência, é inviável a compensação integral entre a reincidência e a confissão".

O CESPE-UNB/CEBRASPE considerou **incorreta** a assertiva de que é vedada a compensação da atenuante pela confissão espontânea com a agravante da reincidência, nos termos do entendimento sedimentado na jurisprudência dos tribunais superiores[38].

Agravantes. Como já visto, as agravantes somente poderão incidir quando não figurarem como elementares ou qualificadoras do crime (CP, art. 61, *caput*). Uma vez caracterizadas, sua aplicação é **obrigatória**. Recorde-se que, à exceção da reincidência, as demais agravantes somente podem incidir quando abrangidas pelo *dolo* do agente (consciência e vontade).

Na dinâmica de aplicação das circunstâncias legais agravantes, existem alguns **pontos específicos** que merecem atenção especial.

STJ, Súmula n.º 241: "A reincidência penal não pode ser considerada como circunstância agravante e, simultaneamente, como circunstância judicial".

STJ – Jurisprudência em Teses ED 29 - Tese 08: "A agravante da reincidência pode ser comprovada com a folha de antecedentes criminais, não sendo obrigatória a apresentação de certidão cartorária".

Atenuantes. Como dissemos, as atenuantes são examinadas após as agravantes e não poderão reduzir a pena abaixo do mínimo legal. Uma vez presente o suporte fático correspondente, a atenuante deverá ser aplicada **obrigatoriamente** pelo juiz para o efeito de diminuição da pena.

STJ, Súmula n.º 231: "A incidência da circunstância atenuante não pode conduzir à redução da pena abaixo do mínimo legal".

No plano da dinâmica de aplicação das circunstâncias atenuantes, existem alguns **pontos específicos** que merecem atenção especial.

---

[38] Prova objetiva do concurso para o cargo de Promotor de Justiça (MP-RO), realizada em 2010.

Confissão e prisão em flagrante: para o STJ, a prisão em flagrante, por si só, não impede o reconhecimento da atenuante da confissão e sua compensação com a reincidência (STJ, HC 509.589/SP, 5ª Turma, Rel. Min. Reynaldo Soares da Fonseca, DJe 17/02/2020; STJ, AgRg no AREsp 1852136/SP, 6ª Turma, Rel. Min. Laurita Vaz, DJe 21/06/2021).

STJ, Súmula n.º 630: "A incidência da atenuante da confissão espontânea no crime de tráfico ilícito de entorpecentes exige o reconhecimento da traficância pelo acusado, não bastando a mera admissão da posse ou propriedade para uso próprio".

STJ, Súmula n.º 545: "Quando a confissão for utilizada para a formação do convencimento do julgador, o réu fará jus à atenuante prevista no art. 65, III, *d*, do Código Penal".

STJ, Súmula n.º 231: "A incidência da circunstância atenuante não pode conduzir à redução da pena abaixo do mínimo legal".

STF, Tema 158 (repercussão geral): "Circunstância atenuante genérica não pode conduzir à redução da pena abaixo do mínimo legal" (STF, RE 597270 QO-RG, Pleno, Rel. Min. Cezar Peluso, DJe-104 05/06/2009).

STJ - Jurisprudência em Teses - ED 29 - Tese 04: "Incide a atenuante prevista no art. 65, inciso III, *d*, do CP na chamada confissão qualificada, hipótese em que o autor confessa a autoria do crime, embora alegando causa excludente de ilicitude ou culpabilidade".

Confissão informal extrajudicial: segundo o STJ, se a confissão informal do agente aos policiais, no momento da prisão em flagrante, foi utilizada como fundamento para a condenação, é devida a incidência da respectiva atenuante, sendo aplicável a Súmula n. 545 do STJ (STJ, AgRg no REsp 1827438/MG, 6ª Turma, Rel. Min. Laurita Vaz, DJe 01/10/2019).

O CESPE-UNB/CEBRASPE considerou **correta** a assertiva de que a confissão não pode ser considerada pelo juiz como circunstância atenuante se sua consideração ensejar fixação da pena abaixo do mínimo legal[39].

De acordo com o STJ, a confissão espontânea do réu sempre atenua a pena, na segunda fase da dosimetria, ainda que tenha sido parcial, qualificada ou retratada em juízo, se utilizada para fundamentar a condenação (STJ, AgRg no HC 651.841/SC, 5ª Turma, Rel. Min. Ribeiro Dantas, DJe 06/04/2021).

[39] Prova objetiva do concurso para o cargo de Juiz de Direito (TJRN), realizada em 2013.

5.5. Terceira fase: pena definitiva

Na terceira fase, deverão ser analisadas as **causas de aumento e de diminuição de pena**, também chamadas de majorantes ou minorantes, lembrando que uma de suas características fundamentais é que o *quantum* de aumento ou diminuição da pena é previamente fixado em lei (ex: 1/3, 2/3 etc.).

Ao justificar o aumento da pena, o juiz deve apresentar motivação concreta, não sendo suficiente a mera indicação do número de majorantes.

> **STJ, Súmula n.º 443**: "O aumento na terceira fase de aplicação da pena no crime de roubo circunstanciado exige fundamentação concreta, não sendo suficiente para a sua exasperação a mera indicação do número de majorantes".

Para o STJ, no concurso formal ou crime continuado, a exasperação da pena será determinada, basicamente, pelo número de infrações (STJ, AgRg no REsp 1902209/PR, 6ª Turma, Rel. Min. Laurita Vaz, DJe 03/08/2021).

> **STJ - Jurisprudência em Teses - ED 23 - Tese 04**: "O aumento decorrente do concurso formal deve se dar de acordo com o número de infrações".
>
> **STJ - Jurisprudência em Teses - ED 20 - Tese 08**: "Na continuidade delitiva prevista no caput do art. 71 do CP, o aumento se faz em razão do número de infrações praticadas e de acordo com a seguinte correlação: 1/6 para duas infrações; 1/5 para três; 1/4 para quatro; 1/3 para cinco; 1/2 para seis; 2/3 para sete ou mais ilícitos".

Cuidado! No concurso de crimes, a pena de multa será aplicada distinta e integralmente, inclusive no concurso formal e crime continuado (CP, art. 72).

Na dinâmica da terceira fase de aplicação da pena, alguns **pontos específicos** na jurisprudência merecem atenção especial.

> **STJ, Súmula n.º 511**: "É possível o reconhecimento do privilégio previsto no § 2º do art. 155 do CP nos casos de crime de furto qualificado, se estiverem presentes a primariedade do agente, o pequeno valor da coisa e a qualificadora for de ordem objetiva".

STJ, Súmula n.º 442: "É inadmissível aplicar, no furto qualificado, pelo concurso de agentes, a majorante do roubo".

STJ, Súmula n.º 174: "No crime de roubo, a intimidação feita com arma de brinquedo autoriza o aumento da pena" (**cancelada**[40]).

STJ, Súmula n.º 24: "Aplica-se ao crime de estelionato, em que figure como vítima entidade autárquica da previdência social, a qualificadora do § 3º do art. 171 do Código Penal".

Em relação ao **tráfico de drogas**, a aplicação da pena possui alguns detalhes e entendimentos jurisprudenciais relevantes.

A principal particularidade na operação de dosimetria da pena é estabelecida no art. 42 da Lei n. 11.343/2006. Confira:

> "Art. 42. O juiz, na fixação das penas, considerará, com preponderância sobre o previsto no art. 59 do Código Penal, a natureza e a quantidade da substância ou do produto, a personalidade e a conduta social do agente".

Também são previstas causas *especiais* de aumento e de diminuição de pena no art. 40, I a VII, da Lei n.º 11.343/2006:

> "Art. 40. As penas previstas nos arts. 33 a 37 desta Lei são aumentadas de um sexto a dois terços, se:
> I - a natureza, a procedência da substância ou do produto apreendido e as circunstâncias do fato evidenciarem a transnacionalidade do delito;
> II - o agente praticar o crime prevalecendo-se de função pública ou no desempenho de missão de educação, poder familiar, guarda ou vigilância;
> III - a infração tiver sido cometida nas dependências ou imediações de estabelecimentos prisionais, de ensino ou hospitalares, de sedes de entidades estudantis, sociais, culturais, recreativas, esportivas, ou beneficentes, de locais de trabalho coletivo, de recintos onde se realizem espetáculos ou diversões de qualquer natureza, de serviços de tratamento de dependentes de drogas ou de reinserção

[40] A Súmula n.º 174 do STJ, DJ 31/10/1996, foi cancelada pelo STJ no RESP 213.054-SP, na sessão de 24/10/2001. Atualmente, prevalece que se a violência ou ameaça no crime de roubo é exercida com arma de brinquedo, não incide a causa de aumento prevista no art. 157, §2º-A, I, do CP.

> social, de unidades militares ou policiais ou em transportes públicos;
> IV - o crime tiver sido praticado com violência, grave ameaça, emprego de arma de fogo, ou qualquer processo de intimidação difusa ou coletiva;
> V - caracterizado o tráfico entre Estados da Federação ou entre estes e o Distrito Federal;
> VI - sua prática envolver ou visar a atingir criança ou adolescente ou a quem tenha, por qualquer motivo, diminuída ou suprimida a capacidade de entendimento e determinação;
> VII - o agente financiar ou custear a prática do crime".

No HC 118.533, o STF entendeu que o **tráfico privilegiado** (art. 33, §4º, da Lei 11.343/2006), não deve ser considerado crime de natureza hedionda (STF, HC 118533, Pleno, Rel. Min. Carmen Lúcia, DJ 19/09/2016). Com isso, houve o **cancelamento da Súmula n.º 512 do STJ**. [41]

> **STJ, Tema Repetitivo 600**: "O tráfico ilícito de drogas na sua forma privilegiada (art. 33, § 4º, da Lei n. 11.343/2006) não é crime equiparado a hediondo" (STJ, REsp 1329088/RS, 3ª Seção, Rel. Min. Sebastião Reis Júnior, DJe 26/04/2013).

O leitor que se prepara para concursos públicos deve ficar à aplicação da pena na Lei de Drogas, pois existem diversas orientações jurisprudenciais[42].

> **STJ, Súmula n.º 607**: "A majorante do tráfico transnacional de drogas (art. 40, I, da Lei n. 11.343/2006) configura-se com a prova da destinação internacional das drogas, ainda que não consumada a transposição de fronteiras".
>
> **STJ, Súmula n.º 587**: "Para a incidência da majorante prevista no art. 40, V, da Lei n. 11.343/2006, é desnecessária a efetiva transposição de fronteiras entre estados da Federação, sendo suficiente a demonstração inequívoca da intenção de realizar o tráfico interestadual".

[41] STJ, Súmula n.º 512 (cancelada): "A aplicação da causa de diminuição de pena prevista no art. 33, § 4º, da Lei n. 11.343/2006 não afasta a hediondez do crime de tráfico de drogas".

[42] **TRF4, Súmula n.º 126**: "Não configura bis in idem a aplicação, ao tráfico transnacional de drogas, da causa de aumento relativa à transnacionalidade, prevista no artigo 40, inciso I, da Lei nº 11.343/06".

STF, Tema 712 (repercussão geral): "As circunstâncias da natureza e da quantidade da droga apreendida devem ser levadas em consideração apenas em uma das fases do cálculo da pena" (STF, ARE 666334 RG, Pleno, Rel. Min. Gilmar Mendes, DJe-084 06/05/2014).

STF, Tema 169 (repercussão geral): "I – É inadmissível a aplicação da causa de diminuição prevista no art. 33, § 4º, da Lei 11.343/2006 à pena relativa à condenação por crime cometido na vigência da Lei 6.368/1976; II – Não é possível a conjugação de partes mais benéficas das referidas normas, para criar-se uma terceira lei, sob pena de violação aos princípios da legalidade e da separação de Poderes; III – O juiz, contudo, deverá, no caso concreto, avaliar qual das mencionadas leis é mais favorável ao réu e aplicá-la em sua integralidade" (STF, RE 600817, Pleno, Rel. Min. Ricardo Lewandowski, DJe-213 30/10/2014).

STJ - Jurisprudência em Teses - ED 131 - Tese 25: "Diante da ausência de parâmetros legais, é possível que a fração de redução da causa de diminuição de pena estabelecida no art. 33, § 4º, da Lei n. 11.343/2006 seja modulada em razão da qualidade e da quantidade de droga apreendida, além das demais circunstâncias do delito".

STJ - Jurisprudência em Teses - ED 131 - Tese 48: "A utilização da reincidência como agravante genérica é circunstância que afasta a causa especial de diminuição da pena do crime de tráfico, e não caracteriza bis in idem".

FONAJUC, Enunciado n.º 32: "Havendo registro de ato infracional praticado pelo réu, a redução prevista no artigo 33, § 4º, da Lei 11.343/06 poderá ser afastada".

Encerrando o ponto, registre-se que, segundo o STF, para a incidência da causa de diminuição de pena prevista no art. 33, § 4º, da Lei 11.343/2006, a habitualidade e o pertencimento a organizações criminosas deverão ser comprovados, afastada a simples presunção. Se não houver prova nesse sentido, o condenado fará jus à redução da pena (STF, HC 152001 AgR/MT, 2ª Turma, Red. p/ ac. Min. Gilmar Mendes, j. 29/10/2019, Informativo n.º 958).

6. CONCURSO DE CAUSAS MODIFICADORAS DA PENA

Na aplicação da pena, pode ocorrer que haja o concurso entre diversas causas legais modificadoras da pena. Mas como administrá-las na prática?

Concurso entre agravantes e atenuantes: devem prevalecer as circunstâncias preponderantes, que resultam dos motivos determinantes do crime, da personalidade do agente e da reincidência. Abaixo dessas, vêm as demais circunstâncias subjetivas e, por último, as de natureza objetiva, sem prejuízo da possibilidade de compensação quando cabível.

O art. 67 do CP assim dispõe:

> "Art. 67. No concurso de agravantes e atenuantes, a pena deve aproximar-se do limite indicado pelas circunstâncias preponderantes, entendendo-se como tais as que resultam dos motivos determinantes do crime, da personalidade do agente e da reincidência".

Concurso entre causas de aumento e diminuição de pena: em regra, todas devem ser aplicadas *sucessivamente* e em *efeito cascata*, salvo na hipótese de concurso entre causas previstas na *Parte Especial* do Código Penal, quando o juiz poderá se limitar a um só aumento ou diminuição da pena. O leitor deve ficar atento ao ponto (**questão oral**)[43].

O art. 68, parágrafo único, do CP assim dispõe:

> "Art. 68 [...]
> Parágrafo único - No concurso de causas de aumento ou de diminuição previstas na parte especial, pode o juiz limitar-se a um só aumento ou a uma só diminuição, prevalecendo, todavia, a causa que mais aumente ou diminua".

Veja o que diz Cezar Roberto Bitencourt sobre esse ponto:

> "Pena definitiva [...] se houver mais de uma majorante ou mais de uma minorante, as majorações e as diminuições serão realizadas em forma de cascata, isto é, incidirão umas sobre as outras, sucessivamente. Primeiro se aplicam as causas de aumento, depois as de diminuição. Concorrendo mais de uma causa de aumento ou de diminuição 'previstas na parte especial, pode o juiz

[43] Na prova oral do concurso para o cargo de Juiz de Direito (TJCE), realizada pelo CESPE-UNB/CEBRASPE em 2019, foi formulada a seguinte **questão oral**: "Discorra, fundamentadamente, sobre como o magistrado deve proceder ao cálculo da pena nas seguintes hipóteses: 1 concurso de duas causas genéricas de aumento de pena; 2 concurso de uma causa de aumento de pena e uma causa de diminuição de pena, ambas gerais; 3 concurso de causas específicas de aumento de pena; 4 concurso de uma causa de aumento de pena e uma causa de diminuição de pena, ambas específicas; 5 concurso de causas genéricas e específicas de aumento de pena; 6 concurso de causas genéricas e específicas de diminuição de pena".

> limitar-se a um só aumento ou a uma só diminuição, prevalecendo, todavia, a causa que mais aumente ou diminua' (art. 68, parágrafo único). Essa possibilidade destina-se exclusivamente às majorantes e minorantes previstas na Parte Especial do Código. Já as localizadas na Parte Geral deverão operar todas, incidindo uma sobre as outras, sem exceção"[44].

Atenção! De acordo com o STJ, **não é possível a compensação entre causas de aumento e de diminuição de pena**, que devem ser aplicadas de forma individualizada e sucessiva (STJ, HC 367.894/SP, 5ª Turma, Rel. Min. Reynaldo Soares, DJe 21/02/2017).

O CESPE-UNB/CEBRASPE considerou **incorreta** a assertiva de que para a aplicação da pena, é perfeitamente admissível a compensação entre a causa de aumento e a causa de diminuição da pena, desde que as respectivas frações sejam idênticas[45].

Concurso entre qualificadoras: havendo duas ou mais qualificadoras, uma qualifica o crime e a outra funciona como agravante se assim prevista em lei. Não sendo prevista como agravante, será considerada circunstância judicial. O leitor deve ficar atento ao princípio da legalidade no rol das agravantes.

> **STJ – Jurisprudência em Teses - ED 29 - Tese 07**: "Diante do reconhecimento de mais de uma qualificadora, somente uma enseja o tipo qualificado, enquanto as outras devem ser consideradas circunstâncias agravantes, na hipótese de previsão legal, ou, de forma residual, como circunstância judicial do art. 59 do Código Penal".

Com isso, encerramos o estudo da aplicação das penas privativas de liberdade em seus aspectos mais relevantes.

7. PENA DE MULTA

A dosimetria da pena de multa segue as diretrizes do critério trifásico com alguns acréscimos para se ajustar à situação econômica do réu.

---

[44] BITENCOURT, Cezar Roberto. *Tratado de Direito Penal*. Vol. I. Parte Geral. 11ª Ed. São Paulo: Saraiva, 2007, p. 590.

[45] Prova objetiva do concurso para o cargo de Juiz Federal Substituto (TRF1), realizada em 2013.

Os arts. 49 e 60 do CP assim dispõem:

> "Art. 49 - A pena de multa consiste no pagamento ao fundo penitenciário da quantia fixada na sentença e calculada em **dias-multa. Será, no mínimo, de 10 (dez) e, no máximo, de 360 (trezentos e sessenta)** dias-multa.
> § 1º - O valor do dia-multa será fixado pelo juiz **não podendo ser inferior a um trigésimo** do maior salário mínimo mensal vigente ao tempo do fato, **nem superior a 5 (cinco) vezes esse salário**.
> [...]
> "Art. 60 - Na fixação da pena de multa o juiz deve atender, principalmente, à situação econômica do réu.
> § 1º - A multa pode ser **aumentada até o triplo**, se o juiz considerar que, em virtude da situação econômica do réu, é ineficaz, embora aplicada no máximo.

Na pena de multa, o **critério trifásico** é conjugado com a **capacidade econômica do réu**. Primeiro, deve ser encontrado o número de dias-multa a ser aplicado (que varia entre 10 e 360), atendendo-se ao modelo trifásico do art. 68 do CP. Em seguida, deve ser atribuído o valor de cada dia-multa (entre 1/30 até cinco vezes o valor do salário mínimo), considerando-se a capacidade econômica do acusado. A multa ainda poderá ser aumentada até o triplo, se o juiz considerar que, em virtude da situação econômica do réu, é ineficaz, embora aplicada no máximo (CP, art. 60, *caput* e §1º).

Para uma melhor visualização, observe o **esquema estratégico** abaixo:

Aplicação da pena de multa

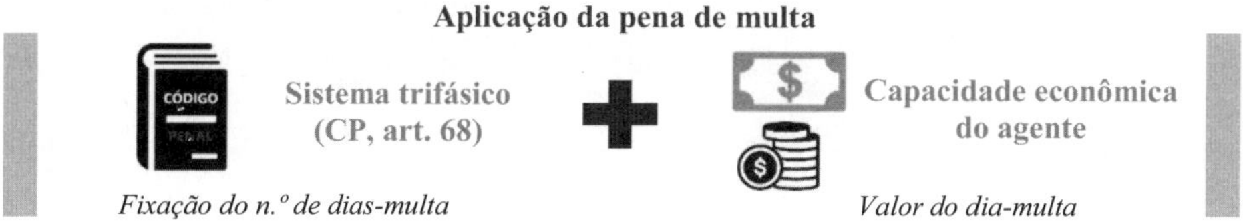

Em suma, o número de dias-multa é fixado com base no critério trifásico e o valor do dia-multa de acordo com a capacidade econômica do réu.

> **Pena de multa e concurso de crimes**: no concurso de crimes, as penas de multa são aplicadas distinta e *integralmente* (CP, art. 72).

O CESPE-UNB/CEBRASPE considerou **incorreta** a assertiva de que a aplicação da pena de multa ocorre em duas fases: na primeira, determina-se o valor do dia-multa; na segunda, a quantidade de dias-multa, atendendo-se, sobretudo, à situação econômica do autor[46].

A armadilha da questão acima foi tentar confundir o candidato com a adoção do sistema bifásico ("duas fases"), que não foi adotado.

[46] Prova objetiva do concurso para o cargo de Juiz Federal Substituto (TRF3), realizada em 2011.

CAPÍTULO 21
MEDIDAS DE SEGURANÇA

1. INTRODUÇÃO

Ao lado da pena, o sistema brasileiro contempla outra espécie de sanção penal: a **medida de segurança**, aplicável aos inimputáveis e semi-imputáveis.

A Inglaterra foi o primeiro país a utilizar o tratamento psiquiátrico de criminosos doentes mentais, a partir do *Criminal Lunatic Asylum* (1860), com o recolhimento dos inimputáveis a um asilo de internados. Também foi nesse país que surgiu o primeiro manicômio judiciário. Mas as medidas de segurança só vieram a obter verdadeira sistematização legal com o anteprojeto de Código Penal suiço, de 1893, elaborado por Carl Stoos. Foi na Itália que se deu o surgimento do primeiro sistema completo de medidas de segurança, em 1930 (Código de Rocco), legislação que, no Brasil, inspirou o Código Penal de 1940[1].

No Brasil, as medidas de segurança são aplicáveis aos **inimputáveis**, de forma originária e direta, e aos **semi-imputáveis**, de forma substitutiva.

---

[1] PRADO, Luiz Regis. *Curso de Direito Penal Brasileiro*. Vol. 1. Parte Geral. 12ª Ed. São Paulo: Revista dos Tribunais, 2013, p. 780-781.

2. AS MEDIDAS DE SEGURANÇA NO DIREITO BRASILEIRO

2.1. Conceito, natureza jurídica e espécies

Medida de segurança é uma espécie de sanção penal de caráter preventivo e assistencial, destinada ao tratamento de inimputáveis e semi-imputáveis portadores de periculosidade.

Natureza jurídica: a medida de segurança possui natureza penal, sendo espécie do gênero *sanção penal*. Possui finalidade unicamente preventiva, destinando-se ao tratamento de inimputável ou semi-imputável para evitar que volte a delinquir. É orientada por razões de *prevenção especial*. Diversamente da pena, a medida de segurança não possui fins retributivos.

> **Absolvição imprópria**: na aplicação de medida de segurança, o inimputável não é condenado, mas absolvido (*absolvição imprópria*). A absolvição é dita imprópria porque é fixada uma sanção penal: a medida de segurança.

Existem duas **espécies** de medidas de segurança:

(a) detentiva: internação em hospital de custódia e tratamento psiquiátrico (CP, art. 96, I). Ex: manicômio judiciário.

(b) restritiva: sujeição a tratamento ambulatorial, sem internação do agente (CP, art. 96, II). Ex: atendimento em consultório, hospital etc.

Para estimular a memória, observe a **simbologia estratégica** abaixo:

Medida de segurança detentiva

Crimes punidos com *reclusão*
Internação em hospital de custódia e tratamento psiquiátrico.
Ex: manicômio judiciário

Medida de segurança restritiva

Crimes punidos com *detenção*
Tratamento ambulatorial, sem internação. Ex: consultório, hospital etc.

Essas duas espécies de medidas de segurança possuem casos de aplicação distintos, além de algumas diferenças.

O art. 97 do CP assim dispõe:

> "Art. 97 - Se o agente for inimputável, o juiz determinará sua internação (art. 26). Se, todavia, o fato previsto como crime for punível com detenção, poderá o juiz submetê-lo a tratamento ambulatorial".

Sobre as diferenças, observe o **quadro estratégico** abaixo:

MEDIDAS DE SEGURANÇA (Espécies)	
Detentiva (CP, art. 96, I)	**Restritiva (CP, art. 96, II)**
Mais grave	**Mais branda**
Internação para fins curativos	Tratamento ambulatorial, sem internação
Critério tradicional: aplicável obrigatoriamente nos crimes punidos com *reclusão*	Critério tradicional: pode ser aplicada quando o crime for punido com *detenção*

Critério para fixação: para identificação da espécie de medida de segurança cabível (CP, art. 97), existem dois critérios: **(a) critério tradicional**: deve ser considerada a natureza da pena privativa de liberdade aplicável, se de reclusão ou detenção (interpretação literal) e **(b) critério contemporâneo**: deve ser considerada a periculosidade do agente (interpretação principiológica).

De modo mais recente, o STJ tem efetuado uma interpretação principiológica do art. 97 do CP, mitigando a questão da natureza da pena (se de reclusão ou detenção), para considerar a **periculosidade do agente**. Confira:

> "[...] TENTATIVA DE ESTUPRO. ABSOLVIÇÃO IMPRÓPRIA. TRATAMENTO AMBULATORIAL. LEGALIDADE. ART. 97 DO CÓDIGO PENAL [...]
> 2. [...] para uma melhor exegese do art. 97 do CP, à luz dos princípios da adequação, da razoabilidade e da proporcionalidade, não deve ser considerada a natureza da pena privativa de liberdade aplicável, mas, sim, a periculosidade do agente, cabendo ao julgador a faculdade de optar pelo tratamento que melhor se adapte ao inimputável (STJ, AgRg no REsp 1891989/SP, 5ª Turma, Rel. Min. Reynaldo Soares da Fonseca, DJe 15/10/2020).

As internações psiquiátricas, em qualquer uma de suas modalidades, somente serão permitidas se demonstrada a insuficiência dos recursos extra hospitalares. Além disso, nos termos do art. 97, § 4º, do CP, em qualquer fase do tratamento ambulatorial, o juiz poderá determinar a internação do agente, se essa providência for necessária para fins curativos.

2.2. Princípios

A medida de segurança é regida pelos mesmos princípios da pena (legalidade, humanidade, necessidade, proporcionalidade, individualização, personalidade ou intranscendência etc.).

O **princípio da legalidade** aplica-se normalmente às medidas de segurança (reserva legal e anterioridade). Apenas a lei em sentido estrito, entendida como ato emanado do Poder Legislativo, pode impor medidas de segurança. O escopo curativo não exclui a aplicação do princípio da legalidade.

Quanto ao **princípio da proporcionalidade**, há uma particularidade digna de nota: enquanto as penas são proporcionais à gravidade do fato, as medidas de segurança são proporcionais à periculosidade do agente.

2.3. Diferenças entre pena e medida de segurança

As medidas de segurança não são penas. Ambas são espécies do gênero sanção penal, cada uma com contornos e características próprios.

Para uma visão panorâmica, observe o **quadro estratégico** abaixo:

PENA E MEDIDA DE SEGURANÇA (Diferenças)	
Pena	**Medida de segurança**
Fundada na *culpabilidade*	**Fundada na *periculosidade*** (real ou presumida)
Caráter preventivo e retributivo	Caráter preventivo e assistencial
Proporcional à gravidade do fato	Proporcional à periculosidade do agente
Tempo determinado	Tempo indeterminado
Imputáveis e semi-imputáveis	Inimputáveis e semi-imputáveis

Enquanto a pena é baseada na **culpabilidade**, projetando-se para o passado, a medida de segurança é fundamentada na **periculosidade**, projetando-se para o futuro, de modo a evitar a prática de novos fatos puníveis pelo agente que demonstre periculosidade (**questão discursiva**[2]) .

2.4. Sistemas: vicariante e duplo binário

Na doutrina, existem dois grandes **sistemas** sobre a aplicação de medida de segurança: sistema do duplo binário e sistema vicariante.

Para uma melhor visualização, confira o **esquema estratégico** abaixo:

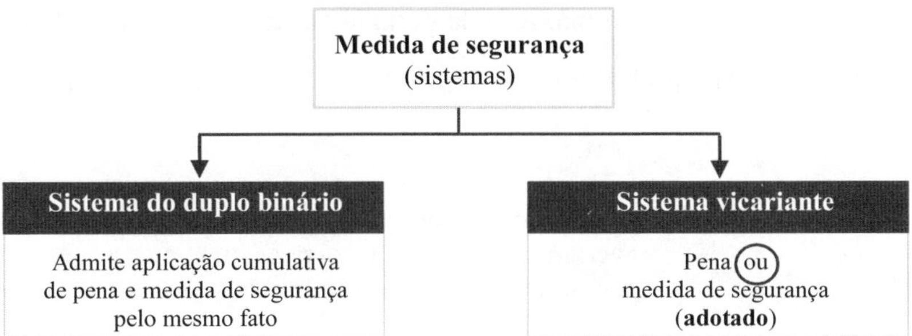

Sistema duplo binário: é possível a aplicação cumulativa de pena e medida de segurança como consequência do mesmo fato. Se após cumprir a pena, o agente apresentar periculosidade, poderá ser aplicada medida de segurança, de forma sucessiva. Era o sistema original do Código Penal de 1940.

Sistema vicariante: ao julgar, o juiz deve determinar a imposição de pena *ou* medida de segurança, sendo vedada a aplicação cumulativa de ambas como consequência do mesmo fato. É o sistema vigente entre nós.

O Código Penal adotou o **sistema vicariante**, não sendo possível a aplicação cumulativa de pena e medida de segurança (**mnemônico**[3]). Com a reforma penal de 1984, foi instituído sistema vicariante, sendo abolido o

[2] Na prova discursiva do concurso para o cargo de defensor público (DPE-PE), realizada pelo CESPE-UNB/CEBRASPE em 2018, foi formulada a seguinte **questão discursiva**: "Discorra sobre as medidas de segurança, abordando: - as diferenças entre essas medidas de segurança e as penas; - os pressupostos para sua aplicação; - a diferença entre periculosidade real e periculosidade presumida; - as espécies de medidas de segurança; - o tempo de duração desse instrumento jurídico, conforme a jurisprudência sumulada do Superior Tribunal de Justiça (STJ)".

[3] **Macete mnemônico**: **"V de Verdadeiro"** – O Código Penal adotou o sistema vicariante (verdadeiro).

sistema do duplo binário, pelo qual se permitia a possibilidade de aplicação cumulativa de pena e medida de segurança ao mesmo fato.

O CESPE-UNB/CEBRASPE considerou **incorreta** a assertiva de que no CP, adota-se, em relação à aplicação das penas, o chamado sistema duplo binário, sendo indevida a aplicação cumulativa e simultânea de pena tipicamente criminal e medida de segurança ao mesmo réu[4].

2.5. Prazo

As medidas de segurança têm **duração indeterminada**, sendo mantidas enquanto não for constatada a cessação da periculosidade por perícia. Não poderá exceder o limite máximo da pena abstrata cominada ao delito.

O art. 97, §1º, do CP prevê o seguinte:

> "Art. 97 [...]
> § 1º - A internação, ou tratamento ambulatorial, será por **tempo indeterminado**, perdurando enquanto não for averiguada, mediante perícia médica, a cessação de periculosidade. O prazo mínimo deverá ser de 1 (um) a 3 (três) anos.
> § 2º - A perícia médica realizar-se-á ao termo do prazo mínimo fixado e deverá ser repetida de ano em ano, ou a qualquer tempo, se o determinar o juiz da execução".

O **prazo mínimo** fixado refere-se à realização do primeiro exame de averiguação da cessação da periculosidade. O tempo de duração do tratamento em si é indeterminado (não há como prever o momento da cura), sendo realizados exames periódicos anuais, mas que poderão ser determinados pelo juiz a qualquer tempo (CP, art. 97, §2º). A medida deve durar até a cessação da periculosidade, mas não poderá exceder ao limite máximo da pena abstratamente cominada (não se admite medida de segurança perpétua).

> **STJ, Súmula n.º 527**: "O tempo de duração da medida de segurança não deve ultrapassar o limite máximo da pena abstratamente cominada ao delito praticado".

[4] Prova objetiva do concurso para o cargo de Juiz de Direito (TJPB), realizada em 2011.

Cuidado! *Indeterminado* não significa *ilimitado*. O prazo de duração das medidas de segurança é indeterminado (não há como prever o momento da cura), mas não poderá exceder o limite máximo da pena cominada abstratamente ao delito praticado (não perpétua).

2.6. Local da internação

O agente tem direito a ser recolhido a local com **características hospitalares** (CP, art. 99). Na falta de vaga, admite-se que a internação seja efetuada em hospital comum ou particular, mas não em cadeia pública.

Segundo o STJ, constitui constrangimento ilegal o recolhimento em presídio comum de sentenciado submetido a medida de segurança, ainda que diante da falta de vagas em estabelecimento adequado (STJ, HC 381.907/TO, 6ª Turma, Rel. Min. Maria Thereza de Assis Moura, DJe 27/08/2018).

2.7. Desinternação e reinternação

A desinternação, ou a liberação, será sempre condicional devendo ser restabelecida a situação anterior se o agente, antes do decurso de 01 ano, praticar fato indicativo de persistência de sua periculosidade (CP, art. 97, §3º).

O fato indicativo da persistência da periculosidade referido no dispositivo não precisa ser necessariamente um fato definido como crime. Outro detalhe é que a desinternação do agente **está condicionada à sua recuperação médica, e não necessariamente à sua recuperação social**. Segundo o STJ, a cessação da periculosidade, atestado por laudo médico, enseja a imediata desinternação do paciente do estabelecimento psiquiátrico (STJ, HC 33.909/RJ, 6ª Turma, Rel. Min. Hamilton Carvalhido, DJe 04/08/2008).

O CESPE-UNB/CEBRASPE considerou **incorreta** a assertiva de que a cessação da periculosidade do agente atestada por laudo médico não enseja necessariamente a sua imediata desinternação do estabelecimento psiquiátrico, sendo necessária a demonstração, em juízo, de que a recuperação médica também tenha ensejado a recuperação social[5].

À semelhança do que ocorre com a pena, o STF e o STJ têm admitido a **desinternação progressiva**, com a passagem da internação para o tratamento

[5] Prova objetiva do concurso para o cargo de Juiz de Direito (TJPA), realizada em 2012.

ambulatorial antes da liberação definitiva do agente, com base no art. 5º da Lei n.º 10.216/2001, quando houver melhora no quadro psiquiátrico do infrator[6].

2.8. Medida de segurança e semi-imputável

O semi-imputável receberá pena reduzida de 1 a 2/3 (CP, art. 26, parágrafo único) ou medida de segurança, de acordo com o que for mais adequado ao caso concreto à luz da perícia médica.

O art. 98 do CP prevê o seguinte:

> "Art. 98 - Na hipótese do parágrafo único do art. 26 deste Código e necessitando o condenado de especial tratamento curativo, a pena privativa de liberdade pode ser substituída pela internação, ou tratamento ambulatorial, pelo prazo mínimo de 1 (um) a 3 (três) anos, nos termos do artigo anterior e respectivos §§ 1º a 4º".

Não é obrigatória a aplicação de medida de segurança ao semi-imputável. A aplicação da providência mais adequada será realizada pelo juiz de acordo com a perícia médica sobre o quadro mental do agente, podendo ser aplicada pena ou medida de segurança (sistema vicariante).

O CESPE-UNB/CEBRASPE considerou **correta** a assertiva de que a semi-imputabilidade não implica a imposição obrigatória de medida de segurança, visto que vigora no ordenamento jurídico brasileiro o sistema vicariante, cabendo ao juiz a aplicação da pena ou da medida de segurança[7].

Conforme já visto, na aplicação de medida de segurança, **o *inimputável* não é condenado, mas absolvido**. A absolvição é dita "imprópria" porque é fixada uma sanção penal (medida de segurança). Como não há condenação, não há que se falar em efeitos da condenação (ex: reincidência, obrigação de reparar o dano etc.). Diversamente, **o *semi-imputável* será sempre condenado**, sendo a pena privativa de liberdade substituída por medida de segurança quando recomendarem as circunstâncias do caso concreto. Nessa hipótese, como há sentença condenatória, é possível a incidência dos efeitos da condenação[8].

---

[6] STF, HC 97621, 2ª Turma, Cezar Peluso, DJ 26/06/2009; STF, HC 107777, 2ª Turma, Rel. Min. Ayres Britto, DJ 16/04/2012; STJ, HC 116.655/SP, 6ª Turma, Rel. Min. Maria Thereza de Assis Moura, DJe 30/03/2009; STJ, HC 298.252/SP, 5ª Turma, Rel. Min. Reynaldo Soares da Fonseca, DJe 28/04/2016.

[7] Prova objetiva do concurso para o cargo de Juiz de Direito (TJPA), realizada em 2012.

[8] JESUS, Damásio E. de. *Direito Penal. Vol. 1. Parte Geral.* 34ª Ed. São Paulo: Saraiva, 2013, p. 594.

3. OUTRAS QUESTÕES SOBRE MEDIDA DE SEGURANÇA

3.1. Superveniência de doença mental

O condenado a quem sobrevém doença mental deve ser recolhido a hospital de custódia e tratamento psiquiátrico ou, à falta, a outro estabelecimento adequado (CP, art. 41). Nesse caso, a pena privativa de liberdade aplicada é convertida em medida de segurança.

Não é possível a conversão de pena restritiva de direitos e de multa em medida de segurança. O art. 52 do CP prevê expressamente que é suspensa a execução da pena de multa, se sobrevém ao condenado doença mental (**mnemônico**)[9]. A mesma diretriz é aplicável às penas restritivas de direito[10].

3.2. Internação provisória

Admite-se a internação provisória em caráter cautelar, desde que presentes os requisitos legais autorizadores.

A internação provisória é prevista expressamente pela lei processual como medida cautelar diversa da prisão, sendo admitida apenas com *caráter cautelar*, quando presentes os requisitos legais autorizadores (CPP, art. 319, VII). Não é admitida como forma de execução provisória em caráter satisfativo.

3.3. Medidas de segurança e detração

É possível o cômputo na medida de segurança do período em que o agente permaneceu preso ou internado provisoriamente.

O art. 42 do CP assim dispõe:

> "Art. 42 - Computam-se, na pena privativa de liberdade e na medida de segurança, o tempo de **prisão provisória**, no Brasil ou no estrangeiro, o de **prisão administrativa** e o

[9] **Macete mnemônico**: "o louco não vai saber porque está pagando".

[10] DOTTI, René Ariel. *Curso de Direito Penal. Parte Geral*. 4ª Ed. São Paulo: Revista dos Tribunais, 2012, p. 729-730.

de **internação** em qualquer dos estabelecimentos referidos no artigo anterior".

Mas se a medida de segurança possui tempo indeterminado, como funciona a detração? *No prazo de duração mínima.* Na sentença, o juiz fixa um prazo mínimo de duração da medida de segurança, de 01 a 03 anos, período em que será realizado o primeiro exame para análise da cessação da periculosidade (CP, art. 97, §1º). Computa-se, nesse prazo mínimo, para fins de detração, o tempo em que o agente permaneceu preso ou internado provisoriamente.

3.4. Medida de segurança e reincidência

A medida de segurança anterior imposta ao inimputável não gera reincidência, caso o agente pratique nova infração após o trânsito em julgado.

Lembramos que, com relação ao *inimputável*, não há condenação, mas **absolvição imprópria**. Não havendo condenação, não se aplicam os efeitos da condenação, dentre os quais encontra-se a reincidência. No entanto, em se tratando de *semi-imputável*, como há **sentença condenatória**, é possível a caracterização da reincidência caso o agente venha a praticar nova infração após o trânsito em julgado da condenação anterior, na forma do art. 63 do CP.

O CESPE-UNB/CEBRASPE considerou **correta** a assertiva de que não poderá ser considerado reincidente o inimputável que tenha sido submetido a medida de segurança por decisão transitada em julgado e, após ter cumprido a medida de internação, fique curado da doença mental que o acometia e venha a praticar crime[11].

3.5. Medidas de segurança e extinção da punibilidade

Extinta a punibilidade, não se impõe medida de segurança nem subsiste a que tenha sido imposta (CP, art. 96, parágrafo único).

Convém observar que as causas de extinção da punibilidade funcionam como *questões prejudiciais* à aplicação de medida de segurança. Uma vez extinta a punibilidade, o juiz penal não poderá mais determinar que o agente seja submetido a tratamento ambulatorial para garantia da ordem pública, ainda

[11] Prova objetiva do concurso para o cargo de Juiz Federal Substituto (TRF5), realizada em 2007.

que conclua que o indivíduo oferece risco à sociedade. Nesse caso, o Direito Penal não poderá mais intervir, sem prejuízo da possibilidade de intervenção de outros ramos do Direito para internação do agente por motivos de saúde. Ex: ação cível cominatória contra o Estado com pedido de internação.

Segundo o STF, extinta a punibilidade em decorrência do reconhecimento da prescrição, não há que falar em pena, medida de segurança ou manutenção do paciente em hospital psiquiátrico (STF, HC 151523/SP, 2ª Turma, Rel. Min. Edson Fachin, j. 27/11/2018, Informativo n.º 925). Outra questão a ser lembrada é que o STF já decidiu ser possível a concessão de indulto (causa de extinção da punibilidade) a pessoa que, em razão de sua inimputabilidade ou semi-imputabilidade, sofre medida de segurança, ainda que de caráter pessoal e detentivo (STF, RE 628658/RS, Pleno, Rel. Min. Marco Aurélio, 05/11/2015, Informativo n.º 806).

Portanto, as medidas de segurança, como espécie de sanção penal, não impedem a aplicação das causas de extinção da punibilidade.

CAPÍTULO 22
SUSPENSÃO CONDICIONAL DA PENA

1. CONCEITO E NATUREZA JURÍDICA

A palavra *sursis* provém do francês *surseoir*, que significa suspender. Através do *sursis* penal, a execução da **pena privativa de liberdade de *curta duração*** (em geral, de até 02 anos) é **suspensa**, desde que presentes determinados requisitos legais e sob o cumprimento certas *condições* (CP, arts. 77 a 82). O benefício legal é fixado pelo juiz na sentença condenatória e seu cumprimento somente ocorre após o trânsito em julgado.

Luiz Regis Prado assim definiu o instituto:

> "A suspensão condicional da pena é a suspensão parcial da pena privativa de liberdade de curta duração por prazo determinado, desde que cumpridas certas condições e observados os requisitos previstos no art. 77 do Código Penal"[1].

[1] PRADO, Luiz Regis. *Curso de Direito Penal Brasileiro*. 12ª Ed. São Paulo: Revista dos Tribunais, 2013, p 743.

Natureza jurídica: há divergência na doutrina. *1ª corrente*: trata-se de direito público subjetivo do réu. *2ª corrente*: é uma forma de execução da pena. O STJ adota a segunda corrente, considerando o *sursis* um direito público subjetivo do réu, quando presentes os requisitos legais (STJ, RHC 60.936/RO, 5ª Turma, Rel. Min. Ribeiro Dantas, DJe 19/12/2016).

Para estimular a memória, observe a **simbologia estratégica** abaixo:

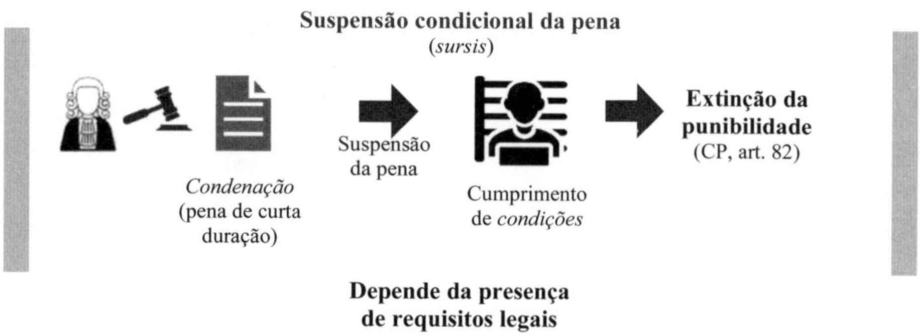

O *sursis* penal dirige-se a **penas de curta duração**: em regra, a pena deve ser de até 02 anos, salvo nos casos de *sursis* etário e humanitário, quando poderá ser de até 04 anos. Além disso, o benefício possui **caráter subsidiário**: somente será cabível quando não for possível a substituição da pena privativa de liberdade por restritiva de direitos (CP, art. 77, III).

Como a pena restritiva de direito é aplicável aos crimes com pena privativa de liberdade de até 04 anos (CP, art. 44, I), esse ponto reduziu em muito a aplicação do instituto, que subsiste em três possibilidades: (a) crimes dolosos cometidos com **violência ou grave ameaça à pessoa**, com pena não superior a 02 anos, ou com pena não superior a 04 anos, nos casos de sursis *etário* e humanitário (CP, art. 77, *caput* e §2º); (b) condenado reincidente em crime doloso cuja pena anterior seja de multa (CP, art. 77, §1º) e (c) condenado reincidente específico em crime culposo. Nesses casos, não é cabível a aplicação de penas restritivas de direitos (CP, art. 44, I, II e §2º).

> **STF, Súmula n.º 499**: "Não obsta a concessão do sursis condenação anterior a pena de multa".

Cuidado! O *sursis* penal destina-se à suspensão da **pena privativa de liberdade**, não alcançando as penas restritivas de direito, de multa (CP, art. 80), os efeitos secundários da condenação e as custas processuais.

O art. 700 do CPP assim dispõe:

> "Art. 700. A suspensão não compreende a multa, as penas acessórias, os efeitos da condenação nem as custas".

O CESPE-UNB/CEBRASPE considerou **incorreta** a assertiva de que o benefício da suspensão condicional da pena – sursis penal – pode estender-se às penas restritivas de direitos e à de multa, casos em que se suspenderá, também, a execução dessas penas[2].

Ademais, o instituto não se confunde com a suspensão condicional do processo, prevista na Lei n.º 9.099/95 (Juizados Especiais).

Para uma visão comparativa, confira o **quadro estratégico** abaixo:

QUADRO COMPARATIVO (principais diferenças)	
Suspensão condicional da pena (Código Penal)	**Suspensão condicional do processo** (Lei n.º 9.099/95)
Suspende a pena privativa de liberdade aplicada (após a condenação)	**Suspende o processo em andamento (antes da condenação)**
Pena aplicada de até 02 anos, podendo chegar a até 04 anos (sursis etário e humanitário)	Pena mínima abstrata igual ou inferior a 01 ano
Fixada pelo juiz na sentença condenatória	Proposta pelo MP no oferecimento da denúncia + aceitação do réu

2. SISTEMAS

Na doutrina, são identificados três sistemas de suspensão da pena:

- **sistema anglo-saxão (*probation system*)**: o juiz declara o acusado culpado, mas não o condena, suspendendo o processo, desde que as circunstâncias indiquem que o réu não voltará a delinquir;

[2] Prova objetiva do concurso para o cargo de Juiz de Direito (TJBA), realizada em 2019.

■ **sistema belga-francês (*sursis*)**: o juiz condena o réu, mas suspende a execução da pena imposta, desde que presentes determinados requisitos;

■ **sistema alemão**: a pena chega a ser fixada pelo magistrado, mas a condenação do acusado é afastada.

O Código Penal brasileiro adotou o **sistema francês** (*sursis*), sendo o réu condenado, com a suspensão da pena sob certas condições (art. 77).

3. ESPÉCIES

Existem quatro **espécies** de sursis: sursis simples ou comum, sursis etário, sursis humanitário e sursis especial.

Para uma melhor visualização, confira o **esquema estratégico** abaixo:

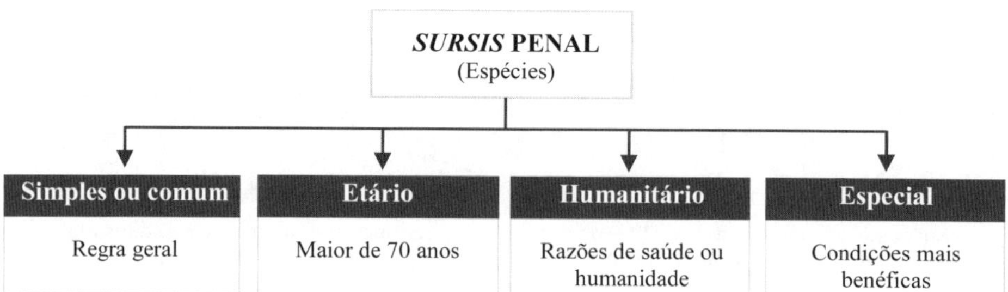

Sursis simples ou comum: é a forma mais básica e geral do instituto, sendo cabível quando a pena aplicada na sentença não exceder a 02 anos. Nessa modalidade de *sursis*, no primeiro ano do prazo, o condenado deverá prestar serviços à comunidade ou submeter-se à limitação de fim de semana (CP, art. 78, §1º). O período de prova é de 02 a 04 anos (CP, art. 77, *caput*).

Sursis etário: liga-se à idade do agente, sendo aplicável quando o condenado for maior de 70 anos na data da sentença, desde que a pena não exceda a 04 anos. O período de prova é de 04 a 06 anos (CP, art. 77, §2º).

Sursis humanitário: é concedido por razões de saúde e humanidade, independentemente da idade do agente, desde que a pena fixada na sentença não exceda a 04 anos. O período de prova é de 04 a 06 anos (CP, art. 77, §2º, segunda parte). Aplica-se na hipótese de doentes em estágio terminal.

Sursis especial: o agente fica sujeito a condições *mais brandas* estabelecidas pelo legislador, quando as circunstâncias judiciais do art. 59 do CP forem favoráveis. É previsto no art. 78, §2º, do CP.

4. REQUISITOS E CONDIÇÕES

A concessão do benefício da suspensão condicional da pena depende a presença de requisitos objetivos e subjetivos (CP, art. 77, I a III), ficando o agente submetido ao cumprimento de determinadas condições.

Para uma visão panorâmica, confira o **quadro estratégico** abaixo:

Sursis (requisitos)		
	Requisitos objetivos (CP, art. 77, *caput* e III)	a) pena privativa de liberdade; b) pena máxima de até 02 anos (regra), salvo nos sursis etário e humanitário quando poderá ser de até 04 anos; c) não cabimento de pena restritiva de direitos;
	Requisitos Subjetivos (CP, art. 77, I e II)	a) condenado não reincidente em crime doloso; b) circunstâncias judiciais favoráveis (art. 59).

Presentes os requisitos legais no caso concreto, o benefício deverá ser concedido. O sursis penal é um benefício aplicado pelo juiz na **sentença**. Deve ser **analisado *ex officio***, não havendo necessidade de requerimento. Segundo o STJ, **essa manifestação é obrigatória**, devendo o juiz se pronunciar sobre sua concessão ou não, por força do art. 697 do CPP[3] (STJ, HC 91.616/MG, 5ª Turma, Rel. Min. Napoleão Nunes, DJe 22/06/2009).

A suspensão condicional da pena é um benefício que pode ser **recusado** pelo réu, mas em um momento específico: após o trânsito em julgado, na **audiência admonitória** perante o juiz da execução penal (STJ, HC 447.662/SP, 5ª Turma, Rel. Min. Reynaldo Soares, DJe 26/10/2018).

Presentes os requisitos legais e concedido o *sursis* penal, a execução da pena privativa de liberdade de curta duração será suspensa, ficando o agente submetido ao cumprimento de determinadas **condições**, como forma de evitar o cárcere. As condições variam conforme a espécie de *sursis*.

[33] CPP, art. 697: "O juiz ou tribunal, na decisão que aplicar pena privativa da liberdade não superior a 2 (dois) anos, deverá pronunciar-se, motivadamente, sobre a suspensão condicional, quer a conceda quer a denegue".

Para uma melhor visualização, observe o **quadro estratégico** abaixo:

Sursis (condições)	**Simples ou comum** (CP, art. 78, §1º)	No primeiro ano, o condenado deverá: a) prestar serviços à comunidade ou b) submeter-se à limitação de fim de semana.
	Etário ou humanitário (CP, art. 78, §1º ou §2º)	As condições serão ajustadas àquelas previstas para o sursis simples ou para o sursis especial, satisfeitos os requisitos do art. 78, §2º, do CP (reparação do dano e circunstâncias judiciais)
	Sursis especial (CP, art. 78, §2º)	a) proibição de frequentar determinados lugares; b) proibição de ausentar-se da comarca onde reside, sem autorização do juiz; c) comparecimento pessoal e obrigatório a juízo, mensalmente, para informar e justificar suas atividades.

O legislador previu três grupos de condições: condições legais (diretas), condições judiciais e condições legais indiretas.

As **condições legais** são aquelas previstas e especificadas em lei. O legislador enumerou expressamente as condições do *sursis* simples (CP, art. 78, §1º, do CP) e do *sursis* especial (CP, art. 78, §2º). As **condições judiciais**, por sua vez, são impostas discricionariamente pelo juiz, autorizado por lei, de acordo com a natureza e finalidade do instituto. Nos termos do art. 79 do CP, a sentença poderá especificar outras condições a que fica subordinada a suspensão, desde que adequadas ao fato e à situação pessoal do condenado. As **condições legais indiretas** correspondem às causas de revogação do benefício, que figuram como condições proibitivas (CP, art. 81).

> ***Sursis* incondicionado**: é a suspensão da pena sem o estabelecimento de condições. Essa modalidade de *sursis* foi banida pela reforma penal de 1984 e não existe mais no sistema brasileiro, não sendo possível a suspensão da pena sem a imposição de condições.

Audiência admonitória: na prática, funciona como uma audiência de advertência que tem por finalidade cientificar o condenado do teor das condições fixadas e das consequências do seu descumprimento. Essa audiência somente poderá ser realizada após o trânsito em julgado da condenação, perante o juiz da execução penal (art. 160 da Lei n.º 7.210/84). Ocorre antes do início do cumprimento das condições do *sursis*.

5. PERÍODO DE PROVA

Período de prova é o prazo em que a execução da pena privativa de liberdade permanece suspensa para o cumprimento das condições fixadas.

Em regra, o prazo de suspensão é de 02 a 04 anos, salvo quanto aos *sursis* etário e humanitário, hipóteses em que o prazo será de 04 a 06 anos. Como esses prazos são limitados previamente pelo legislador (CP, art. 77, *caput* e §2º), não será possível a flexibilização além desses limites pelo juiz.

6. CASSAÇÃO E REVOGAÇÃO

No regime do *sursis* penal, existem hipóteses de cassação e revogação do benefício, como formas de extinção da benesse legal.

Para uma rápida visualização, observe o **quadro estratégico** abaixo:

<table>
<tr><td rowspan="3">Sursis
(cassação e revogação)</td><td>Cassação</td><td colspan="2">a) não comparecimento do sentenciado à audiência admonitória (art. 161 da LEP);

b) aumento de pena que exclua o benefício em decorrência do provimento de recurso de apelação.</td></tr>
<tr><td rowspan="2">Revogação</td><td>Obrigatória
(CP, art. 81, I a III)</td><td>a) condenação irrecorrível por crime doloso;

b) não pagamento da multa ou reparação do dano, embora solvente;

c) descumprimento de quaisquer das condições legais do sursis simples;</td></tr>
<tr><td>Facultativa
(CP, art. 81, §1º)</td><td>a) superveniência de condenação irrecorrível pela prática de contravenção penal ou crime culposo, exceto se imposta pena de multa;

b) descumprimento das condições legais do sursis especial;

c) descumprimento de qualquer outra condição imposta pelo juiz.</td></tr>
</table>

Oitiva do condenado? Segundo o STJ, para a revogação do benefício da suspensão condicional da pena, a prévia intimação para oitiva do condenado somente é necessária nas hipóteses de revogação facultativa, sendo dispensável nos casos de revogação obrigatória (STJ, AgRg no REsp 1566924/SP, 6ª Turma, Rel. Min. Sebastião Reis, DJe 31/03/2016).

7. PRORROGAÇÃO

Existem duas hipóteses de prorrogação do período de prova do *sursis* penal: (a) se o beneficiário está sendo processado por outro crime ou contravenção (CP, art. 81, §2º) e (b) quando ocorrer uma das hipóteses de revogação facultativa do benefício (CP, art. 81, §3º).

No primeiro caso, considera-se prorrogado o prazo da suspensão até o julgamento definitivo (CP, art. 81, §2º). Nessa hipótese, a prorrogação é **obrigatória** e **automática**. Observe-se que a lei diz "processado", devendo haver instauração da ação penal (recebimento da denúncia[4]), não sendo suficiente a mera prática de nova infração penal. Assim, com o recebimento da denúncia, o período de prova do *sursis* fica automaticamente prorrogado[5]. Registre-se que, nessa hipótese, não subsistem as condições do *sursis*[6].

No segundo caso, quando facultativa a revogação, o juiz pode, ao invés de revogar o benefício, prorrogar o período de prova até o prazo máximo, se este não foi o fixado (CP, art. 81, §3º). Nessa hipótese, a prorrogação é **facultativa** e **não automática**, havendo a necessidade de decisão judicial que determine a suspensão. Nas hipóteses de revogação facultativa, continuam vigentes as condições impostas na sentença[7].

8. EXTINÇÃO DA PUNIBILIDADE

Expirado o prazo sem que tenha havido revogação, considera-se extinta a pena privativa de liberdade (CP, art. 82). Segundo Luiz Regis Prado,

---

[4] O STF possui jurisprudência firme no sentido de que o processo penal somente tem início a partir do **recebimento da denúncia**, não bastando apenas o seu oferecimento (STF, AP 536 QO/MG, Pleno, Rel. Min. Roberto Barroso, j. 27/03/2014, Informativo n.º 740).

[5] STJ, HC 175.758/SP, 5ª Turma, Rel. Min. Laurita Vaz, DJe 14/10/2011.

[6] JESUS, Damásio E. de. *Direito Penal. Vol. 1. Parte Geral.* 34ª Ed. São Paulo: Saraiva, 2013, p. 670.

[7] BITENCOURT, Cezar Roberto. *Tratado de Direito Penal. Vol. I. Parte Geral.* 11ª Ed. São Paulo: Saraiva, 2007, p. 653.

uma vez cumpridas as condições fixadas, a extinção da punibilidade opera-se de pleno direito, independentemente de expressa declaração judicial[8].

O CESPE-UNB/CEBRASPE considerou **incorreta** a assertiva de que o benefício da suspensão condicional da pena – sursis penal – impõe que, após o cumprimento das condições impostas ao beneficiário, seja proferida sentença para declarar a extinção da punibilidade do agente[9].

Na prática, para fins de documentação no processo, o juiz apenas declara a extinção da punibilidade (decisão com efeitos *ex tunc*).

9. SURSIS NA LEGISLAÇÃO ESPECIAL

Crimes ambientais: o art. 16 da Lei n.º 9.605/98 prevê que a suspensão condicional da pena pode ser aplicada nos casos de condenação a pena privativa de liberdade *não superior a três anos*.

Lei de Drogas: o art. 44 da Lei n.º 11.343/2006 dispõe que os crimes previstos nos arts. 33, *caput* e § 1º, e 34 a 37 são inafiançáveis e insuscetíveis de sursis. Há, portanto, vedação legal. No entanto, o STF tem entendido pela inconstitucionalidade do art. 44 da Lei de Drogas[10].

Lei de Contravenções Penais: o art. 11 da LCP preceitua que desde que reunidas as condições legais, o juiz pode suspender por tempo não inferior a um ano nem superior a três, a execução da pena de prisão simples, bem como conceder livramento condicional.

Crimes contra a Segurança Nacional: o art. 5º da Lei n.º 7.170/83 prevê algumas diferenças em relação à disciplina do Código Penal: (a) o *sursis* somente será cabível em tempo de paz; (b) os antecedentes e personalidade, os motivos e as circunstâncias do crime, bem como a conduta posterior do agente, devem autorizar a presunção de que o agente não tornará a delinquir; (c) as condições do *sursis* são judiciais, ou seja, fixadas na sentença e (d) o período de prova é de 02 a 06 anos.

Por fim, registre-se que a Lei Maria da Penha não possui normas especiais sobre o *sursis*, sendo aplicáveis as disposições do Código Penal.

---

[8] PRADO, Luiz Regis. *Op. Cit.*, p. 750.

[9] Prova objetiva do concurso para o cargo de Juiz de Direito (TJBA), realizada em 2019.

[10] "PENA. TRÁFICO DE DROGAS. SUBSTITUIÇÃO DA PRIVATIVA DA LIBERDADE PELA RESTRITIVA DE DIREITOS. INCONSTITUCIONALIDADE DO ARTIGO 44 DA LEI Nº 11.343/2006 [...] SUSPENSÃO CONDICIONAL DA PENA. Admitida a substituição da pena restritiva de liberdade por limitadora de direitos relativamente ao tráfico, idêntica solução estende-se à suspensão condicional da pena" (STF, HC 119783, 1ª Turma, Rel. Min. Marco Aurélio, DJe-058 31/03/2016).

10. QUESTÕES FINAIS SOBRE SURSIS

10.1. Sursis sucessivo e simultâneos

***Sursis* sucessivo** é aquele concedido no contexto de nova infração, após o cumprimento integral de *sursis* anterior. Essa medida é possível quando não caracterizados os impedimentos legais. Ex: após cumprir o primeiro *sursis*, o agente comete crime culposo ou contravenção penal. Por não ser reincidente em crime doloso, será cabível, em tese, um novo *sursis*.

***Sursis* simultâneos** são aqueles cumpridos ao mesmo tempo. Segundo Guilherme Nucci, a ideia de sursis simultâneos é plausível quando o condenado recebe o benefício em dois processos distintos, sem que haja causa de revogação obrigatória[11]. É admissível na hipótese de condenação por crime culposo ou contravenção penal, que não gera revogação obrigatória.

O CESPE-UNB/CEBRASPE considerou **incorreta** a assertiva de que é impossível o réu ser beneficiado com suspensão condicional da pena mediante sursis simultâneos, isto é, dois sursis cumpridos ao mesmo tempo[12].

10.2. Sursis e revelia

A revelia do réu no curso do processo não impede a concessão do benefício da suspensão condicional da pena na sentença.

Os requisitos do *sursis* são apenas aqueles previstos no art. 77 do CP. O STJ, há muito tempo, tem entendido que a revelia no decorrer da ação penal não impede a aplicação do *sursis* penal no julgamento[13].

10.3. Sursis e indulto

O *sursis* penal não impede a concessão do indulto, ainda que o sentenciado nunca tenha ficado preso[14].

---

[11] NUCCI, Guilherme de Souza. *Curso de Direito Penal. Vol. 1. Parte Geral.* 4ª Ed. São Paulo: Forense, 2020, p. 799.

[12] Prova objetiva do concurso para o cargo de defensor público da União (DPU), realizada em 2007.

[13] STJ, REsp 14.761/RJ, 6ª Turma, Rel. Min. Carlos Thibau, DJ 15/06/1992.

Na legislação penal brasileira, como crimes insuscetíveis de indulto, foram previstos apenas os crimes hediondos, a prática de tortura o tráfico ilícito de entorpecentes e o terrorismo (art. 2º, I, da Lei n.º 8.072/90; art. 44 da Lei n.º 13.343/2006). A situação dos beneficiários de *sursis* já concedido não foi prevista no rol das vedações legais ao indulto.

Afora os impedimentos legais, o STJ tem entendido que, se não há proibição no decreto presidencial, é possível a concessão de indulto aos condenados beneficiados com a suspensão condicional da pena (STJ, AgRg no REsp 1841175/PR, 6ª Turma, Rel. Min. Nefi Cordeiro, DJe 15/05/2020).

10.4. Sursis e estrangeiros

É possível a concessão do *sursis* penal ao estrangeiro que se encontra em território nacional de forma permanente ou transitória.

Na hipótese, deve prevalecer o princípio da isonomia. Ainda que o estrangeiro responda a processo de expulsão, o benefício poderá ser concedido, *ex vi* do art. 54, §3º, da Lei n.º 13.445/2017 (Lei de Migração) [15].

10.5. Outras questões

***Sursis* e detração**: o *sursis* penal é incompatível com o instituto da detração, pois haverá suspensão da pena. O tempo de prisão provisória não é computado no período de prova. Porém, caso o benefício seja revogado, o condenado deverá cumprir a pena e, nessa hipótese, caberá a detração.

***Sursis* e crimes hediondos**: há divergência sobre o cabimento de sursis. *1ª corrente*: não é admissível, diante da incompatibilidade do benefício com o tratamento mais rigoroso imposto aos crimes hediondos[16]. *2ª corrente*: em tese, é cabível. Segundo o STF, o sursis é admissível mesmo na hipótese

[14] DOTTI, René Ariel. *Curso de Direito Penal. Parte Geral*. 4ª Ed. São Paulo: Revista dos Tribunais, 2012, p. 677.

[15] Art. 54, §3º, da Lei n.º 13.445/2017 (Lei de Migração): "O processamento da expulsão em caso de crime comum não prejudicará a progressão de regime, o cumprimento da pena, a suspensão condicional do processo, a comutação da pena ou a concessão de pena alternativa, de indulto coletivo ou individual, de anistia ou de quaisquer benefícios concedidos em igualdade de condições ao nacional brasileiro".

[16] BONFIM, Edilson Mougenot; CAPEZ, Fernando. *Direito Penal. Parte Geral*. São Paulo: Saraiva, 2004, p. 742.

de crimes hediondos[17] e tráfico de drogas[18]. Há uma tendência no STF em considerar inconstitucional a vedação *ex lege* à concessão do *sursis* penal, por vulneração do princípio da individualização da pena (STF, HC 113857, Pleno, Rel. Min. Dias Toffoli, DJe-213 30/10/2014). No entanto, na prática, a aplicação será difícil, diante da exigência de pena não superior a 02 anos.

Sursis* e *habeas corpus: o *habeas corpus*, por não comportar exame aprofundado de fatos e provas, via de regra, não é a via processual adequada para o exame do cabimento e requisitos do *sursis*, salvo nos casos de flagrante ilegalidade, abuso de poder ou teratologia.

***Sursis*, suspensão dos direitos políticos e outros efeitos da condenação**: como já visto, o *sursis* penal suspende apenas a pena privativa de liberdade, não alcançando a suspensão dos efeitos da condenação, dentre os quais está a suspensão dos direitos políticos (CF, art. 15, III).

No ponto, vale lembrar do teor do art. 700 do CPP:

> "Art. 700. A suspensão não compreende a multa, as penas acessórias, os efeitos da condenação nem as custas".

Sobre essa questão, o STF já decidiu que, como a suspensão dos direitos políticos constitui efeito automático de sentença penal condenatória transitada em julgado, o art. 15, III, da CF incide mesmo que esteja em curso o período de suspensão condicional da pena (STF, ARE 1046939 AgR, 2ª Turma, Rel. Min. Gilmar Mendes, DJ 05/09/2019).

***Sursis* e regime de cumprimento da pena:** concedido o *sursis*, o juiz deverá fixar, na sentença, o regime inicial de cumprimento da pena privativa de liberdade, a ser observado na eventual hipótese de revogação do benefício.

---

[17] "CRIMES HEDIONDOS - SUSPENSÃO CONDICIONAL DA PENA. Possível é a suspensão condicional da pena mesmo em se tratando de crime hediondo" (STF, HC 86698, 1ª Turma, Rel. Min. Marco Aurélio, DJe 31/08/2007).

[18] "PENA. TRÁFICO DE DROGAS. SUBSTITUIÇÃO DA PRIVATIVA DA LIBERDADE PELA RESTRITIVA DE DIREITOS. INCONSTITUCIONALIDADE DO ARTIGO 44 DA LEI Nº 11.343/2006 [...] SUSPENSÃO CONDICIONAL DA PENA. Admitida a substituição da pena restritiva de liberdade por limitadora de direitos relativamente ao tráfico, idêntica solução estende-se à suspensão condicional da pena" (STF, HC 119783, 1ª Turma, Rel. Min. Marco Aurélio, DJe-058 31/03/2016).

CAPÍTULO 23
LIVRAMENTO CONDICIONAL

1. CONCEITO, NATUREZA JURÍDICA E ESPÉCIES

Livramento condicional é a liberação do condenado após o cumprimento de parte da pena privativa de liberdade, desde que presentes determinados requisitos legais e sob determinadas *condições*.

Rogério Greco assim explica o instituto:

> "Como medida de política criminal, o livramento condicional permite que o condenado abrevie sua reinserção no convívio social, cumprindo parte da pena em liberdade, desde que presentes os requisitos de ordem subjetiva e objetiva, mediante o cumprimento de determinadas condições"[1].

No livramento condicional, em geral, há um estado de encarceramento anterior, ou seja, o agente estava cumprindo pena e é solto,

[1] GRECO, Rogério. *Curso de Direito Penal. Parte Geral.* 20ª Ed. Niteroi: *Impetus*, 2018, p. 769.

sob certas condições. A própria definição do instituto é intuitiva: livramento *condicional*. Em termos práticos, alguns penalistas afirmam ser a "quarta fase" de execução da pena. É um instituto que opera na **fase de execução penal**, pressupondo a condenação e o início do cumprimento da pena.

Natureza jurídica: há divergência na doutrina sobre a natureza jurídica do livramento condicional. *1ª corrente*: direito público subjetivo do condenado. *2ª corrente*: forma de execução da pena privativa de liberdade.

Para estimular a memória, observe a **simbologia estratégica** abaixo:

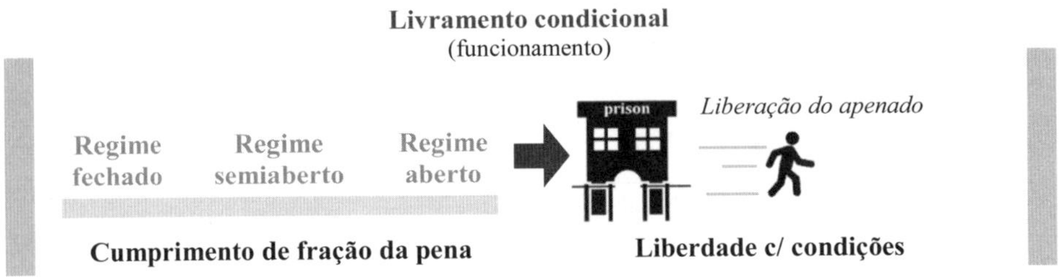

No Direito Penal brasileiro, existem três **espécies** de livramento condicional: ordinário, especial e extraordinário[2].

Para uma melhor visualização, observe o **quadro estratégico** abaixo:

LIVRAMENTO CONDICIONAL (Espécies)		
Ordinário	**Especial**	**Extraordinário**
Condenado não reincidente e com bons antecedentes.	Condenado reincidente em crime doloso.	Condenado por crime hediondo ou equiparado, desde que não seja reincidente específico.
Cumprimento de mais de 1/3 da pena	Cumprimento de mais de 1/2 da pena	Cumprimento de mais de 2/3 da pena

Livramento condicional ordinário: é a forma mais básica e geral do instituto, sendo cabível quando cumprida mais de 1/3 da pena se o condenado não for reincidente em crime doloso e tiver bons antecedentes (CP, art. 83, I). Aqui, o agente beneficiado não tem histórico negativo de crimes.

[2] DOTTI, René Ariel. *Curso de Direito Penal. Parte Geral*. 4ª Ed. São Paulo: Revista dos Tribunais, 2012, p. 696.

Livramento condicional especial: aplica-se na hipótese de reincidente em crime doloso, devendo ser cumprida mais de 1/2 da pena (CP, art. 83, II). Essa espécie dirige-se apenas aos reincidentes.

Livramento condicional extraordinário: aplica-se nos casos de condenação por crime hediondo, prática de tortura, tráfico ilícito de entorpecentes e drogas afins, tráfico de pessoas e terrorismo, se o apenado não for reincidente específico em crimes dessa natureza, devendo ser cumpridos mais de 2/3 da pena (CP, art. 83, V).

Atenção! Conforme veremos, o art. 112, VI, *a*, e VIII, da Lei n.º 7.210/84, com redação dada pela Lei n.º 13.964/2019 (Pacote Anticrime) vedou a concessão de livramento condicional nas hipóteses de (a) condenação pela prática de crime hediondo ou equiparado, com resultado morte e (b) reincidente em crime hediondo ou equiparado com resultado morte.

O livramento condicional possui algumas diferenças com a suspensão condicional da pena. Observe o **quadro estratégico** abaixo:

QUADRO COMPARATIVO
(principais diferenças)

Suspensão condicional da pena	Livramento condicional
Suspensão da execução da pena	**Abreviação do cumprimento da pena**
O agente não chega iniciar o cumprimento da pena, que é suspensa	O agente cumpre uma fração da pena e é solto
Pena privativa de liberdade não superior a 02 anos	Condenação a pena privativa de liberdade igual ou superior a 02 anos
Pena privativa de liberdade de curta duração	Foco em pena privativa de liberdade de média e longa duração
Fixada pelo juiz processante na sentença	Fixado pelo juízo da execução

2. REQUISITOS

2.1. Generalidades

A concessão do benefício de livramento condicional depende do cumprimento de requisitos objetivos e subjetivos (CP, art. 83, I a V).

Para uma visão panorâmica, confira o **quadro estratégico** abaixo:

<table>
<tr><td rowspan="7">Livramento condicional (requisitos)</td><td rowspan="3">Requisitos objetivos (CP, art. 83, I, II, IV e V)</td><td>a) condenação a pena privativa de liberdade igual ou superior a 02 anos (CP, art. 83, caput)</td></tr>
<tr><td>b) cumprimento de parte da pena (CP, art. 83, I, II e V):
Livramento ordinário: mais de 1/3 (bons antecedentes e não reincidente em crime doloso).
Livramento especial: mais de 1/2 (reincidente em crime doloso).
Livramento extraordinário: mais de 2/3, nos casos de condenação por crime hediondo, prática de tortura, tráfico de drogas, tráfico de pessoas e terrorismo, se o apenado não for reincidente específico em crimes dessa natureza.</td></tr>
<tr><td>c) reparação do dano, salvo impossibilidade de fazê-lo (CP, art. 83, IV)</td></tr>
<tr><td rowspan="4">Requisitos subjetivos (CP, art. 83, III)</td><td>a) bom comportamento durante a execução da pena;</td></tr>
<tr><td>b) não cometimento de falta grave nos últimos 12 meses;</td></tr>
<tr><td>c) bom desempenho no trabalho que lhe foi atribuído;</td></tr>
<tr><td>d) aptidão para prover a própria subsistência mediante trabalho honesto.</td></tr>
</table>

Cuidado! É possível a concessão de livramento condicional nos crimes cometidos com **violência ou grave ameaça à pessoa**.

Como visto no quadro acima, deve existir condenação a pena privativa de liberdade **igual ou superior a 02 anos**, excluídas as penas restritivas de direito e de multa. É possível a soma de penas para atingir esse limite mínimo, ainda que aplicadas em processos distintos.

O apenado também deve cumprir uma **fração da pena aplicada**. Mas há **divergência entre o STF e o STJ** sobre a aplicação ou não do **teto previsto no art. 75 do CP** no cálculo do livramento condicional.

> **STF, Súmula n.º 715**: "A pena unificada para atender ao limite de trinta anos[3] de cumprimento, determinado pelo art. 75 do Código Penal, não é considerada para a concessão de outros benefícios, como o livramento condicional ou regime mais favorável de execução".

[3] Onde está escrito 30 anos, leia-se 40 anos (CP, art. 75, com redação dada pela Lei n.º 13.964/2019).

Atenção! Após a entrada em vigor da Lei n.º 13.964/2019 (Pacote Anticrime), o STJ, de modo mais benéfico, possui decisões no sentido de que aplica-se o limite temporal previsto no art. 75 do CP ao apenado em livramento condicional (STJ, REsp 1.922.012-RS, 5ª Turma, Rel. Min. Joel Ilan, DJe 08/10/2021, Informativo n.º 712). O leitor deve ficar atento ao ponto. Para as provas, recomendamos seguir o **entendimento do STF**, a não ser que a questão faça referência expressa a essa **nova orientação do STJ**.

Em regra, o **reincidente em crime doloso** possui direito ao livramento condicional, devendo, no entanto, ter cumprido uma fração maior da pena, de **mais da metade**. Entretanto, não será cabível livramento condicional na hipótese de reincidente específico em crime hediondo, prática de tortura, tráfico de drogas, tráfico de pessoas e terrorismo (CP, art. 85, V).

> **STJ - Jurisprudência em Teses - ED 131 - Tese 53**: "A despeito de não ser considerado hediondo, o crime de associação para o tráfico, no que se refere à concessão do livramento condicional, deve, em razão do princípio da especialidade, observar a regra estabelecida pelo art. 44, parágrafo único, da Lei n. 11.343/2006: cumprimento de 2/3 (dois terços) da pena e vedação do benefício ao reincidente específico".
>
> **STJ – Jurisprudência em Teses - ED 45 - Tese 13**: "O parágrafo único do art. 44 da Lei n. 11.343/2006 exige o cumprimento de 2/3 da pena para a obtenção do livramento condicional nos casos de condenação por associação para o tráfico (art. 35), ainda que este não seja hediondo, sendo vedado o benefício ao reincidente específico".

A Lei n.º 13.964/2019 (Pacote Anticrime) incluiu de modo expresso no Código Penal mais um requisito: o não cometimento de falta grave nos últimos 12 meses (CP, art. 83, III, *b*), devendo o leitor ficar atento ao ponto.

> **Enunciado n.º 04, I Jornada de Direito Penal e Processo Penal**: "A ausência de falta grave nos últimos 12 (doze) meses como requisito à obtenção do livramento condicional (art. 83, III, 'b' do CP) aplica-se apenas às infrações penais praticadas a partir de 23/01/2020, quando entrou em vigor a Lei 13.964/2019".
>
> **Enunciado n.º 05, I Jornada de Direito Penal e Processo Penal**: "É prescindível a decisão final sobre a prática de falta grave para obstar o livramento condicional com base no art. 83, III, 'b' do CP".

Em matéria de direito intertemporal, lembramos que a lei penal não poderá retroagir, salvo para beneficiar o réu (CF, art. 5º, XL).

3.2. Falta grave e impactos no livramento condicional

A falta grave atinge apenas os requisitos subjetivos do benefício, não interrompendo o prazo para obtenção do livramento condicional.

Após a entrada em vigor do Pacote Anticrime, passou-se a questionar sobre a manutenção ou não da Súmula n.º 441 do STJ, diante do teor do art. 83, III, *b*, do CP, incluído pela Lei n.º 13.964/2019, que passou a dispor que um dos requisitos para o livramento condicional o é "não cometimento de falta grave nos **últimos 12 (doze) meses**". Esse é um requisito subjetivo.

> **STJ, Súmula 441**: "A falta grave não interrompe o prazo para obtenção de livramento condicional".

O enunciado sumular continua válido. O que o verbete n.º 441 do STJ diz é que não haverá interrupção do *prazo* para obtenção do livramento condicional (**requisito objetivo**). De outro lado, o que a Lei Anticrime fez foi **delimitar no tempo a verificação de um *requisito subjetivo*** já conhecido.

> **STJ – Jurisprudência em Teses - ED 146 - Tese 13**: "A falta disciplinar grave impede a concessão do livramento condicional, por evidenciar a ausência do requisito subjetivo relativo ao comportamento satisfatório durante o resgate da pena, nos termos do art. 83, III, do Código Penal".

Veja como era a **sistemática anterior** na jurisprudência do STJ em torno da inexistência de limitação no tempo do período de aferição da falta grave, antes da entrada em vigor da Lei n.º 13.964/2019 (Pacote Anticrime):

> "[...] LIVRAMENTO CONDICIONAL. FALTAS GRAVES. AUSÊNCIA DE REQUISITO SUBJETIVO. LIMITAÇÃO DO PERÍODO DE AFERIÇÃO. INEXISTÊNCIA [...]
> 2. Segundo entendimento fixado por esta Corte, não se aplica limite temporal para a análise do preenchimento do

> requisito subjetivo, devendo ser considerado todo o período de execução da pena, a fim de se averiguar o mérito do apenado [...] (STJ, AgRg no HC 533.069/SP, 5ª Turma, Rel. Min. Ribeiro Dantas, DJe 30/10/2019).

Como dito, essa era a sistemática anterior. A Lei n.º 13.964/2019 fixou um prazo-limite para verificação desse requisito subjetivo no tempo.

> **STJ, Tema Repetitivo 709**: "1. A prática de falta grave interrompe o prazo para a progressão de regime, acarretando a modificação da data-base e o início de nova contagem do lapso necessário para o preenchimento do requisito objetivo. 2. Em se tratando de livramento condicional, não ocorre a interrupção do prazo pela prática de falta grave. Aplicação da Súmula 441/STJ. 3. Também não é interrompido automaticamente o prazo pela falta grave no que diz respeito à comutação de pena ou indulto, mas a sua concessão deverá observar o cumprimento dos requisitos previstos no decreto presidencial pelo qual foram instituídos" (STJ, REsp 1364192/RS, 3ªSeção, Rel. Min. Sebastião Reis Júnior, DJe 17/09/2014).
>
> **STJ, Súmula n.º 535**: "A prática de falta grave não interrompe o prazo para fim de comutação de pena ou indulto".
>
> **STJ, Súmula n.º 534**: "A prática de falta grave interrompe a contagem do prazo para a progressão de regime de cumprimento de pena, o qual se reinicia a partir do cometimento dessa infração".
>
> **STJ – Jurisprudência em Teses - ED 146 - Tese 12**: "Os efeitos da prática de outra infração penal, no curso do livramento condicional, submetem-se às regras próprias deste benefício e, portanto, não se confundem com os consectários legais da falta grave".
>
> **Enunciado n.º 12, I Jornada de Direito Penal e Processo Penal**: "O requisito previsto no art. 83, III, b, do Código Penal, consistente em o agente não ter cometido falta grave nos últimos 12 (doze) meses, poderá ser valorado, com base no caso concreto, para fins de concessão de livramento condicional quanto a fatos ocorridos antes da entrada em vigor da Lei 13.964/2019, sendo interpretado como comportamento insatisfatório durante a execução da pena".

Portanto, mesmo após a Lei n.º 13.964/2019, a falta grave não interrompe o prazo para livramento condicional, mas é levada em consideração como requisito subjetivo em relação aos últimos 12 meses.

3. CONDIÇÕES

A denominação do instituto é intuitiva: o livramento é *condicional*. Concedido benefício e sendo o agente liberado, este será submetido ao cumprimento algumas **condições** (arts. 132 e 133 da LEP e art. 85 do CP).

Para uma visão panorâmica, observe o **quadro estratégico** abaixo:

Livramento condicional (condições)	Tipo	Condições
	Condições obrigatórias (LEP, art. 132, §1º)	a) obter ocupação lícita, dentro de prazo razoável se for apto para o trabalho;
		b) comunicar periodicamente ao juiz sua ocupação;
		c) não mudar do território da comarca do juízo da execução, sem prévia autorização deste.
	Condições facultativas (LEP, art. 132, §2º)	a) não mudar de residência sem comunicação ao juiz e à autoridade incumbida da observação cautelar e de proteção;
		b) recolher-se à habitação em hora fixada;
		c) não frequentar determinados lugares.
	Condições judiciais (CP, art. 85)	O juiz poderá fixar outras condições

De acordo com a doutrina, as causas de revogação do benefício – que veremos mais à frente – funcionam como condições **indiretas**.

Por fim, frise-se que as condições do livramento condicional podem ser **alteradas** quando houver justo motivo, pelo juiz, de ofício, a requerimento do Ministério Público, da Defensoria Pública ou mediante representação do Conselho Penitenciário, e ouvido o liberado (art. 144 da LEP).

4. DURAÇÃO DO PERÍODO DE PROVA

O Código Penal e a Lei n.º 7.210/84 (Lei de Execução Penal) são omissos. Conforme explica Damásio de Jesus, no livramento condicional, o período de prova corresponde ao *tempo de pena que resta ao liberado cumprir*. O sistema brasileiro não aceitou a orientação de outras legislações em que o período de prova tem um prazo mínimo de duração (ex: Áustria) ou vai além da pena que resta ao liberado cumprir (ex: Holanda e Bélgica) [4].

5. LIMITES

O livramento condicional **não será cabível** nas seguintes hipóteses:

(a) reincidente específico em crime hediondo, tortura, tráfico ilícito de entorpecentes e terrorismo (art. 83, V do CP e art. 44 da Lei n. 11.343/2006);

(b) condenação pela prática de crime hediondo ou equiparado com resultado morte ou reincidência específica nesses crimes com resultado morte (art. 112, VI, *a*, e VIII, da LEP, com redação dada pela Lei n.º 13.964/2019);

(c) condenação por integrar organização criminosa ou por crime praticado por meio de organização criminosa, se houver elementos probatórios que indiquem a manutenção do vínculo associativo (art. 2º, §9º, da Lei n.º 12.850/2013, com redação dada pela Lei n.º 13.964/2019).

6. REVOGAÇÃO

O legislador previu hipóteses de revogação obrigatória e facultativa do livramento condicional (CP, arts. 86 e 87).

Indo direto ao ponto, confira o **quadro estratégico** abaixo:

Livramento condicional (revogação)		
	Revogação obrigatória (CP, art. 86)	(a) condenação irrecorrível por crime cometido durante a vigência do benefício; (b) condenação irrecorrível por crime anterior.
	Revogação Facultativa (CP, art. 87)	(a) descumprimento das condições fixadas; (b) condenação irrecorrível, por crime ou contravenção, a pena que não seja privativa de liberdade.

[4] JESUS, Damásio E. de. *Direito Penal. Vol. 1. Parte Geral.* 34ª Ed. São Paulo: Saraiva, 2013, p. 676.

Todas as hipóteses acima relacionadas à prática de nova infração exigem a "condenação", não sendo suficiente a existência de mero processo.

O CESPE-UNB/CEBRASPE considerou **incorreta** a assertiva de que o condenado que esteja em gozo de livramento condicional terá o benefício legal revogado, de forma automática, caso venha a ser processado por outro crime praticado antes ou depois da concessão do livramento[5].

Contraditório e ampla defesa. Em regra, não é possível a revogação do livramento condicional sem prévia oitiva do condenado, devendo ser concedida a oportunidade de defesa. Segundo Cezar Roberto Bitencourt, deve ser efetuada uma distinção: nas causas de revogação facultativa, o liberado deve ser ouvido antes da revogação, porém, nas causas de revogação obrigatória, é desnecessária e inócua a oitiva do liberado[6].

O art. 88 do CP prevê uma regra importante sobre a revogação:

> "Art. 88 - Revogado o livramento, não poderá ser novamente concedido, e, salvo quando a revogação resulta de condenação por outro crime anterior àquele benefício, não se desconta na pena o tempo em que esteve solto o condenado".

Aqui, vale a regra: "**ao traidor nada**". Isso significa que caso o agente pratique novo crime após a obtenção do benefício ou descumpra alguma condição imposta, considera-se que traiu a confiança do juízo. Nesse caso, não merece nada: não será concedido novo benefício e não se desconta na pena o tempo em que esteve solto o condenado. Porém, não haverá "traição" quando o livramento for revogado por crime anterior ao benefício[7].

O efeito primário da revogação do livramento condicional é o retorno do condenado à prisão (estava livre sob certas "condições"). O efeito secundário é a negativa de recuperar o benefício, exigindo-se o cumprimento do restante da pena. Em tal caso, não será descontado o tempo em que o condenado esteve solto, salvo se o fundamento da revogação tiver sido a prática de crime anterior à concessão do livramento (CP, art. 88)[8].

O CESPE-UNB/CEBRASPE considerou **incorreta** a assertiva de que revogado o livramento condicional em razão de crime cometido antes ou

---

[5] Prova objetiva do concurso para o cargo de Promotor de Justiça (MP-RO), realizada em 2010.

[6] BITENCOURT, Cezar Roberto. *Tratado de Direito Penal. Vol. 1. Parte Geral.* 11ª Ed. São Paulo: Saraiva, 2007, p. 671.

[7] BONFIM, Edilson Mougenot; CAPEZ, Fernando. *Direito Penal. Parte Geral.* São Paulo: Saraiva, 2004, p. 760.

[8] DOTTI, René Ariel. *Op. Cit.*, p. 698.

durante o período de prova, não poderá ele ser novamente concedido e não se descontará na pena o tempo em que o condenado esteve solto[9].

7. SUSPENSÃO DO LIVRAMENTO CONDICIONAL

A prática de novo crime, durante o curso do livramento condicional, autoriza a suspensão cautelar do benefício (art. 145 da LEP e 732 do CPP).

O art. 145 da Lei n.º 7.210/84 (Lei de Execução Penal) previu a possibilidade de suspensão do benefício pelo juiz. Confira:

> "Art. 145. Praticada pelo liberado outra infração penal, o Juiz *poderá* ordenar a sua **prisão**, ouvidos o Conselho Penitenciário e o Ministério Público, **suspendendo** o curso do livramento condicional, cuja revogação, entretanto, ficará dependendo da decisão final".

Atenção! A hipótese cuida de suspensão do livramento em si, com o *retorno do agente à prisão*, e não apenas da paralisação do período de prova. A suspensão do livramento condicional não é obrigatória e depende de **decisão judicial específica**[10]. Essa decisão possui natureza cautelar.

> **Prisão preventiva da execução?** No HC 105497/RJ do STF, o Min. Gilmar Mendes, baseando-se no parecer da Procuradoria da República, destacou a existência da chamada "prisão preventiva da execução"[11]: para a suspensão do livramento condicional, é necessário que estejam presentes os requisitos da prisão preventiva (*prisão preventiva da execução*). Assim, na execução penal, para a suspensão do livramento condicional, a simples notícia da prática de outro delito não é suficiente para que o sentenciado retorne à prisão de forma automática, havendo a necessidade de demonstração dos requisitos da prisão preventiva (*periculum libertatis*).

[9] Prova objetiva do concurso para o cargo de Promotor de Justiça (MP-PI), realizada em 2012.

[10]

[11] [...] levando-se em conta que a suspensão do livramento condicional tem natureza cautelar, reputo que a decisão que a suspende, e determina o retorno do infrator ao cárcere, deve ser fundamentada tal e qual seria decisão de decreto de prisão preventiva. Não há de ser automática, e menos ainda *ex vi* do art. 145 da LEP [...] Dada a natureza cautelar da suspensão, a simples notícia da prática de outro delito não é suficiente para que o sentenciado retorne à prisão pois, para tanto, deve ficar demonstrado o periculum libertatis (o que é chamado de prisão preventiva da execução)" (STF, HC 95136, 2ª Turma, Dec. Mon. Min. Gilmar Mendes, DJe 31/03/2011).

Finalizando o tópico, anote-se que para a suspensão do livramento condicional, **não há necessidade de prévia condenação** do agente em relação à outra infração penal, diversamente do que ocorre com a *revogação*, em o legislador exige sentença irrecorrível (CP, art. 86).

8. PRORROGAÇÃO

Enquanto não passar em julgado a sentença em processo a que responde o liberado por crime cometido na vigência do livramento, o juiz não poderá declarar extinta a pena (CP, art. 89).

Damásio de Jesus explica o funcionamento da prorrogação:

> "Se, ao término do período de prova, o liberado está respondendo por crime cometido durante a sua vigência, o prazo (do período de prova) é prorrogado, não podendo o juiz declarar a extinção da punibilidade enquanto não transitar em julgado a sentença absolutória. A *contrario sensu*, se, ao término do período de prova, o liberado está respondendo por crime cometido antes da sua vigência, o juiz deve decretar a extinção da pena, não havendo prorrogação"[12].

Portanto, se o agente comete nova infração durante a vigência do livramento condicional, o período de prova é prorrogado até que transite em julgado a sentença em relação à nova infração.

9. EXTINÇÃO DA PENA

Nos termos do art. 90 do CP, se até o seu término o livramento não é revogado, considera-se extinta a pena privativa de liberdade.

> **STJ, Súmula n.º 617**: "A ausência de suspensão ou revogação do livramento condicional antes do término do período de prova enseja a extinção da punibilidade pelo integral cumprimento da pena".

[12] JESUS, Damásio E. de. *Op. Cit.* p. 683.

Assim, cumpridas as condições, o juiz, de ofício, a requerimento do interessado, do Ministério Público ou mediante representação do Conselho Penitenciário, julgará extinta a pena privativa de liberdade, se expirar o prazo do livramento sem revogação (art. 146 da Lei n.º 7.210/84).

10. QUESTÕES FINAIS

10.1. Livramento condicional e preso provisório

É possível a concessão de livramento condicional ao preso provisório. A presunção de inocência existe para proteger o réu, e não para prejudicá-lo.

Segundo o STF, admite-se a concessão de livramento condicional ao acusado que se encontra preso provisoriamente por mais tempo do que o necessário para o cabimento do benefício[13].

10.2. Livramento condicional antecipado ou cautelar

É aquele concedido em caráter provisório e precário, antes da decisão final sobre o livramento condicional do apenado. Não é mais aceito.

No passado, foi uma construção jurisprudencial criada para atender duas situações: (a) demora injustificada do parecer do Conselho Penitenciário sobre o livramento condicional e (b) para o juiz evitar encaminhar o preso para a prisão albergue domiciliar, por falta de Casa do Albergado na região.

Atualmente, essas situações perderam suas razões de ser. Isso porque, quanto à primeira hipótese, entende-se que o parecer do Conselho Penitenciário não é obrigatório, mas facultativo. Quanto à segunda, os próprios presos começaram a interpor recurso de agravo em execução contra a concessão do benefício, pois preferiam a prisão albergue domiciliar[14].

---

[13] "Prisão processual: direito à progressão do regime ou a livramento condicional [...] A jurisprudência do STF já não reclama o trânsito em julgado da condenação nem para a concessão do indulto, nem para a progressão de regime de execução, nem para o **livramento condicional** [...] No caso, o paciente - submetido à prisão processual, que perdura por mais de 2/3 da pena fixada na condenação, dada a demora do julgamento de recursos de apelação - tem direito a progressão de regime de execução ou a concessão de livramento condicional, exigindo-se, contudo, o preenchimento de requisitos subjetivos para a deferimento dos benefícios (STF, HC 87801, 1ª Rel. Min. Sepúlveda Pertence, DJ 26/05/2006).

[14] NUCCI, Guilherme de Souza. *Curso de Direito Penal. Vol. 1. Parte Geral.* 4ª Ed. São Paulo: Forense, 2020, p. 808.

10.3. Livramento condicional e estrangeiro

É possível a concessão do livramento condicional ao estrangeiro que cumpre pena em território nacional pela prática de crime comum.

Na hipótese, deve prevalecer o princípio da isonomia. Ainda que o estrangeiro responda a processo de expulsão, o benefício poderá ser concedido, *ex vi* do art. 54, §3º, da Lei n.º 13.445/2017 (Lei de Migração).

10.4. Livramento condicional e *habeas corpus*

Em regra, não cabe *habeas corpus* para discussão dos requisitos do livramento condicional, salvo nos casos de flagrante ilegalidade, abuso de poder ou teratologia, quando o remédio heroico poderá ser utilizado.

10.5. Livramento condicional insubsistente

A expressão "livramento condicional insubsistente" é utilizada pela doutrina para designar a situação do condenado que não comparece à cerimônia de aceitação das condições ou que não aceita as condições impostas. A rigor, não se trata de hipótese de revogação, mas de insubsistência do livramento condicional.

10.6. Livramento condicional humanitário

Na doutrina, o livramento condicional humanitário é identificado como aquele concedido ao condenado que não preencheu os requisitos legais, mas encontra-se em estado grave de saúde. Não possui previsão legal e, segundo a posição dominante, não é admitido no direito brasileiro.

Nesses casos, o mais adequado é a prisão domiciliar humanitária, prevista no art. 117 da Lei de Execução Penal, que o STF e o STJ têm entendido ser aplicável aos regimes fechado, semiaberto e aberto (STF, AP 996 AgR-quinto, 2ª Turma, Rel. Min. Edson Fachin, DJ 29/09/2020; STJ, AGRHC 538837, 6ª Turma, Rel. Min. Laurita Vaz, DJ 17/12/2019).

CAPÍTULO 24

EFEITOS DA CONDENAÇÃO E REABILITAÇÃO

1. INTRODUÇÃO

Além da pena, que constitui o principal efeito da condenação, o legislador também previu outros efeitos da condenação criminal (CP, arts. 91, 91-A e 92), como consequências que, direta ou indiretamente, atingem o condenado por sentença penal condenatória definitiva.

Conforme veremos, os efeitos da condenação não se limitam à esfera penal, alcançando o campo *extrapenal* (cível, administrativo, trabalhista e político). Medidas como a reparação dos danos civis causados, suspensão dos direitos políticos e perda do cargo público são exemplos de consequências que o réu poderá sofrer em razão de uma condenação criminal.

Mas após a condenação e o cumprimento da pena imposta, como uma medida voltada à reinserção social do infrator, o Estado prevê a reabilitação criminal (CP, arts. 93 a 95), garantindo o sigilo sobre os antecedentes do apenado e a suspensão de alguns efeitos específicos da condenação.

2. EFEITOS DA CONDENAÇÃO NO CÓDIGO PENAL

2.1. Considerações gerais

Como dissemos, o principal efeito da condenação é a **pena**, mas o legislador também previu **outros efeitos** da condenação. Na sistemática do Código Penal, esses efeitos são apontados nos arts. 91, 91-A e 92 do CP, com algumas complementações na legislação penal especial.

Sobre os efeitos da condenação, Luiz Regis Prado assim asseverou:

> "A imposição de sanção penal (pena privativa de liberdade, restritiva de direito e/ou multa) ou de medida de segurança é, sem dúvida, o principal efeito da condenação. Entretanto, o fato de estar o réu compelido à execução da pena aplicada pela sentença condenatória não afasta a existência de efeitos outros, secundários, reflexos ou acessórios, de natureza penal e extrapenal, que em alguns casos necessariamente a acompanham"[1].

Para estimular a memória, observe a **simbologia estratégica** abaixo:

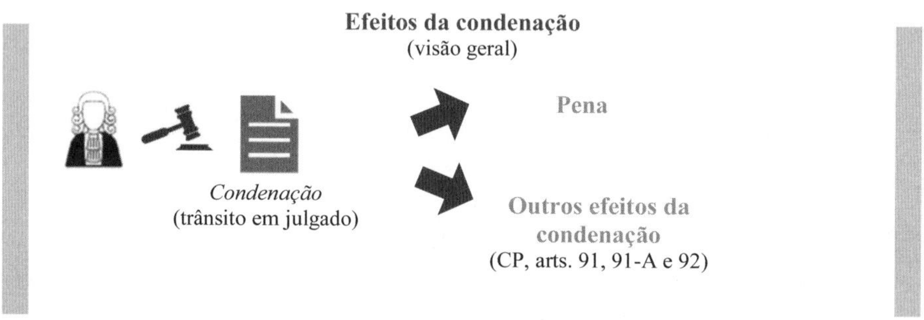

Normalmente, quando se fala em "efeitos da condenação", quer-se fazer referência aos **outros efeitos da condenação**, distintos da pena. Essa foi a diretriz adotada pela Parte Geral do Código Penal (Título V, Capítulo VI).

---

[1] PRADO, Luiz Regis. *Curso de Direito Penal Brasileiro. Vol. 1. Parte Geral.* 12ª Ed. São Paulo: Revista dos Tribunais, 2013, p. 766.

Para uma visão panorâmica, confira o **quadro estratégico** abaixo:

Efeitos da condenação (visão geral)			
Efeito principal	Pena		
Efeitos secundários	**Penais**		a) induz à reincidência (CP, art. 63) b) impede, em regra, o *sursis* (CP, art. 77, I) c) causa, em regra, a revogação do *sursis* (CP, art. 81, I) d) revogação do livramento condicional (CP, art. 86) e) aumenta o prazo da prescrição da pretensão executória (PPE) (CP, art. 110, *caput*) f) interrompe o prazo da PPE havendo reincidência (CP, art. 117, VI) g) revogação da reabilitação (CP, art. 95) h) nome no rol dos culpados (CPP, art. 694)
	Extrapenais	**Genéricos** (CP, arts. 91 e 91-A) (automáticos)	a) dever de reparar o dano b) confisco dos instrumentos, produto e proveito do crime c) confisco alargado d) suspensão dos direitos políticos
Dependem de declaração específica		**Específicos** (CP, art. 92) (não são automáticos)	a) perda do cargo, função ou mandato b) incapacidade para o exercício do poder familiar, tutela ou curatela c) inabilitação para dirigir veículo

Cuidado! Os efeitos extrapenais **genéricos** são automáticos e não precisam ser declarados na sentença. Ex: dever de reparar o dano. Por outro lado, os efeitos extrapenais **específicos** não são automáticos, devendo ser declarados motivadamente na sentença (CP, art. 92, parágrafo único).

> **Efeitos da condenação e extinção da punibilidade**: no caso de sentença declaratória da extinção da punibilidade, em regra, os efeitos da condenação não se produzem, pois *não há condenação*. Ex: prescrição da pretensão punitiva (PPP: abstrata, retroativa e intercorrente). A exceção fica para os casos em que há lei ou ato posterior à condenação que extingue a punibilidade do agente por motivo superveniente, quando poderão subsistir parte dos efeitos da condenação. Ex: lei de anistia e *abolitio criminis*[2], que atingem apenas os efeitos penais. Outro exemplo de exceção é a prescrição da pretensão executória (PPE), que afeta apenas a pena principal, subsistindo os demais efeitos da condenação.

[2] CP, art. 2º: "Ninguém pode ser punido por fato que lei posterior deixa de considerar crime, cessando em virtude dela a execução e os efeitos penais da sentença condenatória".

> **STJ, Súmula n.º 18**: "A sentença concessiva do perdão judicial é declaratória da extinção da punibilidade, não subsistindo qualquer efeito condenatório".

O CESPE-UNB/CEBRASPE considerou **correta** a assertiva de que em caso de extinção da punibilidade decorrente de prescrição retroativa, não subsiste a sentença penal condenatória para fins de reparação do dano[3].

Conforme já estudado, na hipótese de aplicação de **medida de segurança** ao inimputável, não há condenação, mas **absolvição imprópria**, não sendo aplicáveis os efeitos da condenação penal. Além disso, lembramos que a instância penal somente vincula as outras esferas em duas hipóteses: (a) condenação e (b) absolvição por negativa de autoria ou inexistência material do fato. Nos demais casos (ex: extinção da punibilidade, exclusão da culpabilidade etc.), não haverá vinculação da esfera extrapenal.

O CESPE-UNB/CEBRASPE considerou **incorreta** a assertiva de que em caso de extinção da punibilidade decorrente de anistia, não subsiste a sentença penal condenatória para fins de reparação do dano[4].

2.2. Efeitos extrapenais

2.2.1. Considerações preliminares

No Código Penal, os efeitos da condenação são previstos nos arts. 91, 91-A e 92, podendo ser classificados em **genéricos** ou **específicos**.

Vejamos mais uma vez essa parte no **quadro estratégico**:

Efeitos extrapenais (requisitos)	**Genéricos** (CP, arts. 91 e 91-A)	1) Dever de reparar o dano 2) Confisco dos instrumentos, produto e proveito do crime 3) Confisco alargado 4) Suspensão dos direitos políticos (CF, art. 15, III)
	Específicos (CP, art. 92)	1) Perda do cargo, função ou mandato 2) Incapacidade para o exercício do poder familiar, tutela ou curatela 3) Inabilitação para dirigir veículo

[3] Prova objetiva do concurso para o cargo de Juiz de Direito (TJPI), realizada em 2007.
[4] Prova objetiva do concurso para o cargo de Juiz de Direito (TJPI), realizada em 2007.

Conforme já afirmado, os efeitos extrapenais **genéricos** decorrem de qualquer condenação criminal e não precisam ser declarados de modo expresso na sentença. São efeitos *automáticos* (CP, art. 91). Por outro lado, os efeitos extrapenais **específicos** não incidem em todos os casos, mas apenas em hipóteses específicas. Além disso, *não são automáticos*, devendo ser declarados motivadamente na sentença (CP, art. 92, parágrafo único).

> **Lei de tortura e efeito automático**: o art. 1º, §5º, da Lei 9.455/97 dispõe que, em relação ao crime de tortura, a condenação acarretará a perda do cargo, função ou emprego público e a interdição para seu exercício pelo dobro do prazo da pena aplicada. Segundo o STJ, no crime de tortura, a perda do cargo é um *efeito automático* e *obrigatório* da condenação, não havendo necessidade de ser declarada por sentença (STJ, AgRg no AREsp 825.002/SC, 6ª Turma, Rel. Min. Antônio Palheiro, DJe 25/11/2019).

O leitor deve ficar atento ao regramento da Lei n.º 9.455/97 (Crimes de Tortura), pois esse é um ponto recorrente nas provas de concursos.

O CESPE-UNB/CEBRASPE considerou **correta** a assertiva de que a condenação de agente público por delito previsto na Lei de Tortura acarreta, como efeito extrapenal automático da sentença condenatória, a perda do cargo, função ou emprego público e a interdição para seu exercício pelo dobro do prazo da pena aplicada, segundo entendimento do STJ[5].

2.2.2. Efeitos extrapenais genéricos

Tornar certa a obrigação de reparar o dano causado pelo crime (CP, art. 91, I): com o trânsito em julgado da sentença condenatória, tem-se por certa a obrigação de reparar o dano civil causado pela infração. O art. 387, IV, do CPP dispõe que o juiz, ao proferir sentença condenatória, fixará o *valor mínimo* para reparação dos danos causados pela infração, considerando os prejuízos sofridos pelo ofendido. Trata-se de efeito automático de toda e qualquer condenação e não precisa ser declarado expressamente na sentença.

A obrigação de reparar o dano abrange os **danos civis** causados pelo delito, de acordo com o **princípio da reparação integral dos danos**. Alcança os danos materiais, morais, estéticos e os novos danos civis (danos por perda

[5] Prova objetiva do concurso para o cargo de Promotor de Justiça (MP-AC), realizada em 2014.

de uma chance, dano moral coletivo, danos sociais etc.) eventualmente existentes. Mas deve ser assegurado o prévio contraditório no processo penal.

> **STJ, Súmula n.º 37**: "São cumuláveis as indenizações por dano material e dano moral oriundos do mesmo fato".
>
> **STJ, Súmula n.º 387**: "É possível a cumulação das indenizações de dano estético e moral".

Confisco penal (CP, art. 91, II): são efeitos da condenação a *perda* em favor da União, ressalvado o direito do lesado ou de terceiro de boa-fé: (a) dos *instrumentos* do crime, desde que consistam em coisas cujo fabrico, alienação, uso, porte ou detenção constitua fato ilícito, ressalvado o direito do lesado ou de terceiro de boa-fé e (b) do *produto* ou *proveito* do crime, ressalvado o direito do lesado ou terceiro de boa-fé.

> **Confisco e transação penal nos Juizados Especiais Criminais**: a decisão que homologa a transação penal *não tem os mesmos efeitos de uma sentença penal condenatória*, não sendo possível falar em efeitos extrapenais "da condenação", dentre eles o confisco penal (CP, art. 91, II). O STF, inclusive, já decidiu que os efeitos extrapenais da condenação (CP, art. 91) não se aplicam à sentença homologatória de transação penal (STF, RE 795567, Pleno, Rel. Min. Teori Zavascki, DJ 09/09/2015).

No sistema brasileiro, o confisco penal engloba a tríade *instrumento-produto-proveito* do crime como efeito da condenação. Vejamos:

- **instrumentos**: são utensílios ou artefatos utilizados na prática do delito. Ex: arma de fogo, veículo de propriedade do criminoso, explosivos etc. Não é qualquer instrumento que pode ser confiscado, mas apenas aquele cujo porte, fabrico ou alienação constituam fato ilícito, ressalvado o direito do lesado ou do terceiro de boa-fé. Ex: instrumentos para refinamento de drogas.

- **produto do crime**: é a vantagem direta obtida com a prática do crime. Ex: veículo roubado, dinheiro furtado etc.;

- **proveito**: é a vantagem indireta que decorre da prática do crime. Ex: dinheiro obtido com a venda do objeto roubado.

Embora o instrumento, o produto e o proveito do crime sejam objeto de confisco, devem ser ressalvados os direitos de terceiros de boa-fé.

> **Extinto TFR, Súmula n.º 138**: "A pena de perdimento de veículo, utilizado em contrabando ou descaminho, somente se justifica se demonstrada, em procedimento regular, a responsabilidade do seu proprietário na prática do ilícito".
>
> **Enunciado n.º 97 do FONAJE**: "É possível a decretação, como efeito secundário da sentença condenatória, da perda dos veículos utilizados na prática de crime ambiental da competência dos Juizados Especiais Criminais".

Confisco alargado: o art. 91-A do CP, incluído pela Lei n.º 13.964/2019 (Pacote Anticrime), contempla a possibilidade de confisco os *bens correspondentes à diferença entre o valor do patrimônio do condenado e aquele que seja compatível com o seu rendimento lícito*. O objetivo é promover a despatrimonialização dos criminosos. Confira:

> "Art. 91-A. Na hipótese de condenação por infrações às quais a lei comine pena máxima superior a 6 (seis) anos de reclusão, poderá ser decretada a perda, como produto ou proveito do crime, dos bens correspondentes à **diferença** entre o valor do patrimônio do condenado e aquele que seja compatível com o seu rendimento lícito.
> § 1º Para efeito da perda prevista no caput deste artigo, entende-se por patrimônio do condenado todos os bens:
> I - de sua titularidade, ou em relação aos quais ele tenha o domínio e o benefício direto ou indireto, na data da infração penal ou recebidos posteriormente; e
> II - transferidos a terceiros a título gratuito ou mediante contraprestação irrisória, a partir do início da atividade criminal.
> § 2º O condenado poderá demonstrar a inexistência da incompatibilidade ou a procedência lícita do patrimônio.
> § 3º A perda prevista neste artigo deverá ser requerida expressamente pelo Ministério Público, por ocasião do oferecimento da denúncia, com indicação da diferença apurada.
> § 4º Na sentença condenatória, o juiz deve declarar o valor da diferença apurada e **especificar** os bens cuja perda for decretada.

> § 5º Os instrumentos utilizados para a prática de crimes por organizações criminosas e milícias deverão ser declarados perdidos em favor da União ou do Estado, dependendo da Justiça onde tramita a ação penal, ainda que não ponham em perigo a segurança das pessoas, a moral ou a ordem pública, nem ofereçam sério risco de ser utilizados para o cometimento de novos crimes".

Sem dúvidas, a novidade legislativa supre uma importante lacuna, permitindo que seja alcançado, com maior segurança, o **patrimônio ilícito do agente que tem um padrão de vida incompatível com os rendimentos lícitos** por ele auferidos (ex: traficantes, bicheiros etc.). Naturalmente, a aplicação do novo dispositivo não poderá ser indiscriminada, sendo determinante o papel exercido pela acusação, a quem cabe o **ônus da prova** da incompatibilidade entre o patrimônio e os rendimentos lícitos do acusado.

> **Enunciado n.º 15, I Jornada de Direito Penal e Processo Penal**: "Para fins de aplicação do art. 91-A do Código Penal, cabe ao Ministério Público, e não à defesa, a comprovação de incompatibilidade entre o patrimônio e os rendimentos lícitos do réu".
>
> **GNCCRIM, Enunciado n.º 02**: "Nos casos de confisco alargado (art. 91-A), para efeito de indicação do valor a ser perdido (parágrafo 3º), basta a apresentação de cálculo simplificado, baseado nos dados disponíveis no momento do oferecimento da denúncia, sem prejuízo do incremento do quantum decorrente de eventuais provas que venham a ser aviadas aos autos no curso da instrução processual".

O art. 243 da Constituição Federal prevê a chamada **desapropriação-confisco**, relacionada às glebas em que for verificada a existência cultivo ilegal de plantas psicotrópicas ou exploração de trabalho escravo. Confira:

> "Art. 243. As propriedades rurais e urbanas de qualquer região do País onde forem localizadas culturas ilegais de **plantas psicotrópicas** ou a **exploração de trabalho escravo** na forma da lei serão expropriadas e destinadas à reforma agrária e a programas de habitação popular, sem qualquer indenização ao proprietário e sem prejuízo de outras sanções previstas em lei, observado, no que couber, o disposto no art. 5º.

> Parágrafo único. Todo e qualquer bem de valor econômico apreendido em decorrência do tráfico ilícito de entorpecentes e drogas afins e da exploração de trabalho escravo será confiscado e reverterá a fundo especial com destinação específica, na forma da lei".

Segundo o STF, é possível o confisco de todo e qualquer bem de valor econômico apreendido em decorrência do tráfico de drogas, sem a necessidade de se perquirir a habitualidade, reiteração do uso do bem para tal finalidade, a sua modificação para dificultar a descoberta do local do acondicionamento da droga ou qualquer outro requisito além daqueles previstos expressamente no art. 243, parágrafo único, da CF (STF, RE 638491/PR, Pleno, Rel. Min. Luiz Fux, j. 17/05/2017, Informativo n.º 865).

Na hipótese do art. 243 da Constituição, o efeito confiscatório pode ser reconhecido na esfera cível e na esfera penal. Desse modo, poderá ser ajuizada ação cível de desapropriação pela União (desapropriação-confisco), perante a Justiça Federal, independentemente do trânsito em julgado na esfera criminal. Além disso, o confisco poderá decorrer da sentença penal condenatória, como efeito automático (CP, art. 91, II).

> **STJ - Jurisprudência em Teses - ED 131 - Tese 58**: "A expropriação de bens em favor da União, decorrente da prática de crime de tráfico ilícito de entorpecentes, constitui efeito automático da sentença penal condenatória".

Suspensão dos direitos políticos: o art. 15, III, da CF aponta a condenação criminal transitada em julgado como causa de suspensão dos direitos políticos, enquanto durarem os seus efeitos, cessando apenas com o cumprimento ou extinção da pena. Sendo assim, o indivíduo condenado definitivamente não poderá votar e nem ser votado, lembrando que, segundo o STF, o art. 15, III, da CF é norma autoaplicável (STF, RE 601182/MG, Pleno, Red. p/ ac. Min. Alexandre de Moraes, j. 08/05/2019, Informativo n.º 939). Esse efeito não se aplica ao preso provisório, que poderá votar normalmente.

> **STF, Tema 370 (repercussão geral)**: "A suspensão de direitos políticos prevista no art. 15, inc. III, da Constituição Federal aplica-se no caso de substituição da pena privativa de liberdade pela restritiva de direitos" (STF, RE 601182, Pleno, Rel. Min. Marco Aurélio, j. 08/05/2019).

> **TSE, Súmula n.º 09**: "A suspensão de direitos políticos decorrente de condenação criminal transitada em julgado cessa com o cumprimento ou a extinção da pena, independendo de reabilitação ou de prova de reparação dos danos".

A Lei de Ficha Limpa (LC n.º 135/2010) buscou impedir a eleição para cargos políticos de candidatos condenados por **órgão colegiado de segundo grau** pela prática de um dos crimes previstos no *rol legal especificado*, tornando-os absolutamente inelegíveis para qualquer cargo (art. 1º, I, e da LC n.º 64/80, com redação dada pela Lei n.º 135/2020). Por isso, nesses casos, a inelegibilidade absoluta pode ocorrer antes do trânsito em julgado da condenação criminal, por imposição de norma eleitoral específica.

O STF já reconheceu a constitucionalidade da Lei de Ficha Limpa (STF, ADCs 29 e 30 e ADI 4578, Pleno, Rel. Min. Luiz Fux, DJ 29/06/2012).

2.2.3. Efeitos extrapenais específicos

Os efeitos extrapenais específicos da condenação são previstos expressamente no art. 92 do CP. Vejamos:

> "Art. 92 - São também efeitos da condenação:
> I - a perda de cargo, função pública ou mandato eletivo:
> a) quando aplicada pena privativa de liberdade por tempo igual ou superior a um ano, nos crimes praticados com abuso de poder ou violação de dever para com a Administração Pública;
> b) quando for aplicada pena privativa de liberdade por tempo superior a 4 (quatro) anos nos demais casos;
> II – a incapacidade para o exercício do poder familiar, da tutela ou da curatela nos crimes dolosos sujeitos à pena de reclusão cometidos contra outrem igualmente titular do mesmo poder familiar, contra filho, filha ou outro descendente ou contra tutelado ou curatelado;
> III - a inabilitação para dirigir veículo, quando utilizado como meio para a prática de crime doloso.
> Parágrafo único - Os efeitos de que trata este artigo não são automáticos, devendo ser motivadamente declarados na sentença".

Perda de cargo, função pública ou mandato eletivo (CP, art. 92, I): o Código Penal previu como efeito extrapenal específico da condenação a perda de cargo, função pública ou mandato eletivo em duas hipóteses: (a) quando aplicada pena privativa de liberdade por tempo igual ou superior a 01 ano, nos crimes praticados com abuso de poder ou violação de dever para com a Administração Pública e (b) quando for aplicada pena privativa de liberdade por tempo superior a 04 anos nos demais casos.

Lembramos que esse não é um efeito automático da condenação, havendo necessidade de motivação e declaração expressa na sentença.

De acordo com o STJ, em regra, o efeito de perdimento (CP, art. 92, I) deve ser restrito ao cargo ocupado ou função pública exercida no momento do delito, à exceção da hipótese em que o magistrado, motivadamente, entender que o novo cargo ou função guarda correlação com as atribuições anteriores (STJ, REsp 1.452.935-PE, 5ª Turma, Rel. Min. Reynaldo Soares, DJe 17/3/2017, Informativo n.º 599).

> **Perda de mandato eletivo e vinculação do Legislativo:** no caso Mensalão, o STF entendeu que, havendo condenação criminal, caberá ao Poder Judiciário decidir, em definitivo, sobre a perda do mandato. Para a Corte, a perda deve ocorrer não por deliberação política da Casa Legislativa, porque não há juízo político a ser feito, mas apenas por uma *declaração vinculada da Mesa* (STF, AP 470, Pleno, Rel. Min. Joaquim Barbosa, DJe-074 22/04/2013, Informativo n.º 703; STF, AP 863/SP, 1ª Turma, Rel. Min. Edson Fachin, j. 23/05/2017, Informativo n.º 866).

Atenção! A perda do cargo público pode ocorrer nos crimes *com* e *sem* relação com as funções, de acordo com a pena aplicada (CP, art. 92, I).

Para fins de memorização, observe o **esquema estratégico** abaixo:

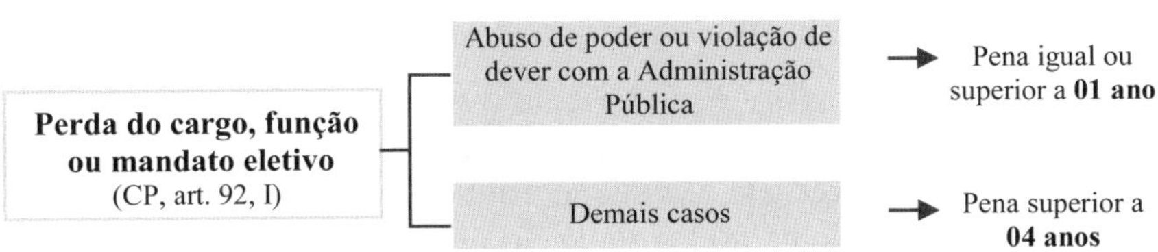

Como podemos perceber, há uma **tolerância menor quanto aos crimes cometidos com abuso de poder ou violação de dever com a Administração pública (pena igual ou superior a 01 ano)**. Nos delitos em que não há abuso de poder ou violação de dever com a Administração Pública, a lógica para a perda do cargo, função ou mandato é, a rigor, a impossibilidade de continuação no exercício, já que, sendo a pena superior a 04 anos, não será possível nem a substituição da pena privativa de liberdade por restritiva de direitos (CP, art. 44, I) e nem a fixação de regime aberto (CP, art. 33, §2º, *c*), ficando o agente impossibilitado de exercer a atividade.

Na verdade, há uma escala de intensidade quanto à pena aplicada:

Efeito da condenação
Perda do cargo, função pública ou mandato eletivo
(funcionamento)

01 ano — **04 anos**

Pena inferior a 01 ano
Não é possível a perda do cargo, função pública ou mandato eletivo

Pena igual ou superior a 01 ano
Perda do cargo, função pública ou mandato eletivo nos crimes cometidos com abuso de poder ou violação de dever com a Administração Pública

Pena superior a 04 anos
Perda do cargo, função pública ou mandato nos demais casos

Cuidado! Esse não é um efeito automático da condenação, devendo ser motivadamente declarado na sentença (CP, art. 92, parágrafo único).

O CESPE-UNB/CEBRASPE considerou **incorreta** a assertiva de que conforme o Código Penal e a legislação aplicável, constitui efeito automático da condenação criminal, que independe de expressa motivação em sentença, nos casos de crimes praticados com violação de dever para com a administração pública, a perda de cargo ou função pública, quando aplicada pena privativa de liberdade igual ou superior a um ano[6].

Quanto aos **militares**, é importante ressaltar que há uma **maior amplitude dos deveres inerentes à função**. Segundo o STJ, na hipótese em que um policial militar comete crime de roubo, mesmo não estando em serviço e nem se valendo do cargo, há violação de dever com a Administração Pública, sendo aplicável o art. 91, I, a do CP (STJ, REsp 1561248/GO, 5ª Turma, Rel. Min. Reynaldo Soares da Fonseca, DJe 01/12/2015).

[6] Prova objetiva do concurso para o cargo de Juiz de Direito (TJSC), realizada em 2019.

Assim, por exemplo, na hipótese em que policial militar, em dia de folga e vestido com traje civil, se embriaga voluntariamente e tenta roubar veículo de particular, sendo preso em flagrante, o militar, mesmo fora do exercício da função, violou dever inerente a ela, porque está vinculado à Administração Pública no exercício das atividades cotidianas, sendo cabível a perda do cargo como efeito da condenação, ainda que a pena aplicada seja inferior a 04 anos, mais superior a 01 ano, aplicando-se o art. 92, I, *a*, do CP.

> **Efeitos da condenação criminal e perda da aposentadoria**: a perda da aposentadoria no serviço público não é efeito da condenação. Segundo o STJ, o art. 92, I, do CP refere-se à perda do cargo, função pública ou mandado eletivo, mas nada diz a respeito da cassação da aposentadoria. Por se tratar de norma penal punitiva, não se admite analogia *in malam partem* (STJ, AgRg no AREsp 980.297/RN, 5ª Turma, Rel. Min. Felix Fischer, DJe 23/03/2018). Assim, a cassação de aposentadoria não é um efeito da condenação penal, mas é prevista como sanção disciplinar aplicável ao inativo que houver praticado, *na atividade* – antes de se aposentar –, falta punível com demissão (art. 134 da Lei n.º 8.112/90).

Incapacidade para o exercício do poder familiar, tutela ou curatela (CP, art. 92, II): o Código Penal também previu como efeito extrapenal específico da condenação a incapacidade para o exercício do poder familiar, tutela ou curatela nos *crimes dolosos* sujeitos à pena de *reclusão* cometidos contra outrem igualmente titular do mesmo poder familiar, contra filho, filha ou outro descendente ou contra tutelado ou curatelado.

O CESPE-UNB/CEBRASPE considerou **incorreta** a assertiva de que a incapacidade para o exercício da tutela é efeito específico da condenação por crime doloso ou culposo cometido contra o tutelado[7].

Inabilitação para dirigir veículo (CP, art. 92, III): o terceiro e último efeito extrapenal específico da condenação previsto no Código Penal é a inabilitação para dirigir veículo quando este for utilizado como **meio para a prática de crime doloso**. Busca-se alcançar, por exemplo, o "motorista de fuga", que normalmente figura como partícipe da infração, procurando desarticular o grupo criminoso. Mas não só o motorista de fuga, mas todo aquele que utiliza de veículo para cometer crimes dolosos – seja com dolo direto ou eventual – poderá ser alcançado por este efeito, que não é automático. Ex: morte causadas por rachas em acidente de trânsito.

[7] Prova objetiva do concurso para o cargo de Juiz de Direito (TJSE), realizada em 2008.

3. EFEITOS DA CONDENAÇÃO NA LEGISLAÇÃO ESPECIAL

Lei de Tortura: como visto, o art. 1º, §5º, da Lei 9.455/97 preceitua que a condenação acarretará a perda do cargo, função ou emprego público e a *interdição* para seu exercício *pelo dobro do prazo* da pena aplicada. Esses efeitos são automáticos, não havendo necessidade de ser declarados por sentença. Segundo o STJ, nos crimes de tortura, a perda do cargo é **efeito automático e obrigatório** da condenação (STJ, AgRg no AREsp 825.002/SC, 6ª Turma, Rel. Min. Antônio Palheiro, DJe 25/11/2019).

Organizações Criminosas: o art. 2º, §6º, da Lei n.º 12.850/2013 (Lei de Organizações Criminosas) dispõe que a condenação com trânsito em julgado acarretará ao funcionário público a perda do cargo, função, emprego ou mandato eletivo e a *interdição* para o exercício de função ou cargo público pelo prazo de 8 (oito) anos subsequentes ao cumprimento da pena. Da mesma forma que ocorre no regime da Lei de Tortura, no regime da Lei n.º 12.850/2013, a perda do cargo constitui **efeito automático** da condenação.

Racismo: o art. 16 da Lei n.º 7.716/89 (Crimes de Racismo) prevê que constitui efeito da condenação a perda do cargo ou função pública, para o servidor público, e a *suspensão* do funcionamento do estabelecimento particular por prazo não superior a três meses. Devemos destacar que esses efeitos **não são automáticos**, dependendo de motivação e declaração expressa na sentença, nos termos do art. 18 da referida Lei.

Lavagem de dinheiro: o art. 7º, II, da Lei n.º 9.613/98 (Lavagem de Dinheiro) dispõe que constitui efeito da condenação, além dos previstos no Código Penal, a *interdição* do exercício de cargo ou função pública de qualquer natureza e de diretor, de membro de conselho de administração ou de gerência das pessoas jurídicas referidas no art. 9º, pelo *dobro do tempo* da pena privativa de liberdade aplicada. Esse efeito **não é automático**, dependendo de declaração motivada e expressa na sentença

Lei de Falências: o art. 181, I a III, da Lei n.º 11.101/2005 prevê que são efeitos da condenação por crime falimentar: (a) a inabilitação para o exercício de atividade empresarial; (b) o impedimento para o exercício de cargo ou função em conselho de administração, diretoria ou gerência das sociedades sujeitas a esta Lei e (c) a impossibilidade de gerir empresa por mandato ou por gestão de negócio. Nos termos do art. 181, §1º, da mesma Lei, esses efeitos **não são automáticos**, devendo ser motivadamente declarados na sentença, e perdurarão até 05 anos após a extinção da punibilidade, podendo, contudo, cessar antes pela reabilitação penal.

Abuso de autoridade: o art. 4º, II e III, da Lei n.º 13.869/2019 (nova Lei de Abuso de Autoridade) preceitua que são efeitos específicos da condenação: (a) a inabilitação para o exercício de cargo, mandato ou função pública, pelo período de 1 (um) a 5 (cinco) anos e (b) a perda do cargo, do mandato ou da função pública. Nos termos do art. 4º, parágrafo único, da mesma Lei, os efeitos previstos nos incisos II e III do *caput* deste artigo são condicionados à ocorrência de reincidência em crime de abuso de autoridade e **não são automáticos**, devendo ser declarados motivadamente na sentença.

Consolidação das Leis do Trabalho (CLT): o art. 482, *d*, da CLT estabelece que constitui justa causa para rescisão do contrato de trabalho a condenação criminal do empregado, passada em julgado, caso não tenha havido suspensão da execução da pena.

4. REABILITAÇÃO

4.1. Conceito, natureza jurídica e efeitos

Reabilitação criminal é uma medida de política criminal voltada à reinserção social do infrator, garantindo-se o sigilo de seus antecedentes e a suspensão condicional de efeitos específicos da condenação. É disciplinada expressamente pelos arts. 93 a 95 do Código Penal.

Natureza jurídica: trata-se de causa suspensiva de alguns efeitos secundários da condenação e dos registros criminais. A reabilitação alcança até mesmo os crimes hediondos e equiparados, em prol da ressocialização.

A reabilitação criminal produz os seguintes **efeitos**:

(a) sigilo do processo e da condenação;

(b) poderá alcançar os efeitos da condenação previstos no art. 92 do CP (efeitos secundários extrapenais específicos).

Quanto ao primeiro efeito, os registros criminais do reabilitado não serão mais objeto de folhas de antecedentes criminais ou de certidões. Assim, é expedida certidão de "**nada consta**". Mas esse sigilo é relativo, não sendo aplicável em caso de requisição de informações por autoridade judicial.

O art. 748 do CPP assim dispõe:

> "Art. 748. A condenação ou condenações anteriores não serão mencionadas na folha de antecedentes do

> reabilitado, nem em certidão extraída dos livros do juízo, salvo quando requisitadas por juiz criminal".

Na verdade, o efeito de sigilo do processo e da condenação (CP, art. 93) se tornou inútil, já que o art. 202 da Lei n.º 7.210/84 (Lei de Execução Penal) assegura o sigilo a partir da extinção da pena. De todo modo, o art. 748 do CPP garante ao reabilitado o sigilo das condenações criminais anteriores na folha de antecedentes. Caso o agente público permita que essas informações circulem, poderá responder pelo crime de violação de sigilo funcional, se o fato não constituir crime mais grave (CP, art. 325).

Sobre o segundo efeito, a reabilitação criminal poderá suspender os efeitos secundários extrapenais específicos da condenação, previstos no art. 92 do CP, sendo vedada a reintegração à situação anterior nas hipóteses de perda de cargo, função pública ou mandato eletivo e incapacidade para o poder familiar, tutela ou curatela (CP, art. 93, parágrafo único).

Por fim, lembramos que a reabilitação **não apaga a reincidência** (efeito penal secundário da condenação), o que somente ocorre com o decurso do período depurador de 05 anos, nos termos do art. 64, I, do CP.

4.2. Requisitos

A concessão da reabilitação criminal depende da presença cumulativa de alguns requisitos legais (CP, art. 94). Confira no **quadro estratégico**:

Reabilitação (CP, art. 94)	**Requisitos**	Decurso de 02 anos da extinção da pena, ou da audiência admonitória na hipótese de *sursis* ou livramento condicional;
		Ter domicílio do País no durante esses 02 anos;
		Bom comportamento público e privado durante os 02 anos;
		Reparação do dano, salvo absoluta impossibilidade de fazê-lo, comprovada renúncia da vítima ou novação da dívida.

Em geral, para a concessão da reabilitação, no **período de 02 anos** após a extinção da pena (ou da audiência admonitória, no caso de *sursis* ou livramento condicional), o agente deve ter apresentado domicílio no país, bom comportamento público e privado e a reparação do dano. Esses requisitos são **cumulativos** e deverão ser cumpridos até o dia da apresentação do pedido.

Atenção! Presentes os requisitos legais, o juiz deverá conceder o benefício, sendo um direito do agente, por força do princípio da legalidade

A competência para a concessão do benefício pertence ao **juiz da execução penal**, pois reabilitação somente é concedida após a execução da pena (CPP, art. 746). Negada a reabilitação, esta poderá ser requerida *a qualquer tempo*, desde que o pedido seja instruído com novos elementos comprobatórios dos requisitos necessários (CP, art. 94, parágrafo único).

4.3. Prescrição e reabilitação

A prescrição da pretensão punitiva (PPP) impede e torna desnecessária a reabilitação, que pressupõe a existência de uma condenação anterior. A prescrição da pretensão executória (PPE) não constitui óbice.

Conforme explica René Ariel Dotti, na hipótese de prescrição da pretensão punitiva (PPP), não há que se falar em reabilitação, que pressupõe uma sentença condenatória exequível[8]. Por outro lado, a prescrição da pretensão executória (PPE) não impede a reabilitação, porquanto afeta apenas a pena, subsistindo outros efeitos da condenação (STJ, REsp 1580644/SP, 6ª Turma, Rel. Min. Maria Thereza de Assis Moura, DJe 13/06/2016).

O CESPE-UNB/CEBRASPE considerou **incorreta** a assertiva de que a prescrição da pretensão punitiva do Estado não impede o pedido de reabilitação[9].

4.4. Revogação

Nos termos do art. 95 do CP, a reabilitação será revogada, de ofício ou a requerimento do Ministério Público, se o reabilitado for condenado, como reincidente, por decisão definitiva, a pena que não seja de multa.

Observe-se que, nos casos de condenação à pena exclusivamente de multa, a reabilitação não será revogada.

[8] DOTTI, René Ariel. *Curso de Direito Penal. Parte Geral.* 4ª Ed. São Paulo: Revista dos Tribunais, 2012, p. 720.

[9] Prova objetiva do concurso para o cargo de Juiz de Direito (TJTO), realizada em 2007.

CAPÍTULO 25
EXTINÇÃO DA PUNIBILIDADE

1. INTRODUÇÃO

Punibilidade é a possibilidade de punir; representa a punição em estado potencial. Uma vez praticado o delito, surge para o Estado a pretensão punitiva, com a possibilidade de punir o responsável pela infração penal.

Ocorre que o direito de punir (*ius puniendi*) não é absoluto ou ilimitado, podendo ser extinto em determinadas hipóteses. O art. 107, I a IX, do CP prevê, em **rol não exaustivo**[1], as seguintes causas de extinção da punibilidade do infrator: morte do agente; anistia, graça ou indulto; retroatividade de lei que não considera mais o fato como criminoso (*abolitio criminis*); prescrição, decadência ou perempção; renúncia ao direito de queixa e perdão do ofendido nos crimes de ação penal privada; retratação do agente, nos casos em que a lei a admite e perdão judicial, nos casos previstos em lei.

Conforme veremos, existem causas de extinção da punibilidade previstas em outros dispositivos do Código Penal e na legislação especial.

---

[1] DOTTI, René Ariel. *Curso de Direito Penal. Parte Geral.* 4ª Ed. São Paulo: Revista dos Tribunais, 2012, p. 783.

2. MORTE DO AGENTE

A punibilidade será extinta pela **morte do agente** (CP, art. 107, I). Há uma máxima antiga segundo a qual a morte tudo apaga (*mors ominia solvit)*. Nenhuma pena passará da pessoa do condenado (CF, art. 5º, XLV). Trata-se de causa personalíssima, não sendo comunicável aos coautores e partícipes.

Para estimular a memória, observe a **simbologia estratégica** abaixo:

Morte do agente

Extinção dos *efeitos penais*

O critério legal é a morte cerebral (Lei n.º 9.434/97), comprovada pela **certidão de óbito** (CPP, art. 62). Sendo questão ligada ao estado de pessoas, incidem as restrições probatórias da lei civil (CPP, art. 155, parágrafo único).

> **Certidão de óbito falsa e coisa julgada**: o STF e o STJ têm decidido que a decisão judicial que extingue a punibilidade com base em certidão de óbito falsa é considerada *inexistente* e não gera coisa julgada em sentido estrito (STF, HC 104998, 1ª Turma, Rel. Min. Dias Toffoli, DJe 09/05/2011; STJ, HC 286.575/MG, 5ª Turma, Rel. Min. Felix Fischer DJe 17/11/2014).

Efeitos: a morte extingue os *efeitos penais* (principais e secundários) da condenação, **inclusive a pena de multa** e as penas restritivas de direitos. Os efeitos extrapenais subsistem, sendo o dever de reparar o dano transmitido aos herdeiros, nos limites das forças da herança (CF, art. 5º, XLV).

A declaração de ausência (CC/2002, art. 22 e seguintes) não se equipara à morte, uma vez que sua finalidade é apenas patrimonial. Quanto à morte presumida (CC/2002, art. 7º), apesar da divergência[2], prevalece a orientação de que, como há expedição de certidão de óbito, a punibilidade será extinta[3].

---

[2] No sentido de que a morte presumida gera apenas efeitos patrimoniais, não produzindo efeitos penais: PRADO, Luiz Regis. *Curso de Direito Penal Brasileiro. Parte Geral*. 12ª Ed. São Paulo: RT, 2013, p. 819.

[3] CAPEZ, Fernando. *Curso de Direito Penal. Parte Geral*. 16ª Ed. São Paulo: Saraiva, 2012, p. 597-598.

3. ANISTIA, GRAÇA E INDULTO

A punibilidade do agente será extinta pela anistia, graça ou indulto, nos termos do art. 107, II, do CP.

Para uma visão panorâmica, observe a **simbologia estratégica** abaixo:

Anistia: tradicionalmente conhecida como **lei do esquecimento**, anistia é o ato legislativo pelo qual o Estado renuncia ao poder-dever de punir. Trata-se de lei penal de efeito retroativo que retira os efeitos penais do crime praticado, promovendo-se o esquecimento jurídico do ilícito. Diz respeito a fatos, e não a pessoas (*natureza objetiva*). A competência é exclusiva da União (CF, art. 21, XVII) e privativa do Congresso Nacional (CF, art. 48, VIII). Somente poderá ser concedida através de **lei federal**. Na doutrina, fala-se em "**leis de anistia**". Quanto ao momento, a anistia poderá ser concedida antes ou depois da condenação, de modo total ou parcial, e retira os **efeitos penais**, principais e secundários, subsistindo os efeitos extrapenais.

A anistia possui efeitos *ex tunc* (retroativos), ainda que já cumprida a pena, alcançando nessa hipótese os registros criminais, que são efeitos penais.

O CESPE-UNB/CEBRASPE considerou **incorreta** a assertiva de que em caso de extinção da punibilidade decorrente de anistia, não subsiste a sentença penal condenatória para fins de reparação do dano[4].

O objeto principal da anistia refere-se aos **crimes políticos**, o que não exclui sua aplicação excepcional aos crimes comuns[5].

[4] Prova objetiva do concurso para o cargo de Juiz de Direito (TJPI), realizada em 2007.
[5] PRADO, Luiz Regis, *Op. Cit.*, p. 820.

Graça e indulto: são atos privativos do Presidente da República, veiculados através de **decreto**, admitida a delegação a Ministro de Estado (CF, art. 84, XII e parágrafo único). Graça e indulto são atos de clemência ou indulgência deixados a relativo poder discricionário do Presidente da República para extinguir ou comutar penas. A **graça** é um benefício **individual** concedido mediante provocação do interessado (*natureza subjetiva*). O **indulto** – que é mais utilizado – possui caráter **coletivo** (**mnemônico**[6]), é concedido *ex officio* pelo Presidente e destina-se a sujeitos indeterminados, sendo delimitado pela natureza do crime e pela quantidade da pena aplicada (*natureza mista*).

A graça e o indulto têm por objeto os **crimes comuns**. Pressupõem o **trânsito em julgado** e atingem apenas o efeito penal principal da condenação, isto é, a pena, de forma total ou parcial. Nesses casos, subsistem os efeitos secundários, penais (ex: reincidência) e extrapenais.

> **STJ, Súmula n.º 631**: "O indulto extingue os efeitos primários da condenação (pretensão executória), mas não atinge os efeitos secundários, penais ou extrapenais".

Também poderão alcançar a **medida de segurança**, apesar de não haver condenação do inimputável nessa hipótese (absolvição imprópria).

> **STF, Tema 371 (repercussão geral)**: "Reveste-se de legitimidade jurídica a concessão, pelo Presidente da República, do benefício constitucional do indulto (CF, art. 84, XII), que traduz expressão do poder de graça do Estado, mesmo se se tratar de indulgência destinada a favorecer pessoa que, em razão de sua inimputabilidade ou semi-imputabilidade, sofre medida de segurança, ainda que de caráter pessoal e detentivo" (STF, RE 628658, Pleno, Rel. Min. Marco Aurélio, DJe-059 01/04/2016).

Sobre os efeitos no tempo, a graça e o indulto (*decreto*) atingem apenas as **execuções penais em andamento** no momento da expedição do decreto presidencial, não alcançando os condenados que já cumpriram integralmente a pena. O ponto é diferente a anistia (*lei*) que, como visto anteriormente, possui efeitos retroativos, ainda que cumprida a pena.

[6] **Macete mnemônico**: para memorizar qual dos dois benefícios tem caráter coletivo ou individual, basta raciocinar a partir do antônimo lembrado pela grafia da palavra: o contrário de **in**dividual é coletivo. Assim, "o **IN**dulto tem caráter coletivo" (raciocínio inverso).

> **STJ - Jurisprudência em Teses ED 139 - Tese 06**: "O indulto e a comutação de pena incidem sobre as execuções em curso no momento da edição do decreto presidencial, não sendo possível considerar na base de cálculo dos benefícios as penas já extintas em decorrência do integral cumprimento".

O CESPE-UNB/CEBRASPE considerou **incorreta** a assertiva de que a concessão de indulto é de competência do presidente da República, pode ocorrer antes ou depois da sentença penal condenatória e sempre retroage em benefício do agente[7].

Para uma visão comparativa entre anistia, graça e indulto, com o intuito de facilitar a memorização, confira o **quadro estratégico** abaixo:

ANISTIA, GRAÇA E INDULTO (Comparação)		
Anistia	**Graça**	**Indulto**
Ato do Congresso Nacional. Lei federal ("leis de anistia")	Ato do Presidente da República. Decreto	Ato do Presidente da República. Decreto
Natureza objetiva (destina-se a fatos)	Natureza subjetiva (individual)	Natureza mista (espécies de crimes e sujeitos)
Crimes políticos e, excepcionalmente, crimes comuns	Somente crimes comuns	Somente crimes comuns
Atinge todos os efeitos penais (principais e secundários)	Atinge apenas os efeitos penais principais	Atinge apenas os efeitos penais principais
Pode ser concedida a qualquer tempo	Pressupõe o trânsito em julgado da condenação	Pressupõe o trânsito em julgado da condenação
Retroage, ainda que a pena tenha sido extinta	Não retroage. Alcança apenas as execuções penais em andamento	Não retroage. Alcança apenas as execuções penais em andamento

A graça e o indulto podem atingir a pena de forma **total** ou **parcial**. O STF, inclusive, já decidiu que o indulto da *pena privativa de liberdade* não alcança a pena de multa que tenha sido objeto de parcelamento espontaneamente assumido pelo sentenciado (STF, EP 11 IndCom-AgR/DF, Pleno, Rel. Min. Roberto Barroso, j. 08/11/2017, Informativo n.º 884).

[7] Prova objetiva do concurso para o cargo de Juiz de Direito (TJSE), realizada em 2008.

Limites: são insuscetíveis de graça ou anistia a prática da tortura, o tráfico ilícito de entorpecentes, o terrorismo e os definidos como crimes hediondos (CF, art. 5º, XLIII). Para os fins constitucionais, a graça em sentido amplo engloba a graça em sentido estrito, o indulto e a comutação e pena.

> **Indulto e separação dos poderes**: se o indulto, oriundo do Poder Executivo via decreto, retira a punição criminal de uma conduta prevista em lei editada pelo Poder Legislativo, não haveria violação à separação dos poderes? Não. Para o STF, o exercício do poder de indultar não fere a separação dos poderes e nem é concebido como uma "carta em branco". O decreto de indulto não é imune ao controle jurisdicional e está sob o império da Constituição, havendo limites expressos (CF, art. 5º, XLIII) e implícitos. Como limite implícito, o STF já reconheceu a impossibilidade de eventualmente ser outorgada a clemência soberana ao extraditando. O indulto não se restringe à pena privativa de liberdade, podendo abranger as penas pecuniárias e medidas de segurança (STF, ADI 5874/DF, Pleno, Red. p/ ac. Min. Alexandre de Moraes, j. 09/05/2019, Informativo n.º 939).

Sobre as vedações constitucionais, confira a **simbologia estratégica**:

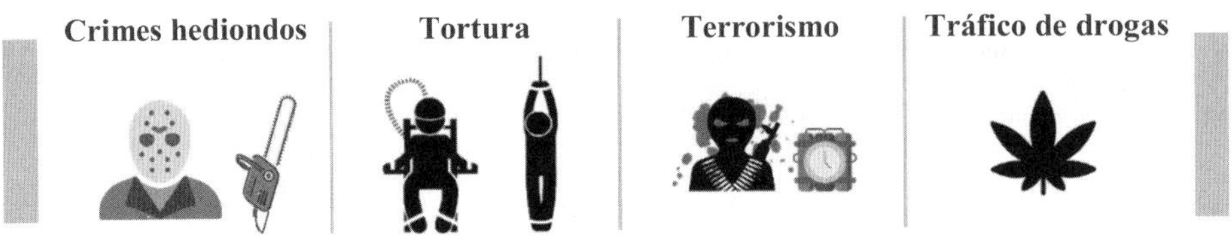

Atenção! Para o STF, não havendo vedação do decreto presidencial, é possível a concessão de indulto aos crimes hediondos praticados **antes da Lei n.º 8.072/90** (STF, RE 452991, 1ª Turma, Rel. Min. Marco Aurélio, DJ 21/08/2009). Além disso, de acordo com o STJ, a proibição do art. 5º, XLIII, da CF não alcança os crimes comuns praticados em concurso de infrações (STJ, HC 464.475/SP, 6ª Turma, Rel. Min. Laurita Vaz, DJe 19/12/2018).

> **STJ - Jurisprudência em Teses - ED 139 - Tese 10**: "Não dispondo o decreto autorizador de forma contrária, os condenados por crimes de natureza hedionda têm direito aos benefícios de indulto ou de comutação de pena, desde que as infrações penais tenham sido praticadas antes da vigência da Lei n. 8.072/1990 e suas modificadoras".

> **STJ - Jurisprudência em Teses - ED 139 - Tese 11**: "É possível a concessão de comutação de pena aos condenados por crime comum praticado em concurso com crime hediondo, desde que o apenado tenha cumprido as frações referentes aos delitos comum e hediondo, exigidas pelo respectivo decreto presidencial".

Como o tráfico de drogas **privilegiado** (art. 33, §4º, da Lei n.º 11.343/2006) não é equiparado a crime hediondo (STF, HC 118533), fica de fora da proibição constitucional. Além disso, a prática de falta grave não interrompe o prazo para fim de comutação da pena ou indulto, mas poderá gerar reflexos nos requisitos subjetivos. Ademais, mesmo estando o condenado no gozo de *sursis* ou livramento condicional, é possível a concessão de indulto.

> **STJ, Tema Repetitivo 600**: "O tráfico ilícito de drogas na sua forma privilegiada (art. 33, § 4º, da Lei n. 11.343/2006) não é crime equiparado a hediondo (STJ, REsp 1329088/RS, 3ª Seção, Rel. Min. Sebastião Reis Júnior, DJe 26/04/2013).
>
> **STJ - Jurisprudência em Teses - ED 139 - Tese 12**: "É possível a concessão de indulto aos condenados por crime de tráfico de drogas privilegiado (§4º do art. 33 da Lei n. 11.343/2006), por estar desprovido de natureza hedionda".
>
> **STJ, Súmula n.º 535**: "A prática de falta grave não interrompe o prazo para fim de comutação de pena ou indulto".

Indulto humanitário é aquele concedido por razão de deficiência física ou mental ou por grave estado de saúde. É admissível, salvo nos casos de vedação constitucional (CF, art. 5º, XLIII).

4. *ABOLITIO CRIMINIS*

A punibilidade será extinta pela retroatividade de lei que não mais considera o fato como criminoso (CP, art. 107, III).

Abolitio criminis é a extinção do crime pelo legislador, o que torna o fato penalmente atípico. É uma medida que depende de lei. Não se admite *abolitio criminis* por medida provisória e nem pelo costume.

> **STJ – Jurisprudência em Teses - ED 131 - Tese 06**: "A conduta de porte de substância entorpecente para consumo próprio, prevista no art. 28 da Lei n. 11.343/2006, foi apenas despenalizada pela nova Lei de Drogas, mas não descriminalizada, não havendo, portanto, abolitio criminis".

Para estimular a memória, observe a **simbologia estratégica** abaixo:

Abolitio criminis

Extinção do crime

Cuidado! A *abolitio criminis* é um instituto de Direito Penal e faz cessar a execução e os **efeitos penais** da condenação. Não apaga os efeitos civis do ato, que, salvo disposição em contrário, subsiste como ilícito civil.

5. PRESCRIÇÃO

5.1. Conceito, fundamentos políticos e espécies

Prescrição é a perda da pretensão punitiva ou executória do Estado pelo não exercício em determinado período de tempo.

O direito não socorre aos que dormem (*dormientibus non sucurrit ius*). Após a prática do delito, o *ius puniendi* do Estado não pode permanecer indefinido no tempo em relação ao fato praticado pelo infrator, como se houvesse uma "espada de Dâmocles" pairando sobre a cabeça do indivíduo. A pretensão de **punir** ou de **executar** a sanção penal imposta é limitada no tempo.

> **Fundamentos políticos da prescrição**: (a) o decurso do tempo leva ao esquecimento do fato; (b) o transcurso do tempo leva à recuperação do criminoso; (c) o Estado deve arcar com sua inércia e (d) o passar do tempo enfraquece o suporte probatório (**mnemônico**[8]).

[8] **Macete mnemônico**: "**PIRE**" – Consequências do decurso do tempo: enfraquecimento de Provas; o Estado deve arcar com sua Inércia; Recuperação do criminoso e Esquecimento do fato.

Para estimular a memória, observe a **simbologia estratégica** abaixo:

Prescrição

Perda do tempo para o Estado *punir* ou *executar* a sanção penal imposta

O sistema brasileiro contempla duas grandes espécies de prescrição, com algumas subdivisões. Confira no **quadro estratégico**:

Prescrição penal (espécies)		
	Prescrição da Pretensão Punitiva (PPP)	Prescrição abstrata propriamente dita
		Prescrição retroativa
		Prescrição intercorrente
	Prescrição da Pretensão Executória (PPE)	Perda do direito de executar a pena

Essas espécies de prescrição serão estudadas com maiores detalhes mais à frente. Por ora, basta visualizar e memorizar a subdivisão apontada.

5.2. Infrações imprescritíveis

A Constituição de 1988 prevê duas hipóteses de imprescritibilidade (CF, art. 5º XLII e XLIV): (a) racismo e (b) ação de grupos armados, civis ou militares, contra a ordem constitucional e o Estado Democrático.

Esse rol é **taxativo** e não poderá ser ampliado pelo legislador, nem mesmo por emenda à Constituição. A CF consagrou a prescritibilidade como um direito individual, o que constitui cláusula pétrea (CF, art. 60, §4º, IV).

Apesar de ser um rol taxativo, deve ser interpretado com razoabilidade para atender aos fins constitucionais. Segundo o STF, o crime de injúria racial, espécie do gênero racismo, é imprescritível (STF, HC 154248/DF, Pleno, Rel. Min. Edson Fachin, j. 28/10/2021, Informativo n.º 1036).

Cuidado! Os crimes hediondos, tortura, tráfico ilícito de entorpecentes e o terrorismo não são imprescritíveis, por não constarem do rol taxativo.

Para o STF e o STJ, a Convenção sobre a Imprescritibilidade dos Crimes de Guerra e dos Crimes contra a Humanidade não impede a extinção da punibilidade pela prescrição (STF, Ext 1362/DF, Pleno, Red. p/ ac. Min. Teori Zavascki, j. 09/11/2016, Informativo n.º 846; STJ, REsp 1.798.903-RJ, 3ª Seção, Rel. Min. Reynaldo Soares, DJe 30/10/2019, Informativo n.º 659). [9]

5.3. Prescrição da pretensão punitiva (PPP)

A **prescrição da pretensão punitiva (PPP)** é a perda do poder-dever de *punir*, em razão da inércia do Estado em determinado período de tempo. Como visto anteriormente, existem três espécies de prescrição da pretensão punitiva e cada uma delas possui sistemática própria.

Para uma melhor visualização, observe o **quadro estratégico** abaixo:

PRESCRIÇÃO DA PRETENSÃO PUNITIVA (Visão geral)			
	Prescrição abstrata propriamente dita	**Prescrição retroativa**	**Prescrição Intercorrente**
Noção	Calculada a partir da data do fato até o trânsito em julgado	Calculada da sentença condenatória para trás	Calculada da sentença condenatória para frente
Base de cálculo	Pena abstrata	Pena concreta	Pena concreta
Termo inicial	Consumação do delito, em regra	Recebimento da denúncia ou queixa	Publicação da sentença condenatória recorrível
Prazo	Tabela do art. 109 do CP	Tabela do art. 109 do CP	Tabela do art. 109 do CP
Ponto importante	Pode ocorrer entre a data do fato e o recebimento da denúncia	Não corre entre a data do fato e recebimento da denúncia (Lei 12.234)	Somente corre da sentença condenatória para frente

[9] Em sentido contrário é o teor do **Enunciado n.º 27 da I Jornada de Direito Penal e Processo Penal**: "São imprescritíveis e insuscetíveis de anistia, graça ou indulto crimes que caracterizem graves violações de direitos humanos, praticados por agentes públicos ou particulares, diante da Convenção Americana de Direitos Humanos e da pacífica jurisprudência da Corte Interamericana de Direitos Humanos, de observância obrigatória por todos os órgãos e poderes do Estado brasileiro".

Prescrição abstrata propriamente dita: essa espécie de PPP é calculada com base na pena máxima abstrata cominada ao delito, sendo contada, em regra, a partir da consumação da infração (CP, art. 111, I).

Prescrição retroativa: reporta-se ao período anterior à sentença. É calculada com base na pena concreta fixada, da sentença condenatória para trás, a partir do recebimento da denúncia (CP, art. 110, §1º). Com o advento da Lei n.º 12.234/2010, essa espécie de prescrição não pode "em nenhuma hipótese, ter por termo inicial data anterior à da denúncia ou queixa" (CP, art. 110, §1º). Ou seja, *não corre no entre a data do fato e o recebimento da denúncia ou queixa*, limitação que não se estende à prescrição abstrata (outra espécie).

> **STF, Súmula n.º 146**: "A prescrição da ação penal regula-se pela pena concretizada na sentença, quando não há recurso da acusação".

Prescrição intercorrente ou superveniente: é calculada com base na pena concreta, da sentença condenatória para frente. É contada a partir da sentença condenatória até o trânsito em julgado final para ambas as partes.

Atenção! As espécies de prescrição da pretensão punitiva (PPP) operam simultaneamente em favor do réu, cada uma delas sob um ângulo.

Para uma melhor visualização, confira o **esquema estratégico** abaixo:

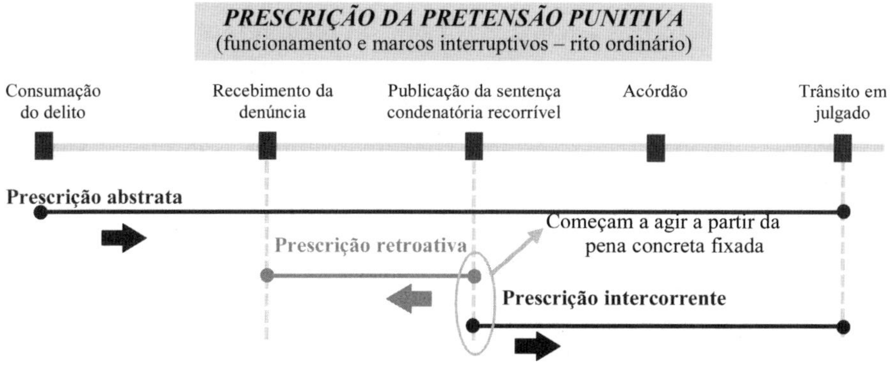

No esquema acima, podemos observar que cada espécie de prescrição da pretensão punitiva (PPP) possui uma "**linha de percurso própria**", com as três correndo simultaneamente a favor do réu, conforme o avançar do processo.

Essas linhas poderão ser afetadas pelas causas de *suspensão* e *interrupção* da prescrição, que estudaremos mais à frente. Outro detalhe importante é que concurso de crimes, as penas são computadas isoladamente (CP, art. 119). Assim, os critérios do cúmulo material e da exasperação são desprezados.

Prescrição virtual? Não é aceita. A "**prescrição virtual**", antecipada ou em perspectiva é identificada pela doutrina como aquela calculada com base na provável pena concreta que o réu receberia ao final do processo caso fosse condenado. Essa é uma corrente minoritária. O STF e o STJ não admitem a prescrição virtual, diante da ausência de previsão legal e da possibilidade de aditamento da denúncia no curso do processo (STF, HC 198709 AgR, 2ª Turma, Rel. Min. Ricardo Lewandowski, DJ 14/04/2021; STJ, AgRg no HC 572.247/SP, 6ª Turma, Rel. Min. Sebastião Reis, DJe 05/03/2021).

> **STF, Tema 239 (repercussão geral)**: "É inadmissível a extinção da punibilidade em virtude da decretação da prescrição 'em perspectiva, projetada ou antecipada', isto é, com base em previsão da pena que hipoteticamente seria aplicada, independentemente da existência ou sorte do processo criminal" (STF, RE 602527 QO-RG, Pleno, Rel. Min. Cezar Peluso, DJe-237 17/12/2009).
>
> **STJ, Súmula n.º 438**: "É inadmissível a extinção da punibilidade pela prescrição da pretensão punitiva com fundamento em pena hipotética, independentemente da existência ou sorte do processo penal"[10].

O CESPE-UNB/CEBRASPE considerou **incorreta** a assertiva de que é admissível a extinção da punibilidade em razão da prescrição da pretensão punitiva com fundamento em pena hipotética[11].

Prosseguindo em nosso estudo, convém examinar as diretrizes sobre o **termo inicial** da prescrição (PPP), começando pela prescrição abstrata.

A prescrição abstrata é contada a partir do dia em que o crime se consumar. Quanto ao cálculo da prescrição, o Código Penal adotou a **teoria do resultado** (CP, art. 111, I). Essa é a regra geral entre nós.

Exceções: (a) crimes tentados: a prescrição começa a correr do dia em que cessar a atividade criminosa (CP, art. 111, II); (b) crimes permanentes: a

[10] **MPF, 2ª CCR, Enunciado n.º 28:** "Inadmissível o reconhecimento da extinção da punibilidade pela prescrição, considerando a pena em perspectiva, por ferir os primados constitucionais do devido processo legal, da ampla defesa e da presunção de inocência".

[11] Prova objetiva do concurso para o cargo de Juiz de Direito (TJPB), realizada em 2015.

partir do dia em que cessar a permanência (CP, art. 111, III); (c) bigamia e falsificação ou alteração de registro civil: da data em que o fato se tornou conhecido (CP, art. 111, IV) e (d) crimes contra dignidade sexual de crianças ou adolescentes: da data em que a vítima completar 18 anos (CP, art. 111, V).

> **Crimes contra a ordem tributária**: nos crimes materiais contra a ordem tributária e equiparados, a prescrição somente começa a correr após a constituição definitiva do crédito tributário, que é o momento da consumação da infração (STJ, EREsp 1318662/PR, 3ª Seção, Rel. Min. Felix Fischer, DJe 04/12/2018).
>
> **STF, Súmula Vinculante n.º 24**: "Não se tipifica crime material contra a ordem tributária, previsto no artigo 1º, incisos I a IV, da Lei nº 8.137/90, antes do lançamento definitivo do tributo".
>
> **FONACRIM, Enunciado n.º 95**: "No caso dos crimes tributários alcançados pela súmula vinculante n.º 24, a prescrição tem início com a constituição definitiva do crédito".

Nos **crimes falimentares**, a prescrição começa a correr do dia da decretação da falência, da concessão da recuperação judicial ou da homologação do plano de recuperação extrajudicial. Registre-se que a decretação da falência do devedor interrompe a prescrição cuja contagem tenha iniciado com a concessão da recuperação judicial ou com a homologação do plano de recuperação extrajudicial (art. 182 da Lei n.º 11.101/2015). Com isso, encontra-se superada a antiga Súmula n.º 147 do STF[12], por incompatibilidade legislativa. No mais, são aplicáveis as disposições do Código Penal.

> **STF, Súmula n.º 592**: "Nos crimes falimentares, aplicam-se as causas interruptivas da prescrição, previstas no Código Penal".

As regras vistas acima referem-se à prescrição abstrata propriamente dita. As outras espécies de prescrição da pretensão punitiva (prescrição retroativa e prescrição intercorrente) possuem termos iniciais distintos.

[12] **STF, Súmula n.º 147 (superada)**: "A prescrição de crime falimentar começa a correr da data em que deveria estar encerrada a falência, ou do trânsito em julgado da sentença que a encerrar ou que julgar cumprida a concordata".

A **prescrição retroativa**, que se projeta "para o passado", é contada da sentença condenatória para trás. Tem por termo inicial o recebimento da denúncia, sendo examinada entre os marcos interruptivos até a sentença. No processo, essa modalidade de prescrição somente poderá ser decretada a partir do trânsito em julgado para a acusação, quando a pena não poderá mais ser aumentada (não se admite o aumento de pena em recurso exclusivo da defesa).

Essa espécie de prescrição é prevista no art. 110, §1º do CP:

> "Art. 110 [...]
> §1º A prescrição, depois da sentença condenatória com trânsito em julgado para a acusação ou depois de improvido seu recurso, regula-se pela pena aplicada, não podendo, em nenhuma hipótese, ter por termo inicial data anterior à da denúncia ou queixa".

Atenção! O art. 110, §1º, do CP, acima transcrito, cuida de uma das espécies de prescrição da pretensão punitiva (a PPP retroativa, baseada na pena concreta). O dispositivo não trata da prescrição da pretensão executória (PPE).

> **Extinto TFR, Súmula n.º 186**: "A prescrição de que trata o art. 110, § 1º, do Código Penal é da pretensão punitiva".

É possível o reconhecimento da **prescrição retroativa** na sentença?

Não. Como dissemos, a declaração da prescrição retroativa somente é possível após o trânsito em julgado para a acusação (CP, art. 110, §1º), razão pela qual não pode ser reconhecida pelo juiz no momento da sentença. A única modalidade de prescrição da pretensão punitiva (PPP) que pode ser declarada pelo juiz na sentença (primeira instância) é a prescrição abstrata propriamente dita. As demais espécies somente poderão reconhecidas em grau recursal.

Após a Lei n.º 12.234/2010, a *prescrição retroativa* não poderá ter por termo inicial data anterior à da denúncia ou queixa (CP, art. 110, §1º). A referida Lei não extinguiu a prescrição retroativa, mas apenas restringiu parte do período em que anteriormente poderia ocorrer (entre a data do fato e o recebimento da denúncia). A prescrição retroativa ainda poderá ser verificada: (a) entre o recebimento da denúncia e a sentença; (b) entre o recebimento da denúncia e a decisão de pronúncia (procedimento do júri) e (c) entre a decisão de pronúncia e a sentença de mérito (procedimento do júri).

Em suma, após a Lei n.º 12.234/2010, a prescrição retroativa passou a ter por termo inicial a data do recebimento da denúncia ou queixa.

Sobre essa questão, vale conferir o seguinte precedente do STF:

> "A Lei 12.234/2010, ao dar nova redação ao art. 110, §1º, do Código Penal, não aboliu a prescrição da pretensão punitiva, na modalidade retroativa, fundada na pena aplicada na sentença. Apenas vedou, quanto aos crimes praticados na sua vigência, seu reconhecimento entre a data do fato e a do **recebimento** da denúncia ou da queixa" (STF, HC 122.694, Pleno, Rel. Min. Dias Toffoli, DJe 19/02/2015).

A **prescrição intercorrente**, que se projeta "para frente", tem por termo inicial a sentença, sendo contada a partir da sentença condenatória até o trânsito em julgado final para ambas as partes. Segundo o STJ, a prescrição intercorrente ocorre entre a publicação da sentença condenatória recorrível e o trânsito em julgado para a defesa, pressupondo o trânsito em julgado da pena imposta para a acusação, nos termos do artigo 110, § 1º, do Código Penal (STJ, AgRg no HC 538.854/SP, 5ª Turma, Rel. Min. Jorge Mussi, DJe 25/10/2019).

Observe-se que, embora a contagem tenha início em momento anterior, tanto a prescrição retroativa quanto a prescrição intercorrente – baseadas na pena concreta – somente podem ser reconhecidas no processo com o trânsito em julgado para a acusação, quando a pena não poderá mais ser aumentada.

Sobre o termo inicial da prescrição, confira o **quadro estratégico**:

PRESCRIÇÃO DA PRETENSÃO PUNITIVA (Termo inicial)		
Prescrição abstrata	**Prescrição retroativa**	**Prescrição intercorrente**
Regra: a partir da consumação do delito	Da sentença condenatória para trás, a partir do recebimento da denúncia ou queixa	Publicação da sentença condenatória recorrível

No concurso para o cargo de Procurador da República, foi considerada **correta** a assertiva de que a diferença entre a prescrição retroativa e a intercorrente reside no fato de esta ocorrer entre a publicação da sentença condenatória e o trânsito em julgado para a defesa; e aquela contada da decisão condenatória para trás[13]. *Cf.* o esquema anterior sobre as "linhas da prescrição".

5.4. Prazos

Os prazos prescricionais são previstos no art. 109 do Código Penal, de acordo com o *quantum* da pena máxima abstrata cominada ao delito.

Para uma melhor visualização, observe o **quadro estratégico** abaixo:

TABELA DOS PRAZOS PRESCRICIONAIS (Visão geral)	
PENA	**PRAZO DE PRESCRIÇÃO**
Superior a 12 anos	20 anos
Superior a 8 e igual ou inferior a 12 anos	16 anos
Superior a 4 e igual ou inferior a 8 anos	12 anos
Superior a 2 e igual ou inferior a 4 anos	8 anos
Igual a 1 e igual ou inferior a 2 anos	4 anos
Inferior a 1 ano	3 anos

O prazo prescricional, por ser um prazo de **natureza penal**, é contado de acordo com o **art. 10 do CP** ("O dia do começo inclui-se no cômputo do prazo. Contam-se os dias, os meses e os anos pelo calendário comum"). Na contagem, serão desprezadas as frações de dia (CP, art. 11).

Existem algumas questões que podem gerar ou não impactos no cômputo do prazo prescricional, devendo o leitor ficar atento:

- **qualificadoras**: influenciam no prazo prescricional, uma vez que alteram os limites abstratos da pena;
- **circunstâncias judiciais (CP, art. 59)**: não influenciam no cálculo do prazo prescricional;

[13] Prova objetiva do 28° Concurso, realizada pela PGR em 2015.

■ **circunstâncias agravantes e atenuantes (CP, art. 61 a 67)**: em regra, não influenciam no cálculo da prescrição, salvo nas hipóteses de agente menor de 21 anos na data do fato ou maior de 70 anos na data da sentença, quando o prazo prescricional será reduzido pela metade (CP, arts 65, I e 115);

■ **causas de aumento** e de **diminuição de pena**: em regra, influenciam no prazo prescricional, pois há um *quantum* abstrato de alteração da pena. Nas causas de aumento, leva-se em consideração a fração máxima de aumento e, nas causas de diminuição, a fração mínima de diminuição. Grave isto: para fins de prescrição abstrata, deve ser considerada sempre a pior das hipóteses.

O CESPE-UNB/CEBRASPE considerou **incorreta** a assertiva de que para a realização do cálculo do prazo da prescrição da pena em abstrato, interessa o limite máximo da pena cominada no tipo penal respectivo, independentemente da existência de causas de aumento ou diminuição e de circunstâncias agravantes ou atenuantes[14].

Por fim, lembramos que os prazos de prescrição previstos no art. 109 do CP comportam algumas exceções:

(a) pena de multa: quando a multa for a única cominada, a prescrição ocorre em 02 anos (CP, art. 114, I);

(b) posse de drogas para consumo pessoal: quanto ao crime do art. 28 da Lei n.º 11.343/2006 (Lei de Drogas), prescrevem em 02 anos a imposição e a execução das penas (art. 30 da Lei n.º 11.343/2006).

> **FONAJE, Enunciado n.º 96**: "O prazo prescricional previsto no art. 30 da Lei nº 11.343/2006 aplica-se retroativamente aos crimes praticados na vigência da lei anterior".

(c) Código Penal Militar: os crimes militares seguem os prazos de prescrição previstos no art. 125 do CPM (tabela própria).

5.5. Redução da prescrição

O art. 115 do CP prevê serão reduzidos de **metade** os prazos de prescrição quando: (a) o agente for menor de 21 anos na data do fato e (b) o agente for maior de 70 anos na data da sentença.

[14] Prova objetiva do concurso para o cargo de Juiz Federal Substituto (TRF1), realizada em 2013.

O STF tem entendido que a idade de 70 anos deve ser atingida até a data da **sentença condenatória em primeiro grau**, sendo irrelevante a data do acórdão que julga o recurso. O termo "sentença" contido no art. 115 do CP deve ser interpretado como a primeira decisão condenatória (STF, HC 175034 AgR, 2ª Turma, Rel. Min. Nunes Marques, DJ 11/03/2021).

5.6. Causas de suspensão e interrupção

O Código Penal prevê causas de **suspensão** (art. 116) e **interrupção** (art. 117) do prazo prescricional. A diferença entre suspensão e interrupção da prescrição é que, na suspensão, o prazo é "**paralisado**", voltando a correr de onde parou. Já na interrupção o prazo é "**zerado**", voltando ao início.

Para uma rápida visualização sobre as causas de suspensão e interrupção da prescrição penal, confira o **quadro estratégico** abaixo:

Prescrição Penal (suspensão e interrupção)		
	Causas de suspensão (CP, art. 116)	a) enquanto não resolvida, em outro processo, questão de que dependa o reconhecimento da existência do crime; b) enquanto o agente cumpre pena no exterior; c) na pendência de embargos de declaração ou de recursos aos Tribunais Superiores, quando inadmissíveis (Lei 13.964/2019); d) enquanto não cumprido ou não rescindido o acordo de não persecução penal (Lei 13.964/2019); e) depois de passada em julgado a sentença condenatória, durante o tempo em que o condenado está preso por outro motivo;
	Causas de interrupção (CP, art. 117) *Atingem apenas a PPE* (e, f)	a) recebimento da denúncia ou da queixa; b) pronúncia (**procedimento do júri**) c) decisão confirmatória da pronúncia (**procedimento do júri**) d) publicação da sentença ou acórdão condenatórios recorríveis; e) início ou continuação do cumprimento da pena; f) reincidência

As causas de suspensão previstas nos incisos III e IV, do art. 116 do CP, que versam sobre a *pendência de embargos de declaração ou recurso aos tribunais superiores, quando inadmissíveis*, e sobre o período *enquanto não cumprido ou não rescindido o acordo de não persecução penal*, **são inovações introduzidas pela Lei n.º 13.964/2019 (Pacote Anticrime)** e não poderão retroagir para alcançar fatos anteriores à sua entrada em vigor (CF, ar. 5º, XL).

Ainda existem outras causas suspensivas da prescrição previstas em outros diplomas, **fora do CP**: (a) imunidade parlamentar formal quanto ao processo (CF, art. 53, §5º); (b) suspensão condicional do processo (art. 89, §6º, da Lei n.º 9.099/95); (c) quando, após citado por edital, o réu não comparecer e nem constituir advogado (CPP, art. 366); (d) expedição de carta rogatória para citação de acusado no exterior, até o seu cumprimento (CPP, art. 368) e (e) parcelamento do débito nos crimes tributários (art. 87 da Lei n.º 12.529/2012).

Em relação ao art. 366 do CP (suspensão do processo e da prescrição), questionou-se sobre por quanto tempo a prescrição poderia permanecer suspensa, tendo o STJ pacificado a questão com a edição da Súmula n.º 415 .

> **STJ, Súmula n.º 415**: "O período de suspensão do prazo prescricional é regulado pelo máximo da pena cominada".

Ex: como o homicídio prescreve em 20 anos (CP, art. 109, I), o prazo prescricional ficaria suspenso por até 20 anos (prazo máximo de suspensão), voltando a correr após o transcurso desse tempo.

Sobre as **causas de interrupção** da prescrição, devemos atentar para o **recebimento** da denúncia ou queixa, que não se confunde com o oferecimento. Além disso, lembramos que a pronúncia e a decisão confirmatória da pronúncia incidem apenas no procedimento do júri (crimes dolosos contra a vida).

> **Recebimento da denúncia e juízo absolutamente incompetente**: o STF e o STJ têm decidido que o recebimento da denúncia por juízo absolutamente incompetente *não interrompe* a prescrição (STF, HC 205375 AgR, 2ª Turma, Rel. Min. Ricardo Lewandowski, DJ 25/10/2021; STJ, AgRg no RHC 138.064/SP, 6ª Turma, Rel. Min. Olindo Menezes, DJe 09/08/2021).

O CESPE-UNB/CEBRASPE considerou **incorreta** a assertiva de que interrompe-se a prescrição ainda que a denúncia seja recebida por juiz absolutamente incompetente[15].

De acordo com o STF, nos termos do inciso IV do art. 117 do CP, o **acórdão condenatório sempre interrompe a prescrição**, inclusive quando **confirmatório** da sentença de primeiro grau, seja mantendo, reduzindo ou aumentando a pena anteriormente imposta (STF, Pleno, HC 176473/RR, Rel. Min. Alexandre de Moraes, j. 10/09/2020, Informativo n.º 990).

> **Prescrição e sessão de julgamento em tribunal**: segundo o STF, a prescrição da pretensão punitiva do Estado, em segundo grau de jurisdição, é interrompida na data da sessão de julgamento do recurso, e não na data da publicação da intimação do acórdão. A Corte consignou que, por se tratar de acórdão, a publicação do ato ocorre com a realização da sessão de julgamento. Portanto, diante da realização da sessão de julgamento, não se poderia reconhecer a inércia do titular do direito (STF, RHC 125078/SP, 1ª Turma, Rel. Min. Dias Toffoli, j. 03/03/2015, Informativo n.º 776).

Eficácia objetiva: a interrupção da prescrição da pretensão punitiva (PPP) produz efeitos relativamente a todos os agentes (CP, art. 117, §1º)

5.7. Questões importantes sobre a prescrição

5.7.1. Prescrição e crimes complexos

Nos delitos complexos, a extinção da punibilidade de crime que é pressuposto, elemento constitutivo ou circunstância agravante de outro não se estende a este (CP, art. 108, primeira parte).

Crime complexo é aquele que decorre da fusão de dois ou mais crimes. Exemplos: o latrocínio (CP, art. 157, §3º, II) resulta da fusão do roubo com o homicídio; o roubo (CP, art. 157) advém da fusão dos crimes de furto e ameaça ou lesões. Observe-se que, para fins do cálculo da prescrição, o crime complexo deverá ser considerado como uma **unidade**, ainda que haja prescrição de um dos "crimes fusionados" que figuram como parte integrante.

[15] Prova objetiva do concurso para o cargo de Procurador Municipal (MG), realizada em 2017.

O CESPE-UNB/CEBRASPE considerou **incorreta** a assertiva de que a extinção da punibilidade de crime que é pressuposto ou elemento constitutivo de outro crime a este se estende[16].

5.7.2. Prescrição e crimes conexos

Nos crimes conexos, a extinção da punibilidade de um deles não impede, quanto aos outros, a agravação da pena resultante da conexão (CP, art. 108, segunda parte c/c art. 61, II, *b*).

O CESPE-UNB/CEBRASPE considerou **incorreta** a assertiva de que nos crimes conexos, a extinção da punibilidade de um deles impede, no que diz respeito aos outros, a agravação da pena resultante da conexão[17].

Interrupção da prescrição: o art. 117, §1º, do CP prevê que, nos crimes conexos, que sejam objeto do mesmo processo, estende-se aos demais a interrupção da prescrição relativa a qualquer deles (eficácia objetiva).

5.7.3. Prescrição, concurso de crimes e crime continuado

No caso de concurso de crimes, a extinção da punibilidade incidirá sobre a pena de cada um, isoladamente (CP, art. 119).

Para o cálculo da prescrição penal, **o concurso de crimes é desprezado**, não sendo considerados os critérios do cúmulo material de penas (concurso material e concurso formal imperfeito) e da exasperação (concurso formal perfeito e crime continuado). Essa é uma regra em benefício do réu.

> **STF, Súmula n.º 497**: "Quando se tratar de crime continuado, a prescrição regula-se pela pena imposta na sentença, não se computando o acréscimo decorrente da continuação".
>
> **STJ - Jurisprudência em Teses - ED 23 - Tese 07**: "No concurso de crimes, o cálculo da prescrição da pretensão punitiva é feito considerando cada crime isoladamente, não se computando o acréscimo decorrente do concurso formal, material ou da continuidade delitiva".

[16] Prova objetiva do concurso para o cargo de Juiz de Direito (TJSE), realizada em 2008.
[17] Prova objetiva do concurso para o cargo de Juiz de Direito (TJPA), realizada em 2012.

O CESPE-UNB/CEBRASPE considerou **correta** a assertiva de que na hipótese de concurso de crimes, a extinção da punibilidade pela prescrição incidirá sobre a pena cominada por cada crime, isoladamente[18].

5.7.4. Prescrição e detração

Conforme já estudado, tendo sido o agente preso cautelarmente, o tempo de prisão provisória deverá ser descontado da pena a ser cumprida, nos termos do art. 42 do CP. Mas o tempo de prisão provisória pode computado no cálculo da prescrição? É preciso distinguir entre a PPP e a PPE.

Sobre essa questão, o STF assim já decidiu (**questão discursiva**[19]):

> "PRESCRIÇÃO DA PRETENSÃO PUNITIVA VERSUS PRESCRIÇÃO DA PRETENSÃO EXECUTÓRIA - DETRAÇÃO. A detração apenas é considerada para efeito da prescrição da **pretensão executória**, não se estendendo aos cálculos relativos à prescrição da **pretensão punitiva**" (STF, HC 100001, 1ª Turma, Rel. Min. Marco Aurélio, DJ 18/06/2010).

O CESPE-UNB/CEBASPE considerou **incorreta** a assertiva de que a detração é considerada para efeito da prescrição da pretensão punitiva, não se estendendo aos cálculos relativos à prescrição da pretensão executória[20].

5.8. Prescrição da pretensão executória (PPE)

Prescrição da pretensão executória (PPE) é a perda do poder-dever de *executar* a sanção penal já imposta (*ius punitionis*), diante da inércia do Estado em efetivá-la em determinado período de tempo (CP, art. 110, *caput*).

---

[18] Prova objetiva do concurso para o cargo de Delegado de Polícia (PCAL), realizada em 2012.

[19] Na prova discursiva do concurso para o cargo de Juiz de Direito (TJBA), realizada pelo CESPE-UNB/CEBRASPE em 2005, foi formulada a seguinte **questão discursiva**: "Redija um texto dissertativo acerca da extinção da punibilidade, abordando, necessariamente, os aspectos listados a seguir, à luz das orientações do Supremo Tribunal Federal (STF) e do Superior Tribunal de Justiça (STJ) [...] 2- a computação do tempo de prisão provisória (detração penal), por interpretação extensiva ou analógica, para fins da prescrição da pretensão executória; 3- a prescrição das penas restritivas de direitos e a sua aplicação ao maior de 70 anos de idade".

[20] Prova objetiva do concurso para o cargo de Delegado de Polícia Federal, realizada em 2013.

Essa modalidade de prescrição não se confunde com a prescrição abstrata propriamente dita (espécie de PPP) estudada anteriormente, havendo regramento distinto. René Ariel Dotti explica a diferença entre essas duas grandes espécies de prescrição no Direito Penal. Vale conferir a ponderação:

> "A prescrição da ação penal, também chamada prescrição da pretensão punitiva, é prevista pelo art. 109 do CP e se regula pelo máximo da pena privativa de liberdade cominada ao crime [...] a prescrição da condenação ou prescrição da pretensão executória está indicada no art. 110 do CP. Transitada a condenação em julgado para a acusação (MP e seu assistente) ou improvido o recurso que tiver sido manifestado, a prescrição se regula somente pela pena efetivamente imposta. Os prazos são os mesmos do art. 109. Consiste esse tipo de prescrição na impossibilidade de se executar a pena, daí porque chamar-se de prescrição da pretensão executória"[21].

Assim, a PPP não se confunde com a PPE. A essa altura, é importante rever o painel das modalidades de prescrição penal no direito brasileiro:

Prescrição penal (espécies)		
	Prescrição da pretensão punitiva (PPP)	Prescrição abstrata propriamente dita
		Prescrição retroativa
		Prescrição intercorrente
	Prescrição da Pretensão executória (PPE)	Perda do direito de **executar** sanção penal imposta ("prescrição da condenação")

Na doutrina, a prescrição da pretensão executória (PPE) também é chamada de "**prescrição da condenação**". Como dito, a ideia é a perda, pelo Estado, do direito de *executar* a sanção penal imposta, vale dizer, de iniciar ou continuar a fase de execução penal. É baseada na **pena concreta**.

Atenção! No campo legislativo, a prescrição da pretensão executória (PPE) possui contornos e regime distintos da prescrição da pretensão punitiva (PPP), devendo o leitor ficar atento para não misturar os regramentos.

[21] DOTTI, René Ariel. *Op. Cit.*, p. 791

Para uma visão geral sobre o regime jurídico da prescrição da pretensão executória (PPE), observe o **quadro estratégico** abaixo:

Prescrição da pretensão executória (regime jurídico)		
	Termo inicial (CP, art. 112, I)	Em regra, a partir do trânsito em julgado para a acusação
	Base de cálculo (CP, art. 110, *caput*)	Pena concreta
	Prazo (CP, arts. 109 e 110)	Aplicação da tabela do art. 109 do CP
	Causa suspensiva (CP, art. 116, p. ún.)	Não corre durante o tempo em que o condenado está preso por outro motivo
	Causas interruptivas (CP, art. 117, V e VI)	a) início ou continuação do cumprimento de pena; b) reincidência (*eficácia subjetiva*: não se comunica aos demais agentes)
	Aumento do prazo (CP, art. 110, *caput*)	Na hipótese de reincidência, o prazo da PPE é aumentado em 1/3
	Redução (CP, art. 115)	Menor de 21 anos ao tempo do crime ou maior de 70 anos na data da sentença. Redução do prazo em metade
	Efeitos	Limitam-se à extinção da pena, subsistindo os demais efeitos da condenação, penais e extrapenais

Em regra, o **termo inicial** da contagem da PPE é o trânsito em julgado da sentença condenatória para a acusação (CP, art. 112, I). Mas atenção: segundo o STJ, embora o termo inicial da prescrição da pretensão executória seja o trânsito em julgado para a acusação, a PPE só poderá ser decretada, no processo, a partir do trânsito em julgado para ambas as partes (STJ, RHC 144.365/SP, 6ª Turma, Rel. Min. Laurita Vaz, DJe 04/10/2021; STJ, AgRg no AREsp 1881749/PR, 6ª Turma, Rel. Min. Laurita Vaz, DJe 04/10/2021).

O CESPE-UNB/CEBRASPE considerou **correta** a assertiva de que o termo inicial de contagem do prazo da prescrição da pretensão executória é a data em que a sentença condenatória transita em julgado para a acusação[22].

Exceções: quanto ao termo inicial da PPE, existem duas situações que excepcionam a regra geral do cômputo a partir do trânsito em julgado para a acusação: (a) a partir da revogação da suspensão condicional da pena ou do livramento condicional (CP, art. 112, I, segunda parte) e (b) do dia em que se

[22] Prova objetiva do concurso para o cargo de Juiz de Direito (TJDFT), realizada em 2014.

interrompe a execução por qualquer motivo, salvo quando o tempo da interrupção deva computar-se na pena (CP, art. 112, II).

São causas de interrupção da PPE (**mnemônico**[23]):

(a) início ou continuação do cumprimento da pena (CP, art. 117, V);

(b) reincidência (CP, art. 117, VI).

De acordo com o STJ, o cumprimento de pena imposta em outro processo, ainda que em **regime aberto** ou em **prisão domiciliar**, impede o curso da prescrição executória (STJ, AgRg no RHC 123.523-SP, 5ª Turma, Rel. Min. Jorge Mussi, DJe 20/04/2020, Informativo n.º 670).

Cuidado! A **reincidência** não interrompe o prazo da prescrição da pretensão punitiva (PPP), mas apenas o prazo da prescrição da pretensão executória (PPE), conforme o disposto art. 110, *caput*, do CP.

> **STJ, Súmula n.º 220**: "A reincidência não influi no prazo da prescrição da pretensão punitiva".
>
> **Interrupção da PPE e eficácia subjetiva**: as causas de interrupção da prescrição da pretensão executória (PPE) são relacionadas à pessoa do agente, e não ao fato (início/continuação do cumprimento da pena e reincidência). Por isso, a interrupção da PPE em face de um dos condenados não alcança os demais (CP, art. 117, §1º). Outro ponto a ser destacado é que caso seja interrompida pelo início ou continuação do cumprimento da pena, a PPE é calculada com base na pena remanescente (CP, art. 117, §2º).

Aumento do prazo: na hipótese de reincidência, o prazo da prescrição da pretensão executória (PPE) é aumentado em 1/3 (CP, art. 110, *caput*), lembrando que o esse aumento incide apenas sobre a prescrição da pretensão executória (PPE), não alcançando a prescrição da pretensão punitiva (PPP).

O CESPE-UNB/CEBRASPE considerou **incorreta** a assertiva de que em se tratando de criminoso reincidente, são aumentados em um terço os prazos da prescrição da pretensão punitiva[24].

Competência: segundo o STJ, a análise da existência da prescrição da pretensão executória cabe ao **juízo da execução** (STJ, AgRg no HC 473.344/PB, 5ª Turma, Rel. Min. Ribeiro Dantas, DJe 26/03/2020).

---

[23] **Macete mnemônico**: "**RIC**" – **R**eincidência, **I**nício ou **C**ontinuação do cumprimento da pena.
[24] Prova objetiva do concurso para o cargo de Juiz de Direito (TJBA), realizado em 2019.

Efeitos: os efeitos da prescrição da pretensão executória (PPE) limitam-se à **extinção da pena**, não sendo atingidos os demais efeitos da condenação, penais e extrapenais[25]. Assim, subsiste o dever de reparar o dano.

O tempo de internação do condenado a quem sobrevém doença mental é computado como pena cumprida (CP, arts. 41 e 42)[26], mas não será considerado para efeito de prescrição da pretensão *executória*. Note-se que o indivíduo não é "liberado", mas submetido a tratamento pelo Estado, não havendo descontinuidade da execução. Assim, como não há interrupção da execução, a prescrição da pretensão executória não tem início (CP, art. 112, II).

O CESPE-UNB/CEBRASPE considerou **incorreta** a assertiva de que o tempo de internação do condenado a quem sobrevém doença mental é computado para efeito da prescrição da pretensão executória[27].

5.9. Prescrição e medidas de segurança

As medidas de segurança submetem-se às regras gerais de prescrição previstas pelo Código Penal, com a particularidade de que são calculadas sempre com base na pena máxima abstratamente cominada.

Sobre o tema, o STJ assim já decidiu:

> "PENAL E PROCESSO PENAL [...] SENTENÇA ABSOLUTÓRIA IMPRÓPRIA. IMPOSIÇÃO DE MEDIDA DE SEGURANÇA. PRESCRIÇÃO. APLICABILIDADE [...]"
> 1. O instituto da prescrição é aplicável até mesmo às medidas de segurança impostas em sentença absolutória imprópria, devendo, no entanto, o lapso prescricional se regular pela pena máxima abstratamente cominada ao delito (STJ, AgRg no REsp 1667508/MG, 6ª Turma, Rel. Min. Nefi Cordeiro, DJe 23/04/2018)

Mesmo já havendo sentença, a razão para a medida de segurança ser calculada com base na pena máxima é que o tempo de duração da medida de segurança é indeterminado (CP, art. 97, §1º). O prazo mínimo estabelecido pelo juiz na sentença (de 1 a 3 anos) refere-se à realização do primeiro exame para

[25] BITENCOURT, Cezar Roberto. *Tratado de Direito Penal. Vol. I. Parte Geral.* 11ª ed. São Paulo: Saraiva, 2007, p. 722.
[26] GARCIA, Basileu. *Instituições de Direito Penal.* Vol. I. Tomo II. 7ª Ed. São Paulo: Saraiva, 2008, p. 42.
[27] Prova objetiva do concurso para o cargo de Juiz de Direito (TJMA), realizada em 2013.

averiguação da cessação da periculosidade e não tem correspondência com a pena que seria imposta se não ocorresse a inimputabilidade.

Segundo o STJ, as medidas de segurança são espécies de sanção penal e, em consequência, são aplicáveis as regras sobre a prescrição da pretensão punitiva (PPP) e da prescrição da pretensão executória (PPE) previstas no Código Penal, com as correspondentes **causas de suspensão, interrupção e redução** do prazo prescricional (STJ, AgRg no REsp 1667508/MG, 6ª Turma, Rel. Min. Nefi Cordeiro, DJe 23/04/2018; STJ, AgRg no HC 469.698/SP, Rel. 5ª Turma, Min. Reynaldo Soares da Fonseca, DJe 19/02/2019).

Ex: a internação do agente submetido a cumprimento de medida de segurança interrompe a prescrição da pretensão executória (CP, art. 117, V).

O CESPE-UNB/CEBRASPE considerou **incorreta** a assertiva de que a internação do paciente submetido a medida de segurança não interromperá o curso do prazo prescricional[28].

5.10. Prescrição e penas restritivas de direito

As penas restritivas de direito seguem os mesmos prazos de prescrição previstos para as privativas de liberdade (CP, art. 109, parágrafo único).

Como o Código Penal disciplinou expressamente a prescrição das penas restritivas de direito, não há lacuna, não havendo espaço para aplicação das disposições referentes à pena de multa. Além disso, quanto às causas de suspensão, interrupção e redução do prazo prescricional, também são aplicáveis as mesmas disposições previstas para a pena privativa de liberdade.

O CESPE-UNB/CEBRASPE considerou **incorreta** a assertiva de que as penas restritivas de direito e a pena de multa prescrevem em dois anos quando cominadas isolada ou cumulativamente[29].

5.11. Prescrição e pena de multa

A prescrição da pena de multa varia conforme seja a única pena cominada ou não, bem como de acordo com a espécie de prescrição.

[28] Prova objetiva do concurso para o cargo de Delegado de Polícia (DPMA), realizada em 2018.
[29] Prova objetiva do concurso para o cargo de Promotor de Justiça (MPPI), realizado em 2019.

O art. 114 do CP assim dispõe:

> "Art. 114 - A prescrição da pena de multa ocorrerá:
> I - em 2 (dois) anos, quando a multa for a única cominada ou aplicada;
> II - no mesmo prazo estabelecido para prescrição da pena privativa de liberdade, quando a multa for alternativa ou cumulativamente cominada ou cumulativamente aplicada".

É importante destacar que as disposições do art. 114, I e II, do CP versam apenas sobre a prescrição da pretensão punitiva (**PPP**). A prescrição da pretensão executória (**PPE**) é disciplina pelo art. 51 do CP. Confira:

> "Art. 51. Transitada em julgado a sentença condenatória, a multa será executada perante o juiz da execução penal e será considerada dívida de valor, aplicáveis as normas relativas à dívida ativa da Fazenda Pública, inclusive no que concerne às causas interruptivas e suspensivas da prescrição".

Pela leitura das disposições legais, podemos perceber que o prazo de prescrição da pena de multa varia conforme a espécie de prescrição.

Para uma melhor visualização, observe o **esquema estratégico** abaixo:

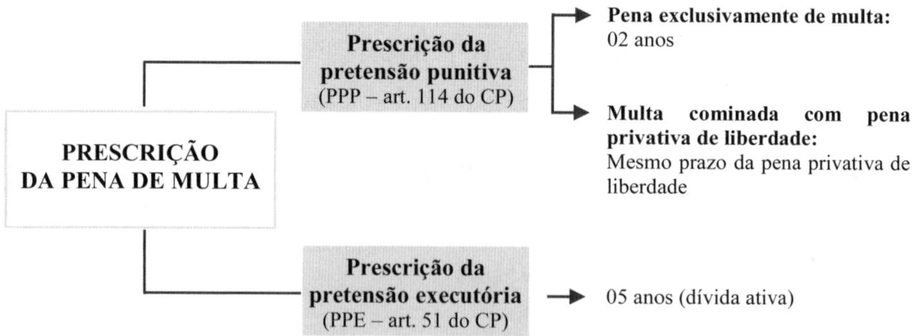

Há uma **dualidade de regime jurídicos** quanto à prescrição da pena de multa: a prescrição da pretensão punitiva (PPP) é regida pelo Código Penal, ao passo que a prescrição da pretensão executória (PPE) é disciplinada pelas normas referentes à dívida ativa, por determinação do art. 51 do CP. Isso gera impactos no prazo da prescrição (*vide* esquema acima) e, também, em relação às causas de suspensão e interrupção da prescrição.

Quanto à pena de multa, existe diferença no rol das hipóteses de **suspensão** e **interrupção** da prescrição, conforme se trate de PPP ou PPE.

Para fins de memorização, confira o **esquema estratégico** abaixo:

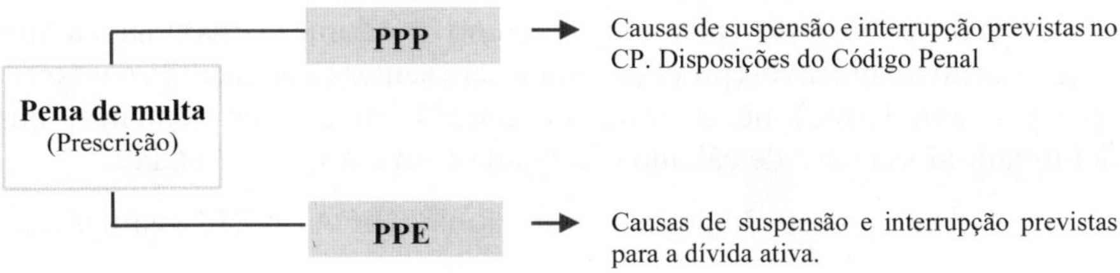

O CESPE-UNB/CEBRASPE considerou **incorreta** a assertiva de que as hipóteses de interrupção e suspensão da prescrição de penas de multa são as mesmas previstas para as penas privativas de liberdade, tanto antes quanto após o trânsito em julgado da condenação[30].

Encerrando o tópico, frise-se que a **reincidência** não gera impactos na prescrição da pena de multa, já que, nesse caso, a PPE não é regida pelo CP.

5.12. Questões finais sobre prescrição

5.12.1. Prescrição e atos infracionais disciplinados no ECA

A prescrição penal aplica-se às medidas socioeducativas previstas no Estatuto da Criança e do Adolescente, com alguns detalhes.

Como a matéria não é disciplinada pelo Estatuto da Criança e do Adolescente, são aplicáveis as disposições do Código Penal.

> **STJ, Súmula n.º 338**: "A prescrição penal é aplicável nas medidas socioeducativas".

[30] Prova objetiva do concurso para o cargo de Juiz Federal Substituto (TRF1), realizada em 2015.

> **Redução do prazo em metade**: o art. 115 do CP ("São reduzidos de metade os prazos de prescrição quando o criminoso era, ao tempo do crime, menor de 21 (vinte e um) anos") incide na hipótese de atos infracionais disciplinados pelo ECA (STF, STF, HC 88788/SP, 2ª Turma, Rel. Min. Joaquim Barbosa, DJ 27/06/2008; STJ, AgRg no HC 527.658/SP, 5ª Turma, Rel. Min. Jorge Mussi, DJe 16/03/2020).

No exame da prescrição dos atos infracionais praticados por criança ou adolescente, a base de cálculo é o tempo de duração máxima da medida socioeducativa aplicável (processo ainda sem sentença ou medida de internação aplicada sem termo) ou o prazo de duração fixado na sentença, quando delimitado. Essa base de cálculo é cotejada com o art. 109 do CP.

Sobre a prescrição dos atos infracionais (ECA), o STJ assim já decidiu:

> "[...] ESTATUTO DA CRIANÇA E DO ADOLESCENTE. MEDIDA SOCIOEDUCATIVA. INTERNAÇÃO. PRESCRIÇÃO DA PRETENSÃO SOCIOEDUCATIVA [...] SÚMULA N. 338/STJ [...]
> 1. Na ausência de dispositivo regulador no ECA, aplicam-se as regras do Código Penal para aferir a ocorrência da prescrição quanto às medidas socioeducativas. Súmula 338/STJ.
> 2. Na esteira de entendimento firmado no âmbito desta Corte Superior, tratando-se de medida socioeducativa aplicada **sem termo**, o prazo prescricional deve ter como parâmetro a duração máxima da internação - 3 (três) anos.
> 3. Assim, deve-se considerar o lapso prescricional de 8 (oito) anos previsto no art. 109, inciso IV, do Código Penal, posteriormente reduzido pela metade em razão do disposto no artigo 115 do mesmo diploma legal, de maneira a restar fixado em 4 (quatro) anos" (STJ, AgRg no HC 527.658/SP, 5ª Turma, Rel. Min. Jorge Mussi, DJe 16/03/2020).

No entanto, quando na sentença houver aplicação de medida socioeducativa com prazo de duração menor, este deverá ser considerado em cotejo com a tabela do art. 109 do CP. É a orientação do STJ. Confira:

> "[...] ECA. MEDIDA SOCIOEDUCATIVA DE LIBERDADE ASSISTIDA. PRESCRIÇÃO [...]
> 1. Assim consta do acórdão recorrido: 'ao apelado estão sendo impostas medidas socioeducativas de liberdade

> assistida e prestação de serviços à comunidade pelos prazos, respectivamente, de 6 e 4 meses'.
> 2. Como visto, a medida socioeducativa de liberdade assistida foi fixada pelo prazo de 6 meses, logo, o prazo prescricional é de 1 ano e 6 meses, de acordo com o art. 109, VI, c/c 115, ambos do CP" (STJ, AgRg no REsp 1946772/SC, 5ª Turma, Rel. Min. Reynaldo Soares da Fonseca, DJe 30/08/2021).

Atenção! No cálculo da prescrição dos atos infracionais (ECA), deve ser considerado o *redutor fixo* do art. 115 do CP (redução do prazo em metade), já que os infratores são sempre menores de 21 anos ao tempo do fato.

Ademais, de acordo com o STJ, também são aplicáveis as causas de **suspensão** e **interrupção** da prescrição previstas no Código Penal (STJ, AgInt no REsp 1422168/RN, 6ª Turma, Rel. Min. Rogerio Cruz, DJe 02/02/2017).

5.12.2. Prescrição e falta grave em execução penal

A falta disciplinar grave prescreve em 03 anos, sendo aplicável o disposto no art. 109, VI, do CP.

A Lei n.º 7.210/84 (Lei de Execução Penal) não previu prazo de prescrição para a falta disciplinar. Diante disso, o STJ tem decidido que a prescrição deve ser regulada pelo menor prazo previsto no art. 109 do CP, que é de **03 anos**. No caso de fuga (infração disciplinar), o termo inicial da prescrição é a recaptura, por se tratar de infração permanente (STJ, HC 527.625/SP, 5ª Turma, Rel. Min. Reynaldo Soares, DJe 26/11/2019; STJ, AgRg no HC 687.570/SP, 5ª Turma, Rel. Min. Reynaldo Soares, DJe 20/09/2021).

6. DECADÊNCIA

Decadência é a perda do direito de queixa ou representação em razão do seu não exercício no prazo legal.

Em determinadas hipóteses, o legislador fixa um prazo para que a vítima ou seu representante legal provoque a atuação das autoridades, praticando ato jurídico indispensável para a promoção da persecução penal. Esse prazo é fixado para o oferecimento de **queixa-crime** ou **representação** do ofendido, nos **casos em que a lei expressamente exigir**.

Para estimular a memória, observe a **simbologia estratégica** abaixo:

Decadência

Prazo para oferecimento de queixa-crime ou representação
(6 meses, em regra)

Em regra, o prazo é de **06 meses**, contado do dia em que a vítima veio a saber quem é o autor do crime, ou, no caso ação penal privada subsidiária da pública, do dia em que se esgota o prazo para oferecimento da denúncia (CP, art. 103). Frise-se que a decadência somente extingue a punibilidade nos crimes de ação penal privada (exclusivamente privada e personalíssima) e de ação penal pública condicionada à representação do ofendido. Não extingue a punibilidade nos casos de ação penal privada subsidiária da pública.

> **Decadência imprópria**: diz-se *imprópria* a decadência quando, apesar da fluência do prazo decadencial, não são produzidos os efeitos que lhe são próprios, não ocorrendo, assim, a extinção da punibilidade do agente. No sistema criminal brasileiro, a decadência imprópria está relacionada ao oferecimento de queixa-crime em *ação penal privada subsidiária da pública*, a qual também se submete ao prazo decadencial de 06 meses. No entanto, consumado esse prazo, a decadência não resultará na extinção da punibilidade do agente, não produzindo os seus efeitos típicos.

Em geral, a decadência não é submetida a causas de suspensão e interrupção, sendo obstada apenas com o oferecimento da queixa.

Atenção! O STJ já decidiu que decadência é interrompida (*rectius*: obstada) com o oferecimento da **queixa-crime**, ainda que esta seja apresentada perante juízo **absolutamente incompetente** (STJ, AgRg no REsp 1560769/SP, 6ª Turma, Rel. Min. Sebastião Reis, DJe 25/02/2016). Aqui, como podemos perceber, há **diferença com a prescrição**, que é interrompida com o recebimento da denúncia (CP, art. 117, I), lembrando que o recebimento da denúncia por juízo absolutamente incompetente não interrompe a prescrição

(STF, RC 1472, Pleno, Rel. Min. Dias Toffoli, DJe-217 11/10/2016; STJ, AgRg no HC 396797/PE, 6ª Turma, Rel. Min. Sebastião Reis, DJe 27/10/2017).

7. PEREMPÇÃO

Perempção é a perda do direito de prosseguir no exercício da ação penal privada, sendo imposta como uma sanção ao querelante desidioso.

Essa causa de extinção da punibilidade **funciona no curso do processo-crime já iniciado** (ação penal em juízo). Quando a ação penal é de iniciativa privada, o querelante-acusador deve praticar os *atos processuais necessários*[31] no curso do processo até o julgamento. Quando permanecer inerte ou for desidioso, poderá ocorrer a perempção caso configurada alguma das hipóteses legais (CP, art. 60), havendo a extinção da punibilidade do agente.

Para estimular a memória, observe a **simbologia estratégica** abaixo:

Perempção

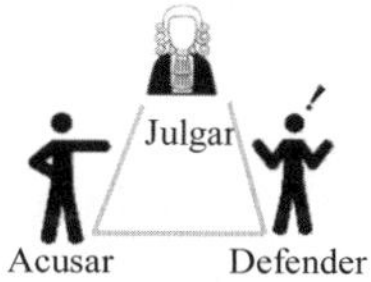

Querelante desidioso no processo
(ação penal privada)

Atenção! A perempção somente extingue a punibilidade nos crimes de **ação penal privada** (exclusivamente privada e personalíssima). Não extingue a punibilidade nos crimes de ação penal privada subsidiária da pública.

O art. 60 do CPP prevê as hipóteses de perempção no processo penal:

> "Art. 60. Nos casos em que somente se procede mediante queixa, considerar-se-á perempta a ação penal:
> I - quando, iniciada esta, o querelante deixar de promover o andamento do processo durante 30 dias seguidos;

[31] **Perempção e atos processuais facultativos**: a perempção não ocorre quando o querelante deixa de praticar *atos processuais facultativos*, a exemplo do não comparecimento na audiência preliminar prevista no art. 520 do CPP em relação aos crimes contra a honra e da ausência de sustentação oral.

> II - quando, falecendo o querelante, ou sobrevindo sua incapacidade, não comparecer em juízo, para prosseguir no processo, dentro do prazo de 60 (sessenta) dias, qualquer das pessoas a quem couber fazê-lo, ressalvado o disposto no art. 36;
> III - quando o querelante deixar de comparecer, sem motivo justificado, a qualquer ato do processo a que deva estar presente, ou deixar de formular o pedido de condenação nas alegações finais;
> IV - quando, sendo o querelante pessoa jurídica, esta se extinguir sem deixar sucessor".

Cuidado! Segundo o STJ, a perempção somente pode ocorrer após o **recebimento da queixa-crime** pelo juiz (STJ, AgRg no REsp 1670607/SP, 6ª Turma, Rel. Min. Maria Thereza de Assis Moura, DJe 16/04/2018).

O CESPE-UNB/CEBRASPE considerou **incorreta** a assertiva de que o recebimento de queixa-crime pelo juiz não é condição para o reconhecimento da perempção[32].

Por fim, lembramos que a perempção é uma causa de extinção da punibilidade *comunicável*, sendo extensível aos coautores e partícipes do fato.

8. RENÚNCIA AO DIREITO DE QUEIXA E PERDÃO DO OFENDIDO

A punibilidade do agente será extinta pela renúncia do direito de queixa ou pelo perdão aceito, nos crimes de ação privada (CP, art. 107, V).

Para uma visão inicial, observe a **simbologia estratégica** abaixo:

Renúncia

Posso acusar em juízo, mas não quero

Abdicação do exercício do direito de queixa
(ato unilateral)

Perdão do ofendido

Eu te perdoo, você aceita?

Abdicação do direito de prosseguir com a ação penal privada já iniciada
(ato bilateral)

[32] Prova objetiva do concurso para o cargo de defensor público (DPE-RN), realizada em 2015.

A **renúncia** é a abdicação do exercício do direito de oferecer a queixa-crime (ação judicial), o que somente pode ocorrer em ação penal privada (exclusivamente privada e personalíssima) e antes do oferecimento da própria queixa. Trata-se de **ato unilateral** que independe da aceitação do autor do fato.

A renúncia, que ocorre sempre *antes* do oferecimento da queixa-crime, poderá ser **expressa** ou **tácita**. A renúncia expressa é aquela formulada através de meio explícito. A renúncia tácita decorre da prática de ato incompatível com a vontade de exercer o direito de queixa (CP, art. 104, parágrafo único). Ex: após crime de injúria e ciência dos fatos pelo ofendido, o autor da infração é convidado para ser padrinho de casamento da vítima.

> **Renúncia tácita e indivisibilidade da ação penal privada**: por força do princípio da indivisibilidade da ação penal privada, embora o ofendido possa decidir entre propor ou não a ação, não poderá escolher qual dos ofensores irá processar. Ou processa todos, ou não processa nenhum (a ação é *indivisível*). Caso ocorra exclusão voluntária de um dos agentes, haverá *renúncia tácita* ao direito de queixa quanto aos demais (CPP, art. 49).
>
> **Recebimento de indenização e renúncia**: não implica renúncia tácita ao direito de queixa o fato de o ofendido receber a indenização do dano causado pelo crime (CP, art. 104, parágrafo único). Mas há uma *exceção*: nas infrações de menor potencial ofensivo, na hipótese de ação penal privada ou de ação penal pública condicionada à representação, o acordo homologado de composição civil dos danos acarreta a renúncia ao direito de queixa ou representação (art. 74, parágrafo único, da Lei n.º 9.099/95).

O **perdão do ofendido**, por sua vez, é o ato voluntário pelo qual a vítima abdica do direito de prosseguir com a ação penal privada já iniciada. Trata-se de **ato bilateral**, que somente se aperfeiçoa com a aceitação do acusado, o qual poderá recusar a benesse e optar por sustentar sua inocência.

O perdão poderá ser **expresso** ou **tácito**. O perdão expresso é feito por meio explícito. Perdão tácito é o que resulta da prática de ato incompatível com a vontade de prosseguir na ação penal (CP, art. 106, §1º). Ambos são admitidos desde o oferecimento da queixa até o trânsito em julgado (CP, art. 106, §2º).

O perdão do ofendido possui *eficácia objetiva*, sendo comunicável aos coautores e partícipes, mas não produzirá efeito com relação ao querelado que o recusar, lembrando que o perdão é um ato bilateral (CP, art. 106, I e III). Nos crimes com pluralidade de vítimas, o perdão concedido por um dos ofendidos não prejudica o direito de ação dos outros (CP, art. 106, II).

9. RETRATAÇÃO DO AGENTE

A punibilidade será extinta pela retratação do agente nos casos em que a lei penal a admitir (CP, art. 107, VI).

Retratar significa voltar atrás, retirando o que se disse. Pela retratação, o autor do fato reconsidera a afirmação anterior, procurando, com isso, impedir o dano que poderia decorrer da falsidade da afirmação.

Para estimular a memória, observe a **simbologia estratégica** abaixo:

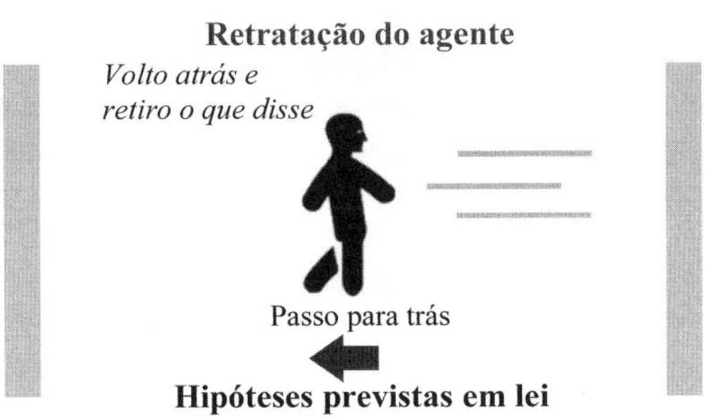

Hipóteses legais: a lei penal admite a retratação do agente nas seguintes hipóteses: (a) calúnia e difamação (CP, art. 143); (b) falso testemunho e (c) falsa perícia (CP, art. 342, §2º). A injúria não admite retratação, muito embora comporte o perdão judicial (CP, art. 140, §1º, I e II).

> **Retratação e desnecessidade de aceitação do ofendido**: a retratação da calúnia, feita antes da sentença, acarreta a extinção da punibilidade do agente independente de aceitação do ofendido (STJ, APn 912/RJ, Corte Especial, Rel. Min. Laurita Vaz, j. 03/03/2021, Informativo n.º 687).

Em todos esses casos, a retratação poderá ocorrer até a **sentença** de primeiro grau (CP, arts. 143 e 342, §2º).

Nos **crimes contra a honra**, a retratação do art. 143 do CP é **pessoal**, não se comunicando aos demais ofensores, uma vez que a lei se refere ao agente (caráter subjetivo), embora seja possível que todos se retratem. Por outro lado, quanto aos crimes de **falso testemunho e de falsa perícia**, a retratação do art. 342, §2º, do CP é **comunicável**, pois a lei se refere ao fato (caráter objetivo).

10. PERDÃO JUDICIAL

A punibilidade será extinta pelo perdão judicial, nos casos em que a lei penal expressamente admitir (CP, art. 107, IX).

Pelo instituto do perdão judicial, a lei possibilita ao juiz deixar de aplicar a pena em determinadas hipóteses, diante das circunstâncias excepcionais do caso. Ex: ao dar ré no veículo sem as devidas cautelas, o pai atropela o próprio filho de 3 anos, que vem a falecer. Nesse caso, o sofrimento causado afeta o réu de forma tão profunda que a pena é desnecessária.

Para estimular a memória, observe a **simbologia estratégica** abaixo:

O perdão judicial é concedido pelo juiz ou tribunal, com base em uma das hipóteses previstas em lei, independentemente de aceitação do infrator. Estando presentes os requisitos legais, o perdão judicial deve ser concedido, sendo um direito subjetivo do réu, e não mera faculdade do juiz.

A **natureza jurídica** da decisão que concede o perdão judicial é controvertida. *1ª corrente*: sentença condenatória (Magalhães Noronha, Mirabete e Damásio). *2º corrente*: sentença absolutória (Basileu Garcia). *3ª corrente*: decisão de extinção facultativa da punibilidade (E. Silveira). *4º corrente*: natureza declaratória (Fragoso, Delmanto e Bitencourt).

Na jurisprudência, prevalece a orientação de que a decisão que concede o perdão judicial não é condenatória, apresentando natureza **declaratória**.

> **STJ, Súmula n.º 18**: "A sentença concessiva do perdão judicial é declaratória da extinção da punibilidade, não subsistindo qualquer efeito condenatório".

O art. 120 do CP reforça a ausência de natureza condenatória da decisão que reconhece a extinção da punibilidade do agente:

> "Art. 120 - A sentença que conceder perdão judicial não será considerada para efeitos de reincidência".

Em relação ao cabimento, reitere-se que o perdão judicial somente é admissível nos **casos expressamente previstos em lei**. As hipóteses legais devem ser interpretadas restritivamente, não comportando analogia ou interpretação extensiva para alcançar outros crimes. Há limitação legal.

O CESPE-UNB/CEBRASPE considerou **correta** a assertiva de que não se admite a extensão, para outro crime, dos efeitos da extinção da punibilidade pelo perdão judicial concedido em relação a homicídio culposo, ainda que ambos os crimes tenham sido praticados em concurso formal[33].

Hipóteses legais: no Código Penal, há previsão legal da possibilidade de perdão judicial nas seguintes hipóteses: (a) homicídio culposo (CP, art. 121, §5º); (b) lesão corporal culposa (CP, art. 129, §8º); (c) injúria (CP, art. 140, §1º, I e II); (d) tomar refeição em restaurante, alojar-se em hotel ou utilizar-se de meio de transporte sem dispor de recursos para efetuar o pagamento (CP, art. 176, parágrafo único); (e) receptação culposa (CP, art. 180, §5º) e (f) subtração de incapazes (CP, art. 249, §2º). A Lei de Contravenções Penais ainda prevê mais duas hipóteses: (a) erro de direito (LCP, art. 8º) e (b) participar de associações secretas, mas com fins lícitos (LCP, art. 39, §2º).

Também existem algumas previsões na **legislação especial**. O art. 13 da Lei n.º 9.807/99 (Lei de Proteção a Vítimas e Testemunhas) prevê a possibilidade de perdão judicial ao acusado colaborador, quando presentes os requisitos legais. Além disso, no regime da Lei n.º 12.850/2013 (Organizações Criminosas), o perdão judicial também foi previsto como um dos prêmios legais possíveis ao agente colaborador no contexto da colaboração premiada, sendo excluído o líder da organização (art. 4º, *caput* e §4º, I).

Atenção! Em todos os casos enumerados acima, o perdão judicial não é concedido de forma automática (*ope legis*), devendo ser avaliado pelo juiz à luz das circunstâncias do **caso concreto** (*ope judicis*).

Efeitos: o perdão judicial impede a produção dos *efeitos penais* da condenação, principais e secundários. Possui eficácia subjetiva (caráter pessoal), não sendo comunicável aos coautores e partícipes da infração.

[33] Prova objetiva do concurso para o cargo de Juiz de Direito (TJPA), realizada em 2012.

11. PAGAMENTO DO TRIBUTO

A punibilidade do agente será extinta com o pagamento integral do tributo nos crimes contra a ordem tributária, apropriação indébita previdenciária e sonegação de contribuição previdenciária.

Nesses crimes, é mais importante para o Estado receber o valor do tributo sonegado do que propriamente "prender" o criminoso.

Para estimular a memória, observe a **simbologia estratégica** abaixo:

Pagamento do tributo

Crimes contra a ordem tributária e equiparados

Na legislação especial, o **parcelamento** do débito tributário foi previsto como causa de **suspensão** da pretensão punitiva do Estado, ficando também suspensa a prescrição penal. O art. 68 da Lei n.º 11.941/2009 assim dispõe:

> "Art. 68. É **suspensa** a pretensão punitiva do Estado, referente aos crimes previstos nos arts. 1º e 2º da Lei nº 8.137, de 27 de dezembro de 1990, e nos arts. 168-A e 337-A do Decreto-Lei nº 2.848, de 7 de dezembro de 1940 – Código Penal, limitada a suspensão aos débitos que tiverem sido objeto de concessão de **parcelamento**, enquanto não forem rescindidos os parcelamentos de que tratam os arts. 1º a 3º desta Lei, observado o disposto no art. 69 desta Lei.
> Parágrafo único. A prescrição criminal não corre durante o período de suspensão da pretensão punitiva".

Outro ponto importante é que, havendo o pagamento do débito tributário, a punibilidade será extinta. O art. 69 da Lei n.º 11.941/2009 prevê o **pagamento integral** do débito como **causa de extinção da punibilidade**:

> "Art. 69. **Extingue-se** a punibilidade dos crimes referidos no art. 68 quando a pessoa jurídica relacionada com o agente efetuar o **pagamento integral** dos débitos oriundos

de tributos e contribuições sociais, inclusive acessórios, que tiverem sido objeto de concessão de parcelamento".

Alcance: são alcançados os crimes contra a ordem tributária previstos nos arts. 1º e 2º da Lei n.º 8.137/90, apropriação indébita previdenciária (CP, art. 168-A) e sonegação de contribuição previdenciária (CP, art. 337-A).

Momento do pagamento: o pagamento do débito tributário, a qualquer tempo, até mesmo após o trânsito em julgado, extingue a punibilidade do agente. O STF e o STJ têm decidido que tanto o art. 9º, §2º, da Lei n.º 10.684/2003 quanto o art. 68 da Lei n.º 11.941/2009 não estabelecem qualquer limite ou restrição quanto ao momento do pagamento, que pode ocorrer até mesmo após o trânsito em julgado da condenação (STF, AP 516 ED, Pleno, Red. p/ ac. Min. Luiz Fux, DJ 01/08/2014; STJ, HC 362.478-SP, 5ª Turma, Rel. Min. Jorge Mussi, DJe 20/9/2017, Informativo n.º 611).

Atenção! O benefício da extinção da punibilidade pelo pagamento limita-se aos crimes previstos nos arts. 68 e 69 da Lei n.º 11.941/2009 – os mesmos previstos no art. 9º da Lei n.º 10.684/2003 –, não sendo extensível a outros delitos, como **contrabando** [34], **descaminho** [35], **estelionato previdenciário**[36], **furto de energia elétrica, corrupção ativa**[37], crimes não tributários conexos etc. Encontra-se superada a antiga Súmula n.º 560 do STF[38]

O STJ, inclusive, já decidiu que, na hipótese de **furto de energia elétrica** mediante fraude, o adimplemento do débito **não extingue** a punibilidade do agente (STJ, RHC 101.299-RS, 3ª Seção, Rel. p/ ac. Min. Joel Ilan Paciornik, DJe 04/04/2019, Informativo n.º 645; STJ, AgRg no REsp 1799613/RJ, 6ª Turma, Rel. Min. Rogerio Schietti Cruz, DJe 30/04/2020).

---

[34] STF, HC 88.875 MC, Rel. Min. Celso de Mello, dec. monocrática, DJ de 02/06/2006.

[35] STJ, RHC 43.558-SP, 5ª Turma, Rel. Min. Jorge Mussi, DJe 13/2/2015, Informativo n.º 555.

[36] "Não extingue a punibilidade do crime de estelionato previdenciário (art. 171, § 3º, do CP) a devolução à Previdência Social, antes do recebimento da denúncia, da vantagem percebida ilicitamente, podendo a iniciativa, eventualmente, caracterizar arrependimento posterior, previsto no art. 16 do CP" (STJ, REsp 1.380.672-SC, 6ª Turma, Rel. Min. Rogério Schietti Cruz, DJe 6/4/2015, Informativo n.º 559, abr-2015).

[37] STJ, RHC 95.557-GO, 6ª Turma, Rel. Min. Maria Thereza de Assis Moura, DJe 01/08/2018, Informativo n.º Info 631

[38] **STF, Súmula n.º 560 (superada)**: "A extinção de punibilidade, pelo pagamento do tributo devido, estende-se ao crime de contrabando ou descaminho, por força do art. 18, § 2º, do Decreto-Lei 157/1967". O STF já reconheceu expressamente a superação do enunciado: "o entendimento do Supremo Tribunal Federal consubstanciado na Súmula 560 não mais prevalece desde que sobreveio a Lei 6.910/1981 (art. 1º), cujo texto deixou de atribuir eficácia extintiva da punibilidade ao pagamento do tributo devido, se e quando se tratasse dos crimes de contrabando ou descaminho, em suas modalidades próprias ou equiparadas" (CP, art. 334 e §§ 1º e 2º)" (STF, HC 88.875 MC, Rel. Min. Celso de Mello, dec. monocrática, DJ de 02/06/2006).

PARTE IV

TEMAS COMPLEMENTARES

CAPÍTULO 26
CONSTITUCIONALIZAÇÃO DO DIREITO PENAL

1. INTRODUÇÃO

Nas últimas décadas, vem ganhando força um movimento de revalorização e ascensão científica do Direito Constitucional, com a expansão e irradiação dos princípios e valores constitucionais por todo o ordenamento jurídico, o que tem gerado significativos impactos no Direito Penal.

Diante da crescente interação entre o Direito Penal e a Constituição, a doutrina contemporânea tem identificado um novo caminho metodológico, um modo "particular", "específico" de estudo e aplicação do Direito Penal a partir dos princípios e valores constitucionais substantivos. Nessa perspectiva, o **Direito Penal Constitucional** é apresentado como um método de estudo do Direito Penal à luz da Constituição Federal[1].

No Brasil, essa realidade foi sentida com maior intensidade a partir promulgação Constituição de 1988, que fincou as premissas jurídicas e axiológicas que marcam as bases do *novo Direito Penal.*

---

[1] FELDENS, Luciano. *Direitos Fundamentais e Direito Penal: a Constituição Penal.* 2ª Ed. Porto Alegre: Livraria do Advogado, 2012; LOPES, Maurício Antônio Ribeiro. *Teoria Constitucional do Direito Penal.* São Paulo: Revista dos Tribunais, 2000.

2. A CONSTITUCIONALIZAÇÃO DO DIREITO

2.1. Neoconstitucionalismo e Estado Constitucional de Direito

Nos últimos séculos, a interação entre a intervenção penal e o Estado tem sofrido evolução de acordo com três grandes modelos de organização estatal: (1) Estado absoluto; (2) Estado liberal; (3) Estado intervencionista (econômico, social e socialista) e (4) Estado Constitucional.

Para uma melhor visualização, confira o **quadro estratégico** abaixo:

<table>
<tr><td rowspan="6">Evolução do Estado (modelos)</td><td>Estado absoluto</td><td colspan="2">Absolutismo monárquico (poder ilimitado)</td></tr>
<tr><td>Estado liberal</td><td colspan="2">Liberalismo (limitação do poder, direitos individuais e absenteísmo estatal)</td></tr>
<tr><td rowspan="3">Estado intervencionista</td><td>Econômico</td><td>Direitos econômicos</td></tr>
<tr><td>Social</td><td>Direitos sociais e interesses comunitários</td></tr>
<tr><td>Socialista</td><td>Política econômica planificada</td></tr>
<tr><td>Estado Constitucional</td><td colspan="2">Caráter democrático e garantista (garantismo). Releitura e filtragem constitucional. Princípios, direitos fundamentais e valores constitucionais substantivos.</td></tr>
</table>

No atual estágio evolutivo, vivemos o modelo de **Estado Constitucional de Direito**, havendo inúmeras transformações.

Até a Segunda Guerra, a teoria jurídica vivia sob a influência precípua do *Estado Formal de Direito* e do positivismo jurídico: considerava-se "direito" apenas o que se encontrava formalmente previsto no ordenamento legal, sem a necessidade de qualquer juízo de valor acerca de seu conteúdo. Em passado de triste memória, o nazismo orquestrou e promoveu a barbárie sob a **proteção formal da legalidade**. Espantosamente, Hitler agiu sob o manto formal da legalidade, ainda que seus atos fossem considerados injustos ou imorais[2].

[2] "As ações nazistas – mesmo cruéis e desumanas – foram pautadas no princípio da legalidade [...] a condução do governo nacional-socialista era genuinamente legal, isto é, todos os atos praticados – direta ou indiretamente permitidos por Hitler – foram amparados por normas devidamente positivadas, ainda que imorais ou injustas. Assim, o Führer respeitava o princípio supramencionado, agindo de acordo com os ditames jurídicos – mesmo que o legislador fosse o próprio Adolf Hitler" (*in* REIS, Queiti Oliveira. *Adolf*

Ocorre que o cenário após a Segunda Guerra Mundial foi devastador. A destruição de vidas e de bens materiais acabou por gerar uma profunda crise ideológica e moral. O fascismo foi extirpado do continente Europeu. O nazismo foi proibido na Alemanha moderna, apesar de pequenos grupos simpatizantes (*neonazistas*) ainda subsistirem esparsamente na Alemanha e outros países.

A experiência na história mostrou os **perigos da legalidade formal**. Então, outro passo nessa cadeia evolutiva havia de ser dado.

A pura legalidade, dissociada dos valores constitucionais, já não era mais suficiente para a proteção do Estado, da democracia e dos direitos humanos e fundamentais. Após os horrores cometidos durante a Segunda Guerra Mundial, a Ética e os valores substantivos começaram a retornar ao Direito, tendo início um conjunto de transformações e mudanças de paradigmas, em um movimento que, mais tarde, se convencionou chamar de **neoconstitucionalismo**, com impactos em todo o ordenamento jurídico.

O insucesso dos modelos intervencionistas e as reações sociais encetadas contra os regimes totalitários abriram espaço para outras propostas, o que tornou crível a concepção do **Estado Constitucional de Direito**.

Conforme anota Luiz Roberto Barroso,

> "O Estado constitucional de direito desenvolve-se a partir do término da Segunda Guerra Mundial e se aprofunda no último quarto do século XX, tendo por característica central a subordinação da legalidade a uma Constituição rígida [...] criando uma nova percepção da Constituição e de seu papel na interpretação jurídica em geral". [3]

Essa nova forma de organização política atende por nomes diversos na doutrina: Estado Democrático de Direito, Estado Constitucional de Direito ou Estado Constitucional Democrático[4]. Trata-se de modelo que ultrapassa a formação de Estado de Direito e vai além do Estado Social.

Nesse novo modelo, a lei deixa de ser vista como mero enunciado de caráter formal, desprovido de conteúdo material ou substancial, e passa a ser enxergada à luz dos valores consagrados constitucionalmente, abrindo-se espaço para o exame de seu conteúdo. Com isso, abandona-se a ideia de pura legalidade formal, sendo possível falar em "**legalidade constitucional**". A

Hitler: terceiro reich e o princípio da legalidade. Disponível em: <https://jus.com.br/artigos/43737/adolf-hitler-terceiro-reich-e-o-principio-da-legalidade>. Acesso em 21/09/2020).

[3] BARROSO, Luiz Roberto. *Curso de Direito Constitucional Contemporâneo*. 5ª Ed. São Paulo: Saraiva, 2015, p. 278-279.

[4] BARROSO, Luiz Roberto. *Op. Cit.*, p. 279

Constituição passa a ser enxergada como o *centro* do sistema, com inegável *força normativa*, cujo conteúdo substancial se irradia por todo o ordenamento.

Para uma melhor visualização, observe a **simbologia estratégica**:

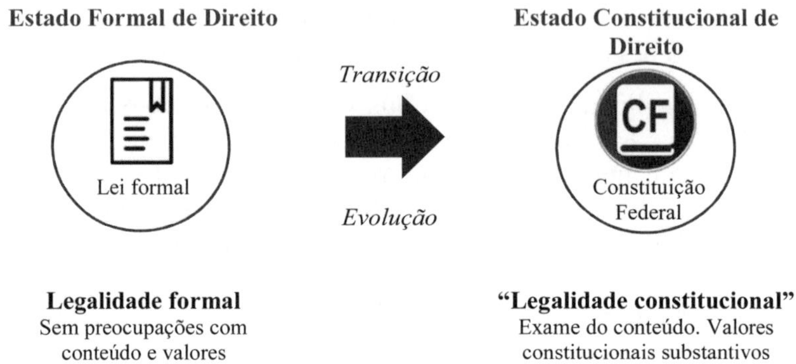

Devemos dizer que a **transição** do Estado Formal de Direito (baseado na legalidade formal) para o Estado Constitucional de Direito (ancorado na "legalidade constitucional") representa um grande salto evolutivo na organização do Estado, com a formação de um novo arranjo constitucional.

A Constituição de 1988 é claramente **substancialista**, diante da magnitude e diversidade dos valores substantivos nela consagrados.

> **Procedimentalismo e substancialismo**: na teoria constitucional contemporânea, *procedimentalistas* e *substancialistas* têm visões diferentes sobre o papel da Constituição e da jurisdição constitucional. Enquanto no procedimentalismo o papel da Constituição é definir as regras do jogo político, assegurando sua natureza democrática e a defesa dos pressupostos da democracia (John Har Ely e Habermas), o *substancialismo* valoriza o conteúdo material da Constituição para além da defesa dos pressupostos da democracia, sendo guiado pelos valores consagrados constitucionalmente, defendendo um viés mais ativo quanto ao papel da jurisdição constitucional, mesmo nos casos que não envolvam os pressupostos da democracia. Seu principal defensor foi o americano Ronald Dworkin, falecido em 2014.

Na verdade, a afirmação do Estado Constitucional de Direito foi parte de um movimento maior: o **neoconstitucionalismo**, que apresentou um conjunto de transformações na teoria constitucional contemporânea.

Luís Roberto Barroso, em valiosa síntese, assim condensou a definição e os marcos fundamentais do neoconstitucionalismo:

> "o neoconstitucionalismo ou novo direito constitucional, na acepção aqui desenvolvida, identifica um conjunto amplo de transformações ocorridas no Estado e no direito constitucional, em meio às quais podem ser assinalados, (i) como *marco histórico*, a formação do Estado constitucional de direito, cuja consolidação se deu ao longo das décadas finais do século XX; (ii) como *marco filosófico*, o pós-positivismo, com a centralidade dos direitos fundamentais e a reaproximação entre Direito e ética; e (iii) como *marco teórico*, o conjunto de mudanças que incluem a força normativa da Constituição, a expansão da jurisdição constitucional e o desenvolvimento de uma nova dogmática da interpretação constitucional. Desse conjunto de fenômenos resultou um processo extenso e profundo de constitucionalização do Direito" [5].

Como marco filosófico, o **pós-positivismo** objetiva ir além da legalidade estrita, porém sem desprezar o Direito posto; busca desenvolver uma leitura moral do Direito, mas sem o recurso a categorias metafísicas, sendo responsável por importantes transformações na teoria do Direito: (a) reconhecimento da normatividade dos princípios; (b) distinção qualitativa entre princípios e regras; (c) centralidade dos direitos fundamentais, tendo a dignidade humana como valor-fonte e (d) reaproximação entre Direito e Ética.

A valorização dos aspectos humano, social e cultural abriu espaço para novos movimentos constitucionais: **comunitarismo**, **multiculturalismo** e **constitucionalismo inclusivo**[6]. São protegidas a dignidade, a pluralidade de culturas, a não discriminação e a igualdade de gênero. Nesse cenário, destaca-se o combate ao racismo, a Lei Maria da Penha e a reação ao feminicídio. O STF também já discutiu sobre a necessidade de criminalização da homofobia[7].

Mais à frente, veremos que ainda existem outros movimentos evolutivos: **constitucionalismo multinível** e **transconstitucionalismo**.

---

[5] BARROSO, Luís Roberto. *O Novo Direito Constitucional Brasileiro. Contribuições para a Construção Teórica e Prática da Jurisdição Constitucional no Brasil.* Belo Horizonte: Editora Fórum, 2014, p. 201.

[6] SARMENTO, Daniel; NETO, Cláudio Pereira de Souza. *Direito Constitucional. Teoria, História e Métodos de Trabalho.* 2ª ed. Belo Horizonte: Editora Fórum, 2016; SARMENTO, Daniel. *Por um Constitucionalismo Inclusivo: História da Constituição Brasileira, Teoria da Constituição e Direitos Fundamentais.* Rio de Janeiro: *Lumen Juris*, 2010.

[7] No julgamento da ADO 26 e do MI 4733, o Plenário do STF entendeu que houve omissão inconstitucional do Congresso Nacional por não editar lei que criminalize atos de homofobia e de transfobia (STF, ADO 26 e do MI 4733, Rel. Min. Celso de Mello, DJe 28/06/2019).

2.2. Conceito, origens e expansão do fenômeno

"*Ontem os Códigos, hoje as Constituições*"[8]. O movimento da constitucionalização do Direito surgiu na Alemanha, a partir da Lei Fundamental de 1949, quando o Tribunal Constitucional Federal Alemão decidiu que os direitos fundamentais, além da proteção de situações subjetivas (dimensão subjetiva), desempenham outra função: a de instituir uma ordem objetiva de valores (dimensão objetiva)[9]. A constitucionalização do Direito também se difundiu e ganhou relevo na Itália. No Brasil, o fenômeno apresentou maior intensidade a partir da promulgação da Constituição de 1988.

No plano infraconstitucional, o movimento teve início no Direito Civil. O primeiro grande precedente na matéria foi o *caso Lüth* (1958), quando a Corte Constitucional Alemã assentou que as *cláusulas gerais* do direito privado devem ser interpretadas conforme a ordem de valores contida na Constituição. Na Itália, Pietro Perlingieri é apontado como o mentor da expressão "**Direito Civil Constitucional**", que influenciou diversas gerações de civilistas[10].

A ideia de *constitucionalização do Direito* está associada a um **efeito expansivo** das normas constitucionais, cujo conteúdo material e axiológico se irradia por todo o ordenamento jurídico, com força normativa e repercussão sobre a atuação dos três Poderes, havendo a necessidade de **releitura** de todo o Direito infraconstitucional à luz da Constituição (**questão discursiva**)[11].

Segundo Luís Roberto Barroso,

> "O fenômeno da constitucionalização do Direito tem como ponto de partida a passagem da Constituição para o centro do sistema jurídico [...] Compreendida como uma ordem objetiva de valores, transformou-se no filtro através do qual se deve ler todo o ordenamento jurídico [...] Os valores, os fins públicos e os comportamentos

[8] A frase foi pronunciada por Paulo Bonavides, em 1998, ao receber a medalha Teixeira de Freitas no Instituto dos Advogados Brasileiros, e vem sendo difundida pela doutrina constitucional contemporânea.

[9] BARROSO, Luís Roberto. *Curso de Direito Constitucional Contemporâneo*. 5ª Ed. São Paulo: Saraiva, 2016, p. 393.

[10] Na Itália, Pietro Perlingieri utilizou a expressão "Direito Civil Constitucional", o que, anos mais tarde, repercutiu no Brasil e na consolidação da Escola do Direito Civil Constitucional, representada por Gustavo Tepedino, Edson Fachin, Paulo Lôbo e por vários civilistas da nova geração (Nelson Rosenvald, Cristiano Chaves, Flávio Tartuce, Renan Lotufo, dentre outros).

[11] No concurso para o cargo de Delegado de Polícia do Estado de Alagoas, realizado no ano de 2012, Banca CESPE/CEBRASPE, foi formulada a seguinte **questão discursiva**: "[...] discorra sobre o seguinte tema: Constitucionalização do Direito: consequências para a segurança pública. Ao elaborar seu texto, aborde, necessariamente, os seguintes aspectos: - significado do termo constitucionalização do direito; - função da segurança pública na Constituição de 1988 [...]".

> contemplados nos princípios e regras da Lei maior passam a condicionar a validade e o sentido de todas as normas do direito infraconstitucional"[12].

A constitucionalização do Direito propiciou a passagem da *lei* para a periferia do sistema jurídico, com o trânsito da *Constituição* para o *centro* do ordenamento jurídico, consolidando-se o **Estado Constitucional de Direito**. Como uma "fênix", a Constituição renasce das cinzas do esquecimento e passa a assumir papel central, com intensa carga valorativa e força normativa.

Para facilitar a visualização, observe a **simbologia estratégica** abaixo:

CONSTITUCIONALIZAÇÃO DO DIREITO
(visão do ordenamento jurídico)

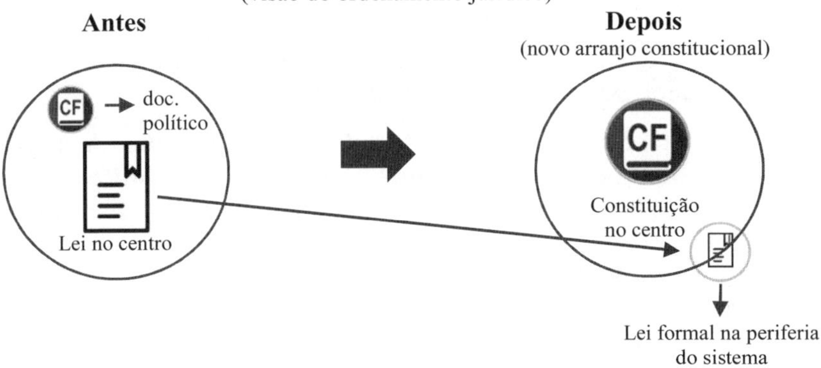

Conforme explica Daniel Sarmento, a constitucionalização do Direito é um fenômeno que possui dupla dimensão: **(a) constitucionalização-inclusão**, com o tratamento, pela Constituição, de temas que antes eram disciplinados pela legislação infraconstitucional ou mesmo ignorados e **(b) constitucionalização-releitura**, que revela a irradiação e impregnação dos princípios e valores constitucionais por todo o sistema jurídico[13].

O CESPE-UNB/CEBRASPE considerou correta a assertiva de que a constitucionalização do direito engloba a constitucionalização-inclusão e a constitucionalização-releitura[14].

---

[12] BARROSO, Luís Roberto. *O Novo Direito Constitucional Brasileiro: contribuições para a construção teórica e prática da jurisdição constitucional no Brasil*. Belo Horizonte: Editora Fórum, 2014, p. 32-33.
[13] SARMENTO, Daniel; NETO, Cláudio Pereira de Souza. *Direito Constitucional. Teoria, História e Métodos de Trabalho*. *Op. Cit.*, págs. 43-47.
[14] Prova objetiva para o cargo de defensor público do Estado de Alagoas, realizada em 2017.

Filtragem constitucional: com a constitucionalização do Direito, as disposições legais, conceitos e institutos jurídicos passam a ser lidos sob uma ótica constitucional, ou seja, sob as "lentes" da Constituição.

Mas o fenômeno se expandiu por todos os ramos do Direito, havendo importantes repercussões no Direito Penal.

3. A Constitucionalização do Direito Penal no Brasil

3.1. Considerações iniciais

No Direito Penal, o fenômeno da constitucionalização do Direito somente teve maior expressão a partir da década 1970.

No âmbito penal, o movimento teve início na **Itália**. A origem da expressão "**Direito Penal Constitucional**" é atribuída a **Paolo Rossi**, que, em 1953, publicou a obra *Lineamenti di Diritto Penale Costituzionale*[15]. No mesmo ano, Pietro Nuvolone publicou uma coletânea de artigos com o título *Le Leggi Penali e la Costituzione*[16]. Foram estudos que relacionaram o Direito Penal com a Constituição de forma embrionária. Não obstante, a reflexão fundadora do Direito Penal Constitucional encontra-se em extenso e importante estudo do penalista italiano **Franco Bricola**, publicado em 1973[17]. Posteriormente, outros estudos foram desenvolvidos na Alemanha e na Espanha.

No Brasil, a doutrina penal tradicional pouco se ocupou do assunto, tendo os primeiros trabalhos começado a aparecer a partir dos anos 1990. Na atualidade, o tema não costuma ser abordado de forma específica na maioria dos manuais de Direito Penal. Em geral, o assunto é tratado apenas pela doutrina contemporânea em trabalhos específicos sobre o tema.

No sentido da difusão da *perspectiva penal-constitucional* no Brasil, podemos citar: Mauricio Antônio Ribeiro Lopes, Luciano Feldens, Juarez Tavares, Luiz Flávio Gomes, Alice Bianchini, Antônio García-Pablos, Orlando Faccini Neto, Dimitri Dimoulis, Luiz Fernando Kazmierczak, Lúcio Antônio Chamon Junior, Luiz Regis Prado, dentre outros, que, nos últimos anos, têm

[15] ROSSI, Paolo. *Lineamenti di Diritto Penale Costituzionale*. Palermo: Priulla, 1953.
[16] NUVOLONE, Pietro. *Le Leggi Penali e la Costituzione*. Milano: Giuffrè, 1953.
[17] BRICOLA, Franco. *Teoria Generale del Reato*. Torino: UTET, 1973.

desenvolvido estudos específicos sobre o *Direito Penal Constitucional*[18]. No Direito Constitucional, também podem ser lembrados alguns ilustres constitucionalistas que abordam a interação entre Direito Penal e a Constituição: Luís Roberto Barroso, Daniel Sarmento e Ingo Sarlet[19].

A ideia de constitucionalização do Direito Penal é um reflexo da supremacia formal e material da Constituição sobre as leis penais de um país.

Conforme explica Giacomolli, a Constituição, como instrumento jurídico e político, fixa o modelo de organização do Estado e opções políticas de uma nação[20]. A Constituição funciona como fonte de legitimação e limitação do legislador, fornecendo as bases para a política criminal no país.

> **Constituição e política criminal**: no Brasil, a Constituição de 1988 consagrou uma *política criminal garantista*, estabelecendo um modelo de Direito Penal mínimo e garantidor (CF, art. 5º), baseado na proteção integral dos direitos fundamentais, em busca da construção de uma sociedade pluralista, livre, justa e solidária, estribada no valor-fonte da dignidade da pessoa humana (CF, art. 1º, III). Essa opção constitucional de política criminal deve dirigir toda a legislação penal brasileira, lembrando que, conforme já estudado anteriormente, a Carta Magna, ao adotar a política criminal garantista (não repressivista), deixou de lado os *movimentos repressivistas* (lei e ordem, tolerância zero e Direito Penal do Inimigo). Essa é a opção que deve direcionar toda a legislação penal (**questão discursiva**[21]).

[18] TAVARES, Juarez. *Teoria do Injusto Penal*. 4ª Ed. São Paulo: Tirant, 2019; TAVARES, Juarez. *Fundamentos da Teoria do Delito*. 2ª Ed. São Paulo: Tirant, 2019; FELDENS, Luciano. *Direitos Fundamentais e Direito Penal: a Constituição Penal*. 2ª Ed. Porto Alegre: Livraria do Advogado, 2012; LOPES, Maurício Antonio Ribeiro. *Teoria Constitucional do Direito Penal*. São Paulo: Revista dos Tribunais, 2000; GOMES, Luiz Flávio. *Teoria Constitucionalista do Delito e Imputação Objetiva: o conceito de tipicidade objetiva na pós-modernidade*. São Paulo: Revista dos Tribunais, 2011; GOMES, Luiz Flávio; MOLINA, Antônio Garcia Pablos de. *Direito Penal. Parte Geral*. 2ª Ed. São Paulo: Revista dos Tribunais, 2011; NETO, Orlando Faccini. *Teoria Geral do Crime*. Curitiba: Juruá, 2017; DIMOULIS, Dimitri. *Direito Penal Constitucional: Garantismo na Perspectiva do Pragmatismo Jurídico*. Belo Horizonte: Arraes Editores, 2016; KAZMIERCZAC, Luiz Fernando. *Direito Penal Constitucional e Exclusão Social*. Porto Alegre: Nuria Fabris, 2010; JUNIOR, Lúcio Antônio Chamon. *Teoria Constitucional do Direito Penal: contribuições a uma reconstrução da dogmática penal 100 anos depois*. Rio de Janeiro: Lumen Juris, 2006; PRADO, *Luiz Regis (coord). Direito Penal Constitucional – A (Des) construção do Sistema Penal*. São Paulo: Método, 2020.

[19] BARROSO, Luís Roberto. *Curso de Direito Constitucional Contemporâneo. Os Conceitos Fundamentais e a Construção do Novo Modelo*. 5ª Ed. São Paulo: Saraiva, 2016; SARMENTO, Daniel; NETO, Cláudio Pereira de Souza. *Direito Constitucional. Teoria, História e Métodos de Trabalho*. 2ª ed. Belo Horizonte: Editora Fórum, 2016; SARLET, Ingo; NETO, Jayme Weingartner. *Constituição e Direito Penal. Temas Atuais e Polêmicos*. Porto Alegre: Livraria do Advogado, 2016.

[20] GIACOMOLLI, Nereu José. *Juiz das garantias – Um Nascituro Estigmatizado*. *In* MALAN, Diogo; MIRZA, Flávio (Coord.). *70 anos do Código de Processo Penal Brasileiro: Balanço e Perspectivas de Reforma*. Rio de Janeiro: *Lumen Juris*, 2011, p. 308.

[21] No 28º concurso público para o cargo de Procurador da República, foi formulada a seguinte **questão discursiva**: "Comente acerta do tema 'A Constituição da República de 1988 e Política Criminal".

As transformações no pensamento jurídico foram profundas. Após a Segunda Guerra Mundial e diante das atrocidades cometidas no nazismo, exsurge o **Estado Constitucional de Direito** no pós-positivismo.

Afirmou-se a *força normativa da Constituição* (Konrad Hesse) e a teoria dos direitos fundamentais se expandiu, com a ampliação do repertório teórico e ampla **repercussão no Direito Penal** (dimensão objetiva, eficácia irradiante, eficácia horizontal, integralidade, multifuncionalidade etc.). Na teoria constitucional contemporânea, os direitos fundamentais não são mais vistos apenas como direitos de defesa, mas como *imperativos de tutela*. Os princípios, direitos e valores constitucionais passaram a permear todo o sistema.

Nesse novo cenário, os direitos fundamentais são a *pedra angular* do Direito Penal, lembrando que não há direitos absolutos ou ilimitados.

> **Abuso de direitos fundamentais**: a expansão dos direitos fundamentais não permite que estes sejam utilizados para proteção de práticas ilícitas. O STF, inclusive, tem decidido que os direitos fundamentais não podem servir de escudo protetivo para a salvaguarda de práticas ilícitas[22]. É o chamado princípio da proibição do abuso dos direitos fundamentais. Trata-se de princípio implícito na Constituição de 1988, mas que possui caráter expresso na Declaração Universal de Direitos Humanos (art. XXX).
>
> **STJ, Súmula n.º 522**: "A conduta de atribuir-se falsa identidade perante autoridade policial é típica, ainda que em situação de alegada autodefesa".

Voltando ao fenômeno, a interação entre a intervenção penal e a Constituição tem gerado profundas transformações no Direito Penal, podendo ser indicadas cinco grandes bases fundamentais: princípios, aplicabilidade das normas penais, teoria do delito, bem jurídico e teoria da pena. Fala-se em **constitucionalização do Direito Penal** (*releitura* e *filtragem constitucional*).

Na teoria dos princípios, temos a ascensão e desenvolvimento princípios penais constitucionais, a afirmação da *normatividade* dos princípios e a distinção qualitativa entre *princípios* e *regras*. Os princípios são vistos como mandados de otimização (Alexy)[23]. Diante das transformações ocorridas na doutrina pós-positivista contemporânea, é possível identificar uma *nova teoria dos princípios* (Ronald Dworkin, Robert Alexy, Humberto Ávila etc.)[24].

---

[22] STF, HC 70814, 1ª Turma, Rel. Min. Celso de Mello, DJ 24/06/1994.

[23] MELLO, Celso Antônio. *Curso de Direito Administrativo*. 27ª Ed. Malheiros: São Paulo, 2010, p. 53.

[24] ALEXY, Robert. *Teoría de Los Derechos Fundamentales*. Ernesto Garzón Valdés (trad.). Madrid: Centro de Estúdios Políticos y Constitucionales, 2002; CANOTILHO, Joaquim José Gomes. *Direito Constitucional*

Na **teoria constitucionalista do delito**, podemos citar a absorção dos princípios e valores constitucionais substantivos, com a revisão e releitura das velhas premissas da dogmática penal e a filtragem constitucional dos grandes institutos do Direito Penal (tipicidade, ilicitude etc.). O delito é visto como uma ofensa a um bem jurídico constitucional e só poderá ter existência quando o bem jurídico protegido pela norma – que, além de imperativa, também é valorativa – for concretamente afetado (lesado ou posto em perigo).

Na **teoria do bem jurídico**, nos últimos anos, tem sido constatada uma nova e ampliada forma de tutela. Em evolução às concepções privatista (Feuerbach) e legal de bem jurídico, a doutrina contemporânea defende uma *concepção constitucional* de bem jurídico. A proteção penal, antes dirigida apenas aos bens jurídicos individuais, evoluiu, passando a alcançar bens jurídicos abstratos e transindividuais. Modernamente, fala-se em **espiritualização dos bens jurídicos**, de acordo com a doutrina de Roxin.

> **Espiritualização dos bens jurídicos**: em sua origem, o Direito Penal só se preocupava com crimes que causassem danos individuais e materialmente tangíveis. Porém, com o passar do tempo, houve a necessidade de *ampliação* da proteção do bem jurídico: são alcançados bens jurídicos *abstratos* e *transindividuais*, antecipando-se a intervenção penal ao momento que precede o dano. Nesse novo cenário, são protegidos novos bens jurídicos, de caráter coletivo e difuso (meio ambiente, ordem tributária, ordem econômica etc.). A ampliação da tutela penal interesses metaindividuais e aos crimes de perigo abstrato é denominada por Roxin de *espiritualização, dinamização, desmaterialização ou liquefação de bens jurídicos*[25].

Na **teoria da pena**, de acordo com a visão pós-positivista e neoconstitucionalista, a pena e a execução penal são concebidas sob a *perspectiva penal-constitucional*, com ênfase na dignidade humana, havendo importantes precedentes do STF na atualidade (estado de coisas inconstitucional[26], responsabilidade civil objetiva do Estado por morte de detento[27], danos morais ao preso por más condições carcerárias[28] etc.).

e Teoria da Constituição. 7ª Ed. Lisboa: Almedina, 2003; DWORKIN, Ronald. *Levando os direitos a sério*. Tradução de Nelson Boeira. 2 Ed. São Paulo: Martins Fontes, 2007. Título original: Taking rights seriously; ÁVILA, Humberto. *Teoria dos Princípios*. 12ª Ed. São Paulo: Malheiros, 2011.

[25] ROXIN, Claus. *Derecho Pena. Parte General. Fundamentos. La Estructura de La Teoría del Delito. Tomo I*. Trad. Diego-Manuel Luzón Peña, Miguel Díaz y García Conlledo e Javier de Vicente Remensal. Madrid: Civitas, 2006, p. 410.

[26] STF, ADPF 347 MC, Pleno, Rel. Min. Marco Aurélio, DJe 19/02/2016.

[27] STF, RE 841526, Pleno, Rel. Min. Luiz Fux, DJe-159 01/08/2016.

[28] STF, RE 580252, Pleno, Rel. p/ ac. Min. Gilmar Mendes, DJe-204 11/09/2017.

As repercussões do fenômeno afetam não só a prisão-pena, mas também a prisão provisória e sua relação com a presunção de inocência. São identificadas transformações nas garantias constitucionais contra a prisão, a exemplo da admissibilidade do ***habeas corpus* coletivo**. No HC 143641, o STF concedeu ordem coletiva de *habeas corpus* para assegurar a aplicação de prisão domiciliar ou de medida cautelar diversa (CPP, art. 319) às gestantes, puérperas, mães de crianças de até 12 anos e de pessoas com deficiência, mulheres que se encontravam cumprindo prisão preventiva em condições degradantes. Para a Corte, a existência de relações sociais massificadas exigem soluções a partir de remédios processuais coletivos, especialmente para coibir ou prevenir lesões a direitos de grupos vulneráveis (STF, HC 143641, 2ª Turma, Rel. Min. Ricardo Lewandowski, DJe-215 09/10/2018).

Outro ponto importante é que o princípio da proporcionalidade, além dos três vetores já consolidados (necessidade, adequação e proporcionalidade *stricto sensu*), ganhou duas novas dimensões, com diversos reflexos na atuação estatal: (a) vedação do excesso e (b) proibição da proteção deficiente.

E aqui podemos lembrar de um reflexo relevante. A **segurança pública** sofre releitura e passa a ser vista sob a faceta de direito fundamental difuso (CF, art. 144). Nessa nova visão, assume relevo a **função de proteção perante terceiros**: constitui dever do Estado proteger os titulares dos direitos fundamentais contra investidas ou violações de terceiros, tanto de forma *preventiva*, evitando-se a prática da infração, quanto de forma *repressiva*, de forma a investigar, processar e punir os responsáveis. O direito à segurança, como *direito fundamental*, atrai para si um imperativo de tutela pelo Estado. Mais do que uma liberdade negativa, impõe-se ao poder público sua promoção e proteção, diante da proibição da proteção deficiente (**questão discursiva**) [29].

Na doutrina contemporânea, todos esses pontos são aglutinados em um novo seguimento do Direito Penal: a *Teoria Constitucional do Direito Penal*.

Quinto sistema penal? Ao lado dos tradicionais sistemas penais, que representam as quatros grandes fases evolutivas do Direito Penal moderno (naturalismo, neokantismo, finalismo e funcionalismo), o sistema constitucional apresenta-se como o quinto sistema penal. Diante das transformações ocorridas na teoria constitucional pós-positivista, o Direito Penal deve absorver a novas tendências do pensamento jurídico contemporâneo com o surgimento de um novo sistema penal constitucionalizado.

[29] No concurso para o cargo de Delegado de Polícia do Estado de Alagoas, realizado em 2012 pelo CESPE-UNB/CEBRASPE, foi formulada a seguinte **questão discursiva**: "[...] discorra sobre o seguinte tema: Constitucionalização do Direito: consequências para a segurança pública. Ao elaborar seu texto, aborde, necessariamente, os seguintes aspectos: - significado do termo constitucionalização do direito; - função da segurança pública na Constituição de 1988 [...]".

Para uma melhor visualização, confira os **quadros estratégicos** abaixo:

SISTEMAS PENAIS (Evolução)			
Naturalismo	**Neokantismo**	**Finalismo**	**Funcionalismo**
Leis da física e ciências naturais	Aspectos valorativos (início)	Finalidade da conduta	Funções do Direito Penal

↓

SISTEMA CONSTITUCIONAL (Quinto sistema – estágio atual) **Constitucionalização do Direito Penal**
Releitura e *filtragem constitucional*. Princípios (normatividade), direitos fundamentais e valores substantivos em matéria penal.

No Brasil, com a promulgação da Constituição de 1988, o sistema constitucional passou a ganhar força e desenvolvimento. Para maiores detalhes sobre os sistemas penais, confira o que dissemos no Capítulo 6.

3.2. Impactos no regime jurídico penal

A repercussão da Constituição sobre a disciplina legal (regime jurídico) dos crimes e das penas é ampla, direta e imediata. A constitucionalização do Direito Penal gera significativos impactos sobre a atuação dos três poderes.

Segundo Barroso, podem ser destacados alguns pontos[30]:

(1) impacto sobre a criação, validade e interpretação das normas penais;

(2) previsão de um amplo catálogo de garantias (CF, art. 5º);

(3) mandados de criminalização;

(4) impedimentos à criminalização de algumas condutas;

[30] Sobre os impactos do movimento da constitucionalização do Direito no campo do Direito Penal, *cf.* BARROSO, Luís Roberto. *Curso de Direito Constitucional Contemporâneo. Op. Cit.*, p. 415-421.

(5) podem ser excepcionadas algumas incidências concretas, se provocarem resultado constitucionalmente indesejado.

Anote-se que essa relação não é exaustiva, mas apenas **exemplificativa**. São muitas as transformações existentes no Direito Penal.

Os bens jurídicos constitucionais obedecem a uma *ordem hierárquica* e, como consequência, a gravidade da punição deve ser graduada de acordo com essa lógica. Além disso, há um sistema de valores centrado na dignidade da pessoa humana, que confere *fundamentalidade material* aos demais direitos fundamentais consagrados constitucionalmente.

Barroso explica que a constitucionalização do Direito Penal fixa três premissas de trabalho na matéria: (a) reserva legal e liberdade de conformação do legislador, nos limites da Constituição; (b) garantismo e (c) dever de proteção dos bens jurídicos constitucionais, já que a tipificação de delitos e a atribuição de penas também são mecanismos de proteção aos direitos fundamentais. Deve ser observado o princípio da proporcionalidade, nas dimensões da proibição do excesso e da proibição da proteção deficiente[31].

> **Mandados constitucionais de criminalização**: revelam um elenco de normas que, a princípio, não outorgam direitos, mas que, antes disso, determinam a criminalização de condutas. Os mandados de criminalização podem ser *expressos*, quando decorrem de comando explícito da CF[32], ou *implícitos*, quando extraídos do sistema, considerando-se a ordem de valores estabelecida pela Constituição, bem como o dever de proteção e a proibição de uma proteção deficiente, cabendo ao legislador estabelecer o sistema de proteção constitucional-penal adequado. Os mandados implícitos de criminalização derivam da dimensão objetiva dos direitos fundamentais e da proibição da proteção deficiente (*untermassverbot*).

[31] BARROSO, Luís Roberto. *Curso de Direito Constitucional Contemporâneo. Op. Cit.*, p. 418-419.

[32] São mandados constitucionais **expressos** de criminalização na Constituição de 1988: "Art. 5º [...] XLI - a lei punirá qualquer discriminação atentatória dos direitos e liberdades fundamentais; XLII - a prática do racismo constitui crime inafiançável e imprescritível, sujeito à pena de reclusão, nos termos da lei; XLIII - a lei considerará crimes inafiançáveis e insuscetíveis de graça ou anistia a prática da tortura, o tráfico ilícito de entorpecentes e drogas afins, o terrorismo e os definidos como crimes hediondos, por eles respondendo os mandantes, os executores e os que, podendo evitá-los, se omitirem; XLIV - constitui crime inafiançável e imprescritível a ação de grupos armados, civis ou militares, contra a ordem constitucional e o Estado Democrático; [...] Art. 7º São direitos dos trabalhadores urbanos e rurais, além de outros que visem à melhoria de sua condição social: X - proteção do salário na forma da lei, constituindo crime sua retenção dolosa; [...] Art. 225, §3º: As condutas e atividades consideradas lesivas ao meio ambiente sujeitarão os infratores, pessoas físicas ou jurídicas, a sanções penais e administrativas, independentemente da obrigação de reparar os danos causados. [...] Art. 227, §4º: A lei punirá severamente o abuso, a violência e a exploração sexual da criança e do adolescente".

Enfim, a Constituição funciona como fonte de legitimação e de limitação do legislador, devendo ser vista como o centro do sistema penal.

3.3. A "Constituição Penal"

Chama-se Constituição Penal o conjunto de princípios e regras de extração constitucional que versam sobre a intervenção penal do Estado.

O conceito decorre da tendência contemporânea de constitucionalização do Direito Penal. Na doutrina brasileira, embora o ponto não seja difundido nos manuais, a doutrina pós-positivista admite com certa tranquilidade a existência de uma *Constituição Penal.* [33]

No Direito Econômico, fala-se em "Constituição Econômica"[34]; no Direito Tributário, em "Constituição Tributária"[35]; no Direito Processual, em "Constituição Processual" e, como não poderia ser diferente, no Direito Penal, fala-se também em **Constituição Penal**. Essa é uma realidade entre nós.

Luciano Feldens assim apresenta a ideia de Constituição Penal:

> "[....] surge-nos a noção de *Constituição Penal*, aqui concebida como o conjunto de diretrizes normativas estabelecidas à organização e ao funcionamento do sistema jurídico-penal requerido pela Constituição, as quais compreendem os princípios e regras gerais respeitantes à matéria criminal (penal e processual penal) positivados na ordem constitucional; [...] as linhas compreensivas da *Constituição Penal* assumirão uma perspectiva material para abranger, em seu núcleo de problematização, os efeitos decorrentes do desenvolvimento dogmático dos direitos fundamentais, enquanto proibições de intervenção e imperativos de tutela. Tal como reconhecido por penalistas de primeira grandeza, trata-se de um debate que, sem prescindir dos aportes oferecidos pela dogmática penal, deve se realizar a partir de um *enfoque constitucional*, e muito especialmente, dos direitos fundamentais. Este, o

[33] FELDENS, Luciano. *Direitos Fundamentais e Direito Penal: a Constituição Penal.* 2ª. Ed. Porto Alegre. Livraria do Advogado Editora. 2012, p. 60.

[34] GRAU, Eros Roberto. *A Ordem Econômica na Constituição de 1988*. São Paulo: Malheiros, 2012, p. 77-97.

[35] VELLOSO, Andrei Pitten. *Constituição Tributária Interpretada.* 2ª Ed. Livraria do Advogado: Porto Alegre, 2012.

horizonte de sentido do Direito Penal; este o *enfoque constitucionalista do Direito Penal*".[36]

Como podemos perceber, a Constituição Penal surge da ideia de que o Direito Penal deve ser guiado pelas normas de envergadura constitucional que tratam da matéria criminal e da persecução penal em um país.

A Constituição deve orientar a política criminal, a validade e os limites da aplicação da lei penal, já que a Carta Magna é o centro do sistema.

A Constituição de 1988 contempla um amplo **catálogo de normas** relacionadas à intervenção penal do Estado, dentre as quais podemos lembrar: dignidade humana (art. 1º, III); legalidade (art. 5º, XXXIX), irretroatividade da lei penal, salvo para beneficiar o réu (art. 5º, XL), intranscendência da pena (art. 5º, XLV); proibição da pena de morte, salvo em caso de guerra declarada (CF, art. 5º, XLVII, *a*); proibição de penas de caráter perpétuo, de trabalhos forçados, de banimento e cruéis (art. 5º, XLVII, *a* a *e*); respeito à integridade física e moral do preso (art. 5º, XLIX); devido processo legal (art. 5º, LIV); contraditório e ampla defesa (CF, art. 5º, LV); juiz natural (CF, art. 5º, XXXVII e LIII); proibição de provas ilícitas (CF, at. 5º, LVI); presunção de inocência (CF, art. 5º, LVII); proibição à autoincriminação e direito ao silêncio (CF, art. LXIII); *habeas corpus* (CF, art. 5º, LXVIII), dentre outras garantias.

Mas além das normas expressas, também existem normas implícitas: intervenção mínima, ofensividade, *ne bis in idem*, proporcionalidade etc.

Enfim, no estudo do *Direito Penal Constitucional*, diante da diversidade de normas constitucionais expressas e implícitas sobre a intervenção penal, é possível falar na existência de uma *Constituição Penal.*

3.4. A Teoria Constitucional do Direito Penal

No campo jurídico, a admissão de uma *Teoria Constitucional do Direito Penal* apresenta-se como requisito de validade e legitimação de todo o sistema penal. Essa ideia decorre da *constitucionalização do Direito*, que também tem gerado transformações na dogmática penal contemporânea. Todos os ramos do Direito devem ser pensados a partir da Constituição.

A Constituição Federal, arcabouço normativo máximo do sistema jurídico, deve iluminar e filtrar todos os institutos do Direito Penal.

---

[36] FELDENS, Luciano. *Op. Cit.*, p. 60.

No ensino jurídico, a *Teoria Constitucional do Direito Penal* já aparece como disciplina autônoma nos programas de doutorado[37].

O ponto, por certo, reclama um estudo de maior fôlego, o que extrapola os limites de um manual sobre a Parte Geral. Aqui, apenas noticiaremos a existência da teoria, com a apresentação de suas diretrizes fundamentais, despertando o leitor para a importância dessa linha de pesquisa e estudo.

Apenas para demonstrar, confira-se a descrição do objeto da disciplina "Teoria Constitucional do Direito Penal" pela PUC-RS na grade curricular:

> "Estudo da relação (axiológico-normativa) existente entre a Constituição e o Direito Penal no marco do atual modelo Estado Constitucional de Direito. Princípios e regras conformadores da Constituição Penal. Direitos fundamentais como direitos de defesa e como imperativos de tutela. A proporcionalidade como instrumento de controle de normas penais: possibilidades e limites. A operacionalização do Direito Penal pela jurisdição constitucional (nacional e internacional) e pelas cortes internacionais de direitos humanos"[38].

A matéria não se reduz à chamada "teoria constitucionalista do delito", que vimos na teoria geral do crime. Vai além. As repercussões são expressivas, com reflexos nas bases principiológicas do Direito Penal, passando pela teoria geral do delito, teoria da pena, extinção da punibilidade etc.

A Teoria Constitucional do Direito Penal, dentre os principais nichos de ocupação, engloba os seguintes pontos:

(a) estudo da relação entre Direito Penal e a Constituição;

(b) princípios e regras formadores da Constituição Penal;

(c) direitos fundamentais em matéria penal;

(d) estudo da constitucionalização (releitura) dos institutos penais;

---

[37] Admitindo a existência de uma teoria constitucional do Direito Penal: FELDENS, Luciano. *Direitos Fundamentais e Direito Penal: a Constituição Penal.* 2ª. Ed. Porto Alegre. Livraria do Advogado Editora. 2012; LOPES, Maurício Antônio Ribeiro. *Teoria Constitucional do Direito Penal.* São Paulo: Revista dos Tribunais, 2000; GOMES, Luiz Flávio. *Teoria Constitucionalista do Delito e Imputação Objetiva: o conceito de tipicidade objetiva na pós-modernidade.* São Paulo: Revista dos Tribunais, 2011; GOMES, Luiz Flávio; MOLINA, Antônio Garcia Pablos de. *Direito Penal. Parte Geral.* 2ª Ed. São Paulo: Revista dos Tribunais, 2011; Lúcio Antônio Chamon. *Teoria Constitucional do Direito Penal: contribuições a uma reconstrução da dogmática penal 100 anos depois.* Rio de Janeiro: Lumen Juris, 2006; PRADO, *Luiz Regis (coord). Direito Penal Constitucional – A (Des) construção do Sistema Penal.* São Paulo: Método, 2020.

[38] Disponível em: <https://www.pucrs.br/direito/wp-content/uploads/sites/11/2017/08/horario2017-2-doutoradoPPGCCRIM.pdf> Acesso em 03/10/2020.

(e) proporcionalidade e controle de constitucionalidade das leis penais;

(f) operacionalização do Direito Penal pela jurisdição constitucional e pelas Cortes Internacionais de direitos humanos.

À medida que o leitor se torne mais avançado no estudo do Direito Penal, perceberá que, de uma forma ou de outra, todos os institutos penais acabam sendo influenciados pela força normativa da Constituição (Konrad Hesse). Essa é a ideia fundamental da Teoria Constitucional do Direito Penal: *revisão*, *releitura* e *filtragem constitucional* dos institutos penais à luz da Constituição da República, com a incorporação das novas tendências do pensamento constitucional contemporâneo, o que resvala em um novo caminho metodológico: o *Direito Penal Constitucional*.

3.5. O novo perfil do princípio da legalidade: princípio da juridicidade

A vinculação normativa não é adstrita à lei, mas à Constituição e ao direito objetivo como um todo (*princípio da juridicidade*).

Vimos que o neoconstitucionalismo propiciou a passagem da lei para a periferia do sistema jurídico, com o trânsito da Constituição para o *centro* do ordenamento jurídico. Com isso, consolidou-se o Estado Constitucional de Direito, o que ensejou a concepção de um **novo perfil** do princípio da legalidade, de modo a transformá-lo em **princípio da juridicidade**: a vinculação normativa não é adstrita somente à lei, mas ao direito objetivo como um todo, com destaque para os princípios e valores constitucionais.

O novo perfil do princípio da legalidade, doravante transformado em princípio da juridicidade, constitui importante exemplo de **mutação constitucional**, fruto da expressão do Poder Constituinte difuso[39].

Luís Roberto Barroso, estudioso dos novos movimentos constitucionais, noticia a transformação:

> "O princípio da legalidade transmuda-se, assim, em princípio da constitucionalidade ou, talvez mais propriamente, em princípio da juridicidade, compreendendo sua subordinação à Constituição e à lei, nessa ordem". [40]

[39] "O poder constituinte difuso pode ser caracterizado como um poder de fato e se manifesta por meio das mutações constitucionais" (*in* LENZA, Pedro. *Direito Constitucional Esquematizado*. 13ª Ed. São Paulo: Saraiva, 2009, p. 121).

[40] BARROSO, Luís Roberto. *O Novo Direito Constitucional Brasileiro*. *Op. Cit.*, p. 223.

Devemos dizer que essa mudança de paradigma não se esgota no âmbito do Direito Constitucional, sendo extensiva a todos os ramos do Direito[41]. Nos tribunais, o STJ, inclusive, já tem destacado a existência do *princípio da juridicidade* sob a égide da Constituição de 1988 (STJ, REsp 1297021/PR, 2ª Turma, Rel. Min. Eliana Calmon, DJe 20/11/2013; STJ, REsp 1177910/SE, 1ª Seção, Rel. Min. Herman Benjamin, DJe 17/02/2016).

Portanto, a pura legalidade formal sai de cena e exsurge uma nova diretriz: a *legalidade constitucional* (princípio da juridicidade).

3.6. As novas técnicas de interpretação: *defeseability*, *reduction*, ponderação de interesses e a nova hermenêutica constitucional

Com a constitucionalização do Direito Penal, a interpretação e aplicabilidade das normas penais sofre *releitura*, com novos aportes teóricos.

Nesse novo cenário, a interpretação das garantias penais deve ser feita a partir das premissas de um tipo específico de normas, que são aquelas que consagram os direitos fundamentais. Assumem relevo os *princípios* [42] e *métodos*[43] da nova hermenêutica constitucional, com o surgimento de novas técnicas de interpretação: ***reduction***, ***defeseability*** e **ponderação de interesses** [44]. O Direito Penal passa a incorporar os pontos da teoria constitucional contemporânea: dimensão objetiva e eficácia irradiante dos direitos fundamentais; democratização da interpretação constitucional e sociedade aberta dos intérpretes (Peter Häbele), com a figura do *amicus curiae* [45]; pós-positivismo; leitura moral do Direito; normatividade dos

[41] O ponto já foi percebido no Direito Administrativo, conforme já apontado por Edilson Nobre Junior: "Abandonou-se concepção do princípio da legalidade, representativa do vetusto aforismo de que a Administração somente pode fazer o que a lei impõe que se faça, com a sua substituição pela sua vinculação ao direito em todas as suas dimensões, dentre as quais avulta sobranceira a dos princípios, dado o seu caráter informador e dirigente do sistema jurídico. Esse **novo perfil** do princípio da legalidade - que, a bem da verdade, transforma-o em princípio da juridicidade -, no sentido de albergar força jurídica (e, na maioria das vezes, com carga predominante) aos princípios" (*in* JUNIOR, Edilson Nobre. *Boa-fé como baliza da relação jurídico-administrativa*. Jornal Carta Forense, São Paulo, v. 4, p. 1, maio. 2009).

[42] São **princípios** da nova hermenêutica constitucional: (a) princípio da unidade da Constituição; (b) princípio do efeito integrador; (c) princípio da justeza, correção ou conformidade funcional; (d) princípio da concordância prática ou harmonização; (e) princípio da força normativa da Constituição; (f) princípio da máxima efetividade das normas constitucionais; (g) princípio da interpretação conforme à Constituição; (h) princípios da proporcionalidade e da razoabilidade.

[43] São **métodos** da nova hermenêutica constitucional: (a) método jurídico ou hermenêutico clássico; (b) método tópico-problemático; (c) método científico-espiritual; (d) método hermenêutico-concretizado; (e) método normativo-estruturante e (f) método da comparação constitucional.

[44] Essas três técnicas foram estudadas no capítulo sobre "Norma Penal", para onde remetemos o leitor.

[45] Por exemplo, ao discutir o alcance do crime de racismo, o STF admitiu a intervenção do Prof. Celso Lafer como *amicus curiae* em *habeas corpus* (STF, HC 82424/RS, Pleno, Rel. Min. Moreira Alves, DJ

princípios e força normativa da Constituição (Konrad Hesse). Todos esses pontos são relacionados ao modelo de **Estado Constitucional de Direito.**

No campo da interpretação, dois princípios merecem destaque:

(a) unidade da Constituição: as normas constitucionais compõem um sistema, devendo-se evitar antinomias e contradições;

(b) princípio da concordância prática ou da harmonização: diante do conflito entre bens jurídico-constitucionais, deve-se buscar a harmonia entre eles, de modo a se evitar o sacrifício total de uns em relação aos outros.

Segundo o STF, algumas tipificações são questionáveis à luz dos novos valores constitucionais, como o aborto de feto anencefálico, a interrupção da gravidez nos três primeiros meses de gestação e a marcha da maconha.

Aborto de feto anencefálico: enfrentando o tema, o STF decidiu que o aborto de feto anencefálico constitui fato atípico (não há crime). Para a Corte, mostra-se inconstitucional interpretação de a interrupção da gravidez de feto anencéfalo ser conduta tipificada nos artigos 124, 126 e 128, I e II, do Código Penal (STF, ADPF 54/DF, Pleno, Rel. Min. Marco Aurélio, DJ 30/04/2013). Esse tipo de aborto não depende de prévia autorização judicial.

Aborto e três primeiros meses de gestação: essa é outra hipótese de fato atípico. Para o STF, é preciso conferir interpretação conforme a Constituição quanto aos arts. 124 a 126 do CP, que tipificam o crime de aborto, para excluir do seu âmbito de incidência a interrupção voluntária da gestação efetivada no primeiro trimestre (STF, HC 124306/RJ, 1ª Turma, Red. p/ ac. Min. Roberto Barroso, j. 29/11/2016, Informativo n.º 849).

Marcha da maconha: o Plenário do STF conferiu interpretação conforme a Constituição em relação ao art. 33, §2º, da Lei n.º 11.343/2006, com o fim de dele excluir qualquer significado ensejador da proibição de manifestações e debates públicos sobre a descriminalização ou da legalização do uso de drogas ou entorpecentes. A Corte entendeu que a defesa em espaços públicos da legalização das drogas não caracteriza ilícito penal, mas sim o exercício legítimo do direito à livre manifestação do pensamento (STF, ADI 4274/DF, rel. Min. Ayres Britto, 23/11/2011).

19/03/2004). Em divergência, o STJ, como regra geral, não tem admitido a intervenção do amigo da corte especificamente na ação de *habeas corpus* (HC 377.453/RJ, 5ª Turma, Reynaldo Soares, DJe 05/04/2017).

Como podemos perceber, a constitucionalização do Direito tem apresentado importantes transformações na interpretação e aplicabilidade das normas penais, com a incorporação dos princípios e valores constitucionais.

3.7. Multifuncionalidade e integralidade dos direitos fundamentais

Os direitos fundamentais não possuem apenas a clássica função de defesa, mas múltiplas funções (*multifuncionalidade*). A proteção dos direitos fundamentais não se dirige apenas ao réu, mas a todos (*integralidade*).

Com a **constitucionalização da persecução penal**, os direitos e garantias fundamentais não são vistos apenas com a clássica função de defesa, mas com **múltiplas funções**: (a) de defesa ou de liberdade; (b) de prestação social; (c) de proteção perante terceiros e (d) de não discriminação[46]. Além disso, a Constituição deve irradiar sua *força normativa* sobre a persecução penal, de modo a assegurar a proteção dos direitos fundamentais de *todos os envolvidos* (acusado, vítima, testemunhas etc.). Assim, a proteção passou a ser **integral**: são tuteladas não só as garantias do investigado ou acusado, mas também os direitos fundamentais de todos que participam da persecução penal.

3.8. Constitucionalização dos principais institutos penais

Os impactos da constitucionalização do Direito Penal também foram sentidos nos principais institutos penais, que passaram a ser inspirados pela perspectiva penal-constitucional (releitura e filtragem constitucional).

Teoria do crime. Os grandes institutos do Direito Penal ligados à teoria geral do delito (conduta, tipo, tipicidade, ilicitude, culpabilidade etc.) passaram por *revisão* e intensa *releitura*, sendo concebidos, mais do que nunca, sob a ótica constitucional. Na teoria do crime, esse conjunto de transformações é sistematizado pela *teoria constitucionalista do delito*, que, ao longo dos anos, tem se expandido e ganhado novos adeptos. No Brasil, Luiz Flávio Gomes, em tese de doutoramento apresentada em 2001 na Espanha, sistematizou a teoria constitucionalista do delito, influenciando a doutrina brasileira mais recente[47].

---

[46] CANOTILHO, J. J. Gomes. *Op. Cit.*, p. 407-410.

[47] GOMES, Luiz Flávio. *Origens da Nossa Teoria Constitucionalista do Delito*. Disponível em http://www.lfg.com.br>. Acesso em 03/10/2020.

O *tipo*, na visão constitucional, passa a ser iluminado pela necessidade concreta de proteção dos bens jurídicos constitucionais. A *tipicidade penal* ganhou uma nova dimensão: a **tipicidade material**, cujo conteúdo é preenchido pelos princípios e valores constitucionais. A *ilicitude* deixa de apresentar caráter precipuamente formal e passa a incorporar princípios, direitos e valores constitucionais substantivos (conteúdo valorativo). Fala-se em **ilicitude constitucional**. As causas de exclusão da ilicitude (ex: legítima defesa) devem ser interpretadas e aplicadas de acordo com a Constituição, podendo ser expandidas para a proteção dos bens jurídicos constitucionais[48].

Olando Faccini Neto, tratando da perspectiva penal-constitucional da ilicitude, noticia as transformações ocorridas:

> "a ilicitude, para além de estar fundamentada constitucionalmente [...] poderá afastar-se, não apenas pelas justificativas mais evidentes consagradas ao nível da legislação ordinária, mas também pelo influxo dos princípios constitucionais, que, como princípios, formam e conformam a ordem jurídica, considerada em seu todo"[49].

No direito comparado, o **caso *State v. Judy Norman* (1989)**, oriundo do direito norte-americano, é utilizado pela doutrina especializada para se repensar e expandir o argumento constitucional ao âmbito da legítima defesa[50].

O Direito Penal encontra-se em evolução. No sistema brasileiro, os valores constitucionais passam a se expandir no âmbito da aplicação das normas penais. No voto do Min. Luiz Fux na ADPF 54, em que se discutiu o aborto de feto anencefálico, apontou-se que a Constituição funciona como fonte de legitimação e limitação do legislador, fazendo-se referência à superação do

---

[48] NETO, Orlando Faccini. *Teoria Geral do Crime*. Curitiba: Juruá, 2017, p. 253.

[49] NETO, Orlando Faccini. *Op. Cit.*, p. 253.

[50] ***State v. Norman*** **(caso *Judy Norman*)**: após mais de duas décadas de casamento, período no qual, por diversas vezes, foi brutalmente agredida por seu esposo, Judy Norman veio a matá-lo mediante disparo de arma de fogo enquanto o mesmo dormia. Ao longo dos anos, as agressões sofridas por Judy Norman vinham crescendo em intensidade, o que envolvia Norman ser espancada, queimada com cigarros, ser obrigada a se alimentar com comida de cachorro e outros tipos de violência, até que, na véspera do delito, Judy foi espancada gravemente, quase levando-a à inconsciência. Com a chegada dos policiais, Judy acabou por não formalizar o registro das agressões, por medo de represálias do cônjuge e, logo depois, em ato em desespero, tentou suicidar-se. Com a chegada do serviço médico, seu esposo tentou impedi-los de atuar, dizendo que deveriam deixar Judy morrer. No dia seguinte, ao retornar de atendimento de serviço de assistência social, quando chegou em casa, Judy Norman foi novamente agredida, queimada com cigarro e forçada a dormir no chão. Durante a madrugada, acordou, pegou um revólver e assassinou seu marido enquanto dormia. No julgamento do caso em 1989, Judy Norman foi condenada pela Suprema Corte da Carolina do Norte, tendo a Corte rejeitado a tese de que a acusada teria atuado em legítima defesa, por entender que Judy não estava diante de um ataque iminente.

conceito meramente formal de crime e o desenvolvimento de um conceito material para o injusto penal, fundado na ideia de nocividade ou lesividade social (STF, ADPF 54, Pleno, Rel. Min. Marco Aurélio, DJ 30/04/2013)[51].

Teoria da pena. Na atualidade, a pena e a execução penal têm recebido uma maior carga jurídico-axiológica da Constituição Federal, havendo exemplos importantes na jurisprudência do STF. Veremos mais adiante.

3.9. Direito Penal e liberdade de expressão

A liberdade de expressão também tem suscitado importantes debates na teoria constitucional contemporânea (*hate speech*, defesa da coisa pública, teoria da proteção débil do homem público, *chilling effect* etc.), que também geram impactos na repercussão penal das condutas.

Em 2009, na ADPF 130, o STF decidiu pela **não recepção**, em bloco, da Lei n.º 5.250/67 (**Lei de Imprensa**) por incompatibilidade material com a Constituição Federal de 1988, mas sem implicar *abolitio criminis* dos crimes contra a honra nela tipificados, que passaram a ser regidos pelo Código Penal (STF, ADPF 130, Pleno, Rel. Min. Carlos Britto, DJe 05/11/2009).

> **STF, Tema 562 (repercussão geral)**: "Ante conflito entre a liberdade de expressão de agente político, na defesa da coisa pública, e honra de terceiro, há de prevalecer o interesse coletivo" (STF, RE 685493, Pleno, Rel. Min. Marco Aurélio, j. 22/05/2020).
>
> **STJ - Jurisprudência em teses - ED 130 - Tese 09**: "A não recepção pela Constituição Federal de 1988 da Lei de Imprensa (Lei n. 5. 250/1967) não implicou na abolitio criminis dos delitos contra a honra praticados por meio

[51] Ana Paula Vieira de Carvalho destaca a superação do conceito meramente formal de crime e o desenvolvimento de um conceito material para o injusto penal, fundado na lesividade social da conduta perpetrada: "A concretização desta ideia de nocividade ou lesividade foi possível através do conceito de bem jurídico, que encarnaria assim o objeto da proteção a ser conferida pelo legislador, sem o qual a atuação deste último seria arbitrária ou ilegítima. Materialmente antijurídicas seriam apenas, portanto, as condutas lesivas de bens jurídicos penalmente protegidos". Mais à frente, arrematando as ideias, sintetizou a matéria: "[É] possível concluir que: a) a preocupação em limitar materialmente o poder legislativo em sede penal é anterior ao desenvolvimento do constitucionalismo; b) desta preocupação nasceu a ideia de antijuridicidade material, tendo como conteúdo o bem jurídico; c) com a ascensão do (neo)constitucionalismo, o conceito de bem jurídico passou a ser conformado pelos valores constitucionais tal qual positivados na Carta Constitucional; d) desta forma a discricionariedade legislativa fica limitada não apenas pela idéia de lesividade social como atributo de todo injusto penal, mas também pela necessidade de adequação da conformação do bem jurídico protegido aos valores trazidos na Constituição" (*in* CARVALHO, Ana Paula Vieira de. *Neoconstitucionalismo e Injusto Penal*, mimeografado, 2007).

> da imprensa, pois tais ilícitos permanecem tipificados na legislação penal comum".
>
> **STJ - Jurisprudência em Teses - ED 130 - Tese 08**: "A ampla liberdade de informação, opinião e crítica jornalística reconhecida constitucionalmente à imprensa não é um direito absoluto, encontrando limitações, tais como a preservação dos direitos da personalidade, nestes incluídos os direitos à honra, à imagem, à privacidade e à intimidade, sendo vedada a veiculação de críticas com a intenção de difamar, injuriar ou caluniar".

Mais à frente, veremos a **teoria da proteção débil do homem público** e a questão do ***chiling effect*** ("efeito inibidor ou amedrontador"), que tem gerado precedentes importantes da Corte Interamericana de Direitos Humanos no contexto do Pacto de San José da Costa Rica. Mas registre-se desde logo que se, de um lado, o agente público tem um grau de proteção menor no tocante às críticas e eventuais ofensas relacionadas ao trato da coisa pública (*teoria da proteção débil do homem público*), de outro, possui uma liberdade de expressão mais ampla em relação aos particulares. Nesse sentido, lembramos que a Constituição de 1988 prevê expressamente imunidade material aos deputados e senadores, por quaisquer de suas opiniões, palavras e votos, como forma de garantia do cargo e do livre exercício das funções públicas (CF, art. 53, *caput*).

O STF tem decidido que no conflito entre a liberdade de expressão do agente político, representante do povo, na defesa da coisa pública, e honra de terceiro, deve prevalecer o interesse coletivo, devendo ser ressalvados os abusos e excessos cometidos sem vinculação com a função.

> **STF, Tema 562 (repercussão geral)**: "Ante conflito entre a liberdade de expressão de agente político, na defesa da coisa pública, e honra de terceiro, há de prevalecer o interesse coletivo" (STF, RE 685493, Pleno, Rel. Min. Marco Aurélio, j. 22/05/2020).

As imunidades materiais dos agentes públicos, a exemplo dos deputados e senadores, excluem a tipicidade penal do fato.

Devemos ter sempre claro que as liberdades públicas não podem servir de instrumento para a salvaguarda de práticas ilícitas, seja por agentes públicos, seja por particulares. Eventuais excessos devem ser apurados e punidos.

> **Liberdade de expressão e *hate speech* (discurso de ódio)**: o discurso de ódio (*hate speech*), também conhecido como incitamento ao ódio, é definido, em linhas gerais, como qualquer ato de comunicação que inferiorize ou estimule o ódio contra uma pessoa ou grupo, tendo por base características como raça, gênero, etnia, nacionalidade, religião, orientação sexual ou outro aspecto passível de discriminação. Sobre essa questão, o STF decidiu que a incitação ao ódio público contra quaisquer denominações religiosas e seus seguidores não está protegida pela cláusula constitucional que assegura a liberdade de expressão. Os fatos se enquadram na figura delitiva do art. 20, § 2º, da Lei 7.716/1989[52] (STF, RHC 146303/RJ, 2ª Turma, Red. p/ o ac. Min. Dias Toffoli, j. 06/03/2018, Informativo n.º 893).

No inquérito do **caso *Fake News***, instaurado perante o STF em 2020 no governo Bolsonaro, tivemos um exemplo bastante emblemático da relação entre a limitação da liberdade de expressão e o Direito Penal. No caso, o Plenário do STF declarou a constitucionalidade da Portaria GP 62/2019, que instaurou inquérito perante o STF com o intuito de apurar a existência de notícias fraudulentas (*fake news*), denunciações caluniosas, ameaças e atos que podem configurar crimes contra a honra e atingir a honorabilidade e a segurança do STF, de seus membros e familiares. O Supremo também declarou a constitucionalidade do art. 43 do RISTF[53-54].

Além disso, na ocasião, a Corte consignou que, embora a liberdade de expressão compreenda o direito de informar, de buscar informação, de opinar e de criticar, esse direito não é absoluto. São inadmissíveis a defesa da ditadura, do fechamento do Congresso ou do STF. Não há liberdade de expressão que ampare a defesa desses atos. Atos atentatórios contra o STF, que incitem seu fechamento, a morte e a prisão de seus membros, a desobediência a seus atos, o vazamento de informações sigilosas, não são manifestações protegidas pela liberdade de expressão (STF, ADPF 572 MC/DF, Pleno, Rel. Min. Edson Fachin, j. 17 e 18/06/2020, Informativo n.º 983).

---

[52] Lei n.º 7.716/89, art. 20: "Praticar, induzir ou incitar a discriminação ou preconceito de raça, cor, etnia, religião ou procedência nacional. Pena: reclusão de um a três anos e multa. [...] § 2º Se qualquer dos crimes previstos no caput é cometido por intermédio dos meios de comunicação social ou publicação de qualquer natureza: Pena: reclusão de dois a cinco anos e multa".

[53] RISTF, art. 43, caput: "Ocorrendo infração à lei penal na sede ou dependência do Tribunal, o Presidente instaurará inquérito, se envolver autoridade ou pessoa sujeita à sua jurisdição, ou delegará esta atribuição a outro Ministro".

[54] No caso *Fake News* (2020), o STF considerou que muito embora o dispositivo regimental exija que os fatos apurados ocorram na sede ou dependência do próprio STF, o caráter difuso dos crimes cometidos por meio da *internet* permite estender o conceito de "sede", uma vez que o STF exerce jurisdição em todo o território nacional. Logo, os crimes objeto do inquérito, contra a honra e, portanto, formais, cometidos em ambiente virtual, podem ser considerados como cometidos na sede ou dependência do STF (STF, ADPF 572 MC/DF, Pleno, Rel. Min. Edson Fachin, j. 17 e 18/06/2020, Informativo n.º 983).

3.10. Pena e execução penal na perspectiva penal-constitucional e no STF

3.10.1. Generalidades

Se na antiguidade a pena possuía caráter aflitivo e expiatório, recaindo sobre o próprio corpo do condenado, no atual estágio de evolução constitucional, a pena é vista sob a *perspectiva penal-constitucional*.

A Constituição cidadã de 1988, visando evitar qualquer espécie de retrocesso, proibiu determinadas modalidades de penas:

> "Art. 5º [...]
> XLVII - não haverá penas:
> a) de morte, salvo em caso de guerra declarada, nos termos do art. 84, XIX;
> b) de caráter perpétuo;
> c) de trabalhos forçados;
> d) de banimento;
> e) cruéis".

Nesse contexto, a dignidade da pessoa humana (CF, art. 1º, III) exsurge, mais do que nunca, como valor-fonte que deve nortear a aplicação da pena, como direito indisponível, irrenunciável e inderrogável.

> **Dignidade humana e arremesso de anões**: essa é uma situação inusitada, mas que bem retrata a indisponibilidade e irrenunciabilidade da dignidade humana. Na França, a prática do arremesso de anão (*lancer de nain*), apresentada por casa noturna, foi proibida pela Prefeitura de *Morsang-sur-Orge* (periferia de Paris), com fundamento no respeito à ordem pública. O anão recorreu e alegou ter consentido com a prática, utilizar equipamento de segurança e, também, de ter direito ao trabalho. O Conselho de Estado francês, invocando precedente específico da Corte Europeia de Direitos Humanos sobre tratamento degradante (caso *Tyrer*, sobre castigo corporal), decidiu que há limites à autonomia privada com base na dignidade humana[55]. Desse importante caso internacional podemos extrair que a dignidade humana é *irrenunciável* e *indisponível* por seu titular.

[55] RAMOS, André de Carvalho. *Teoria Geral dos Direitos Humanos na Ordem internacional*. 4ª Ed. São Paulo: Saraiva, 2014, p. 197.

Durante a execução da pena – e também da prisão provisória – o Estado deve garantir os direitos fundamentais do preso. O STF, em diversos casos, tem efetivado a compreensão da pena sob a perspectiva *penal-constitucional*.

Para se ter um exemplo, vale lembrar que, no HC 82959, ao reconhecer o direito à **progressão de regime** nos crimes hediondos, o STF entendeu que o cumprimento da pena em regime integralmente fechado viola o *princípio constitucional* da individualização da pena[56], o que culminou com a alteração da Lei n.º 8.072/90 pela Lei n.º 11.464/2007 e a superação da antiga Súmula n.º 698 do STF[57]. O precedente exarado no HC 82959 do STF, inclusive, é citado pela doutrina constitucionalista como um dos embriões da *abstrativização do controle difuso* de constitucionalidade das leis no direito brasileiro[58].

Na atualidade, o STF possui importantes precedentes sobre a relação entre a execução da pena e a Constituição: responsabilidade civil do Estado e **morte do preso**; estado de coisas inconstitucional; **reestruturação de penitenciárias** com obrigação de fazer e a polêmica tese da fixação de **danos morais** diante das más condições carcerárias.

3.10.2. Responsabilidade civil do Estado e morte de detento

O Estado possui responsabilidade civil objetiva nos casos de morte do preso, seja por suicídio ou na hipótese de homicídio praticado por outro detento.

Conforme explica Canotilho, os direitos fundamentais possuem as seguintes funções: (a) de defesa ou de liberdade; (b) de prestação social; (c) de proteção perante terceiros e (d) de não discriminação[59]. Como visto, essa circunstância traduz a ideia de *multifuncionalidade* dos direitos fundamentais.

Para o STF, há responsabilidade civil objetiva do Estado, independentemente de dolo ou culpa, na hipótese de **morte detento** em caso de **homicídio praticado por outro preso**, diante do dever de proteção dos direitos fundamentais perante terceiros (STF, RE 466322 AgR, 2ª Turma, Rel. Min. Eros Grau, DJ 27/04/2007; STF, ARE 662563 AgR, 2ª Turma, Rel. Min.

[56] STF, HC 82959, Pleno, Rel. Min. Marco Aurélio, DJ 01/09/2006.

[57] **Súmula n.º 698 do STF (superada)**: "Não se estende aos demais crimes hediondos a admissibilidade de progressão no regime de execução da pena aplicada ao crime de tortura".

[58] **Abstrativização do controle difuso de constitucionalidade**: o fenômeno busca trazer para o controle difuso de constitucionalidade das leis os efeitos típicos do controle concentrado e abstrato (efeitos vinculantes e eficácia *erga omnes*). No campo processual, existem dois grandes instrumentos que sofrem transformação: (a) objetivação do recurso extraordinário e (b) incidente de inconstitucionalidade.

[59] CANOTILHO, J. J. Gomes. *Direito Constitucional e Teoria da Constituição.* 7ª Ed. Coimbra: Almedina, 2003, p. 407.

Gilmar Mendes, DJe 02/04/2012). O STJ também tem reconhecido a responsabilidade civil objetiva do Estado na hipótese de **suicídio do preso**, diante do dever do Estado prestar vigilância e segurança aos presos sob sua custódia (STJ, AgInt no REsp 1305249/SC, 2ª Turma, Rel. Min. Og Fernandes, DJe 25/09/2017). Nesses casos, a família do preso é compensada por danos morais em razão da morte, sem prejuízo dos benefícios da seguridade social.

> **STF, Tema 592 (repercussão geral)**: "Em caso de inobservância do seu dever específico de proteção previsto no art. 5º, inciso XLIX, da Constituição Federal, o Estado é responsável pela morte de detento" (STF, RE 841526, Pleno, Rel. Min. Luiz Fux, DJe-159 01/08/2016).

Para facilitar a visualização e memorização do ponto, vale conferir a **simbologia estratégica** abaixo:

Estado | **Morte de detento**

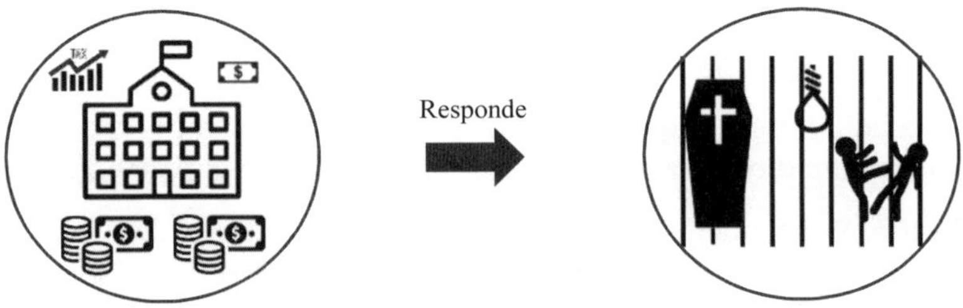

Dever de proteção dos direitos fundamentais
Responsabilidade civil objetiva do Estado nos casos de morte de detento. Dever de custódia e proteção.

Direito à vida na prisão
Danos morais. A família do preso é indenizada pela morte do detento (suicídio ou homicídio praticado por outro preso)

Nos casos em que há o dever de custódia, excepcionalmente, a responsabilidade civil do Estado por omissão não é subjetiva (como na regra geral), mas **objetiva**, independentemente da existência de dolo ou culpa[60].

[60] STF, ARE 662563 AgR, 2ª Turma, Rel. Min. Gilmar Mendes, DJ 02/04/2012; STJ, AgInt no REsp 1819813/RO, 2ª Turma, Rel. Min. Francisco Falcão, DJe 05/12/2019.

3.10.3. Reestruturação de penitenciárias e obrigação de fazer

É possível a imposição de obrigação de fazer ao poder público para reestruturação de penitenciárias para garantir os direitos fundamentais do preso.

O STF tem reconhecido a possibilidade de imposição de obrigação de fazer para fins de reestruturação de estabelecimentos penitenciários[61].

> **STF, Tema 220 (repercussão geral)**: "É lícito ao Judiciário impor à Administração Pública obrigação de fazer, consistente na promoção de medidas ou na execução de obras emergenciais em estabelecimentos prisionais para dar efetividade ao postulado da dignidade da pessoa humana e assegurar aos detentos o respeito à sua integridade física e moral, nos termos do que preceitua o art. 5º, XLIX, da Constituição Federal, não sendo oponível à decisão o argumento da reserva do possível nem o princípio da separação dos poderes" (STF, RE 592581, Pleno, Rel. Min. Ricardo Lewandowski, DJe-018 01/02/2016).

Para facilitar a visualização e memorização do ponto, observe a **simbologia estratégica** abaixo:

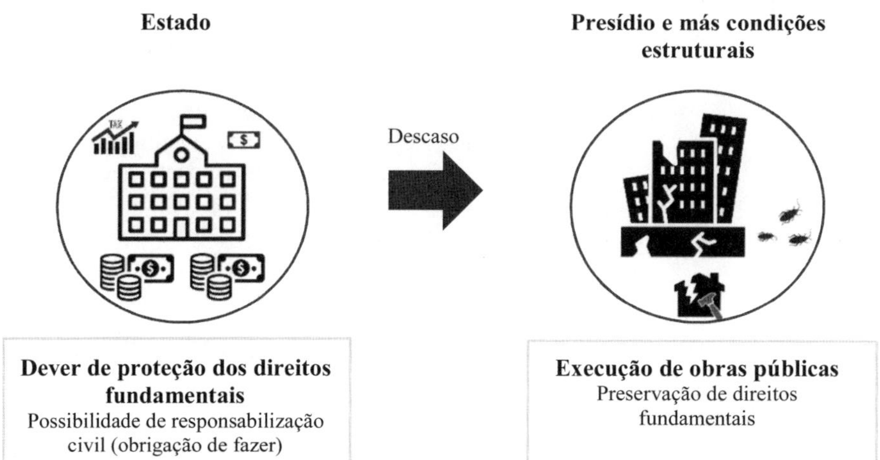

61 STF, RE 592581, Pleno, Rel. Min. Ricardo Lewandowski, DJe-018 01/02/2016.

Nesses casos, tem-se admitido o uso da *ação civil pública* e a legitimidade passiva é do Estado responsável pela manutenção do presídio, devendo o processo tramitar em uma das varas cíveis da Fazenda Pública.

3.10.4. Condições carcerárias e danos morais

A superlotação carcerária em condições desumanas, com a violação massiva e sistemática de direitos fundamentais, gera dano moral ao preso.

Como se sabe, nos estabelecimentos prisionais, devem ser garantidas condições humanitárias, que preservem a dignidade humana, inclusive em relação às condições de saúde, higiene e outros direitos fundamentais do preso, sendo este um dever do Estado. Com base em precedente da Suprema Corte Colombiana, o STF assentou que deve o sistema penitenciário brasileiro ser caracterizado como "**estado de coisas inconstitucional**".

Diante da importância da matéria, vale conferir o teor do precedente:

> "SISTEMA PENITENCIÁRIO NACIONAL – SUPERLOTAÇÃO CARCERÁRIA – CONDIÇÕES DESUMANAS DE CUSTÓDIA – VIOLAÇÃO MASSIVA DE DIREITOS FUNDAMENTAIS – FALHAS ESTRUTURAIS – ESTADO DE COISAS INCONSTITUCIONAL – CONFIGURAÇÃO. Presente quadro de violação massiva e persistente de direitos fundamentais, decorrente de falhas estruturais e falência de políticas públicas e cuja modificação depende de medidas abrangentes de natureza normativa, administrativa e orçamentária, deve o sistema penitenciário nacional ser caraterizado como "estado de coisas inconstitucional" (STF, ADPF 347 MC, Pleno, Rel. Min. Marco Aurélio, DJe 19/02/2016).

Diante dessa constatação, o STF entendeu que o **preso** submetido à situação degradante e à superlotação na prisão tem direito à indenização do Estado por **danos morais**, nos termos do art. 37, § 6º, da CF. Na espécie, a Corte consignou que o pagamento ser feito em **dinheiro**, e não sob a forma de remição de parte da pena. Foi rejeitada a tese do Min. Barroso no sentido que a compensação fosse efetuada através de remição da pena (STF, RE 580252/MS, Pleno, Red. p/ o ac. Min. Gilmar Mendes, j. 16/02/2017, Informativo n.º 854).

> **STF, Tema 365 (repercussão geral)**: "Considerando que é dever do Estado, imposto pelo sistema normativo, manter em seus presídios os padrões mínimos de humanidade previstos no ordenamento jurídico, é de sua responsabilidade, nos termos do art. 37, § 6º, da Constituição, a obrigação de ressarcir os danos, inclusive morais, comprovadamente causados aos detentos em decorrência da falta ou insuficiência das condições legais de encarceramento" (STF, RE 580252, Pleno, Rel. p/ ac. Min. Gilmar Mendes, DJe-204 11/09/2017).

Para facilitar a visualização e memorização do ponto, observe a **simbologia estratégica** abaixo:

Estado | **Superlotação carcerária e condições desumanas**

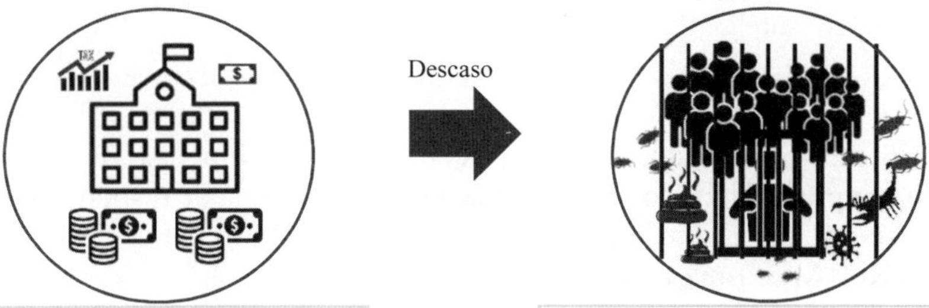

Dever de proteção dos direitos fundamentais Possibilidade de responsabilização civil	**Direitos fundamentais violados** *Danos morais*. Os direitos fundamentais são aplicáveis nas relações entre Estado e preso

Concordemos ou não com a tese sobre o pagamento de indenização em dinheiro, o direito à compensação por danos morais tem sido reconhecido pelo STF e pelo STJ. No polo passivo, quem deve arcar com o pagamento dos valores é o **Estado-membro** responsável pela unidade prisional. Se as péssimas condições forem observadas em presídio federal – o que não se tem visto na prática –, a indenização deverá ser paga pela **União**.

Na jurisprudência, há controvérsias apenas sobre se esse dano moral seria compensado de forma **individual** ou **coletiva**. O STF, no RE 580252, confirmou decisão do TJRS que havia fixado compensação individual. No entanto, em divergência, o STJ já decidiu que, nesses casos, o dano moral deve ser indenizado **coletivamente**, e não de forma individual (STJ, REsp 962.934/MS, 2ª Turma, Rel. Min. Herman Benjamin, DJe 04/05/2011).

3.10.5. Fuga de detento e prática de crimes: responsabilidade do Estado?

A prática de delito por criminoso foragido do sistema prisional, em regra, não gera responsabilidade civil do Estado, por ausência de nexo causal.

O tema tem suscitado precedentes jurisprudenciais importantes, devendo o leitor ficar atento. Em relação à **responsabilidade civil** do Estado, o direito brasileiro adotou a teoria do risco administrativo, lembrando que, no tocante ao nexo causal, foi adotada a teoria do **dano direto** e **imediato**.

> **STF, Tema 362 (repercussão geral)**: "Nos termos do artigo 37, § 6º, da Constituição Federal, não se caracteriza a responsabilidade civil objetiva do Estado por danos decorrentes de crime praticado por pessoa foragida do sistema prisional, quando não demonstrado o nexo causal direto entre o momento da fuga e a conduta praticada" (STF, RE 608880, Pleno, Rel. Min. Marco Aurélio, DJ 01/10/2020).

No mesmo sentido, o STJ já decidiu que, na hipótese de latrocínio praticado por preso foragido, deve ser afastada a existência de responsabilidade civil do Estado, por ausência de nexo de causalidade (STJ, REsp 980.844/RS, 1ª Turma, Rel. Min. Luiz Fux, DJe 22/04/2009).

Para uma melhor visualização e memorização do ponto, observe a **simbologia estratégica** abaixo:

RESPONSABILIDADE CIVIL DO ESTADO
(fuga de detento)

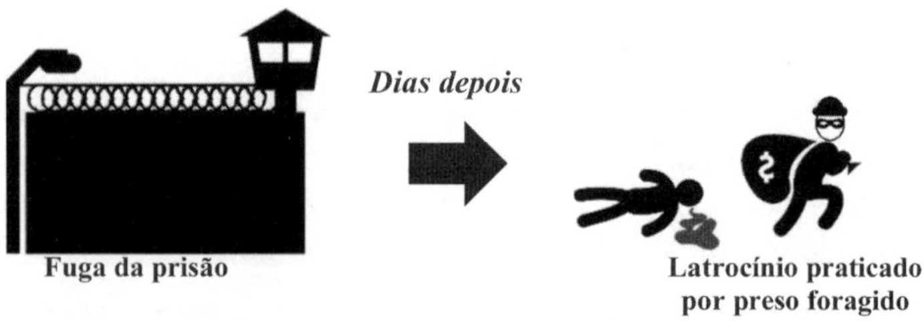

Solução: a princípio, não há responsabilidade civil do Estado pelos crimes praticados por pessoa foragida do sistema prisional, por ausência de nexo causal direto e imediato.

A exceção, de difícil ocorrência prática, fica para os casos em que for demonstrada concretamente a existência de nexo causal.

3.11. Controle de constitucionalidade das leis penais e proporcionalidade

O controle de constitucionalidade das leis penais tem sofrido transformações em face da norma-princípio da proporcionalidade.

A teoria constitucional contemporânea tem dado especial relevo às vertentes da proibição do excesso e da proibição da proteção deficiente. Os direitos fundamentais são vistos não só como direitos de defesa, mas também como imperativos de tutela. Com isso, otimiza-se o controle de constitucionalidade das leis penais com base no princípio da proporcionalidade.

Na jurisprudência do STF, é possível identificar algumas especificidades no controle de constitucionalidade das leis penais. Confira:

> "[...] CONTROLE DE CONSTITUCIONALIDADE DAS LEIS PENAIS. MANDATOS CONSTITUCIONAIS DE CRIMINALIZAÇÃO E MODELO EXIGENTE DE CONTROLE DE CONSTITUCIONALIDADE DAS LEIS EM MATÉRIA PENAL. CRIMES DE PERIGO ABSTRATO EM FACE DO PRINCÍPIO DA PROPORCIONALIDADE. [...]
> 1.2. Modelo exigente de controle de constitucionalidade das leis em matéria penal, baseado em níveis de intensidade: Podem ser distinguidos 3 (três) níveis ou graus de intensidade do controle de constitucionalidade de leis penais, consoante as diretrizes elaboradas pela doutrina e jurisprudência constitucional alemã: a) controle de evidência (Evidenzkontrolle); b) controle de sustentabilidade ou justificabilidade (Vertretbarkeitskontrolle); c) controle material de intensidade (intensivierten inhaltlichen Kontrolle). O Tribunal deve sempre levar em conta que a Constituição confere ao legislador amplas margens de ação para eleger os bens jurídicos penais e avaliar as medidas adequadas e necessárias para a efetiva proteção desses bens. Porém, uma vez que se ateste que as medidas legislativas adotadas transbordam os limites impostos pela Constituição – o que poderá ser verificado com base no princípio da proporcionalidade como proibição de excesso (Übermassverbot) e como proibição de proteção deficiente (Untermassverbot) –, deverá o Tribunal exercer um rígido

> controle sobre a atividade legislativa, declarando a inconstitucionalidade de leis penais transgressoras de princípios constitucionais" (STF, HC 104410, 2ª Turma, Rel. Min. Gilmar Mendes, DJ 27/03/2012).

Portanto, na visão contemporânea, o controle material (conteúdo) de constitucionalidade das leis penais possui certa particularidade no contexto do princípio da proporcionalidade, havendo um controle material de intensidade.

4. CONSTITUCIONALIZAÇÃO E INTERNACIONALIZAÇÃO DO DIREITO PENAL

4.1. Generalidades

Além da constitucionalização do Direito, a Constituição de 1988 também tem aberto caminho para o movimento da *internacionalização do Direito*, sobretudo em relação à proteção do indivíduo.

O art. 5º, §2º, da Constituição de 1988 contempla uma **cláusula de abertura** para ampliação da proteção dos direitos fundamentais:

> "Art. 5º [...]
> § 2º Os direitos e garantias expressos nesta Constituição não excluem outros decorrentes do regime e dos princípios por ela adotados, ou dos tratados internacionais em que a República Federativa do Brasil seja parte".

Além disso, a Carta Magna previu a possibilidade de adesão à jurisdição de Tribunal Penal Internacional, lembrando que, por força do princípio da soberania, essa adesão opera-se de modo facultativo:

> "Art. 5º [...]
> § 4º O Brasil se submete à jurisdição de Tribunal Penal Internacional a cuja criação tenha manifestado adesão".

Outro ponto a ser destacado é a ampliação do bloco de constitucionalidade pela EC n.º 45/2004. Nos termos do art. 5º, §3º, da Constituição Federal, os tratados e convenções internacionais sobre direitos humanos que forem aprovados, em cada Casa do Congresso Nacional, em dois turnos, por 3/5 dos votos dos respectivos membros, serão equivalentes às emendas constitucionais. Trata-se da chamada "**cláusula holandesa**" [62]. Quanto aos tratados internacionais sobre direitos humanos que não forem aprovados pelo procedimento das emendas constitucionais terão ***status* supralegal**, podendo servir de parâmetro para o **controle de convencionalidade** das leis, conforme veremos a seguir.

4.2. O Pacto de San José da Costa Rica e o Direito Penal

O pacto de San José da Costa Rica consagrou diversas garantias em matéria penal, que apresentam **status supralegal**.

No sistema penal, temos a seguinte **escala hierárquica**: Constituição Federal, tratados internacionais sobre direitos humanos com caráter supralegal, leis e atos infralegais. A lei penal passa a se submeter, então, a duplo controle normativo: controle de *constitucionalidade* e controle de *convencionalidade*. Devemos lembrar que, para o STF, no conflito entre o tratado internacional e a Constituição, deve prevalecer a Constituição[63](**questão discursiva**[64]).

O STF já reconheceu o caráter supralegal do Pacto de San José da Costa Rica e demais tratados internacionais que versem sobre direitos humanos e que não tenham sido aprovados pelo procedimento das emendas à Constituição:

> "DIREITO PROCESSUAL. HABEAS CORPUS. PRISÃO CIVIL DO DEPOSITÁRIO INFIEL. PACTO DE SÃO JOSÉ DA COSTA RICA. ALTERAÇÃO DE ORIENTAÇÃO DA JURISPRUDÊNCIA DO STF. CONCESSÃO DA ORDEM. 1. A matéria em julgamento neste habeas corpus envolve a temática da (in)admissibilidade da prisão civil do depositário infiel no ordenamento jurídico brasileiro no período posterior ao ingresso do Pacto de São José da Costa Rica no direito nacional. 2. Há o caráter especial do Pacto Internacional dos Direitos Civis Políticos (art. 11) e da Convenção

---

[62] REZEK, Francisco. *Direito Internacional Público*. 10ª Ed. São Paulo: Saraiva, 2006, p. 72.

[63] STF, AP 470/MG, Pleno, Rel. Min. Joaquim Barbosa, j. 02 e 03/08/2012, Informativo n.º 673.

[64] Na prova discursiva para o cargo de Juiz Federal Substituto do TRF2, realizado em 2011, Banca CESPE-UNB/CEBRASPE, foi formulada a seguinte **questão discursiva**: "O Brasil ratificou e promulgou a Convenção Interamericana de Direitos Humanos, também conhecida como Pacto de São José. Determina no seu artigo 8º, 2, h, o duplo grau de jurisdição, como o direito de toda pessoa acusada de delito, de recorrer da sentença para juiz ou tribunal superior. Como se coaduna o presente dispositivo com os casos em que a própria Constituição regulou que um determinado caso fosse julgado exclusivamente por tribunal, sem previsão de recurso?".

> Americana sobre Direitos Humanos - Pacto de San José da Costa Rica (art. 7°, 7), ratificados, sem reserva, pelo Brasil, no ano de 1992. A esses diplomas internacionais sobre direitos humanos é reservado o lugar específico no ordenamento jurídico, estando abaixo da Constituição, porém acima da legislação interna. O status normativo supralegal dos tratados internacionais de direitos humanos subscritos pelo Brasil, torna inaplicável a legislação infraconstitucional com ele conflitante, seja ela anterior ou posterior ao ato de ratificação" (STF, HC 95967, 2ª Turma, Rel. Min. Ellen Gracie, DJ 28/11/2008).

Para uma melhor visualização, confira o **esquema estratégico** abaixo:

Ordem hierárquica
(visualização)

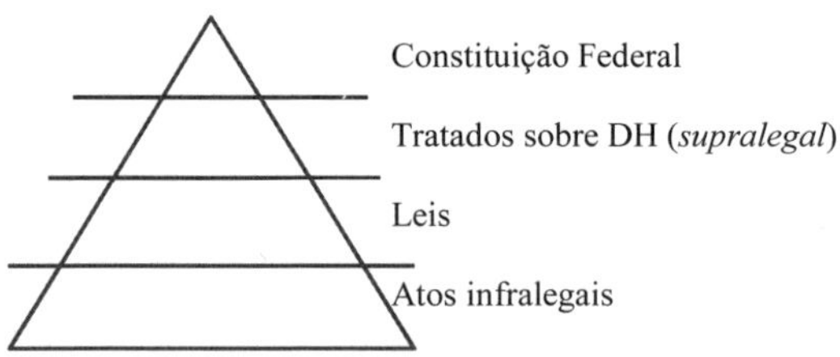

Sobre o **controle de convencionalidade** das leis, na doutrina contemporânea, André de Carvalho Ramos apresenta o conceito:

> "O controle de convencionalidade consiste na análise da compatibilidade dos atos internos (comissivos ou omissivos) em face das normas internacionais (tratados, costumes internacionais, princípios gerais de direito, atos unilaterais, resoluções vinculantes de organizações internacionais)" [65].

No contexto do Pacto de San José da Costa Rica e sua relação com a esfera criminal, alguns pontos específicos merecem destaque: prisão civil, crime de desacato, pena de morte e honra de agentes públicos.

[65] RAMOS, André de Carvalho. *Op. Cit.* p. 294.

Prisão civil: segundo o STF, desde a adesão do Brasil ao Pacto de San José da Costa Rica, não há mais base legal para prisão civil do **depositário infiel**, diante do caráter supralegal dos tratados internacionais sobre direitos humanos (STF, RE 349703/RS, Pleno, Rel. Min. Gilmar Mendes, DJ 05/06/2009). A prisão civil somente é admitida na hipótese de inadimplemento voluntário e inescusável do pagamento de pensão alimentícia.

> **STF, Súmula vinculante n.º 25**: "É ilícita a prisão civil de depositário infiel, qualquer que seja a modalidade do depósito".

Aproveitando o ensejo, lembramos, ainda, que não constitui prisão por dívida a prisão decorrente de crime de sonegação fiscal e crimes equiparados[66].

> **STF, Tema 937 (repercussão geral)**; "Os crimes previstos na Lei nº 8.137/1990[67] não violam o disposto no art. 5º, inc. LXVII, da Constituição da República[68]" (STF, ARE 999425 RG, Pleno, Rel. Min. Ricardo Lewandowski, DJe-050 16/03/2017)[69].

Desacato: no campo do controle de convencionalidade, a 3ª Seção do STJ pacificou que não há incompatibilidade do crime de desacato com o art. 13 do Pacto de San José da Costa Rica (STJ, HC 379.269-MS, Rel. p/ ac. Min. Antônio Palheiro, DJe 30/6/2017, Informativo n.º 607). O leitor que se prepara para concursos públicos deve ficar atento (**questão discursiva**[70]).

Na ADPF 496, o Plenário do STF decidiu que o crime de desacato (CP, art. 331) **foi recepcionado** pela Constituição de 1988. Na ocasião, o Supremo afirmou que o desacato é compatível com o Pacto de San José da Costa Rica, que proíbe a censura e o cerceamento, ainda que indireto, à liberdade de expressão. Mas foram fixadas algumas **restrições na tipificação** (STF, ADPF 496, Pleno, Rel. Min. Roberto Barroso, j. 12/06/2020, Informativo n.º 992).

---

[66] **TRF4, Súmula n.º 65**: "A pena decorrente do crime de omissão no recolhimento de contribuições previdenciárias não constitui prisão por dívida".

[67] A Lei n.º 8.137/90 dispõe sobre os Crimes contra a Ordem Tributária e dá outras providências.

[68] CF, art. 5º, LXVII: "não haverá prisão civil por dívida, salvo a do responsável pelo inadimplemento voluntário e inescusável de obrigação alimentícia e a do depositário infiel".

[69] Sobre o crime de sonegação de contribuição previdenciária (CP, art. 337-A), com aplicação da mesma orientação, *cf.* STF, ADI 4974, Pleno, Rel. Min Rosa Weber, Informativo nº 958.

[70] Na prova oral do concurso para o cargo de defensor público da União (DPU), realizada pelo CESPE-UNB/CEBRASPE em 2018, foi formulada a seguinte **questão oral**: "Discorra sobre a adequação ou inadequação constitucional e convencional do delito de desacato".

Desacato e restrições na tipificação: na ADPF 496, o Supremo assentou que a aplicação do art. 331 do CP (desacato) deve ser *restritiva*, de modo a não tolher a liberdade de expressão garantia pela CF. Entre as restrições apontadas, podemos destacar: (a) o crime deve ser praticado na presença do funcionário público, o que não abrange ofensas pela imprensa ou nas redes sociais e (b) não há crime se a ofensa não tiver relação com o exercício da função ou se não perturbar ou obstruir a execução das funções do funcionário público (STF, ADPF 496, Pleno, Rel. Min. Roberto Barroso, j. 12/06/2020).

Registre-se, ainda, que no HC 141949 (precedente anterior), o Plenário do STF já havia decidido que o crime de desacato mostra-se compatível com a **CF/88** e com o **Pacto de San José da Costa Rica**. É essencial para a configuração do delito que o funcionário público esteja no exercício da função, ou, estando fora, que a ofensa seja empregada em razão dela. Deve, pois, haver o chamado nexo funcional. Segundo a Corte, a crítica ou a censura sem excessos não constituem desacato, ainda que veementes (STF, HC 141949/DF, Pleno, Rel. Min. Gilmar Mendes, j. 13/03/2018, Informativo n.º 894).

Portanto, o STF e o STJ convergem no sentido de que o crime de desacato (CP, art. 331) não viola o Pacto de San José e nem a CF/88.

Pena de morte: no Brasil, a pena de morte somente é admitida em caráter excepcional, nos casos de guerra declarada (CF, art. 5º, XLVII, *a*). O art. 4º, item 3, do Pacto de San José da Costa Rica dispõe que "não se pode restabelecer a pena de morte nos Estados que a hajam abolido". Trata-se de garantia contra a proibição do retrocesso na proteção do direito à vida.

Honra de funcionários públicos: a honra dos funcionários públicos deve ser protegida, mas também deve ser assegurada a liberdade de expressão. Nos crimes contra a honra de funcionário público, deflui do art. 13 do Pacto de San José da Costa Rica a *teoria da proteção débil do homem público*, que tem sido objeto de decisões importantes no âmbito da Corte IDH.

Teoria da proteção débil do homem público: diante da necessidade de transparência da coisa pública, os agentes públicos têm um grau de proteção menor no tocante a críticas e eventuais ofensas relacionadas ao trato da coisa pública. No *Caso Herrera Ulloa Vs. Costa Rica*, a Corte IDH entendeu que as expressões concernentes a funcionários públicos devem gozar, nos termos do art. 13 do Pacto de San José, de uma margem de abertura a um debate amplo a respeito de assuntos de interesse público, o que é essencial para o funcionamento de um sistema democrático. A restrição na proteção é justificada pelo interesse público e pelos princípios do pluralismo democrático. Para a Corte, os funcionários públicos são submetidos

> voluntariamente a um escrutínio público mais exigente e, consequentemente, são expostos a um maior risco de críticas, já que suas atividades saem do domínio da esfera privada para se inserir na esfera do debate público.

Essa conclusão, inclusive, é incentivada pela Comissão Interamericana de Direito Humanos, órgão do sistema regional de proteção de direitos humanos da Organização dos Estados Americanos (OEA), que, dentre outras atribuições, tem a de expedir recomendações[71].

Por último, lembramos que, no contexto da liberdade de expressão, ***chilling effect*** ("efeito inibidor" ou "efeito amedrontador") é a inibição ou desencorajamento do exercício legítimo de direitos pela ameaça de sanção legal. Um *chilling effect* pode ser causado por ações legais como a decisão de uma Corte ou a ameaça de um processo. Engloba quaisquer ações legais que causem às pessoas medo de repercussões legais pelo exercício de um direito legítimo, seja a liberdade de expressão ou qualquer outro. Quando tal medo é criado pela ameaça de um processo de difamação, é chamado de *libel chill.*

Sobre o Pacto de San José da Costa Rica, ainda existem outros precedentes importantes da Corte Interamericana de Direitos Humanos.

A Corte IDH tem reconhecido a existência de responsabilidade internacional pelo descumprimento do dever de investigar e punir os responsáveis por violações de direitos humanos (*Cf.* Casos ***Gomes Lund***, ***Damião Ximenes***, ***Velazquez Rodrigues***, ***Garibaldi***, dentre outros).

Nos ***casos Gomes Lund* e *Barrios Alto vs. Peru***, a Corte IDH decidiu que as leis de anistia são incompatíveis com os arts. 8º e 25 do Pacto de San José da Costa Rica. Mas o STF, em divergência, na ADPF 153, não excluiu os agentes da ditadura militar dos efeitos da lei de anistia, reconhecendo a compatibilidade das leis de anistia com a Constituição de 1988[72].

---

[71] "Para assegurar uma adequada defesa da liberdade de expressão, os Estados devem ajustar suas leis sobre difamação, injúria e calúnia de forma tal que só possam ser aplicadas sanções civis no caso de ofensas a funcionários públicos. *Nestes casos, a responsabilidade, por ofensas contra funcionários públicos, só deveria incidir em casos de "má-fé". A doutrina da "má-fé" significa que o autor da informação em questão era consciente de que a mesma era falsa ou atuou com temerária despreocupação sobre a verdade ou a falsidade desta informação.* Estas ideias foram recolhidas pela CIDH ao aprovar os Princípios sobre Liberdade de Expressão, especialmente o Princípio 10. Este propõe a necessidade de revisar as leis que têm como objetivo proteger a honra das pessoas (comumente conhecidas como calúnia e injúria). [...] *As leis de calúnia e injúria são, em muitas ocasiões, leis que, em lugar de proteger a honra das pessoas, são utilizadas para atacar ou silenciar o discurso que se considera crítico da administração pública*" (disponível em: <https://www.oas.org/pt/cidh/expressao/showarticle.asp?artID=533&lID=4>. Acesso em: 03/10/2020).

[72] STF, ADPF 153/DF, Pleno, Rel. Min. Eros Grau, DJ 06/08/2010

Caso Maria da Penha (2001): a Comissão da Corte Interamericana de Direitos Humanos publicou o relatório n.º 54/2001, que reconheceu a falta de cumprimento do compromisso assumido pelo Brasil de reagir adequadamente contra a violência doméstica. Na doutrina, a violência doméstica e familiar contra a mulher é citada como uma forma de violação de direitos humanos.

Caso González e outras vs. México (2009) - "campo algodonero": no ano de 2001, três moças jovens desapareceram em Ciudad Juárez, no México. Tempos depois, as vítimas foram encontradas numa plantação de algodão com gravíssimas marcas de estupro e violência sexual cometidas com extrema crueldade – daí o título "campo algodoneiro". Segundo a doutrina, foi a primeira vez em que a Corte IDH analisou um caso envolvendo situação de *violência estrutural de gênero*. Também foi a primeira vez que um tribunal internacional reconheceu a existência de *feminicídio* como crime[73]

Caso Palamarra Iribane vs. Chile (2005): dentre outras questões, a Corte IDH entendeu que a criminalização do desacato é incompatível com o art. 13 do Pacto de San José da Costa Rica (divergência com o STF e STJ).

Enfim, são muitos os precedentes da Corte IDH que interagem e estimulam o diálogo entre as Cortes.

Apesar da importância dos *cases* citados acima, a jurisprudência da Corte IDH não vincula os tribunais brasileiros nos processos internos, uma vez que, de acordo com a **teoria da margem de apreciação nacional** (*margin of appreciation*), em atenção ao princípio da subsidiariedade da jurisdição internacional, os Estados são os responsáveis primários pela proteção de direitos humanos, gozando de margem de apreciação nacional[74]. Ou seja, o Estado possui competência para decidir sobre a existência ou não de violação a direitos humanos, gozando de certa margem de apreciação na matéria.

Sobre essa questão, o STJ assim decidiu:

> "[...] TEORIA DA MARGEM DE APRECIAÇÃO NACIONAL (MARGIN OF APPRECIATION). INCOLUMIDADE DO CRIME DE DESACATO PELO ORDENAMENTO JURÍDICO PÁTRIO, NOS TERMOS EM QUE ENTALHADO NO ART. 331 DO CÓDIGO PENAL [...]
> 15. Ainda que existisse decisão da Corte (IDH) sobre a preservação dos direitos humanos, essa circunstância, por si só, não seria suficiente a elidir a deliberação do Brasil

[73] HEEMANN, Thimotie Aragon; PAIVA, Caio. *Jurisprudência Internacional de Direitos Humanos*. Manaus: Editora Dizer o Direito, 2015, p. 118-122.
[74] RAMOS, André de Carvalho. *Op. Cit.*, p. 115-123.

> acerca da aplicação de eventual julgado no seu âmbito doméstico, tudo isso por força da soberania que é inerente ao Estado. Aplicação da Teoria da Margem de Apreciação Nacional (margin of appreciation)" (STJ, HC 379.269/MS, 3ª Seção, Rel. Min. Antônio Palheiro, DJe 30/06/2017).

Lembramos que existe um núcleo de direitos inderrogáveis (ex: vida, proibição da tortura e da escravidão etc.) cujos limites não podem ser transpostos, ainda que sob o fundamento da margem de apreciação nacional.

Na doutrina contemporânea, o diálogo entre as Cortes tem merecido atenção e, inclusive, tem sido cobrado em concursos públicos. No processo penal, essa interação também aparece com intensidade (*cf.* ***Caso Barreto Leiva*** sobre o duplo grau de jurisdição nas ações penais originárias[75]).

No cenário dos tratados internacionais, fala-se, ainda, em *mandados internacionais de criminalização*, que podem ser expressos ou implícitos[76].

4.3. Da constitucionalização à internacionalização: constitucionalismo multinível e transconstitucionalismo. Direito supraconstitucional?

Na doutrina contemporânea, diante da globalização e da existência de problemas constitucionais comuns que perpassam as fronteiras dos países, tem-se observando o surgimento de novos movimentos do Direito.

Segundo Ingolf Pernice, o **constitucionalismo multinível**, partindo da ideia de globalização, destaca a manutenção das Constituições nacionais e, em patamar comunitário superior, propõe a existência de uma Constituição em nível supranacional. O constitucionalismo multinível desenvolve a ideia de

[75] **Caso Barreto Leiva**: o precedente refere-se ao Direito Processual Penal, mas, devido à sua importância, devemos registrá-lo. A Corte Interamericana de Direitos Humanos decidiu que, nas *ações penais originárias*, as autoridades com foro por prerrogativa de função têm direito ao duplo grau de jurisdição. Para a Corte, há violação do art. 8.2, *h*, do Pacto de San José da Costa Rica no julgamento em única ou última instância, no qual não se garanta o direito de recorrer do julgamento a órgão distinto. A Corte IDH ressalvou, nesse mesmo julgamento, que considera compatível com o Pacto de San José o estabelecimento de foro por prerrogativa de função na mais alta Corte de um país, tendo exigido que fossem criados mecanismos que assegurassem o direito de recorrer do julgamento a outro órgão, por exemplo, fracionando o órgão colegiado máximo, para criar Turma de julgamento e Turma de Apelação – *cf.* parágrafo 91 da sentença do caso Barreto Leiva. No entanto, na APn 470 (**caso Mensalão**), o Plenário do STF voltou a reafirmar a orientação exarada no RHC 79.852, no sentido de que não há, nas causas de competência originária do STF, duplo grau obrigatório de jurisdição. Para o Supremo, da ponderação entre as regras do Pacto de São José da Costa Rica e da Constituição, estas devem prevalecer, porquanto emanadas do Poder Constituinte originário (STF, AP 470/MG, Pleno, Rel. Min. Joaquim Barbosa, j. 02 e 03/08/2012, Informativo n.º 673).

[76] RAMOS, André de Carvalho. *Op. Cit.*, p. 245-252.

"**pangeialização constitucional**", apontando a necessidade de se criar uma norma fundamental superior comum aos países, em referência ao supercontinente estudado na Geografia e chamado de Pangeia[77].

A outro giro, conforme aponta Marcelo Neves, com a maior inserção dos países no cenário internacional, identificou-se a existência de *questões transconstitucionais*, que são aquelas que perpassam os diversos tipos de ordens jurídicas e que podem envolver tribunais estatais e internacionais. O conceito de **transconstitucionalismo** está relacionado à existência de problemas jurídico-constitucionais que permeiam as distintas ordens jurídicas, sendo comum a todas elas, a exemplo das questões relacionadas à proteção dos direitos humanos. Busca-se um diálogo entre as distintas ordens jurídicas para que seja dado às questões comuns um tratamento harmonioso[78].

Atentos às novas tendências contemporâneas, Luiz Flávio Gomes e Valério Mazzuoli já discorreram sobre o *direito supraconstitucional*:

> "A Constituição brasileira dá mostras de que está em conformidade ao universalismo e, consequentemente, ao direito supraconstitucional, na medida em que aceita (internamente) o sistema supranacional (global ou regional) de proteção dos direitos humanos [...] Essa 'abertura' do Estado brasileiro aos tratados instituidores de instâncias internacionais de direitos humanos (como, *v.g.*, a Corte Interamericana de Direitos Humanos) reflete o seu enquadramento ao sistema supranacional de proteção desses direitos, porta de entrada para a conformação do direito interno (todo o direito interno, inclusive a Constituição estatal) às normas supraconstitucionais"[79].

Como podemos perceber, o Direito não é estático, mas dinâmico e encontra-se em evolução. E, por certo, caso esses movimentos venham a se consolidar no futuro, o Direito Penal não ficará de fora.

---

77 PERNICE, Ingolf. *La dimensión global del constitucionalismo multinivel: una respuesta global a los desafios de la globalización*. Madrid: Ceu Ediciones, 2012, p. 6.
78 NEVES, Marcelo. *Transconstitucionalismo*. São Paulo: Martins Fontes, 2013.
79 GOMES, Luiz Flávio; MAZZUOLI, Valério de Oliveira. *Direito Supraconstitucional. Do absolutismo ao Estado Constitucional e Humanista de Direito*. São Paulo: Revista dos Tribunais, 2010, p. 185-186.

CAPÍTULO 27
ESCOLAS PENAIS

1. AS ESCOLAS PENAIS

1.1. Escolas Clássica, Positiva, *Terza Scuola* Italiana e Técnico-Jurídica

No decorrer da evolução do Direito Penal, surgiram diversas **correntes de pensamento e desenvolvimento**, estruturadas de forma sistemática e de acordo com um conjunto de ideias e princípios fundamentais. Essas correntes de pensamento foram chamadas de **Escolas Penais** e impulsionaram a moderna dogmática penal a chegar até a evolução teórica que temos hoje.

O leitor que se prepara para concursos públicos deve ficar atento, diante da tendência de cobrança do tema nos concursos de alto rendimento.

Escola Clássica ou Retribucionista: não houve propriamente uma escola "Clássica". A denominação foi dada pelos positivistas com caráter pejorativo, no sentido de "anterior", "ultrapassada". Entende-se por "Clássica" a Escola que reuniu concepções anteriores ao positivismo. A Escola Clássica surgiu no Século XVIII, baseada no **Iluminismo**, tendo por marco inicial a obra de Beccaria ("Dos Delitos e das Penas"). Apresentou forte cunho liberal e humanitário, conclamando a garantia dos direitos individuais, a preservação do livre-arbítrio e a limitação do poder em reação ao regime absolutista. Foi influenciada pelo *jusnaturalismo* e pela teoria do contrato social (Rousseau), apresentando-se como a primeira Escola que trouxe suas teorias sobre questões criminais. Nessa época, inúmeros princípios começaram a ganhar corpo: dignidade humana, presunção de inocência, culpabilidade, proporcionalidade, necessidade e suficiência da pena. Sustentou-se que esses princípios deveriam se sobrepor às leis em vigor, evitando leis draconianas e excessivamente rigorosas, com penas desproporcionais. Preocupou-se com a pena e seu rigor.

De acordo com a doutrina, a Escola Clássica apresentou quatro **características dogmáticas**, que condensam suas ideias centrais: (1) **método lógico-abstrato**, dispensando-se a análise da realidade concreta subjacente ao texto da lei; (2) imputabilidade moral e livre-arbítrio; (3) o crime e a pena como entes jurídicos e (4) pena-castigo, como meio de tutela jurídica[1].

> **Responsabilidade e pena na Escola Clássica**: para os clássicos, o fundamento da responsabilidade penal encontra-se no *livre-arbítrio* e na *imputabilidade moral*, apresentando caráter subjetivo. Nesse ambiente, a responsabilidade moral é reforçada pela vontade livre e consciente do indivíduo e a causa do crime é a vontade do agente, que é livre para decidir entre respeitar ou violar a lei penal (*princípio do indeterminismo*). Os homens são todos iguais, sendo livres para decidir. O crime é considerado um *ente jurídico* que viola um direito subjetivo dos membros da sociedade civil. A pena apresenta finalidade precipuamente *retributiva* (Kant e Hegel) e proporcional, não devendo ser cruel ou desumana.

Os principais defensores da Escola Clássica foram: Carrara, Beccaria, Bentham, Kant, Hegel, Carmignani e Feuerbach. Beccaria foi o fundador da Escola Clássica e Francesco Carrara é considerado seu expoente máximo.

Essa Escola de pensamento antecedeu os primeiros passos do Direito Penal na modernidade, sendo anterior ao sistema naturalista ou causal.

[1] LYRA, Roberto. *Introdução ao Estudo do Direito Criminal*. Rio de Janeiro: Editora Nacional de Direito, 1946, p. 99-100.

O CESPE-UNB/CEBRASPE considerou **correta** a assertiva de que de acordo com a escola clássica, a responsabilidade penal é lastreada na imputabilidade moral e no livre-arbítrio humano[2].

Escola Positiva ou Antropológica: surgiu em meados do Século XIX como resposta às limitações da Escola Clássica, diante do desenvolvimento das ciências sociais, principalmente a partir da "doutrina da evolução" de Darwin e do predomínio do pensamento positivista de Augusto Comte. O marco fundador da Escola foi a obra "O Homem Delinquente", do médico italiano Cesare Lombroso, publicada em 1876. Começava a "diferenciação" dos homens. Lombroso sustentou a tese do "**criminoso nato**", que seria uma regressão ao homem primitivo (*atavismo*). Essa corrente negou o livre-arbítrio e conduziu o criminoso para o centro de sua análise. O delinquente era visto como um ser anormal sob as óticas biológica e psíquica, sem livre-arbítrio (*determinismo*). Defendeu-se que o fenômeno criminal estaria relacionado a fatores biológicos. A Escola Positiva apresentou **três grandes fases**, cada uma com um expoente máximo: (1) fase antropológica (Cesare Lombroso); (2) fase sociológica (Enrico Ferri) e (3) fase jurídica (Raffaele Garofalo).

A Escola Positiva apresentou as seguintes **características dogmáticas**: (a) o crime é um fenômeno natural e social, sujeito às influências do meio; (b) método empírico-indutivo ou indutivo-experimental; (c) a responsabilidade penal é social, tendo por base a periculosidade do agente; (d) a pena é uma medida de defesa social, visando à recuperação ou neutralização do criminoso; (e) o criminoso é sempre psicologicamente anormal, apresentando muitas vezes defeitos físicos e (f) os criminosos podem ser classificados em tipos (ocasionais, habituais, natos, passionais e enfermos da mente).

> **Responsabilidade e pena na Escola Positiva**: para os positivistas, a responsabilidade é *social*, derivada no *determinismo* e da periculosidade do delinquente. Não há vontade livre, sendo negado o livre-arbítrio. Essa corrente de pensamento sustentou que os homens não são iguais, admitindo-se a figura do criminoso nato. O crime é um *fato natural* e *social*, sendo causado (determinado) por fatores biológicos, físicos e sociais. A pena possui caráter *preventivo*, sendo vista como *instrumento de defesa social* diante da periculosidade do delinquente (prevenção especial).

Os principais representantes da Escola Positiva foram: Cesare Lombroso, Raffaele Garofalo e Enrico Ferri.

[2] Prova objetiva do concurso para o cargo de Juiz de Direito (TJPR), realizada em 2019.

***Terza Scuola Italiana* ou Positivismo Crítico**: surgiu no Século XX com a finalidade de conciliar as posições das Escolas Clássica e Positiva, fazendo parte do grupo das **escolas ecléticas**. Teve como marco inicial o famoso artigo publicado por Manuel Carnevale, "*Una Terza Scuola di Diritto Penale in Italia*", publicado em 1981. Essa Escola reuniu penalistas orientados por novas ideias, mas que evitavam romper completamente com parte das premissas das escolas anteriores. Negou a figura do criminoso nato, defendendo a necessidade de reforma social para o controle da criminalidade.

A Terceira Escola Italiana apresentou as seguintes **características dogmáticas**: (a) a responsabilidade penal tem por base a imputabilidade moral, sem o livre-arbítrio, que é substituído pelo **determinismo psicológico**, fazendo-se distinção entre imputáveis e inimputáveis; (b) o delito é contemplado no seu aspecto real, como fenômeno natural e social e (c) a pena tem uma função defensiva ou preservadora da sociedade.

> **Responsabilidade e pena na *Terza Scuola Italiana***: como dito, essa é uma Escola eclética. A responsabilidade penal é *moral*, havendo a distinção entre imputáveis e inimputáveis. O crime é um fenômeno *individual* e *social*. Foram utilizados a dogmática e o método dedutivo da Escola Clássica, além das pesquisas antropológicas e sociológicas da Escola Positiva, negando-se, porém, o atavismo (retorno ao homem primitivo) como causa do fenômeno criminal. A pena possui a finalidade de *defesa social*, mas não perde seu caráter aflitivo e se distingue essencialmente da medida de segurança[3].

Os principais defensores da Terceira Escola Italiana foram: Bernardino Alimena, Gian Impallomeni e Emmanuele Carnevale.

Escola Técnico-Jurídica: surgiu na Itália em 1905 como reação à Escola Positiva, diante da excessiva preocupação com os aspectos sociológicos e antropológicos do delito em detrimento do jurídico. A Escola Técnica defendeu a autonomia do Direito Penal, que possui objeto e métodos próprios, não devendo se misturar a outras ciências, como a Filosofia, Sociologia, Psicologia etc. O Direito Penal seria apenas aquele previsto em lei, ao qual o intérprete deveria se restringir. Não admite a Filosofia na esfera penal.

As principais **características dogmáticas** da Escola Técnico-Jurídica foram: (a) o delito é pura relação jurídica, de conteúdo individual e social; (b) a pena constitui reação e consequência do crime, com função preventiva geral e especial, aplicável aos imputáveis; (c) aplicação de medida de segurança aos

[3] BRUNO, Aníbal. *Direito Penal. Parte Geral.* Rio de Janeiro: Forense, 1967, p. 124-125.

inimputáveis; (d) a responsabilidade é moral (vontade livre); (e) **método técnico-jurídico** e (f) contestação do emprego da filosofia no campo penal.

> **Responsabilidade e pena na Escola Técnico-Jurídica**: a responsabilidade penal é *moral*, fundada no *livre-arbítrio*. O crime é visto como uma *relação jurídica* de conteúdo individual e social. O mérito dessa Escola foi ter estabelecido as bases metodológicas para a elaboração de um sistema penal de caráter jurídico. Assumem relevo a autonomia do Direito Penal e o método técnico-jurídico baseado na exegese, dogmática e crítica. A pena possui finalidade *preventiva*, destacando-se a prevenção geral e especial, havendo a previsão de medida de segurança para os inimputáveis.

Os principais defensores da Escola Técnico-Jurídica foram: Rocco, Manzini, Massacre, Delitala e Binding.

O CESPE-UNB/CEBRASPE considerou **incorreta** a assertiva de que a escola técnico-jurídica, que utiliza o método indutivo ou experimental, apresenta as fases antropológica, sociológica e jurídica[4].

Até aqui, vimos as quatro principais Escolas Penais. Para estimular a memorização, observe a seguinte **simbologia estratégica** abaixo:

Escola Clássica (Beccaria, Carrara e Feuerbach)	**Escola Positiva** (Garofalo, Lombroso e Enrico Ferri)	***Terza Scuola Italiana*** (Alimena, Impallomeni e Carnevale)	**Escola Técnico Jurídica** (Rocco, Manzini e Binding)

Crime considerado ente jurídico	**Crime como fenômeno natural e social**	**Crime como fenômeno natural e social**	**Delito como relação jurídica**
Livre-arbítrio e imputabilidade moral. Indeterminismo.	Responsabilidade social e determinismo (sem livre-arbítrio). Criminoso nato.	Natureza eclética. Imputabilidade moral e determinismo psicológico.	Responsabilidade moral, fundada no livre arbítrio.

[4] Prova objetiva do concurso para o cargo de Juiz de Direito (TJPR), realizada em 2019.

1.2. Escolas Correcionalista, Moderna Alemã, Lyon e Nova Defesa Social

Ampliando nosso estudo, convém registrar que, na doutrina, ainda existem **outras Escolas Penais** que merecem ser lembradas.

Escola Correcionalista: surgiu na Alemanha em 1839, tendo por marco a publicação da obra "*Comentatio an poena malum esse debeat*", de Carlos David Augusto Röder. O correcionalismo teve pouca aceitação em seu país de origem, tendo apresentado maior adesão na Espanha. Defendeu-se que o Direito Penal deve ter uma orientação educadora e tutelar. A pena passará a ser correcional, educativa e protetora de certos indivíduos denominados delinquentes. O importante não é a punição do delito, mas a **cura ou emenda do criminoso** ("**correção**"), daí a denominação da Escola de "Correcionalista".

Para os correcionalistas, o delinquente é visto como portador de patologia e desvio social, necessitando de auxílio. A pena é um **remédio social** e o juiz, um médico social. É indiferente a circunstância de tratar-se ou não de imputável, não sendo conferida nenhuma relevância ao livre-arbítrio. O criminoso é um ser limitado por uma anomalia da vontade, encontrando no delito o seu sintoma mais evidente, sendo a sanção penal vista como um bem.

A Escola Correcionalista foi alicerçada em três elementos:

(1) o delinquente como portador de patologia e desvio social;

(2) a pena como remédio social;

(3) o juiz como médico social.

A principal característica da Escola Correcionalista refere-se ao fim único da pena: emenda ou correção. A partir dessa premissa, extraiu-se que: (a) a pena idônea é a privação da liberdade; (b) a pena deve ser indeterminada, sem prévia fixação do tempo de duração; (c) o arbítrio judicial deve ser ampliado em relação à individualização da pena; (d) a função da pena é vista como preventiva e de tutela social e (e) a responsabilidade penal é coletiva, solidária e difusa. A pena é **preventiva** e **correicional**, sendo protetora e educativa de indivíduos delinquentes, que precisavam ser corrigidos.

Os principais defensores da Escola Correcionalista foram: Carlos Röder, Jiménez de Asúa, Dorado Monteiro e Alfredo Calderón.

O CESPE-UNB/CEBRASPE considerou **incorreta** a assertiva de que a escola correcionalista fundamenta-se na proposta de imposição de pena, com caráter intimidativo, para os delinquentes normais, e de medida de segurança para os perigosos. Para essa escola, o direito penal é a insuperável barreira da política criminal[5].

Escola Moderna Alemã: surgiu no final do Século XIX com Fran Von Liszt, tendo por marco sua aula inaugural na universidade Marburgo, na Alemanha (1882), intitulada "*A ideia de fim no Direito Penal*", sendo posteriormente chamada de "*Programa de Marburgo*". Liszt conferiu ao Direito Penal uma estrutura mais complexa, com a criação de uma "**ciência total do Direito Penal**", resultante da fusão de outras disciplinas jurídicas e criminológicas heterogêneas: dogmática penal, Criminologia e Política Criminal. Buscou enfrentar a criminalidade através de uma investigação sociológica do delito, sem, contudo, esquecer-se de seu estudo dogmático.

As principais **características** da Escola Moderna Alemã foram as seguintes: (a) distinção entre o Direito Penal e as demais ciências criminais, como a Criminologia; (b) método lógico-abstrato para o Direito Penal e método indutivo-experimental para as ciências criminais; (c) delito como fenômeno humano-social e fato jurídico; (d) imputabilidade e periculosidade; (e) a pena e a medida de segurança como um duplo meio de luta contra o crime; (f) caráter defensivo da pena, caracterizada pela prevenção ajustada a um fim e (g) desenvolvimento da política criminal.

O crime é um fenômeno humano-social e fato jurídico. Parte da neutralidade entre livre-arbítrio e determinismo, propondo a imposição de pena para os delinquentes normais e medidas de segurança para os perigosos. Mantém a distinção entre imputáveis e inimputáveis. A finalidade da pena de é de **prevenção**, sobretudo **especial** (adaptação e inocuização do criminoso).

Os principais defensores da Escola Moderna Alemã foram: Fran Von Liszt, Adolphe Prins, Gerar Van Hamel e Karl Stoos.

Escola de Lyon: foi uma Escola Sociológica e surgiu no Século XIX, sob a influência de Alexandre Lacassagne. Defende que o criminoso apresenta uma predisposição pessoal para a delinquência (anomalias físicas e psíquicas), que permanece latente e pode eclodir a partir da interação com o meio social. Nessa Escola, Alexandre Lacassagne afirmou que "*as sociedades têm os criminosos que merecem*" e o curioso é que a origem do crime é explicada a partir de uma analogia com os **micróbios**, que permanecem inócuos até o surgimento de um ambiente adequado para sua proliferação.

A Escola de Lyon também é conhecida na doutrina como Escola Antropossocial ou Criminal-Sociológica.

[5] Prova objetiva do concurso para o cargo de Juiz de Direito (TJPR), realizada em 2019.

Cuidado! A Escola de Lyon não preconiza que o sujeito já nasce delinquente, como defendeu Lombroso na Escola Positiva, mas apenas predisposto ao crime (com "anomalias"), colocando toda a culpa na sociedade. Em outras palavras, o sujeito se tornaria criminoso por influência da sociedade, transformando-se em delinquente após o contato e convívio com o ambiente propício (como os "micróbios", os delinquentes são influenciados pelo meio).

Os principais defensores da Escola de Lyon foram: Alexandre Lacassagne, Aubry, Letorneau e Topinard.

Nova Defesa Social: surgiu em 1945, após o fim da Segunda Guerra Mundial, tendo por mentor o italiano Filippo Gramatica. Diante das atrocidades e horrores cometidos durante o nazismo, a Escola da Nova Defesa Social apresentou uma forte reação humanitária. Para Gramatica, o Direito Penal deve ser substituído por um "direito de defesa social", com a finalidade de adaptar o indivíduo à ordem social[6]. Em 1954, Marc Ancel publicou a obra *A Nova Defesa Social*, que se apresentou como um marco ideológico, definido por Ancel como "uma doutrina humanista de proteção social contra o crime"[7]. Na verdade, caracterizou-se como um movimento de política criminal. Defende a modernização do Direito com respeito aos direitos individuais dos criminosos. A primeira sistematização da Defesa Social foi formulada por Adolphe Prins.

> **Diretrizes da Nova Defesa Social**: esse movimento de política criminal preconiza uma nova postura em relação ao homem delinquente baseada nos seguintes princípios: (a) filosofia humanista, que prega a reação social objetivando a proteção do ser humano e a garantia dos direitos do cidadão; (b) análise crítica do sistema existente e, se necessário, sua contestação e (c) valorização das ciências humanas, que são chamadas a contribuir interdisciplinarmente no estudo e combate do problema criminal[8]. Em relação à pena, propõe a substituição do sistema repressivo por um sistema preventivo, voltado para a ressocialização do criminoso.

Os principais representantes do movimento da Nova Defesa Social foram: Adolphe Prins, Filippo Gramatica e Marc Ancel.

Para uma melhor visualização e memorização das quatro escolas anteriores, vale conferir a **simbologia estratégica** abaixo:

---

[6] GRAMATICA, Filippo. *Principios de Derecho Penal Subjetivo*. Madrid: Ed. Reus, 1941, p. 124.
[7] ANCEL, MARC. *A Nova Defesa Social*. Rio de Janeiro: Forense, 1979, p. 446.
[8] BITENCOURT, Cezar Roberto. *Tratado de Direito Penal. Vol. I. Parte Geral*. 11ª Ed. São Paulo: Saraiva, 2007, p. 64.

Escola Correcionalista (Karl Röder, Jimenez de Asúa e Calderón)	**Escola Moderna Alemã** (Liszt, Adolphe Prins e Karl Stoss)	**Escola de Lyon** (Alexandre Lacassagne, Aubry e Topinard)	**Defesa Social** (Adolphe Prins, Filippo Gramatica e Marc Ancel)

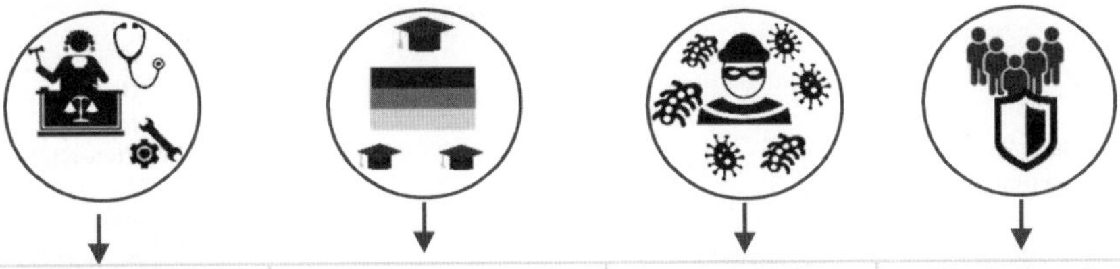

Correção ou emenda do criminoso. Criminoso visto como portador de patologia e desvio social. Pena como remédio social. Juiz como médico social.	**Crime como fenômeno humano-social e fato jurídico.** Investigação sociológica e estudo dogmático. Direito Penal e Ciências Criminais.	**Escola sociológica** Criminoso comparado a micróbios sociais	**Movimento de política criminal** Humanização do Direito. Ressocialização do criminoso como prevenção.

O CESPE-UNB/CEBRASPE considerou **correta** a assertiva de que o movimento de defesa social sustenta a ressocialização do delinquente, e não a sua neutralização. Nesse movimento, o tratamento penal é visto como um instrumento preventivo[9].

Para uma visão geral e panorâmica sobre os principais pontos de cada Escola estudada, confira o **quadro estratégico** abaixo:

ESCOLAS PENAIS (Visão geral)			
Escola	**Representantes**	**Ideias centrais**	**Crime e pena**
Escola Clássica (Séc. XVIII)	Beccaria, Carrara, Bentham, Kant e Feuerbach	Início da dogmática penal. Livre-arbítrio. Limitação do poder. Homens iguais. Imputabilidade moral. **Método**: lógico-abstrato.	**Crime**: ente jurídico **Pena**: retributiva e proporcional.
Escola Positiva (Séc. XIX)	Cesare Lombroso, Enrico Ferri e Raffaele Garofalo	Interação com outras ciências sociais. Doutrina da evolução (Darwin). Determinismo. Diferenciação dos homens. Criminoso nato (atavismo). Responsabilidade social. **Método**: empírico-indutivo.	**Crime**: fato natural e social **Pena**: instrumento de defesa social (prevenção especial)

[9] Prova objetiva do concurso para o cargo de Juiz de Direito (TJPR), realizada em 2019.

***Terza Scuola* Italiana**	Carnevale, Alimena e Impallomeni	Ecletismo. Conciliação de postulados clássicos e positivistas. Nega-se o livre-arbítrio. Determinismo psicológico. Imputabilidade moral. Negação ao atavismo. **Método**: lógico-dedutivo.	**Crime**: fenômeno individual e social. **Pena**: defesa social.
Escola Técnico-Jurídica	Rocco, Manzini, Massari, Delitala e Binding	Autonomia do Direito Penal e separação das ciências sociais	**Crime**: relação jurídica de conteúdo individual e social **Pena**: prevenção geral e especial
Escola Correcionalista	Carlos Röder, Jiménez de Asúa, Dorado Monteiro e Calderón	O criminoso precisa de auxílio e deve ser corrigido. Juiz como médico social	**Crime**: patologia e desvio social **Pena**: preventiva e corretiva da atividade criminosa
Escola moderna Alemã	Franz von Liszt, Adolphe Prins, Hamel e Karl Stoos	Investigação sociológica e estudo dogmático. Direito Penal e ciências criminais. Neutralidade entre livre-arbítrio e determinismo. Pena para os delinquentes normais e medida de segurança para os perigosos. **Método**: lógico-abstrato para o DP e indutivo-experimental para as ciências criminais.	**Crime**: fenômeno humano-social e fato jurídico **Pena**: prevenção, sobretudo especial
Escola de Lyon	Alexandre Lacassagne, Aubry, Lorneau e Topinard	O indivíduo não nasce criminoso, mas apenas com predisposição (anomalias), sendo influenciado pelo meio social. Comparou os criminosos com os micróbios.	Escola sociológica
Defesa Social	Adolphe Prins, Filippo Gramatica e Marc Ancel	Modernização e humanização do Direito. Movimento de política criminal. Ressocialização do criminoso como prevenção	Propõe a substituição do sistema repressivo por um sistema preventivo voltado para ressocialização

2. ESCOLA DE CHICAGO

Essa não foi propriamente uma escola penal, mas uma escola sociológica. O leitor que se prepara para concursos públicos deve ficar atento, diante da tendência de cobrança do tema nos certames mais recentes, sobretudo nas provas do CESPE-UNB/CEBRASPE em diversas fases.

No início da década de 1920, com o desenvolvimento econômico, industrial e expansão demográfica de grandes cidades dos EUA, houve o crescimento da miséria e das desigualdades sociais, o que acabou por gerar o aumento da criminalidade e da violência. Diante desse cenário, surgiu o movimento da *Escola de Chicago*, que, pela primeira vez, passou a analisar as **questões sociais** em busca de identificar as causas da criminalidade.

A orientação da escola foi decididamente sociológica. A Escola de Chicago se utilizou dos *inquéritos sociais* (*social surveys*) na investigação da criminalidade, passando a analisar o crime a partir de questões sociais urbanas, sobretudo as decorrentes da expansão demográfica. Foi pioneira no estudo sociológico criminal considerando o crescimento populacional no Século XIX. Mas não se limitou ao estudo de larga escala, tendo se ocupado também do estudo biográfico dos indivíduos isolados.

Como principais nomes dessa Escola, podemos citar: Robert Park, Ernest Burgess, Clifford Shaw e Henty Mckay.

A Escola de Chicago apresentou duas grandes contribuições para o estudo da criminalidade: (1) método de observação participante, pelo qual o pesquisador participa diretamente do seu objeto de estudo, vivendo a situação e extraindo diretamente as experiências do fenômeno social e (2) **conceito de ecologia humana**[10] (relações entre os seres humanos), que aponta que a criminalidade teria como causa as cidades.

> **Teoria da ecologia ou da desorganização social**: no contexto da Escola de Chicago, para o combate à criminalidade, foi criada a *teoria da ecologia criminal* ou *teoria da desorganização social*, segundo a qual o incremento da criminalidade nas grandes cidades é atribuído à debilidade do controle social informal, à desordem e à falta de integração e solidariedade entre seus membros, gerando um *efeito criminógeno* dos centros urbanos. Segundo essa visão, o crime era considerado um fenômeno ligado a áreas naturais. A concentração do delito e da delinquência em determinadas regiões da cidade eram consideradas sinais do processo de desorganização social. Identificou-se a existência de uma relação entre o fenômeno criminal e a distribuição urbana da população, sendo possível aferir a concentração geográfica da criminalidade. Para a teoria ecológica, deve-se priorizar a ação *preventiva*, minimizando-se a atuação repressiva (**questão oral**[11]).

[10] A Ecologia é a ciência que estuda as relações entre os seres vivos.

[11] Na prova oral do concurso para o cargo de defensor público (DPE-PE), realizada pelo CESPE-UNB/CEBRASPE em 2018, foi formulada a seguinte **questão oral**: "No âmbito dos estudos criminológicos, a Escola de Chicago foi responsável por importante análise fenomenológica criminal na busca de elementos para o combate ao delito. Acerca desse assunto, responda, de forma fundamentada, às seguintes indagações.

O CESPE-UNB/CEBRASPE considerou **correta** a assertiva de que na primeira metade do século passado, floresceu, na Universidade de Chicago, a chamada teoria ecológica ou da desorganização social, que considerava o crime um fenômeno ligado a áreas naturais[12].

Dentre as principais **propostas** da Escola de Chicago para o controle da criminalidade, podemos destacar: (a) necessidade de mudança efetiva nas condições econômicas e sociais das crianças, para eliminar o padrão desviante provido pelas cidades; (b) métodos individualizados não são suficientes para diminuir a criminalidade, devendo haver uma macrointervenção na comunidade, com amplos programas sociais para diminuir a desorganização social, aproximar os homens do controle da criminalidade (vizinhança) e reduzir o desemprego e (c) são necessárias melhorias em residências, conservação física dos prédios, melhorias sanitárias nos bairros e nas escolas.

Sob um de seus ângulos, a Escola de Chicago observa a população menos favorecida. Em meio à miséria e às desigualdades sociais, uma parcela da população, por não conseguir se adaptar aos valores do corpo social ideal, acabaria por gerar criminalidade.

Nesse contexto, a **Defensoria Pública** é uma das instituições que pode contribuir no combate à criminalidade, na forma preventiva. Pode implementar programas sociais junto à comunidade, quanto aos mais desprovidos de recursos, de modo a orientá-los acerca dos direitos à moradia, à educação, à saúde etc. Programas podem ser criados em parceria com outras instituições tendo por objetivo diminuir a desigualdade social. A Defensoria possui legitimidade para ações coletivas para promoção de políticas públicas. Ademais, o atendimento à população de rua e aos jovens nas escolas, mutirões de atendimento e articulação entre o Estado e a comunidade são exemplos possíveis de ativismo que a instituição pode promover (**questão oral**[13]).

---

1 - Qual foi a teoria criada pela Escola de Chicago para o enfretamento da criminalidade? 2 - Quais são as principais propostas da Escola de Chicago para o controle criminal? [...]".

[12] Prova objetiva do concurso para o cargo de defensor público (DPE-PE), realizada em 2018.

[13] Na prova oral do concurso para o cargo de defensor público (DPE-PE), realizada pelo CESPE-UNB/CEBRASPE em 2018, foi formulada a seguinte **questão oral**: "Como a Defensoria Pública pode contribuir para o combate da criminalidade utilizando as ideias da Escola de Chicago?".

CAPÍTULO 28
TEORIA DO CRIME: ESTUDOS COMPLEMENTARES

1. CONSIDERAÇÕES INICIAIS

A teoria do crime, ao lado da teoria da pena, é um dos grandes pilares de estudo do Direito Penal. Na segunda parte dessa obra, vimos os aspectos essenciais da teoria do crime de acordo com a jurisprudência do STF e do STJ.

Mas aqui, vamos um pouco além. A proposta do presente Capítulo é apresentar um estudo complementar da teoria do crime, com a abordagem de pontos que fogem à sistematização das linhas essenciais do tema, mas que vêm sendo explorados em concursos públicos nos últimos anos. A construção de um "capítulo complementar" sobre a teoria do crime atende a questões didáticas. Sabemos que o estudo da teoria do delito é espinhoso para o graduando ou concursando e lançar teorias mais profundas (não adotadas) no meio do "miolo básico" do assunto poderia atrapalhar o leitor com o excesso de informações.

A forma mais fácil de se estudar um tema é absorver seus aspectos básicos e, após o domínio dessas informações, partir para um aprofundamento. É o que propomos neste Capítulo complementar sobre a teoria do delito.

2. FATO TÍPICO

2.1. Considerações preliminares

Vimos anteriormente que o fato típico é composto pelos seguintes **elementos**: (a) conduta; (b) resultado; (c) nexo causal e (d) tipicidade.

Cada um desses elementos é desenvolvido a fundo pela doutrina – sobretudo a estrangeira – com a construção de novas teorias. Para o nosso estudo, devemos dizer que, no campo da conduta, do nexo causal e do dolo, existem outras teorias, que não foram adotadas pelo Código Penal, mas que são catalogadas pela doutrina em uma análise mais profunda desses pontos[1].

A seguir, veremos as teorias complementares sobre a conduta, o nexo causal e o dolo para um estudo complementar do fato típico.

2.2. Outras teorias da conduta

Quanto à conduta, vimos que o Código Penal adotou a **teoria finalista da ação** (Welzel) e que, na jurisprudência, a teoria finalista vem sendo complementada pela teoria constitucional.

No estudo do conceito, sistematização e evolução do tratamento da **conduta** pelo Direito Penal, a doutrina ainda tem identificado outras teorias além daquelas já estudadas. Convém examiná-las rapidamente.

Teorias funcionalistas: embora o funcionalismo em si não seja considerado propriamente uma teoria da conduta, mas um sistema, esse modelo tem apresentado reflexos no estudo da conduta no Direito Penal.

Teoria da evitabilidade individual (Jakobs). A finalidade é substituída pela ideia de evitabilidade (conceito de ação evitável). *Conceito de conduta*: é a realização de um comportamento que gera um resultado individualmente evitável. Segundo Jakobs, ação é a causação evitável do resultado e a omissão o não evitamento de um resultado que se pode evitar[2].

[1] SANTOS, Juarez Cirino dos. *Direito Penal. Parte Geral. 7ª Ed.* Florianópolis: Empório do Direito, 2017; TAVARES, Juarez. *Teoria do Injusto Penal.* 4ª Ed. São Paulo: Editora Tirant, 2019; TAVARES, Juarez. *Fundamentos de Teoria do Delito*. 2ª Ed. São Paulo: Editora Tirant, 2020.

[2] JAKOBS, Günther. *Derecho Penal. Parte General*. Trad. Joaquin Cuello Contreras et alii. Madrid: Marcial Pons, 1995, p. 177.

Teoria pessoal ou personalista da ação (Roxin). Buscou-se uma formulação de ação a partir da autonomia da pessoa. Roxin concebeu a ação como "expressão da personalidade". *Conceito de conduta*: ação é a manifestação da personalidade, capaz de abranger todo acontecimento externo atribuível ao centro psíquico-espiritual do homem[3].

Juarez Cirino assim explica a teoria pessoal ou personalista da ação:

> "A definição de ação como manifestação da personalidade permitiria excluir todos os fenômenos somático-corporais insuscetíveis de controle do ego e, portanto, não dominados ou não domináveis pela vontade humana: força física absoluta, convulsões, movimentos reflexos etc. [...] por outro lado exclui pensamentos e emoções encerrados na esfera psíquico espiritual do ser humano porque não representam manifestação da personalidade"[4].

O CESPE-UNB/CEBRASPE considerou **correta** a assertiva de que conforme a teoria pessoal da ação, nem as atividades insuscetíveis de controle pela consciência e pela vontade nem os simples pensamentos constituem ação como manifestação da personalidade, porque aquelas não são atribuíveis ao centro de ação psicoespiritual humana e estes, a despeito de sua natureza psicoespiritual, não chegam a se manifestar no mundo exterior[5].

Sobre a estrutura do delito, no funcionalismo moderado (Roxin), o crime é composto por três elementos: *fato típico*, *ilícito* e *responsabilidade*. A culpabilidade deixa de integrar diretamente o crime, figurando como limite funcional da pena. A culpabilidade é substituída pela *responsabilidade*.

No modelo funcionalista, existem particularidades no campo da tipicidade e da culpabilidade, decorrentes de critérios de política criminal.

No plano da tipicidade, surgem novas exigências sobre o *tipo objetivo*, ligadas ao risco/perigo, com a necessidade da criação de um **risco proibido** e a incorporação da teoria da imputação objetiva (já estudada). Há reflexos na disciplina excludentes de ilicitude em relação à doutrina tradicional. Por exemplo, caso um lutador de boxe mate o adversário em um ringue com golpes admitidos pelo esporte, segundo a visão funcionalista, o fato será atípico, pois não houve risco proibido, posicionamento que contraria a doutrina tradicional e a diretriz adotada pelo Código Penal brasileiro, que trata o fato como excludente de ilicitude por exercício regular de direito (CP, art. 23, III).

---

[3] SANTOS, Juarez Cirino dos. *Op. Cit.*, p. 108-110.
[4] SANTOS, Juarez Cirino dos. *Op. Cit.*, p. 108-109.
[5] Prova objetiva do concurso para o cargo de Juiz de Direito (TJDFT), realizada em 2014.

Apesar dos méritos da construção teórica do funcionalismo, esse modelo não foi aceito no Brasil, que permanece vinculada ao sistema finalista preconizado por Welzel e adotado pelo Código Penal de 1940.

Confira o "**extrato**" do perfil das teorias funcionalistas da conduta no esquema estratégico abaixo, com algumas conexões importantes:

Teorias funcionalistas (extrato dos perfis e conexões)	
Representantes	Günther Jakobs e Claus Roxin (1970)
Influências	Política Criminal, pós-finalismo e evolução do Direito Penal
Conceito de ação	*Teoria da evitabilidade individual (Jakobs)*: ação é o comportamento que gera um resultado evitável
	Teoria personalista (Roxin): ação é a manifestação da personalidade (centro psíquico-espiritual)
Elemento central	Finalidade substituída por *evitabilidade* (teoria da evitabilidade individual) ou pela ideia de *personalidade* (teoria personalista)
Estrutura do crime	Fato típico, ilícito e responsabilidade (Roxin)

Institutos correlatos à conduta (conexões):

a) tipo penal: vai além das conquistas do finalismo. No funcionalismo, surgem novas exigências relacionadas ao tipo objetivo, baseadas em critérios de política criminal: a necessidade de criação de um *risco proibido*, com a incorporação da teoria da imputação objetiva e seus requisitos normativos no juízo de tipicidade formal ou objetiva;

b) culpabilidade (teoria normativo-preventiva): no sistema funcionalista, Roxin introduz a ideia de *responsabilidade* em substituição à tradicional culpabilidade. A culpabilidade deixa de integrar diretamente o crime, figurando como limite funcional da pena. Como novo elemento, surge a *responsabilidade*, que é composta por: (a) imputabilidade; (b) potencial consciência da ilicitude e (c) exigibilidade de conduta diversa. Sendo o agente responsável, incide a culpabilidade como limite da sanção penal;

c) dolo: continua a ser natural (elementos: consciência e vontade).

O CESPE-UNB/CEBRASPE considerou **incorreta** a assertiva de que de acordo com a teoria do funcionalismo moderado, o crime é composto por três requisitos: tipicidade, antijuridicidade e punibilidade, e este último requisito compreende culpabilidade e necessidade concreta da pena[6].

[6] Prova objetiva do concurso para o cargo de Promotor de Justiça (MP-RO), realizada em 2010.

Para facilitar a memorização, observe a **simbologia estratégica** abaixo sobre as teorias funcionalistas da conduta:

Teoria da evitabilidade individual
(Jakobs)

Finalidade substituída pela *evitabilidade*
Ação é o comportamento que gera um resultado *evitável*

Teoria personalista
(Roxin)

Finalidade substituída pela *personalidade*
Ação é a manifestação da personalidade (centro psíquico-espiritual)

Ampliando nosso estudo, convém registrar que, na doutrina, ainda existem outras teorias da conduta que merecem ser lembradas.

Teoria jurídico-penal (Assis Toledo): decorre do exame crítico das teorias causal, finalista e social. Na teoria jurídico-penal ou técnico-jurídica, o foco não é a causalidade natural (naturalismo) e nem a finalidade (finalismo), mas a lesão ou exposição a perigo do bem jurídico. *Conceito de conduta*: é o comportamento humano que causa a lesão ou exposição a perigo de um bem jurídico tutelado pela ordem penal, de forma dolosa ou culposa[7]. O elemento-chave é a lesão ou exposição a perigo de um **bem jurídico-penal.** No Brasil, o principal representante da teoria é Assis Toledo, que foi Ministro do STJ.

Teoria da ação significativa (Vives Antón): partindo da análise da filosofia da linguagem de Wittgenstein e da teoria da ação comunicativa de Habermas, o espanhol Vivés Anton formulou o conceito significativo de ação. Toda ação ou omissão humana não é um mero acontecimento, uma vez que possui um significado. *Conceito de conduta*: ação não é simplesmente o que as pessoas fazem, mas um comportamento com um "significado", um sentido, que deve ser interpretado a partir das normas. Toda conduta possui um sentido e, por isso, é necessário entendê-la ou interpretá-la. O significado da ação somente

[7] TOLEDO, Francisco de Assis. *Princípios Básicos de Direito Penal. 5ª Ed.* São Paulo: Saraiva, 1995, p. 105-110.

existe em virtude das normas, não sendo prévio a elas[8]. O elemento-chave da teoria é o **significado da ação a partir das normas.** A ação é *significativa.*

Teoria cibernética (Welzel): aqui, é preciso esclarecer que o termo "cibernética" não é relacionado à informática, como possa parecer. A expressão *cibernética* refere-se ao estudo do sistema nervoso e do cérebro (controle da ação motora). A *Cibernética* estuda os mecanismos de controle nas máquinas e nos seres vivos. A referência à existência de uma "teoria cibernética" da ação foi feita por Welzel em 1971, após desenvolver o finalismo, como uma tentativa de responder aos críticos alguns pontos a respeito da alegação de incompatibilidade do finalismo com os crimes culposos. O elemento-chave é o **controle da ação motora**, com a adaptação do finalismo aos crimes culposos.

Teoria negativa da ação (Herzberg e Behrendt): o conceito negativo de ação encontra-se subdividido em várias orientações. A primeira, defendida por Herzberg e Behrendt, rechaça as concepções do naturalismo e do finalismo, fixando um conceito negativo de ação. Para essa vertente, conforme explica Juarez Cirino, "ação é a evitável não evitação do resultado na posição de garantidor"[9]. Esse conceito sofre duras críticas pela doutrina, por utilizar um critério geral de imputação de responsabilidade (o dever do garantidor nos crimes omissivos) como elemento do conceito de ação. A outra vertente da teoria negativa provém do funcionalismo de Jakobs (evitabilidade individual).

Para facilitar a memorização, confira a **simbologia estratégica** abaixo sobre as demais teorias (complementares) da conduta:

Teoria técnico-jurídica (Assis Toledo)	**Teoria da ação significativa** (Vivés Anton)	**Teoria cibernética** (Welzel)	**Teoria negativa** (Herzberg e Behrendt)

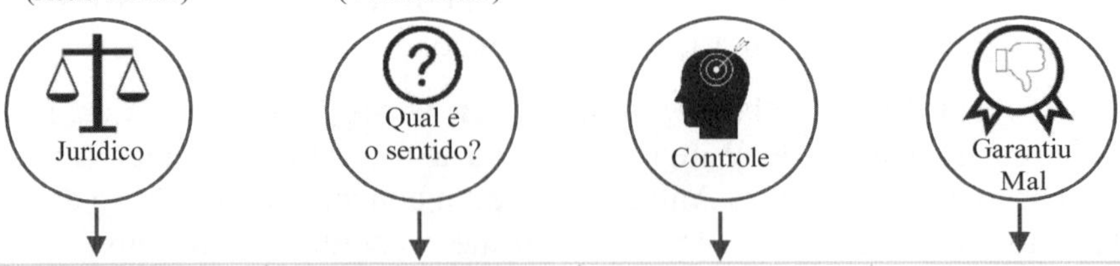

Bens jurídicos Ação é o comportamento que lesa ou expõe a perigo o bem jurídico-penal	**Significado da ação** Ação não é um mero acontecimento. Possui um significado a partir das normas	**Controle da ação motora (cérebro)** Adaptação do finalismo aos crimes culposos	**Evitabilidade** Ação é não evitação do resultado pelo garantidor

[8] BITENCOURT, Cezar Roberto. *Tratado de Direito Penal. Vol. 1. Parte Geral.* 11ª Ed. São Paulo: Saraiva, 2007, p. 225-228.

[9] SANTOS, Juarez Cirino dos. *Op. Cit.*, p. 106.

Com isso, encerramos o estudo complementar da conduta, lembrando que, no Brasil, prevalecem a **teoria finalista** da ação e a **teoria constitucional**.

2.3. Outras teorias sobre o nexo causal

Quanto ao nexo causal, vimos que o Código Penal brasileiro adotou a **teoria da equivalência dos antecedentes** como regra geral (CP, art. 13, *caput*) e que, como exceção, foi adotada a teoria da causalidade adequada quanto às causas relativamente independentes supervenientes (CP, art. 13, §1º).

Na doutrina, ainda são catalogadas outras teorias do nexo causal. Não foram adotadas pelo Código Penal brasileiro, mas são registradas aqui para fins de estudo complementar, já que o ponto vem sendo cobrado em concursos.

Teoria da qualidade do efeito ou da causa eficiente (Kohler): de acordo com essa teoria, causa é a condição da qual depende a qualidade do resultado. A teoria da causa eficiente diferencia condições estáticas e dinâmicas, considerando que somente essas últimas (as condições dinâmicas) seriam consideradas causa decisiva ou eficiente para o efeito (resultado)[10].

O CESPE-UNB/CEBRASPE considerou **correta** a assertiva de que segundo a teoria da causa eficiente, causa é a condição da qual depende a qualidade do resultado. Essa teoria diferencia condições estáticas e dinâmicas, sendo certo que somente estas últimas seriam causa eficiente para o efeito[11].

Teoria da condição mais eficaz ou ativa (Birkmeyer e Stopatto): causa é aquela que, dentre as condições do resultado, contribuiu de modo mais eficaz que as outras. O valor de uma causa é quantitativo. Assim, causa é a força que produz um fato[12].

Teoria do equilíbrio ou da preponderância (Binding): causa é o resultado de uma "luta vitoriosa" de uma força sobre a outra. É a condição positiva em sua preponderância sobre a negativa ou ruptura do equilíbrio pela condição preponderante, que é qualitativamente diversa[13].

---

[10] ASÚA, Luis Jiménez de. *Tratado de Derecho Penal. Vol. III.* Buenos Aires: Losada, 1977, p. 526

[11] Prova objetiva do concurso para o cargo de defensor público (DP-PI), realizada em 2009.

[12] HUNGRIA, Nelson. *Op. Cit.*, p. 234.

[13] SOLER, Sebastián. *Derecho Penal Argentino. Vol. I.* Buenos Aires: TEA, 1992, p. 281; ASÚA, Luis Jiménez de. *Op. Cit.*, p. 530-531.

Teoria da causa próxima ou última (Ortmann): causa é a última condição (ação humana) que aparece na cadeia causal, vale dizer, a última das condições positivas de um fato[14].

Teoria da totalidade das condições (Stuart Mill): considera como causa a soma de todas as condições que contribuem para o resultado. Não é somente uma delas, mas o conjunto de todas, como um complexo individual que faz surgir o evento[15]. Segundo René Ariel Dotti, essa teoria não se confunde com a teoria da equivalência dos antecedentes (*conditio sine qua non*), que surgiu depois como evolução, justamente para corrigir os excessos da teoria da totalidade das condições, uma vez que causa não é o conjunto individual das condições, mas qualquer delas[16].

Teoria da causalidade jurídica (Mosca e Maggiore): para essa teoria, a causalidade jurídica é de ordem prática e parte de um juízo de valor jurídico. O jurista escolhe a causa responsável de um determinado resultado antijurídico, valorando juridicamente as causas para fins de imputação do resultado[17].

O CESPE-UNB/CEBRASPE considerou **incorreta** a assertiva de que o CP adota a teoria da causalidade jurídica, uma vez que a causalidade relevante para o direito penal é aquela que pode ser prevista pelo agente, ou seja, que se encontra na esfera da previsibilidade, podendo ser mentalmente antecipada[18].

Teoria da causa humana (Antolisei): a noção de causa (evento causal) do delito tem característica exclusivamente humana. Exige dois requisitos: (a) positivo: que o homem, com sua ação, tenha dado lugar a uma condição do evento, como antecedente sem o qual o evento não teria ocorrido e (b) negativo: que o resultado não decorreria de fatores excepcionais[19].

Teoria da tipicidade condicional (Ranieri): o vínculo particular, para ter relevância causal, exige que apresente os requisitos da sucessão, a necessidade e a uniformidade da relação causal[20].

O leitor não deve se preocupar em memorizar todas as teorias sobre o nexo causal de uma só vez. Basta compreender, em um primeiro momento, as teorias anteriormente estudadas na teoria geral do delito (equivalência dos antecedentes, causalidade adequada, imputação objetiva e teoria dos papeis).

---

[14] MAGGIORE, Giuseppe. *Derecho Penal. Vol. I.* Bogotá: Temis, 1971, p. 326.
[15] BRUNO, Aníbal. *Direito Penal. Parte Geral. Tomo II.* São Paulo: Forense, 1967, p. 320-323.
[16] DOTTI, René Ariel. *Curso de Direito Penal. Parte Geral.* 4ª Ed. São Paulo: Revista dos Tribunais, 2012, p. 409.
[17] MAGGIORE, Giuseppe. *Op. Cit.*, p. 331.
[18] Prova objetiva do concurso para o cargo de defensor público (DPE-RR), realizada em 2013.
[19] ANTOLISEI, Francesco. *Manuale di Diritto Penale. Parte Generale.* Milado: Giuffrè, 1994, p. 222.
[20] RANIERI, Silvio. *Manual de Derecho Penal. Vol. I.* Bogotá: Temis, 1975, p. 352.

2.4. Pós-finalismo e evolução do nexo causal

Na dogmática penal, até as três primeiras fases de evolução do Direito Penal moderno (naturalismo, neokantismo e finalismo), a imputação do resultado à conduta era verificada a partir do clássico instituto do *nexo causal*.

No entanto, a partir do pós-finalismo (funcionalismo) e do sistema constitucional, tem-se identificado que o tradicional nexo causal sofreu evolução, sendo transformado em **nexo de imputação**: vai além da simples relação física de causa e efeito, passando a ser visto como um *processo de imputação* mais abrangente, seja baseado na verificação do *risco* com o exame de requisitos normativos (teoria da imputação objetiva)[21], seja fundado no exame dos aspectos ligados ao conteúdo do crime (teoria constitucional).

Sobre a evolução do nexo causal, vale conferir o seguinte precedente do STJ, que aborda as teorias contemporâneas:

> "[...] CRIME SOCIETÁRIO. DUPLICATA SIMULADA. INÉPCIA DA INICIAL NÃO-CONFIGURADA. VÍNCULO ENTRE A CONDUTA DA PACIENTE E O EVENTO CRIMINOSO DEMONSTRADO [...] Nos crimes societários, não se exige a descrição minuciosa da conduta do acusado; é necessário que haja a narrativa dos fatos delituosos, de sua suposta autoria, do vínculo de causalidade (teorias causalista e finalista) e do **nexo de imputação** (teorias funcionalista e constitucionalista), de maneira a permitir o exercício da ampla defesa [...]" (STJ, HC 86.861/SP, 5ª Turma, Rel. Min. Arnaldo Esteves Lima, DJe 03/11/2010).

A evolução do clássico nexo causal para nexo de imputação é uma concepção teórica, ainda não adotada expressamente pela legislação brasileira, mas que vem ganhando força na doutrina e na jurisprudência do STJ[22].

---

[21] "[...] TIPICIDADE (FORMAL, NORMATIVA E SUBJETIVA). TEORIA CONSTITUCIONALISTA DO TIPO. JUSTA CAUSA PARA O RECEBIMENTO DA DENÚNCI [...] 2. Não se pode declarar inepta a denúncia que descreve, ainda que se forma genérica, os fatos penalmente típicos e aponta a conduta dos acusados, o resultado, a subsunção, o nexo causal (teorias causalista e finalista) e **o nexo de imputação** (teorias funcionalista e constitucionalista), oferecendo condições para o pleno exercício do direito de defesa [...] 4. Nos crimes societários, embora não se exija a descrição minuciosa e individualizada da conduta de cada acusado, é necessário que haja a narrativa dos fatos delituosos, de sua suposta autoria, do vínculo de causalidade e do **nexo de imputação**, de maneira a permitir o exercício da ampla defesa, como na espécie [...]" (STJ, HC 62.328/SP, 5ª Turma, Rel. Min Arnaldo Esteves Lima, DJe 04/08/2008).

[22] "PENAL E PROCESSUAL PENAL. HABEAS CORPUS. TRÁFICO ILÍCITO DE ENTORPECENTES E ASSOCIAÇÃO PARA O TRÁFICO [...] 2. Não se pode ter por inepta a denúncia que descreve fatos penalmente típicos e aponta, mesmo que de forma genérica, as condutas dos pacientes, o resultado, a

2.5. Teorias complementares sobre o dolo

Sobre o dolo, lembramos que o Código Penal adotou a teoria da vontade (*dolo direto*) e a teoria do assentimento (*dolo eventual*).

Ampliando nosso estudo, além das teorias já estudadas anteriormente, ainda existem **outras teorias sobre o dolo**, trabalhadas pela doutrina com enfoque na *distinção entre dolo eventual e culpa consciente.*

Segundo Juarez Cirino, essas teorias podem ser divididas em três **grupos**: teorias volitivas (vontade), teorias intelectivas (representação) e teorias igualitárias (igualam o tratamento entre culpa consciente e dolo eventual). [23]

Para uma visão panorâmica, confira o **quadro estratégico** abaixo:

Outras teorias sobre o dolo (teorias complementares)	Grupo	Teorias
	Teorias volitivas (vontade)	a) teoria do consentimento ou da aprovação (Mezger) b) teoria da indiferença ao bem jurídico (Engish) c) teoria da vontade de evitação (Kaufmann)
	Teorias intelectivas (representação)	a) teoria da possibilidade (Schmidhauser) b) teoria da probabilidade (Joerden, Schumann e Puppe) c) teoria do risco (Frish) d) teoria do perigo desprotegido (Herzberg)
	Teorias igualitárias (tratamento igual)	Teoria unificadora (Eser e Weigend)

Teoria do consentimento ou da aprovação (Mezger): essa teoria define o dolo eventual pela atitude de aprovação do resultado típico previsto como possível, que deve agradar ao autor.

Teoria da indiferença ao bem jurídico (Engish): identifica o dolo eventual na atitude de indiferença do agente quanto a possíveis resultados

subsunção, o **nexo causal** (teorias causalista e finalista) e o **nexo de imputação** (teorias funcionalista e constitucionalista), oferecendo condições para o pleno exercício do direito de defesa [...] (STJ, HC 136.220/MT, 5ª Turma, Rel. Min. Arnaldo Esteves Lima, DJe 22/03/2010).

[23] SANTOS, Juarez Cirino. *Op. Cit.*, p. 140-146.

colaterais típicos, excluídos os resultados indesejados, marcados pela expectativa de ausência[24].

Teoria da vontade de evitação ou da evitabilidade (Kaufmann): haveria dolo eventual quando o agente, tomando como possível o resultado, não empreende qualquer medida para evitá-lo[25].

As três teorias apontadas acima pertencem ao grupo das chamas teorias volitivas (vontade), pois adotam um "critério volitivo", baseado na vontade.

O CESPE-UNB/CEBRASPE considerou **incorreta** a assertiva de que as teorias do consentimento, da indiferença e da vontade de evitação não comprovada adotam, em relação ao dolo eventual, critérios fundados na representação, sendo o dolo eventual definido na teoria da vontade de evitação não comprovada como a atitude de aprovação do resultado típico previsto como possível, que deve agradar ao autor[26].

Vistas as teorias volitivas, convém analisar as teorias intelectivas (representação), que adotam um critério fundado na representação ou previsão.

Teoria da possibilidade (Schmidhauser): segundo Juarez Cirino, essa teoria simplifica o problema, reduzindo a distinção entre dolo e imprudência ao conhecimento da possibilidade de ocorrência do resultado. A teoria elimina a categoria jurídica da culpa consciente porque toda culpa seria inconsciente. A mera representação da possibilidade do resultado típico já constituiria dolo[27].

Teoria da probabilidade ou da cognição (Joerder, Schumann e Puppe): para a existência do dolo, o agente deve entender o fato como provável, e não somente como possível[28]. Essa teoria possui algumas vertentes. Define o dolo eventual, variavelmente, ou pela representação de um perigo concreto para o bem jurídico (Joerden) ou pela consciência de um quantum de fatores causais produtores de sério risco do resultado (Schumann) ou como o reconhecimento de um perigo qualificado para o bem jurídico (Puppe)[29].

Teoria do risco (Frish): a existência do dolo depende do conhecimento pelo autor do risco indevido na realização da conduta ilícita[30].

O CESPE-UNB/CEBRASPE considerou **incorreta** a assertiva de que consoante a teoria do risco, pertencente ao grupo das teorias volitivas, o dolo

24 SANTOS, Juarez Cirino dos. *Op. Cit.*, p. 141.
25 TAVARES, Juarez. *Fundamentos de Teoria do Delito*. 2ª ed. São Paulo: Editora Tirant, 2020, p. 308.
26 Prova objetiva do concurso para o cargo de Juiz de Direito (TJPB), realizada em 2011.
27 SANTOS, Juarez Cirino dos. *Op. Cit.*, p. 142.
28 PRADO, Luiz Regis. *Curso de Direito Penal Brasileiro*. 12ª Ed. São Paulo: Revista dos Tribunais, 2013, p. 411.
29 SANTOS, Juarez Cirino dos. *Op. Cit.*, p. 143.
30 PRADO, Luiz Regis. *Op. Cit.*, p. 411.

eventual não tem como objeto o resultado típico, mas, apenas, a conduta típica, sendo necessário que o agente, primeiro, tenha conhecimento de que sua ação implica risco indevido e, segundo, assuma o risco da produção do resultado como decorrência provável da conduta tipificada como proibida[31].

Teoria do perigo desprotegido ou a descoberto (Herzberg): fundamenta-se apenas no tipo objetivo. Perigo a descoberto é a situação na qual a ocorrência do resultado subordina-se à sorte ou ao acaso.

O CESPE-UNB/CEBRASPE considerou **incorreta** a assertiva de que com base na teoria do perigo desprotegido, também conhecida como teoria do perigo a descoberto, mesmo que a ocorrência do resultado lesivo fique na dependência do acaso e, portanto, fora da possibilidade de ser evitado pelo agente, poder-se-á falar, em princípio, tanto em dolo eventual quanto em culpa consciente, uma vez que somente a atitude subjetiva do agente em relação ao resultado mentalmente representado como possível é que poderá constituir referencial seguro para a distinção entre uma e outra hipótese típica[32].

Por último, as teorias igualitárias propõem "igualar" o tratamento entre culpa consciente e dolo eventual.

Teoria unificadora (Eser e Weigend): como teoria de vertente igualitária, propõe a unificação do dolo eventual e da culpa consciente em uma terceira categoria subjetiva, situada entre o dolo e a culpa[33].

3. CULPABILIDADE E FUNCIONALISMO (PÓS-FINALISMO)

3.1. Considerações gerais

O **funcionalismo** penal tem apresentado profundas transformações na evolução dogmática da culpabilidade. Autores denominados funcionalistas ou pós-finalistas passaram a sustentar um conceito de culpabilidade vinculado às *finalidades preventivas da pena*, relacionado a *critérios de política criminal*.

Nesse ambiente de desenvolvimento teórico, a culpabilidade puramente **normativa** (finalismo) sofre evolução para se transformar em "culpabilidade" **normativo-preventiva** (pós-finalismo ou funcionalismo)

[31] Prova objetiva do concurso para o cargo de Juiz Federal Substituto (TRF1), realizada em 2013.
[32] Prova objetiva do concurso para o cargo de Juiz Federal Substituto (TRF1), realizada em 2013.
[33] SANTOS, Juarez Cirino dos. *Op. Cit.*, p. 146.

Para uma melhor visualização, confira o **quadro estratégico** abaixo:

CULPABILIDADE (evolução dogmática)			
Teoria psicológica	**Teoria psicológico-normativa**	**Teoria normativa pura**	**Teoria normativo-preventiva**
Naturalismo (elementos psicológicos)	**Neokantismo** (elementos psicológicos e normativos)	**Finalismo** (apenas elementos normativos)	**Funcionalismo** (elementos normativos + critérios de prevenção geral e especial

No plano da culpabilidade, o **funcionalismo** preconiza a **teoria normativo-preventiva**, que adota os tradicionais elementos da culpabilidade como no finalismo (elementos normativos) com o acréscimo de *critérios de prevenção (geral e especial)* e aspectos de política criminal.

No funcionalismo **radical** (Jakobs), a culpabilidade representa uma falta de fidelidade do agente com relação ao Direito[34].

No funcionalismo **moderado** (Roxin), a culpabilidade é inserida num contexto mais amplo chamado de *responsabilidade* (postura integradora), formada pelos tradicionais elementos da culpabilidade e por critérios de prevenção geral e especial (teoria normativo-preventiva)[35]. Como novo elemento em substituição à culpabilidade tradicional, a *responsabilidade* é integrada por: (a) imputabilidade; (b) potencial consciência da ilicitude; (c) exigibilidade de conduta diversa. Sendo o agente responsável, incide a culpabilidade como limite da sanção penal na aplicação da pena[36].

3.2. Correntes preventivas da culpabilidade

A doutrina pós-finalista tem concebido diversas teorias da culpabilidade que decorrem do funcionalismo penal. Aqui, essas teorias são registradas apenas para fins de **estudo doutrinário complementar** sobre a culpabilidade, pois nenhuma delas foi adotada pelo Código Penal brasileiro.

---

[34] JAKOBS, Günther. *Derecho Penal. Parte General.* Trad. Cuello Contreras e Gonzales de Murillo. 2ª Ed. Madrid: Marcial Pons, 1997, p. 566-567.

[35] PRADO, Luiz Regis. *Op. Cit.*, p. 340 e 475.

[36] CUNHA, Rogério Sanches. *Op. Cit.*, p. 249.

Como já afirmado anteriormente, no plano da "culpabilidade", o funcionalismo adota a teoria normativo-preventiva, que possui algumas ramificações, chamadas pela doutrina de **correntes preventivas**[37].

De um modo geral, as principais correntes preventivas da culpabilidade podem ser reunidas em dois grupos: teorias motivacionais e teoria funcional.

Para uma visão panorâmica, confira o **esquema estratégico** abaixo:

CORRENTES PREVENTIVAS
(culpabilidade e funcionalismo)

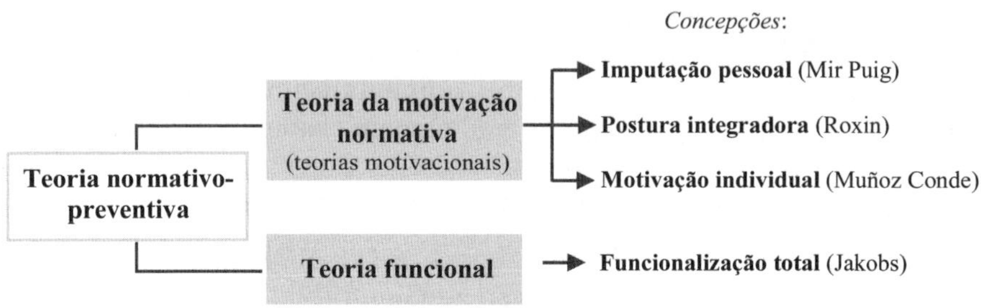

Teoria da motivação normativa ou teoria social da culpabilidade: conforme explica Luiz Regis Prado, essa teoria tem como característica a fundamentação da culpabilidade não na liberdade de autodeterminação, mas na capacidade de motivação normativa do sujeito. Para essa vertente preventiva, a culpabilidade, vista como a capacidade de motivação pela norma, é de natureza mista empírico-normativa[38].

O CESPE-UNB/CEBRASPE considerou **incorreta** a assertiva de que nas correntes preventivas da culpabilidade, a teoria da motivação normativa tem como característica básica fundar a culpabilidade na liberdade de autodeterminação, excluída a capacidade de motivação normativa do sujeito[39].

No contexto das teorias motivacionais, existem três concepções doutrinárias dignas de nota, como vertentes da teoria da motivação:

(a) imputação pessoal (Mir Puig): culpabilidade é a capacidade de motivação normal pelas normas jurídicas. Os inimputáveis e os que estejam em hipótese de inexigibilidade de conduta diversa não têm essa capacidade[40];

[37] Sobre o tema, *cf.* PRADO, Luiz Regis. *Op. Cit.*, p. 474-476.

[38] PRADO, Luiz Regis. *Op. Cit.*, p. 474-475.

[39] Prova objetiva do concurso para o cargo de Juiz de Direito (TJPI), realizada em 2011.

[40] MIR PUIG, Santiago. *Derecho Penal. Parte General.* 4ª Ed. Barcelona: PPU, 1996, p. 530 e ss.

(b) postura integradora (Roxin): considera a culpabilidade inserida em um contexto mais amplo – a responsabilidade –, formada pelos elementos tradicionais da culpabilidade e por critérios de prevenção geral e especial[41];

(c) motivação individual e prevenção especial (Muñoz Conde): a culpabilidade, no sentido material, possui fundamento na função motivadora individual da norma penal. Com isso, a culpabilidade possui relação estrita com os fins da pena (prevenção especial)[42].

Ao lado das teorias motivacionais, Jakobs apresenta a **teoria funcional**, sendo outra corrente preventiva. O penalista alemão defende a irrelevância da culpabilidade como categoria dogmática. No âmbito de uma teoria sistêmica, objetiva-se determinar a culpabilidade a partir dos fins da pena, entendida como manutenção da ordem jurídica (garantia de expectativa das normas). Esse autor propõe um *conceito funcional de culpabilidade*, o qual varia de acordo com a função que desempenhe no sentido do fim da pena e da constituição da sociedade. Revela a **funcionalização total** da culpabilidade.

Entre os autores funcionalistas, a concepção que mais se destaca é a de Roxin, que amplia o conceito de culpabilidade para o de *responsabilidade*, com a inclusão de critérios de prevenção geral e especial.

O CESPE-UNB/CEBRASPE considerou **incorreta** a assertiva de que decorre do pós-finalismo, mais propriamente da teoria social da ação desenvolvida por Hans-Heinrich Jescheck, a afirmação de que a culpabilidade não constitui condição suficiente para a imposição da pena, mas apenas um dos elementos que, juntamente com a necessidade preventiva, passa a integrar a categoria denominada responsabilidade[43].

4. CONSIDERAÇÕES FINAIS

A teoria do crime é, sem dúvidas, o ponto em que o Direito Penal se exprime com maior arsenal teórico. As linhas de estudo são vastíssimas. Buscamos reunir, aqui, os pontos complementares da teoria do crime que normalmente não aparecem na maioria dos manuais, mas que, nos últimos anos, têm começado a ser cobrados nas provas.

---

41 ROXIN, Claus. *Derecho Penal. Parte General*. Trad. Diego-Manuel Luzón Peña *et alii*. Marid: Civitas, 1997, p. 707 e ss.

42 MUÑOZ CONDE, Francisco. *Teoria Geral do Delito*. Trad. Luiz Regis Prado e Juarez Tavares. Porto Alegre: Sérgio Antônio Fabris, 1988, p. 130-131.

43 Prova objetiva do concurso para o cargo de Juiz de Direito (TJDFT), realizada em 2014.

BIBLIOGRAFIA

ACCIOLY, Hildebrando; NASCIMENTO E SILVA, G. E. do; CASELLA, Paulo Borba. *Manual de Direito Internacional Público*. 20ª ed. São Paulo: Saraiva, 2010.

ALEXY, Robert. *Teoria dos Direitos Fundamentais*. Tradução de Virgílio Afonso da Silva. São Paulo: Malheiros, 2008.

_________. *Teoría de Los Derechos Fundamentales*. Ernesto Garzón Valdés (trad.). Madrid: Centro de Estúdios Políticos y Constitucionales, 2002.

ANCEL, MARC. *A Nova Defesa Social*. Rio de Janeiro: Forense, 1979.

ANTOLISEI, Francesco. *Manuale di Diritto Penale. Parte Generale*. Milado: Giuffrè, 1994.

ARAÚJO, Fábio Roque. *Direito Penal Didático. Parte Geral*. 3ª Ed. Salvador: *Juspodivm*, 2020.

ÁVILA, Humberto. *Teoria dos Princípios*. 12ª Ed. São Paulo: Malheiros, 2011.

ASSÚA, Jiménez de. *Tratado de Derecho Penal*. Vol. 2. Buenos Aires: Losada, 1983.

BARATTA, Alessandro. *Criminologia Crítica e Crítica do Direito Penal: Introdução à Sociologia do Direito Penal*. 3ª Ed. Rio de Janeiro: Revan, 2002.

BARROSO, Luís Roberto. *Curso de Direito Constitucional Contemporâneo. Os Conceitos Fundamentais e a Construção do Novo Modelo*. 5ª Ed. São Paulo: Saraiva, 2016.

_________. *O Novo Direito Constitucional Brasileiro. Contribuições para a Construção Teórica e Prática da Jurisdição Constitucional no Brasil*. Belo Horizonte: Editora Fórum, 2014.

BARROS, Flávio Augusto Monteiro de. *Direito Penal. Parte Geral*. 7ª Ed. São Paulo: Saraiva, 2009.

BATISTA, Nilo. *Introdução Crítica ao Direito Penal Brasileiro*. Rio de Janeiro: Revan, 1996.

__________. *Concurso de Agentes – Uma investigação sobre os problemas da autoria e da participação no direito penal brasileiro*. 2ª Ed. Rio de Janeiro: *Lumen Juris*, 2004.

BATISTA, Nilo. Concurso de Agentes. Rio de Janeiro: *Lumen Juris*, 1979.

BATTAGLINI, Giulio. *Direito Penal. Parte Geral*. Trad. Paulo José da Costa Jr. e Arminda Bergamini Miotto. São Paulo: Saraiva, 1973.

BECKER, H. *Los Estraños: sociología de la desviación*. Buenos Aires: Tiempo Contemporáneo, 1971.

BELING, Ernest *Von. Die Lehre v. Verbrechen*, §4º; SOLER, Sebastián. *Derecho Penal Argentino*. Vol. 1. 5ª Ed. Buenos Aires: Tipográfica Editora Argentina, 1999.

BIANCHINI, Alice. *Lei de Drogas Comentada*. Coord.: Luiz Flávio Gomes. 5ª Ed. São Paulo: Revista dos Tribunais, 2013.

BITENCOURT, Cezar Roberto. *Tratado de Direito Penal. Vol. I. Parte Geral*. 11ª Ed. São Paulo: Saraiva, 2007.

BRICOLA, Franco. *Teoria Generale del Reato*. Torino: UTET, 1973.

BRUNO, Aníbal. *Direito Penal. Parte Geral. Tomo II*. Rio de Janeiro: Forense, 1967.

__________. *Direito Penal. Parte Geral*. Tomo II. 4ª Ed. Rio de Janeiro: Forense, 1956

BONFIM, Edilson Mougenot; CAPEZ, Fernando. *Direito Penal. Parte Geral*. São Paulo: Saraiva, 2004.

CANOTILHO, Joaquim José Gomes. *Direito Constitucional e Teoria da Constituição*. 7ª Ed. Lisboa: Almedina, 2003.

CAPEZ, Fernando. *Curso de Direito Penal. Vol. I. Parte Geral*. 16ª Ed. São Paulo: 2012.

CARVALHO, Ana Paula Vieira de. *Neoconstitucionalismo e Injusto Penal*, mimeografado, 2007).

CHAMON, Lúcio Antônio. *Teoria Constitucional do Direito Penal: contribuições a uma reconstrução da dogmática penal 100 anos depois*. Rio de Janeiro: Lumen Juris, 2006.

CORDERO, Isidoro Blanco. *Limites a la participacion delictiva: lãs acciones neutrales y la cooperación en el delito*. Granada: Comares, 2001.

COSTA JUNIOR, Paulo José da Costa. *Comentários ao Código Penal*. 4ª Ed. São Paulo: Saraiva, 1996.

CUNHA, Rogério Sanches. *Manual de Direito Penal. Parte Geral*. 8ª Ed. Salvador: *Juspodivm*, 2020.

DIMOULIS, Dimitri. *Direito Penal Constitucional: Garantismo na Perspectiva do Pragmatismo Jurídico*. Belo Horizonte: Arraes Editores, 2016.

DOTTI, René Ariel. *Curso de Direito Penal. Parte Geral*. 4ª Ed. São Paulo: Revista dos Tribunais, 2012.

DURKHEIM, *Émile. Las Reglas del Método Sociológico*. Espanha: Morata, 1978.

DWORKIN, Ronald. *Levando os direitos a sério*. Tradução de Nelson Boeira. 2 Ed. São Paulo: Martins Fontes, 2007. Título original: Taking rights seriously.

ESTEFAM, André. *Direito Penal. Vol. 1. Parte Geral*. São Paulo: Saraiva, 2013.

FARIAS, Cristiano Chaves de; ROSENVALD, Nelson. *Curso de Direito Civil*. Vol. 1. 12ª Ed. Salvador: *Juspodivm*, 2014.

____________. *Direitos Reais*. 5ª Ed. Salvador: *Juspodivm*, 2008.

FELDENS, Luciano. *Direitos Fundamentais e Direito Penal: a Constituição Penal*. 2ª Ed. Porto Alegre: Livraria do Advogado, 2012;

FRAGOSO. Heleno Cláudio. *Lições de Direito Penal. Parte Geral. 13ª Ed.* Rio de Janeiro: Forense, 1991.

FRANCO, Alberto Silva. *Código Penal e Sua Interpretação Jurisprudencial. Parte geral*. Vol. 1. Tomo I. São Paulo: Revista dos Tribunais, 1997.

FUERBACH, Paul Johann Anselm Ritter von. *Tratado de Derecho Penal*. Trad da 4ª Ed. Al. E. R. Zaffaroni e Irma Hagemeies. *Colleción Criminalistas Perennes*. Buenos Aires: Hammurabi, 1989.

FÜHRER, Maximiliano Roberto Ernesto. *História de Direito penal (crime material e crime plástico)*. São Paulo: Malheiros, 2005.

GARCIA, Basileu. *Instituições de Direito Penal. Vol. 1. Tomo I*. 7ª Ed. Série Clássicos Jurídicos. São Paulo: Saraiva, 2008.

GIACOMOLLI, Nereu José. *Juiz das garantias – Um Nascituro Estigmatizado*. *In* MALAN, Diogo; MIRZA, Flávio (Coord.). *70 anos do Código de Processo Penal Brasileiro: Balanço e Perspectivas de Reforma*. Rio de Janeiro: *Lumen Juris*, 2011.

GOMES, Luiz Flávio. *Princípio da Ofensividade no Direito Penal*. São Paulo: Revista dos Tribunais, 2002.

__________. *Princípio da Insignificância e Outras Excludentes de Tipicidade*. 3ª Ed. São Paulo: Revista dos Tribunais, 2012.

__________. *Normas Justificantes e Normas Permissivas*. Disponível em: <http://ww3.lfg.com.br/public_html/article.php?story=2007012614140867>. Acesso em 29/09/2020.

_________. *Teoria Constitucionalista do Delito e Imputação Objetiva: o conceito de tipicidade objetiva na pós-modernidade*. São Paulo: Revista dos Tribunais, 2011.

_________. *Origens da Nossa Teoria Constitucionalista do Delito*. Disponível em http://www.lfg.com.br>. Acesso em 03/10/2020.

_________. *Erro de Tipo e Erro de Proibição*. 2ª Ed. São Paulo: Revista dos Tribunais, 1994.

___________. *Culpabilidade, graduabilidade da culpa e culpa temerária*. Revista Jus Navigandi, ISSN 1518-4862, Teresina, ano 10, n. 861, 11 nov. 2005. Disponível em: https://jus.com.br/artigos/7593. Acesso em: 6 ago. 2020.

___________. *O que se entende por tentativa supersticiosa?* Disponível em: <https://professorlfg.jusbrasil.com.br/artigos>. Acesso em 30/07/2020.

___________. *Penas e Medidas Alternativas à Prisão*. São Paulo: Revista dos Tribunais, 1999.

___________. *Norma e Bem Jurídico no Direito Penal*. São Paulo: Revista dos Tribunais, 2002.

GOMES, Luiz Flávio; BIANCHINI, Alice; CUNHA, Rogério Sanches; OLIVEIRA, William Terra de. *Nova Lei de Drogas Comentada*. São Paulo: Revista dos Tribunais, 2006.

GOMES, Luiz Flávio; MAZZUOLI, Valério de Oliveira. *Direito Supraconstitucional. Do absolutismo ao Estado Constitucional e Humanista de Direito*. São Paulo: Revista dos Tribunais, 2010.

GOMES, Luiz Flávio; MOLINA, Antônio Garcia Pablos de. *Direito Penal. Parte Geral*. 2ª Ed. São Paulo: Revista dos Tribunais, 2011.

____________. *Criminologia*. São Paulo: Revista dos Tribunais, 2008.

GRAMATICA, Filippo. *Princípios de Derecho Penal Subjetivo*. Madrid: Ed. Reus, 1941.

GRAU, Eros Roberto. *A Ordem Econômica na Constituição de 1988*. São Paulo: Malheiros, 2012.

GRECO, Rogério. *Curso de Direito Penal. Parte Geral*. 20ª Ed. Niteroi: Impetus, 2018.

GRECO, Luís. *Cumplicidade através de ações neutras: a imputação objetiva na participação*. Rio de Janeiro: Renovar, 2004.

GOMES, Luiz Flávio; BIANCHINI, Alice; DAHER, Flávio. *Curso de Direito Penal. Parte Geral*. 2ª Ed. Salvador: *Juspodivm*, 2016.

HABIB, Gabriel. *Leis Penais Especiais*. Tomo I. 7ª Ed. Salvador: *Juspodivm*, 2015.

HEEMANN, Thimotie Aragon; PAIVA, Caio. *Jurisprudência Internacional de Direitos Humanos*. Manaus: Editora Dizer o Direito, 2015.

HUNGRIA, Nelson. *Comentários ao Código Penal*. 5ª Ed. Rio de Janeiro: Forense, 1979.

___________. *Comentários ao Código Penal*. Rio de Janeiro: Forense, 1978.

__________. *Comentários ao Código Penal*. Vol. 1. Tomo 2. São Paulo: Forense, 1977.

JAKOBS, Gunter. *Derecho Penal. Parte General.* 2ª Ed. Madrid: Marcial Pons, 1997.

JAKOBS, Günter; MELIÁ, Manuel Cancio. *Direito Penal do Inimigo: Noções e Críticas*. Porto Alegre: Livraria do Advogado, 2012.

JAKOBS, Günter. *Derecho Penal: Parte General. Fundamentos y Teoría de la Imputacíon*. 2ª Ed. Madrid: Marcial Pons, 1997.

__________. *Derecho Penal. Parte General*. Trad. Joaquin Cuello Contreras et alii. Madrid: Marcial Pons, 1995.

_______. *Lá omissión: estado de lá cuestión, in Sobre El estado de la teoria del delito*. Madrid: Civitas, 2000.

JESCHECK, Hans Heinrich. *Tratado de Derecho Penal*. Trad. Mir Puig e Muñoz Conde. Barcelona: Bosch, 1981.

__________. *Tratado de Derecho Penal*. Vol. II. Barcelona: Bosch, 1981.

JESUS, Damásio E. de. *Direito Penal. Vol. 1. Parte Geral*. 34ª Ed. São Paulo: Saraiva, 2013.

JUNIOR, Américo Bedê; SENNA, Gustavo. Princípios do Processo – entre o garantismo e a efetividade da sanção. São Paulo: Revista dos Tribunais, 2009.

JUNIOR, Lúcio Antônio Chamon. *Teoria Constitucional do Direito Penal: contribuições a uma reconstrução da dogmática penal 100 anos depois*. Rio de Janeiro: Lumen Juris, 2006.

JUNIOR, Edilson Nobre. *Boa-fé como baliza da relação jurídico-administrativa*. Jornal Carta Forense, São Paulo, v. 4, maio. 2009)

KAZMIERCZAC, Luiz Fernando. *Direito Penal Constitucional e Exclusão Social*. Porto Alegre: Nuria Fabris, 2010.

KNIPPEL, Edson Luz *et al*. Criminologia. In: GONZAGA, Álvaro de Azevedo; ROQUE, Nathaly Campitelli (coord.). *Vade Mecum Humanístico*. São Paulo: RT, 2010.

LENZA, Pedro. *Direito Constitucional Esquematizado*. 13ª Ed. São Paulo: Saraiva, 2009.

LOPES, Maurício Antônio Ribeiro. *Teoria Constitucional do Direito Penal*. São Paulo: Revista dos Tribunais, 2000.

LYRA, Roberto. *Introdução ao Estudo do Direito Criminal*. Rio de Janeiro: Editora Nacional de Direito, 1946.

LIMA, Renato Brasileiro de. *Legislação Criminal Especial Comentada*. 3ª Ed. Salvador: *Juspodivm*, 2015.

LISZT, Fran Von. *Tratado de Direito Penal Alemão. Tomo I*. Trad. José Hygino Duarte Pereira. Rio de Janeiro: F. Briguiet & Cia. Editores, 1899.

____________. *Tratado de Derecho Penal. Tomo II*. Madrid: Reus, 1929.

MAGGIORE, Giuseppe. *Derecho Penal. Vol. I*. Bogotá: Temis, 1971.

MARQUES, José Frederico. *Tratado de Direito Penal*. Vol. 1. Campinas: Bookseler, 1997.

__________. *Tratado de Direito Penal*. São Paulo: Saraiva, 1956.

MAURACH, Reinhart. *Derecho Penal*. Vol. I. Trad. Jorge Bofill Genzsch e Enrique Aimone Gibson. Buenos Aires: Astrea, 1994.

MELLO, Celso Antônio. *Curso de Direito Administrativo*. 27ª Ed. Malheiros: São Paulo, 2010.

MELLO, Marcos Bernardes de. *Teoria do Fato Jurídico. Plano da Existência*. 17ª Ed. São Paulo: Saraiva, 2011.

MESTIERI, João. *Teoria Elementar do Direito Criminal*. Parte Geral. Rio de Janeiro: Editora do Autor, 1990.

MEZGER, Edmund. *Tratado de Derecho Penal*. Trad. José Arturo Rodrigues Muñoz. Madrid: Revista de Derecho Privado, 1946.

MIRABETE, Júlio Fabbrini. *Manual de Direito Penal. Parte Geral*. São Paulo: Atlas, 1990.

MIR PUIG, Santiago. *Derecho Penal. Parte General*. 4ª Ed. Barcelona: PPU, 1996.

MUÑOZ CONDE, Francisco. *Teoria Geral do Delito*. Trad. Luiz Regis Prado e Juarez Tavares. Porto Alegre: Sérgio Antonio Fabris, 1988.

NADER, Paulo. *Introdução ao Estudo do Direito*. 21ª Ed. Forense: Rio de Janeiro, 2002.

NETO, Orlando Faccini. *Teoria Geral do Crime*. Curitiba: Juruá, 2017.

NEVES, Marcelo. *Transconstitucionalismo*. São Paulo: Martins Fontes, 2013.

NORONHA, Magalhães E. *Direito Penal. Vol. 2*. 26ª Ed. São Paulo: 1994.

NUCCI, Guilherme de Souza. *Curso de Direito Penal. Vol. 1. Parte Geral*. 4ª Ed. São Paulo: Forense, 2020.

NUVOLONE, Pietro. *Le Leggi Penali e la Costituzione*. Milano: Giuffrè, 1953.

PERNICE, Ingolf. *La dimensión global del constitucionalismo multinivel: una respuesta global a los desafios de la globalización*. Madrid: Ceu Ediciones, 2012.

PONTES DE MIRANDA, Francisco Cavalcante. *Tratado de Direito Privado*. 3ª Ed. Rio de Janeiro: Borsoi, 1972.

PRADO, Luiz Regis. *Curso de Direito Penal Brasileiro*. 12ª Ed. São Paulo: Revista dos Tribunais, 2013.

______________. *Direito Penal Constitucional – A (Des) construção do Sistema Penal*. São Paulo: Método, 2020.

QUEIROZ, Paulo. *Direito Penal. Parte Geral*. 14. ed. Salvador: *Juspodivm*, 2020.

______________. *Direito Penal. Parte Geral*. 4. ed. Rio de Janeiro: *Lumen Juris*, 2008.

RAMOS, André de Carvalho. *Teoria Geral dos Direitos Humanos na Ordem internacional*. 4ª Ed. São Paulo: Saraiva, 2014.

RANIERI, Silvio. *Manual de Derecho Penal. Vol. I*. Bogotá: Temis, 1975.

REIS, Queiti Oliveira. *Adolf Hitler: terceiro reich e o princípio da legalidade*. Disponível em: <https://jus.com.br/artigos/43737/adolf-hitler-terceiro-reich-e-o-principio-da-legalidade>. Acesso em 21/09/2020).

REZEK, Francisco. *Direito Internacional Público*. 10ª Ed. São Paulo: Saraiva, 2006.

ROSSI, Paolo. *Lineamenti di Diritto Penale Costituzionale*. Palermo: Priulla, 1953.

ROXIN, Claus. *Derecho Pena. Parte General. Fundamentos. La Estructura de La Teoría del Delito. Tomo I*. Trad. Diego-Manuel Luzón Peña, Miguel Díaz y García Conlledo e Javier de Vicente Remensal. Madrid: Civitas, 2006.

__________. *Problemas Fundamentais de Direito Penal*. Lisboa: Veja, 1986.

__________. *Resolução do fato e começo da execução na tentativa. Problemas Fundamentais de Direito Penal*. 3ª Ed. Lisboa: Veja, 1998.

__________. *Derecho Penal. Parte General*. Trad. Diego-Manuel Luzón Peña *et alii*. Marid: Civitas, 1997.

_________. *El Dominio de Organización Como Forma Independente de Autoria Mediata*. Trad. Justa Gómez Navajas. Revista de Estudios de la Justicia, n.º 7, Faculdade de Derecho, Universidade do Chile, 2006.

_________. *Autoría y Domínio del Hecho en Derecho Penal*. Trad. Cuello Contreras e González de Murillo. Madrid: Marcial Pons, 2000.

SANTANA, Selma Pereira de. *A Culpa Temerária*. São Paulo: RT, 2005.

SANTOS, Juarez Cirino dos. *Direito Penal. Parte Geral*. 7ª Ed. Florianópolis: Empório do Direito, 2017.

SANTOS, William Douglas Resinente dos. *Ensaios Críticos Sobre Direito Penal e Direito Processual Penal*. Rio de Janeiro: *Lumen Juris*, 1995.

SARAIVA, Renato; SOUTO, Rafael Tonasi. *Direito do Trabalho. Concursos Públicos*. 19ª Ed. Salvador: *Juspodivm*, 2017.

SARLET, Ingo; NETO, Jayme Weingartner. *Constituição e Direito Penal. Temas Atuais e Polêmicos*. Porto Alegre: Livraria do Advogado, 2016.

SARMENTO, Daniel. *Por um Constitucionalismo Inclusivo: História da Constituição Brasileira, Teoria da Constituição e Direitos Fundamentais*. Rio de Janeiro: *Lumen Juris*, 2010.

SARMENTO, Daniel; NETO, Cláudio Pereira de Souza. *Direito Constitucional. Teoria, História e Métodos de Trabalho*. 2ª Ed. Belo Horizonte: Editora Fórum, 2016.

SHAW, Malcolm N. *Direito Internacional*. Trad. Marcelo Brandão. São Paulo: Martins Fontes, 2010.

SILVA SÁNCHEZ, Jesús – María. *A expansão do Direito Penal*. Trad. Luiz Otávio de Oliveira Rocha. São Paulo: RT, 2002.

SOLER, Sebastián. *Derecho Penal Argentino. Vol. I*. Buenos Aires: TEA, 1992.

_______________. *Causas de Justificação da Conduta*. Revista de Direito Penal (RDP5), p. 7 e ss. Disponível em: <http://www.fragoso.com.br/wp-content/uploads/2017/09/RDP05.pdf>. Acesso em 09/08/2020.

SUMARIVA, Paulo. *Criminologia: Teoria e Prática*. Niteroi: Impetus, 2015.

TAVARES, Juarez. *Teoria do Injusto Penal*. 4ª Ed. São Paulo: Tirant, 2019.

___________. *Fundamentos de Teoria do Delito*. 2ª Ed. São Paulo: Editora Tirant, 2020.

TOLEDO, Assis. *Princípios Básicos de Direito Penal*. 5ª Ed. São Paulo: Saraiva, 2015.

VELLOSO, Andrei Pitten. *Constituição Tributária Interpretada*. 2ª Ed. Livraria do Advogado: Porto Alegre, 2012.

VITORELLI, Edilson. *Estatuto do Índio*. 2ª Ed. Salvador: *Juspodivm*, 2013.

WAQUANT, Loic. *As Prisões da Miséria*. Rio de Janeiro: Jorge Zahar Editor, 2001.

WELZEL, Hans. *Derecho Penal Alemán*. 11ª Ed. Trad. Juzn Bustos Ramírez y Sergio Pérez. Editora Jurídica de Chile, 1997.

_____________. *El Nuevo Sistema de Derecho Penal*. Trad. Cerezo Mir. Barcelona: Ed. Ariel, 1964.

_____________. *Das Neue Bild des Strafrechtssystemas*. 4. Aufl.Göttinger, O. Schwartz, 1961.

_____________. *Das Deutsche Strafrecht*. 11. Aufl. Berlim: Walter de Gruyter, 1969.

_____________. *El Nuevo Sistema de Derecho Penal*. Trad. Cerezo Mir. Barcelona: Ed. Ariel, 1964.

WESSELS, Johannes. *Direito Penal. Parte Geral. Trad. Juarez Tavares.* Porto Alegre: Editor Sérgio A. Fabris, 1976.

ZAFFARONI, Eugênio Raul; BATISTA, Nilo; ALAGIA, Alejandro; SLOKAR, Alejandro. *Direito Penal Brasileiro*. 4ª Ed. Rio de Janeiro: Revan, 2011.

ZAFFARONI, Eugenio Raúl; PIERANGELI, José Henrique. *Manual de Direito Penal Brasileiro. Vol. 1. Parte Geral*. 6ª Ed. São Paulo: Revista dos Tribunais, 2006.

EDITORA IMPETUS

Rua Alexandre Moura, 51
24210-200 – Gragoatá – Niterói – RJ
Telefax: (21) 2621-7007

www.impetus.com.br

Esta obra foi impressa em papel offset 75 grs./m²